Bettina Jütte
Verlagslizenzierungen in der Sowjetischen Besatzungszone
(1945–1949)

ARCHIV FÜR GESCHICHTE DES BUCHWESENS

Studien
Band 8

Im Auftrag der
Historischen Kommission des Börsenvereins
des Deutschen Buchhandels e.V.

Herausgegeben von
Monika Estermann und Ursula Rautenberg

De Gruyter

Bettina Jütte

Verlagslizenzierungen in der Sowjetischen Besatzungszone (1945–1949)

De Gruyter

ISBN 978-3-11-023011-6

Library of Congress Cataloging-in-Publication Data
A CIP catalogue record for this book is available from the Library of Congress

Bibliografische Information der Deutschen Nationalbibliothek
Die Deutsche Nationalbibliothek verzeichnet diese Publikation in der Deutschen Nationalbibliografie; detaillierte bibliografische Daten sind im Internet über http://dnb.d-nb.de abrufbar.

Einbandillustrationen:
Stand des Reclam Verlags auf der Herbstmesse 1948 in Leipzig.
Vorlage: Reclam-Archiv Bestand Leipzig (Universität Leipzig, Buchwissenschaft).
Ausschnitt aus der Kopie der Lizenzurkunde Nr. 136 der „Arbeitsgemeinschaft der Fachbuch- und Fachzeitschriften-Verleger" vom 19.12.1946.
Vorlage: Landesarchiv Berlin, Bestand C Rep. 120 Magistrat von Berlin, Abt. Volksbildung, Akte Nr. 772, Bl. 3.

Druck: Hubert & Co. GmbH & Co. KG, Göttingen
∞ Gedruckt auf säurefreiem Papier

Printed in Germany

www.degruyter.com

Inhalt

1 Forschungsbericht

1.1 Einführung ins Thema – Historischer Hintergrund

Am 7. Mai 1945 unterzeichnete der Chef des Wehrmachtführungsstabes, Generaloberst Alfred Jodl, im amerikanischen Hauptquartier in Reims die bedingungslose Kapitulation Deutschlands. Auf Verlangen des sowjetischen Staats- und Parteichefs Josef Stalin wurde die Zeremonie in der Nacht vom 8. auf den 9. Mai 1945 mit dem Chef des Oberkommandos der Wehrmacht, Generalfeldmarschall Wilhelm Keitel, und weiteren deutschen Generälen als Unterzeichner der Kapitulationsurkunde in Berlin wiederholt. Der Zweite Weltkrieg war damit in Europa beendet. Deutschland wurde in vier Besatzungszonen aufgeteilt und unter die Verwaltung der vier Siegermächte gestellt (siehe Abb. 1). Berlin wurde keiner dieser Zonen angegliedert, sondern in vier Sektoren geteilt und unter die gemeinsame Verwaltung der Siegermächte gestellt. Mit ihrer Vier-Mächte-Erklärung vom 5. Juni 1945 übernahmen die militärischen Oberbefehlshaber Georgi K. Schukow (UdSSR), Dwight D. Eisenhower (USA), Bernard L. Montgomery (Großbritannien) und Jean de Lattre de Tassigny (Frankreich) offiziell die Regierungsgewalt im geteilten Deutschland und bildeten den Alliierten Kontrollrat, der alle Angelegenheiten regeln sollte, die Deutschland als Ganzes betrafen (siehe Kapitel 1.1.1 und 2.1).

Wie schon auf der Jalta-Konferenz im Februar 1945 beschlossen und im Potsdamer Abkommen vom 2. August 1945 von den Alliierten festgesetzt, waren die großen Ziele der Deutschlandpolitik die vollständige Abrüstung und Entmilitarisierung des Landes und die so genannte Entnazifizierung. Mit dem absehbaren und dann auch erreichten Frieden brachen aber auch die Widersprüche zwischen den westlichen Alliierten und der sozialistischen Sowjetunion wieder auf. Beide Seiten begannen in ihren Besatzungszonen schon bald – und mit zunehmenden Gegensätzen immer stärker –, Politik und Verwaltung nach dem Vorbild ihrer Gesellschaftssysteme zu formen.

Um in Deutschland den Nationalsozialismus dauerhaft zu zerschlagen, sollte die Bevölkerung »umerzogen« werden. Dafür war gemäß dem Potsdamer Abkommen eine ganze Reihe von Maßnahmen vorgesehen.

Für den Buchhandel bedeutete das zum einen, dass die gesamte in Umlauf befindliche Literatur[1] überprüft und belastete Werke aus dem Verkehr gezogen werden mussten. Der Kontrollrat ordnete hierzu mit seinem Befehl Nr. 4 am 13. Mai 1946 die »Einziehung von Literatur und Werken nationalsozialistischen und militaristischen Charakters« an (siehe Kapitel 2.1). Zugleich sollte verhindert werden, dass neue Literatur dieser Art veröffentlicht werden konnte. Zum anderen bedeutete die Entnazifizierung für den Buchhandel, dass ehemalige NSDAP-Mitglieder aus sämtlichen Buchhandelsunternehmen zu entlassen waren. Im Verlagswesen führte das in sämtlichen Besatzungszonen dazu, dass Verlage Arbeitsgenehmigungen benötigten – die so genannten Lizenzen.

In der Sowjetischen Besatzungszone Deutschlands (SBZ) erteilte die zentrale »Propagandaverwaltung«[2] der Sowjetischen Militäradministration Deutschlands (SMAD), die 1947 in

---

1 Der in dieser Arbeit benutzte Begriff »Literatur« umfasst immer die Gesamtheit aller Schriftwerke.

2 Da die zuständigen Verwaltungen, Ministerien, Referate etc. zum Teil sehr lange Bezeichnungen haben, werden sie in dieser Arbeit im Interesse der besseren Lesbarkeit in Anführungszeichen gesetzt.

»Informationsverwaltung« umbenannt wurde, die Lizenzen (siehe Kapitel 1.1.1). Ihr Leiter war Sergej Iwanowitsch Tulpanow. Eine deutsche Behörde konnte in der Lizenzierungspolitik[3] aber mitbestimmen: die auf SMAD-Befehl Nr. 17 vom 27. Juli 1945 in Berlin gegründete »Deutsche Verwaltung für Volksbildung« (DVV; siehe Kapitel 1.1.2 und 3.1). Ihr Leiter wurde der ehemalige Chefredakteur der *Deutschen Volkszeitung* und spätere Kultusminister der Deutschen Demokratischen Republik (DDR), Paul Wandel. Wesentliche Vorarbeiten leisteten die Verwaltungen in den Ländern und Provinzen (siehe Kapitel 1.2 und 3.3).

Abb. 1: Nach Kriegsende wurde Deutschland in vier Besatzungszonen geteilt.

Um zu verhindern, dass neue Literatur nationalsozialistischen und militaristischen Inhalts in Umlauf gebracht werden konnte, wurde in der SBZ ein System zur Erteilung von Druckge-

3 Ist im Folgenden von »Lizenzierungspolitik« die Rede, ist damit immer das System der Lizenzierung von Verlagen und Zeitschriften gemeint.

nehmigungen für einzelne Publikationen eingeführt. Seit seiner Gründung im Sommer 1946 gewann die deutsche Institution des »Kulturellen Beirats für das Verlagswesen«, der der DVV angeschlossen war, zunehmend an Bedeutung für dieses System. Daneben steuerte er die Verteilung der Mangelware Papier (siehe Kapitel 1.1.3). An die Stelle des Kulturellen Beirats trat 1951 das »Amt für Literatur und Verlagswesen«, das in der DDR bis zum Sommer 1956 für die Vergabe von Lizenzen zuständig war.

1.2 Stand der Forschung

Eine eigenständige wissenschaftliche Arbeit über die Verlagslizenzierungen in der Sowjetischen Besatzungszone Deutschlands hat es bislang nicht gegeben. Erwähnung fand dieses Thema in früheren Publikationen meist nur als Seitenaspekt. In keinem Fall wurde die Lizenzierungspolitik dabei in ihrer gesamten Komplexität dargestellt.

Ein guter allgemeiner Überblick über den Buchhandel der SBZ findet sich schon in der 1975 erschienenen Gesamtdarstellung *Geschichte des Buchhandels – vom Altertum bis zur Gegenwart* von Hans Widmann.[4] Erwähnung finden hier unter anderem die zentralen Institutionen, die für den Buchhandel in der SBZ verantwortlich waren. Bei seinen Ausführungen stützte sich Widmann vor allem auf die 1967, 1968 und 1970 in drei Folgen im *Archiv für die Geschichte des Buchhandels*, einem Anhang zur Frankfurter Ausgabe des *Börsenblatts für den Deutschen Buchhandel*, erschienenen Ausführungen zum Nachkriegsbuchhandel von Ernst Umlauff sowie auf einen stark ideologisch eingefärbten Artikel von Karlheinz Selle, der 1972 im fünften Band der *Beiträge zur Geschichte des Buchwesens* erschien.[5]

1978 fasste Ernst Umlauff seine bereits in den genannten drei Folgen teilweise vorgestellten Forschungsergebnisse zusammen und veröffentlichte sie unter dem Titel *Der Wiederaufbau des Buchhandels. Beiträge zur Geschichte des Büchermarkts in Westdeutschland nach 1945*. Obwohl sein Schwerpunkt in der Erforschung des Buchhandels der westlichen Besatzungszonen lag, widmete er sich auch ausführlich dem Buchhandel in der SBZ und ging dabei auch auf die Lizenzierungspolitik ein. So beschreibt Umlauff wichtige Befehle der Sowjetischen Militäradministration, erwähnt, dass neben den Verlagslizenzen für einzelne Publikationen Druckgenehmigungen einzuholen waren und hebt in besonderem Maße die Bedeutung des Kulturellen Beirats hervor.

Die 1992 erschienene kulturpolitische Untersuchung *The Politics of Culture in Soviet-Occupied Germany 1945–1949* von David Pike greift ebenfalls das Thema auf. Sie setzt sich umfassend mit ideologischen Fragestellungen auseinander. Einen Schwerpunkt bildet der Kulturelle Beirat.

Ausführlichere Informationen zur »Propaganda-« bzw. »Informationsverwaltung« der SMAD finden sich in der 1989 eingereichten Dissertation von Peter Strunk *Pressekontrolle und Propagandapolitik der Sowjetischen Militäradministration in Deutschland*, die 1996 überarbeitet unter dem Titel *Zensur und Zensoren* im Akademie Verlag erschienen ist, und in den beiden Einführungsartikeln von Norman M. Naimark und Bernd Bonwetsch in dem Band *Sowjetische Politik in der SBZ 1945–1949. Dokumente zur Tätigkeit der Propagandaver-*

4 Widmann: Geschichte des Buchhandels, S. 182–190 und S. 206–226.

5 Detaillierte bibliografische Angaben zu der in diesem Kapitel genannten Literatur finden sich im Quellen- und Literaturverzeichnis.

waltung (Informationsverwaltung) der SMAD unter Sergej Tjul'panov[6], der 1998 erschienen ist.

Von Beiträgen in Sammelbänden sind vor allem diejenigen zu nennen, deren Autoren für ihre Erstellung Einsicht in einige der Dokumente der an der Lizenzierungspolitik beteiligten deutschen Institutionen genommen haben – meist Dokumente der DVV, teilweise aber auch Dokumente des Rats der Stadt Leipzig und des Börsenvereins der Deutschen Buchhändler zu Leipzig. Diese Beiträge beschäftigen sich zum einen erneut mit den bereits erwähnten zentralen sowjetischen und deutschen Verwaltungen, verdeutlichen aber auch einige Teilaspekte der Lizenzierungspolitik wie die Gründung von Verlagen der Parteien, Organisationen und Verwaltungen der SBZ und deren frühe Lizenzierungen (Mortier, 1988, und Lokatis, 1997). Auch die besondere Rolle Leipzigs mit den umfangreichen Demontagen buchhändlerischer Betriebe nach Kriegsende und der frühen Abwanderung Leipziger Verlage in westliche Besatzungszonen wird thematisiert (Bille, 1992, und Riese, 2000).

Hinweise auf die Verlagslizenzierungen finden sich darüber hinaus in einigen Artikeln des Leipziger *Börsenblatts für den Deutschen Buchhandel* und in den verschiedenen Tages- und Wochenzeitungen aus der Zeit von 1945 bis 1949 sowie in den Autobiographien von Sergej Tulpanow, dem ehemaligen Leiter der »Propaganda-« bzw. »Informationsverwaltung« der SMAD, erschienen 1986, und von Heinrich Becker, dem ehemaligen Leiter der Leipziger »Zentralstelle für Buch- und Bibliothekswesen« und späteren Vorsteher des Börsenvereins der Deutschen Buchhändler zu Leipzig, erschienen 1972.

Von den neueren Publikationen seien die von Florian Triebel 2003 unter dem Titel *Kultur und Kalkül. Der Eugen Diederichs Verlag 1930–1949* im Internet veröffentlichte Dissertation (eine Printversion erschien 2004 mit einem geringfügig geänderten Titel) sowie die von Bettina Hinterthür 2006 veröffentlichte Dissertation *Noten nach Plan. Die Musikverlage in der SBZ/DDR – Zensursystem, zentrale Planwirtschaft und deutsch-deutsche Beziehungen bis Anfang der 1960er Jahre* genannt. Beide Unternehmensgeschichten liefern mit dem Eugen Diederichs Verlags (Triebel 2003) bzw. mit den Musikverlagen (Hinterthür 2006) Beispiele für einzelne Lizenzierungsverfahren in der SBZ.

1.3 Zielsetzung und Hypothesen

Die vorliegende Arbeit ist die erste eigenständige wissenschaftliche Untersuchung zu den Verlagslizenzierungen in der SBZ in der Zeit von 1945 bis 1949. Ihr Ziel ist die Vorstellung der Strukturen des Lizenzierungssystems und der beteiligten Personen. Sie soll weiteren Forschungen als Grundlage dienen. Die vier Schwerpunkte sind:

- die Beschreibung des Aufbaus und der Aufgaben der zuständigen deutschen Verwaltungen, angefangen von der obersten Leitungsebene bis hin zur Verwaltungsebene der Dezernate und Referate,
- die Rekonstruktion der Entstehung des Lizenzerteilungssystems,

6 Die Schreibweise des Namens ist unterschiedlich. In dieser Arbeit wird die Schreibweise »Sergej Tulpanow« verwendet. Bei der Angabe von Literaturhinweisen wird allerdings die Schreibweise der jeweiligen Publikation angegeben.

- die Darstellung der Abhängigkeit der Verlage von den Lizenzen und ihrer Bemühungen um deren Erhalt, insbesondere anhand des Fallbeispiels Gustav Fischer Verlag in Jena sowie
- die Erstellung einer möglichst vollständigen Liste der in der SBZ lizenzierten Verlage.

Die Verfahren zur Zeitschriftenlizenzierung und die Erteilung von Druckgenehmigungen für einzelne Publikationen lizenzierter Verlage durch die SMAD und den Kulturellen Beirat werden ebenfalls vorgestellt, ohne jedoch einen eigenen Schwerpunkt zu bilden. Die Lizenzierungen von Zeitungen finden nur im Zusammenhang mit dem Beginn der Lizenzerteilungen Erwähnung.

Folgende Thesen sollen mit dieser Arbeit verifiziert werden:

- Die wesentlichen Arbeiten in der Lizenzierungspolitik der SBZ leisteten die Mitarbeiter der deutschen Verwaltungen auf zentraler und regionaler Ebene. Die zentrale Institution der SMAD, die »Propaganda-« bzw. »Informationsverwaltung«, orientierte sich in der Regel an deren Entscheidungen.
- In der SBZ gab es kein von vornherein von der SMAD vorgegebenes, einheitliches System zur Vergabe von Lizenzen.
- Trotz der zentralistischen Lenkung durch die »Propaganda-« bzw. »Informationsverwaltung« der SMAD und die »Deutsche Verwaltung für Volksbildung« sind bei den Lizenzierungen markante Unterschiede zwischen den einzelnen Ländern und Provinzen festzustellen.

1.4 Methodik

Grundlage dieser Arbeit ist die Quellenforschung. Als Basis dienten dabei in erster Linie Dokumente aus den Akten der für die Verlagslizenzierungen in der SBZ verantwortlichen deutschen Institutionen in Form von Briefwechseln, Aktennotizen, Sitzungsprotokollen, Gesetzentwürfen, Rundschreiben u. ä. Ausgewertet wurden insgesamt 30 Bestände aus 10 Archiven.

Unterlagen der DVV und des Kulturellen Beirats (siehe Kapitel 1.1.2 und 1.1.3) finden sich vor allem im Bundesarchiv in Berlin, Abteilung DDR.

Dokumente der Volksbildungsministerien der Länder und Provinzen der SBZ und ihrer Vorläuferverwaltungen (siehe Kapitel 1.2.2) befinden sich in den Staatsarchiven der Bundesländer. Zu nennen sind hier das Brandenburgische Landeshauptarchiv in Potsdam, das Landeshauptarchiv Sachsen-Anhalt in Magdeburg, das mecklenburgische Landeshauptarchiv Schwerin, das Sächsische Hauptstaatsarchiv in Dresden sowie das Thüringische Hauptstaatsarchiv in Weimar.

Die Akten der im Magistrat von Berlin für die Lizenzierungen zuständig gewesenen »Abteilung für Volksbildung« (siehe Kapitel 1.3.1) sind im Landesarchiv Berlin einsehbar.

Die Dokumente der Leipziger »Zentralstelle für Buch- und Bibliothekswesen«, die insbesondere für die Leipziger Verlage eine große Rolle spielte (siehe Kapitel 1.3.2), finden sich im Stadtarchiv Leipzig.

Für das Fallbeispiel Gustav Fischer Verlag in Jena wurden die Bestände der beiden Archive des Verlags im Thüringischen Hauptstaatsarchiv in Weimar und im Historischen

Archiv des Börsenvereins des Deutschen Buchhandels in der Deutschen Nationalbibliothek in Frankfurt am Main ausgewertet. Als weitere Quellen für das Fallbeispiel dienten ein 1996 geführtes Interview mit Annelise von Lucius, der Verlagsleiterin des Gustav Fischer Verlags ab März 1946, und ihrem Sohn Wulf Dietrich von Lucius, Verlagsleiter von 1969 bis 1996 gemeinsam mit Bernd von Breitenbuch, sowie die von Annelise von Lucius für diese Arbeit zur Verfügung gestellten Tagebucheinträge aus der Zeit vom 25. Mai 1945 bis 20. Dezember 1946 (Auszüge aus dem Interview und eine Abschrift der Tagebucheinträge finden sich im Anhang).

Darüber hinaus wurden Bestände der Stiftung der Parteien und Massenorganisationen der DDR im Bundesarchiv und Bestände des Sächsischen Staatsarchivs in Leipzig ausgewertet. Eine genaue Auflistung der eingesehenen Bestände findet sich im Quellen- und Literaturverzeichnis.

1.5 Aufbau der Arbeit

In der Sowjetischen Besatzungszone Deutschlands (SBZ) benötigte ein Verlag, wie beschrieben, zur Publikation von Neuerscheinungen eine Verlagslizenz. Die vorliegende Arbeit stellt den gesamten Komplex dieser Lizenzierungspolitik in der Zeit vom Ende des Zweiten Weltkriegs im Mai 1945 bis zur Gründung der DDR im Oktober 1949 dar.

Nach der Einführung werden in Kapitel zwei die für die Lizenzierungspolitik zuständigen sowjetischen und deutschen Institutionen vorgestellt. Dabei finden mit der »Propaganda-« bzw. »Informationsverwaltung« der Sowjetischen Militäradministration Deutschlands, der »Deutschen Verwaltung für Volksbildung« und dem »Kulturellen Beirat für das Verlagswesen« zunächst die zentralen, für die gesamte SBZ zuständigen Einrichtungen Erwähnung, gefolgt von den Verwaltungen in den Ländern und Provinzen. Die Situation in der nach Kriegsende in vier Sektoren aufgeteilten Stadt Berlin und in der für das Buch- und Verlagswesen besonders bedeutenden Stadt Leipzig wird in einem jeweils eigenen Unterkapitel dargestellt.

Das dritte Kapitel beschäftigt sich mit den rechtlichen Grundlagen der Lizenzierungspolitik. Nach einer allgemeinen Übersicht über die Entstehung von Befehlen der SMAD, insbesondere im Bereich der Volksbildung, findet sich in tabellarischer Form eine Zusammenstellung sämtlicher für den Buchhandel[7] in der SBZ relevanten SMAD-Befehle. Anschließend werden die Befehle, die die Basis der Lizenzierungspolitik bildeten, analysiert.

Das vierte Kapitel beschreibt zunächst den Beginn der Verlagslizenzierungen in der SBZ sowie die Entstehung des eigentlichen Systems der Lizenzerteilung. In einem Unterkapitel werden anhand von Beispielen die nach und nach veränderten Lizenzurkunden vorgestellt und entsprechende Begriffe für die verschiedenen Urkundenformen eingeführt. Die nächsten beiden Unterkapitel behandeln zum einen die unterschiedlichen Bedingungen, die sich den Verlagen in den einzelnen Ländern und Provinzen boten, und zum anderen die Einführung von so genannten Arbeitsgemeinschaften als einem Sonderfall der Lizenzierungspolitik in der SBZ. Dabei wurden Verlage gleicher Fachrichtung zusammengeschlossen, um unter der Lizenz einer Arbeitsgemeinschaft publizieren zu können. Den Abschluss des Kapitels bildet

7 Ist in dieser Arbeit von »Buchhandel« die Rede, ist damit immer sowohl der herstellende Buchhandel, der Buchgroßhandel als auch der Bucheinzelhandel gemeint.

das Fallbeispiel des Gustav Fischer Verlags in Jena, an dem die Auswirkungen der Lizenzierungspolitik auf die Arbeit eines Verlages verdeutlicht werden. Ergänzt durch die für diese Arbeit zur Verfügung gestellten Tagebuchauszüge von Annelise von Lucius (siehe Anhang), die nach dem Tod ihres Vaters Gustav Fischer im März 1946 die Verlagsleitung übernahm, kommen in diesem Unterkapitel auch soziale und wirtschaftliche Aspekte zur Sprache, die auf die besondere Situation der Nachkriegsjahre aufmerksam machen.

Im fünften Kapitel findet sich eine Übersicht über die in der SBZ erteilten Verlagslizenzen. Neben den Lizenzierungsdaten sind auch die entsprechenden Lizenznummern der Verlage aufgelistet.

Die Kurzbiografien im Anhang bieten einen Überblick über Persönlichkeiten, die auf zentraler und regionaler Ebene für den Aufbau der Verwaltungen und/oder für den Buchhandel in der SBZ von Bedeutung waren.

2 Aufbau und Aufgaben der in der SBZ für die Lizenzierungspolitik verantwortlichen Institutionen

2.1 Zentrale Institutionen

2.1.1 Propaganda- bzw. Informationsverwaltung

Zur Sowjetischen Militäradministration in Deutschland (SMAD) gibt es eine Vielzahl von Publikationen.[1] Gemeinsam ist ihnen das Problem, tatsächlich »hinter die imposante Fassade zu dringen, die von den sowjetischen Behörden in Karlshorst, dem Sitz der SMAD in Berlin, errichtet wurde«, wie Norman Naimark im einleitenden Kapitel der 1998 erschienenen Dokumentensammlung *Sowjetische Politik in der SBZ 1945–1949. Dokumente zur Tätigkeit der Propagandaverwaltung (Informationsverwaltung) der SMAD unter Sergej Tjul'panov* schreibt.[2] Neuere Möglichkeiten der Forschung bieten sich seit der Öffnung der Archive in Moskau. Zu nennen sind hier vor allem das Staatsarchiv der Russischen Föderation (GARF), in dem sich die Dokumente der SMAD befinden, und das Russische Staatsarchiv für soziale und politische Geschichte, wo sich unter anderem Dokumente der Abteilung »Agitation und Propaganda« des Zentralkomitees der KPdSU befinden.[3] Ein Teil davon wurde in Abschriften in der bereits genannten Dokumentensammlung *Sowjetische Politik in der SBZ 1945–1949* und in dem Band *Die Politik der Sowjetischen Militäradministration in Deutschland (SMAD): Kultur, Wissenschaft und Bildung 1945–1949. Ziele, Methoden, Ergebnisse, Dokumente aus russischen Archiven*, herausgegeben 2005 von Horst Möller und Alexandr O. Tschubarjan, aufgenommen. Sie »gestatten Einblicke in die innersowjetische Diskussion über die deutsche Frage und legen einige der Verbindungslinien zwischen Moskau und Karlshorst bloß«, so Naimark.[4]

Die Grundlagen zur Besetzung Deutschlands durch die Alliierten wurden im November 1943 auf der Konferenz in Teheran, im Februar 1945 auf der Jalta-Konferenz und von Juli bis August 1945 auf der Potsdamer Konferenz beschlossen.[5] Sie gingen auf die »allgemeinen völkerrechtlichen Grundsätze des Besatzungsrechts« zurück, die in der IV. Haager Konvention von 1907 festgelegt worden waren.[6]

---

1 Vgl. beispielsweise Bonwetsch: Einführung, S. XIX–LV; Creuzberger: Die sowjetische Besatzungsmacht. Foitzik: Inventar der Befehle; ders.: Sowjetische Militäradministration in Deutschland (SMAD). In: Broszat/Weber: SBZ-Handbuch, S. 7–69; ders.: Sowjetische Militäradministration; Naimark: Sowjetische Militäradministration, S. VII–XVIII; Strunk: Pressekontrolle; ders.: Die Sowjetische Militäradministration, S. 143–176 und ders.: Zensur und Zensoren.

2 Naimark: Sowjetische Militäradministration, S. X.

3 Vgl. ebd., S. XI und Möller/Tschubarjan: Die Politik der Sowjetischen Militäradministration in Deutschland, S. 443f.

4 Ebd.

5 »Erste Vorschläge zur Behandlung Deutschlands nach dem Krieg unterbreiteten amerikanische Vertreter auf der Moskauer Außenministerkonferenz im Oktober 1943.« (Foitzik: Sowjetische Militäradministration, 1993, S. 10). Zu weiteren Planungen vgl. ebd., S. 11.

6 Vgl. Foitzik: Sowjetische Militäradministration, 1993, S. 10. Mit der IV. Haager Konvention von 1907 ist der Abschluss der Haager Landkriegsordnung angesprochen. Siehe auch Übersetzung des Abkommens vom 18. Oktober 1907 betreffend die Gesetze und Gebräuche des Landkriegs (5.11.1999). In: Online-Portal der Bundesbehörden der Schweizerischen Eidgenossenschaft. URL: http://www.admin.

Mit der Unterzeichnung der Vier-Mächte-Erklärung am 5. Juni 1945 übernahmen die militärischen Oberbefehlshaber Jean de Lattre de Tassigny, Georgi K. Schukow, Dwight D. Eisenhower und Bernard L. Montgomery die Regierungsgewalt in Deutschland.[7] Von dem Tag an übten sie unabhängig voneinander in ihren Besatzungszonen die oberste Gewalt aus.[8] Für das in vier Sektoren unterteilte Berlin wurde am 11. Juli 1945 mit der »Alliierten Kommandantur« eine gemeinsame Besatzungsverwaltung errichtet.[9] Für Angelegenheiten, die Deutschland als Ganzes betrafen, war der Alliierte Kontrollrat zuständig, der sich aus den Oberbefehlshabern der vier Besatzungszonen zusammensetzte.[10] Er konstituierte sich am 30. Juli 1945 und nahm mit seiner Proklamation Nr. 1 am 30. August 1945 seine Arbeit auf.[11]

Die SMAD war das höchste Verwaltungsorgan der SBZ und des sowjetischen Sektors Berlins. Unterstellt war die SMAD dem »Rat der Volkskommissare« bzw. ab 1946 dem »Ministerrat«, erhielt aber auch Anordnungen von der »Politischen Hauptverwaltung« der Roten Armee und den für das Militär zuständigen Ministerien.[12] Sie übte sowohl die Legislative, die Exekutive als auch die Judikative aus. In den Schriftwechseln verschiedener deutscher Verwaltungen findet sich gelegentlich die Bezeichnung SWA oder SWAG, wohinter sich die Abkürzung der russischen Bezeichnung »Sowetskaja Wojennaja Administracija (w Germanii)« der SMAD verbirgt.[13]

Bereits im August 1943 begann ein Expertenstab des »Volkskommissariats für auswärtige Angelegenheiten« die sowjetische Nachkriegspolitik zu planen.[14] Beim »Rat der Volkskommissare« wurde unter der Leitung des stellvertretenden Außenministers Iwan M. Maiski eine Sonderkommission für Reparationsfragen gebildet.[15] Zu dieser Kommission gehörte der im sowjetischen Exil lebende ungarische Wirtschaftsfachmann Eugen Varga. Seine Analysen bildeten die Grundlage für die sowjetischen Forderungen auf der Jalta-Konferenz im Februar 1945.[16] Ziel war eine weitgehende »ökonomische Entwaffnung«, um Deutschland als Macht-

---

ch/ch/d/sr/c0_515_112.html (4.1.2010). Die Sowjetunion war der Konvention zwar nicht beigetreten, hat sich aber nach eigenen Angaben im besetzten Deutschland strikt an sie gehalten (vgl. Foitzik: Sowjetische Militäradministration, 1993, S. 10).

7 Vgl. »Erklärung in Anbetracht der Niederlage Deutschlands und der Übernahme der obersten Regierungsgewalt hinsichtlich Deutschlands durch die Regierungen des Vereinigten Königreichs, der Vereinigten Staaten von Amerika und der Union der Sozialistischen Sowjet-Republiken und durch die Provisorische Regierung der Französischen Republik« (5.6.1945), »Feststellung seitens der Regierungen des Vereinigten Königreichs, der Vereinigten Staaten von Amerika und der Union der Sozialistischen Sowjet-Republiken sowie der Provisorischen Regierung der Französischen Republik über das Kontrollverfahren in Deutschland« (5.6.1945) und »Feststellung seitens der Regierungen des Vereinigten Königreichs, der Vereinigten Staaten von Amerika und der Union der Sozialistischen Sowjet-Republiken sowie der Provisorischen Regierung der Französischen Republik über die Besatzungszonen in Deutschland« (5.6.1945). Alle drei in: documentArchiv.de. URL: http://www.documentarchiv.de/index.html (4.1.2010).

8 Vgl. Foitzik: Sowjetische Militäradministration, 1993, S. 10.

9 Vgl. ebd.

10 Vgl. ebd., S. 11.

11 Vgl. ebd.

12 Vgl. Naimark: Sowjetische Militäradministration, S. XIV.

13 Vgl. Foitzik: Sowjetische Militäradministration, 1993, S. 9.

14 Vgl. ebd., S. 11.

15 Vgl. ebd.

16 Vgl. ebd., S. 11.

faktor auszuschalten und die eigenen wirtschaftlichen Verluste auszugleichen.[17] Zur Vorbereitung auf die Aufgaben im Nachkriegsdeutschland wurde im Herbst 1944 mit Schulungen für deutsche Mitarbeiter der »Politischen Hauptverwaltung« der Roten Armee und für sowjetische Offiziere und zivile Fachleute begonnen.[18]

Bereits im Dezember 1944 wurde der Befehl gegeben, nach der Eroberung Berlins eine Zeitung für die deutsche Bevölkerung herauszugeben.[19] Unter der Bezeichnung *Tägliche Rundschau* erschien sie ab dem 13. Mai 1945 als erste deutschsprachige überregionale Zeitung nach Kriegsende.[20] Bereits 1945 arbeiteten 120 sowjetische und 20 deutsche Mitarbeiter in der Redaktion und im Verlag der Zeitung.[21] Bis Anfang 1946 bauten sie ein Redaktionsnetz in der gesamten SBZ auf.[22] Als zweite deutschsprachige überregionale Zeitung folgte am 21. Mai 1945 die *Berliner Zeitung*. Beide wurden von der »Politischen Verwaltung« der ersten Belorussischen Front herausgegeben.[23] Einen Monat nach dem Erscheinen der ersten Ausgabe der *Berliner Zeitung* überließ die SMAD die Herausgabe dem Berliner Magistrat.[24]

Die SMAD wurde aufgrund der bereits erwähnten Vier-Mächte-Erklärung vom 5. Juni 1945 und der Anordnung des »Rates der Volkskommissare« vom 6. Juni 1945 gegründet.[25] Mit dem SMAD-Befehl Nr. 1 vom 9. Juni 1945 wurde ihre Bildung mit Sitz in Berlin bekannt gegeben.[26] Bereits einen Monat vorher, am 5. Mai 1945, war Marschall Georgi K. Schukow von Stalin fernmündlich zum Obersten Chef der SMAD ernannt worden.[27] Ebenfalls mit Befehl Nr. 1 wurde Armeegeneral Wassili Dawidowitsch Sokolowski als sein erster Vertreter für allgemeine Fragen und NKGB-Generaloberst Iwan Alexandrowitsch Serow als sein Stellvertreter für Fragen der Zivilverwaltung ernannt.[28] Der erste Stellvertreter Schukows war als Verantwortlicher für den Bereich Entmilitarisierung auch oberster Leiter der Abteilungen Land-, See- und Luftstreitkräfte sowie oberster Leiter der »Abteilung für Repatriierung«. Der zweite Stellvertreter war mit seiner Verantwortlichkeit für Fragen der Zivilverwaltung auch Leiter der »Verwaltung des Kommandanturdienstes« und der Abteilungen »Innere Angelegenheiten«, »Verbindungen« und »Gesundheitswesen«.[29] In dieser Position leitete und kontrollierte er auch die Organe der deutschen Verwaltung in der SBZ.[30]

Entsprechend der am 5. Juni 1945 vereinbarten Organisation des Alliierten Kontrollrats, wurde die SMAD in die vier Hauptbereiche »Demilitarisierung«, »Zivilverwaltung«, »Wirt-

---

17 Ebd.

18 Vgl. ebd., S. 13.

19 Vgl. ebd.

20 Vgl. ebd., S. 36. Sie erschien bis zum 30. Juni 1955 täglich außer montags (vgl. ebd.).

21 Vgl. ebd.

22 Vgl. ebd., S. 36f.

23 Vgl. ebd.

24 Vgl. ebd. Zur Zulassung von Tageszeitungen in der SBZ siehe Strunk: Pressekontrolle, S. 92–155 bzw. ders: Zensur und Zensoren, S. 36–91; Deuse: Leipziger Zeitung, S. 31ff und Timofejewa: Deutschland zwischen Vergangenheit und Zukunft, S. 15.

25 Vgl. ebd., S. 14 und S. 16 sowie Naimark: Sowjetische Militäradministration, S. XII.

26 Vgl. Foitzik: Sowjetische Militäradministration, 1993, S. 17.

27 Vgl. ebd. S. 20.

28 Vgl. ebd., S. 17. Siehe auch Naimark: Sowjetische Militäradministration, S. XII. Daneben wurde mit SMAD-Befehl Nr. 1 vom 9.6.1945 auch Generaloberst Wladimir W. Kurasow als Stabschef ernannt (Foitzik: Sowjetische Militäradministration, 1993, S. 17).

29 Vgl. Foitzik: Sowjetische Militäradministration, 1993, S. 17.

30 Vgl. ebd. Weiteres zur Anordnung vom 6.7.1945 siehe ebd.

schaft« und »Politik« gegliedert.[31] Ergänzt wurde sie nach der Anordnung vom 6. Juni 1945 mit den Abteilungen »Volksbildung« und »Gesundheitswesen«.[32] Dieses Strukturmuster wurde jedoch so nie in die Tat umgesetzt. Bis die ersten Verwaltungen Anfang 1946 – nicht wie geplant bereits im Herbst 1945 – tatsächlich eingerichtet wurden, waren bereits Änderungen vorgenommen worden. »So bildete die SMAD aufgrund des Befehls Nr. 29 vom 18. August 1945 eine zusätzliche ›Verwaltung für Propaganda und Zensur‹, später in ›Verwaltung für Information‹ umbenannt, und Ende 1945 kam eine ›Verwaltung für Außenhandel‹ hinzu.«[33] Am 10. April 1946 wurde Schukow offiziell als Oberster Befehlshaber der SMAD abgelöst.[34] Sein Nachfolger, Marschall Wassili Sokolowski blieb bis 1949 im Amt und wurde wiederum von Armeegeneral Wassili Tschuikow abgelöst.[35]

»Im Zuständigkeitsbereich des Stellvertreters des Obersten Chefs für Fragen der Zivilverwaltung lag – zumindest in den Jahren 1945 bis 1948 – die eigentliche verwaltungsmäßige Schaltzentrale der SMAD«.[36] Er hatte die Befehlsgewalt über die Kommandanturen und die deutschen Verwaltungen und war Bindeglied zum Alliierten Kontrollrat.[37] Bei ihm lag auch die Verantwortung für den Aufbau und die Anleitung der Besatzungsverwaltung.[38] Serow übte dieses Amt bis 1947 aus, sein Nachfolger bis 1948 war Generaloberst Bogdan Sacharowitsch Kobulow, der wiederum von Oberst Alexandr Fedorowitsch Kabanow abgelöst wurde.[39] Durch die Aufgabenbereiche der Stellvertreter des Obersten Chefs für Zivilangelegenheit war die SMAD eng mit dem Sicherheitsapparat in der SBZ verzahnt.[40] Serow beispielsweise war als »hochqualifizierter Sicherheitsexperte« Vorsteher aller geheimdienstlichen Institutionen in der SBZ.[41] In den Aufgabenbereich des Sicherheitsdienstes fiel auch die Überprüfung der personalpolitischen Entscheidungen deutscher Verwaltungen.[42]

Beim Aufbau der sowjetischen Verwaltung wurden die sowjetischen Besatzungstruppen von so genannten Initiativgruppen des Zentralkomitees der KPD unterstützt.[43] Zu diesen gehörte auch eine hohe Anzahl emigrierter deutscher Kommunisten und kriegsgefangener Absolventen von Antifa-Schulen, die bereits ab 1942 in die Arbeit des militärpolitischen Apparates der Sowjetunion miteinbezogen worden waren.[44] Sie unterstanden den »militärischen Leitern der 7. Abteilungen der Politischen Verwaltungen, die für psychologische

31 Vgl. Foitzik: Sowjetische Militäradministration, 1993, S. 17, 23f und 63.

32 Vgl. ebd., S. 17.

33 Ebd., S. 17. Gemäß Foitzik: Sowjetische Militäradministration, 1993, S. 17 lässt sich ein Organisationsschema der SMAD aufgrund immer wieder vorgenommenen Änderungen schwer erstellen. Zu weiteren Strukturänderungen siehe ebd. Die hier zitierte »Verwaltung für Propaganda und Zensur« wird in dieser Arbeit mit »Sektor für Propaganda und Zensur« bezeichnet (s. unten).

34 Ebd., S. 19.

35 Vgl. ebd., S. 20. Nachfolger Sokolowskis als Erster Stellvertreter des Obersten Befehlshabers der SMAD wurde Generaloberst Pawel A. Kurotschkin (vgl. ebd.).

36 Ebd.

37 Vgl. ebd., S. 21.

38 Vgl. ebd., S. 9 und 13.

39 Vgl. ebd., S. 21.

40 Vgl. ebd., S. 28. Näheres zur Bildung und Zusammensetzung des Sicherheitsapparates siehe ebd.

41 Ebd., S. 28.

42 Vgl. ebd.

43 Vgl. ebd., S. 12.

44 Vgl. ebd.

Kriegführung zuständig waren, und den Beauftragten des Außenministeriums bei den Fronten.«[45]

Mit der Bekanntgabe der Gründung der SMAD am 9. Juni 1945 gab Marschall Schukow auch ihre Aufgaben, die der Rat der Volkskommissare der UdSSR am 6. Juni 1945 beschlossen hatte, bekannt. Sie sollte die bedingungslose Kapitulation der Deutschen in der SBZ überwachen, die SBZ verwalten und für die Durchsetzung der Beschlüsse des Alliierten Kontrollrats sorgen.[46] Die SMAD war zuständig für die »demokratische Neugestaltung des gesamten wirtschaftlichen, politischen und geistig-kulturellen Lebens«.[47] Sie erließ als rechtsetzende Instanz Befehle und Anordnungen und war verantwortlich für ihre Durchsetzung. Darüber hinaus hatte sie eine »Schutzfunktion zur Sicherung der gesellschaftlichen Entwicklung.«[48] Anfangs waren die Aufgaben der Besatzungstruppen davon bestimmt, die größte Nachkriegsnot und das »Flüchtlingselend« zu überwinden, die eigene Versorgung zu gewährleisten und erste Schritte zur Entmilitarisierung und zu Reparationsleistungen einzuleiten.[49]

Innerhalb der SMAD gab es eine Vielzahl von Kompetenzüberschneidungen und Rivalitäten, die auf die »verwirrenden Machtstrukturen der Nachkriegssowjetunion« zurückzuführen waren.[50] Wie Naimark im Vorwort der Publikation *Sowjetische Politik in der SBZ 1945–1949* schreibt, war der Stalinismus

> entgegen gängigen Vorstellungen keine perfekt funktionierende, hierarchisch organisierte Diktatur, die Staat und Gesellschaft voll unter Kontrolle hatte. Stalin war zweifellos ein Diktator, aber einer, der sich in dieser Zeit kaum äußerte; wenn es geschah, dann mit Absicht vieldeutig, so dass seine Anweisungen in unterschiedlicher Weise interpretiert werden konnten. Das gab den sowjetischen Funktionären einen gewissen Entscheidungsspielraum, insbesondere wenn sie weit von Moskau entfernt tätig waren.[51]

Die beiden SMAD-Verwaltungen, die sich hauptsächlich mit dem Verlagswesen in der SBZ befassten, waren die »Propaganda-« bzw. »Informationsverwaltung« und die »Abteilung für Volksbildung«. Beide gehörten zum Bereich »Politik« und waren somit dem Politischen Berater der SMAD unterstellt.[52] In dieser Position war ab Mai 1945 zunächst Andrei Wyschinski, ab dem 6. August 1945 Arkadi Sobolew und ab 15. Mai 1946 Wladimir Semjonow tätig.[53] In der ursprünglichen Struktur der SMAD war keine eigene Abteilung oder Verwaltung für Propaganda vorgesehen.[54] Bis zur Einrichtung eines »Sektors für Propaganda

45 Ebd. Zu den 7. Abteilungen siehe auch weiter unten.

46 Vgl. »Anordnung für die Sowjetische Militäradministration über die Verwaltung der Sowjetischen Besatzungszone in Deutschland«, beschlossen am 6.6.1945 durch den Rat der Volkskommissare der UdSSR, in: Um ein antifaschistisch-demokratisches Deutschland, S. 51–53. Vgl. auch Naimark: Sowjetische Militäradministration, S. XII und Foitzik: Sowjetische Militäradministration, 1993, S. 9.

47 Foitzik: Sowjetische Militäradministration, 1993, S. 9.

48 Ebd.

49 Vgl. ebd., S. 15f.

50 Naimark: Sowjetische Militäradministration, S. XIII.

51 Ebd.

52 Vgl. Foitzik: Sowjetische Militäradministration, 1993, S. 63. Ebenfalls zum Aufgabenbereich des Politischen Beraters gehörten die »Rechts-« und die »Politische Abteilung« (vgl. ebd.).

53 Vgl. ebd., S. 53 und Bonwetsch: Einführung, S. XXVII.

54 Vgl. Bonwetsch: Einführung, S. XXVII.

und Zensur« im Juli 1945 war der Politische Berater beim Obersten Chef der SMAD für diesen Aufgabenbereich zuständig.[55] Nach der Gründung bzw. der Festlegung des Aufgabengebiets des »Sektors für Propaganda und Zensur« durch den SMAD-Befehl Nr. 29 vom 18. August 1945 ging die Zuständigkeit auf die von Wladimir Semjonow geleitete »Politische Abteilung« der SMAD über.[56] Durch diesen Befehl wurden dem bereits einen Monat vorher gebildeten Sektor im Nachhinein »alle Funktionen bezüglich der Ausübung und Leitung der Zensurtätigkeit« übertragen.[57] Als sein Aufgabengebiet wurde unter anderem die »Ausübung einer Vorzensur für alle Druckerzeugnisse« und die »Kontrolle der Arbeit aller tätigen Druckereien« festgelegt.[58] Leiter des »Sektors für Propaganda und Zensur« wurde Iwan Filippow, der gleichzeitig Leiter der für die Vorzensur zuständigen Abteilung »Zensur« und Stellvertreter Semjonows war.[59] Knapp zwei Monate später wurde der »Politischen Abteilung« die »Kontrolle über die tagespolitische Arbeit in der SBZ« entzogen.[60] Stattdessen wurde aufgrund des unveröffentlichten Beschlusses des »Rats der Volkskommissare« vom 5. Oktober 1945 die »Propagandaverwaltung« gegründet und direkt Generalmajor Fjodor Bokow, Mitglied des SMAD-Militärrats, unterstellt.[61] Einen entsprechenden Ausführungs-

---

55 Vgl. ebd. Zum Datum der Errichtung des Sektors siehe übersetzte Abschrift des Berichts über die Arbeit des »Sektors für Propaganda und Zensur« der »Politischen Abteilung« der SMAD vom 15. Juli bis 15. Oktober 1945., in: Bonwetsch/Bordjugov/Naimark: Sowjetische Politik, S. 14f und in: Politik der Sowjetischen Militäradministration, hrsg. von Möller und Tschubarjan, S. 89–95. Gemäß Bonwetsch: Einführung, S. XXVIII und Foitzik: Sowjetische Militäradministration, 1993, S. 17 erfolgte die Bildung des »Sektors für Propaganda und Zensur« erst mit dem SMAD-Befehl Nr. 29 vom 18.8.1945. Dem widerspricht jedoch der Bericht über die Arbeit des »Sektors für Propaganda und Zensur« der »Politischen Abteilung« der SMAD vom 15. Juli bis 15. Oktober 1945. Näheres zu den Aufgaben des Politischen Beraters siehe Bonwetsch: Einführung, S.XXVIII.

56 Vgl. übersetzte Abschrift des Berichts über die Arbeit des »Sektors für Propaganda und Zensur« der »Politischen Abteilung« der SMAD vom 15. Juli bis 15. Oktober 1945; Naimark: Sowjetische Militäradministration, S. XV; Bonwetsch: Einführung, S. XXVIII; Strunk: Pressekontrolle, S. 64; ders: Zensur und Zensoren, S. 92 u. 94 und Timofejewa: Deutschland zwischen Vergangenheit und Zukunft, S. 16.

57 Abdruck des Wortlauts des SMAD-Befehls Nr. 29 vom 18.8.1945 in: Politik der Sowjetischen Militäradministration (SMAD), hrsg. von Möller und Tschubarjan, S. 85f. Zitate aus dem Befehl finden sich auch in der übersetzten Abschrift des Berichts über die Arbeit des »Sektors für Propaganda und Zensur« der »Politischen Abteilung« der SMAD vom 15.7. bis 15.10.1945.

58 Abdruck des Wortlauts des SMAD-Befehls Nr. 29 vom 18.8.1945 in: Die Politik der Sowjetischen Militäradministration in Deutschland (SMAD), S. 85f.

59 Vgl. ebd.; Foitzik: Sowjetische Militäradministration, 1993, S. 18; Strunk, Pressekontrolle, S. 63 und ders.: Zensur und Zensoren, S. 92. Die Abteilung »Zensur« der SMAD, trat laut Strunk, Pressekontrolle, S. 161f erstmals am 2.8.1945 mit dem Erlass des Befehls Nr. 19 öffentlich in Erscheinung. Filippow, ihr Leiter, war zunächst Semjonow, dem Leiter der »Politischen Abteilung« der SMAD unterstellt, nach der Gründung der »Propagandaverwaltung« dann Oberst Tulpanow. Die Aufgabe der Abteilung »Zensur« bestand vor allem aus der Kontrolle des Pressewesens (vgl. ebd.). Gemäß Foitzik: Sowjetische Militäradministration, 1993, S. 18 existierte die Abteilung »Zensur« der SMAD mindestens bis 1946. Danach soll die »Propagandaverwaltung« ihren Aufgabenbereich übernommen haben (vgl. Strunk: Zensur und Zensoren, S. 93). Zur unklaren Position der Abteilung »Zensur« siehe Deuse: Leipziger Zeitung, S. 326.

60 Bonwetsch: Einführung, S. XXVIIIf.

61 Vgl. Naimark: Sowjetische Militäradministration, S. XV und Bonwetsch: Einführung, S. XXVIIIf. Näheres zum SMAD-Militärrat vgl. Bonwetsch: Einführung, S. XXVIII, Foitzik: Sowjetische Militäradministration, 1993, S. 19; Strunk: Pressekontrolle, S. 51ff und ders.: Zensur und Zensoren, S. 23–25.

befehl erließ Schukow am 23. Oktober 1945.[62] Leiter der »Propagandaverwaltung«, die 1947 in »Informationsverwaltung« umbenannt wurde,[63] war bis zu seiner Abberufung im September 1949 Oberst Sergej Iwanowitsch Tulpanow.[64] Danach übernahm Oberstleutnant Alexei Alexandrowitsch Abramow das Amt.[65] »Die Mehrzahl der Mitarbeiter« der Verwaltung waren »während des Krieges in den 7. Abteilungen der Politverwaltung der Frontengruppen beziehungsweise der Politabteilungen der Armeen tätig gewesen, das heißt in jenen Abteilungen, die Aufklärungsarbeit unter den gegnerischen Streitkräften zu leisten hatten. Die meisten von ihnen waren vor dem Krieg Lehrkräfte in gesellschaftswissenschaftlichen Disziplinen an Hoch- oder Fachschulen« gewesen.[66]

Gemäß der am 20. Oktober 1945 vom »Verteidigungsministerium« bestätigten Struktur war die »Propagandaverwaltung« in acht Abteilungen gegliedert:

- »Propaganda«,
- »Rundfunkpropaganda«,
- »Information«,
- »Presse und Verlage«,
- »Zensur«,
- »Lichtspielhäuser, Theater, Museen und Ausstellungen«,
- »Arbeit mit antifaschistisch-demokratischen Organisationen, Parteien und Gewerkschaften« und
- »Allgemeines«.[67]

Von den insgesamt 90 Planstellen der »Propagandaverwaltung« waren unter anderem acht für die Abteilung »Propaganda«, acht für die Abteilung »Information«, ebenfalls acht für die Abteilung »Presse und Verlage« und zweiundzwanzig für die Abteilung »Zensur« vorgesehen.[68] Am 19. Mai 1947 wurde eine Vergrößerung des Personalbestands der inzwischen in »Informationsverwaltung« umbenannten »Propagandaverwaltung« auf 160 Stellen bewilligt.[69] Sie bestand nun aus den folgenden Abteilungen:

- »Kader«,
- »Propaganda«,
- »Organisation und Inspektion«,
- »Presse«,
- »Zensur«,
- »Arbeit mit den Parteien«,
- »Gewerkschaften«,

62 Vgl. Bonwetsch: Einführung, S. XXVIIIf. Auch dieser Befehl blieb unveröffentlicht (vgl. ebd.).
63 Vgl. Naimark: Sowjetische Militäradministration, S. XVI; Strunk, Pressekontrolle, S. 62f u. 73 und ders.: Zensur und Zensoren, S. 26.
64 Vgl. Naimark: Sowjetische Militäradministration, S. X u. XVII sowie Foitzik: Sowjetische Militäradministration, 1993, S. 23 u. 53.
65 Vgl. Foitzik: Sowjetische Militäradministration, 1993, S. 53.
66 Tjulpanow: Deutschland nach dem Kriege, S. 42.
67 Vgl. Bonwetsch: Einführung, S. XXX.
68 Vgl. ebd.
69 Vgl. ebd.

- »Jugendarbeit«,
- »Arbeit mit Frauen«,
- »Kultur«,
- »Arbeit mit antifaschistisch-demokratischen Organisationen«,
- »Arbeit mit den deutschen Selbstverwaltungsorganen«,
- »Information« und
- »Pressebüro«.[70]

Die Abteilung »Propaganda« verfügte nun über sechzehn, die Abteilung »Information« über acht, die Abteilung »Presse« über vierzehn und die Abteilung »Zensur« nur noch über vierzehn Stellen.[71] Unterstellt waren der »Propaganda-« bzw. »Informationsverwaltung« zudem »das Informationsbüro der SMAD, der SWA-Verlag, die Berliner Abteilung der Filmaußenhandelsorganisation ›Sojuzintorgkino‹, die Redaktion der Tageszeitung ›Tägliche Rundschau‹, die Rundfunkanstalten der SBZ, das Haus der Sowjetischen Kultur in Berlin und die ›Antifaschule‹ in Königswusterhausen«.[72]

Für das Verlagswesen war innerhalb der »Propaganda-« bzw. der »Informationsverwaltung« die Abteilung »Presse und Verlage« bzw. ihr Nachfolger, die Abteilung »Presse«, zuständig. Geleitet wurde sie seit Dezember 1945 von David S. Dawidowitsch, oft auch Davidenko oder Davidenkow genannt.[73] Ab August 1946 übernahm Oberst V. Koltypin dieses Amt.[74] Aufgrund einer Krankheit ließ sich Koltypin auf der Sitzung vom 27. Februar 1947 bei der »Deutschen Verwaltung für Volksbildung« (DVV) »anlässlich der Lizenzierung von Verlagen und Zeitschriften«, von Major Mischin vertreten,[75] der auch schon vorher als Ansprechpartner für deutsche Verwaltungen in Verlagsangelegenheiten in Erscheinung getreten war.[76] Da in den Berichten und der Korrespondenz der deutschen Verwaltungen mit der SMAD nur noch der Name Mischins im Zusammenhang mit dem Verlagswesen auftritt, ist anzunehmen, dass Mischin entweder Koltypins Nachfolger als Leiter der Abteilung »Presse«

---

70 Vgl. ebd., S. XXXI.

71 Vgl. ebd. Die Reduzierung der Stellen in der Abteilung »Zensur« ist vermutlich auf den inzwischen errichteten Kulturellen Beirat zurückzuführen. Zum Kulturellen Beirat siehe Kapitel 2.1.3).

72 Bonwetsch: Einführung, S. XXX. Vgl. auch Strunk, Pressekontrolle, S. 73f und ders.: Zensur und Zensoren, S. 28.

73 Vgl. Bonwetsch/Bordjugov/Naimark: Sowjetische Politik, S. 241 u. 302; Strunk: Pressekontrolle, S. 74; ders.: Zensur und Zensoren, S. 93; Schreiben von Davidenko, 21.6.1946 (Adressat nicht namentlich erwähnt): SächsHStAD, 11401 Lr. Sachsen, MfVobi, Nr. 2693; Becker, »Zentralstelle für Buch- und Bibliothekswesen« Leipzig, an Gute, Landesverwaltung Sachsen, 18.2.1946: StadtAL, StVuR Nr. 8889, Bl. 45; Bericht von Becker über die Besprechung mit v. Balluseck, Girnus, Wandel und Davidenko am 14.2.1946: ebd., Bl. 46; Aktennotiz Frommholds, Referat »Verlagswesen« der DVV, 19.2.1946: BArch DR 2/896, fol. 114 und DVV-Schreiben zur Leipziger Messe, 15.4.1946: ebd., Akte 629, fol. 124.

74 Vgl. Bonwetsch/Bordjugov/Naimark: Sowjetische Politik, S. 306, »Protokoll der Sitzung des Kulturellen Beirates und Verleger«, 19.12.1946: ThHStAW, Ld. Thür. - MfVobi, Nr. 4263 und Protokoll der DVV-Sitzung vom 27.2.1947 »anlässlich der Lizenzierung von Verlagen und Zeitschriften«: BArch DR 2/1132, fol. 192ff.

75 Vgl. Protokoll der DVV-Sitzung vom 27.2.1947.

76 Vgl. z.B. Angaben zu Melnikof und Mischin, 27.2.1947: BArch DR 2/1132, fol. 200 und Gute, »Ministerium für Volksbildung« Sachsen, an Mischin, SMAD, 21.12.1946: SächsHStAD, 11401 Lr. Sachsen, MfVobi, Nr. 2744.

der »Informationsverwaltung« wurde, oder innerhalb dieser Abteilung für das Arbeitsgebiet »Verlage« zuständig war.[77]

Aufgabe der im Oktober 1945 neu gegründeten »Propagandaverwaltung« »war es, die deutsche Bevölkerung durch Presse, Rundfunk und Film propagandistisch zu beeinflussen bzw. zu kontrollieren und dadurch sowohl die deutschen antifaschistischen Parteien und Organisationen zu unterstützen als auch das von ihnen hergestellte Propagandamaterial zu zensieren.«[78] Schon bald übernahm sie jedoch auch politische Tätigkeiten, die eigentlich von höheren Instanzen hätten ausgeübt werden müssen, so Naimark. [79] In zunehmendem Maße wurden Entscheidungen über innenpolitische Fragen in der SBZ auf Tulpanow übertragen.[80]

In allen Angelegenheiten des Verlagswesens in der SBZ hatte die »Propaganda-« bzw. »Informationsverwaltung« gemeinsam mit der »Abteilung für Volksbildung« der SMAD das letzte Wort. Sie waren verantwortlich für die gesamte Organisation und Kontrolle des Verlagswesens. Das Verlagswesen und somit auch das Lizenzierungsverfahren basierten auf den von der »Propaganda-« bzw. »Informationsverwaltung« verfassten SMAD-Befehlen, die mitunter in Zusammenarbeit mit der DVV ausgearbeitet wurden (siehe Kapitel 3). Aufgabe der »Propaganda-« und »Informationsverwaltung« war es auch zu veranlassen, dass die Propaganda- und Informationsabteilungen in den Ländern und Provinzen sowie die zuständigen deutschen zentralen und dezentralen Verwaltungen von den Befehlen, Verordnungen und sonstige Anweisungen informiert wurden. Zudem hatte sie zu veranlassen und zu kontrollieren, dass diese in der gesamten SBZ ausgeführt und eingehalten wurden. Weitere Aufgaben der »Propaganda-« bzw. »Informationsverwaltung« im Bereich des Verlagswesens waren die Erteilung von Verlags- und Zeitschriftenlizenzen, die politische Beurteilung von Verlagsleitern und deren Mitarbeitern, die Veranlassung von Verlagsneugründungen, die Regelungen der Vorzensur, die Papierkontingentierungen (gemeinsam mit dem im Sommer 1946 eingerichteten Kulturellen Beirat), die Entscheidungen über Demontagen von Unternehmen und die Kontrolle über die Tätigkeiten und Planungen von Verlagen, beispielsweise durch die Entgegennahme und Bearbeitung von Produktionsberichten gemäß SMAD-Befehl Nr. 356 vom 24. Dezember 1946.[81] Des Weiteren leitete sie die Organisation der Leipziger Frühjahrs-

77 Vgl. Telegramm des Leipziger Stadtdirektors Ott an Korn, »Ministerium für Volksbildung« Sachsen, 8.1.1948: SächsHStAD, 11401 Lr. Sachsen, MfVobi, Nr. 2728; Gute, »Ministerium für Volksbildung« Sachsen, an die »Informationsverwaltung«, SMAD, 13.8.1947: ebd., Nr. 2744; Aktennotiz von A.. Werner, Abteilung »Buch- und Bibliothekswesen«, Rat der Stadt Leipzig, 12.7.1947: StadtAL, StVuR Nr. 8889, Bl. 2 und »Abteilung für Volksbildung«, Magistrat der Stadt Berlin, an Bezirksamt Berlin-Charlottenburg, 2.4.1948: LA Berlin, C Rep. 120, Nr. 994, Bl. 17. Siehe auch Mortier: Buchmarkt, S. 63.

78 Naimark: Sowjetische Militäradministration, S. XV.

79 Vgl. ebd., S. XVI. Näheres siehe dort.

80 Vgl. ebd.

81 Vgl. z.B. Angaben zum Wunsch der SMA über die Erstellung einer Liste über Verlags- und Sortimentsunternehmen zwecks politischer Bereinigung: StadtAL, StVuR Nr. 8852, Bl. 19; Geschäftsführer der Landesdruckerei Sachsen und der Ratsdruckerei Dresden an die Landesverwaltung Sachsen, 31.5.1946: SächsHStAD, 11401 Lr. Sachsen, MfVobi, Nr. 2771; »Protokoll der Sitzung des Kulturellen Beirates und Verleger«, 19.12.1946: ThHStAW, Ld. Thür. - MfVobi, Nr. 4263 und Rundschreiben des Kultureller Beirats mit der Aufforderung, die Verlagsplanungen für das dritte Quartal 1947 einzureichen, 13.6.1947: ebd. Gemäß dem Protokoll der DVV-Sitzung vom 27.2.1947 »anlässlich der Lizenzierung von Verlagen und Zeitschriften« (BArch DR 2/1132, fol. 192ff) beklagt sich Mischin vor Verlegern, dass die in dem SMAD-Befehl Nr. 356 vom 24.12.1946 eingeforderten Berichte, nicht wie vorgesehen

und Herbstmessen.[82] Maßgeblich beteiligt war sie auch an der Einstellung von Personal bei der DVV und beim Kulturellen Beirat sowie an der Aufteilung der Finanzetats der Länder und Provinzen.[83]

Die »Propaganda-« bzw. »Informationsverwaltung« stand in engem Kontakt mit der DVV, der höchsten deutschen Verwaltung auf dem Gebiet des Verlagswesens, die ihr in vielen Fällen zuarbeitete (siehe Kapitel 2.1.2 und 4.1). Vor allem in den ersten Monaten nach Kriegsende unterstützte die Abteilung »Propaganda« der »Propagandaverwaltung« die Abteilung »Presse und Verlagswesen« der DVV bei der Überwindung technischer und wirtschaftlicher Schwierigkeiten. »Zur Verminderung der postalischen Laufzeit« beispielsweise übernahm sie im November 1945 den Versand von Rundschreiben der DVV an die Landes- bzw. Provinzialregierung.[84] Zudem bemühte sie sich, »Erleichterung für die durch Kohlen, Elektrizitäts- und Waggonmangel behinderte Produktion« zu schaffen und versprach »aktive Hilfe« für alle von der DVV »nicht lösbaren Fragen«.[85] Von der DVV wurde sie bei größeren Problemfällen als Schlichter, Vermittler und Schiedsrichter zu Rate gezogen.[86]

Grundlage für die Entscheidungen der SMAD über die Erteilung von Verlags- und Zeitschriftenlizenzen waren die intensiven Vorarbeiten der DVV und der Volksbildungsministerien der Länder und Provinzen bzw. deren Vorläufer. Von sämtlichen gestellten Anträgen erreichte nur ein Teil die »Propaganda-« bzw. »Informationsverwaltung« der SMAD in Berlin-Karlshorst bzw. ihre Unterabteilungen in den Ländern und Provinzen. Die anderen fielen vorher durch das Netz, da sie entweder von den deutschen Verwaltungen der Länder und Provinzen oder von der DVV abgelehnt wurden (siehe auch Kapitel 4.3.2). Im zweiten Vierteljahr 1947 wurden beispielsweise bei der DVV insgesamt 200 Verlagslizenz-Anträge bearbeitet. Aber nur rund 70 wurden von ihr befürwortet und am Anfang des dritten Quartals 1947 der SMAD vorgelegt.[87]

Neben der »Propaganda-« bzw. »Informationsverwaltung« beschäftigte sich auch die »Abteilung für Volksbildung« der SMAD, oft auch »Verwaltung für Volksbildung« genannt, mit dem Verlagswesen in der SBZ.[88] Ihr Chef war von August 1945 bis 1948 Pjotr Solotu-

---

regelmäßig bei der SMAD eintreffen würden, was deren Arbeit erschweren und verzögern würde. Zu dem Befehl vgl. auch Kapitel 3.2.

82 Vgl. »Protokoll der Sitzung des Kulturellen Beirates und Verleger«, 19.12.1946; Leipziger Stadtdirektor Ott an Becker, Abteilung »Buch- und Bibliothekswesen«, Rat der Stadt Leipzig, 1946: StadtAL, StVuR Nr. 8890, Bl. 183 und DVV-Schreiben zur Leipziger Messe, 15.4.1946: BArch DR 2/629, fol. 124.

83 Vgl. Abteilung »Kulturelle Aufklärung«, DVV, an Tulpanow, »Propagandaverwaltung«, SMAD, 15.3.1946: BArch DR 2/629, fol. 47 und Kultureller Beirat, »Betrifft: Etat des Kulturellen Beirats – Besprechung mit Major Mischin«, 31.1.1947: ebd., Akte 1132, fol. 230 (Major Mischin bittet hier um Vorlage der Personalpapiere vor Einstellung von Arbeitskräften im Kulturellen Beirat).

84 Abteilung »Presse und Verlagswesen«, DVV, Bericht »Verlagswesen und technische Erleichterungen für die Buch- und Zeitungsproduktion«, 16.11.1945: BArch DR 2/896, fol. 189.

85 Ebd.

86 Vgl. DVV-Präsident Wandel an Tulpanow, »Informationsverwaltung«, SMAD, 9.2.1949: BArch DR 2/4699, fol. 2.

87 Vgl. Referat »Verlagswesen«, DVV, »Tätigkeitsbericht über das 2. Vierteljahr 1947«, 27.6.1947: BArch DR 2/1090, fol. 258f.

88 Vgl. z.B. Abteilung »Hochschulen und Wissenschaft«, DVV, an »Ministerium für Volksbildung« Sachsen, 30.1.1947: SächsHStAD, 11401 Lr. Sachsen, MfVobi, Nr. 208 und Vermerk über die Besprechung zwischen Vertretern des Kulturellen Beirats, des Akademie-Verlags und DVV-Präsident Wandel vom

chin.[89] Sein Nachfolger wurde sein vorheriger Stellvertreter, I. Artjuchin.[90] Anfangs war die »Abteilung für Volksbildung« der SMAD streng in die fünf Sektoren »Grund- und Mittelschulen«, »Hochschulen«, »Kulturelle Aufklärung«, »Kunst« und »Museen« untergliedert.[91] Mit einer Reorganisation 1948 wurde diese Einteilung jedoch aufgehoben und durch eine »Arbeitsteilung in flexiblen Gruppen« ersetzt.[92]

Die »Abteilung für Volksbildung« der SMAD spielte vor allem bei der Umsetzung des Kontrollrat-Befehls Nr. 4 vom 13. Mai 1946 zur »Einziehung von Literatur und Werken nationalsozialistischen und militaristischen Charakters« eine große Rolle. Am 26. Juli 1945 fuhr Solotuchin persönlich nach Leipzig, um mit Oberbürgermeister Erich Zeigner und Persönlichkeiten des Leipziger Buchhandels und Büchereiwesens über die Errichtung einer »Zentralstelle für die Reinigung von Faschismus und Militarismus im Verlags- und Büchereiwesen« beim Rat der Stadt Leipzig zu sprechen, die mit der »Zentralstelle für Buch- und Bibliothekswesen« Ende August/Anfang September 1945 geschaffen wurde (siehe Kapitel 2.3.2).[93] Bei diesem Treffen wurde auch festgelegt, dass nach und nach eine Übersicht über sämtliche »verbotenen Bücher« geschaffen werden sollte, die eine Grundlage für die »Reinigung« von öffentlichen Bibliotheken, Buchhandlungen, gewerblichen Leihbüchereien und Privatbibliotheken der gesamten SBZ bilden sollte.[94] Infolge dieser Vereinbarung wurde bei der Deutschen Bücherei in Leipzig eine Buchprüfungskommission gebildet, die als Ergebnis ihrer Arbeit eine entsprechende Liste zusammenstellte.[95] Anders als ursprünglich vorgesehen wurde dieser »Index der auszusondernden nazistischen und militaristischen Literatur«, später kurz »Liste der auszusondernden Literatur« genannt, nicht von der Leipziger Zentralstelle sondern von der DVV herausgegeben.[96] Nach ihrer ersten Ausgabe mit dem Stand vom 1. April 1946 wurde sie später laufend ergänzt.[97]

13.1.1949: BArch DR 2/1027, fol. 11. Zur Bezeichnung »Verwaltung« bzw. »Abteilung für Volksbildung« vgl. Foitzik: Sowjetische Militäradministration, 1993, S. 17.

89 Vgl. Foitzik: Sowjetische Militäradministration, 1993, S. 23; Strunk, Pressekontrolle, S. 56 und ders.: Zensur und Zensoren, S. 23.

90 Vgl. Foitzik: Sowjetische Militäradministration, 1993, S. 54 und Angaben zu Artjuchin als stellvertretenden Leiter der »Abteilung für Volksbildung« der SMAD in: BArch DR 2/622, fol. 73.

91 Die Bereiche »Kunst« und »Museen« wurden 1946 an die »Propagandaverwaltung« übertragen (vgl. Foitzik: Sowjetische Militäradministration, 1993, S. 23). Im August 1945 bestand die »Abteilung für Volksbildung« der SMAD aus 55 Mitarbeitern (vgl. ebd.).

92 Foitzik: Sowjetische Militäradministration, 1993, S. 23.

93 Vgl. Abschrift des Protokolls über die Besprechung zwischen Solotuchin, Smirnow, Ott, Jungmann, Uhlendahl, Becker, Zeigner Bauer und Senglaub am 26.7.1945: StadtAL, StVuR Nr. 8852, Bl. 44f.

94 Ebd.

95 Vgl. Mones: Buchprüfungskommission, S. 5.

96 Vgl. ebd. und »Abteilung für Volksbildung«, SMAD, an »Abteilung Wissenschaft«, DVV, 26.6.1946: BArch DR 2/622, fol. 32.

97 Vgl. Mones: Buchprüfungskommission. Vgl. auch Umlauff: Wiederaufbau, Sp. 1220f. Ein Abdruck des Titelblatts der »Liste der auszusondernden Literatur« mit dem Stand vom 1.4.1946 findet sich bei Wittmann: Geschichte des deutschen Buchhandels, S. 396.

2.1.2 Deutsche (Zentral-)Verwaltung für Volksbildung

Mit dem Potsdamer Abkommen vom 2. August 1945 beschlossen die Alliierten, im Nachkriegsdeutschland »bis auf weiteres« keine neue zentrale deutsche Regierung einzurichten.[98] Stattdessen sollten »einige wichtige zentrale deutsche Verwaltungsabteilungen« gegründet werden, die »unter der Leitung des Kontrollrates tätig sein« sollten.[99] Noch während die Potsdamer Konferenz im Schloss Cecilienhof bei Potsdam tagte (17. Juli bis 2. August 1945), ordnete die SMAD bereits am 27. Juli 1945 mit ihrem unveröffentlichten Befehl Nr. 17 die Bildung von Zentralverwaltungen in ihrer Besatzungszone an. Eingerichtet werden sollten demnach elf deutsche Zentralverwaltungen für die folgenden Gebiete:

- Transport,
- Nachrichtenwesen,
- Heizstoffindustrie,
- Handel und Lebensmittelversorgung,
- Industrie,
- Landwirtschaft,
- Finanzen,
- Arbeits- und Sozialpolitik,
- Gesundheitsdienst,
- Justiz und
- Volksbildung.[100]

Mit der Gründung und Kontrolle dieser Zentralverwaltungen wurden die Leiter der parallel dazu innerhalb der SMAD bereits eingerichteten sowjetischen Verwaltungen beauftragt.[101] Ihre Organisation aber wurde den zukünftigen Leitern der geplanten Verwaltungen aufgetragen.[102] Nur vier Tage hatten sie Zeit, einen Stellenplan für ihre zukünftige Verwaltung auszuarbeiten, der am 1. August 1945 dem Stab der SMAD vorgelegt werden sollte.[103] Bis zum 10. August 1945 sollte die eigentliche Errichtung der elf deutschen Zentralverwaltungen abgeschlossen sein.[104] Öffentlich bekannt gegeben wurde sie am 13. September 1945.[105]

---

98 Potsdamer Abkommens, 2. August 1945, Punkt III A, Politische Grundsätze, Absatz 9 (IV) [Mitteilung über die Dreimächtekonferenz von Berlin] (3.3.2004). In: documentArchiv.de. URL: http://www.documentArchiv.de/in/1945/potsdamer-abkommen.html (4.1.2010).

99 Ebd.

100 Vgl. Abschrift des SMAD-Befehls Nr. 17, 27.7.1945, Punkt 1 in: ThHStAW, Ld. Thür. - Befehle SMAD, 1945.

101 Vgl. ebd., Punkt 5. Näheres zum Aufbau der SMAD siehe Kapitel 2.1.1.

102 Vgl. SMAD-Befehl Nr. 17, 27.7.1945, Punkt 3. In Punkt 2 des Befehls waren für neun der elf Zentralverwaltungen bereits Personen aufgeführt, die zu Präsidenten ernannt werden sollten. Tatsächlich berufen wurden später von der SMAD jedoch zum Teil andere Personen (vgl. Zank: Zentralverwaltungen, S. 202).

103 Vgl. SMAD-Befehl Nr. 17, 27.7.1945, Punkt 3.

104 Vgl. ebd., Punkt 1.

105 Ein Abdruck der Bekanntmachung »Errichtung von deutschen Verwaltungen in der sowjetischen Okkupationszone« findet sich in: Befehle des Obersten Chefs der Sowjetischen Militärverwaltung in Deutschland. Sammelheft 1 (1945). Berlin: Verlag der Sowjetischen Militärverwaltung in Deutschland [SWA] 1946, S. 34f. Näheres zu dieser Bekanntmachung siehe Pike: Politics of Culture, S. 90.

Die »Deutsche Zentralverwaltung für Volksbildung«, die im Gebäude des ehemaligen »Reichsministeriums für Wissenschaft, Erziehung und Volksbildung« in Berlin untergebracht wurde,[106] sollte gemäß dem SMAD-Befehl Nr. 17 vom 27. Juli 1945 die »Führung der Schulen, Kindergärten und Asyle, Lehranstalten, Kunst-, Wissenschaft- und Kulturaufklärungseinrichtungen« übernehmen. [107] Zu ihrem Präsidenten wurde Paul Wandel ernannt, Erwin Marquardt wurde erster, Emil Menke-Glückert zweiter und Johannes R. Becher dritter Vizepräsident.[108] Die Positionen des zweiten und dritten Vizepräsidenten wurden jedoch schon bald neu besetzt. So löste Erich Weinert Anfang März 1946 Johannes R. Becher in seinem Amt als dritten Vizepräsidenten ab und an Stelle von Emil Menke-Glückert wurde im Sommer 1946 Theodor Brugsch zweiter Vizepräsident.[109] Im Sommer 1948 übernahm dann Rudolf Engel das Amt des schon seit längerem erkrankten Weinert.[110]

Bis zum 17. September 1945 waren auch die Abteilungsleiter der »Zentralverwaltung für Volksbildung« ernannt, die auf Wunsch Wandels selbst Vorschläge zur zukünftigen Struktur ihrer Abteilungen machen sollten.[111]

Im Gegensatz zu ihrer Gründung war der eigentliche Aufbau der »Deutschen Zentralverwaltung für Volksbildung« (DZVV), die ab 1946 allgemein als »Deutsche Verwaltung für Volksbildung« (DVV) bezeichnet wurde,[112] ein eher langwieriger Prozess. Die Aufstellung eines endgültigen Geschäftsverteilungsplans wurde von der Abteilung »Allgemeine Verwaltung, Finanzen und Statistik« der DVV erst am 28. August 1946 angekündigt.[113] Durch ständige Verschiebungen von Referaten innerhalb der Abteilungen, durch Hinzunahme oder Abgabe von Aufgabengebieten oder durch Umbenennungen von Abteilungen und Referaten gab es ständig Strukturänderungen. Die Anzahl der Abteilungen der DVV, die anfangs noch

---

106 Vgl. Welsh: Deutsche Zentralverwaltung für Volksbildung, S. 229.

107 SMAD-Befehl Nr. 17, 27.7.1945.

108 Vgl. z.B. Struktur der DVV, Oktober 1945: BArch DR 2/1007, fol. 28f und Welsh: Deutsche Zentralverwaltung für Volksbildung, S. 230. Wandel sei mit der Ernennung zum Präsidenten der DVV regelrecht überfallen worden. Er habe erst kurz vorher davon erfahren (vgl. Pike: Politics of Culture, S. 91).

109 Vgl. Rundschreiben von Wandel an alle DVV-Abteilungsleiter, 8.3.1946: »Die Sowjetische Militärverwaltung hat auf meinen Antrag, Herrn Erich Weinert, anstelle von Herrn Johannes R. Becher, als Vizepräsident der Zentralverwaltung für Volksbildung und Leiter der Abteilungen für 'Kunst und Literatur' und 'Kulturelle Aufklärung' bestätigt.« (BArch DR 2/1007, fol. 36). Gemäß Pike: Politics of Culture, S. 97 wurde Weinert bereits im Februar in dieses Amt berufen. Laut Bille: Börsenverein, S. 175 hat er es sogar schon ab Januar 1946 geleitet. Offiziell angetreten hat er das Amt allerdings erst am 1.3.1946 (vgl. Personal-Fragebogen »Erich Bernhard Gustav Weinert«: BArch DR 2/1351–1352, fol. 77). Die Positionen des zweiten und dritten Vizepräsidenten waren laut Welsh: Deutsche Zentralverwaltung für Volksbildung, S. 230 bis 1946 nur nominell besetzt gewesen. Gemäß Welsh: Deutsche Zentralverwaltung für Volksbildung, S. 230 war Brugsch ab 1946 zweiter Vizepräsident. Er kann diese Position jedoch bis zum 8.5.1946 höchstens in Vertretung ausgeübt haben, da zu diesem Zeitpunkt Menke-Glückert offiziell noch im Amt war (vgl. Aufstellung der Angestellten der DVV, 8.5.1946: BArch DR 2/911, fol. 196–205).

110 Vgl. Welsh: Deutsche Zentralverwaltung für Volksbildung, S. 230 und Broszat/Weber: SBZ-Handbuch, S. 894. Leider findet sich hier ein Widerspruch: Während es bei Welsh: Deutsche Zentralverwaltung für Volksbildung, S. 230 heißt, Engel habe sein Amt im Juli angetreten, heißt es in Broszat/Weber: SBZ-Handbuch, S. 894, er habe es im August 1946 angetreten.

111 Vgl. Pike: Politics of Culture, S. 97.

112 Vgl. Welsh: Deutsche Zentralverwaltung für Volksbildung, S. 229.

113 Vgl. Aufstellung eines endgültigen Geschäftsverteilungsplans für die DVV, 28.8.1946: BArch DR 2/806, fol. 22. Siehe auch Pike: Politics of Culture, S. 99.

»Hauptämter« genannt wurden,[114] stieg von August 1945 bis September 1949 von sechs auf zehn.[115] Der Publikation von David Pike *The Politics of Culture in Soviet-Occupied Germany 1945–1949* gemäß war der erste Plan, der von der SMAD genehmigt und wahrscheinlich bis zum 28. August 1946 beibehalten wurde, der Entwurf eines Geschäftsverteilungsplans vom 24. November 1945.[116] Demnach war die DVV unterteilt in die Abteilungen:

- »Kunst und Literatur«
- »Allgemeine Volksbildung«,
- »Personal- und Wirtschaftsabteilung«,
- »Allgemeine Verwaltungs- und Finanzangelegenheiten«,
- »Wissenschaft und Forschung« und
- »Schulwesen«.[117]

Diese sechs Abteilungen blieben, wenn auch teilweise unter anderen Bezeichnungen, bis zum Oktober 1949 bestehen: die Abteilung »Allgemeine Volksbildung« wurde ca. im Februar 1946 in Abteilung »Kulturelle Aufklärung« umbenannt,[118] die Abteilung »Wissenschaft und Forschung« wurde ca. im Frühjahr 1946 in Abteilung »Wissenschaft und Hochschulen« und spätestens Anfang 1949 dann in »Hochschulen und Wissenschaft« umbenannt,[119] die Abteilung »Personal- und Wirtschaftsabteilung« hieß ab ca. Frühjahr 1946 »Personalabteilung« und spätestens ab Januar 1949 »Abteilung für Personalfragen und Schulung«[120] und aus der Abteilung »Allgemeine Verwaltungs- und Finanzangelegenheiten« wurde ca. im Frühjahr 1946 die Abteilung »Allgemeine Verwaltung, Finanzen und Statistik« und spätestens ab Januar 1949 schließlich die Abteilung »Allgemeine Verwaltung«.[121] Erweitert wurden diese sechs Abteilungen bis Oktober 1949 durch die Abteilungen:

---

114 Vgl. Pike: Politics of Culture, S. 96 und Welsh: Deutsche Zentralverwaltung für Volksbildung, S. 237f.

115 Vgl. hierzu Pike: Politics of Culture, S. 98 u. S. 100; Übersicht der Abkürzungen der Abteilungen der DVV, 10.4.1946: BArch DR 2/629, fol. 74; Grafik »Deutsche Verwaltung für Volksbildung. Personal-Bewegung 1945–1948«: ebd. Akte 1007, fol. 52 und Gliederung der DVV, September 1949: ebd., fol. 1.

116 Vgl. Pike: Politics of Culture, S. 98f. Zu den davor existierenden vorläufigen Geschäftsplänen siehe ebd., S. 96 und 98.

117 Vgl. ebd., S. 98.

118 Vgl. Struktur der DVV, Oktober 1945: BArch DR 2/1007, fol. 28f; Rundschreiben von Wandel an alle DVV-Abteilungsleiter, 8.3.1946: ebd., fol. 36; Geschäftsverteilungsplan der Abteilung »Allgemeine Volksbildung« der DVV, ohne Datum (vermutlich vom 10.11.1945): ebd., Akte 807, fol. 36–39; Bericht der Abteilung »Allgemeine Volksbildung« der DVV über Aufbau und Aufgaben der Abteilung, 17.11.1945: ebd., Akte 629, fol. 105–108 und »Bericht über die Arbeit der Abt. Kulturelle Aufklärung bei der Deutschen Verwaltung für Volksbildung in der Sowjetischen Besatzungszone« von Girnus an Ulbricht, 20.2.1946: ebd., fol. 35–42. Siehe auch Pike: Politics of Culture, S. 98f und S. 129.

119 Vgl. z.B. Übersicht der Abkürzungen der Abteilungen der DVV, 10.4.1946: BArch DR 2/629, fol. 74; Gliederung der DVV, September 1949: ebd., Akte 1007, fol. 1 und Strukturplan der DVV, Januar 1949: LHA Schwerin, 6.11–21 Ld. Meckl., MfVobi, Nr. 79.

120 Vgl. ebd.

121 Vgl. ebd.

- »Präsidialsekretariat«, ab ca. Ende 1946 (ab 1947 »Präsidialabteilung« und ab spätestens Januar 1949 »Präsidialkanzlei« genannt),[122]
- »Zentralbild- und Lehrmittelstelle«, frühestens ab Mai 1946,[123]
- »Zentraljugendamt«, frühestens Mai 1946 (ab spätestens Januar 1949 »Zentral(es) Jugendamt« genannt),[124]
- »Planung«, ab spätestens September 1949,[125]
- »Wissenschaftlicher Senat« ab spätestens September 1949.[126]

Eine repräsentative Übersicht über die Gliederung der DVV bietet die folgende Grafik der »Präsidialkanzlei« vom Januar 1949. Sie ermöglicht zudem auch eine Übersicht über Institute, Verlage, Sender, Archive u.a., die den verschiedenen Abteilungen angegliedert waren.

Dreh- und Angelpunkt des Aufgabengebiets Verlagswesen innerhalb der DVV waren die beiden Abteilungen »Kulturelle Aufklärung« und »Kunst und Literatur« (ab 1948), Schlüsselpersonen dementsprechend die DVV-Mitarbeiter Lothar von Balluseck, Alfred Frommhold und deren Vorgesetzte, Wilhelm Girnus und Herbert Volkmann (siehe unten).

Bis Ende 1947 fiel das Verlagswesen in den Aufgabenbereich der Abteilung »Allgemeine Volksbildung« bzw. nach ihrer Umbenennung ca. im Februar 1946 (siehe oben) in den Aufgabenbereich der Abteilung »Kulturelle Aufklärung«.[127] Sie wurde zunächst von Wilhelm Heise, ab November 1945 von Wilhelm Girnus und ab September 1946 von Hans Mahle geleitet.[128] Unterstellt war sie jedoch der direkten Aufsicht des zweiten Vizepräsidenten der

122 Vgl. z.B. Übersicht der Abkürzungen der Abteilungen der DVV, 10.4.1946; Strukturplan der DVV, Januar 1949: Grafik »Deutsche Verwaltung für Volksbildung. Personal-Bewegung 1945–1948«: BArch DR 2/1007, fol. 52 und Pike: Politics of Culture, S. 100.

123 Vgl. Übersicht der Abkürzungen der Abteilungen der DVV, 10.4.1946 mit der Grafik »Deutsche Verwaltung für Volksbildung. Personal-Bewegung 1945–1948«. Gemäß Welsh: Deutsche Zentralverwaltung für Volksbildung, S. 229 war die »Zentralbild- und Lehrmittelstelle« erst ab 1947 der DVV angeschlossen worden. Dem widerspricht jedoch die genannte Grafik über die Personal-Bewegung der DVV 1945–1948, gemäß der die Abteilung schon 1946 der DVV angeschlossen war.

124 Vgl. Übersicht der Abkürzungen der Abteilungen der DVV, 10.4.1946 mit der Grafik »Deutsche Verwaltung für Volksbildung. Personal-Bewegung 1945–1948«. Gemäß Welsh: Deutsche Zentralverwaltung für Volksbildung, S. 229 war das »Zentraljugendamt« erst ab 1947 der DVV angeschlossen worden. Auch hier widerspricht die Grafik über die Personal-Bewegung der DVV 1945–1948, wo sich für das »Zentraljugendamt« bereits für das Jahr 1946 Personalangaben finden.

125 Vgl. Gliederung der DVV, September 1949: BArch DR 2/1007, fol. 1. Gemäß Welsh: Deutsche Zentralverwaltung für Volksbildung, S. 229 gab es die Abteilung ab Anfang 1949 in der DVV.

126 Vgl. Gliederung der DVV, September 1949.

127 Vgl. Struktur der DVV, Oktober 1945: BArch DR 2/1007, fol. 28f; Rundschreiben von Wandel an alle DVV-Abteilungsleiter, 8.3.1946: ebd., fol. 36; Geschäftsverteilungsplan der Abteilung »Allgemeine Volksbildung« der DVV, ohne Datum: ebd., Akte 807, fol. 36–39; Bericht der Abteilung »Allgemeine Volksbildung« der DVV über Aufbau und Aufgaben der Abteilung, 17.11.1945: ebd., Akte 629, fol. 105–108 und »Bericht über die Arbeit der Abt. Kulturelle Aufklärung bei der Deutschen Verwaltung für Volksbildung in der Sowjetischen Besatzungszone« von Girnus an Ulbricht, 20.2.1946: ebd., fol. 35–42. Siehe auch Pike: Politics of Culture, S. 98f und S. 129.

128 Vgl. z.B. Struktur der DVV, Oktober 1945; Geschäftsverteilungsplan der Abteilung »Allgemeine Volksbildung« der DVV, ohne Datum; Bericht »Verlagswesen und technische Erleichterungen für die Buch- und Zeitungsproduktion«, Abteilung »Presse und Verlagswesen« der DVV, 16.11.1945: BArch DR 2/896, fol. 189; Protokoll über die Referentenbesprechung der Abteilung »Kulturelle Aufklärung«, DVV, vom 4.9.1946: ebd., Akte 629, fol. 18. Siehe auch Pike: Politics of Culture, S. 97f und S. 129.

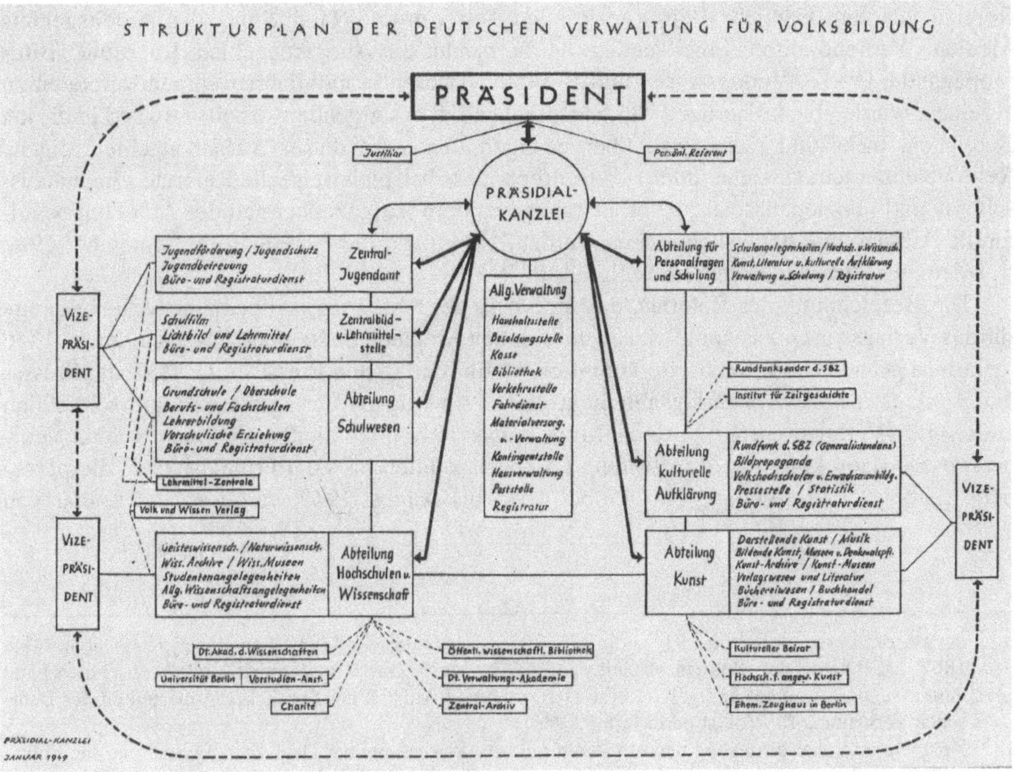

Abb. 2: Strukturplan der DVV vom Januar 1949.[129]

DVV, Emil Menke-Glückert, bzw. ab März 1946 dem dritten Vizepräsidenten, Erich Weinert.[130] Die Anzahl der Referate der Abteilung »Kulturelle Aufklärung« bzw. »Allgemeine Volksbildung« schwankte in der Zeit von September 1945 bis Oktober 1949 insgesamt zwischen fünf und neun. Das einzige Referat, das während der gesamten Zeit in der Abteilung existierte, war das Referat »Volksbildung für Erwachsene« bzw. das Referat »Volkshochschulen und Erwachsenenbildung«, wie es später hieß.[131] Abhängig war die Zahl der

---

Bevor Girnus zur DVV wechselte, arbeitete er als Referent in der »Schulabteilung« des thüringischen »Landesamt für Volksbildung« (vgl. Geschäftsverteilungsplan des »Landesamts für Volksbildung«, Landesverwaltung Thüringen, ohne Datum: ThHStAW, Ld. Thür. - MfVobi, Nr. 124; Wahl: Der Diederichs Verlag in Jena vor dem Ende, S. 276 u. 278 und ders.: »Das Verlegen gebe ich nie auf …«., S. 96).

129 Vorlage und Repro: Landeshauptarchiv Schwerin, Bestand 6.11–21 Land Mecklenburg(-Vorpommern), Ministerium für Volksbildung (1946–1952), Nr. 79.

130 Vgl. Struktur der DVV, Oktober 1945, Rundschreiben von Wandel an alle DVV-Abteilungsleiter, 8.3.1946: BArch DR 2/1007, fol. 36 und Pike: Politics of Culture, S. 97.

131 Vgl. Bericht der Abteilung »Allgemeine Volksbildung« der DVV über Aufbau und Aufgaben der Abteilung, 17.11.1945: BArch DR 2/629, fol. 105–108; »Bericht über die Arbeit der Abt. Kulturelle Aufklärung bei der Deutschen Verwaltung für Volksbildung in der Sowjetischen Besatzungszone« von Girnus an Ulbricht, 20.2.1946: ebd., fol. 35–42; Übersicht der Abkürzungen der Abteilungen der DVV, 10.4.1946: ebd., fol. 74; »Aufstellung sämtlicher Angestellten der Deutschen Verwaltung für Volksbil-

Referate bis zum Frühjahr 1946 zum großen Teil von der Handhabung des Arbeitsgebiets Medien. Während anfangs die Tendenz vorherrschte, die Aufgabengebiete Rundfunk, Bildpropaganda, Presse, Verlagswesen und Bibliothekswesen in möglichst wenigen Referaten zu vereinen, wurde ab ca. Februar 1946, entsprechend dem steigenden Arbeitsaufwand in diesen Bereichen, mehr und mehr dazu übergegangen, für jedes dieser Aufgabengebiete eigene Referate einzurichten (siehe unten).[132] Dadurch, dass beispielsweise die Referate »Jugendausschuss« und »Frauenausschuss« vorher schon aus dem Aufgabenbereich der Abteilung »Kulturelle Aufklärung« herausgenommen wurden,[133] verfügte die Abteilung im September 1949 trotzdem nur über insgesamt sieben Referate.[134]

Die Bezeichnung des Referats, das innerhalb der Abteilung »Allgemeine Volksbildung« für das Verlagswesen zuständig war, wurde in den Monaten September 1945 bis Januar 1946 mehrmals geändert. Sie wechselte von »Referat für Verlag und Presse« oder Referat »Presse- und Verlagswesen« zu »Verlagsabteilung« bzw. Abteilung »Verlagswesen« und schließlich zu Referat »Verlagswesen«.[135] Ab ca. Mitte Januar 1946 blieb die Bezeichnung Referat »Verlagswesen« dann konstant. Von Anfang an konstant blieb bis zum Frühjahr 1947 die personelle Leitung des Referats: Von Oktober 1945 bis August 1947 wurde es von Lothar von

dung«, 8.5.1946: ebd., Akte 911, fol. 196–205; Gliederung der DVV, September 1949: ebd., Akte 1007, fol. 1 und Pike: Politics of Culture, S. 97 und 129. Das Arbeitsgebiet Volkshochschulen hatte vorher schon als eigenständiges Referat existiert (vgl. »Aufstellung sämtlicher Angestellten der Deutschen Verwaltung für Volksbildung«, 8.5.1946).

132 Vgl. »Bericht über die Arbeit der Abt. Kulturelle Aufklärung bei der Deutschen Verwaltung für Volksbildung in der Sowjetischen Besatzungszone« von Girnus an Ulbricht, 20.2.1946, »Aufstellung sämtlicher Angestellten der Deutschen Verwaltung für Volksbildung«, 8.5.1946 und Gliederung der DVV, September 1949: BArch DR 2/1007, fol. 1.

133 Gemäß Welsh: Deutsche Zentralverwaltung für Volksbildung, S. 238 wurde zudem auch das Referat »Bildpropaganda« aus der Abteilung »Kulturelle Aufklärung« herausgenommen. Dagegen spricht die Gliederung der DVV vom September 1949, gemäß der das Referat weiterhin in der Abteilung existierte.

134 Vgl. Gliederung der DVV, September 1949. Demnach war die Abteilung »Kulturelle Aufklärung« untergliedert in die Referate »Kulturarbeit in den Betrieben auf dem Lande«, »Bildpropaganda«, »Volkshochschulen und Erwachsenenbildung«, »Pressestelle«, »Rundfunk«, »Verbindungsstelle« und »Büro und Registratur«.

135 Vgl. Struktur der DVV, Oktober 1945: BArch DR 2/1007, fol. 28f; »Aufgaben der Abteilung 'Presse- und Verlagswesen'«, DVV, 1.11.1945: ebd., Akte 896, fol. 190–194; Bericht »Verlagswesen und technische Erleichterungen für die Buch- und Zeitungsproduktion«, Abteilung »Presse und Verlagswesen« der DVV, 16.11.1945: ebd., fol. 189; Bericht »Wiederingangsetzung des Verlagswesens« der Abteilung »Verlagswesen«, 7.1.1946: ebd., fol. 161–165 und Aktennotiz des Referats »Verlagswesen« der DVV, 15.1.1946: ebd., fol. 142. Siehe auch Pike: Politics of Culture, S. 97f. Gemäß dem Bericht der Abteilung »Allgemeine Volksbildung« der DVV über den Aufbau und die Aufgaben der Abteilung vom 17.11.1945 (BArch DR 2/629, fol. 105–108) gehörte das Verlagswesen mit zum Referat »Volksaufklärung« der Abteilung »Allgemeine Volksbildung«. Dieses Referat war unterteilt in die Arbeitsgebiete a) Presse, b) Zeitschriften, c) Rundfunk, d) Buch und Broschüre und e) Bildpropaganda und Ausstellung (vgl. ebd.). Da ein Unterreferat mit der Bezeichnung »Buch und Broschüre« in der Korrespondenz der DVV nicht auftaucht, ist davon auszugehen, dass diese Unterteilung des Referats »Volksaufklärung« lediglich geplant war, aber nie umgesetzt wurde. Selbst im weiteren Verlauf des Berichtes ist stattdessen von »der Verlagsabteilung« die Rede. Ähnliches ist zum »Bericht über die Arbeit der Abt. Kulturelle Aufklärung bei der Deutschen Verwaltung für Volksbildung in der Sowjetischen Besatzungszone« von Girnus an Ulbricht vom 20.2.1946 (ebd., fol. 35–42) anzumerken, gemäß dem es statt dem Referat »Verlagswesen« ein Referat »Verlagswesen und Bildpropaganda« geben sollte.

Balluseck geleitet.[136] Ihm zur Seite stand spätestens ab November 1945 Referent Alfred Frommhold.[137] Nachdem von Balluseck sowohl seine Tätigkeit als Geschäftsführer des Kulturellen Beirats (siehe Kapitel 2.1.3) als auch seine Tätigkeit im Referat »Verlagswesen« ganz einstellt hatte, übernahm Frommhold ab August 1947 die Referatsleitung.[138] Weitere Referenten waren Theo Bartels (spätestens ab Mai 1946), Ludolf Koven (ebenfalls spätestens ab Mai 1946) und Dieter Raab (ab dem 1. Oktober 1947).[139]

Am 2. Januar 1948 wurde das Referat »Verlagswesen« aus dem Aufgabenbereich der Abteilung »Kulturelle Aufklärung« herausgenommen und stattdessen der Abteilung »Kunst und Literatur« der DVV angegliedert.[140] Geleitet wurde die Abteilung »Kunst und Literatur« seit September 1945 von Herbert Volkmann, der gleichzeitig auch das Referat »Literatur« dieser Abteilung führte.[141] In das Aufgabengebiet der Abteilung »Kunst und Literatur«, fielen bis dahin, neben der Literatur, die Bereiche Museen, Denkmalpflege, (Bildende) Kunst, Theater, Musik und Film, die mindestens bis August 1946 von nur vier Referaten bzw. Oberreferaten bearbeitet wurden.[142] Während des ersten Jahres ihres Bestehens waren das die

136 Vgl. DVV an SMAD, 17.9.1945: BArch DR 2/1020, fol. 6; Struktur der DVV, Oktober 1945: ebd., Akte 1007, fol. 28f; Angaben zu Lothar von Balluseck als »Leiter des Verlagswesens« der DVV, 12.10.1945: ebd., Akte 1088, fol. 4; Geschäftsverteilungsplan der Abteilung »Kulturelle Aufklärung«, DVV, März 1947: ebd., Akte 807, fol. 105f und Übersicht über die Mitarbeiter des Referats »Verlagswesen«, DVV, und deren Aufgabengebiete, März 1947: ebd., Akte 109, fol. 50.

137 Vgl. Geschäftsverteilungsplan der Abteilung »Allgemeine Volksbildung« der DVV, ohne Datum: BArch DR 2/807, fol. 36–39. Siehe auch Pike: Politics of Culture, S. 98. Gemäß dem Personal-Fragebogen Frommholds vom 30.9.1945 war Frommhold ursprünglich für die Position des Referatsleiters vorgesehen gewesen (vgl. Personal-Fragebogen Alfred Frommhold, DVV, 30.9.1945: BArch DR 2/930, fol. 31).

138 Vgl. »Vorschläge des Sekretariats des Kulturellen Beirates für die Reorganisation des Kulturellen Beirates«, ohne Datum: BArch DY 30/IV 2/9.04/670, fol. 64–99.

139 Vgl. Tätigkeitsbericht der Abteilung »Presse und Verlagswesen« der DVV für September 1945: BArch DR 2/896, fol. 197–199; »Aufstellung sämtlicher Angestellten der Deutschen Verwaltung für Volksbildung«, 8.5.1946: ebd., Akte 911, fol. 196–205 und Personal-Fragebogen Dieter Raab, DVV: ebd., Akte 934, fol. 65. Bartels hatte sich bereits im ersten Quartal des Jahres 1946 »um eine Stelle als Referent für Verlagsfragen« beworben (vgl. Girnus, DVV, an die Kaderabteilung der KPD, 8.4.1946: ebd., Aktc 629, fol. 71).Gemäß dem Tätigkeitsbericht der Abteilung »Presse und Verlagswesen« der DVV für den Monat September 1945 war er bereits im Oktober 1945 als Sachbearbeiter in der Abteilung tätig. Koven arbeitete später als stellvertretender Geschäftsführer des Kulturellen Beirats und als Hauptschriftleiter des *Börsenblatts für den Deutschen Buchhandel* (vgl. z.B. Geschäftsverteilungsplan der Abteilung »Kulturelle Aufklärung«, DVV, März 1947: ebd., Akte 807, fol. 105f und Gützlaff, »Ministerium für Volksbildung« Mecklenburg, »Betr. Besprechung mit der Zentralverwaltung für Volksbildung Berlin«, 15.12.1947: LHA Schwerin, 6.11–21 Ld. Meckl., MfVobi, Nr. 2684, Bl. 280).

140 Vgl. »Präsidialabteilung« der DVV, an Abteilung »Kunst und Literatur« und Abteilung »Kulturelle Aufklärung«, Ende 1947: BArch DR 2/807, fol. 159; Geschäftsverteilungsplan der Abteilung »Kunst und Literatur« für 1948: ebd., fol. 117ff und Arbeitsplan der Abteilung »Kulturelle Aufklärung«, DVV, 27.6.1949: ebd., fol. 172. Gleichzeitig wurde auch das Referat »Volkskunst« aus der Abteilung »Kulturelle Aufklärung« herausgenommen und der Abteilung »Kunst und Literatur« unterstellt (vgl. »Präsidialabteilung« der DVV, an Abteilung »Kunst und Literatur« und Abteilung »Kulturelle Aufklärung«, Ende 1947).

141 Vgl. Personal-Fragebogen Volkmann, 3.9.1946: BArch DR 2/936, fol. 29.

142 Vgl. Arbeitsbericht der Abteilung »Kunst und Literatur«, DVV, für das Jahr 1945/46: BArch DR 2/629, fol. 1–5. Siehe auch Pike: Politics of Culture, S. 119 und Welsh: Deutsche Zentralverwaltung für Volksbildung, S. 238.

Referate »Theater, Kleinkunst und Musik«, »Film«, »Literatur« und »Bildende Kunst«.[143] Genauso wie in der Abteilung »Kulturelle Aufklärung« wurde auch in der Abteilung »Kunst und Literatur« entsprechend der Zunahme der Aufgaben mehr und mehr dazu übergegangen, für die einzelnen Aufgabengebiete eigene Referate einzurichten. Im September 1949 verfügte sie über insgesamt dreizehn Referate.[144] Spätestens zu diesem Zeitpunkt wurden jedoch die Referate »Verlagswesen« und »Literatur« zu einem Referat »Verlagswesen und Literatur« zusammengelegt.[145]

Bei der Einstellung von DVV-Mitarbeitern, vor allem für leitende Positionen, spielte deren politische Gesinnung eine erhebliche Rolle. Bis zum 25. Mai 1946 waren 120 von insgesamt 210 angestellten Personen (57,1 Prozent) Parteimitglieder der SED.[146] 69 Angestellte (32,9 Prozent) waren parteilos und 21 Angestellte (10 Prozent) waren Mitglieder anderer Parteien.[147] Die meisten Parteilosen arbeiteten als Mitarbeiter in niedrigeren Positionen.[148] Der Anteil der SED-Anhänger unter den Angestellten in leitenden Positionen war dagegen wesentlich höher: 11 von 14 Abteilungsleitern und deren Vertretern (78,6 Prozent) und 17 von 22 Referatsleitern (77,3 Prozent) gehörten der SED an.[149] An dieser Tendenz änderte sich wenig. Bis Dezember 1948 waren 158 von insgesamt 294 angestellten Personen (53,7 Prozent) SED-Anhänger. Zwar waren 121 und damit ein erhebliche Anzahl von Mitarbeitern parteilos, diese waren allerdings weiterhin überwiegend in niedrigeren Positionen beschäftigt.[150]

Charakteristisch für die DVV in personeller Hinsicht war ihre chronische Unterbesetzung. Wie der weiter unten abgebildeten »Personal-Bewegung 1945–1948« zu entnehmen ist, verdoppelte sich die Zahl der Mitarbeiter der DVV insgesamt in der Zeit von 1945 bis 1948 von 121 auf 242 (durchschnittlich waren das 1945: 121, 1946: 229, 1947: 212 und 1948: 242 Stellen).[151] Während die DVV-Führung stets darum bemüht war, mehr Stellen von der SMAD bewilligt zu bekommen, war diese bestrebt, die bereits vorhandenen Stellen in der

143 Vgl. Arbeitsbericht der Abteilung »Kunst und Literatur«, DVV, für das Jahr 1945/46. Daneben gab es noch das »Allgemeine Referat« und das Referat »Interner Dienstbetrieb und Haushaltsangelegenheiten« (vgl. ebd.). Die Bezeichnungen der Referate wurden mehrmals geändert (vgl. Struktur der DVV, Oktober 1945: BArch DR 2/1007, fol. 28f; »Aufstellung sämtlicher Angestellten der Deutschen Verwaltung für Volksbildung«, 8.5.1946: ebd., Akte 911, fol. 196–205, Pike: Politics of Culture, S. 97 u.119 und Welsh: Deutsche Zentralverwaltung für Volksbildung, S. 238). Da sich an der Aufteilung der Referate aber sonst wenig änderte und sie in der Form auch lange beibehalten wurde, ist die Aufzählung repräsentativ.

144 Vgl. Gliederung der DVV, September 1949: BArch DR 2/1007, fol. 1. Untergliedert war die Abteilung »Kunst und Literatur« nun in die Referate: »Darstellende Kunst«, »Bildende Kunst«, »Museen und Denkmalpflege«, »Kunstarchiv«, »Musik«, »Laienkunst«, »Film«, »Verlagswesen und Literatur«, »Büchereiwesen«, »Buchhandel«, »Kulturfonds«, »Nationalpreise« und »Büro und Registratur«.

145 Vgl. ebd. Diese Zusammenlegung war schon länger geplant gewesen (vgl. z.B. Erläuterungen zum Stellenplan der Abteilung »Kunst und Literatur«, 10.1.1948: BArch DR 2/1007, fol. 164–168)

146 Vgl. Pike: Politics of Culture, S. 103.

147 Vgl. ebd.

148 Näheres hierzu siehe ebd.

149 Vgl. ebd.

150 Vgl. ebd.

151 Eine durchschnittliche Zahl der Stellen der DVV von Januar bis Oktober 1949 liegt leider nicht vor. Gemäß Pike: Politics of Culture, S. 100, verfügte die DVV Anfang September 1949 über 222 Stellen, obwohl zu diesem Zeitpunkt 247 Stellen genehmigt worden waren.

DVV noch zu verringern.[152] Aufgrund des SMAD-Befehls Nr. 23 vom 6. Februar 1948 wurden sämtliche Zentralverwaltungen daraufhin überprüft, ob bei ihnen Personal eingespart werden könnte.[153] Zwar war die DVV die erste Zentralverwaltung, die von der Personalbestandskommission geprüft wurde, von Stellenkürzungen blieb sie jedoch verschont.[154]

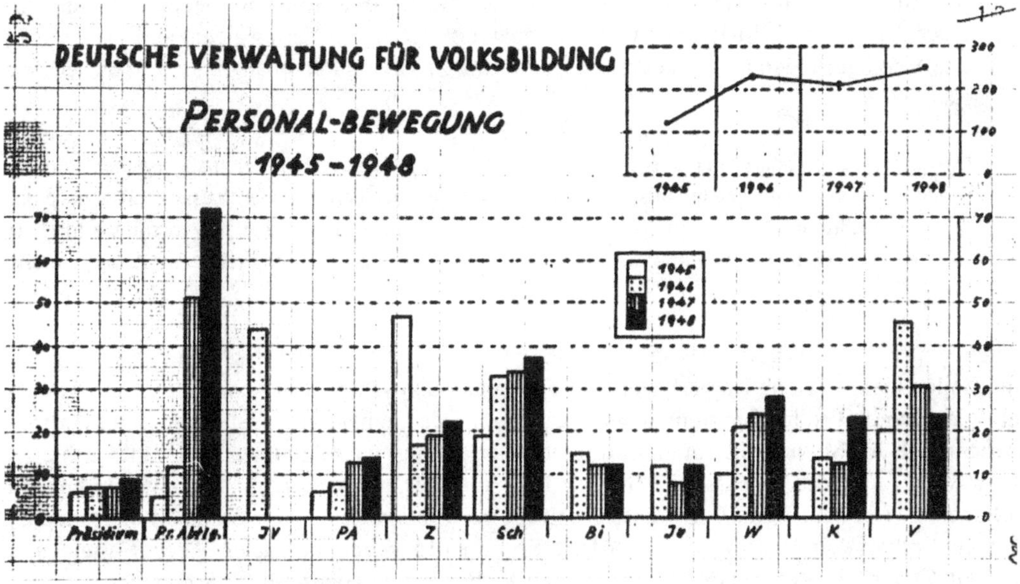

Abb. 3: »Personal-Bewegung 1945–1948« der DVV.[155]

Verglichen mit den anderen Abteilungen der DVV verfügte die Abteilung »Kulturelle Aufklärung« vor allem bis Ende 1947, als die Referate »Verlagswesen« und »Volkskunst« aus ihrem Arbeitsbereich herausgenommen wurden, über eine recht hohe Zahl an Personalstellen.[156] 1946 hatte sie mit durchschnittlich 46 Stellen sogar mehr als sämtliche anderen

152 Vgl. Pike: Politics of Culture, S. 99.

153 Vgl. ebd., S. 101.

154 Vgl. ebd. Zum Zeitpunkt der Prüfung verfügte die DVV gerade über 271 Stellen (vgl. ebd.). Vermutlich waren in diesen 271 Stellen auch die für den Kulturellen Beirat bestehenden Stellen enthalten. Die in der abgebildeten »Personal-Bewegung« (Abb. 3) angegebenen Zahlen beziehen diese Stellen jedoch vermutlich nicht mit ein und sind von daher deutlich niedriger als die bei Pike angegebenen Zahlen.

155 Vorlage und Repro: Bundesarchiv Berlin, Abteilung DDR, Bestand Ministerium für Volksbildung (DR 2)/1007, fol. 52. Die Abkürzungen stehen für Pr.Abtlg.: »Präsidialabteilung«, IV: (vermutlich »Interne Verwaltung«), PA: »Personalabteilung«, Z: »Abteilung Allgemeine Verwaltung, Finanzen und Statistik«, Sch: »Abteilung Schulwesen«, Bi: »Zentralbild- und Lehrmittelstelle«, Ju: »Zentraljugendamt«, W: »Abteilung Wissenschaft und Hochschulen«, K: »Abteilung Kunst und Literatur« und V: Abteilung »Kulturelle Aufklärung«. Zu den Umbenennungen dieser Abteilung siehe oben.

156 1945 fielen mit durchschnittlich 20 Stellen 16,5 Prozent, 1946 mit 46 Stellen 20 Prozent, 1947 mit 31 Stellen 14,6 Prozent und 1948 mit 24 Stellen 9,9 Prozent sämtlicher in der DVV vorhandenen Stellen an die Abteilung »Kulturelle Aufklärung« (vgl. Grafik »Deutsche Verwaltung für Volksbildung. Personal-Bewegung 1945–1948«). Vgl. auch Pike: Politics of Culture, S. 130. Die bei Pike: Politics of Culture, S. 129 angegebene Zahl von 48 Stellen in der Abteilung ist nicht ganz richtig, da zwei der in der Aufstellung angegebenen Personen sich der DVV lediglich in freier Mitarbeit angeschlossen hatten,

Abteilungen der DVV.[157] Der Anteil der Stellen der Abteilung »Kunst und Literatur« an der Gesamtzahl der DVV-Stellen stieg auffallend an, nachdem ihr ab Januar 1948 die beiden Referate »Verlagswesen« und »Volkskunst« angegliedert wurden.[158]

Mit Lothar von Balluseck als Referatsleiter, Alfred Frommhold als weiterem Referenten und Theo Bartels als Sachbearbeiter verfügte das Referat »Verlagswesen« anfangs nur über drei Stellen.[159] Noch im März 1947 führte Bartels, mittlerweile Referent (siehe oben), die von Leipziger Verlegern kritisierten, weil erst spät einsetzenden Verlagslizenzierungen sowie sonstige Verzögerungen unter anderem auch auf die missliche Personalsituation in dieser Zeit zurück:

> Das habe aber seinen Grund nicht in dem Versagen oder Übelwollen der maßgeblichen Persönlichkeiten, sondern in der technischen Unzulänglichkeit der behördlichen Zusammensetzung der Zentralverwaltung. Diese sei im Mai 1945 improvisiert worden, ohne finanziell irgendwie fundiert zu sein. Man sei gezwungen gewesen, mit möglichst wenig Personal möglichst viel Arbeit zu leisten.[160]

Nachdem im ersten Quartal des Jahres 1946 die Verfahren zu Verlagslizenzierungen langsam ins Rollen kamen (siehe Kapitel 4.1), war auch bald abzusehen, dass schon allein die daraufhin einsetzende Produktion von Neuerscheinungen der lizenzierten Verlage zu einem erheblichen Maß an Mehrarbeit für das Referat »Verlagswesen« führen würde (Näheres hierzu siehe weiter unten). Dementsprechend wurde es auch für notwendig erachtet, das Personal zu erhöhen.[161] Bis zum Mai 1946 war die Anzahl der Stellen des Referats auf elf angestiegen. Neben Lothar von Balluseck und Alfred Frommhold waren nun auch Theo Bartels und Ludolf Koven als Referenten sowie sieben Sachbearbeiter angestellt.[162] Somit verfügte das Referat »Verlagswesen« zu diesem Zeitpunkt über 23,9 Prozent der insgesamt 46 vorhandenen Stellen in der Abteilung »Kulturelle Aufklärung« und war damit ihr mit Abstand am

und hier deshalb nicht als feste Stellen mitgezählt werden können (vgl. »Aufstellung sämtlicher Angestellten der Deutschen Verwaltung für Volksbildung«, 8.5.1946: BArch DR 2/911, fol. 196–205).

157 Vgl. Grafik »Deutsche Verwaltung für Volksbildung. Personal-Bewegung 1945–1948«.

158 1945 fielen mit durchschnittlich 8 Stellen 6,6 Prozent, 1946 mit 14 Stellen 6,1 Prozent, 1947 mit 13 Stellen ebenfalls 6,1 Prozent und 1948 dann mit 24 Stellen 9,5 Prozent sämtlicher in der DVV vorhandenen Stellen an die Abteilung »Kunst und Literatur« (vgl. Grafik »Deutsche Verwaltung für Volksbildung. Personal-Bewegung 1945–1948«). Zu der bis Ende 1947 eher schwach besetzten Abteilung »Kunst und Literatur« siehe auch Weinert, DVV, an SMAD, 1.12.1947: BArch DR 2/805, fol. 16.

159 Vgl. Struktur der DVV, Oktober 1945: BArch DR 2/1007, fol. 28f; Geschäftsverteilungsplan der Abteilung »Allgemeine Volksbildung« der DVV, ohne Datum: ebd., Akte 807, fol. 36–39 und Tätigkeitsbericht der Abteilung »Presse und Verlagswesen« der DVV für September 1945: ebd., Akte 896, fol. 197–199. Im Geschäftsverteilungsplan der Abteilung »Allgemeine Volksbildung«, vermutlich vom 10.11.1945 (ebd., Akte 807, fol. 36–39), ist eine Person namens Wieland als Sachbearbeiter aufgeführt.

160 Niederschrift über eine Besprechung zwischen lizenzierten Verlegern und Vertretern der DVV in Leipzig, 7.3.47: StadtAL, StVuR Nr. 8905, Bl. 6–11.

161 Vgl. z.B. Arbeitsplan des Referats »Verlagswesen« der DVV, 4.4.1946: BArch DR 2/896, fol. 65–71 und Pike: Politics of Culture, S. 129f.

162 Vgl. »Aufstellung sämtlicher Angestellten der Deutschen Verwaltung für Volksbildung«, 8.5.1946: BArch DR 2/911, fol. 196–205. Als Sachbearbeiter sind Heinz Golessa, Ernst Wohlgemuth, Gertraude Weissenborg, Anneliese Toeplitz, Lucie Manthey, Hasso Schlesinger und Eduard Brückner angegeben. Mitaufgeführt wird zusätzlich Hasso Becker als Freier Mitarbeiter (Näheres zu Becker siehe Kapitel 2.3.2).

stärksten besetztes Referat. Die Errichtung des Kulturellen Beirats, der im Juni 1946 seine Tätigkeit aufnahm, hatte jedoch zur Folge, dass einige dieser Stellen an den Kulturellen Beirat fielen, der auch einen Großteil der bisher zum Aufgabenbereich des Referats »Verlagswesen« gehörenden Arbeiten übernehmen sollte (siehe unten und Kapitel 2.1.3).[163] 1948 sah die personelle Situation des Referats fast wieder so aus wie am Anfang. So standen dem Referat außer Frommhold als Referatsleiter schließlich nur noch Referent Bartels und der seit dem 1. Oktober 1947 angestellte Referent Dieter Raab zur Verfügung.[164] Besonders eng wurde es in personeller Hinsicht, als Raab im zweiten Vierteljahr 1948 »für einen besonderen Zweck« beurlaubt wurde.[165] Zur Unterstützung hatte der Börsenverein der Deutschen Buchhändler zu Leipzig dem Referat »Verlagswesen« schon vorher eine Sachbearbeiterin und eine Sekretärin zur Verfügung gestellt, die aber nicht lange blieben.[166] So war eine der beiden bis zum 9. April 1948 schon wieder gegangen und die andere hatte zu diesem Zeitpunkt gerade gekündigt.[167]

Eine sofortige Aufnahme ihrer eigentlichen Arbeit war den Mitarbeitern des Referats »Verlagswesen« bzw. seinen Vorläufern in den ersten Monaten ihres Bestehens kaum möglich, da zunächst das Aufgabengebiet definiert und das Referat organisiert werden musste. So bestand die Arbeit der Referatsmitarbeiter in den ersten Monaten fast ausschließlich – und auch 1946 noch zum großen Teil – aus dem Anfertigen von Entwürfen und Plänen zur Referatsstruktur und seinen Aufgaben. Auch scheinbar nebensächliche Anweisungen zum Umgang mit der Post, zur äußeren Gestalt von Verfügungsentwürfen, zum Aktenumlauf, zum Sortieren von »Sofortsachen«, »Eilsachen«, »Gewöhnlichen Sachen« und »Neuen Sachen« in entsprechende Mappen und zur Handhabung von Lebensmittelmarken für Gäste gehörten lange Zeit zum Alltag der Referatsmitarbeiter.[168] Nicht zu vergessen sind die Schwierigkeiten, die sich aus Nachkriegsmängeln an Kohle, Elektrizität, etc. ergaben.[169] Bis sich die Referatsmitarbeiter besser auf die ihnen eigentlich zugewiesenen Aufgabengebiete konzentrieren konnten, hatten die entsprechenden Ämter, Ressorts und Referate für Verlagswesen in den Ländern und Provinzen der SBZ ihre Arbeit längst aufgenommen (siehe Kapitel 2.2.2 und 4.3).

Gemäß ersten Plänen sollte das Aufgabengebiet des Referats »Verlagswesen« bzw. seiner Vorgänger verschiedene Medienbereiche umfassen: Büchereiwesen, Buchhandlungen, Kulturbund zur demokratischen Erneuerung Deutschlands, Zeitschriften, Zeitungen, Rundfunk,

---

163 Vgl. z.B. Erläuterungen zum Stellenplan der Abteilung »Kunst und Literatur«, 10.1.1948: BArch DR 2/1007, fol. 164–168.

164 Vgl. z.B. »Arbeitsplan April – Juni 1948« des Referats »Verlagswesen« der DVV, 9.4.1948: BArch DR 2/1155, fol. 72–74. Zur Anstellung Dieter Raabs als Referenten siehe Personal-Fragebogen Dieter Raab, DVV: ebd., Akte 934, fol. 65.

165 »Arbeitsplan April – Juni 1948« des Referats »Verlagswesen« der DVV, 9.4.1948.

166 Vgl. ebd.

167 Vgl. ebd.

168 Vgl. z.B. Rundschreiben von Wandel, DVV, »Betrifft: Äussere Gestaltung der Verfügungsentwürfe«, 1.10.1945: BArch DR 2/629, fol. 79; Rundschreiben der »Präsidialkanzlei«, DVV, »Betr: [sic] Posteingang«, 18.1.1946: ebd., fol. 83 und Rundschreiben der »Präsidialkanzlei«, DVV, »Betreff: Aktenumlauf«, 25.1.1946: ebd., fol. 82.

169 Vgl. z.B. Bericht »Verlagswesen und technische Erleichterungen für die Buch- und Zeitungsproduktion«, Abteilung »Presse und Verlagswesen« der DVV, 16.11.1945: BArch DR 2/896, fol. 189.

Presse und Verlagswesen.[170] Bis zum Ende des ersten Halbjahrs 1946 waren jedoch für die Arbeitsbereiche Presse, Rundfunk und Büchereiwesen eigene Referate eingerichtet worden.[171] Mit den Buchhandlungen, dem Zeitschriften- und dem Verlagswesen blieb das Aufgabengebiet des Referats »Verlagswesen«, vor allem im Hinblick auf seine personelle Besetzung (siehe oben), trotzdem recht groß.

Die Aufgaben, die das Referat auf dem Gebiet des Verlagswesens hatte, waren im Wesentlichen folgende:

- Erfassung sämtlicher Verlage,
- Ermittlung der bei den Verlagen liegenden Verlagsrechte (siehe Kapitel 3.3.2),
- Überprüfung des Personals der Verlage (»Entnazifizierung«),
- Entwicklung von Plänen zur so genannten »Wiederingangsetzung« des Verlagswesens Anfang 1946 (siehe Kapitel 4.1),
- Prüfung und Begutachtung von Verlagslizenzanträgen,
- Beratungen und Verhandlungen von bzw. mit Verlagen,
- Prüfung vorhandener Literatur-Restbestände von Verlagen (»Entnazifizierung«),
- Prüfung und Begutachtung neuer Verlagspläne bzw. -programme,
- Ermittlung benötigter Papiermengen und Zuweisung von Papierkontingenten (vor der Einrichtung des Kulturellen Beirats),
- Ermittlung von Produktionskapazitäten der Druckereien und Buchbindereien und
- Vermittlung zwischen Autoren und Verlagen.[172]

Das Aufgabengebiet Buchhandlungen umfasste sowohl den Sortiments-, den Kommissions-, den Volksbuchhandel als auch sämtliche Börsenvereinsangelegenheiten.[173] Die Aufgaben im

170 Vgl. »Aufgaben der Abteilung 'Presse- und Verlagswesen'«, DVV, 1.11.1945: BArch DR 2/896, fol. 190–194; Geschäftsverteilungsplan der Abteilung »Allgemeine Volksbildung« der DVV, ohne Datum: ebd., Akte 807, fol. 36–39 und Bericht der Abteilung »Allgemeine Volksbildung« der DVV über Aufbau und Aufgaben der Abteilung, 17.11.1945: ebd., Akte 629, fol. 105–108.

171 Vgl. z.B. »Bericht über die Arbeit der Abt. Kulturelle Aufklärung bei der Deutschen Verwaltung für Volksbildung in der Sowjetischen Besatzungszone« von Girnus an Ulbricht, 20.2.1946: BArch DR 2/629, fol. 35–42 und »Aufstellung sämtlicher Angestellten der Deutschen Verwaltung für Volksbildung«, 8.5.1946: ebd., Akte 911, fol. 196–205. Das Referat »Bibliothekswesen« wurde später der Abteilung »Kunst und Literatur« unterstellt (vgl. Gliederung der DVV, September 1949: ebd., Akte 1007, fol. 1). Möglicherweise war das Referat zwischendurch auch einmal der Abteilung »Wissenschaft« unterstellt worden (vgl. Angaben zum Plan der Angliederung der Deutschen Bücherei an die Abteilung »Wissenschaft«, DVV, 27.5.1946: ebd., Akte 629, fol. 76). Verworfen wurde offensichtlich ein Plan vom 17.11.1945, gemäß dem das Referat »Volksaufklärung« in mehrere Unterreferate untergliedert werden sollte (siehe Bericht der Abteilung »Allgemeine Volksbildung« der DVV über Aufbau und Aufgaben der Abteilung, 17.11.1945).

172 Vgl. z.B. Referat »Verlagswesen«, DVV, »Betr.: Buchhandel in der sowjetischen Besatzungszone«, 22.1.1946: BArch DR 2/805, fol. 139; Arbeitsplan des Referats »Verlagswesen«, DVV, ohne Datum: ebd., fol. 65–71 (handschriftlich wurde das Datum 4.4.1946 ergänzt, tatsächlich aber muss der Arbeitsplan vor dem 1.3.1946 verfasst worden sein, da an diesem Datum der Deutsche Zentralverlag lizenziert wurde, der in diesem Bericht als noch nicht lizenziert erwähnt wird); Referat »Verlagswesen«, DVV, »Arbeitsplan für Juni 1946«, 4.6.1946: ebd., fol. 45; Geschäftsverteilungsplan der Abteilung »Kulturelle Aufklärung«, DVV, März 1947: ebd., Akte 807, fol. 105f; Referat »Verlagswesen«, DVV, »Tätigkeitsbericht über das 2. Vierteljahr 1947«, 27.6.1947: ebd., Akte 1090, fol. 258f und »Arbeitsplan April – Juni 1948« des Referats »Verlagswesen« der DVV, 9.4.1948: ebd., Akte 1155, fol. 72–74.

Zeitschriftenwesen überschnitten sich im Wesentlichen mit denen im Bereich des Verlagswesens.[174] Spätestens im September 1949, mit der Zusammenlegung der beiden Referate »Verlagswesen« und »Literatur« in der Abteilung »Kunst und Literatur«, bekam der Bereich Buchhandlungen ein eigenes Referat.[175]

Ein wesentlicher Aspekt der Tätigkeit der DVV war die zunehmende Koordinierung der Arbeiten der Landes- und Provinzialverwaltungen bzw. –regierungen auch im Bereich des Verlagswesens. Hierzu hielten die Mitarbeiter des Referats »Verlagswesen« der DVV und ihre Vorgesetzten Besprechungen für die zuständigen Abteilungsleiter und Referenten der Länder und Provinzen ab, ließen sich deren Arbeitsberichte zuschicken, berieten sie bei der Entstehung von Landesgesetzen und -verordnungen und erließen in zunehmendem Maße selbst Verordnungen für die Länder und Provinzen (Näheres hierzu siehe Kapitel 2.2.2 und Kapitel 4.1). Darüber hinaus beteiligten sie sich auch an der Entstehung von SMAD-Befehlen, beispielsweise durch das Einreichen eigener Vorschläge (Näheres hierzu siehe Kapitel 3.1).

An den Lizenzierungsverfahren für Verlage und Zeitschriften in der SBZ war die DVV seit Anfang 1946 beteiligt. Gemeinsam mit Vertretern der SMAD und einigen namhaften Persönlichkeiten aus der Buchstadt Leipzig etablierte sie im Frühjahr 1946 das System zur Vergabe von Verlags- und Zeitschriftenlizenzen (Näheres dazu siehe Kapitel 4.1). Dabei wurde die DVV selbst zu einer der wichtigsten Instanzen, da es ihr Referat »Verlagswesen« war, das der SMAD vorschlug, welche Verlage eine Lizenz erhalten sollten. Begründet wurden diese Vorschläge durch entsprechende Gutachten. Sowohl bei den Vorschlägen und als auch bei den Gutachten griffen die Referatsmitarbeiter auf die Vorarbeiter der Länder und Provinzen zurück, mit denen sie diesbezüglich eng zusammenarbeiteten. Aufgrund dieser Gutachten entschied anschließend die SMAD bzw. ab Sommer 1947 auch die Verwaltungen der SMA in den Ländern über die tatsächliche Vergabe der Lizenzen (zu dieser Praxis siehe auch Kapitel 2.2.2, 3.3.2 und 4.1). Im Zusammenhang mit dem im ersten Quartal 1948 entstandenen Vorhaben, die Richtlinien zum SMAD-Befehl Nr. 90 vom 17. April 1947 komplett zu erneuern, wurde auch geplant, die Aufgabe der Lizenzerteilungen der DVV zu übertragen (siehe Kapitel 3.3.3). Zur Umsetzung dieses Plans kam es jedoch nicht mehr.

Mit der Gründung der DDR am 7. Oktober 1949 wurde die DVV zum »Ministerium für Volksbildung« der DDR.[176] Zuständig für die Vergabe von Verlags- und Zeitschriftenlizenzen wurde das 1951 gegründete »Amt für Literatur und Verlagswesen« (siehe Kapitel 4).

2.1.3 Kultureller Beirat für das Verlagswesen

Mit dem »Kulturellen Beirat für das Verlagswesen« wurde im Sommer 1946 in der SBZ eine deutsche Institution gegründet, die zwar nicht direkt an den Lizenzierungsverfahren für Verlage und Zeitschriften beteiligt war, für lizenzierte Verlage aber zu einer nicht zu umgehenden Einrichtung wurde, da sie die Papierkontingente unter den lizenzierten Verlagen verteilte und ab April 1947 auch die erforderlichen Druckgenehmigungen für Verlagsprojekte er-

173 Vgl. ebd.
174 Vgl. ebd.
175 Vgl. Gliederung der DVV, September 1949: BArch DR 2/1007, fol. 1.
176 Vgl. Welsh: Deutsche Zentralverwaltung für Volksbildung, S. 229.

teilte.[177] In der DDR wurde der Nachfolgebehörde des Kulturellen Beirats, dem 1951 gegründeten »Amt für Literatur und Verlagswesen«, die Aufgabe der Erteilung von Lizenzen übertragen (siehe Kapitel 2.1.2 und 4).[178]

Als frühesten Hinweis auf den »Kulturellen Beirat für das Verlagswesen« nennt Jean Mortier ein Schreiben der Abteilung »Kulturelle Aufklärung« der DVV vom 15. März 1946.[179] Gemäß David Pike taucht er erst etwas später, in einem Arbeitsplan des Referats »Verlagswesen« der DVV vom 4. April 1946, erstmals auf.[180] Seine eigentliche Tätigkeit jedenfalls nahm der Kulturelle Beirat am 3. Juni 1946 mit seiner ersten Sitzung auf.[181] Bis dahin befand er sich lediglich im Planungsstadium.[182] Vorsitzender des Beirats mit Sitz in Berlin wurde Erich Weinert, der Vizepräsident der DVV, Geschäftsführer wurde Lothar von Balluseck, der Leiter des Referats »Verlagswesen« der DVV, dem der Kulturelle Beirat angegliedert worden war. Nach dem Ausscheiden von Ballusecks übernahm am 1. August 1947 Otto Kielmeyer das Amt des Geschäftsführers.[183] Als weitere Mitarbeiter wurden Vertreter der deutschen Zentralverwaltungen, des Kulturbundes, der Gewerkschaften, der Freien Deutschen Jugend und der Abteilung »Buch- und Bibliothekswesen« des Rats der Stadt Leipzig sowie einige ausgewählte Persönlichkeiten berufen.[184] Der Großteil der Arbeit wurde aber vom Personal des Referats »Verlagswesen« der DVV mit übernommen.[185] Diese Personalunion, besonders in den Leitungspositionen, widersprach jedoch dem Charakter des Beirats als »selbständiger Institution, die lediglich finanziell der »Deutschen Verwaltung für Volksbil-

177 Vgl. Kielmeyer: Der Kulturelle Beirat und das Verlagswesen, S. 329f. Einfluss auf Verlagslizenzierungen hatte der Kulturelle Beirat insofern, als von ihm Stellungnahmen zu Lizenzanträgen und –entziehungen eingeholt wurden. Gemäß Dietrich hatte der Kulturelle Beirat auch das Recht, Verlagslizenzen zu erteilen (vgl. Dietrich: »...wie eine kleine Oktoberrevolution...«. Clemens: Kulturpolitik im besetzten Deutschland, S. 229). Die Angabe ist allerdings nicht korrekt. Wie in dieser Untersuchung dargestellt, haben einzig die SMAD in Berlin-Karlshorst und im Sommer 1947 kurzzeitig auch die Informationsabteilungen der SMA-Verwaltungen in den Ländern und Provinzen Lizenzen erteilt.

178 Vgl. Umlauff: Wiederaufbau, Sp. 1241 und Lokatis: Verlagspolitik zwischen Plan und Zensur, S. 304–307.

179 Mortier: Buchmarkt, S. 72.

180 Vgl. Pike: Politics of Culture, S. 130f.

181 Vgl. Aktennotiz von v. Balluseck, DVV, zur ersten Sitzung des Kulturellen Beirats am 3.6.1946: BArch DR 2/896, fol. 46; Referat »Verlagswesen«, DVV, »Arbeitsplan für Juni 1946«, 4.6.1946: ebd., fol. 45 und Weinert, Vizepräsident der DVV, an »Landesamt für Volksbildung« Thüringen, 27.5.1946: ThHStAW, Ld. Thür. - LfB, Nr. 28. Vgl. auch Pike: Politics of Culture, S. 135, Mortier: Buchmarkt, S. 72f und Bille: Börsenverein, S. 176.

182 Vgl. hierzu Entwurf über die Zusammensetzung des Kulturellen Beirats, 12.3.1946: BArch DR 2/896, fol. 59 und Auflistung der Mitglieder des Kulturellen Beirats, 6.5.1946: ebd., fol. 49f.

183 Vgl. Personaldaten Kielmeyers: BArch DR 2/932, fol. 61, Kultureller Beirat, Börsenblatt Leipzig, 30.8.47, S. 232 und Bille: Börsenverein, S. 186.

184 Vgl. »Protokoll der Sitzung des Kulturellen Beirates und Verleger«, 19.12.1946: ThHStAW, Ld. Thür. - MfVobi, Nr. 4263 und Auflistung der Mitglieder des Kulturellen Beirats, 6.5.1946: BArch DR 2/896, fol. 49f. Näheres zum Leipziger »Amt für Buch- und Bibliothekswesen« siehe Kapitel 2.3.2.

185 Vgl. Kultureller Beirat an Reclam Verlag, 27.3.1947: SächsStAL, 21766 Börsenverein, Nr. 1212, Bl. 80f und Referat »Verlagswesen«, DVV, »Tätigkeitsbericht über das 2. Vierteljahr 1947«, 27.6.1947: BArch DR 2/1090, fol. 258f. Vgl. auch Pike: Politics of Culture, S. 358 und Bille: Börsenverein, S. 176f.

dung« nachgeordnet war, sonst aber eigenverantwortlich zu handeln hatte«.[186] Mit der Einsetzung Kielmeyers als neuer Geschäftsführer des Kulturellen Beirats am 1. August 1947 sollte deshalb eine »strikte Trennung« zwischen der DVV und dem Kulturellen Beirat herbeigeführt werden. [187] Gleichzeitig wurde das Sekretariat des Kulturellen Beirats in den Rang einer Abteilung der DVV erhoben, praktisch aber wie eine der DVV nachgeordnete Behörde behandelt.[188]

Wie Weinert später bei verschiedenen Gelegenheiten äußerte, war der Kulturelle Beirat eingerichtet worden, um das »Chaos« der bis dahin vorherrschenden »planlosen Genehmigungen« von Druckschriften in den Ländern und Provinzen, einen Zustand der »Anarchie«, zu beseitigen.[189] Gemäß offiziellen Darstellungen sollte der Kulturelle Beirat gegenüber Verlagen eine beratende Funktion ausüben und für Gerechtigkeit bei der Zuteilung der Mangelware Papier sorgen.[190] Lizenzierte Verlage, die bis dahin die Manuskripte ihrer Verlagsvorhaben bei den örtlichen Stellen der SMA eingereicht hatten, um Druckgenehmigungen zu erhalten, sollten diese nun zunächst an den Kulturellen Beirat nach Berlin schicken, der sie beratend begutachten sollte, um sich anschließend gegenüber der SMAD in Berlin-Karlshorst für deren Druckgenehmigungen einzusetzen.[191] »Der Kulturelle Beirat übt keinerlei Zwang, Kontrolle, Beaufsichtigung oder Beeinflussung aus«, hieß es am 25. August 1946 in der ersten Ausgabe des *Börsenblatts für den Deutschen Buchhandel* seit Kriegsende. Der unveröffentlicht gebliebene SMAD-Befehl Nr. 25 vom 25. Januar 1947 zeigt jedoch deutlich, dass dem Kulturellen Beirat schon bald mehr Einfluss gewährt wurde, als dies anfangs in der Öffentlichkeit vermittelt wurde.[192]

Die SMAD ordnete mit dem Befehl Nr. 25 die Einrichtung eines »Rates für ideologische Fragen des Verlagswesens« an.[193] Offensichtlich aber war nicht die Einrichtung einer völlig neuen Institution geplant, sondern die Reorganisation des seit gut einem halben Jahr existie-

---

186 »Vorschläge des Sekretariats des Kulturellen Beirates für die Reorganisation des Kulturellen Beirates«, ohne Datum (zu datieren auf »nach April 1948«): BArch DY 30/IV 2/9.04/670, fol. 64–99. Vgl. auch Bille: Börsenverein, S. 176f.

187 »Vorschläge des Sekretariats des Kulturellen Beirates für die Reorganisation des Kulturellen Beirates«, ohne Datum. Vgl. auch Pike: Politics of Culture, S. 358.

188 Vgl. »Vorschläge des Sekretariats des Kulturellen Beirates für die Reorganisation des Kulturellen Beirates«, ohne Datum.

189 »Protokoll der Sitzung des Kulturellen Beirates und Verleger«, 19.12.1946 und Protokoll der DVV-Sitzung vom 27.2.1947 »anlässlich der Lizenzierung von Verlagen und Zeitschriften«: BArch DR 2/1132, fol. 192ff (der Abdruck eines Teils der Rede Weinerts auf dieser Sitzung findet sich auch in Koven: Lizenzierung neuer Verlage und Zeitschriften, S. 77f). Vgl. auch Kielmeyer: Kulturelle Beirat, Börsenblatt Leipzig, S. 329f.

190 Vgl. Becker: Der Weg zur Lizenz, S. 3 und ders.: Der Kulturelle Beirat, S. 4. Vermutlich handelt es sich bei bei Hasso Becker, der mehrere Artikel im Leipziger Börsenblatt veröffentlichte, um Heinrich Becker, den Leiter der Abteilung »Buch- und Bibliothekswesen« des Rats der Stadt Leipzig.

191 Vgl. ebd. und v. Balluseck, Kultureller Beirat, an Y. Lepman, 31.1.4917: BArch DR 2/1132, fol. 231.

192 Es war auch im Interesse des Kulturellen Beirats selbst, dass der Befehl Nr. 25 nicht veröffentlicht wurde. So schreibt Geschäftsführer von Balluseck am 31. Januar über eine Besprechung mit Major Mischin: »Von einer Veröffentlichung des den Kulturellen Beirat betreffenden Befehls wird wunschgemäß abgesehen.« (BArch DR 2/1132, fol. 230). Gründe hierfür sind allerdings nicht angegeben.

193 Vgl. Abschriften des SMAD-Befehls Nr. 25, 25.1.1947 in: BArch DY 30/IV 2/9.04/670, fol. 5 und BArch DR 2, fol. 1055. Bei Mortier: Buchmarkt, S. 74 wird als Datum für den Erlass des SMAD-Befehls Nr. 25 fälschlicherweise der 1.4.1947 angegeben.

renden »Kulturellen Beirats für das Verlagswesen«.[194] In Punkt 3 wurde befohlen, dem »Rat« und seinem Sekretariat folgende Aufgaben zu übertragen:

> [...] die Kontrolle über den ideologischen Inhalt der in der sowjetischen Besatzungszone Deutschlands erscheinenden Literatur, die Durchsicht und Bestätigung der Verlagspläne aller lizenzierten Verlage der Zone, die Durchsicht und Überprüfung des Redaktions- und Verlags-Personals, die Bearbeitung von Plänen und Vorschlägen für die Verlagstätigkeit und die Heranbildung neuer Schriftstellerkräfte des neuen demokratischen Deutschlands [...].[195]

Um auf dem vorgesehenen Weg Druckgenehmigungen von der SMA zu erhalten, war für lizenzierte Verlage also nun die Befürwortung durch den Kulturellen Beirat erforderlich.[196] Für noch nicht lizenzierte Verlage boten sich zunächst über die Druckgenehmigungserteilungen der örtlichen Stellen der SMA in den Ländern und Provinzen noch Nischen. Dieses als Ausnahme gedachte Verfahren sollte es Verlagen, deren Lizenzanträge noch in der Schwebe waren, ermöglichen, zumindest Neuauflagen und Restbestände bereits früher publizierter Titel in den Verkauf zu bringen. Am 17. April 1947 erließ die SMAD dann aber den Befehl Nr. 90, der Verlagen, die keine Lizenz hatten, die Ausübung jeglicher Tätigkeit untersagte (siehe Kapitel 3.3.2). Mit dem Befehl Nr. 90 wurde die Position des Kulturellen Beirats nochmals gestärkt. Denn unter anderem wurde mit ihm de facto die Vorzensur der SMAD für belletristische und wissenschaftliche Literatur auf den Kulturellen Beirat übertragen, auch wenn das Wort »Zensur« in diesem Zusammenhang gemieden und die Funktion stattdessen umschrieben wurde (siehe Kapitel 3.3.2).[197] Da es ihm von Anfang an zudem oblag, für die befürworteten Manuskripte Auflagenhöhen festzulegen und die von der SMAD genehmigten Papierkontingente unter den lizenzierten Verlagen zu verteilen,[198] war der Kulturelle Beirat eine der mächtigsten Institutionen im Verlagswesen der SBZ.

Die Struktur des Kulturen Beirats war anfangs mit dem Sekretariat, dem Plenum und einem Stab freier Lektoren recht übersichtlich.[199] Während das Sekretariat in erster Linie organisatorische Tätigkeiten ausübte, entschied das wöchentlich tagende Plenum unter ande-

194 Vgl. Kultureller Beirat an »Personalbestands-Kommission« der »Deutschen Zentralfinanzverwaltung«, 3.3.1948: BArch DR 2/1007, fol. 147–156.

195 Ebd., Punkt 3.

196 Vgl. Bericht »Der Kulturbeirat. Vorschläge und Feststellungen des Herrn von Balluseck«, 29.2.1947: »Die Verlage in der sowjetischen Besatzungszone und im russischen Sektor von Berlin benötigen für die Drucklegung ihrer Manuskripte die Befürwortung des K.B. [Kulturellen Beirats]« (BArch DR 2/1132, fol. 207f).

197 Vgl. auch Becker: Planmäßige Buchproduktion, S. 109f.

198 Vgl. z.B. Referat »Verlagswesen«, DVV, »Arbeitsplan für Juni 1946«, 4.6.1946: BArch DR 2/896, fol. 45, Protokoll der DVV-Sitzung vom 27.2.1947 »anlässlich der Lizenzierung von Verlagen und Zeitschriften«: ebd. Akte 1132, fol. 192ff und Kultureller Beirat an Thüringische Verlagsanstalt, Weimar: 15.3.1947: ThHStAW, Ld. Thür. - MfVobi, Nr. 4263.

199 Vgl. »Vorschläge des Sekretariats des Kulturellen Beirates für die Reorganisation des Kulturellen Beirates«, ohne Datum: BArch DY 30/IV 2/9.04/670, fol. 64–99. Beschlüsse wurden im Plenum gefasst (vgl. ebd.). Gemäß der Rede Weinerts auf der Sitzung des Kulturellen Beirats vom 19.12.1946 war der Kulturelle Beirat anfangs nichts weiter als ein Provisorium (vgl. »Protokoll der Sitzung des Kulturellen Beirates und Verleger«, 19.12.1946: ThHStAW, Ld. Thür. - MfVobi, Nr. 4263 und Protokoll der DVV-Sitzung vom 27.2.1947 »anlässlich der Lizenzierung von Verlagen und Zeitschriften«: BArch DR 2/1132, fol. 192ff; der Abdruck eines Teils der Rede Weinerts auf dieser Sitzung findet sich auch in Koven: Lizenzierung neuer Verlage und Zeitschriften, S. 77f).

rem aufgrund der von den Lektoren angefertigten Gutachten über die Erteilung von Druckgenehmigungen und über die Zuteilung von Papier für einzelne Verlagsprojekte.[200] Dadurch, dass gemäß SMAD-Befehl Nr. 25 vom 25. Januar 1947 sowohl Vertreter verschiedener staatlicher Verwaltungen, Organisationen wie beispielsweise Vertreter der Akademie der Wissenschaft, der Universitäten, der öffentlichen und wissenschaftlichen Bibliotheken, der Volksbüchereien, der evangelischen und katholischen Kirche, des Kulturbundes, des Börsenvereins für den Deutschen Buchhandel, der Parteien und des FDGBs als Plenumsmitglieder oder Lektoren für den Kulturellen Beirat tätig waren, sollte dessen demokratische Struktur gewährleistet sein.[201]

Im Herbst 1946 kam erstmals die Idee zur Gliederung des Kulturellen Beirats nach Fachgebieten auf. Mit deren Umsetzung wuchs er schnell zu einer komplexen Institution, bestehend aus einer Ansammlung von Referaten, Kommissionen, Ausschüssen, Unter- und Sonderausschüssen.[202] Ab März 1947 wurden für einzelne Fachgebiete in zunehmendem Maße Arbeitsausschüsse gebildet, die ab Herbst 1947 Fachkommissionen genannt wurden. Sie waren dafür zuständig, anhand der vorliegenden Lektorengutachten »Vorschläge für Einstufung der Werke in die Dringlichkeitsgruppen« (s. unten) auszuarbeiten.[203] Bis Ende März 1948 wurden insgesamt neun dieser Ausschüsse bzw. Kommissionen gebildet. In der Reihenfolge ihrer Gründung waren das

- der »Arbeitsausschuss für Jugend- und Kinderliteratur«,
- der »Arbeitsausschuss für wissenschaftliche Literatur«,
- der »Arbeitsausschuss für Musik und Musikliteratur«,
- die »Fachkommission für Belletristik«,
- die »Fachbuchkommission«,
- der »Sonderausschuss für Literatur des Jahres 1948«,
- die »Kunstkommission« und
- die »Anthologie-Kommission«.[204]

200 Vgl. z.B. »Vorschläge des Sekretariats des Kulturellen Beirates für die Reorganisation des Kulturellen Beirates«, ohne Datum und Arbeitsbericht, Kultureller Beirat, 1.3.1948: BArch DY 30/IV 2/9.04/670, fol. 6–14.

201 Vgl. z.B. ebd.

202 Zum Plan der Errichtung von Fachkommissionen siehe Referat »Bildende Kunst«, DVV, an Weinert im Hause, 16.10.1946: BArch DR 2/1090, fol. 5.

203 Arbeitsbericht, Kultureller Beirat, 1.3.1948: BArch DY 30/IV 2/9.04/670, fol. 6–14.

204 Vgl. Bericht »Der Kulturbeirat. Vorschläge und Feststellungen des Herrn von Balluseck«, 29.2.1947: BArch DR 2/1132, fol. 207f; »Protokoll der 40. Sitzung des Kulturellen Beirats für das Verlagswesen am 5. Mai 1947«: ebd., Akte 5652, fol. 118ff; Unterlagen zum »Arbeitsausschuss für wissenschaftliche Literatur« des Kulturellen Beirats in: ebd., Akte 1055; Referat »Verlagswesen«, DVV, »Tätigkeitsbericht über das 2. Vierteljahr 1947«, 27.6.1947: ebd., Akte 1090, fol. 258f; Volkmann, Kultureller Beirat, an »Personalbestands-Kommission« der »Deutschen Zentralfinanzverwaltung«, 3.3.1948: ebd., Akte 1007, fol. 147–150; Kultureller Beirat an Reclam Verlag, 27.3.1947: SächsStAL, 21766 Börsenverein, Nr. 1212, Bl. 80f und Arbeitsbericht, Kultureller Beirat, 1.3.1948: BArch DY 30/IV 2/9.04/670, fol. 6–14. Zu den frühen Leitern dieser Ausschüsse siehe Kultureller Beirat an Reclam Verlag, 27.3.1947. Zum »Arbeitsausschuss für Musik und Musikliteratur« bzw. zur »Musikkommission« des Kulturellen Beirats siehe Hinterthür: Noten nach Plan, S. 82–87, S. 123–126 und S. 136–144.

Die »Fachbuchkommission« wurde im März 1948 in die »Fachbuchkommission I für Technik, Handel und Industrie« und in die »Fachbuchkommission II für Land- und Forstwirtschaft« aufgeteilt.[205] Neben diesen Arbeitsausschüssen bzw. Fachkommissionen gab es zudem seit Herbst 1947 die »Planungskommission« und seit März 1948 die »Lektorenüberwachungskommission« und die »Honorarkommission«.[206] Außerdem wurde, erstmals vermutlich nach dem Erlass des SMAD-Befehls Nr. 25 vom 25. Januar 1947 (siehe oben), aus der Vollversammlung des Plenums ein Hauptausschuss als Arbeitsgremium gebildet, der auf der Grundlage der Gutachten der Fachkommissionen arbeitete und anstelle des Plenums in wöchentlichen Sitzungen über die endgültige Erteilung der Druckgenehmigungen mit entsprechender Papierzuteilung entschied.[207]

Auch das Sekretariat des Kulturellen Beirats wies nun eine verzweigte Struktur auf. Bis zum März 1948 hatte es sich zu einer Einrichtung entwickelt, die aus drei Bereichen bestand: der »Geschäftsführung«, der »Literarischen Abteilung« und der »Technischen Abteilung«.[208] Zur »Literarischen Abteilung« gehörten die vier Referate »Wissenschaft und Kunst«, »Belletristik«, »Fachbuch« und »Jugendbuch und Musik«, wobei das Referat »Fachbuch«, ähnlich der »Fachbuchkommission«, wiederum in die beiden Unterreferate »Handel und Industrie« und »Land und Forst« untergliedert war.[209] Die »Technische Abteilung« bestand aus den vier Referaten »Papier«, »Haushalt«, »Statistik und Zentralkartei« sowie »Registratur und Expedition«.[210] Den zahlenmäßig größten Anteil am Personal des Kulturellen Beirats hatten die Lektoren. Bereits Mitte Dezember 1946 verfügte der Kulturelle Beirat zum Begutachten der eingereichten Manuskripte über einen Stab von fünfzig bis siebzig Lektoren.[211] Mit der Zunahme lizenzierter Verlage wuchs im Laufe der Zeit auch die Zahl der beim Kulturellen Beirat eingehenden Manuskripte. Dies hatte wiederum zur Folge, dass auch mehr Lektoren benö-

---

205 Zur Spaltung der »Fachbuchkommission« siehe Kultureller Beirat an »Personalbestands-Kommission« der »Deutschen Zentralfinanzverwaltung«, 3.3.1948 und Kultureller Beirat. Mitteilungen. Das Manuskript, Börsenblatt Leipzig, 15.5.1948, S. 193. Im August 1948 existierte auch ein Plan zur weiteren Untergliederung der »Wissenschaftlichen Kommission«, der jedoch vermutlich nie umgesetzt wurde. Gedacht war an die Unterteilung in die drei Kommissionen: »Philosophie, Theologie und verwandte Gebiete«, »Technik« und »Medizin und Naturwissenschaft« (vgl. Protokoll der Sitzung des Verleger-Ausschusses des Börsenvereins vom 23.8.1948, 26.8.1948: SächsStAL, 21766 Börsenverein, Nr. 1213, Bl. 33–36). Hinweise auf die spätere Einrichtung weiterer Literatur-Kommissionen wurden nicht gefunden.

206 Vgl. Kultureller Beirat an SMAD, 15.9.1947: BArch DR 2/109, fol. 144; Kultureller Beirat an »Personalbestands-Kommission« der »Deutschen Zentralfinanzverwaltung«, 3.3.1948: ebd., Akte 1007, fol. 147–150 und Arbeitsbericht, Kultureller Beirat, 1.3.1948: BArch DY 30/IV 2/9.04/670, fol. 6–14.

207 Vgl. z.B. Bericht »Der Kulturbeirat. Vorschläge und Feststellungen des Herrn von Balluseck«, 29.2.1947: BArch DR 2/1132, fol. 207f; Mitgliederliste der Kommissionen des Kulturellen Beirats, Abschrift vom 27.12.1948: ebd., Akte 950–954, fol. 2ff; Bericht von Heß, Börsenverein der Deutschen Buchhändler, über den Vortrag von Kielmeyer, Kultureller Beirat, vom 13.10.1947: SächsStAL, 21766 Börsenverein, Nr. 1212, Bl. 125 und Arbeitsbericht, Kultureller Beirat, 1.3.1948: BArch DY 30/IV 2/9.04/670, fol. 6–14.

208 Vgl. Arbeitsbericht, Kultureller Beirat, 1.3.1948, und »Stellenplan und Tätigkeitsmerkmale«, Kultureller Beirat, ohne Datum: BArch DR 2/1007, fol. 151–156. Dieser Stellenplan war eine der vier Anlagen zum Schreiben von Volkmann, stellvertretender Präsident des Kulturellen Beirats, an die »Personalbestands-Kommission« der »Deutschen Zentralfinanzverwaltung« vom 3.3.1948: ebd., fol. 147–150.

209 Vgl. ebd.

210 Vgl. ebd.

211 Vgl. »Protokoll der Sitzung des Kulturellen Beirates und Verleger«, 19.12.1946: ThHStAW, Ld. Thür. - MfVobi, Nr. 4263.

tigt wurden. Nach seiner Reorganisation ab Februar 1947 vergrößerte sich daher der Lektorenstab des Kulturellen Beirats um ein Vielfaches. Im März 1948 verfügten die literarischen Referate des Sekretariats zusammen über 397 Lektoratsstellen, wovon allein 200 zum Referat »Fachbuch« gehörten.[212] Diese Zahl entsprach jedoch nicht der Gesamtzahl der Lektoren in den Referaten. Da zum Beispiel Personen, die für mehrere Referate Manuskripte begutachteten, auch mehrfach gezählt wurden, war die tatsächliche Anzahl der Lektoren kleiner. Da zudem beinahe jeder, der im Kulturellen Beirat innerhalb der Geschäftsführung, der Kommissionen oder der Referate beschäftigt war, auch Manuskripte lektorierte, war die Anzahl derjenigen, die vom Kulturellen Beirat ausschließlich als Lektoren herangezogen wurden, noch geringer.[213] Die Auswahl der Lektoren wurde in erster Linie auf der Basis von Empfehlungen getroffen. Unter ihnen waren Bibliothekare, Buchhändler, Wissenschaftler und »namhafte Vertreter des literarischen und künstlerischen Lebens«.[214] Die Empfehlungen kamen zum größten Teil von Personen, die bereits selbst im Kulturellen Beirat beschäftigt waren, aber auch, auf ausdrücklichen Wunsch der Geschäftsführung des Kulturellen Beirats, von den Hauptausschuss-Mitgliedern des Börsenvereins.[215] Diese holten sich bei der Erstellung ihrer Vorschlagslisten wiederum Ratschläge von Verlegern.[216] »Männer und Frauen mit unbestechlichem politischem Urteil und Sachkenntnis auf dem Gebiet des geistigen, künstlerischen und literarischen Lebens einerseits, des Buchbedarfs und des Buchhandels andererseits sollten diese Aufgabe übernehmen«, so Hasso Becker im *Börsenblatt für den Deutschen Buchhandel* vom 25. April 1947.[217] Die Suche nach qualifizierten Lektoren war nicht einfach, denn diese waren in der Regel schon bei Verlagen beschäftigt. Zur Wahrung der Überparteilichkeit sollten aber prinzipiell keine Verlagslektoren zu Gutachtertätigkeiten im Kultu-

---

212 Vgl. Kultureller Beirat an »Personalbestands-Kommission« der »Deutschen Zentralfinanzverwaltung«, 3.3.1948: BArch DR 2/1007, fol. 147–156. Das Referat »Wissenschaft und Kunst« verfügte über 120, das Referat »Belletristik« über 53 und das Referat »Jugendschriften und Musik« über 24 Lektoren (vgl. ebd.). Neben den literarischen Referaten gab es die technischen Referate, die sich unter anderem mit der Verteilung der Papierkontingente und der Prüfung der Produktionspläne lizenzierter Verlage beschäftigten (vgl. ebd.).

213 Von den insgesamt 33 Lektoren, über die beispielsweise das Referat »Belletristik« im Oktober 1948 verfügte, waren allein 17 Personen, also gut die Hälfte, bereits in anderen Positionen im Kulturellen Beirat beschäftigt (vgl. »Übersicht der Lektoren des Referates Belletristik im Kulturellen Beirat«, Stand 20.10.1948, BArch DR 2/950–954, fol. 1). Dem Artikel »Kultureller Beirat. Mitteilungen. Das Manuskript« (Börsenblatt Leipzig, 15.5.1948, S. 193) gemäß verfügte der Kulturelle Beirat über »etwa 300 Lektoren«. Möglicherweise ist das die Anzahl der Personen, die zu diesem Zeitpunkt ausschließlich als Lektoren für den Kulturellen Beirat arbeiteten. Da die Anzahl der Lektoren aber vermutlich Schwankungen unterlag, lässt sie sich im Nachhinein nicht rekonstruieren.

214 Vgl. Becker: Planmäßige Buchproduktion, Börsenblatt Leipzig, S. 109f.

215 Vgl. »Protokoll der Sitzung des Kulturellen Beirates und Verleger«, 19.12.1946: ThHStAW, Ld. Thür. - MfVobi, Nr. 4263 und »Niederschrift über die Sitzung von Vorstand und Hauptausschuss des Börsenvereins am 2. April 1947«: SächsStAL, 21766 Börsenverein, Nr. 1212, Bl. 91f. Vgl. auch Bille: Börsenverein, S. 186.

216 Vgl. Börsenverein an Kultureller Beirat, 3.7.1947: SächsStAL, 21766 Börsenverein, Nr. 1212, Bl. 116 und Greifenverlag an Börsenverein, 26.8.1947: ebd., Bl. 122. Siehe auch Bille: Börsenverein, S. 186. Die Leipziger Zweigstelle des Kulturellen Beirats (vgl. unten) stand der Beratung durch Verlage kritisch gegenüber (vgl. »Besprechung mit Herrn Kschischo vom Kulturellen Beirat in Leipzig am 24. November 1947«: ebd., Bl. 127).

217 Becker: Planmäßige Buchproduktion, Börsenblatt Leipzig, S. 109f.

rellen Beirat herangezogen werden.[218] Hinzu kam der Druck, unter dem die Lektoren arbeiteten. Aufgrund der Fülle an Manuskripten, die zu bewältigen waren, sah man schließlich keine andere Möglichkeit mehr, als ihnen Begutachtungstermine zu setzen. [219] Als Folge dieser Arbeitsbedingungen verlor der Kulturelle Beirat Lektoren, insbesondere die »prominenten Fachkräfte, die schon vordem nur ungern für den Kulturellen Beirat gutachterisch tätig waren und die sich jetzt konsequent zu einer Übernahme von Gutachten für den Kulturellen Beirat weigern, da sie die unbedingt notwendige Terminstellung keinesfalls akzeptieren wollen.«[220] Um zuverlässige, jederzeit verfügbare Lektoren zu haben, baute sich das Sekretariat des Kulturellen Beirats einen Stamm festangestellter Hauslektoren auf, die »systematische ideologisch-fachliche« Schulungen bekamen.[221] Aufgrund dieses festen Lektorenstabs mussten nicht mehr sämtliche Manuskripte außer Haus gegeben werden, was das Begutachtungsverfahren teilweise beschleunigte.[222]

Seit der Einrichtung des Kulturellen Beirats war es umstritten, Verleger an seinen Sitzungen teilnehmen zu lassen. Einerseits sprach die demokratische Struktur des Kulturellen Beirats dafür, andererseits fürchtete die Geschäftsführung den Verlust seiner strengen Überparteilichkeit: »Wären die Vertreter von Verlagen anwesend, so würde die Gefahr bestehen, daß Konkurrenzfragen die Entscheidungen beeinflussen könnten«.[223] Auch galt es, »das Geschäftsgeheimnis um die Verlagsprogramme zu wahren«.[224] Im Mai 1947 entschied die Geschäftsführung des Kulturellen Beirats, keine Verleger an den Sitzungen teilnehmen zu lassen. Zwei Monate zuvor hatte sie es noch in Erwägung gezogen und hatte sogar den Börsenverein in Leipzig schon um entsprechende Vorschläge gebeten.[225] Umgesetzt wurde stattdessen Anfang Oktober 1947 die Idee der Errichtung einer Zweigstelle des Kulturellen Beirats in Leipzig. Dies stand in unmittelbarem Zusammenhang mit der Diskussion um das Einbeziehen von Verlegern in die Arbeit des Kulturellen Beirats und ist auf die Initiative des Leipziger Börsenvereins und einiger Leipziger Verleger zurückzuführen.[226] Ziel war die Dezentralisierung des Kulturellen Beirats zur Verbesserung der Zusammenarbeit zwischen

---

218 Vgl. »Vorschläge des Sekretariats des Kulturellen Beirates für die Reorganisation des Kulturellen Beirates«, ohne Datum (zu datieren auf »nach April 1948«): BArch DY 30/IV 2/9.04/670, fol. 64–99. Siehe auch Kielmeyer: Kulturelle Beirat, Börsenblatt Leipzig, S. 329f. Zum Problem des Lektorenmangels siehe auch Lokatis: Verlagspolitik zwischen Plan und Zensur, S. 306.

219 Vgl. »Vorschläge des Sekretariats des Kulturellen Beirates für die Reorganisation des Kulturellen Beirates«, ohne Datum (zu datieren auf »nach April 1948«). Ab wann diese Begutachtungstermine gesetzt wurden, ist dem Bericht leider nicht zu entnehmen.

220 Ebd.

221 Ebd.

222 Vgl. ebd.

223 Kultureller Beirat an »Ministerium für Volksbildung« Sachsen, 21.5.1947: SächsHStAD, 11401 Lr. Sachsen, MfVobi, Nr. 2739, Bl. 143. Mit dem Schreiben wurde der Antrag des Sachsenverlags Dresden vom 30.4.1947 abgelehnt, einen Vertreter des Verlags bei den Sitzungen des Kulturellen Beirats zuzulassen.

224 »Protokoll der 40. Sitzung des Kulturellen Beirats für das Verlagswesen am 5. Mai 1947«: BArch DR 2/1132, fol. 118ff.

225 Vgl. Kultureller Beirat an Börsenverein, 5.3.1947: SächsStAL, 21766 Börsenverein, Nr. 1212, Bl. 58 und Kultureller Beirat an Thüringische Verlagsanstalt, Weimar: 15.3.1947: ThHStAW, Ld. Thür. - MfVobi, Nr. 4263. Eine daraufhin vom Börsenverein erstellte Vorschlagsliste, auf der überwiegend Leipziger Verleger aufgeführt wurden, befindet sich in SächsStAL, 21766 Börsenverein, Nr. 1212, Bl. 77.

226 Zur Initiative des Börsenvereins vgl. auch Bille: Börsenverein, S. 185ff.

dem Kulturellen Beirat und den Leipziger Verlegern. Als dieser Plan Ende Februar 1947 erstmals der DVV unterbreitet wurde, stieß er bei DVV-Vizepräsident Weinert sofort auf Zustimmung.[227] Zwar sprach sich der Hauptausschuss des Börsenvereins entschieden dafür aus, einige Leipziger Verleger an den Sitzungen des Kulturellen Beirats teilnehmen zu lassen – fühlten sich die Verleger Leipzigs gegenüber den Verlegern Berlins doch schon allein aufgrund der örtlichen Entfernung zum Kulturellen Beirat im Nachteil (siehe Kapitel 2.3.2) –, andererseits hielt er es aber für zu aufwändig, Leipziger Vertreter wöchentlich zu den Sitzungen nach Berlin fahren zu lassen. So wurde es für sinnvoller erachtet, stattdessen einen Stellvertreter des Kulturellen Beirats regelmäßig in Leipzig tagen zu lassen.[228] Im April 1947 erklärte sich die Geschäftsführung des Beirats dann mit der Einrichtung einer festen Außenstelle in Leipzig einverstanden.[229] Bis zu ihrer Eröffnung sollte eine Entscheidung über die Zulassung von Verlegern zu Sitzungen des Kulturellen Beirats zurückgestellt werden.[230]

Neben allgemeinen beratenden Aufgaben sollte die Zweigstelle des Kulturellen Beirats in Leipzig »Vorarbeiten leisten a) in der Planungsgenehmigung, indem sie mit den von Berlin akkreditierten Lektoren Fühlung nimmt, um dann mit den Genehmigungs-Anträgen schon gültige Gutachten einzureichen; b) in der Regelung der Papierfrage.«[231] Das Ziel war im Interesse aller eine Beschleunigung der Arbeit des Beirats,[232] dessen Pensum sich wie erwähnt durch die Übertragung des Druckgenehmigungsverfahrens per SMAD-Befehl Nr. 90 vom 17. April 1947 noch weiter erhöht hatte. Mit der Anstellung von Herrn Kschischo vom »Volksbildungsamt« Leipzig als Leiter der Außenstelle ab dem 1. Oktober 1947 wurde ihre Gründung schließlich realisiert.[233] Finanziell getragen wurde sie vom Börsenverein.[234] Nach-

227 Protokoll der DVV-Sitzung vom 27.2.1947 »anlässlich der Lizenzierung von Verlagen und Zeitschriften«: BArch DR 2/1132, fol. 192ff. Vorgetragen wurde der Vorschlag von Verleger Ernst Wunderlich. Vgl. auch Koven: Lizenzierung neuer Verlage und Zeitschriften, S. 77f).

228 Vgl. Börsenverein an Kultureller Beirat, Hauptausschuss, 13.3.1947: SächsStAL, 21766 Börsenverein, Nr. 1212, Bl. 68; Börsenverein an Geschäftsstelle im Hause, 15.3.1947: ebd., Bl. 73 und Vorschlag der Abteilung »Buch- und Bibliothekswesen«, Rat der Stadt Leipzig, zur Struktur und Arbeit des Kulturellen Beirats, 8.4.1947: StadtAL, StVuR Nr. 8901, Bl. 45–47.

229 Vgl. »Ausschnitt aus der Niederschrift über die Sitzung des Vorstandes des Börsenvereins am 26. März 1947«: SächsStAL, 21766 Börsenverein, Nr. 1212, Bl. 79; »Niederschrift über die Sitzung von Vorstand und Hauptausschuß des Börsenvereins am 2. April 1947«: ebd., Bl. 91f und »Ausschnitt aus der Niederschrift über die Sitzung des Vorstandes des Börsenvereins am 4. Juni 1947«: ebd., Bl. 104f.

230 Vgl. »Ausschnitt aus der Niederschrift über die Sitzung von Vorstand und Hauptausschuss des Börsenvereins am 11. Juni 1947«: SächsStAL, 21766 Börsenverein, Nr. 1212, Bl. 110f.

231 »Ausschnitt aus der Niederschrift über die Sitzung des Vorstandes des Börsenvereins am 4. Juni 1947«: SächsStAL, 21766 Börsenverein, Nr. 1212, Bl. 104f.

232 Vgl. ebd.; »Ausschnitt aus der Niederschrift über die Sitzung von Vorstand und Hauptausschuss des Börsenvereins am 11. Juni 1947«: SächsStAL, 21766 Börsenverein, Nr. 1212, Bl. 110f und Tätigkeitsbericht des Referats »Bibliotheks- Buch- und Verlagswesen« der Abteilung »Kulturelle Aufklärung«, Landesregierung Sachsen-Anhalt, für die Monate Oktober und November 1947: LHASA, MD, Ld. SA Rep. K MVb, Nr. 4034, Bl. 157f.

233 Vgl. Aktennotiz über eine Besprechung der Leipziger Vorstandsmitglieder des Börsenvereins vom 13.8.1947 bezüglich des Kulturellen Beirats: SächsStAL, 21766 Börsenverein, Nr. 1212, Bl. 119.

234 Vgl. »Ausschnitt aus der Niederschrift über die Sitzung des Vorstandes des Börsenvereins am 4. Juni 1947«: SächsStAL, 21766 Börsenverein, Nr. 1212, Bl. 104f und Aktennotiz über eine Besprechung der Leipziger Vorstandsmitglieder des Börsenvereins vom 13.8.1947 bezüglich des Kulturellen Beirats.

dem sich ihre Räume zunächst in der Universitätsbibliothek Leipzig befanden, zog sie Anfang Februar 1948 ins Gebäude des Börsenvereins um.[235]

Nach der Einrichtung der Außenstelle des Kulturellen Beirats in Sachsen erwachte auch in den übrigen Ländern, insbesondere in Sachsen-Anhalt, der Wunsch nach der Einrichtung einer ähnlichen Stelle.[236] Beim Kulturellen Beirat in Berlin stieß dieses Interesse allerdings auf vehemente Ablehnung. In einem internen Schreiben des Beirats schrieb Geschäftsführer Kielmeyer:

> Sollte vom Volksbildungsministerium des Landes Sachsen-Anhalt auf der nächsten Ministerkonferenz der Antrag gestellt werden, vorbereitende Ausschüsse des Kulturellen Beirates bei jeder oder bei einzelnen Landesregierungen einzusetzen, so bitte ich, diesen Plan auf das schärfste zu bekämpfen und im Notfalle zur Information mich zu diesem Punkt der Sitzung zuzuziehen.[237]

In seiner sehr ausführlichen Begründung gab er unter anderem zu bedenken, dass der Kulturelle Beirat eine selbstständige, von der DVV unabhängige Institution sei. Die Schaffung von Regierungsstellen in den Ländern würde seine Selbstständigkeit jedoch beeinträchtigen. Außerdem sei der Kulturelle Beirat seinerzeit gerade deshalb eingerichtet worden, weil sich die den Ländern und Provinzen »überlassene buchhändlerische Planung und Genehmigung« nicht bewährt habe.[238] »Eine erneute, auch vorbereitende, und, wie von Sachsen-Anhalt vorgeschlagen, sogar ausführende regionale Körperschaft würde wiederum zur Verwilderung der Verlagsplanung und der buchhändlerischen Produktion führen.«[239] Um deutlich zu machen, dass sich seiner Meinung nach eine Dezentralisierung des Kulturellen Beirats nur nachteilig auf dessen Arbeit auswirken würde,[240] verfasste Kielmeyer einen Artikel, der im *Börsenblatt* erschien. Skeptisch schreibt er hier:

> Schließlich wurde kürzlich in Leipzig angesichts der Bedeutung der Stadt für die Buchproduktion versuchsweise eine Verbindungsstelle des Kulturellen Beirats eingerichtet; die Zukunft wird zeigen müssen, ob diese Verbindungsstelle eine wesentliche Vereinfachung des Geschäftsganges ermöglicht und einem nennenswerten Bedürfnis entspricht.[241]

---

235 Vgl. Börsenverein an »Nachrichtenamt«, Rat der Stadt Leipzig, 9.2.1948: StadtAL, StVuR Nr. 8890, Bl. 119. Siehe auch Bille: Börsenverein, S. 186.

236 Vgl. Aktennotiz Kielmeyers, Kultureller Beirat, »Betr.: Vorbereitende Ausschüsse des Kulturellen Beirates bei den Landesregierungen.«, 26.11.1947: BArch DR 2/1132, fol. 103f. Am 9. April 1948 fand in Weimar die erste Sitzung einer Institution statt, die sich ebenfalls »Kultureller Beirat« nannte (vgl. Protokoll der ersten Sitzung des Kulturellen Beirats Weimar vom 9.4.1948: ThHStAW, Ld. Thür. - MfVobi, Nr. 141). Zwar beschäftigte sich dieser Beirat neben anderen Kulturangelegenheiten am Rande auch mit Literatur, mit dem Berliner »Kulturellen Beirat für das Verlagswesen« hatte diese Institution aber offensichtlich nichts zu tun.

237 Aktennotiz Kielmeyers, Kultureller Beirat, »Betr.: Vorbereitende Ausschüsse des Kulturellen Beirates bei den Landesregierungen.«, 26.11.1947.

238 Ebd.

239 Ebd.

240 Vgl. ebd.

241 Kielmeyer: Kulturelle Beirat, Börsenblatt Leipzig, 29.11.1947, S. 329f. Dass dieser Artikel nicht jeden von den Nachteilen einer Dezentralisierung des Kulturellen Beirats überzeugte, zeigt beispielsweise die Stellungnahme zu diesem Artikel von Karl Wolff, Leiter des Referats »Literatur und Buchwesen« der Landesregierung Mecklenburg, vom 8.12.1947 (LHA Schwerin, 6.11–21 Ld. Meckl., MfVobi, Nr. 167, Bl. 247–249). Unter anderem heißt es hier: »Dem Kulturellen Beirat wird jedoch in Zukunft nichts

Das tat sie nach Ansicht des »Hauptausschusses« des Beirats nicht, wie einem Schreiben vom 12. Juli 1948 von Kielmeyer an den Börsenverein zu entnehmen ist.[242] Das Tätigkeitsgebiet für die Leipziger Zweigstelle sei zu begrenzt, als dass man für sie, bei dem bestehenden Mangel an bewährten Arbeitskräften, den Einsatz einer vollen Stelle verantworten könnte.[243] Deshalb habe »sich der Hauptausschuss des Kulturellen Beirats einstimmig entschlossen, diese Verbindungsstelle wieder eingehen zu lassen.«[244] Am 30. August 1948, elf Monate nach ihrer Gründung, wurde sie schließlich geschlossen.[245]

Einige Zeit vor ihrer Schließung war die Diskussion um die Beteiligung der Verlage an der Arbeit des Beirats aufgrund der vielen Beschwerden seitens der Verleger erneut aufgeflammt.[246] Anfang 1948 hatte der Kulturelle Beirat mit dem Börsenverein die Gründung eines »Verlegerausschusses« im Kulturellen Beirat vereinbart, der als Beratungsstelle für Verleger und als Berufungsinstanz gegen die Ablehnung von Anträgen fungieren sollte.[247] Umgesetzt wurde diese Vereinbarung jedoch nicht.[248]

Wie bereits erwähnt, waren die Hauptaufgaben des Kulturellen Beirats zum einen die objektive und zügige Begutachtung der von den lizenzierten Verlagen eingereichten Manuskripte und zum anderen die Festlegung der Auflagenhöhe der von ihm befürworteten bzw. genehmigten Verlagsvorhaben durch eine Zuteilung der ihm von der SMAD zur Verfügung gestellten Papierkontingente. Jedoch wurde der Kulturelle Beirat weder der einen noch der anderen Aufgabe jemals wirklich gerecht.

Die oft betonte demokratische Struktur des Kulturellen Beirats sollte seine Objektivität gewährleisten.[249] Tatsächlich lässt sich aber nicht übersehen, dass vor allem einige der nach

---

anderes übrigbleiben als sich zu dezentralisieren und die Landesregierungen mit einzuspannen, um eine Beschleunigung des Geschäftsganges zu erreichen.« (ebd.).

242 Vgl. Kultureller Beirat an Börsenverein, 12.7.1948: SächsStAL, 21766 Börsenverein, Nr. 1212, Bl. 153. Siehe auch Bille: Börsenverein, S. 186f.

243 Vgl. ebd.

244 Ebd.

245 Vgl. Kultureller Beirat an Börsenverein, 28.7.1948: SächsStAL, 21766 Börsenverein, Nr. 1212, Bl. 155. Ursprünglich war vom Hauptausschuss des Kulturellen Beirats der 31.7.1948 als Schließungstermin vorgesehen. Der Börsenverein bat jedoch erfolgreich darum, die Schließung zu verschieben, da er erst auf seiner Vorstandssitzung in der zweiten Augusthälfte darüber beraten konnte (vgl. ebd. und Börsenverein an Kultureller Beirat, 17.7.1948: ebd., Bl. 154).

246 Vgl. z.B. Protokoll der siebten Sitzung der Planungskommission des Kulturellen Beirats vom 4.12.1947: BArch DR 2/109, fol. 140–142; Niederschrift über die Sitzung des Verleger-Ausschusses des Börsenvereins vom 14.1.1948: SächsStAL, 21766 Börsenverein, Nr. 1213, Bl. 9ff und »Vorschläge des Sekretariats des Kulturellen Beirates für die Reorganisation des Kulturellen Beirates«, ohne Datum: BArch DY 30/IV 2/9.04/670, fol. 64–99.

247 Vgl. Niederschrift über die Sitzung des Verleger-Ausschusses des Börsenvereins vom 14.1.1948; Börsenverein an Kultureller Beirat, 26.4.1948: SächsStAL, 21766 Börsenverein, Nr. 1213, Bl. 15 und Niederschrift über die Sitzung des Verleger-Ausschusses des Börsenvereins vom 23.8.1948: ebd., Bl. 33–36.

248 Vgl. Börsenverein an Kultureller Beirat, 26.4.1948 und Protokoll der Sitzung des Verleger-Ausschusses des Börsenvereins vom 23.8.1948, 26.8.1948: SächsStAL, 21766 Börsenverein, Nr. 1213, Bl. 33–36. Siehe auch Bille: Börsenverein, S. 187 und Pike: Politics of Culture, S. 515.

249 Vgl. Protokoll der DVV-Sitzung vom 27.2.1947 »anlässlich der Lizenzierung von Verlagen und Zeitschriften«: BArch DR 2/1132, fol. 192ff; v. Balluseck, Kultureller Beirat, an Y. Lepman, 31.1.4917: ebd., fol. 231; Kultureller Beirat an Thüringische Verlagsanstalt, Weimar: 15.3.1947: ThHStAW, Ld. Thür. - MfVobi, Nr. 4263; Kultureller Beirat an »Ministerium für Volksbildung« Sachsen, 21.5.1947:

Kriegsende neu gegründeten Verlage von Behörden und Organisationen immer wieder bevorzugt behandelt wurden. Obwohl die Teilnahme von Verlagsmitarbeitern an den Sitzungen des Kulturellen Beirats wie beschrieben sehr umstritten war, wurde beispielsweise dem Aufbau-Verlag die Möglichkeit eingeräumt, seine Planungen in den Sitzungen durch einen Vertreter persönlich zu verteidigen.[250] Volk und Wissen war der einzige Verlag, der durch einen seiner Mitarbeiter kontinuierlich in verschiedenen Kommissionen des Kulturellen Beirats vertreten war.[251] Und die Manuskripte des Akademie-Verlages, dessen Gründung mit auf die Initiative des DVV-Referats »Verlagswesen« zurückzuführen ist, dessen Personal wiederum auch im Kulturellen Beirat tätig war,[252] wurden gemäß einer Anordnung von DVV-Präsident Wandel vom Januar 1949 sogar generell genehmigt.[253]

Aufgrund seines chronischen Personalmangels war es dem Kulturellen Beirat nicht möglich, die schnell wachsende Anzahl eingereichter Manuskripte innerhalb der vorgesehenen Fristen zu bewältigen. Dazu kamen die dementsprechend ebenfalls zunehmenden Anfragen von Verlegern und Autoren, die täglich persönlich bei den Mitarbeitern des Kulturellen Beirats vorsprachen. Die Referenten des Beirats waren »täglich mehrere Stunden durch die Abfertigung der Besucher in Anspruch genommen.«[254] Und da die von der SMAD zugeteilten Papiermengen nie ausreichten, um die genehmigten Werke auch wirklich drucken zu können, entwickelte sich das Papierzuteilungsverfahren langsam zu einem Paradoxon.

Die eingereichten Manuskripte wurden aufgrund des Papiermangels in vier Kategorien eingeteilt:

- »I vordringlich mit Papierbefürwortung«,
- »II dringlich ohne Papierbefürwortung«,
- »III nicht dringlich« und
- »IV Ablehnung«.[255]

SächsHStAD, 11401 Lr. Sachsen, MfVobi, Nr. 2739, Bl. 143 und Koven: Lizenzierung neuer Verlage und Zeitschriften, S. 77f. Siehe auch Pike: Politics of Culture, S. 363.

250 »Protokoll der 25. Sitzung des Kulturellen Beirats am 13. Januar 1947«: BArch DR 2/1132, fol. 239.

251 I. M. Lange vom Volk und Wissen Verlag war sowohl als Mitglied im »Hauptausschuss« und in diversen anderen Kommissionen als auch als Lektor im Kulturellen Beirat tätig (vgl. Bericht »Der Kulturbeirat. Vorschläge und Feststellungen des Herrn von Balluseck«: BArch DR 2/1132, fol. 207f; Mitgliederliste der Kommissionen des Kulturellen Beirats, Abschrift vom 27.12.1948: ebd., Akte 950–954, fol. 2ff und Arbeitsbericht, Kultureller Beirat, 1.3.1948: BArch DY 30/IV 2/9.04/670, fol. 6–14). In inoffiziellen Mitteilungen wurde der Volk und Wissen Verlag vorzeitig über genehmigte Verlagsvorhaben informiert (vgl. z.B. Hagemann, Geschäftsführer des Volk und Wissen Verlags, an DVV-Vizepräsident Marquardt, 2.2.1948: BArch DR 2/1051, fol. 1–4 und Marquardt an Hagemann, 31.12.1947: ebd., fol. 5).

252 Vgl. Referat »Verlagswesen«, DVV, »Arbeitsplan für Juni 1946«, 4.6.1946: BArch DR 2/896, fol. 45. Unter Punkt II des Arbeitsplans heißt es: »Gründung eines wissenschaftlichen Akademie-Verlages« (ebd.).

253 Vgl. Vermerk über die Besprechung zwischen Vertretern des Kulturellen Beirats, des Akademie-Verlags und DVV-Präsident Wandel vom 13.1.1949: »Wenn der Akademieverlag den Druck aus wissenschaftlichen Gründen zum Beschluss erhebt, dann kann es keine andere Kontrolle über diese Seite, auch nicht beim Kulturellen Beirat, geben.« (BArch DR 2/1027, fol. 11).

254 Referat »Verlagswesen«, DVV, »Tätigkeitsbericht über das 2. Vierteljahr 1947«, 27.6.1947: BArch DR 2/1090, fol. 258f.

255 Vgl. z.B. »Bericht über vom Hauptausschuss des Kulturellen Beirates ausgesprochene Duckgenehmigungen I. Vierteljahr 1948«: BArch DR 2/1132, fol. 90.

Bis zum September 1947 war das Problem der Papierzuteilung in einem solchen Ausmaß angewachsen, dass Weinert, der Vorsitzende des Kulturellen Beirats, schon an dem Sinn der Fortführung der Arbeit des Beirats zweifelte. Genehmigte Druckvorhaben könnten nicht abgedeckt werden, zunächst zugesicherte Zuteilungen seitens der SMAD würden wieder annulliert und überhaupt seien die Zuteilungen von Quartal zu Quartal unbefriedigender.[256]

> Da die letzte uns zugewiesene Sonderzuteilung von 162 Tonnen nun auch illusorisch geworden ist, befindet sich der Kulturelle Beirat gegenüber den Verlegern und der Öffentlichkeit in einer Lage, die sein Ansehen in einer Weise kompromittieren muss, die auch ich als Beauftragter der SMA nicht verantworten kann. Bisher habe ich diese Schwierigkeiten mit größter Mühe zu überwinden versucht, um der gegnerischen Presse nicht die Möglichkeit zu geben, den demokratischen Ernst unserer Institution in Zweifel zu ziehen. Wenn wir jedoch weiterhin nur Buchtitel bewilligen, ohne überhaupt Papier liefern zu können, wird sich der Kulturelle Beirat vor den Verlegern und der Öffentlichkeit der Lächerlichkeit preisgeben.[257]

Tatsächlich war das Ansehen des Beirats zu diesem Zeitpunkt ohnehin nicht mehr das Beste. Als Beispiel für die Kritik an ihm soll hier stellvertretend eine Passage aus einem Brief des Leiters der »Thüringischen Landesstelle für Buch- und Bibliothekswesen«, Joseph Witsch, an den DVV-Referenten für den Kulturellen Beirat, Friedrich Unger, vom 26. September 1947 zitiert werden. So schrieb Witsch aus Verärgerung über seiner Meinung nach unqualifizierte Gutachten und unbegründete Rückstellungen bedeutender Literatur:

> Es wäre gut, wenn von diesem Katze-um-den-heißen-Brei-Spiel des Kulturellen Beirats endlich einmal Abstand genommen werden würde, sonst wird er langsam zu einer Institution, die ein Mittelding zwischen Popanz und Karikatur darstellt, und über die man, je nach Temperament, sich ärgert oder lacht.[258]

Um die Arbeit des Kulturellen Beirats effektiver zu machen und somit auch sein Image zu verbessern, kamen seitens der DVV immer wieder Pläne zu seiner Reorganisation auf. Abgesehen von den nicht ausreichenden Papierkontingenten, waren die größten Probleme des Beirats seine permanente Unterbesetzung sowie Budgetschwierigkeiten.[259] Die Pläne zu seiner Umstrukturierung zielten in der Regel auf die Erhöhung des Personals. Eine erste grundlegende Reorganisation sollte der Kulturelle Beirat mit dem Erlass des bereits erwähnten SMAD-Befehls Nr. 25 vom 25. Januar 1947 erfahren (siehe oben). Ab dem 1. April 1947 waren gemäß diesem Befehl vierzig Planstellen für den Beirat vorgesehen,[260] die er jedoch nicht bekam. Stattdessen wurden ihm im August 1947 rückwirkend zum 1. Juli von der

256 Kultureller Beirat an SMAD, 15.9.1947: BArch DR 2/109, fol. 144f.

257 Ebd. Vgl. auch Weinert, Vizepräsident der DVV, an SMAD, 16.10.1947: BArch DR 2/109, fol. 143.

258 Witsch an Unger, Kultureller Beirat, 26.9.47: ThHStAW, Ld. Thür. - MfVobi, Nr. 4263. Siehe auch M. Langner, ehemalige Lektorin im Kulturellen Beirat, an einen ungenannten Adressaten, 2.12.1948: BArch DR 2/1094–1095, fol. 6–7a und Hohlfeld: Zur Frage einer planmäßigen Buchproduktion, S. 201f.

259 Ausführliche Informationen hierzu finden sich bei Pike: Politics of Culture, S. 358ff und S. 512ff.

260 Vgl. Volkmann, Kultureller Beirat, an »Personalbestands-Kommission« der »Deutschen Zentralfinanzverwaltung«, 3.3.1948: BArch DR 2/1007, fol. 147–156.

SMAD und der DVV neunundzwanzig Stellen zugebilligt.[261] Diese sollten dann aber gemäß Planungen der »Deutschen Zentralfinanzverwaltung« vom März 1948 wieder komplett gestrichen werden.[262] Nach entschiedenem Einspruch seitens des Kulturellen Beirats, der DVV und der SMAD wurden von der »Deutschen Zentralfinanzverwaltung« schließlich zwanzig Stellen gebilligt, von denen der Kulturelle Beirat aber nur achtzehn bekam, da die DVV, aus deren Etat sämtliche dieser Stellen finanziert werden sollten, zwei der Stellen für sich behielt.[263] Für das personelle Problem des Kulturellen Beirats war das letztlich keine Lösung.

Wie in Kapitel 3.3.3 beschrieben, kamen Anfang 1949 Überlegungen auf, mit der »Deutschen Verlagskommission« eine weitere deutsche zentrale Institution für das Verlagswesen ins Leben zu rufen. In diesem Zusammenhang wurde auch erneut an eine personelle Erweiterung des Kulturellen Beirats gedacht, der gemäß weiterführenden Plänen zwar weiterhin bestehen bleiben sollte, aber einen großen Teil seiner Aufgaben an die neue, personell besser ausgestattete Institution, abgeben sollte. Bis zur Gründung der DDR im Oktober 1949 waren diese Pläne zwar schon weit fortgeschritten, umgesetzt wurden sie allerdings nicht mehr. Wie eingangs erwähnt, blieb der Kulturelle Beirat in der DDR zunächst bestehen. Ende 1950 wurde er als »Hauptabteilung Literatur« dem »Ministerium für Volksbildung« der DDR angeschlossen, bevor er durch die »Verordnung über die Entwicklung fortschrittlicher Literatur« vom 16. August 1951 aufgelöst wurde. Unter der Bezeichnung »Amt für Literatur und Verlagswesen« wurde gleichzeitig eine neue Institution errichtet.[264]

2.2 Institutionen in den Ländern und Provinzen

2.2.1 Verwaltungen der Sowjetischen Militäradministrationen

Noch vor der Kapitulation Deutschlands am 8. Mai 1945 übertrug der Kriegsrat der ersten Belorussischen Front am 23. April 1945 mit seinem Tagesbefehl Nr. 5 sämtliche Verwaltungs- und Machtbefugnisse im von der Roten Armee besetzten Gebiet Deutschlands den Militärkommandanten der Städte und Dörfer.[265] Gemäß dem Befehl sollten diese Kommandanten deutsche Bürgermeister bestimmen, die für die Ausführung der Befehle der sowjetischen Armee verantwortlich gemacht werden sollten.[266] In Berlin ordnete der gerade zum Stadtkommandanten ernannte Generaloberst Nikolai Bersarin am 28. April 1945 mit seinem Befehl Nr. 1 an, »dass die ›gesamte administrative und politische Macht‹ in seine Hände« zu

261 Vgl. Referat »Verlagswesen«, DVV, »Tätigkeitsbericht über das 2. Vierteljahr 1947«, 27.6.1947: BArch DR 2/1090, fol. 258f.Siehe auch Pike: Politics of Culture, S. 514 und 360.

262 Vgl. Volkmann, Kultureller Beirat, an »Personalbestands-Kommission« der »Deutschen Zentralfinanzverwaltung«, 3.3.1948: BArch DR 2/1007, fol. 147–156 und »Vorschläge des Sekretariats des Kulturellen Beirates für die Reorganisation des Kulturellen Beirates«, ohne Datum: BArch DY 30/IV 2/9.04/ 670, fol. 64–99.

263 Vgl. »Vorschläge des Sekretariats des Kulturellen Beirates für die Reorganisation des Kulturellen Beirates«, ohne Datum. Siehe auch Pike: Politics of Culture, S. 512ff.

264 Vgl. Umlauff: Wiederaufbau, Sp. 1241, Lokatis: Verlagspolitik zwischen Plan und Zensur, S. 304ff und Barck/Langermann/Lokatis: Jedes Buch ein Abenteuer, S. 19ff.

265 Foitzik: Sowjetische Militäradministration, 1993, S. 14.

266 Vgl. ebd.

übergeben sei.[267] Nach Kriegsende wurden in den inzwischen schon über 388 eingerichteten ständigen Kommandanturen die den Kommandanten untergeordneten Positionen vergeben.[268] Nachdem zunächst sämtliche Bereiche den militärischen Ortskommandanten unterstanden, wurde am 15. Juni 1945 »ein Teil ihrer Funktionen deutschen Kommunalverwaltungen übertragen«.[269]

Trotz der offiziellen Errichtung der SMAD am 5. Juni 1945 wurden die Ortskommandanturen erst im Juli/August 1945 »formal zu örtlichen Organen der SMAD umfunktioniert«.[270]

Mit dem SMAD-Befehl Nr. 5 vom 9. Juli 1945 wurden die regionalen Truppenkommandeure zu Chefs der fünf Länder- bzw. Provinzialverwaltungen der SMAD ernannt.[271] Die eigentliche Leitung der Verwaltungen übernahmen jedoch zunächst ihre jeweiligen Stellvertreter für Zivilangelegenheiten.[272] Erst ab etwa Anfang 1946 wurden die Chefs der Länder- und Provinzialverwaltungen »weitgehend auch formell als Chefs tituliert«.[273]

Um »eine reibungslose Kommunikation mit den deutschen Verwaltungsorganen zu gewährleisten«, wurde die regionale Gliederung der SMA-Verwaltungen an die deutsche Verwaltungsgliederung angeglichen.[274] Im Prinzip hatten die regionalen Verwaltungen der SMA jedoch dieselbe Organisationsstruktur wie die zentrale SMAD in Berlin-Karlshorst.[275] Neben den fünf Landes- und Provinzialverwaltungen der SMAD gab es zwölf bis vierzehn Bezirksverwaltungen.[276] Darunter standen die Kreis- und Ortskommandanturen.[277]

Parallel zur Gründung der »Propagandaverwaltung« der SMAD in Berlin-Karlshorst mit Beschluss des »Rats der Volkskommissare« vom 5. Oktober 1945 (siehe Kapitel 2.1.1) wurden in den Verwaltungen der SMA in den Ländern bzw. Provinzen und im sowjetischen Sektor Berlins entsprechende Propagandaabteilungen errichtet, die der »Propagandaverwaltung« in Berlin unterstellt waren.[278] Dazu kamen die Bezirks- und Kreispropagandaabteilungen und die Hauptinstrukteure für Propaganda bei örtlichen Kommandanturen in Stadtkreisen und Kreisstädten sowie in Bezirken des sowjetischen Sektors Berlins.[279] »In den Propagandaabteilungen der Länder bzw. Provinzen wiederholte sich in verkleinertem Maßstab die Struktur der zentralen Propagandaverwaltung der SMAD. Sie waren nach dem Stellenplan vom Mai 1947 mit etwa 25 Personen besetzt, die Berliner Abteilung war etwas größer.«[280]

Die genauen Bezeichnungen der Unterabteilungen und die Namen der Personen, die in Propagandaabteilungen der SMA in den Ländern bzw. Provinzen der SBZ für das Verlagswesen zuständig waren, ist anhand der in den deutschen Landesarchiven und im Bundesar-

267 Ebd.
268 Vgl. ebd.
269 Ebd.
270 Ebd., S. 14f.
271 Vgl. ebd., S. 24. Siehe auch Strunk, Pressekontrolle, S. 35f.
272 Vgl. Foitzik: Sowjetische Militäradministration, 1993, S. 24..
273 Ebd., S. 25.
274 Vgl. ebd., S. 15.
275 Vgl., S. 25. Siehe auch Strunk, Pressekontrolle, S. 36.
276 Vgl. ebd. Die Zahl der Bezirksverwaltungen wird laut Foitzik in bisherigen Veröffentlichungen unterschiedlich angegeben.
277 Vgl. Foitzik: Sowjetische Militäradministration, 1993, S. 26.
278 Vgl. Bonwetsch: Einführung, S. XXX.
279 Näheres siehe ebd.
280 Ebd., S. XXXI.

chiv vorhandenen Dokumente nur schwer, zum Teil gar nicht zu rekonstruieren.[281] Meist waren für die einzelnen Bereiche wie Verlagslizenzierungen, Druckgenehmigungen, Papierkontingentierungen oder Beschlagnahmungen unterschiedliche Abteilungen und dementsprechend unterschiedliche Personen zuständig. Die Schreiben der deutschen Verwaltungen oder der Verlage an die regionalen Verwaltungen der SMA enthielten in ihren Adressangaben außer der Anschrift der jeweiligen SMA nur selten Namen von Ansprechpartnern und noch seltener Bezeichnungen der zuständigen Abteilungen. Mitunter herrschte hier auch Unwissenheit. Dies soll im Folgenden am Beispiel Sachsens verdeutlicht werden. So richtete sich im Juli 1947 Arthur Werner, der Leiter der Abteilung »Buch- und Bibliothekswesen« des Rats der Stadt Leipzig (siehe Kapitel 2.3.2) an Major Mischin von der »Propagandaverwaltung« der SMAD in Karlshorst, um in Erfahrung zu bringen, wer der Nachfolger von Major Bordersen in Sachen Verlagslizenzierungen in der SMA in Sachsen sei.[282] Doch selbst dieser konnte hierüber keine Auskunft geben.[283] Wie sich aus späteren Schreiben ergibt, war Hauptmann Daniltschuk von der »Informationsabteilung« der SMA in Dresden der Nachfolger von Bordersen.[284] Nach Daniltschuk war Oberstleutnant Koifmann für diesen Bereich in Sachsen zuständig.[285] Aus mehreren Schreiben geht außerdem hervor, dass auch Major Brodder eine zeitlang mit dem Verlagswesen in der SMA in Sachsen betraut war.[286] Zuständig für die Erteilung von Druckgenehmigungen war in Sachsen zumindest im ersten Halbjahr 1946 Major Gutin, im Sommer 1947 Gubelmann und 1948 Hauptmann Dubow.[287]

Wesentlich übersichtlicher waren die Zuständigkeiten in Thüringen. Hier war von Anfang 1946 bis mindestens Ende Februar 1948 Hauptmann Blechmann Ansprechpartner in sämtlichen Verlagsangelegenheiten.[288] In Mecklenburg-Vorpommern beschäftigte sich Major

281 Insgesamt sind in den genannten Archiven aus der Korrespondenz zwischen den deutschen und sowjetischen Verwaltungen der Länder und Provinzen zu wenige Schreiben vorhanden, als dass sich daraus Angaben für den gesamten Zeitraum von 1945 bis 1949 ermitteln lassen.

282 Vgl. Aktennotiz von A. Werner, Abteilung »Buch- und Bibliothekswesen«, Rat der Stadt Leipzig, 12.7.1947: StadtAL, StVuR Nr. 8889, Bl. 2.

283 Vgl. ebd.

284 Vgl. »Ministerium für Volksbildung« Sachsen an Major Mischin, »Informationsverwaltung«, SMAD, 24.11.1947 sowie Schreiben des »Ministeriums für Volksbildung« Sachsen an Hauptmann Daniltschuk, SMA Sachsen vom 5.9.1947, 3.12.1947 und 29.9.1948. Sämtliche in SächsHStAD, 11401 Lr. Sachsen, MfVobi, Nr. 2744.

285 Vgl. Referat »Literatur und Büchereiwesen«, Landesregierung Sachsen, an Volksbildungsminister H. Holtzhauer im Hause, 7.10.1948: SächsHStAD, 11401 Lr. Sachsen, MfVobi, Nr. 2764 und »Ministerium für Volksbildung« Sachsen an SMA Sachsen, 22.10.1948: ebd., Nr. 2744.

286 Vgl. Diverse Schreiben zwischen dem »Ministerium für Volksbildung« Sachsen und der SMA Sachsen vom März 1947 in: SächsHStAD, 11401 Lr. Sachsen, MfVobi, Nr. 2744.

287 Vgl. v. Balluseck, Kultureller Beirat, an Mischin, SMAD, 28.6.1947: BArch DR 2/1149, fol. 104; Referat »Literatur und Büchereiwesen«, Landesregierung Sachsen, an Börsenverein der Deutschen Buchhändler, 14.6.1947: SächsHStAD, 11401 Lr. Sachsen, MfVobi, Nr. 2739; Referat »Literatur«, Landesregierung Sachsen, an Dupoff, SMA Sachsen, 4.5.1948: ebd., Nr. 2744; »Ministerium für Volksbildung« Sachsen an SMA Sachsen, 25.10.1948: ebd.; Reformationsgeschichtliches Museum Lutherhalle an Landesverwaltung Sachsen, 7.5.1946: ebd. Nr. 2693 und »Ministerium für Volksbildung« Sachsen an Reformationsgeschichtliches Museum Lutherhalle, 19.6.1946: ebd. Gemäß dem Schreiben von v. Balluseck an Mischin ist die Rangbezeichnung von Gubelmann »Hauptmann«, gemäß dem Schreiben des Referats »Literatur und Büchereiwesen« an den Börsenverein »Major«.

288 Vgl. Witsch, »Thüringische Landesstelle für Buch- und Bibliothekswesen«, an Blechmann, SMA Thüringen, 12.1.1946: ThHStAW, Ld. Thür. - LfB, Nr. 25; Witsch an Blechmann, 8.8.1946: ebd.;

Kasjanow, Leiter des »Sektors Volksbildung« der SMA, zumindest in der Zeit von Mai 1946 bis Mai 1947 mit Verlagsangelegenheiten.[289] Für die weiteren Länder und Provinzen sowie für Berlin lassen sich aufgrund der zu geringen Datenlage keine verlässlichen Angaben machen.[290]

Aufgabe der Verwaltungen der SMA in den einzelnen Ländern und Provinzen der SBZ war es, darauf zu achten, dass die Befehle und Anordnungen der SMAD in Berlin-Karlshorst umgesetzt bzw. eingehalten wurden. Wie in Kapitel 3.1 erwähnt, erließen sie hierzu auch eigene Befehle und Anordnungen.[291] Zudem waren sie für die Genehmigungen der Verordnungen und Organisationsbestimmungen der Landes- bzw. Provinzialregierungen zuständig, die wiederum oft aufgrund der Befehle der SMAs und der SMAD in Berlin-Karlshorst ausgearbeitet wurden.[292] Bis zur Einrichtung des »Kulturellen Beirats für das Verlagswesens« im Sommer 1946 (siehe Kapitel 2.1.3) spielten die regionalen Verwaltungen der SMA vor allem wegen ihrer Entscheidungsgewalt über die Erteilung von Druckgenehmigungen für Verlagsvorhaben eine große Rolle. In der Regel war hierfür eine so genannte »Zensurstelle« zuständig.[293] An Verlagslizenzierungen waren sie bis Sommer 1947 zunächst nur insofern beteiligt,

---

Thilo, »Thüringische Landesstelle für Buch- und Bibliothekswesen«, an Blechmann, 10.2.1948: ebd.; Witsch an Blechmann, 11.6.1946: ebd., Nr. 355 und Witsch an Blechmann, 21.6.1946: ebd., Nr. 368.

289 Vgl. »Bestimmungen für die Kommission zur Prüfung und Säuberung der Buchbestände von nazistischer u. militaristischer Literatur«, Sektor »Volksbildung«, SMA Mecklenburg-Vorpommern, ohne Datum: LHA Schwerin, 6.11–21 Ld. Meckl., MfVobi, Nr. 2698 und auszugsweise Abschrift des Arbeitsberichts für den Zeitraum Januar bis Mai 1947, Referat »Literatur und Buchwesen«, »Ministerium für Volksbildung« Mecklenburg: ebd., Nr. 2683.

290 Für zukünftige Forschungen seien hier dennoch Personen und Abteilungsbezeichnungen aufgeführt, die sich in den für diese Arbeit gesichteten Archivalien finden. **SMA Sachsen-Anhalt**: Hauptmann Gall, Zensurstelle (»Zur Sammlung wichtiger Organisationsbestimmung Nr. 103, Präsident der Provinz Sachsen, 11.10.1946«: LHASA, MD, Rep. K 10 MVb, Nr. 893, Bl. 47), Major Bobkow wird bzgl. Verlagslizenzierungen angeschrieben (Abteilung »Volksbildung«, Provinzialverwaltung Sachsen, an Bobkow, SMA der Provinz Sachsen, 21.10.1946: ebd., Nr. 37, Bl. 254), Hauptmann Tschertkow kümmert sich um Verlags- und Druckereiangelegenheiten (»Vermerk zur Besprechung der Verlagsunternehmer bei der SMA. Halle am 29.5.1947«: ebd., Nr. 4925, Bl. 70); **SMA Brandenburg**: Major Winokuroff, Teilnehmer einer Besprechung der Abteilung »Kunst« der Provinzialverwaltung (Abteilung »Volksbildung«, Provinzialverwaltung Mark Brandenburg, Bericht über »Besprechung am 12.12.1946«: BLHA, Ld. Br. Rep. 205 A, Nr. 549, Bl. 3); **Sowjetische Zentralkommandantur Berlin**: Major Stotland beschäftigt sich mit Verlagslizenzierungen (Buttke, »Abteilung für Volksbildung«, Magistrat der Stadt Berlin, Beurteilung der Heilsarmee-Gesellschaft, des Heimatdienst-Verlages, des Ostwerk-Verlages und des Verlages des Johannes-Bundes, 15.3.1946: LAB, C Rep. 120, Nr. 1215, Bl. 16 und Buttke an die SMAD, 19.3.1946: ebd., Nr. 3222, Bl. 21), Oberleutnant Kotschmann wird im Zusammenhang mit der Planung einer Fußballzeitung des Express Verlags angeschrieben (Referat »Verlage, Buchhandel, Leihbüchereien«, Magistrat der Stadt Berlin, an SMAD über Kotschmann, Zentralkommandantur Berlin, 12.8.1947: ebd., Nr. 912, Bl. 31).

291 Vgl. z.B. Rundschreiben des »Ministeriums für Volksbildung« Sachsen, an die Landesratsämter und die Stadträte Sachsens »betr. Druckgenehmigung für nicht lizenzierte Verlage«, 17.2.1947: StadtAL, StVuR Nr. 9164, Bl. 29.

292 Vgl. z.B. »Zur Sammlung wichtiger Organisationsbestimmung Nr. 103«, Präsident der Provinz Sachsen, 11.10.1946: LHASA, MD, Rep. K 10 MVb, Nr. 893, Bl. 47.

293 Vgl. Hahn, Ressort »Inneres und Volksbildung«, Landesverwaltung Sachsen, an P. Schneider, 21.11.1945: SächsHStAD, 11401 Lr. Sachsen, MfVobi, Nr. 2725; Hahn, an den Oberbürgermeister der Stadt Chemnitz, 25.10.1045: ebd., Nr. 2724; Hahn an G. Hempel, 25.10.1945: ebd., Nr. 2726; Hahn an F. Giebel, 20.11.1945: ebd.; Referat »Literatur«, Landesverwaltung Sachsen, an G. Rammer, 20.6.1946: ebd., Nr. 2693; Abschrift der »Eingabe zur zeitweisen Freistellung der nachstehenden

als sie hierüber mit den entsprechenden Vertretern der deutschen Landes- und Provinzialregierungen berieten, Lizenzanträge von den deutschen Verwaltungen oder von den Verlagen entgegennahmen und diese, eventuell mit einer Stellungnahme, an die deutschen Landes- bzw. Provinzialregierungen, die DVV oder direkt an die SMAD in Berlin-Karlshorst weiterleiteten.[294] Dies änderte sich mit der von Oberst Abramow, stellvertretender Chef der »Informationsverwaltung« der SMAD, im Sommer 1947 an die SMAs der Länder und Provinzen versandten Rundverfügung über die Übertragung der Aufgabe der Lizenzerteilungen für Verlage und Zeitschriften an die Informationsabteilungen der SMA in den Ländern und an die sowjetische Zentralkommandantur im sowjetischen Sektor Berlins. Bei dieser Rundverfügung handelte es sich um eine Vorlage, die bei den SMAs der Länder bzw. bei der sowjetischen Militärkommandantur Berlins durch das Ausfüllen des Anschriftenfeldes ergänzt und an ihre Unterabteilungen in den Städten weitergeschickt werden konnte (siehe Kapitel 3.3.2). Als Verfasser der Verfügung war am Ende des Textes Abramow angegeben.[295] In Sachsen wurde die Rundverfügung auf diese Weise am 19. August 1947 erlassen. Ob und wann sie von den SMAs der übrigen Länder an die entsprechenden Städte weitergeleitet wurde, konnte den für diese Arbeit eingesehenen Quellen nicht entnommen werden. Nachweisen lässt sich allerdings, dass ab Ende August 1947 Lizenzen für Verlage und Zeitschriften von den Informationsabteilungen in Sachsen, Thüringen und im sowjetischen Sektor Berlins erteilt wurden (Näheres hierzu siehe Kapitel 3.3.2 und 4.1). In Mecklenburg wurde das neue Verfahren

Druckerei- u. Buchbindereibetriebe in Jena« des Gustav Fischer Verlages, 4.9.1946: ThHStAW, GFV, Nr. 558; Protokoll der Gründungsversammlung der »Arbeitsgemeinschaft Thüringischer Verleger«, 31.3.1947: ThHStAW, Ld. Thür. - LfB, Nr. 355; Witsch, »Thüringische Landesstelle für Buch- und Bibliothekswesen«, an Broschüren-Verlag und Großvertrieb Curt Graisel, 27.6.1946: ebd., Nr. 360; »Protokoll der Sitzung des Kulturellen Beirates und Verleger«, 19.12.1946: ThHStAW, Ld. Thür. - MfVobi, Nr. 4263; Bericht der Landeskriminalpolizei Mecklenburg-Vorpommern bezügl. des Heimatverlags, 1.4.1946: LHA Schwerin, 6.11–21 Ld. Meckl., MfVobi, Nr. 3080; Siemon, Abteilung »Kultur und Volksbildung«, Landesverwaltung Mecklenburg-Vorpommern, 13.2.1946: ebd.; »Kultur- und Volksbildungsamt«, Stadtverwaltung Schwerin, an Grünberg, Vizepräsident des Landes Mecklenburg-Vorpommern, 23.4.1946: ebd., Nr. 3090; v. Balluseck, Kultureller Beirat, an Mischin, SMAD, 28.6.1947: BArch DR 2/1149, fol. 104 und Rundschreiben des »Ministeriums für Volksbildung« Sachsen, an die Landesratsämter und die Stadträte Sachsens »betr. Druckgenehmigung für nicht lizenzierte Verlage«, 17.2.1947: StadtAL, StVuR Nr. 9164, Bl. 29.

294 Vgl. »Thüringische Landesstelle für Buch- und Bibliothekswesen« an Gepa-Druck, Langensalza: ThHStAW, Ld. Thür. – LfB, Nr. 360; Witsch, »Thüringische Landesstelle für Buch- und Bibliothekswesen« an SMA Thüringen, 1.10.1946: ebd., Nr. 356; Witsch an Blechmann, 21.6.1946: ebd., Nr. 368; Witsch an Wolf, Volksbildungsminister Thüringens, 29.4.1947: ebd., Nr. 364; Witsch an Blechmann, 8.8.1946: ebd., Nr. 25; W. Jöhren, West-Ost Verlag, Heringsdorf, an Minister für Volksbildung, Landesregierung Mecklenburg, 20.2.1948: LHA Schwerin, 6.11–21 Ld. Meckl., MfVobi, Nr. 167, Bl. 222; Efté-Verlag an Volksbildungsminister Grünberg, Landesregierung Mecklenburg, 17.6.1947: ebd., Nr. 3083; Arbeitsbericht der Abteilung »Volksbildung«, Provinzialverwaltung Mark Brandenburg, November 1946: BLHA, Ld. Br. Rep. 205 A, Nr. 818, Bl. 122; diverse Zeitschriftenlizenz-Anträge an Daniltschuk, SMA Sachsen in: SächsHStAD, 11401 Lr. Sachsen, MfVobi, Nr. 2744; Referat »Literatur und Büchereiwesen«, Landesregierung Sachsen, an Nolken, SMA Sachsen, 26.8.1947: ebd.; Gute, »Ministerium für Volksbildung« Sachsen, an die »Informationsverwaltung«, SMAD, 13.8.1947: ebd. und Schreiben des »Ministeriums für Volksbildung« Sachsen an Hauptmann Daniltschuk, SMA Sachsen vom 5.9.1947 und 29.9.1948 in: ebd.

295 Vgl. Vorlage zu dieser Rundverfügung in: Politik der Sowjetischen Militäradministration, hrsg. von Möller und Tschubarjan, S. 150–152.

zumindest angewandt.[296] Gemäß diesem Verfahren, wurden die Verlagsanträge, die über die deutschen Volksbildungsministerien der Länder zur DVV nach Berlin gelangt waren, von dort mit den entsprechenden Gutachten wieder über die Volksbildungsministerien der Länder bei den SMA-Informationsabteilungen der Länder eingereicht. Neben den SMAs der Länder erteilte aber auch – anders als in dem Rundschreiben Abramows vorgesehen – die »Informationsverwaltung« der SMAD weiterhin Verlags- und Zeitschriftenlizenzen.

Weitere Aufgaben der regionalen Verwaltungen der SMA war das Sammeln von Pflichtexemplaren gemäß den SMAD-Befehlen Nr. 262 vom 2. September 1946 und Nr. 356 vom 24. Dezember 1946 (siehe Kapitel 3.2), die Organisation und Kontrolle der Beschlagnahmungen von Büchern, Papier und Räumlichkeiten von Verlagen sowie die Kontrolle der Tätigkeiten von Buchhandelsunternehmen.[297] Um sich einen Überblick über aktuelle Verlagstätigkeiten und Planungen von Verlagen oder über registrierte, lizenzierte oder zur Lizenzierung vorgesehene Verlage zu verschaffen, forderten die regionalen Verwaltungen der SMA die Landes- und Provinzialregierungen auf, entsprechende Berichte und Auflistungen vorzulegen.[298]

2.2.2 Ministerien für Volksbildung

Die Sowjetische Besatzungszone Deutschlands wurde gleichzeitig mit dem Einsatz von regionalen Sowjetischen Militäradministrationen durch den SMAD-Befehl Nr. 5 vom 9. Juli 1945 in drei Länder und zwei Provinzen unterteilt (siehe Abb. 4).

---

296 Vgl. Werner Jöhren, West-Ost Verlag Heringsdorf, an Landesregierung Mecklenburg: LHA Schwerin, 6.11–21 Ld. Meckl., MfVobi, Nr. 3076 und Werner Jöhren an Volksbildungsminister Grünberg, 7.2.1948: ebd., Nr. 167, Bl. 220.

297 Vgl. »Vermerk zur Besprechung der Verlagsunternehmer bei der SMA. Halle am 29.5.1947«: LHASA, MD, Rep. K 10 MVb, Nr. 4925, Bl. 70; Referat »Literatur«, Landesverwaltung Sachsen, an Kulturbund, Ortsgruppe Leisnig, 24.9.1946: SächsHStAD, 11401 Lr. Sachsen, MfVobi, Nr. 2694; Bericht der Firma Lühe &Co., Leipzig, über die Beschlagnahme der bei ihr lagernden Bücherbestände, 8.10.1945: ebd., Nr. 2767; Referat »Literatur und Büchereiwesen«, Landesregierung Sachsen, an Volksbildungsminister H. Holtzhauer im Hause, 7.10.1948: ebd., Nr. 2764; Gute, »Ministerium für Volksbildung« Sachsen, an Mischin, SMAD, 21.12.1946: ebd., Nr. 2744; v. Lucius an die SMA Thüringen, 24.10.1947 mit den Ergänzungen vom 25.10. und 30.10.1947: ThHStAW, GFV, Nr. 563; Abschrift der »Eingabe zur zeitweisen Freistellung der nachstehenden Druckerei- u. Buchbindereibetriebe in Jena« des Gustav Fischer Verlages, 4.9.1946: ebd., Bündel 558; Gustav Fischer Verlag an die SMA in Weimar, 16.10.1946: ebd. und Piererische Hofbuchdruckerei Stephan Geibel & Co. an Karl Rauch Verlag, 29.10.1946: ThHStAW, Ld. Thür. - LfB, Nr. 367.

298 Vgl. »Vermerk zur Besprechung der Verlagsunternehmer bei der SMA. Halle am 29.5.1947«: Rundschreiben des »Ministeriums für Volksbildung, Kunst und Wissenschaft«, Provinzialregierung Sachsen-Anhalt, an die Kreisräte und Räte der kreisfreien Städte, 23.5.1947: LHASA, MD, Rep. K 10 MVb, Nr. 5126, Bl. 110; Witsch, »Thüringische Landesstelle für Buch- und Bibliothekswesen«, an Blechmann, SMA Thüringen, 12.1.1946: ThHStAW, Ld. Thür. - LfB, Nr. 25; Witsch an Blechmann, 8.8.1946: ebd.; Thilo, »Thüringische Landesstelle für Buch- und Bibliothekswesen«, an Blechmann, 10.2.1948: ebd.; Referat »Literatur und Büchereiwesen«, Landesregierung Sachsen, an Börsenverein der Deutschen Buchhändler, 14.6.1947: SächsHStAD, 11401 Lr. Sachsen, MfVobi, Nr. 2739; »Übersicht über das Arbeitsgebiet des Referates Literatur und Büchereiwesen«, Abteilung »Kunst und Literatur«, Landesregierung Sachsen, 25.10.1948: ebd., Nr. 2764 und Referat »Verlage«, Magistrat der Stadt Berlin, an die Sowjetische Zentralkommandantur Berlin, 31.5.1946: LAB, C Rep. 120, Nr. 3222, Bl. 18–19.

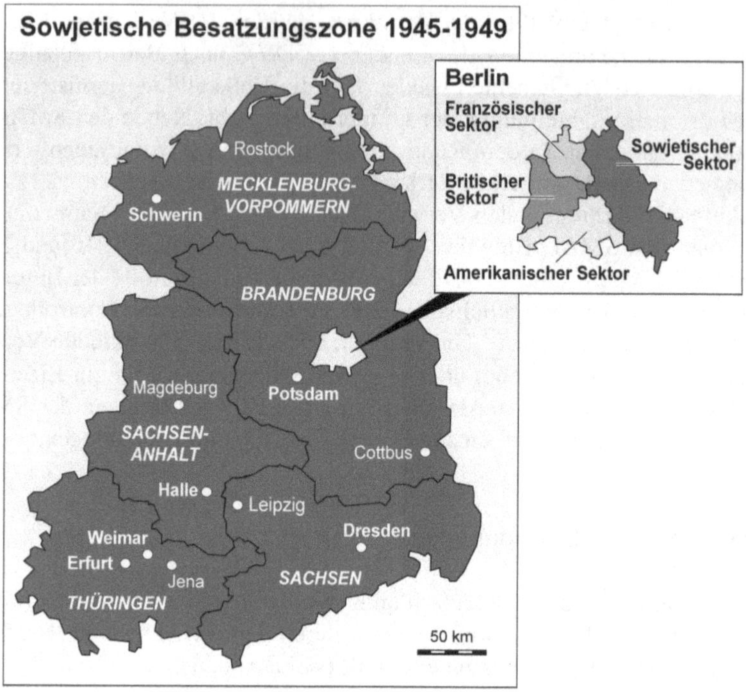

Abb. 4: Länder und Provinzen in der SBZ und sowjetischer Sektor Berlins

Bereits fünf Tage vorher hatte die Sowjetische Militäradministration Deutschlands die Gründung der beiden Landesverwaltungen von Sachsen und Mecklenburg-Vorpommern sowie der Provinzialverwaltung der Mark Brandenburg bestätigt. Die Gründung der Landesverwaltung von Thüringen und der Provinzialverwaltung von Sachsen erfolgte am 16. Juli 1945.[299]

Entsprechend den bereits lange vorher begonnenen Planungen von Zentralkomitee-Mitgliedern, KPD-Funktionären und Mitgliedern mehrerer aus Moskau stammender Initiativgruppen, wurden in Übereinstimmung mit der SMAD die verschiedenen Präsidien gebildet, denen ausschließlich »profilierte, klassenkampferprobte Kommunisten«, »im Klassenkampf erzogene und bewährte leitende Kommunisten« oder »klassenverbundene Sozialdemokraten« angehörten.[300]

Für den Bereich Volksbildung, der innerhalb der Landes- und Provinzialverwaltungen unter anderem die Themen Schulen, Universitäten, Theater, Kunst und Buchhandel umfasste, waren mit Ausnahme von Thüringen jeweils einer der Vizepräsidenten zuständig. Nach den ersten Landtagswahlen seit Kriegsende im Oktober 1946 und der anschließenden Bildung von Landes- und Provinzialregierungen im Dezember 1946 wurden die bisherigen Abteilungen, Ressorts oder Landesämter für Volksbildung in Ministerien für Volksbildung umgewandelt.

299 Näheres zu diesen Angaben siehe folgende Kapitel.

300 Schulze: Bildung und Entwicklung der Landes- und Provinzialverwaltungen, S. 11. Vgl. auch ebd., S. 148 und Fait: Landesregierungen, Einleitung. In: Broszat/Weber: SBZ-Handbuch, S. 74. Zur politischen Gesinnung der Mitarbeiter der Landes- und Provinzialverwaltung in den Jahren 1945 und 1946 allgemein siehe Schulze: Bildung und Entwicklung der Landes- und Provinzialverwaltungen, S. 36f.

Der administrative Aufbau der Landes- und Provinzialverwaltungen war sehr unterschiedlich.[301] Bestrebungen, die zum Teil unübersichtlich gewordenen Verwaltungen der Länder und Provinzen zu vereinheitlichen, gab es vonseiten der SMAD bereits Ende 1945.[302] So wurden die Landes- und Provinzialverwaltungen auf Veranlassung der SMAD am 23. Dezember 1945 durch ein Rundschreiben der »Deutschen Zentralfinanzverwaltung« in Berlin zum einen dazu aufgefordert, ausführlich über den Aufbau ihrer Verwaltungen zu berichten, und zum anderen um die Vorlage von Vorschlägen zur Vereinheitlichung der Landes- und Provinzialverwaltungen der SBZ gebeten.[303] Mit der Einrichtung von Ministerien im Dezember 1946 war ein erster Schritt in Richtung der angestrebten Vereinheitlichung gemacht worden.[304] Da allerdings auch der Aufbau der einzelnen Landesministerien sehr unterschiedlich war, griff im Februar 1948 die »Deutsche Wirtschaftskommission« (DWK) »in die Struktur- und Stellenplanung der Landesregierungen« ein (Näheres hierzu siehe Kapitel 3.1).[305]

Auch die Entwicklung der Volksbildungsministerien der einzelnen Länder und Provinzen bzw. ihrer Vorläufer, der Ressorts, Abteilungen oder Landesämter für Volksbildung war sehr verschieden. Der uneinheitliche Aufbau der Abteilungen und Referate innerhalb dieser Verwaltungsstellen sowie die administrativen Freiheiten der Länder und Provinzen bei der Umsetzung von Gesetzen, Befehlen und Anordnungen des Kontrollrats und der SMAD führten dazu, dass die Länder und Provinzen mit einzelnen Arbeitsgebieten teilweise völlig unterschiedlich umgingen (siehe Kapitel 3 und 4.3). Betroffen davon war auch der Buchhandel. Zur Koordinierung der Tätigkeiten der einzelnen Länder und Provinzen auf dem Gebiet des Buchhandels ließ die »Deutsche Verwaltung für Volksbildung« (DVV) die entsprechenden Referenten der Landes- und Provinzialverwaltungen an den Sitzungen des Kulturellen Beirats teilnehmen und organisierte zudem eigens für die Länder und Provinzen Besprechungen in ihrem Hause.[306] Trotzdem wurde noch im Februar 1948 bei einer Besprechung der Länderreferenten für Buchhandel bei der DVV deutlich, dass sowohl der Aufbau der Referate der

301 Vgl. Fait: Landesregierungen, Einleitung, S. 74.

302 Vgl. z.B. ebd., S. 75f.

303 Vgl. Rundschreiben des Präsidenten der »Deutschen Zentralfinanzverwaltung«, Henry Meyer, an die Länder und Provinzen, »Betrifft: Vereinheitlichung der Verwaltung in der sowjetischen Besatzungszone«, 23.12.1945: LHA Schwerin, 6.11–2 Ld. Meckl., MPräs, Nr. 1282, Bl. 92f.

304 Vgl. Fait: Landesregierungen, Einleitung, S. 74.

305 Mecklenburgisches Landeshauptarchiv Schwerin, Findbuch »Ministerium für Volksbildung 1945–1952. Bestandsübersicht«, Kapitel »Behörden- und bestandsgeschichtliche Einleitung zum Bestand Landesregierung Mecklenburg, Ministerium für Volksbildung, 1945–1952«, S. VIII.

306 Vgl. Referat »Verlagswesen«, DVV, Bericht über die Besprechung der Landesreferenten für Verlagswesen und Buchhandel am 26.8.1948: StadtAL, StVuR Nr. 2131, Bl. 66–69; »Kurzer Bericht über die Besprechung bei der Deutschen Verwaltung für Volksbildung in Berlin am 26.8.48«: ebd., Bl. 70f; A. Werner, Abteilung »Buch- und Bibliothekswesen«, Rat der Stadt Leipzig, an Lang, 19.10.1948: ebd., Bl. 63; Arbeitsplan der Abteilung »Kunst und Literatur«, Landesregierung Sachsen, 20.9.1947: SächsHStAD, 11401 Lr. Sachsen, MfVobi, Nr. 2269; Gützlaff, Referat »Literatur und Buchwesen«, »Ministerium für Volksbildung« Mecklenburg-Vorpommern, Bericht über die Besprechung mit der DVV vom 8.3.1949: LHA Schwerin, 6.11–21 Ld. Meckl., MfVobi, Nr. 2683; Referat »Literatur und Buchwesen«, »Ministerium für Volksbildung« Mecklenburg, Bericht über die Hauptausschusssitzung des Kulturellen Beirates vom 25.2.1948, 26.2.1948: ebd., Nr. 167, Bl. 208f und Kultureller Beirat an Minister für Volksbildung Mecklenburg, 14.2.1948: ebd., Bl. 213. Siehe auch Fait: Landesregierungen, Einleitung, S. 75.

Länder als auch ihre Tätigkeiten nach wie vor stark voneinander abwichen.[307] Trotz weiterer Bemühungen wurde eine Vereinheitlichung bis zur Gründung der DDR nicht erreicht.[308]

Die Bedeutung der Volksbildungsministerien und ihrer Vorläufer für die Verlage in der SBZ war groß. Von ihren Entscheidungen und von ihrem Einsatz für die Verlage hing zum großen Teil der weitere Verlauf der Lizenzierungsverfahren ab. Die Anträge auf Verlags- und Zeitschriftenlizenzen hatten die Verlage beim Volksbildungsministerium bzw. der entsprechenden Vorläuferbehörde des Landes bzw. der Provinz einzureichen, wo sie ihren Verlagssitz hatten (siehe auch Kapitel 4.1). Dort wurden die Anträge unter anderem auf Vollständigkeit, Notwendigkeit, Dringlichkeit und vor allem auf eine nationalsozialistische Verstrickung ihrer Antragsteller hin überprüft.[309] Gemeinsam mit einem in der Regel formlos verfassten Gutachten, das die Lizenzierung des Verlages mit einer Begründung ablehnte oder befürwortete, wurden die Anträge anschließend von den Volksbildungsministerien bzw. ihren Vorläufern an die DVV nach Berlin geleitet.[310] Nachdem zunächst, auf Anforderung der DVV, in der Regel nur Anträge von Verlagen nach Berlin weitergeleitet wurden, die gemäß den Landes- und Provinzialverwaltungen vorrangig zu lizenzieren waren, wurden auch später oft nur die Anträge weitergeleitet, deren Befürwortung sie zustimmten (siehe auch Kapitel 4.3.2).[311] Oft fuhren Mitarbeiter der Landes- bzw. Provinzialverwaltungen persönlich nach Berlin, um sich dort an Ort und Stelle für »ihre« Verlage einzusetzen und deren Lizenzierungsverfahren zu beschleunigen.[312] Für Verlage, die bereits an den Landes- bzw. Provinzialverwaltungen als

307 Vgl. Referat »Verlagswesen«, DVV, Bericht über die Besprechung der Landesreferenten für Verlagswesen und Buchhandel am 26.8.1948.

308 Zu weiteren Bemühungen um eine Vereinheitlichung auf dem Gebiet des Buchhandels siehe ebd. und Organisationsbestimmung Nr. 20, »Ministerium für Volksbildung, Kunst und Wissenschaft« Sachsen-Anhalt, 22.4.1949: LHASA, MD, Rep. K 10 MVb, Nr. 2479, Bl. 23. Zu früheren Bemühungen siehe auch »Ministerium für Volksbildung« Sachsen, an SMAD, 21.12.1946: SächsHStAD, 11401 Lr. Sachsen, MfVobi, Nr. 2744.

309 Vgl. z.B. »Aktennotiz z.Hd. Herrn Waldecke«, »Ministerium für Volksbildung, Wissenschaft und Kunst« Mark Brandenburg, 15.9.1948: BLHA, Ld. Br. Rep. 205 A, Nr. 788, Bl. 19; Korrespondenz zwischen Verlagen und dem »Ministerium für Volksbildung« Sachsen in: SächsHStAD, 11401 Lr. Sachsen, MfVobi, Nr. 2693 und diverse Gutachten des »Ministeriums für Volksbildung« Thüringen in: ThHStAW, Ld. Thür. - MfVobi, Nr. 4281. Vgl. auch Becker: Weg zur Lizenz, Börsenblatt Leipzig, S. 3.

310 Vgl. z.B. Kampe, Referat »Verlagswesen«, »Ministerium für Volksbildung« Thüringen, an DVV, 25.9.1948: ThHStAW, Ld. Thür. - MfVobi, Nr. 4281; »Aktennotiz z.Hd. Herrn Waldecke«, »Ministerium für Volksbildung, Wissenschaft und Kunst« Mark Brandenburg, 15.9.1948 und Arbeitsbericht, Referat »Literatur und Büchereiwesen«, »Ministerium für Volksbildung« Sachsen, 8.7.1948: SächsHStAD, 11401 Lr. Sachsen, MfVobi, Nr. 2269.

311 Vgl. z.B. Kampe, Referat »Verlagswesen«, »Ministerium für Volksbildung« Thüringen, an DVV, 25.9.1948; Naundorf, »Ministerium für Volksbildung« Sachsen, an SMA Dresden, 31.1.47: SächsHStAD, 11401 Lr. Sachsen, MfVobi, Nr. 2744; DVV an »Ministerium für Volksbildung« Mecklenburg-Vorpommern, 4.8.1948: LHA Schwerin, 6.11–21 Ld. Meckl., MfVobi, Nr. 3073; DVV an Landesverwaltung Mecklenburg-Vorpommern, 24.5.1946: ebd. und Efté-Verlag an Minister Grünberg, Landesregierung Mecklenburg, 17.6.1947: ebd., Nr. 3083.

312 Vgl. Referat »Literatur«, »Ministeriums für Volksbildung« Sachsen-Anhalt, an Minister Holtzhauer, 17.7.1948: SächsHStAD, 11401 Lr. Sachsen, MfVobi, Nr. 2764; Bonness & Hachfeld an Provinzialverwaltung Mark Brandenburg, 4.5.1946: BLHA, Pr. Br. Rep. 75, Nr. 285; Gützlaff, »Ministerium für Volksbildung« Mecklenburg, »Betr. Besprechung mit der Zentralverwaltung für Volksbildung Berlin«, 15.12.1947: LHA Schwerin, 6.11–21 Ld. Meckl., MfVobi, Nr. 2684, Bl. 280 und »Bericht über die Dienstreise nach Berlin am 25. Februar 1948« von Wolff, »Ministerium für Volksbildung« Mecklen-

der ersten zu überwindenden Hürde scheiterten, war es schwer, trotzdem eine Lizenz zu erhalten.

Den Volksbildungsministerien bzw. ihren Vorgängern oblag auch die Kontrolle des gesamten Buchmarktes. Dies geschah erstens im Rahmen des Kontrollrat-Befehls Nr. 4 vom 13. Mai 1946 durch Entnazifizierungsaktionen von noch aus der Zeit vor der Besetzung Deutschlands stammenden Bücher,[313] zweitens durch die Überwachung sämtlicher Druckerzeugnisse in lizenzierten und (noch) nicht lizenzierten Verlagen und drittens durch Beobachtungen der Aktivitäten von Verlagen – auch in Zusammenarbeit mit der Polizei.[314] Zur Überprüfung von Buchbeständen, die noch aus der Zeit vor dem Kriegsende stammten, und zur Überprüfung von Manuskripten für geplante Neuerscheinungen, für die Druckgenehmigungen beantragt wurden, stellten die Landes- und Provinzialverwaltungen freiberufliche Lektoren an.[315] Mitunter war hierfür nicht dasselbe Referat zuständig, das sich auch mit den

---

burg, 26.2.1948: ebd., Nr. 167, Bl. 206f. Zu den Bemühungen der Landes- und Provinzialverwaltungen die Lizenzierungsverfahren bei der DVV zu beschleunigen, siehe auch Bericht der Abteilung »Kulturelle Aufklärung«, Landesverwaltung Mecklenburg-Vorpommern, zu datieren auf »vor Dezember 1946«: ebd., Nr. 2666; Korn, Abteilung »Kunst und Literatur«, Landesregierung Sachsen, an DVV, 12.8.1947: SächsHStAD, 11401 Lr. Sachsen, MfVobi, Nr. 2764 und Kampe, Referat »Verlagswesen«, »Ministerium für Volksbildung« Thüringen, an DVV, 25.9.1948: ThHStAW, Ld. Thür. - MfVobi, Nr. 4281.

313 Vgl. Rundschreiben des Präsidenten der Provinz Sachsen »Betrifft: Politische Säuberung des Verlagswesens und Buchhandels«, 8.11.1945: LHASA, MD, Rep. K 10 MVb, Nr. 5822, Bl. 44f (dasselbe Rundschreiben befindet sich auch im selben Bestand, Nr. 5126, Bl. 152–153); Entwurf des »Gesetzes zur Neuordnung des Buchhandels in der sowjetischen Besatzungszone Deutschlands«, August 1946: ebd., Nr. 4547, Bl. 143f; Bericht über geleistete Arbeit und überwundene Schwierigkeiten, Referat »Bibliotheks- Buch-, Verlagswesen«, Provinzialregierung Sachsen-Anhalt, 27.5.1947: ebd., Nr. 429, Bl. 258; Arbeitsbericht der Abteilung »Volksbildung«, Provinzialverwaltung Mark Brandenburg, November 1946: BLHA, Ld. Br. Rep. 205 A, Nr. 818, Bl. 122; Paul, thüringischer Landespräsident, »Anweisung für die Präsidialkanzlei«, 31.8.1945: ThHStAW, Ld. Thür. - BdMp, Nr. 219; Arbeitsbericht von Hahn, Abteilung »Schrifttum und Buchhandel«, Provinzialverwaltung Sachsen, ohne Datum: SächsHStAD, 11401 Lr. Sachsen, MfVobi, Nr. 2727 und »Ministerium für Volksbildung« Mecklenburg, Bericht für das erste Halbjahr 1949, 21.6.1949: LHA Schwerin, 6.11–21 Ld. Meckl., MfVobi, Nr. 2682.

314 Vgl. »Übersicht über das Arbeitsgebiet des Referates Literatur und Büchereiwesen«, Abteilung »Kunst und Literatur«, Landesregierung Sachsen, 25.10.1948: SächsHStAD, 11401 Lr. Sachsen, MfVobi, Nr. 2764; »Ministerium für Volksbildung« Thüringen an Abteilung »Kunst und Literatur«, »Ministerium für Volksbildung« Sachsen, 21.1.1947: ebd., Nr. 2741; Kampe, Referat »Verlagswesen«, an das »Kreispolizeiamt« Jena, 4.8.1948: ThHStAW, Ld. Thür. - MfVobi, Nr. 4281; Aktennotiz von Kampe, Referat »Verlagswesen«, »Ministerium für Volksbildung« Thüringen, »Betr.: Verlag K. Rauch, Jena«, 9.7.1948: ebd.; Efté-Verlag an Minister Grünberg, Landesregierung Mecklenburg, 17.6.1947: LHA Schwerin, 6.11–21 Ld. Meckl., MfVobi, Nr. 3083; Siemon, Referat »Literatur und Buchwesen«, Landesregierung Mecklenburg, an DVV, 17.6.1947: ebd., Nr. 3039; Kultureller Beirat an »Ministerium für Volksbildung« Mecklenburg, 28.7.1949: ebd., Nr. 3090; Bericht »3 Jahre Arbeit des Ministeriums für Volksbildung Mecklenburg 1945–1948«: ebd., Nr. 2665, Bl. 2; Siemon, Referat »Literatur und Buchwesen«, »Ministerium für Volksbildung« Landesregierung Mecklenburg, an Lyra-Verlag, 4.3.1947: ebd., Nr. 3081 und Ortspolizeibehörde, Rat der Stadt Schwerin, an »Ministerium für Volksbildung« Mecklenburg, 29.12.1947: ebd., Nr. 3083.

315 Vgl. Abteilung »Kultur und Volksbildung«, Landesverwaltung Mecklenburg-Vorpommern, an Vizepräsident Grünberg, 25.7.1946: LHA Schwerin, 6.11–21 Ld. Meckl., MfVobi, Nr. 3080; Liste der Mitglieder der Literaturkommission, »Ministerium für Volksbildung« Mecklenburg-Vorpommern, ohne Datum: ebd., Nr. 3040; Referat »Literatur«, Landesverwaltung Sachsen, an Stadtbücherei Radeberg, 23.4.1946: SächsHStAD, 11401 Lr. Sachsen, MfVobi, Nr. 2693; Bescheinigung des Referats »Litera-

Verlagslizenzierungen beschäftigte.[316] Mit der Errichtung des Kulturellen Beirates wurde den Länder und Provinzen zunehmend die Verantwortung für Druckgenehmigungsverfahren entzogen (siehe Kapitel 2.1.3).[317]

Zu den weiteren Aufgaben der Volksbildungsministerien und ihrer Vorgänger auf dem Gebiet des Verlagswesens gehörten auch beratende Tätigkeiten. So informierten sie beispielsweise über bestehende Regelungen bei Lizenzierungsverfahren oder bei der Vergabe von Lebensmittelkarten,[318] vermittelten zwischen den einzelnen Verlagen oder zwischen Verlagen und anderen Institutionen, wie der DVV oder der SMAD und stellten Kontakte zwischen Schriftstellern und Verlagen her.[319]

tur«, Landesverwaltung Sachsen, über die Beschäftigung von E. Reich als Lektor für die Landesverwaltung, 29.4.1946: ebd.; Arbeitsbericht von Hahn, Abteilung »Schrifttum und Buchhandel«, Provinzialverwaltung Sachsen, ohne Datum: ebd., Nr. 2727; Tätigkeitsbericht für den Monat April 1946, Referat »Literatur«, Abteilung »Volksbildung«, Provinzialverwaltung Sachsen, 10.5.1946: LHASA, MD, Rep. K 10 MVb, Nr. 4617, Bl. 62 und Abteilung »Kunst«, »Ministerium für Volksbildung, Wissenschaft und Kunst«, an P. Bleichert, 26.10.1948: BLHA, Ld. Br. Rep. 205 A, Nr. 788, Bl. 187.

316 Vgl. Tätigkeitsbericht für den Monat April 1946, Referat »Literatur«, Abteilung »Volksbildung«, Provinzialverwaltung Sachsen, 10.5.1946; Bescheinigung des Referats »Literatur«, Landesverwaltung Sachsen, über die Beschäftigung von E. Reich als Lektor für die Landesverwaltung, 29.4.1946; Abteilung »Kunst«, »Ministerium für Volksbildung, Wissenschaft und Kunst«, an P. Bleichert, 26.10.1948; Bericht »3 Jahre Arbeit des Ministeriums für Volksbildung Mecklenburg 1945–1948«: LHA Schwerin, 6.11–21 Ld. Meckl., MfVobi, Nr. 2665, Bl. 2; Arbeitsplan des Referats »Literatur und Buchwesen«, »Ministerium für Volksbildung« Mecklenburg, 13.8.1947: LHA Schwerin, 6.11–21 Ld. Meckl., MfVobi, Nr. 2680; Monatsbericht April 1949, Referat »Literatur und Buchwesen«, »Ministerium für Volksbildung« Mecklenburg: ebd., Nr. 2682 und Arbeitsbericht des Referats »Literatur und Buchwesen«, »Ministerium für Volksbildung« Mecklenburg, für das erste Halbjahr 1949, 21.6.1949: ebd., Nr. 2682.

317 Vgl. auch Bericht von Wolff, »Ministerium für Volksbildung« Mecklenburg, über den Kulturellen Beirat, 6.11.1947: LHA Schwerin, 6.11–21 Ld. Meckl., MfVobi, Nr. 41.

318 Vgl. Julius Beltz Verlagsbuchhandlung an »Thüringische Landesstelle für Buch- und Bibliothekswesen«, 11.12.1948: ThHStAW, Ld. Thür. - MfVobi, Nr. 4272; Laukner an den Präsidenten der Mark Brandenburg, 17.9.1946: BLHA, Ld. Br. Rep. 205 A, Nr. 856, Bl. 139; Provinzialverwaltung Mark Brandenburg an Laukner, 18.10.1946: ebd., Bl. 138; Laukner an Strutz, Provinzialverwaltung der Mark Brandenburg, 2.11.1946: ebd., Bl. 127; W. Jöhren, West-Ost Verlag, an Volksbildungsminister G. Grünberg, Landesregierung Mecklenburg, 7.2.1948: LHA Schwerin, 6.11–21 Ld. Meckl., MfVobi, Nr. 167, Bl. 220; W. Jöhren, West-Ost Verlag, an Minister für Volksbildung, Landesregierung Mecklenburg, 20.2.1948: ebd., Bl. 222 und Eisermann, Abteilung »Volkskultur«, »Ministerium für Voksbildung« Mecklenburg, an Ortspolizeibehörde, Rat der Stadt Schwerin, 14.6.1948: ebd., Nr. 3083. Zu den erwähnten beratenden Tätigkeiten gehörten auch Gespräche mit einzelnen Verlegern über geplante Produktionsvorhaben. Siehe hierzu beispielsweise Wochenbericht für die Zeit vom 26.9. bis zum 2.10.1948, Referat »Literatur und Buchwesen«, »Ministerium für Volksbildung« Mecklenburg: ebd., Nr. 2681 und Arbeitsbericht der Abteilung »Volksbildung«, Landesregierung Mark Brandenburg, Januar 1948: BLHA, Ld. Br. Rep. 202 A, Nr. 57, Bl. 27.

319 Vgl. z.B. Kampe, »Ministerium für Volksbildung« Thüringen, an Volk und Wissen Verlag, 10.12.1948: ThHStAW, Ld. Thür. - MfVobi, Nr. 4272; Kampe, Referat »Verlagswesen«, »Ministerium für Volksbildung« Thüringen, an DVV, 25.9.1948: ebd., Nr. 4281; W. Jöhren, West-Ost Verlag, an Minister für Volksbildung, Landesregierung Mecklenburg, 20.2.1948; Arbeitsplan des Referats »Literatur und Buchwesen«, »Ministerium für Volksbildung« Mecklenburg, 13.8.1947: LHA Schwerin, 6.11–21 Ld. Meckl., MfVobi, Nr. 2680 und Monatsbericht April 1949, Referat »Literatur und Buchwesen«, »Ministerium für Volksbildung« Mecklenburg: ebd., Nr. 2682.

Für die Verlage waren die Volksbildungsministerien und ihre Vorläufer nicht nur eine gute Anlaufstelle, um sich über den Stand ihrer Lizenzierungsverfahren zu erkundigen.[320] Der direkte Kontakt zu den entsprechenden Mitarbeitern der Landes- und Provinzialverwaltungen half den Verlegern auch bei der Papierbeschaffung sowie bei der Rückführung von Schriftgut, das sie z.B. in den Gebieten ausgelagert hatten, die seit Kriegsende zu Polen oder zu einem anderen Land bzw. einer anderen Provinz der SBZ gehörten.[321] Einige sahen in den Volksbildungsämtern auch eine mögliche Hilfe bei der Stellenvermittlung im Bereich des Buchhandels.[322]

In Zusammenarbeit mit der DVV oder in deren Auftrag oder im Auftrag der SMAD führten die Landes- und Provinzialverwaltungen zudem auch statistische Arbeiten durch, die zum einen über die Anzahl lizenzierter und nicht lizenzierter Verlage ihres Landes bzw. ihrer Provinz informieren und zum anderen über deren Verlagsproduktionen und über noch bestehende Verlagsrechte aufklären sollten.[323]

Neben dem Verlagswesen umfasste das Aufgabengebiet Buchhandel der Verwaltungen der Länder und Provinzen auch den Buchgroßhandel und den Bucheinzelhandel. Da diese Aufgaben allerdings oft zwischen verschiedenen Referaten und Fachstellen aufgeteilt war –

---

320 Vgl. z.B. Korn, Abteilung »Kunst und Literatur«, Landesregierung Sachsen, an DVV, 12.8.1947: SächsHStAD, 11401 Lr. Sachsen, MfVobi, Nr. 2764 und Korn, Referat »Literatur und Büchereiwesen«, Landesregierung Sachsen, an den Verlag Horst Weber, 23.8.1947: StadtAL, StVuR Nr. 9144, Bl. 21.

321 Vgl. z.B. Arbeitsbericht von Hahn, Abteilung »Schrifttum und Buchhandel«, Provinzialverwaltung Sachsen, ohne Datum: SächsHStAD, 11401 Lr. Sachsen, MfVobi, Nr. 2727; Bericht über geleistete Arbeit und überwundene Schwierigkeiten, Referat »Bibliotheks-, Buch-, Verlagswesen«, Provinzialregierung Sachsen-Anhalt, 27.5.1947: LHASA, MD, Rep. K 10 MVb, Nr. 429, Bl. 258 und Bericht der Abteilung »Kulturelle Aufklärung«, Landesverwaltung Mecklenburg-Vorpommern, zu datieren auf »vor Dezember 1946«: LHA Schwerin, 6.11–21 Ld. Meckl., MfVobi, Nr. 2666.

322 Vgl. z.B. F. Zenau an Hahn, Abteilung »Schrifttum und Buchhandel«, Landesverwaltung Sachsen, 5.12.1945: SächsHStAD, 11401 Lr. Sachsen, MfVobi, Nr. 2725.

323 Vgl. »Ministerium für Volksbildung« Thüringen an Firma Karl Tischer, Ronneburg, »Betr.: Rechte der Verlage von 1919 bis 1945«, 30.9.1947: ThHStAW, Ld. Thür. - MfVobi, Nr. 4272; »Ministerium für Volksbildung« Thüringen an den Verlag des Börsenvereins der Deutschen Buchhändler, 17.10.1947: ebd., Nr. 4275; Referat »Literatur und Büchereiwesen«, »Ministerium für Volksbildung« Sachsen, an den sächsischen Volksbildungsminister E. Hartsch, 12.2.1948: SächsHStAD, 11401 Lr. Sachsen, MfVobi, Nr. 2269; Arbeitsplan der Abteilung »Kunst und Literatur«, Landesregierung Sachsen, 20.9.1947: ebd.; Referat »Literatur und Büchereiwesen« an Abteilung »Kunst und Literatur«, beide im »Ministerium für Volksbildung« Sachsen, 3.10.1949: ebd.; »Amt für Volksbildung«, Verwaltung der Stadt Potsdam, an Lumen Verlag, 7.6.1947: BLHA, Pr. Br. Rep. 75, Nr. 285; »Liste der Verlage, deren Lizensierung [sic] beantragt wird«, o. Datum: BLHA, Ld. Br. Rep. 205 A, Nr. 1, Bl. 77; Bericht über geleistete Arbeit und überwundene Schwierigkeiten, Referat »Bibliotheks- Buch-, Verlagswesen«, Provinzialregierung Sachsen-Anhalt, 27.5.1947: LHASA, MD, Rep. K 10 MVb, Nr. 429, Bl. 258; diverse Produktionsmeldungen von Verlagen Sachsen-Anhaltes in: ebd., Nr. 6200; Entwurf des Rundschreibens der Landesregierung Sachsen-Anhalt, Minister für Volksbildung, Kunst und Wissenschaft an die Kreisräte und Räte der kreisfreien Städte, 12.6.1948: ebd., Nr. 6091, Bl. 1; diverse Schreiben bzgl. der Karteikartenaktion zur Erfassung buchhändlerischer Betriebe in Sachsen-Anhalt: ebd.; Deutsche Bücherei, Leipzig, an Landesverwaltung Mecklenburg, 17.3.1947: LHA Schwerin, 6.11–21 Ld. Meckl., MfVobi, Nr. 3073; Hinstorff Verlag an »Ministerium für Volksbildung« Mecklenburg, 21.12.1947: ebd., Nr. 3039; Arbeitsbericht des Referats »Literatur und Buchwesen«, »Ministerium für Volksbildung« Mecklenburg, 25.2.1948: ebd., Nr. 2665, Bl. 22–31; Arbeitsbericht des Referats »Literatur und Buchwesen«, »Ministerium für Volksbildung« Mecklenburg, für den Zeitraum 1.1.-15.5.1947: ebd., Nr. 2666 und Jahresbericht 1946, Abteilung »Kunst und Literatur«, »Ministerium für Volksbildung« Mecklenburg-Vorpommern: ebd.

wie beispielsweise den Industrie- und Handelskammern, den Gewerbeämtern, den Landesnachrichtenämtern oder dem Börsenverein der Deutschen Buchhändler -, war zum einen eine genaue Abgrenzung der einzelnen Arbeitsgebiete und zum anderen eine enge Zusammenarbeit zwischen diesen Referaten und Fachstellen notwendig.[324] Engen Kontakt hielten die Volksbildungsministerien der Länder und Provinzen auch zu den ihnen unterstehenden Volksbildungsämtern der Kreise und kreisfreien Städte. Sie waren regelmäßig über bestehende Regelungen zu informieren und durch Rundschreiben anzuleiten.[325]

Zur Information über ihre Arbeit verfassten die Volksbildungsministerien der Länder und Provinzen bzw. ihr Vorläufer wöchentliche, monatliche, quartalsweise und/oder jährliche Arbeitsberichte, die sie an die DVV weiterzuleiten hatten, und die von dort aus in der Regel auch der SMAD vorgelegt wurden.[326] Gegenüber der SMAD oder gegenüber Vorgesetzten wie Abteilungsleitern, Volksbildungsministern oder Ministerpräsidenten mussten die entsprechenden Mitarbeiter auf Anfrage jederzeit Rechenschaft über ihre Tätigkeiten ablegen können.[327]

In den ersten Monaten nach Kriegsende konnten sich die Mitarbeiter der Landes- bzw. Provinzialverwaltung noch nicht ausschließlich auf die Bearbeitung des ihnen zugewiesenen Sachbereichs konzentrieren. Einen großen Teil ihrer Arbeitszeit verbrachten sie mit der Defi-

---

324 Vgl. Tätigkeitsbericht der Abteilung »Kulturelle Aufklärung«, Landesregierung Sachsen-Anhalt, erstes Quartal 1949: LHASA, MD, Rep. K 10 MVb, Nr. 4034, Bl. 27–29; Rundschreiben des Präsidenten der Provinz Sachsen, Abteilung »Versorgung« an die Bezirkspräsidenten in Merseburg, Magdeburg und Dessau, 21.11.1946: ebd., Nr. 5126, Bl. 117; Aktennotiz des Referats »Buch- und Verlagswesen«, Abteilung »Kulturelle Aufklärung«, »Ministerium für Volksbildung, Kunst und Wissenschaft«, 16.3.1948: ebd., Nr. 4547, Bl. 112f; Rundschreiben des »Landesnachrichtenamts« Sachsen-Anhalt, »Betr. Lizenzierung und Tätigkeit von Verlagen«, 29.8.1947: LHASA, MD, Rep. K Min. Präs, Nr. 8590; Gützlaff, Referat »Literatur und Buchwesen«, »Ministerium für Volksbildung« Mecklenburg-Vorpommern, Bericht über die Besprechung mit der DVV vom 8.3.1949: LHA Schwerin, 6.11–21 Ld. Meckl., MfVobi, Nr. 2683 und »Nachrichtenamt«, Landrat zu Stollberg, an »Landesnachrichtenamt«, Landesverwaltung Sachsen, 18.12.1945: SächsHStAD, 11401 Lr. Sachsen, MfVobi, Nr. 2768.

325 Vgl. Tätigkeitsbericht der Abteilung »Kulturelle Aufklärung«, Landesregierung Sachsen-Anhalt, erstes Quartal 1949; Rundschreiben der Abteilung »Buch- und Bibliothekswesen«, Landesverwaltung Sachsen, an die Landräte und Bürgermeister der kreisfreien Städte Sachsens vom 3.10.1945: SächsHStAD, 11401 Lr. Sachsen, MfVobi, Nr. 2727; Abschrift der Drucksache Nr. 163 vom 19.2.1948: »Gesetz über Betriebe des Buchhandelsgewerbes und Buchverleihs (Buchhandelsgesetz): ebd.; Korn, Referat »Literatur und Büchereiwesen«, Landesregierung Sachsen, an Abteilung »Kunst und Literatur« im Hause, 10.9.1947: ebd., Nr. 2269; Rundschreiben des Innenministers der Provinzialregierung Sachsen-Anhalts, 4.3.1947: LHASA, MD, Rep. K 10 MVb, Nr. 4925, Bl. 33f und Rundschreiben der Abteilung »Kultur und Volksbildung«, Landesverwaltung Mecklenburg-Vorpommern, an die Kultur- und Volksbildungsämter der Städte. 15.1.1946: LHA Schwerin, 6.11–21 Ld. Meckl., MfVobi, Nr. 2698.

326 Vgl. z.B. Korn, Referat »Literatur und Büchereiwesen«, Landesregierung Sachsen, an Abteilung »Kunst und Literatur« im Hause, 10.9.1947; Quartalsberichte der Abteilung »Kunst und Literatur«, »Ministerium für Volksbildung« Sachsen in SächsHStAD, 11401 Lr. Sachsen, MfVobi, Nr. 2269; Tätigkeitsbericht des Referats »Bibliotheks- Buch- und Verlagswesen«, Abteilung »Kulturelle Aufklärung«, Landesregierung Sachsen-Anhalt, für die Monate Oktober und November 1947: LHASA, MD, Ld. SA Rep. K MVb, Nr. 4034, Bl. 157f und Rundschreiben des »Ministeriums für Volksbildung, Kunst und Wissenschaft« Sachsen-Anhalt an die Abteilungsleiter im Hause, Ende 1948: ebd., Bl. 39.

327 Vgl. Kampe, Referat »Verlagswesen«, an DVV, 24.8.1948: ThHStAW, Ld. Thür. - MfVobi, Nr. 4281; Referat »Literatur und Büchereiwesen«, »Ministerium für Volksbildung« Thüringen, an den Ministerpräsidenten des Landes Thüringen, W. Eggerath, 16.3.1949: ebd., Nr. 4305 und Aktennotiz des Referats »Literatur und Buchwesen«, »Ministerium für Volksbildung« Mecklenburg, 15.12.1947: LHA Schwerin, 6.11–21 Ld. Meckl., MfVobi, Nr. 2684.

nition und Organisation ihrer eigenen Verwaltungsstelle. Ständig ergaben sich Neuerungen, ständig wurden Referate aufgelöst und dafür andere eingerichtet, was jeweils auch eine Verschiebung der einzelnen Arbeitsbereiche bedeutete. Diese Entwicklungen verliefen in den Landes- und Provinzialverwaltungen, wie bereits erwähnt, sehr unterschiedlich. Welche Ämter, Abteilungen und Referate in den einzelnen Ländern und Provinzen jeweils für den Buchhandel – und hier vor allem für das Verlagswesen – zuständig waren, wird in den folgenden Kapiteln geschildert. Nach allgemeinen Angaben zum Territorium, zum von der SMA eingesetzten Präsidium, und zu Besonderheiten beim Aufbau der einzelnen Landes- bzw. Provinzialverwaltungen,[328] erfolgt eine Beschreibung des Aufbaus des jeweiligen Volksbildungsministeriums und seiner Vorläuferverwaltung. Anschließend findet sich eine Rekonstruktion der Organisation des Verlagswesens innerhalb der einzelnen Volksbildungsministerien und ihrer Vorläufer mit Angaben zu den entsprechenden Referaten, zum zuständigen Personal und zu Charakteristiken bei der Bearbeitung dieses Sachgebiets.[329]

2.2.2.1 Brandenburg

Die Mark Brandenburg war mit Sachsen-Anhalt eines der beiden Länder der SBZ, die erst am 21. Juli 1947 durch den SMAD-Befehl Nr. 180 den Status eines Landes erhielten.[330] Bis dahin behielt die Mark Brandenburg ihre Stellung als Provinz, stand aber, genauso wie Sachsen-Anhalt, bezüglich ihrer Rechte und Pflichten den Ländern der SBZ in nichts nach.[331] Territorial umfasste die Mark Brandenburg, als größte Provinz bzw. größtes Land der SBZ, das Gebiet der ehemals preußischen Provinz desselben Namens, ohne das bereits 1920 aus der Provinz ausgegliederte Berlin und ohne die Gebiete östlich von Oder und Neiße, die 1945 an Polen fielen.[332] Am 4. Juli 1945 wurde die Mark Brandenburg durch die SMAD als Provinzialverwaltung, mit Sitz in Potsdam, bestätigt.[333]

Für den Aufbau der Verwaltung im Raum Berlin, einschließlich der Mark Brandenburg, war die aus Moskau stammende »Initiativgruppe Ulbricht« zuständig (siehe auch Kapitel 2.3.1).[334] Für die Mark Brandenburg arbeitete sie seit Mai 1945 gemeinsam mit Georg Spiegel und Friedrich Ebert, den führenden Sozialdemokraten der Provinz Mark Brandenburg, und mit den Leitern der Bezirksleitung der KPD an der Ausarbeitung von Vorschlägen

328 Bei diesen Angaben wurde in erster Linie auf die beiden bereits erwähnten Publikationen *SBZ-Handbuch* und *Bildung und Entwicklung der Landes- und Provinzialverwaltungen in der sowjetischen Besatzungszone als Staatsorgane der revolutionär-demokratischen Diktatur der Arbeiter und Bauern unter Beteiligung anderer Volksschichten* von Siegfried Schulze zurückgegriffen.

329 Diese Angaben stützen sich ausschließlich auf das in den einzelnen Landesarchiven eingesehene Aktenmaterial (Brandenburgisches Landeshauptarchiv, Potsdam; Landeshauptarchiv Sachsen-Anhalt, Magdeburg; Mecklenburgisches Landeshauptarchiv, Schwerin; Sächsisches Hauptstaatsarchiv, Dresden und Thüringisches Hauptstaatsarchiv, Weimar).

330 Vgl. Fait: Brandenburg. In: Broszat/Weber: SBZ-Handbuch, S. 80 u. 97 und Schneider: Sachsen-Anhalt. In: Broszat/Weber: SBZ-Handbuch, S. 147 u. 163.

331 Vgl. Fait: Brandenburg, S. 80.

332 Vgl. ebd., S. 80f.

333 Vgl. ebd., S. 86 und 96 sowie Schulze: Bildung und Entwicklung der Landes- und Provinzialverwaltungen, S. 3.

334 Vgl. Fait: Brandenburg, S. 85 und Schneider: Kommunalverwaltung. In: Broszat/Weber: SBZ-Handbuch, S. 297.

für die Struktur der Provinzialverwaltung.[335] Die Zusammenstellung des Personals der Provinzialverwaltung stand auf Wunsch Ulbrichts in erster Linie unter dem Einfluss von Bernhard Bechler.[336] Den Vorschlägen entsprechend wurde Karl Steinhoff am 9. Juli 1945 von der SMAD als Präsident und Bechler selbst, neben drei weiteren Vizepräsidenten, als erster Vizepräsident der Provinz Mark Brandenburg bestätigt.[337] Die Anzahl der Abteilungen der Verwaltung stieg von Juni 1945 bis Mai 1949 von anfangs neun auf zwölf Abteilungen.[338] Nachdem der Präsident und seine Vizepräsidenten zunächst selbst aktiv die Leitung der einzelnen Abteilungen übernahmen, wurden »bis Mitte 1946 nach und nach andere Personen eingesetzt und die Präsidenten trugen dann meist nur noch die ›ministerielle‹ Verantwortung für die ihnen unterstellten Ressorts«.[339]

Ähnlich wie in Sachsen-Anhalt, wo die einzelnen Bezirksverwaltungen zur Entlastung der noch im Aufbau befindlichen Provinzialverwaltung bis zum 1. Juli 1947 aufrecht erhalten blieben (siehe Kapitel 2.2.2.4), wurden auch in der Provinzialverwaltung Mark Brandenburg zunächst wieder der Provinzialverwaltung unterstehende Bezirke eingerichtet. Statt dabei erneut die beiden traditionellen Regierungsbezirke Potsdam und Frankfurt an der Oder einzurichten, wurde die Mark Brandenburg in die fünf Verwaltungsbezirke Brandenburg, Berlin, Eberswalde, Cottbus und Stadt Potsdam aufgeteilt, die schließlich, nach der Stabilisierung der Landesverwaltung noch ein halbes Jahr früher als in Sachsen-Anhalt, am 31. Januar 1947, wieder aufgelöst wurden.[340]

So wie der Aufbau der Landesverwaltung in Sachsen markant durch die Tätigkeiten der Person des ersten Vizepräsidenten Kurt Fischer bestimmt wurde (siehe Kapitel 2.2.2.3), war es in der Provinzialverwaltung Mark Brandenburg ebenfalls der erste Vizepräsident Bernhard Bechler, der den Aufbau der Provinzialverwaltung und späteren Landesregierung vor allem durch seine einflussreichen Arbeiten auf den Gebieten Bodenreform, Personalpolitik und Entnazifizierung prägte.[341] Wenn auch nicht in demselben Maße wie in Mecklenburg (siehe Kapitel 2.2.2.2), lag das wirtschaftliche Schwergewicht auch in der Mark Brandenburg auf dem Gebiet der Landwirtschaft, sodass die Folgen der Bodenreform auch hier gravierend waren.[342] Sie begann in der Mark Brandenburg durch eine entsprechende Verordnung im September 1945 und wurde von der unter Bechlers Leitung stehenden »Provinzialkommission zur Durchführung der Bodenreform« organisiert.[343] Insgesamt wurden bei der bereits Ende November 1945 abgeschlossenen Bodenreform 733 261 Hektar Land enteignet, von dem – ähnlich wie in Mecklenburg (siehe Kapitel 2.2.2.2) – ein großer Teil an Bewohner der Mark Brandenburg verteilt und der Rest von etwa 94 358 Hektar in Volkseigentum umgewandelt wurde.[344]

335 Vgl. Fait: Brandenburg, S. 85 und Schulze: Bildung und Entwicklung der Landes- und Provinzialverwaltungen, S. 3.
336 Vgl. ebd.
337 Vgl. Fait: Brandenburg, S. 86 und 96.
338 Ebd., S. 87.
339 Ebd.
340 Vgl. ebd., S. 84f.
341 Vgl. ebd., S. 85f und 88, sowie Schulze: Bildung und Entwicklung der Landes- und Provinzialverwaltungen, S. 3 und 12f.
342 Vgl. Fait: Brandenburg, S. 81 und 91.
343 Vgl. ebd., S. 91f.
344 Vgl. ebd., S. 92. Zur Radikalität bei der Durchführung der Bodenreform siehe auch ebd., S. 86.

In seiner Funktion als erster Vizepräsident der Provinz Mark Brandenburg war Bechler für das Ressort »Inneres« und somit auch für die Personalpolitik der Provinzialverwaltung und der späteren Landesregierung verantwortlich. Zwar wurden alle leitenden Angestellten von Steinhoff, dem Präsidenten der Provinz und des späteren Landes Mark Brandenburg, »ernannt bzw. abberufen; die eigentliche Entscheidung in personellen Fragen lag jedoch beim 1. Vizepräsidenten Bernhard Bechler«.[345]

In der Mark Brandenburg, wo das Ergebnis der Landtagswahl im Oktober 1946 für die SED »das mit Abstand schlechteste« war,[346] erschien den Verantwortlichen eine strikte Personalpolitik vor allem auch innerhalb der Provinzialverwaltung unerlässlich. Im Vergleich mit der Personalpolitik der anderen Provinzen und Länder der SBZ, wird sie von Siegfried Schulze in seiner Dissertation *Bildung und Entwicklung der Landes- und Provinzialverwaltungen in der sowjetischen Besatzungszone als Staatsorgane der revolutionär-demokratischen Diktatur der Arbeiter und Bauern unter Beteiligung anderer Volksschichten* als die konsequenteste bezeichnet.[347] Durchgeführt wurde sie »unter dem Postulat der politischen Säuberung vom Nationalsozialismus«.[348] So wurden im Sommer 1945 alle Beamte und Angestellte der Provinzialverwaltung und ein Großteil der Beschäftigten der Gemeinde-, Kreis- und Bezirkenbehörden entlassen und die Positionen, trotz starker Proteste seitens der CDU und der Liberal-Demokratischen Partei Deutschlands (LDP), überwiegend mit Kommunisten und Sozialdemokraten neu besetzt.[349] Trotz dieser strengen Vorgehensweise gab es in den Provinzialbehörden der Mark Brandenburg, wie auch in den anderen Ländern und Provinzen, hier und da Nischen für ehemalige NSDAP-Mitglieder. Dabei handelte es sich in erster Linie um

> Techniker, Ärzte, Apotheker und sonstige Personen, auf die man aufgrund ihrer fachlichen Qualifikation nicht verzichten konnte. Das galt vor allem auch für die Justiz. Ende 1946 waren noch mehr als 50 Prozent der im Justizapparat Beschäftigten ehemalige Nationalsozialisten und trotz des vorangetriebenen Volksrichterprogramms belief sich die Quote ehemaliger NSDAP-Mitglieder in der Justiz auch 1949 noch auf 20 Prozent.[350]

Auf der Ebene der Landesregierung war der Anteil ehemaliger NSDAP-Mitglieder geringer. Von den insgesamt 1 929 Beschäftigten in den Ministerien waren es im März 1948 nur 17 Personen (0,9 Prozent), die früher der NSDAP angehört hatten, darunter allerdings die Vizepräsidenten Bernhard Bechler und Fritz Rücker.[351]

Interessant ist die Person Rückers an dieser Stelle auch aufgrund seiner leitenden Tätigkeit im Bereich Volksbildung, die auch in der Mark Brandenburg unter anderem für die Organisation des Buchhandels zuständig war. Mit der Einrichtung der Provinzialverwaltung übernahm Rücker als dritter Vizepräsident der Provinzialverwaltung Mark Brandenburg die

345 Ebd., S. 86. Vgl. auch ebd., S. 88.
346 Ebd., S. 88. Die SED erreichte »43,9 Prozent der Stimmen gegenüber 30,6 Prozent der CDU und 20,6 Prozent der LDP« (ebd.).
347 Vgl. Schulze: Bildung und Entwicklung der Landes- und Provinzialverwaltungen, S. 28.
348 Fait: Brandenburg, S. 90.
349 Vgl. Schulze: Bildung und Entwicklung der Landes- und Provinzialverwaltungen, S. 28 und Fait: Brandenburg, S. 89f.
350 Fait: Brandenburg, S. 90.
351 Vgl. ebd.

Verantwortung sowohl für die Abteilung »Arbeit und Sozialwesen« als auch für die Abteilung »Volksbildung« und übernahm nach der Einrichtung der einzelnen Fachministerien im Dezember 1946 die Leitung des »Ministeriums für Volksbildung, Wissenschaft und Kunst« der Provinzial- und späteren Landesregierung Mark Brandenburg.[352]

Der Organisation des Verlagswesens wurde in der Provinzialverwaltung und späteren Provinzial- bzw. Landesregierung Mark Brandenburg im Vergleich zu den weiteren Aufgabengebieten wenig Beachtung geschenkt. In der Abteilung »Volksbildung«, die bis Mitte Dezember 1946 als »Abteilung IV« der Brandenburgischen Provinzialverwaltung auch für den Bereich Verlagswesen zuständig war, wurde zwar kurzzeitig an die Einrichtung eines Referats »Verlagswesen« gedacht, verwirklicht wurde dieser Plan allerdings nicht.[353] Stattdessen wurde der Aufgabenbereich Verlagswesen vom Referat V »Volksaufklärung« mit übernommen: »Zu ihm gehört die Organisation einer wissenschaftlich aufklärenden, kulturellen und politischen Massenpropaganda unter der Jugend und den Erwachsenen, die Führung des Verlags- und Pressewesens« sowie die »Bearbeitung der kulturellen Rundfunkfragen.«[354]

Dieses Referat »Volksaufklärung« gehörte neben den Referaten »Volkskultur«, »Erwachsenenbildung«, »Jugend- und Frauenausschüsse« und »Landesbildstelle« zur unter der Leitung von Ministerialrat Hausmann stehenden Gruppe »Allgemeine Volksbildung« der Abteilung »Volksbildung«.[355]

Die gesamte Abteilung »Volksbildung« war durch »Gruppen« in fünf Unterabteilungen gegliedert:

Gruppe A: »Schulen«
Gruppe B: »Wissenschaft und Forschung«
Gruppe C: »Allgemeine Volksbildung«
Gruppe D: »Kunst und Literatur«

352 Vgl. ebd., S. 87, 90, 96f und 99.

353 Vgl. Entwurf zur Einrichtung eines Referats »Verlagswesen« in der Abteilung IV »Volksbildung«, Provinz Mark Brandenburg (sämtliche Angaben zu diesem Referat wurden handschriftlich durchgestrichen): BLHA, Ld. Br. Rep. 205 A, Nr. 818, Bl. 171; Statuten der Abteilung »Volksbildung«, Provinzialverwaltung Mark Brandenburg, 8.5.1946 (das Datum wurde handschriftlich ergänzt): ebd., Bl. 169–170; Arbeitsbericht der Abteilung »Volksbildung«, Provinzialverwaltung Mark Brandenburg, November 1946: ebd., Bl. 122; Runderlass der Provinzialverwaltung Mark Brandenburg an die Landräte und Oberbürgermeister der Provinz, 13.6.1946: BLHA, Ld. Br. Rep. 205 A, Nr. 828, Bl. 74; Bericht über die Arbeit der Abteilung IV »Volksbildung«, Provinzialverwaltung Mark Brandenburg, 16.8. bis 15.9.1946: BLHA, Ld. Br. Rep. 202 A, Nr. 57, Bl. 8; Ministerialdirektor W. Hartke an K. Steinhoff, Präsident der Provinzialverwaltung Mark Brandenburg, 16.9.1946: ebd., Bl. 4 und Provinzialverwaltung Mark Brandenburg an E. Laukner, 18.10.1946: BLHA, Ld. Br. Rep. 205 A, Nr. 856, Bl. 138.

354 Statuten der Abteilung »Volksbildung«, Provinzialverwaltung Mark Brandenburg, 8.5.1946. Vgl. auch Arbeitsplan der Gruppe »Allgemeine Volksbildung«, Provinzialverwaltung Mark Brandenburg, zu datieren auf »vor dem 14.6.1946«: BLHA, Ld. Br. Rep. 205 A, Nr. 818, Bl. 132, Runderlass der Provinzialverwaltung Mark Brandenburg an die Landräte und Oberbürgermeister der Provinz, 13.6.1946 und Bericht über die Arbeit der Abteilung IV »Volksbildung«, Provinzialverwaltung Mark Brandenburg, 16.8. bis 15.9.1946.

355 Vgl. Statuten der Abteilung »Volksbildung«, Provinzialverwaltung Mark Brandenburg, 8.5.1946 und Ministerialrat Hausmann, Provinzialregierung Mark Brandenburg, an DVV, 12.11.1945: BLHA, Ld. Br. Rep. 205 A, Nr. 824, Bl. 69. Da die Schreiben des Referats »Volksaufklärung« zum Verlagswesen in der Regel von Hausmann stammten, ist anzunehmen, dass Hausmann sowohl Leiter der Abteilung »Volksbildung« als auch Leiter des Referats »Volksaufklärung« dieser Abteilung war.

Gruppe E: »Personalia, Verwaltung und Büro«.[356]

Geleitet wurde die Abteilung »Volksbildung« seit März 1946 von Ministerialdirektor Wilhelm Hartke, nachdem zunächst Rücker selbst dieses Amt mit übernommen hatte (siehe oben).[357]

Hartke war mit den Bedingungen, unter denen seine Abteilung arbeiten musste, unzufrieden. Im September 1946 beschwerte er sich hierüber in einem an Steinholz, den Präsidenten der Provinzialverwaltung Mark Brandenburg, persönlich gerichteten Brief:

> Die Volksbildung leidet – gewiß nicht beim Präsidenten der Provinz – in bürgerlichen und bäuerlichen Kreisen, leider auch noch bei manchen Verwaltungsstellen unter der in der Nazizeit großgezogenen, nur schlecht getarnten Einschätzung als ›Gehirnathletentum‹, wie man damals zu sagen pflegte. Die SMA hat im eigenen Lande, aber auch bei uns durch die Tat bewiesen, daß sie den Künstler, den Gelehrten und Lehrer sehr hoch schätzt und auch in Deutschland höher als bisher eingeschätzt zu wissen wünscht. Die Abteilung Volksbildung steht selbst in sehr großen Schwierigkeiten. Da ist zunächst die Raumfrage. Die Abteilung ist an 8 verschiedenen, zum Teil weit auseinanderliegenden Stellen untergebracht, von denen jede einzelne und deren Summe im ganzen völlig ungenügenden Raum bietet. Die Abteilung ist in Anbetracht ihres Umfanges und ihrer Bedeutung auch am schlechtesten mit Autos versorgt.[358]

Im Dezember 1946 wurde die Abteilung »Volksbildung« in das »Ministerium für Volksbildung, Wissenschaft und Kunst« umgewandelt. Eine Auswirkung auf das Arbeitsgebiet Verlagswesen hatte das jedoch zunächst kaum. Zwar wurde nun in der Abteilung »Kunst« das schon seit längerem geplante Referat »Literatur und Verlagswesen« eingerichtet, jedoch blieb es bis Januar 1948 unbesetzt.[359] Die entsprechenden Aufgaben wurden im Einzelfall vom Theater- oder Musikreferenten der Abteilung »Kunst« mit übernommen; um Verlagsangelegenheiten kümmerte sich jedoch weiterhin Ministerialrat Hausmann.[360] Hausmann leitete

---

356 Vgl. Statuten der Abteilung »Volksbildung«, Provinzialverwaltung Mark Brandenburg, 8.5.1946. Mitte 1946 wurden im Rahmen einer Umstrukturierung der Abteilung die beiden Gruppen C und D in der Reihenfolge getauscht (vgl. Arbeitsplan der Gruppe »Allgemeine Volksbildung«, zu datieren auf »vor 14.6.1946«: BLHA, Ld. Br. Rep. 205 A, Nr. 818, Bl. 132).

357 Vgl. z.B. Ministerialdirektor W. Hartke an K. Steinhoff, Präsident der Provinzialverwaltung Mark Brandenburg, 16.9.1946: BLHA, Ld. Br. Rep. 202 A, Nr. 57, Bl. 4 und Fait: Brandenburg, S. 97.

358 Ministerialdirektor W. Hartke an K. Steinhoff, Präsident der Provinzialverwaltung Mark Brandenburg, 16.9.1946.

359 Vgl. Strukturplan der Abteilung »Kulturelle Massenbetreuung«, Provinz Mark Brandenburg, ohne Datum: BLHA, Ld. Br. Rep. 205 A, Nr. 4, Bl. 3; Strukturplan der Abteilung »Kunst«, Provinz Mark Brandenburg, ohne Datum: ebd., Bl. 7; Arbeitsplan der Abteilung »Kunst«, Provinzialregierung Mark Brandenburg, für den Zeitraum 1.4.1947 bis 30.6.1947: BLHA, Ld. Br. Rep. 205 A, Nr. 562, Bl. 9; Gliederung der Abteilung »Kunst«, Landesregierung Mark Brandenburg, zu datieren auf »zwischen 15.11. und 1.12.1947«: ebd., Bl. 27 und »Vorausplanung der Abteilung Kunst für das Jahr 1948«, Landesregierung Mark Brandenburg: ebd., Bl. 32.

360 Vgl. »Bericht über die Tätigkeit der Abteilung Kunst im Jahre 1947«, Landesregierung Mark Brandenburg, 30.12.1947: BLHA, Ld. Br. Rep. 205 A, Nr. 562, Bl. 29; Angaben zu R. Renner als Mitarbeiter in der Abteilung »Kunst«, Provinzialregierung Mark Brandenburg, 18.6.1947: ebd., Bl. 14; Arbeitsbericht der Abteilung »Volksbildung«, Provinz Mark Brandenburg, 1947: ebd., Nr. 818, Bl. 85; Arbeitsbericht der Abteilung »Volksbildung«, Provinzialverwaltung Mark Brandenburg, November 1946: ebd., Bl. 122; Hausmann an Peter Bloch, 4.11.1947: ebd., Nr. 1, Bl. 76 und Arbeitsbericht der Abteilung

seit der Einrichtung des »Ministeriums für Volksbildung, Wissenschaft und Kunst« die Abteilung »Allgemeine Volksbildung«, die, genauso wie die Abteilung »Kunst«, eine Unterabteilung bzw. ein so genanntes »Dezernat« der Abteilung »Volksbildung« als der eigentlichen Hauptabteilung bildete.[361] Nachdem Ende Dezember 1947 »das Referat Literatur und Verlag [...] trotz aller Bemühungen, einen geeigneten Referenten zu finden, noch immer unbesetzt« war,[362] wurde einen Monat später mit Regierungsrat Waldecke endlich ein solcher gefunden.[363] Erst ab diesem Zeitpunkt wurde das Verlagswesen als Arbeitsgebiet auch praktisch aus der Abteilung »Allgemeine Volksbildung« herausgenommen und nicht mehr nur theoretisch vom nun besetzten Referat »Literatur und Verlagswesen« der Abteilung »Kunst« übernommen.[364]

Die Notwendigkeit, sich intensiver mit dem Verlagswesen auseinanderzusetzen, wurde in der Provinzialverwaltung der Mark Brandenburg erstmals im November 1945 richtig erkannt, nachdem »desöfteren Anfragen über die Wiedereröffnung von Buchhandlungen und Verlagsanstalten« in der Abteilung »Volksbildung« bei Ministerialrat Hausmann eingelaufen

»Volksbildung«, Landesregierung Mark Brandenburg, für den Monat Januar 1948: BLHA, Ld. Br. Rep. 202 A, Nr. 57, Bl. 27.

361 Vgl. Arbeitsbericht der Abteilung »Volksbildung«, Provinz Mark Brandenburg, 1947; Arbeitsbericht der Abteilung »Volksbildung«, Provinzialverwaltung Mark Brandenburg, November 1946; Hausmann an Peter Bloch, 4.11.1947; Arbeitsbericht der Abteilung »Volksbildung«, Landesregierung Mark Brandenburg, für den Monat Januar 1948; Arbeitsbericht der Abteilung »Volksbildung«, Landesregierung Mark Brandenburg, für den Monat Juni 1948: BLHA, Ld. Br. Rep. 202 A, Nr. 57, Bl. 55 und »Ministerium für Volksbildung, Wissenschaft und Kunst«, Landesregierung Mark Brandenburg, an den Rat der Stadt Potsdam, 16.12.1948: BLHA, Pr. Br. Rep. 75, Nr. 290. Die Leiter der Abteilung »Kunst« sowie der Hauptabteilung »Volksbildung« konnten anhand der im Brandenburgischen Landeshauptarchiv in Potsdam eingesehenen Akten nicht eindeutig ermittelt werden. Der Tätigkeitsbericht der Abteilung »Kunst« für den Monat April 1947 lässt vermuten, dass Oberregierungsrat Heisig Leiter der Abteilung »Kunst« war (vgl. genannten Tätigkeitsbericht in: BLHA, Ld. Br. Rep. 205 A, Nr. 562, Bl. 12). Fait: Brandenburg, S. 99 und Broszat/Weber: SBZ-Handbuch, S. 921 lassen allerdings vermuten, dass Hartke Leiter der Hauptabteilung »Volksbildung« war. Hinweise auf die Existenz einer von Hartke geleiteten Hauptabteilung »Volksbildung, Kunst und Wissenschaft«, wie sie in Broszat/Weber: SBZ-Handbuch angegeben wird, wurden in den eingesehenen Akten des Brandenburgischen Landeshauptarchivs in Potsdam jedoch nicht gefunden. Möglicherweise handelt es sich hier um die eigentliche Hauptabteilung »Volksbildung«.

362 Landesregierung Mark Brandenburg, 30.12.1947: BLHA, Ld. Br. Rep. 205 A, Nr. 562, Bl. 29.

363 Vgl. Arbeitsberichte, Referat »Literatur und Verlagswesen«, Landesregierung Mark Brandenburg: BLHA, Ld. Br. Rep. 205 A, Nr. 562, Bl. 39–41.

364 Vgl. auch Arbeitsbericht, 26.4.1948: BLHA, Ld. Br. Rep. 205 A, Nr. 562, Bl. 42. Anhand der Akten, die im Brandenburgischen Landeshauptarchiv in Potsdam eingesehen wurden, konnten keine weiteren Informationen über die Dauer der Existenz des Referats »Literatur und Verlagswesen« gefunden werden. Gemäß den Arbeitsberichten der Abteilung »Kunst« aus der Zeit von Juli bis September 1949 scheint es nur noch die Referate »Bildende Kunst«, »Musik«, »Theater«, »Museum«, »Volkskunst« und »Künstlerische Formgebung« gegeben zu haben. Das Referat »Literatur und Verlagswesen« taucht hier nicht mehr auf. In dem Arbeitsbericht der Abteilung »Kunst« vom September 1949 ist die Rede von einem Referat »Literatur«, das unter der Leitung von Frau Urban stand und offensichtlich auch für die Angelegenheiten der Verleger zuständig war. In den danach folgenden Arbeitsberichten ist aber auch von diesem Referat keine Rede mehr (vgl. Arbeitsbericht der Abteilung »Kunst«, Landesregierung Mark Brandenburg, für den Zeitraum 1.7. bis 30.9.1949: BLHA, Ld. Br. Rep. 205 A, Nr. 562, Bl. 122–123, Arbeitsbericht der Abteilung »Kunst«, Landesregierung Mark Brandenburg, September 1949: ebd., Bl. 128 und Albrecht an Waldecke, »Ministerium für Volksbildung, Kunst und Wissenschaft«, Landesregierung Mark Brandenburg, Mai 1949: BLHA, Ld. Br. Rep. 205 A, Nr. 788, Bl. 65).

waren.[365] Zwei Monate vorher war vom Verlagswesen noch keine Rede gewesen.[366] Die Aufgaben, die der Abteilung »Volksbildung« und später dem »Ministerium für Volksbildung, Wissenschaft und Kunst« in diesem Bereich dann zufielen, waren dieselben, die für alle Ministerien für Volksbildung und ihren Vorläufern gültig waren (siehe Kapitel 2.2.2).

Auffallend für die Mark Brandenburg war, dass auf dem gesamten Gebiet des Buchhandels eine Vielzahl von Aufgaben den der Landesverwaltung und späteren -regierung unterstehenden Volksbildungsämtern der Kreise und der kreisfreien Städte überlassen wurden. Grund dafür war der am 13. Juni 1946 von Präsident Steinholz versendete Runderlass Nr. 337/IV, der die Volksbildungsämter der Kreise und kreisfreien Städte dazu berechtigte, Gewerbegenehmigung an Buchhändler, gewerbliche Buchverleiher und Verleger auszustellen.[367] Bei den Lizenzanträgen der Verlage leisteten die Kreise und kreisfreien Städte jedoch lediglich Vorarbeiten. Mit einer Stellungnahme wurden sie von dort an die Landesverwaltung bzw. an die Landesregierung Mark Brandenburg weitergeleitet, von wo aus sie wiederum nach Berlin an die DVV weitergegeben wurden.[368]

Genauso wie in Mecklenburg-Vorpommern war auch in der Mark Brandenburg das Aufgabengebiet Verlagswesen schon aufgrund der geringen Anzahl der Verlage relativ klein. So wurde das Verlagswesen in der Regel in andere Arbeitsgebiete mit eingebunden (s. oben). Bis zur Besetzung des Referats »Literatur und Verlagswesen« konnten außerdem »naturgemäß nur die allerdringlichsten Arbeiten durchgeführt werden, d.h. es wurden die sich meldenden Schriftsteller, Dichter, Journalisten usw. vorläufig registriert.«[369] Regierungsrat Waldecke, mit dessen Einstellung als Referenten – wie erwähnt – das Referat »Literatur und Verlagswesen« erstmals besetzt wurde, richtete seine Aufmerksamkeit in erster Linie auf die Schriftsteller und hier insbesondere auf die Erstellung einer Schriftstellerkartei, in die er die Verleger mit integrierte.[370] Möglicherweise ist Waldecke mit dem ihm übertragenen Aufgabengebiet nicht ausgelastet gewesen, denn ab Sommer 1948 bearbeitete er auch Bereiche des Theaterwesens.[371]

---

365 Ministerialrat Hausmann, Provinzialregierung Mark Brandenburg, an DVV, 12.11.1945: BLHA, Ld. Br. Rep. 205 A, Nr. 824, Bl. 69.

366 Vgl. Bericht über den Stand der Arbeit der »Kulturabteilung«, Provinzialregierung Mark Brandenburg, 18.9.1945: BLHA, Ld. Br. Rep. 205 A, Nr. 801, Bl. 32–33.

367 Vgl. Niederschrift über die Sitzung des Landesfachausschusses »Buchhandel« in der Hauptgeschäftsstelle der IHK Land Brandenburg vom 9.2.1949: BLHA, Ld. Br. Rep. 205 A, Nr. 838, Bl. 28 und »Amt für Volksbildung«, Verwaltung der Stadt Potsdam an Lumen Verlag, 7.6.1947: BLHA, Pr. Br. Rep. 75, Nr. 285.

368 Vgl. z.B. Laukner an Provinzialverwaltung Mark Brandenburg, 1.7.1946: BLHA, Ld. Br. Rep. 205 A, Nr. 856, Bl. 283. Da sich im Brandenburgischen Landeshauptarchiv in Potsdam im Bestand »Ld. Br. Rep. 205 A, Ministerium für Volksbildung« erstaunlicherweise äußerst wenig Aktenmaterial zum Verlagswesen befindet, lag, aufgrund des genannten Runderlasses Nr. 337/IV, die Vermutung nahe, dass sich das gesuchte Material eventuell in den Archivbeständen der Kreise und kreisfreien Städte befindet. Die Durchsicht der entsprechenden Findmittel, die sich ebenfalls im Landeshauptarchiv in Potsdam befinden, war diesbezüglich jedoch erfolglos.

369 »Bericht über die Tätigkeit der Abteilung Kunst im Jahre 1947«, Landesregierung Mark Brandenburg, 30.12.1947: BLHA, Ld. Br. Rep. 205 A, Nr. 562, Bl. 29.

370 Vgl. diverse Schreiben in den Akten 562, 788 und 790 im Bestand BLHA, Ld. Br. Rep. 205 A.

371 Vgl. Arbeitsplan für den Zeitraum 1.7. bis 30.9.1948, Abteilung »Kunst«, »Ministerium für Volksbildung, Wissenschaft und Kunst«, Landesregierung Mark Brandenburg: BLHA, Ld. Br. Rep. 205 A, Nr. 562, Bl. 46.

2.2.2.2 Mecklenburg-Vorpommern

Mit Mecklenburg-Vorpommern schuf die SMAD durch ihren Befehl Nr. 5 vom 9. Juli 1945 ein neues Land. Es bestand aus dem Zusammenschluss des vormaligen Landes Mecklenburg und einem Teil der ehemaligen preußischen Provinz Pommern, westlich der Oder.[372] Hinzu kamen einige kleine Gebiete der früheren Provinz Hannover.[373] Eine Wiedervereinigung des Landes Mecklenburg, das seit 1701 in die Länder Mecklenburg-Schwerin und Mecklenburg-Strelitz geteilt war, fand schon 1934 unter den Nationalsozialisten statt.[374]

Zwar war Mecklenburg ab Mai 1945 zunächst von amerikanischen und britischen Truppen, später nur noch von britischen Truppen besetzt worden, so dass die sowjetische Besatzungsmacht erst nach dem Abzug der britischen Truppen Anfang Juli aktiv ihre Aufbauarbeiten beginnen konnte, die Vorbereitungen für den Aufbau Mecklenburg-Vorpommerns begannen jedoch bereits Ende Mai 1945.[375] Verantwortlich für den Aufbau Mecklenburg-Vorpommerns war, gemeinsam mit Hans Warnke von der KPD, die aus Moskau stammende und unter der Leitung Gustav Sobottkas stehende »Initiativgruppe Sobottka«.[376] Ihre Vorschläge für den Aufbau der Landesverwaltung, die sie erstmals am 30. Juni 1945 der SMAD vorlegten, wurden am 4. Juli 1945 von der SMAD bestätigt.[377] Als Präsident des Landes Mecklenburg-Vorpommern wurde Wilhelm Höcker ernannt.[378] Die offizielle Bezeichnung dieser neuen Landesverwaltung, mit Sitz in Schwerin, lautete: »Der Präsident des Landes Mecklenburg-Vorpommern.«[379]

Genauso wie die britische Militärbehörde, die Mitte Mai 1945 eine Landesverwaltung in Schwerin eingesetzt hatte, indem sie den bestehenden Verwaltungsapparat übernommen und lediglich, wie in Sachsen-Anhalt, die Verwaltungsspitze ausgewechselt hatte,[380] übernahm auch die nun von der SMAD eingesetzte Landesverwaltung zunächst die Struktur der alten Landesregierung.[381] Sie nahm ihre Arbeit am 7. Juli 1945 in Schwerin auf.[382] Die Leitung der einzelnen Abteilungen der Landesverwaltung Mecklenburg-Vorpommerns oblag zunächst

---

372 Vgl. Mecklenburgisches Landeshauptarchiv Schwerin, Findbuch »Ministerium für Volksbildung 1945–1952, Bestandsübersicht«, S. I und Fait: Mecklenburg, S. 103.

373 Vgl. Fait: Mecklenburg, S. 103.

374 Vgl. ebd., S. 107.

375 Vgl. ebd., S. 108f und Schulze: Bildung und Entwicklung der Landes- und Provinzialverwaltungen, S. 2.

376 Vgl. Schulze: Bildung und Entwicklung der Landes- und Provinzialverwaltungen, S. 2 und Fait: Mecklenburg, S. 109.

377 Vgl. Fait: Mecklenburg, S. 109 und Landesverwaltung Mecklenburg an Schukow, SMAD, 30.6.1945: LHA Schwerin, 6.11–11 Ld. Meckl., MdI, Nr. 10, Bl. 19.

378 Vgl. z.B. Schulze: Bildung und Entwicklung der Landes- und Provinzialverwaltungen, S. 2, 110 und 118.

379 Vgl. Mecklenburgisches Landeshauptarchiv Schwerin, Findbuch »Ministerium für Volksbildung 1945–1952. Bestandsübersicht«, S. II und Fait: Mecklenburg, S. 109 und S. 117.

380 Vgl. Fait: Mecklenburg, S. 108. Innerhalb dieser weniger als zwei Monate bestehenden Landesverwaltung wurde der Präsident mehrmals ausgewechselt. Der Vollständigkeit halber sollen sie hier in der Reihenfolge ihrer Ernennung aufgezählt werden: Eduard Stratmann, Hans Jess und Reinhold Lobedanz (Näheres siehe Fait: Mecklenburg, S. 108f und 117).

381 Vgl. Mecklenburgisches Landeshauptarchiv Schwerin, Findbuch »Ministerium für Volksbildung 1945–1952. Bestandsübersicht«, S. If, Fait: Mecklenburg, S. 109f und Schulze: Bildung und Entwicklung der Landes- und Provinzialverwaltungen, S. 27.

382 Vgl. Fait: Mecklenburg, S. 109.

direkt Präsident Höcker und den Vizepräsidenten des Landes.[383] Unter ihrer Führung entwickelte sich der weitere Aufbau der Landesverwaltung, der, nach Einschätzung der SMAD vom August 1945, langsamer fortschritt als in den anderen Länder- und Provinzialregierungen.[384]

Die unterschiedliche Parteizugehörigkeit der Vizepräsidenten und des Präsidenten hatte der Landesverwaltung Mecklenburg-Vorpommern »eine gewisse demokratische Legitimation« verliehen, die sich jedoch nach der Gründung der SED, durch die Vereinigung von KPD und SPD im April 1946, deutlich relativierte.[385] Weitere bedeutende Positionen in der Landesverwaltung wurden hauptsächlich mit Kommunisten besetzt: »Die Kommunisten, die 1945/46 eindeutig eine Minderheit darstellten, wurden von Anfang an mit den wichtigsten Funktionen innerhalb der Landesverwaltung betraut, während die Sozialdemokraten in leitenden Positionen auffallend unterrepräsentiert blieben.«[386]

Nach der Landtagswahl im Oktober 1946 wurde Präsident Höcker in seinem Amt bestätigt.[387] Die nun als Landesregierung Mecklenburg-Vorpommern anerkannte Verwaltung, die im übrigen ab März 1947 die Bezeichnung »Landesregierung Mecklenburg« (ohne Vorpommern) erhielt, nahm ihre Tätigkeit am 10. Dezember 1946 auf.[388]

Mecklenburg-Vorpommern, das drittgrößte jedoch bevölkerungsärmste Land der SBZ, war im Prinzip ein reines Agrarland. Das wohl markanteste Ereignis für Mecklenburg-Vorpommern in der frühen Nachkriegszeit war von daher die Bodenreform 1945/1946.[389] Zuständig für die Bodenreform in Mecklenburg-Vorpommern war die »Landesbodenreformkommission«, deren Vorsitzender Warnke, der erste Vizepräsident des Landes, war.[390] Da ein großer Teil des im Zusammenhang mit der Bodenreform konfiszierten Landes an Landarbeiter, Kleinbauern und zurückgekehrte Flüchtlinge verteilt wurde, konnten einige Bewohner Mecklenburg-Vorpommerns von der Bodenreform profitieren: »Bis zum 1. Januar 1949 wurden insgesamt 968 114 ha Land vermessen, davon 804 584 ha an 108 901 Personen verteilt und der Rest in Volkseigentum umgewandelt.«[391]

Auch für die Personalpolitik der Landesverwaltung Mecklenburg-Vorpommerns war Warnke zuständig. Gemeinsam mit Erich Kundermann, dem Vorsitzenden der »Landesentnazifizierungskommission«, führte er die Entnazifizierung der Landesverwaltung durch. Schneller als vorausgesehen, befanden sich bereits Ende Juli 1945 kaum noch politisch belastete

383 Näheres siehe ebd., S. 110 und 118f. In Mecklenburg-Vorpommern gliederte sich die Landesverwaltung namentlich anfangs nicht wie in Sachsen oder Sachsen-Anhalt in Ressorts sondern wie in Brandenburg in Abteilungen. Diese Abteilungen untergliederten sich wiederum in Unterabteilungen, die aus verschiedenen Referaten bestanden (vgl. ebd., S. 109 und 118f sowie Mecklenburgisches Landeshauptarchiv Schwerin, Findbuch »Ministerium für Volksbildung 1945–1952. Bestandsübersicht«, S. II).

384 Vgl. Niederschrift einer Besprechung mit Generaloberst Fedjuninski, SMA, 17.8.1945: LHA Schwerin, 6.11–21 Ld. Meckl., MfVobi, Nr. 39, Bl. 15.

385 Fait: Mecklenburg, S. 111f. Im Präsidium der Landesverwaltung waren Anhänger der KPD, der SPD und der CDU vertreten (vgl. ebd.).

386 Ebd., S. 113.

387 Vgl. ebd., S. 110.

388 Vgl. ebd., S. 103 und 119.

389 Vgl. ebd., S. 114.

390 Vgl. ebd., S. 110.

391 Ebd., S. 114.

Personen in den zentralen Landesverwaltungsstellen. Die Entnazifizierung der übrigen Ämter des öffentlichen Dienstes dagegen konnte erst wesentlich später abgeschlossen werden.[392]

Der Bereich Volksbildung gehörte in der Landesverwaltung Mecklenburg-Vorpommern, bis zur Einrichtung des »Ministeriums für Volksbildung« im Dezember 1946, zum Tätigkeitsbereich der Abteilung »Kultur und Volksbildung« – oft einfach nur Abteilung »Volksbildung« genannt.[393] Sie stand unter der Verantwortung von Gottfried Grünberg, dem dritten Vizepräsidenten der Landesverwaltung, und wurde gemeinsam von ihm und Ministerialdirektor Manthey, dem Leiter der Unterabteilung »Allgemeine Verwaltung«, geführt.[394]

Die zügige Entnazifizierung der Landesverwaltung führte im Bereich Volksbildung zu gravierenden Folgen. Von den 45 Mitarbeitern, die anfangs in dem Bereich tätig waren, blieben nach den Entnazifizierungsaktionen schließlich nur 25 Mitarbeiter übrig, so dass hier »die personellen Voraussetzungen [...] zunächst denkbar ungünstig« waren.[395]

Anfangs waren die Arbeitsbereiche der Abteilung »Kultur und Volksbildung« in insgesamt zehn Dezernate aufgeteilt.[396] Für den Buchhandel des Landes war zunächst das unter der Leitung des Schriftstellers Adam Scharrer stehende Dezernat IX zuständig, dessen Arbeits-

392 Vgl. ebd., S. 112.

393 Vgl. Mecklenburgisches Landeshauptarchiv Schwerin, Findbuch »Ministerium für Volksbildung 1945–1952. Bestandsübersicht«, S. I–IV, G. Grünberg, Vizepräsident des Landes Mecklenburg-Vorpommern, an den Chef der SMA Mecklenburg Vorpommern, 27.10.1945: LHA Schwerin, 6.11–21 Ld. Meckl., MfVobi, Nr. 3078 und H. Kraze an Abteilung »Kultur und Volksbildung«, Landesverwaltung Mecklenburg-Vorpommern, 1.11.1946: LHA Schwerin, 6.11–21 Ld. Meckl., MfVobi, Nr. 3086. In den folgenden Aussagen, die den Aufbau der Landesverwaltung bzw. später der Landesregierung Mecklenburg-(Vorpommerns) im Bereich der »Volksbildung« betreffen, muss den Informationen von Fait: Mecklenburg, S. 117 und S. 121 aufgrund der durch eigene Quellenrecherchen gewonnenen Ergebnisse vielfach widersprochen werden. In diesem Zusammenhang sei auch darauf hingewiesen, dass in Broszat/Weber: SBZ-Handbuch selbst darauf aufmerksam gemacht wird, dass die dort gemachten Aussagen auch deshalb, weil zum Zeitpunkt der Erstellung der Publikation einige bedeutende Archive noch nicht zugänglich waren, unter Vorbehalt gemacht wurden: »Leider liegen für die wichtige Phase 1945/46 keine Geschäftsverteilungspläne vor [...]. Das im Anhang zu dieser Darstellung wiedergegebene Schema der Organisation der Landesverwaltung kann daher für diese Phase keinen Anspruch auf Vollständigkeit und unbedingte Zuverlässigkeit erheben. Es mußte sich auf z.T. widersprüchliche Einzelinformationen stützen.« (Fait: Mecklenburg, S. 110. Vgl. auch Broszat/Weber: SBZ-Handbuch, S. 190).

394 Vgl. Fait: Mecklenburg, S. 110 und S. 117f; Mecklenburgisches Landeshauptarchiv Schwerin, Findbuch »Ministerium für Volksbildung 1945–1952. Bestandsübersicht«, S. IIIf; »Anlage zu dem Vorschlage betr. Ernennung von Mitgliedern der Landesverwaltung Mecklenburg-Vorpommern«, 1945: LHA Schwerin, 6.11–11 Ld. Meckl., MdI, Nr. 10, Bl. 11; Landesverwaltung Mecklenburg an Schukow, SMAD, 30.6.1945: ebd., Bl. 19; Rundschreiben der Abteilung »Kultur und Volksbildung«, Landesverwaltung Mecklenburg-Vorpommern, an die Kultur- und Volksbildungsämter der Städte. 15.1.1946: LHA Schwerin, 6.11–21 Ld. Meckl., MfVobi, Nr. 2698; Übersicht über die Leiter und Sachbearbeiter der Abteilung »Kultur und Volksbildung«, Landesverwaltung Mecklenburg-Vorpommern, Mai 1946: LHA Schwerin, 6.11–2 Ld. Meckl., MPräs, Nr. 1257, Bl. 188; Befehl Nr. 11 der SMA Mecklenburg-Vorpommern, 25.1.1947: LHA Schwerin, 6.11–21 Ld. Meckl., MfVobi, Nr. 39, Bl. 132 und »Übersicht über die Einteilung der Landesregierung Mecklenburg«, ohne Datum: LHA Schwerin, 6.11–2 Ld. Meckl., MPräs, Nr. 1257, Bl. 20f.

395 Mecklenburgisches Landeshauptarchiv Schwerin, Findbuch »Ministerium für Volksbildung 1945–1952. Bestandsübersicht«, S. II. Von diesen 25 Mitgliedern waren bereits 13 neu hinzugekommen (vgl. Stellenplan der Abteilung »Kultur und Volksbildung«, Landesverwaltung Mecklenburg, ohne Datum (vermutlich 1945): LHA Schwerin, 6.11–11 Ld. Meckl., MdI, Nr. 11, Bl. 34).

396 Vgl. Mecklenburgisches Landeshauptarchiv Schwerin, Findbuch »Ministerium für Volksbildung 1945–1952. Bestandsübersicht«, S. III.

gebiet »Buchwesen, allgemeine Volksbüchereien, Buchhandlungen, Leihbibliotheken [und] Presseangelegenheiten« umfasste.[397] Mit dem Verlagswesen beschäftigte sich jedoch in erster Linie das Dezernat VIII, die »Generalabteilung«.[398] Die dezentrale Bearbeitung sämtlicher Kulturangelegenheiten Mecklenburg-Vorpommerns, die sowohl im Dezernat VIII wie in den Dezernaten IX und X der Abteilung »Kultur und Volksbildung« erfolgte, änderte sich, nachdem den einzelnen Fachgebieten zunehmend mehr Aufmerksamkeit geschenkt wurde.[399] Bis Juni 1946 wurde innerhalb der Abteilung »Kultur und Volksbildung« die Abteilung »Allgemeine Volksbildung« gebildet, in der sämtliche Aufgaben, »die das kulturelle und künstlerische Leben des Landes betrafen«, zentralisiert wurden.[400] Sie bestand aus insgesamt sieben Arbeitsgebieten, von denen das erste »Literatur, Verlage und Buchhandel, Bibliothekswesen, Zensur, Entfernung faschistischer und militaristischer Literatur« umfasste.[401] Zuständig für diesen Bereich war zunächst Gustav Siemon, der vermutlich auch Leiter der Abteilung »Allgemeine Volksbildung« war.[402] Im Oktober 1946 wurde Karl Wolff für die Bearbeitung dieses Fachgebiets angestellt.[403]

Mit der Umwandlung der einzelnen Abteilungen der Landesverwaltung Mecklenburg-Vorpommern in Fachministerien im Dezember 1946, fielen die Aufgaben der ehemaligen Abteilung »Kultur und Volksbildung« dem nun eingerichteten »Ministerium für Volksbildung« zu. Das Amt des Volksbildungsministers übernahm Grünberg.[404]

Für das Arbeitsgebiet Buchhandel wurde das Referat »Literatur und Buchwesen« eingerichtet, das neben sechs weiteren Referaten zur Abteilung »Allgemeine Volkskultur« gehörte.[405] Die Leitung des Referats übernahm Karl Wolff.[406] Ihm zur Seite stand spätestens ab

397 Ebd.

398 Ebd., S. XXIV. Siehe auch G. Grünberg, Vizepräsident des Landes Mecklenburg-Vorpommern, an den Chef der SMA Mecklenburg Vorpommern, 27.10.1945: LHA Schwerin, 6.11–21 Ld. Meckl., MfVobi, Nr. 3078, Siemon, Abteilung »Kultur und Volksbildung«, Landesverwaltung Mecklenburg-Vorpommern, 13.2.1946: ebd., Nr. 3080 und Rundschreiben des Präsidenten des Landes Mecklenburg-Vorpommern, W. Höcker, an sämtliche Kultur- und Volksbildungsämter des Landes, 3.6.1946: ebd., Nr. 2698. Die im Mecklenburgischen Landeshauptarchiv in Schwerin gefundenen Schreiben, die das Verlagswesen in dieser Zeit betreffen, stammen größtenteils aus dem Dezernat VIII.

399 Vgl. Mecklenburgisches Landeshauptarchiv Schwerin, Findbuch »Ministerium für Volksbildung 1945–1952. Bestandsübersicht«, S. XXIV.

400 Ebd.

401 Ebd. Zu den weiteren Arbeitsgebieten siehe ebd.

402 Vgl. z.B. Landesverwaltung Mecklenburg-Vorpommern, an Kurt Saubert, 21.1.1946: LHA Schwerin, 6.11–21 Ld. Meckl., MfVobi, Nr. 3089; Hanna-Heide Kraze, Heimat-Verlag, an Siemon, »Ministerium für Volksbildung« Mecklenburg-Vorpommern, 12.3.1946: ebd., Nr. 3080; DVV an Landesverwaltung Mecklenburg-Vorpommern, 24.5.1946: ebd., Nr. 3073 und Rundschreiben des Präsidenten des Landes Mecklenburg-Vorpommern, W. Höcker, an sämtliche Kultur- und Volksbildungsämter des Landes, 3.6.1946: ebd., Nr. 2698.

403 Wolff, Landesregierung Mecklenburg-Vorpommern, »Tätigkeitsbericht über Leihbüchereien, Buchhandel und Verlagswesen«, 3.1.1947: LHA Schwerin, 6.11–21 Ld. Meckl., MfVobi, Nr. 2666.

404 Vgl. Fait: Mecklenburg, S. 121.

405 Vgl. Mecklenburgisches Landeshauptarchiv Schwerin, Findbuch »Ministerium für Volksbildung 1945–1952. Bestandsübersicht«, S. V und XXIV; Arbeitsbericht für den Zeitraum Januar bis Mai 1947, Referat »Literatur und Buchwesen«, »Ministerium für Volksbildung« Mecklenburg: LHA Schwerin, 6.11–21 Ld. Meckl., MfVobi, Nr. 2666; Abteilung »Allgemeine Volkskultur«, Landesregierung Mecklenburg-Vorpommern, an DVV, 4.3.1947: ebd., Nr. 3076; Ortspolizeibehörde, Rat der Stadt Schwerin, an »Ministerium für Volksbildung« Mecklenburg, 29.12.1947: ebd., Nr. 3083 und Bericht des Referats

Mai 1947 Sachbearbeiter Walter Gützlaff, der »überzeugt und mit großem Eifer« arbeitete.[407] Die Leitung der Abteilung »Allgemeine Volkskultur«, die wiederum eine von insgesamt neun Abteilungen des »Ministeriums für Volksbildung« war, übernahm bis zum Sommer 1947 Gustav Siemon.[408] Sein Nachfolger wurde Ludwig Eisermann.[409] Unter Eisermann als Abteilungsleiter änderte sich im Juni oder Juli 1948 die Bezeichnung der Abteilung »Allgemeine Volkskultur« in Abteilung »Volkskultur«.[410] Bis spätestens April 1949 blieb Eisermann in seinem Amt, und wurde danach von Erich Stiemke abgelöst.[411]

»Literatur und Buchwesen«, »Ministerium für Volksbildung« Mecklenburg, über eine Besprechung mit der DVV am 10. und 11.12.1947 in Berlin, 15.12.1947: ebd., Nr. 2684, Bl. 280.

406 Vgl. z.B. Hanna-Heide Kraze, Heimat-Verlag, an Siemon, »Ministerium für Volksbildung« Mecklenburg-Vorpommern, 24.1.1947: LHA Schwerin, 6.11–21 Ld. Meckl., MfVobi, Nr. 3086; Bericht von Wolff, »Ministerium für Volksbildung« Mecklenburg, über den Kulturellen Beirat, 6.11.1947: ebd., Nr. 41; Arbeitsbericht des Referats »Literatur und Buchwesen«, »Ministerium für Volksbildung« Mecklenburg, 25.2.1948: ebd., Nr. 2665, Bl. 22–31; Arbeitsbericht des Referats »Literatur und Buchwesen«, »Ministerium für Volksbildung« Mecklenburg, für das erste Halbjahr 1949, 21.6.1949: ebd., Nr. 2682; »Bericht über die Dienstreise nach Berlin am 25. Februar 1948« von Wolff, »Ministerium für Volksbildung« Mecklenburg, 26.2.1948: ebd., Nr. 167, Bl. 206–207 und »Stellungnahme« von Wolff über den Kulturellen Beirat, 8.12.1947: ebd., Bl. 247–249.

407 Arbeitsbericht des Referats »Literatur und Buchwesen«, »Ministerium für Volksbildung« Mecklenburg, für das erste Halbjahr 1949, 21.6.1949. Vgl. auch Mecklenburgischer Heimat Verlag an »Ministerium für Volksbildung« Mecklenburg, 12.5.1947: LHA Schwerin, 6.11–21 Ld. Meckl., MfVobi, Nr. 3087; Einheitsverlag Mecklenburg-Vorpommern an Koven, Geschäftsstelle des Börsenvereins, 15.8.1947: ebd., Nr. 3084; Bericht des Referats »Literatur und Buchwesen«, »Ministerium für Volksbildung« Mecklenburg, über eine Besprechung mit der DVV am 10. und 11.12.1947 in Berlin, 15.12.1947: ebd., Nr. 2684, Bl. 280; Bericht des Referats »Literatur und Buchwesen«, »Ministerium für Volksbildung« Mecklenburg, über eine Besprechung mit der DVV am 8.3.1949 in Leipzig, 10.3.1949: ebd., Nr. 2683; Abteilung »Volkskultur«, »Ministerium für Volksbildung« Mecklenburg, an DVV, 20.7.1948: ebd., Nr. 3073; Befehl Nr. 11 der SMA Mecklenburg-Vorpommern, 25.1.1947: ebd., Nr. 39, Bl. 132 und DVV an »Ministerium für Volksbildung« Mecklenburg, 3.10.1949: ebd., Nr. 79, Bl. 7. Gützlaff war gelernter Buchhändler. Er war auch Mitglied der von der Abteilung »(Allgemeine) Volkskultur« zur Beurteilung von Büchern und Manuskripten eingesetzten Literaturkommission (vgl. Liste der Mitglieder der Literaturkommission, ohne Datum: ebd., Nr. 3040).

408 Vgl. z.B. Fait: Mecklenburg, S. 121; Abteilung »Allgemeine Volkskultur«, »Ministerium für Volksbildung« Mecklenburg, an Einheitsverlag Mecklenburg-Vorpommern, Schwerin, 10.9.1947: LHA Schwerin, 6.11–21 Ld. Meckl., MfVobi, Nr. 3084; Hanna-Heide Kraze, Heimat-Verlag, an Siemon, »Ministerium für Volksbildung« Mecklenburg-Vorpommern, 24.1.1947: ebd., Nr. 3086; E. Welk an Siemon, »Ministerium für Volksbildung« Mecklenburg: ebd., Nr. 3039 und Abteilung »Allgemeine Volkskultur«, Landesregierung Mecklenburg, 4.6.1947: ebd., Nr. 3039.

409 Vgl. Fait: Mecklenburg, S. 121, Mecklenburgisches Landeshauptarchiv Schwerin, Findbuch »Ministerium für Volksbildung 1945–1952. Bestandsübersicht«, S. XXV, Vorschlag für eine Beschleunigung der Arbeit des Kulturellen Beirates von Wolff, »Ministerium für Volksbildung« Mecklenburg, 25.11.1947: LHA Schwerin, 6.11–21 Ld. Meckl., MfVobi, Nr. 167, Bl. 243 und Bericht des Referats »Literatur und Buchwesen«, »Ministerium für Volksbildung« Mecklenburg, über eine Besprechung mit der DVV am 10. und 11.12.1947 in Berlin, 15.12.1947: ebd., Nr. 2684, Bl. 280.

410 Vgl. Abteilung »Volkskultur«, »Ministerium für Volksbildung« Mecklenburg, an DVV, 20.7.1948: LHA Schwerin, 6.11–21 Ld. Meckl., MfVobi, Nr. 3073; Abteilung »Volkskultur«, »Ministerium für Volksbildung« Mecklenburg, an M. Meyer, 30.7.1948: ebd., Nr. 3042; Mecklenburger Verlag an Abteilung »Volkskultur«, »Ministerium für Volksbildung« Mecklenburg, 3.2.1949: ebd., Nr. 2682 und Jahresbericht 1949 der Abteilung »Allgemeine Volksbildung«, »Ministerium für Volksbildung« Mecklenburg, 4.2.1950: ebd., Nr. 2667, Bl. 1. Am 25.5.1948 trug die Abteilung noch die Bezeichnung »Allgemeine Volkskultur« (vgl. Mecklenburgisches Landeshauptarchiv Schwerin, Findbuch »Ministerium für Volksbildung 1945–1952. Bestandsübersicht«, S. Vf) und am 20.7.1948 bereits die Bezeichnung

Im April 1948 wurde die Abteilung »Allgemeine Volkskultur« in die zwei Unterabteilungen »Kunst und Literatur« und »Kulturelle Aufklärung« geteilt, und die bestehenden Referate der Hauptabteilung unter den beiden Unterabteilungen aufgeteilt.[412] Das Referat »Literatur und Buchwesen« wurde der Unterabteilung »Kunst und Literatur« angegliedert.[413]

Seit Dezember 1946 blieb das gesamte Aufgabengebiet Buchhandel unverändert im Referat »Literatur und Buchwesen« des »Ministeriums für Volksbildung« der Landesregierung Mecklenburg-Vorpommern erhalten. Zum Aufgabengebiet des Referats gehörten neben den Buchhandlungen, Büchereien und Verlagen auch die Angelegenheiten der Schriftsteller des Landes.[414]

Bis zur Einrichtung eines eigenen Arbeitsgebiets für den gesamten Buchhandel mit der Schaffung der Abteilung »Allgemeine Volksbildung« innerhalb der Abteilung »Kultur und Volksbildung« in der ersten Jahreshälfte 1946 (siehe oben), gehörte der Buchhandel zu den eher vernachlässigten Aufgabengebieten der Landesverwaltung Mecklenburg-Vorpommerns. Sehr früh allerdings setzte in Mecklenburg-Vorpommern die Entnazifizierung des Buchhandels ein. Bereits am 16. Juli 1945 wurden zu diesem Zweck Richtlinien an die Landräte und kreisfreien Städte Mecklenburg-Vorpommerns herausgegeben.[415] Auch die Entnazifizierung der Bücherregale privater Haushalte wurde streng gehandhabt (siehe Abdruck einer Aufforderung an die Einwohner Mecklenburg-Vorpommerns in Abb. 5).[416]

»Volkskultur« (vgl. Abteilung »Volkskultur«, »Ministerium für Volksbildung« Mecklenburg, an DVV, 20.7.1948).

411 Vgl. »Bericht über die Verlegerkonferenz in Berlin am 7. und 8. April«, Referat »Literatur und Buchwesen«, »Ministerium für Volksbildung« Mecklenburg, 1949: LHA Schwerin, 6.11–21 Ld. Meckl., MfVobi, Nr. 2684, Bl. 65 und Jahresbericht 1949 der Abteilung »Allgemeine Volksbildung«, »Ministerium für Volksbildung« Mecklenburg, 4.2.1950: ebd., Nr. 2667, Bl. 1.

412 Vgl. Mecklenburgisches Landeshauptarchiv Schwerin, Findbuch »Ministerium für Volksbildung 1945–1952. Bestandsübersicht«, S. VI, VII und XXV und Jahresbericht 1949 der Abteilung »Allgemeine Volksbildung«, »Ministerium für Volksbildung« Mecklenburg, 4.2.1950: LHA Schwerin, 6.11–21 Ld. Meckl., MfVobi, Nr. 2667, Bl. 1. Anfang 1949 gab es für kurze Zeit eine Verselbstständigung der beiden Unterabteilungen. Sie wurde jedoch schnell wieder »aus Zweckmäßigkeitserwägungen« aufgehoben und erneut zur Hauptabteilung »Volkskultur« zusammengefasst (Mecklenburgisches Landeshauptarchiv Schwerin, Findbuch »Ministerium für Volksbildung 1945–1952. Bestandsübersicht«, S. VIII). Die seit langem geplante Teilung des gesamten »Ministeriums für Volksbildung« von Mecklenburg-Vorpommern in zwei Hauptabteilungen, vorgesehen war eine Abteilung »Kultur« und eine Abteilung »Volksbildung«, wurde nie realisiert (vgl. ebd., S. V. Siehe auch »Übersicht über die Einteilung der Landesregierung Mecklenburg«, ohne Datum: LHA Schwerin, 6.11–2 Ld. Meckl., MPräs, Nr. 1257, Bl. 20f und Fait: Mecklenburg, S. 121).

413 Vgl. Mecklenburgisches Landeshauptarchiv Schwerin, Findbuch »Ministerium für Volksbildung 1945–1952. Bestandsübersicht«, S. VIf.

414 Vgl. Arbeitspläne des Referats »Literatur und Buchwesen«, »Ministerium für Volksbildung« Mecklenburg, in: LHA Schwerin, 6.11–21 Ld. Meckl., MfVobi, Nr. 2680, Arbeitsbericht des Referats »Literatur und Buchwesen«, »Ministerium für Volksbildung« Mecklenburg, für das erste Halbjahr 1949, 21.6.1949: ebd., Nr. 2682 und Bericht »3 Jahre Arbeit des Ministeriums für Volksbildung Mecklenburg 1945–1948«: ebd., Nr. 2665, Bl. 2.

415 Vgl. Bericht »Überblick über den Stand des Büchereiwesens in Mecklenburg«, ohne Datum (zu datieren auf »nach Januar 1946«): LHA Schwerin, 6.11–21 Ld. Meckl., MfVobi, Nr. 2682.

416 Vgl. auch Arbeitsbericht des Referats »Literatur und Buchwesen«, »Ministerium für Volksbildung« Mecklenburg, für das erste Halbjahr 1949, 21.6.1949: LHA Schwerin, 6.11–21 Ld. Meckl., MfVobi, Nr. 2682.

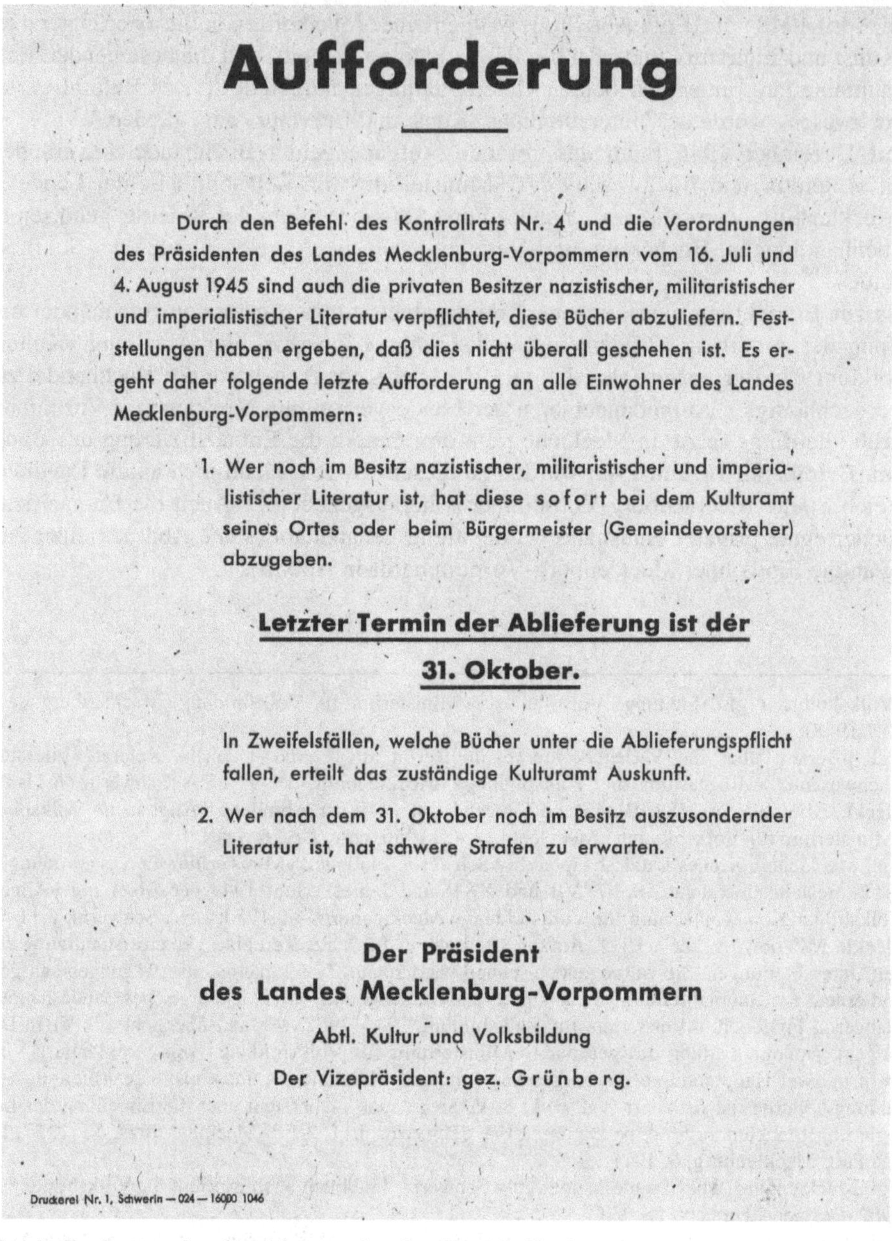

Aufforderung

Durch den Befehl des Kontrollrats Nr. 4 und die Verordnungen des Präsidenten des Landes Mecklenburg-Vorpommern vom 16. Juli und 4. August 1945 sind auch die privaten Besitzer nazistischer, militaristischer und imperialistischer Literatur verpflichtet, diese Bücher abzuliefern. Feststellungen haben ergeben, daß dies nicht überall geschehen ist. Es ergeht daher folgende letzte Aufforderung an alle Einwohner des Landes Mecklenburg-Vorpommern:

1. Wer noch im Besitz nazistischer, militaristischer und imperialistischer Literatur ist, hat diese **sofort** bei dem Kulturamt seines Ortes oder beim Bürgermeister (Gemeindevorsteher) abzugeben.

Letzter Termin der Ablieferung ist der

31. Oktober.

In Zweifelsfällen, welche Bücher unter die Ablieferungspflicht fallen, erteilt das zuständige Kulturamt Auskunft.

2. Wer nach dem 31. Oktober noch im Besitz auszusondernder Literatur ist, hat schwere Strafen zu erwarten.

Der Präsident
des Landes Mecklenburg-Vorpommern

Abtl. Kultur und Volksbildung

Der Vizepräsident: gez. Grünberg.

Druckerei Nr. 1, Schwerin — 024 — 16000 1046

Abb. 5: Aufforderung des Präsidenten des Landes Mecklenburg-Vorpommern an die Einwohner Mecklenburg-Vorpommerns, »auszusondernde« Literatur beim Kulturamt des zuständigen Ortes abzugeben, 1945. Gezeichnet war diese Aufforderung von Gottfried Grünberg, dem 3. Vizepräsidenten und Leiter der Abteilung »Kultur und Volksbildung« der Landesverwaltung.[417]

417 Vorlage und Repro: Landeshauptarchiv Schwerin, Bestand 6.11–21 6.11–21 Land Mecklenburg (-Vorpommern), Ministerium für Volksbildung (1946–1952), Nr. 2698.

Der am 13. Mai 1946 erlassene Kontrollrat-Befehl Nr. 4 zur »Einziehung von Literatur und Werken nationalsozialistischen und militaristischen Charakters« wurde in Mecklenburg-Vorpommern mit oberster Priorität behandelt. Immer wieder finden sich Hinweise auf ihn.[418] Einer der Gründe dafür ist in den Ermahnungen der regionalen SMA von Mecklenburg-Vorpommern zu sehen, die in ihrem Befehl Nr. 11 vom 25. Januar 1947 sowohl den Leiter der Abteilung »Kultur und Volksbildung« als auch die »Leiter der Kreisabteilungen für Kultur und Bildung auf ihre mangelhaft wirksame Kontrolle über Ausmerzung nazistischer und militaristischer Literatur aus Bibliotheken, Schulen und anderen Lehranstalten« hingewiesen hatte.[419] Überhaupt kann in Mecklenburg-Vorpommern die permanente Bezugnahme auf Anordnungen und Gesetze auf dem Gebiet des Buchhandels als ein Charakteristikum bezeichnet werden. Im Rahmen der Bemühungen, die Anforderungen zentraler Befehle, Gesetze und Anordnungen zu erfüllen – insbesondere, wie erwähnt, die Umsetzung des Kontrollrat-Befehls Nr. 4 und später die Verwirklichung des auf Veranlassung der SED eingeführten Zweijahresplans[420] – wurde in Mecklenburg-Vorpommern, mehr als in den anderen Ländern und Provinzen der SBZ, auch die Notwendigkeit erkannt, landeseigene Anordnungen und Gesetze auszuarbeiten, um auch Probleme in Angriff zu nehmen, die auf zentraler Ebene unzureichend berücksichtigt wurden. So erarbeitete das Referat »Literatur und Buchwesen« in Übereinstimmung mit der DVV in der Zeit von Ende 1947 bis Februar 1948 ein für das Land Mecklenburg gültiges Buchhandelsgesetz, das auch die überall umstrittene Frage der Zuständigkeit für die Genehmigung von Buchhandlungen klärte, und sie ausschließlich dem »Ministerium für Volksbildung« übertrug.[421] Das am 25. Februar 1948 verkündete Buchhandelsgesetz von Mecklenburg stieß auch bei den anderen Ländern und Provinzen auf großes Interesse. Während beispielsweise die Landesregierung Brandenburg dem Gesetz eher kritisch gegenüber stand, sah die Landesregierung Sachsen, die sich selbst mit der Klärung dieser

418 Vgl. z.B. Befehl Nr. 11 der SMA Mecklenburg-Vorpommern, 25.1.1947: LHA Schwerin, 6.11–21 Ld. Meckl., MfVobi, Nr. 39, Bl. 132 und »Bestimmungen für die Kommission zur Prüfung und Säuberung der Buchbestände von nazistischer u. militaristischer Literatur«, Sektor »Volksbildung«, SMA Mecklenburg-Vorpommern, ohne Datum: ebd., Nr. 2698. Bei Triebel: Kultur und Kalkül, S. 332 ist als Erlass des Kontrollrat-Befehls Nr. 4 fälschlicherweise der 13.5.1945 angegeben.

419 Befehl Nr. 11 der SMA Mecklenburg-Vorpommern, 25.1.1947.

420 Zu den Bemühungen um die Verwirklichung des Zweijahresplanes siehe z.B. Arbeitsbericht des Referats »Literatur und Buchwesen«, »Ministerium für Volksbildung« Mecklenburg, für das erste Quartal 1949, 4.3.1949: LHA Schwerin, 6.11–21 Ld. Meckl., MfVobi, Nr. 2681; Präambel des Referats »Literatur und Buchwesen«, »Ministerium für Volksbildung« Mecklenburg, 2.3.1949: ebd.; »Entwurf zum kulturellen Plan«, »Ministerium für Volksbildung« Mecklenburg, ohne Datum: ebd., Nr. 79, Bl. 178ff und Arbeitsbericht des Referats »Literatur und Buchwesen«, »Ministerium für Volksbildung« Mecklenburg, für das erste Halbjahr 1949, 21.6.1949: ebd., Nr. 2682.

421 Vgl. »Gesetz über Betriebe des Buchhandelsgewerbes und Buchverleihs (Buchhandelsgesetz)«, Präsident des Landtages für Mecklenburg, 25.2.1948: LHASA, MD, Rep. K 10 MVb, Nr. 4547, Bl. 167 (ein Abdruck des Gesetzestextes findet sich auch im Arbeitsbericht des Referats »Literatur und Buchwesen«, »Ministerium für Volksbildung« Mecklenburg, 25.2.1948: LHA Schwerin, 6.11–21 Ld. Meckl., MfVobi, Nr. 2665 und in BLHA, Ld. Br. Rep. 205 A, Nr. 828, Bl. 52); Bericht des Referats »Literatur und Buchwesen«, »Ministerium für Volksbildung« Mecklenburg, über eine Besprechung mit der DVV am 10. und 11.12.1947 in Berlin, 15.12.1947: LHA Schwerin, 6.11–21 Ld. Meckl., MfVobi, Nr. 2684, Bl. 280; »Bericht über die Dienstreise nach Berlin am 25. Februar 1948« von Wolff, »Ministerium für Volksbildung« Mecklenburg, 26.2.1948: ebd., Nr. 167, Bl. 206–207 und »Wochenbericht 9. Woche (22.-29. Februar) 1948«, Referat »Literatur und Buchwesen«, »Ministerium für Volksbildung« Mecklenburg, 1.3.1948: ebd., Nr. 2681.

Zuständigkeiten schwer tat (siehe Kapitel 2.2.2.3), in diesem Buchhandelsgesetz ein mustergültiges Beispiel.[422]

Als vorbildlich wurde die Arbeit des Referats »Literatur und Buchwesen« der Landesregierung Mecklenburgs auch auf dem Gebiet des Büchereiwesens angesehen: »Betreffs der Leihbüchereireform hat sich herausgestellt, dass das Land Mecklenburg in der Zone als führend betrachtet werden kann«, so Gützlaff über eine Besprechung bei der DVV in Berlin am 8. März 1949.[423] Auch im April 1949 »bei einer Rücksprache mit Herrn Koven und Pincus wurde Mecklenburg bezüglich seiner fortschrittlichen Arbeit auf dem Gebiete des Leihbuchhandels belobigt.«[424]

Neben dieser intensiven Beschäftigung mit den Büchereien und den Buchhandlungen des Landes fiel die Auseinandersetzung mit den Verlagen in Mecklenburg-Vorpommern, ähnlich wie in Sachsen-Anhalt (siehe Kapitel 2.2.2.4), kaum ins Gewicht.[425] Da sich die Arbeit der Landesregierung auf dem Gebiet des Verlagswesens in der Regel durchgehend auf nur fünf bis acht Verlage konzentrierte (siehe auch Kapitel 4.3), lag die Hauptbeschäftigung hier mehr auf der Vergabe von Druckgenehmigungen für die Verlage als auf der Vergabe von Verlagslizenzen.[426] Trotz der geringen Anzahl von Verlagen in Mecklenburg-Vorpommern war das Verhältnis zwischen den innerhalb der Landesregierung für das Verlagswesen verantwortlichen Personen und den Verlagen nicht so persönlich, wie vermutet werden könnte. Vielmehr herrschte insgesamt ein eher neutrales und sachliches Klima.

422 Vgl. »Niederschrift über Dienstbesprechung mit Frau Oberreg.Rat Korn am 19.9.1948«, »Ministerium für Volksbildung« Sachsen, 21.9.1948: SächsHStAD, 11401 Lr. Sachsen, MfVobi, Nr. 2765 »Gesetz über Betriebe des Buchhandelsgewerbes und Buchverleihs (Buchhandelsgesetz)«, Präsident des Landtages für Mecklenburg, 25.2.1948; Aktenvermerk »Regelung der gewerblichen Zulassung für Betriebe des Buchhandels«, »Ministerium für Volksbildung, Wissenschaft und Kunst« Mark Brandenburg, 25.1.1949: BLHA, Ld. Br. Rep. 205 A, Nr. 828, Bl. 53f und DVV an »Ministerium für Volksbildung, Wissenschaft und Kunst« Mark Brandenburg, 18.3.1949: ebd., Bl. 42.

423 Gützlaff, Referat »Literatur und Buchwesen«, »Ministerium für Volksbildung« Mecklenburg, Bericht über die Besprechung mit der DVV am 8.3.1949: LHA Schwerin, 6.11–21 Ld. Meckl., MfVobi, Nr. 2683.

424 »Bericht über die Verlegerkonferenz in Berlin am 7. und 8. April«, Referat »Literatur und Buchwesen«, »Ministerium für Volksbildung« Mecklenburg, 1949: LHA Schwerin, 6.11–21 Ld. Meckl., MfVobi, Nr. 2684, Bl. 65.

425 Vgl. z.B. »Tätigkeitsbericht über Leihbüchereien, Buchhandel und Verlagswesen«, »Ministerium für Volksbildung« Mecklenburg-Vorpommern, 3.1.1947: LHA Schwerin, 6.11–21 Ld. Meckl., MfVobi, Nr. 2666, Arbeitsbericht des Referats »Literatur und Buchwesen«, »Ministerium für Volksbildung« Mecklenburg, für den Zeitraum 1.1.-15.5.1947: LHA Schwerin, 6.11–21 Ld. Meckl., MfVobi, Nr. 2666, Vermerke über Dienstreisen nach Berlin, Referat »Literatur und Buchwesen«, »Ministerium für Volksbildung« Mecklenburg, in: LHA Schwerin, 6.11–21 Ld. Meckl., MfVobi, Nr. 2683. In den Tätigkeitsberichten des Referats »Literatur und Buchwesen« finden sich zum Verlagswesen – im Gegensatz zum Büchereiwesen – in der Regel nur knappe, stichwortartige Bemerkungen. Insgesamt sind die Arbeitsberichte des Referats »Literatur und Buchwesen« gerade auf dem Gebiet des Verlagswesens eher oberflächlich und wenig konkret (vgl. diverse Arbeitsberichte des Referats »Literatur und Buchwesen«, »Ministerium für Volksbildung« Mecklenburg in: LHA Schwerin, 6.11–21 Ld. Meckl., MfVobi, Nr. 2680 bis 2683).

426 Vgl. ebd.

2.2.2.3 Sachsen

Wie Thüringen stand auch Sachsen erst ab Juli 1945 vollständig unter sowjetischer Besatzung. Zuvor war nur der Osten von sowjetischen Truppen besetzt gewesen, der Westen dagegen von amerikanischen Einheiten.[427] Sachsen, das am dichtesten besiedelte und bevölkerungsstärkste Land der SBZ, entsprach, bis auf einige Änderungen an der Grenze zu Polen, dem Gebiet des frühen Königreichs und späteren Freistaats Sachsen.[428] Besonders in wirtschaftlicher Hinsicht war das Land für die gesamte SBZ von großer Bedeutung. Obwohl gerade Sachsen durch Bombardierungen in den letzten Kriegsmonaten stark in Mitleidenschaft gezogen war, kamen doch etwa 40 Prozent der industriellen Produktion der SBZ aus diesem Land.[429] Da Sachsen ein Hauptstandort der Papierindustrie war,[430] ist dieser wirtschaftliche Aspekt auch für den Buchhandel mit seinen raren Papiervorräten jener Jahre von großer Bedeutung. Sachsen war das Land, dass die meisten meisten Druckerein in der SBZ hatte. Obwohl diese zu einem Großteil zerstört waren, waren die Druckkapazität und somit auch der Papierbedarf hier am größten.[431]

Verantwortlich für den administrativen Aufbau Sachsens war eine im Mai 1945 aus Moskau zurückgekehrte 20-köpfige Gruppe, bestehend aus KPD- und NKFD-Anhängern, die sich um Anton Ackermann scharten.[432] Neben der Errichtung der Städte- und Gemeindeverwaltungen stand auch die personelle Besetzung der Landesverwaltung erheblich unter ihrem Einfluss.[433] Am 29. Juni 1945 wurden die Pläne zum Aufbau der Landesverwaltung Sachsens, die neben der erwähnten Gruppe auch vom antifaschistischen Komitee Dresdens und von Partei- und Gewerkschaftsvertretern ausgearbeitet worden waren, von der SMAD angenommen.[434] Präsident der schließlich am 5. Juli 1945 von der SMAD bestätigten Landesverwaltung Sachsens, mit Sitz in Dresden, wurde der bis dahin als Oberbürgermeister in Dresden tätige Rudolf Friedrichs.[435] Auch nach der Bildung der Landesregierung Sachsen im Dezember 1946 blieb Friedrichs in dieser Position.[436] Nach seinem Tod im Juli 1947 übernahm Max Seydewitz das Amt des Ministerpräsidenten.[437]

Die »traditionelle Stärke der SPD und KPD« war für die SMA und ihre Vorhaben eine günstige Voraussetzung.[438] Auffallend ist in Sachsen, dass nicht etwa Ministerpräsident Friedrichs bzw. später Seydewitz die maßgebliche Person bei der Entnazifizierung und dem Aufbau der Landesverwaltung war, sondern der erste Vizepräsident Kurt Fischer.[439] Neben

---

427 Vgl. Welsh: Sachsen. In: Broszat/Weber: SBZ-Handbuch, S. 126 und Bille: Börsenverein, S. 165.
428 Vgl. ebd.
429 Vgl. Welsh: Sachsen, S. 127 und 137.
430 Vgl. ebd., S. 127 und 139.
431 Vgl. Aktennotiz »Betr. ›Börsenverein‹ bezw. dessen Nachfolgerorganisation« von Naundorf, Referat »Literatur«, Landesverwaltung Sachsen, 22.5.1946: SächsHStAD, 11401 Lr. Sachsen, MfVobi, Nr. 2738.
432 Vgl. Welsh: Sachsen, S. 133.
433 Vgl. ebd. und Schulze: Bildung und Entwicklung der Landes- und Provinzialverwaltungen, S. 3.
434 Vgl. Welsh: Sachsen, S. 133.
435 Vgl. ebd., S. 133 und 142 sowie Schulze: Bildung und Entwicklung der Landes- und Provinzialverwaltungen, S. 3f.
436 Vgl. Welsh: Sachsen, S. 143.
437 Vgl. ebd., S. 134 und 143.
438 Ebd., S. 129.
439 Vgl. ebd., S. 135 und Schulze: Bildung und Entwicklung der Landes- und Provinzialverwaltungen, S. 3.

den weiteren Vizepräsidenten der sächsischen Landesverwaltung spielte vor allem er »eine maßgebliche Rolle, die den in seiner Amtstätigkeit auch durch Krankheit stark beeinträchtigten sozialdemokratischen Ministerpräsidenten Friedrichs schnell in den Schatten stellte. Trotz der Häufung von Verwaltungsbefugnissen beim Ministerpräsidium galt dies auch für Friedrichs Nachfolger, Max Seydewitz [...].«[440]

Fischer, KPD-Mitglied seit 1919, hatte sein politisches Engagement auch während seiner Emigration in der Sowjetunion weitergeführt.[441] Als Mitglied der oben genannten Initiativgruppe kam er 1945 nach Sachsen und wurde dort zunächst als Bürgermeister von Dresden eingesetzt, im Juli 1945 dann zum ersten Vizepräsident der Landesverwaltung Sachsens ernannt und von Oktober 1946 bis 1948 wurde ihm das Amt des Innenministers von Sachsen verliehen.[442] Mit seiner Position im Landesvorstand der SED Sachsen (ab 1946) steigerte Fischer seinen Einfluss auf die Geschehnisse im Land Sachsen zusätzlich.[443] Als Beispiel seiner Bedeutung für Sachsen sei hier besonders seine Stellung als Vorsitzender der »Landesentnazifizierungs- und Landesbodenkommissionen« hervorgehoben, die er aufgrund seines Amtes als erster Vizepräsident hatte. Unter dem Einfluss seines Eifers wurden die Entnazifizierung der Verwaltung sowie der Prozess der Beschlagnahme und Enteignung von Betrieben der »Kriegs- und Naziverbrecher« in Sachsen schneller abgeschlossen als in den anderen Ländern der SBZ.[444] Durch konsequentes Festhalten an Prinzipien und durch eine dementsprechende Rigorosität konnte die Entnazifizierung der sächsischen Verwaltung bereits Ende 1946 abgeschlossen werden.[445] Auch die Sequestration von Betrieben verlief in Sachsen anders als in den übrigen Ländern. Denn Sachsen war das einzige Land der SBZ, dass bei der Entscheidung, wie mit diesen Betrieben umgegangen werden sollte, die Bevölkerung des Landes mit einbezog.[446] So wurde in einem Volksentscheid am 30. Juni 1946 über drei Listen abgestimmt, auf denen die für Enteignung oder Rückgabe bestimmten Betriebe aufgeführt waren. Mit 77,62 Prozent der Wählerstimmen wurden die vorgeschlagenen Listen schließlich angenommen.[447]

Es ist nicht erstaunlich, dass Fischer, der im Sinne der Besatzungsmacht viele Erfolge beim Aufbau Sachsens zu verbuchen hatte, schließlich auch länderübergreifend Karriere machte: 1948 wurde Fischer zum Präsidenten der »Deutschen Zentralverwaltung des Innern« nach Berlin berufen.[448]

Auch der Bereich der Volksbildung stand in Sachsen unter dem Einfluss von Kurt Fischer. Als erstem Vizepräsidenten des Landes war ihm das Ressort »Inneres und Volksbildung« zugeteilt worden.[449] Das Aufgabengebiet Volksbildung wurde anfangs von zwei Abtei-

440 Welsh: Sachsen, S. 135.
441 Vgl. ebd.
442 Vgl. ebd. und Broszat/Weber: SBZ-Handbuch, S. 899.
443 Vgl. Broszat/Weber: SBZ-Handbuch, S. 899.
444 Vgl. Vgl. Welsh: Sachsen, S. 135f.
445 Vgl. ebd., S. 136.
446 Vgl. ebd., S. 138.
447 Näheres zum Wahlergebnis siehe ebd.
448 Vgl. ebd., S. 135.
449 Die Anzahl und die Bezeichnungen der einzelnen Abteilungen des Ressorts »Inneres und Volksbildung« änderten sich gerade in der Anfangszeit häufig, so dass die Zusammensetzung des Ressorts ständig etwas anders aussah und sie deshalb heute schwer nachzuvollziehen ist. Zwar findet sich bei Welsh: Sachsen, S. 142 eine Auflistung der Abteilungen des Ressorts für den Dezember 1945, allerdings wurden in den eingesehen Dokumenten der Landesverwaltung Sachsen im sächsischen Hauptstaatsarchiv in

lungen bearbeitet: von der Abteilung »Volksbildung«, die zum Ressort »Inneres und Volksbildung« gehörte und von Wilhelm Schnellers geleitet wurde, und von der Abteilung »Zentralverwaltung für Wissenschaft, Kunst und Erziehung«, die dem »Büro des Ministerpräsidenten« unterstand und von Emil Menke-Glückert geleitet wurde.[450] Erst mit der Trennung der beiden Bereiche Volksbildung und Inneres im Januar 1946, die von nun an jeweils ein eigenständiges Ressort bildeten, wurde das Aufgabengebiet Volksbildung in Sachsen zentralisiert.[451]

Das »Ministerium für Volksbildung« löste nach der allgemeinen Umwandlung der einzelnen Ressorts in Fachministerien im Dezember 1946 das Ressort »Volksbildung« ab.[452] Volksbildungsminister wurde Erwin Hartsch.[453] Hartsch blieb bis zu seinem letzten Lebensjahr im Amt. Sein Nachfolger wurde im April 1948 Helmut Holtzhauer.[454]

Die Organisation des Buchhandels verlief in der Landesverwaltung und der späteren Landesregierung Sachsens etwas umständlich. Ständig gab es Änderungen, die entweder die Besetzung, die Bezeichnung oder die Aufgabenbereiche der einzelnen Referate und der Außenstelle der Landesverwaltung in Leipzig betrafen. Zuständig für den Buchhandel war die unter der Leitung von Willy Hahn stehende Abteilung »Schrifttum und Buchhandel«. Sie war dem sächsischen »Kulturamt« angegliedert, das von Grohmann geleitet wurde.[455] Das »Kulturamt« wiederum war eine der Hauptabteilungen des bereits erwähnten Ressorts »Inneres und Volksbildung«.[456] Hahn setzte sich auffallend für die Verleger und Autoren ein und bot ihnen stets seine Hilfe an.[457] Im Zusammenhang mit dem Beschluss zur Gründung der Leipziger »Zentralstelle für Buch- und Bibliothekswesen« wurde im August 1945 entschieden, in Leipzig eine Außenstelle der Dresdener Abteilung »Schrifttum und Buchhandel« einzurichten.[458] Sie bekam die Bezeichnung Abteilung »Buchhandel und Bibliothekswesen« und

---

Dresden z.B. keine Hinweise auf die in der Aufstellung genannte Abteilung »Volksbildung« gefunden. Sicher ist, dass im Dezember 1945 eine Abteilung »Kulturamt« im Ressort »Inneres und Volksbildung« existierte, die in der erwähnten Auflistung fehlt (vgl. z.B. Rundschreiben der Abteilung »Buch- und Bibliothekswesen«, Landesverwaltung Sachsen, an die Landräte und Bürgermeister der kreisfreien Städte Sachsens vom 3.10.1945: SächsHStAD, 11401 Lr. Sachsen, MfVobi, Nr. 2727; Landrat des Kreises Leipzig an Abteilung »Schrifttum und Buchhandel« in der Abteilung »Kulturamt«, Landesverwaltung Sachsen, 7.11.1945: ebd., Nr. 2767 und Abteilung »Kulturamt«, Landesverwaltung Sachsen, »an das tschechoslowakische Staatsministerium II Prag«, 26.11.1945: ebd.).

450 Vgl. Welsh: Sachsen, S. 134 und142 sowie Broszat/Weber: SBZ-Handbuch, S. 977.

451 Vgl. ebd., S. 134 und 142.

452 Vgl. ebd., S. 134.

453 Vgl. ebd., S. 144.

454 Vgl. Welsh: Sachsen, S. 144.

455 Vgl. Hahn, Ressort »Inneres und Volksbildung«, Landesverwaltung Sachsen, an G. H. Neuendorff, 10.10.1945: SächsHStAD, 11401 Lr. Sachsen, MfVobi, Nr. 2725 und Landrat des Kreises Leipzig an Abteilung »Schrifttum und Buchhandel« in der Abteilung »Kulturamt«, Landesverwaltung Sachsen, 7.11.1945: ebd., Nr. 2767.

456 Vgl. Rundschreiben der Abteilung »Buch- und Bibliothekswesen«, Landesverwaltung Sachsen, an die Landräte und Bürgermeister der kreisfreien Städte Sachsens vom 3.10.1945: SächsHStAD, 11401 Lr. Sachsen, MfVobi, Nr. 2727.

457 Zum Einsatz Hahns für Schriftsteller und Verleger siehe z.B. Hahn, Referat »Schrifttum und Buchhandel«, Landesverwaltung Sachsen, an Diener, 24.10.1945: SächsHStAD, 11401 Lr. Sachsen, MfVobi, Nr. 2724.

458 Vgl. Notizen von Oberbürgermeister Zeigner zu Mitteilungen, die ihm am 11.8.1945 »anlässlich der Arbeitstagung der Landesverwaltung in Dresden« gemacht wurden: StadtAL, StVuR Nr. 8855, Bl. 9.

wurde mit Karl Magritz von der Abteilung »Schrifttum und Buchhandel« der sächsischen Landesverwaltung besetzt.[459] Am 30. November 1945 wurde diese Außenstelle wieder aufgelöst.[460] Ihre Aufgaben wurden von der neu gegründeten Leipziger »Zentralstelle für Buch- und Bibliothekswesen« übernommen (siehe Kapitel 2.3.2).

Nach der Einrichtung des eigenständigen Ressorts »Volksbildung« im Januar 1946 (siehe oben) wurde die Abteilung »Schrifttum und Buchhandel« der dort geschaffenen Hauptabteilung »Kunst und Literatur« angegliedert, die von Ministerialdirektor Herbert Gute geleitet wurde.[461] Gute leitete die Abteilung »Kunst und Literatur« bis 1948, danach übernahm Pusch das Amt des Ministerialdirektors.[462] Bereits einige Monate später, spätestens im März 1946, wurde die Abteilung »Schrifttum und Buchhandel« aufgrund einiger Umstrukturierungen innerhalb der Hauptabteilung »Kunst und Literatur« aufgelöst. Die Bereiche Buchhandel und Büchereiwesen wurden getrennt und stattdessen die Referate »Literatur« und »Büchereiwesen« eingerichtet.[463] Das Arbeitsgebiet Buchhandel fiel dabei in das Aufgabengebiet des Referats »Literatur«. Die herausragende Person dieses Referates, vor allem auf dem Gebiet des Verlagswesens, war Oberregierungsrat Hans Naundorf. Naundorf, der bereits Anfang 1946 im Referat »Schrifttum und Buchhandel« als Sachbearbeiter tätig gewesen war, übernahm schließlich die Leitung des Referats »Literatur«.[464] Die nun geschaffene Situation hatte erstmals für einen längeren Zeitraum Bestand. Erst zwölf Monate später gab es, verbunden mit dem Austritt Naundorfs aus der Landesverwaltung am 30. April 1947, erneut Umstrukturierungen.[465] Nachfolgerin Naundorfs wurde Oberregierungsrätin Ilse Korn.[466] Naundorf

459 Vgl. Rundschreiben der Abteilung »Buch- und Bibliothekswesen«, Landesverwaltung Sachsen, an die Landräte und Bürgermeister der kreisfreien Städte Sachsens vom 3.10.1945: SächsHStAD, 11401 Lr. Sachsen, MfVobi, Nr. 2727 und Notizen von Oberbürgermeister Zeigner zu Mitteilungen, die ihm am 11.8.1945 »anlässlich der Arbeitstagung der Landesverwaltung in Dresden« gemacht wurden.

460 Vgl. Aktennotiz vom 30.11.1945: StadtAL, StVuR Nr. 9164, Bl. 82.

461 Vgl. z.B. Mauthner an Thulin, 7.3.1946: SächsHStAD, 11401 Lr. Sachsen, MfVobi, Nr. 2693; Angaben zu Naundorf als Sachbearbeiter im Referat »Schrifttum und Buchhandel«, Landesverwaltung Sachsen, 26.2.1946: StadtAL, StVuR Nr. 8866, Bl. 3 und Welsh: Sachsen, S. 144.

462 Vgl. Welsh: Sachsen, S. 144, Bericht über die 89. Hauptausschuss-Sitzung des Kulturellen Beirats in Berlin, 13.9.1948: SächsHStAD, 11401 Lr. Sachsen, MfVobi, Nr. 2764, Referat »Literatur und Büchereiwesen« an Abteilung »Kunst und Literatur«, beide im »Ministerium für Volksbildung« Sachsen, 4.7.1949: ebd. und Referat »Literatur und Büchereiwesen« an Abteilung »Kunst und Literatur«, beide im »Ministerium für Volksbildung« Sachsen, 3.10.1949: ebd., Nr. 2269. Der Vorname Puschs ist dem Aktenmaterial nicht zu entnehmen.

463 Vgl. Bescheinigung des Referats »Literatur«, Landesverwaltung Sachsen, über die Beschäftigung von E. Reich als Lektor für die Landesverwaltung, 29.4.1946: SächsHStAD, 11401 Lr. Sachsen, MfVobi, Nr. 2693; Referat »Literatur«, Landesverwaltung Sachsen, an Stadtbücherei Radeberg, 23.4.1946: ebd.; Abteilung »Kunst und Literatur«, Landesregierung Sachsen, an den Börsenverein der Deutschen Buchhändler, 6.5.1947: ebd., Nr. 2739 (im Original ist als Datum der 6.5.1957 angegeben, wobei es sich jedoch sicher um einen Tippfehler handelt) und »Niederschrift über die Sitzung des Vorstandes des Börsenvereins am 11.6.1947«: StadtAL, StVuR Nr. 8901, Bl. 7.

464 Vgl. Angaben zu Naundorf als Sachbearbeiter im Referat »Schrifttum und Buchhandel«, Landesverwaltung Sachsen, 26.2.1946: StadtAL, StVuR Nr. 8866, Bl. 3, Mauthner an Thulin, 7.3.1946: SächsHStAD, 11401 Lr. Sachsen, MfVobi, Nr. 2693 und Referat »Literatur«, Landesregierung Sachsen, an IHK Dresden, 22.12.1947: ebd., Nr. 2743.

465 Vgl. Ministerialdirektor Gute, Landesregierung Sachsen an Börsenverein der Deutschen Buchhändler, 8.5.1947: SächsHStAD, 11401 Lr. Sachsen, MfVobi, Nr. 2739; Abteilung »Kunst und Literatur«, Landesregierung Sachsen, an den Börsenverein der Deutschen Buchhändler, 6.5.1947: ebd., Nr. 2739

übernahm stattdessen die Leitung der am 8. Februar 1947 lizenzierten Sachsenverlag GmbH der SED.[467]

Etwa im Herbst 1947 wurden die zuvor voneinander getrennten Bereiche Buchhandel und Büchereiwesen wieder zusammengelegt. Das Referat »Büchereiwesen« wurde an das Referat »Literatur« angegliedert und das so neu organisierte Referat Korns erhielt die Bezeichnung Referat »Literatur und Büchereiwesen«.[468]

Im Herbst 1948 übernahm Korn die Leitung der als Außenstelle der Landesregierung Sachsens neu geschaffenen »Landesstelle für Büchereiwesen«.[469] Die Leitung des Referats »Literatur und Büchereiwesen« übernahm Paul Weber.[470]

Das Aufgabengebiet des Ressorts »Volksbildung« und des späteren »Ministeriums für Volksbildung« im Bereich Buchhandel umfasste, bis das Referat »Literatur« in zunehmenden Maße seine Aufgaben anderen Stellen übertrug (siehe unten), sowohl die Büchereien, die Buchhandlungen, die Antiquariate, die Verlage, die Kommissionsgeschäfte als auch die Schriftsteller des Landes Sachsen.[471]

---

und »Niederschrift über die Sitzung des Vorstandes des Börsenvereins am 11.6.1947«: StadtAL, StVuR Nr. 8901, Bl. 7.

466 Vgl. Abteilung »Kunst und Literatur«, Landesregierung Sachsen, an den Börsenverein der Deutschen Buchhändler, 6.5.1947: SächsHStAD, 11401 Lr. Sachsen, MfVobi, Nr. 2739 und Referat »Literatur«, Landesregierung Sachsen, an IHK Dresden, 22.12.1947: ebd., Nr. 2743.

467 Vgl. Ministerialdirektor Gute, Landesregierung Sachsen an Börsenverein der Deutschen Buchhändler, 8.5.1947; Naundorf, Leiter des Sachsenverlages, an Abteilung »Kunst und Literatur«, Landesregierung Sachsen, 13.5.1947: SächsHStAD, 11401 Lr. Sachsen, MfVobi, Nr. 2764; Handbuch der Lizenzen, 1947, S. 100. Größter Gesellschafter der Sachsenverlag GmbH war mit einem Stammkapital von 390.000 RM die Zentrag, die dem Zentralkomitee der SED unterstand (siehe Kapitel 3.1). Weitere Gesellschafter waren Otto Buchwitz und Wilhelm Koenen mit einem jeweiligen Stammkapital-Anteil von 180.000 RM (vgl. Anlage Nr. 2 zum Protokoll Nr. 13 der Sitzung des SED-Zentralsekretariats vom 7.6.1946: BArch DY 30/IV 2/2.1/11, fol. 8).

468 Vgl. z.B. Referat »Literatur und Büchereiwesen«, Landesregierung Sachsen, an Oberstleutnant Nolken, 26.8.1947: SächsHStAD, 11401 Lr. Sachsen, MfVobi, Nr. 2744 und Korn, Referat »Literatur und Büchereiwesen«, Landesregierung Sachsen, an Abteilung »Kunst und Literatur« im Hause, 10.9.1947: ebd., Nr. 2269. Zwar gingen die Bezeichnungen des Referats in den folgenden Monaten noch etwas durcheinander – mal findet sich nach wie vor die Bezeichnung Referat »Literatur« mal die Bezeichnung Referat »Literatur und Büchereiwesen« – allerdings wurde die Schreibweise spätestens im August 1948 vereinheitlicht. Allein das erstmalige Auftreten der Bezeichnung Referat »Literatur und Büchereiwesen« bezeugt die Zusammenlegung beider Bereiche.

469 Vgl. Korn, »Ministerium für Volksbildung« Sachsen, an »Thüringische Landesstelle für Buch- und Bibliothekswesen«, 21.5.1948: SächsHStAD, 11401 Lr. Sachsen, MfVobi, Nr. 1837; Weber, »Ministerium für Volksbildung« Sachsen, an »Landesstelle für Büchereiwesen«, 15.7.1949: ebd. sowie weitere Schreiben aus der Akte. Die »Landesstelle für Büchereiwesen« wurde aufgrund des Kabinettsbeschlusses vom 27.2.1948 »als nachgeordnete Dienststelle des Volksbildungsministeriums, Referat Literatur und Büchereiwesen« gegründet (Referat »Literatur und Büchereiwesen«, »Ministerium für Volksbildung« Sachsen, 3.7.1948: ebd.).

470 Vgl. Referat »Literatur und Büchereiwesen« an Abteilung »Kunst und Literatur«, beide im »Ministerium für Volksbildung« Sachsen, 4.7.1949: SächsHStAD, 11401 Lr. Sachsen, MfVobi, Nr. 2764; Weber, Referat »Literatur und Büchereiwesen«, Landesregierung Sachsen, an »Landesstelle für Büchereiwesen«, 11.7.1949: ebd., Nr. 1837 und Angaben zu Weber als Leiter des Referats »Literatur und Büchereiwesen«, Landesregierung Sachsen, 8.8.1949: ebd., Nr. 2744.

471 Vgl. Arbeitsbericht von Hahn, Abteilung »Schrifttum und Buchhandel«, Provinzialverwaltung Sachsen, ohne Datum: SächsHStAD, 11401 Lr. Sachsen, MfVobi, Nr. 2727.

Was das Referat »Literatur und Büchereiwesen« auszeichnete, war seine Aufmerksamkeit gegenüber den Volksbildungsministerien der anderen Länder und Provinzen sowie die Bereitschaft, deren Ideen auch in der Arbeit der eigenen Verwaltung umzusetzen.[472] Angedacht war im September 1947 sogar ein Sachbearbeiter-Austausch mit den anderen Ländern und mit weiteren »fortschrittlichen Kulturreferenten«, der wahrscheinlich aber nie stattgefunden hat.[473]

Auf der anderen Seite maß das Referat »Literatur (und Büchereiwesen)« seiner eigenen Arbeit einen überragenden Stellenwert bei. So schreibt beispielsweise Korn am 10. September 1947 in einem Schreiben an die Abteilung »Kunst und Literatur« im Hause: »Ich [...] glaube, daß unsere fortschrittliche Arbeit in Sachsen den anderen, etwas nachhinkenden Ländern, insbesondere Anhalt, Mecklenburg und Brandenburg, sehr zugute kommen wird.«[474] Dieser Ehrgeiz wurde allerdings nicht von allen unbedingt geschätzt. So musste sich die Vertreterin Sachsens, Gertraude Schenk, auf einer Sitzung bei der DVV in Berlin am 26. August 1948 sogar sagen lassen, Sachsen solle »nicht immer so scharf vorgehen«.[475] Diese Kritik betraf besonders die Referatsleiterin Ilse Korn, die sowohl gegenüber den Verlagen, ihren Vorgesetzten als auch gegenüber der DVV oft derart strenge und spitze Bemerkungen machte, dass vermutet werden könnte, dass sie damit den Verlagen und Buchhandlungen oftmals eher schadete als half.[476]

Im Gegensatz zu den anderen Ländern und Provinzen der SBZ hatten die mit der Lenkung des Buchhandels beauftragten Referate der Landesverwaltung bzw. der Landesregierung Sachsens, den großen Vorteil, zur Ausübung ihrer Aufgaben auch auf traditionelle und versierte Institutionen Leipzigs zurückgreifen zu können, wie dem Börsenverein der Deutschen Buchhändler und der Deutschen Bücherei oder der nach Kriegsende neu geschaffenen »Zentralstelle für Buch- und Bibliothekswesen« und ihren Nachfolgern, der Abteilung bzw. dem »Amt für Buch und Bibliothekswesen« des Rats der Stadt Leipzig (siehe Kapitel 2.3.2). In zunehmendem Maße wurden ihnen und anderen Landesämtern bzw. Ministerien Aufgaben übertragen.

---

472 Vgl. z.B. »Niederschrift über Dienstbesprechung mit Frau Oberreg.Rat Korn am 19.9.1948«, »Ministerium für Volksbildung« Sachsen, 21.9.1948: SächsHStAD, 11401 Lr. Sachsen, MfVobi, Nr. 2765.

473 Korn, Referat »Literatur und Büchereiwesen«, Landesregierung Sachsen, an Abteilung »Kunst und Literatur« im Hause, 10.9.1947: SächsHStAD, 11401 Lr. Sachsen, MfVobi, Nr. 2269.

474 Ebd. Vgl. auch »Bericht des Referats ›Literatur und Büchereiwesen‹, Landesregierung Sachsen, über die Besprechung in der DVV am 26.8.1948«: SächsHStAD, 11401 Lr. Sachsen, MfVobi, Nr. 2731. Genau ein Jahr später beurteilt Korn die Arbeit des Landes Mecklenburg-Vorpommerns, das sie hier noch als »nachhinkend« bezeichnet, wesentlich positiver und hält sie sogar für vorbildlich. Näheres siehe unten.

475 Bericht des Referats »Literatur und Büchereiwesen«, Landesregierung Sachsen, über die Besprechung in der DVV am 26.8.1948. Gertraude Schenk war im Mai 1946 ursprünglich als freie Lektorin im Referat »Literatur« eingesetzt worden (vgl. Bescheinigung des Referats »Literatur«, Landesverwaltung Sachsen, über die Beschäftigung von Gertraude Schenk als Lektorin für die Landesverwaltung, 4.5.1946: SächsHStAD, 11401 Lr. Sachsen, MfVobi, Nr. 2693), vertrat aber im Sommer 1948 für kurze Zeit Frau Korn (vgl. Schenk, Abteilung »Kunst und Literatur«, Landesregierung Sachsen, »Übersicht über das Arbeitsgebiet Literatur«, Oktober 1948: ebd., Nr. 2764).

476 Vgl. z.B. Korn, Referat »Literatur und Büchereiwesen«, Landesregierung Sachsen, an Abteilung »Kunst und Literatur« im Hause, 10.9.1947: SächsHStAD, 11401 Lr. Sachsen, MfVobi, Nr. 2269; Korn, Abteilung »Kunst und Literatur«, Landesregierung Sachsen, an DVV, 12.8.1947: ebd., Nr. 2764 und Korn, Referat »Literatur und Büchereiwesen«, Landesregierung Sachsen, an den Verlag Horst Weber, 23.8.1947: StadtAL, StVuR Nr. 9144, Bl. 21.

Im Mai 1946 beschloss das Referat »Literatur«, anstelle des lizenzlosen Börsenvereins bei der Deutschen Bücherei in Leipzig ein Gremium zu schaffen, das »zur fachlichen Betreuung des Gesamtbuchhandels« herangezogen werden sollte.[477] Gleichzeitig sollten die Verlage und Buchhandlungen in wirtschaftlicher Beziehung den Industrie- und Handelskammern angeschlossen werden.[478] Grundlegende Entscheidungen allerdings behielt sich die Landesverwaltung weiterhin selbst vor.[479]

Nachdem der Börsenverein dann im Juni 1946 lizenziert worden war,[480] wurde ihm im Dezember 1946 die »Entscheidung über die Weiterführung und Neuzulassung buchhändlerischer Betriebe im Land Sachsen« übertragen.[481]

Im Mai 1947 wurden, im Rahmen einer allgemeinen Umorganisation des Referats »Literatur«, dem Börsenverein der Deutschen Buchhändler in Leipzig »alle Fragen des Gesamtbuchhandels« des Landes Sachsen übertragen,[482] dem Referat »Büchereiwesen« wurde das Leihbüchereiwesen, das bis dahin noch vom Referat »Literatur« mit bearbeitet wurde, unterstellt und der Abteilung »Handel und Gewerberecht« des »Ministeriums für Handel und Versorgung« unter anderem die Neuzulassung von Buchhandlungen überlassen.[483]

Im April 1948 wurde, als weitere Entlastung des Referats »Literatur und Büchereiwesen«, die schon seit langem geplante und ersehnte »Landesstelle für Büchereiwesen« als eine Außenstelle des sächsischen »Ministeriums für Volksbildung« geschaffen.[484] Ihre Leitung übernahm, wie bereits erwähnt, im Herbst 1948 Ilse Korn.

Für das Verlagswesen war vor allem die genannte Aufgabenübertragung an den Börsenverein von Bedeutung, da er es nun war, der Lizenzanträge von sächsischen Verlagen annehmen und sich in Form von Gutachten zu deren Befürwortung oder Ablehnung äußern sollte, bevor der Antrag über die Landesverwaltung mit einer weiteren Stellungnahme an die DVV nach Berlin weitergeleitet werden sollte.[485]

---

477 Aktennotiz »Betr. ›Börsenverein‹ bezw. dessen Nachfolgeorganisation« von Naundorf, Referat »Literatur«, Landesverwaltung Sachsen, 22.5.1946: SächsHStAD, 11401 Lr. Sachsen, MfVobi, Nr. 2738.

478 Vgl. ebd.

479 Vgl. ebd.

480 Vgl. Abschrift der Lizenzurkunde Nr. 65 des Börsenvereins der Deutschen Buchhändler zu Leipzig, 21.6.1946: StadtAL, StVuR Nr. 8927, Bl. 10.

481 Vgl. Börsenverein der Deutschen Buchhändler zu Leipzig an Abteilung »Kunst und Literatur«, Landesregierung Sachsen, 16.6.1947: SächsHStAD, 11401 Lr. Sachsen, MfVobi, Nr. 2739.

482 Abteilung »Kunst und Literatur«, Landesregierung Sachsen, an den Börsenverein der Deutschen Buchhändler, 6.5.1947: SächsHStAD, 11401 Lr. Sachsen, MfVobi, Nr. 2739.

483 Vgl. Korn, Abteilung »Kunst und Literatur«, Landesregierung Sachsen, an DVV, 12.8.1947: SächsHStAD, 11401 Lr. Sachsen, MfVobi, Nr. 2764; »Ministerium für Volksbildung« und »Ministerium für Handel und Versorgung« an die Volksbildungs- und Gewerbeämter der Städte und der Kreisräte der Landkreise Sachsens, 15.5.1947: ebd., Nr. 2727; Börsenverein der Deutschen Buchhändler zu Leipzig an Abteilung »Kunst und Literatur«, Landesregierung Sachsen, 16.6.1947 und »Niederschrift über die Sitzung des Vorstandes des Börsenvereins am 11.6.1947«: StadtAL, StVuR Nr. 8901, Bl. 7.

484 Vgl. Arbeitsbericht der Abteilung »Kunst und Literatur«, Landesregierung Sachsen, 12.2.1948: SächsHStAD, 11401 Lr. Sachsen, MfVobi, Nr. 2269, Arbeitsbericht der Abteilung »Kunst und Literatur«, Landesregierung Sachsen, 9.12.1947: ebd und Korn, »Ministerium für Volksbildung« Sachsen, an »Thüringische Landesstelle für Buch- und Bibliothekswesen«, 21.5.1948: SächsHStAD, 11401 Lr. Sachsen, MfVobi, Nr. 1837.

485 Vgl. Abteilung »Kunst und Literatur«, Landesregierung Sachsen, an den Börsenverein der Deutschen Buchhändler, 6.5.1947: SächsHStAD, 11401 Lr. Sachsen, MfVobi, Nr. 2739; »Ministerium für Volksbildung« und »Ministerium für Handel und Versorgung« an die Volksbildungs- und Gewerbeämter der

Offensichtlich zufrieden mit dieser neuen Aufgabenverteilung schrieb Ministerialdirektor Gute von der Abteilung »Kunst und Literatur« des sächsischen »Ministeriums für Volksbildung« am 6. Mai 1947 dem Börsenverein der Deutschen Buchhändler: »Das Referat Literatur – von seiner organisatorischen Überbelastung befreit – wird nun mehr als es bisher möglich war, sich den eigentlichen literarischen Aufgaben zuwenden und sich im besonderen für die materielle und geistige Förderung unserer Schriftsteller einsetzen.«[486]

Die Idee der sächsischen Landesverwaltung, den Börsenverein bei der Bearbeitung buchhändlerischer Vorgänge mit einzuschalten, ist nachvollziehbar. Die DVV war mit dieser Regelung allerdings nicht einverstanden. Am 24. Juni 1947 ließ DVV-Referent Bartels den sächsischen Volksbildungsminister Hartsch persönlich in dieser Angelegenheit zu sich nach Berlin kommen, um ihm mitzuteilen, dass die in Aussicht genommene Aufgabenübertragung an den Börsenverein von der DVV nicht gebilligt würde. Gemäß den Befehlen Schukows wären »kulturelle Angelegenheiten ausschließlich durch die Volksbildungsbehörden verantwortlich zu bearbeiten« und zu entscheiden, so Bartels.[487] Stattdessen schlug er vor, neben dem Referat »Literatur« ein eigenes Referat für die Arbeitsgebiete Buchhandel und Verlagswesen in der sächsischen Landesregierung zu schaffen, zu dessen Errichtung es allerdings nie kam.[488] Vielmehr bestand das Referat »Literatur« der sächsischen Landesregierung zunächst, trotz der Einwände der DVV, weiterhin auf die Mitarbeit des Börsenvereins, der bereits zugesagt hatte, die Aufgaben zu übernehmen.[489] Erst im Laufe der nächsten Monate kam auch die Landesregierung selbst zu der Überzeugung, dass sich die durchgeführte Aufgabenteilung im Bereich Buchhandel nicht bewähren würde und von daher der gesamte Aufgabenbereich wieder in der Landesverwaltung zentralisiert werden müsste. So wurde am 30. Dezember 1947 zunächst der Entschluss gefasst, das Verlagswesen wieder in den Arbeitsbereich des Referats »Literatur und Büchereiwesen« zurückzuholen.[490] Zehn Monate später, im September 1948, wurde es auch für notwendig erachtet, »die Fragen des Buchhandels wieder in die Zuständigkeit der Volksbildung zu bringen«[491] und die Gewerbeämter, die sich zu sehr von kommerziellen Aspekten haben leiten lassen, wieder aus der Entscheidung herauszunehmen.[492]

Städte und der Kreisräte der Landkreise Sachsens, 15.5.1947, Nr. 2727 und »Niederschrift über die Sitzung des Vorstandes des Börsenvereins am 11.6.1947«: StadtAL, StVuR Nr. 8901, Bl. 7.

486 Abteilung »Kunst und Literatur«, Landesregierung Sachsen, an den Börsenverein der Deutschen Buchhändler, 6.5.1947.

487 Rudi Kroeber an »Ministerium für Volksbildung« Sachsen bezüglich eines Gesprächs mit Bartels und Volksbildungsminister Hartsch vom 24.6.1947, 1.7.1947: SächsHStAD, 11401 Lr. Sachsen, MfVobi, Nr. 2739.

488 Vgl. ebd.

489 Vgl. Börsenverein der Deutschen Buchhändler zu Leipzig an Abteilung »Kunst und Literatur«, Landesregierung Sachsen, 16.6.1947: SächsHStAD, 11401 Lr. Sachsen, MfVobi, Nr. 2739 und Korn, Abteilung »Kunst und Literatur«, Landesregierung Sachsen, an DVV, 12.8.1947: ebd., Nr. 2764.

490 Vgl. Protokoll über die Sitzung betreffend Neuzulassung buchhändlerischer Betriebe vom 30.12.1947: SächsHStAD, 11401 Lr. Sachsen, MfVobi, Nr. 2764.

491 »Niederschrift über Dienstbesprechung mit Frau Oberreg.Rat Korn am 19.9.1948«, »Ministerium für Volksbildung« Sachsen, 21.9.1948: SächsHStAD, 11401 Lr. Sachsen, MfVobi, Nr. 2765.

492 Vgl. ebd.

Etwa ab Oktober 1948 waren die drei Arbeitsgebiete »Literatur (Schriftstellerbetreuung), Gesamtbuchhandel (Verlagswesen, Buchhandel und Leihbüchereien) und Volksbüchereiwesen«[493] wieder im Referat »Literatur und Büchereiwesen« vereint.[494]

Wie das folgende Zitat aus einem Schreiben von Korn, Leiterin des Referats »Literatur und Büchereiwesen«, an Ministerialdirektor Pusch, Abteilung »Kunst und Literatur«, vom 1. Dezember 1948 zeigt, führte die insgesamt doch sehr unübersichtliche Handhabung in der Organisation des Buchhandels auch dazu, dass die Landesregierung Sachsen hier gelegentlich die Kontrolle verlor:

> Aus beigefügtem Schreiben des Börsenvereins Leipzig wollen Sie bitte entnehmen, daß die Behandlung der Buchhandelszulassungen in Sachsen durch die leidige Verordnung vom 15.5.47 und die darauffolgenden des Ministeriums für Handel und Versorgung einen unmöglichen und uneinheitlichen Zustand geschaffen hat. Jeder Kreis bearbeitet die Zulassungen nach eigenem Gutdünken.[495]

Auch das in Abb. 6 gezeigte Schreiben Korns an die »Landeskriminalpolizeiabteilung Sachsen« vom 5. Januar 1949 demonstriert die Schwierigkeiten des Referates »Literatur (und Büchereiwesen)«, die Übersicht über den Buchhandel des Landes zu behalten, und schließlich seine Position gegenüber anderen Institutionen und Ämtern zu behaupten.

2.2.2.4 Sachsen-Anhalt

Da amerikanische und britische Truppen bis zu ihrem Rückzug Ende Juni 1945 noch einen großen Teil der zukünftigen Provinz Sachsen besetzt hielten, konnte der Aufbau der Provinzialverwaltung seitens der SMAD erst Anfang Juli 1945 beginnen.[496] Im Gegensatz zu den anderen Ländern und Provinzen der SBZ, die, wenn auch nicht in demselben Territorium, doch zumindest unter derselben Bezeichnung bereits vor dem Ende des Zweiten Weltkriegs existiert hatten, schuf die SMAD mit Sachsen eine völlig neue Provinz. Sie war im Wesentlichen der Zusammenschluss der vormaligen preußischen Provinz Sachsen und des Landes Anhalt, das territorial gesehen kleiner war und bislang mitten in der Provinz Sachsen gelegen war.[497] Der Regierungsbezirk Erfurt, der bis 1944 zur Provinz Sachsen gehörte, wurde dem Land Thüringen angegliedert.[498]

---

493 »Übersicht über das Arbeitsgebiet des Referates Literatur und Büchereiwesen«, Abteilung »Kunst und Literatur«, Landesregierung Sachsen, 25.10.1948: SächsHStAD, 11401 Lr. Sachsen, MfVobi, Nr. 2764.

494 Vgl. ebd.

495 Referat »Literatur und Büchereiwesen«, Landesregierung Sachsen, an Abteilung »Kunst und Literatur« im Hause, 1.12.1948: SächsHStAD, 11401 Lr. Sachsen, MfVobi, Nr. 2729. Mit der hier erwähnten »leidigen Verordnung« ist die Rundverfügung des »Ministerium für Handel und Versorgung« zur »Veränderung der Aufgaben des Referates Literatur im Ministerium für Volksbildung der Landesregierung Sachsen« gemeint, mit der unter anderem der Abteilung »Handel und Gewerberecht« des »Ministeriums für Handel und Versorgung« die Neuzulassung von Buchhandlungen überlassen worden war (vgl. »Ministerium für Handel und Versorgung« an die Volksbildungs- und Gewerbeämter der Städte und der Kreisräte der Landkreise Sachsens, 15.5.1947: SächsHStAD, 11401 Lr. Sachsen, MfVobi, Nr. 2727).

496 Vgl. Schneider: Sachsen-Anhalt, S. 147 und 153.

497 Vgl. ebd., S. 147.

498 Vgl. ebd., S. 147 und 153.

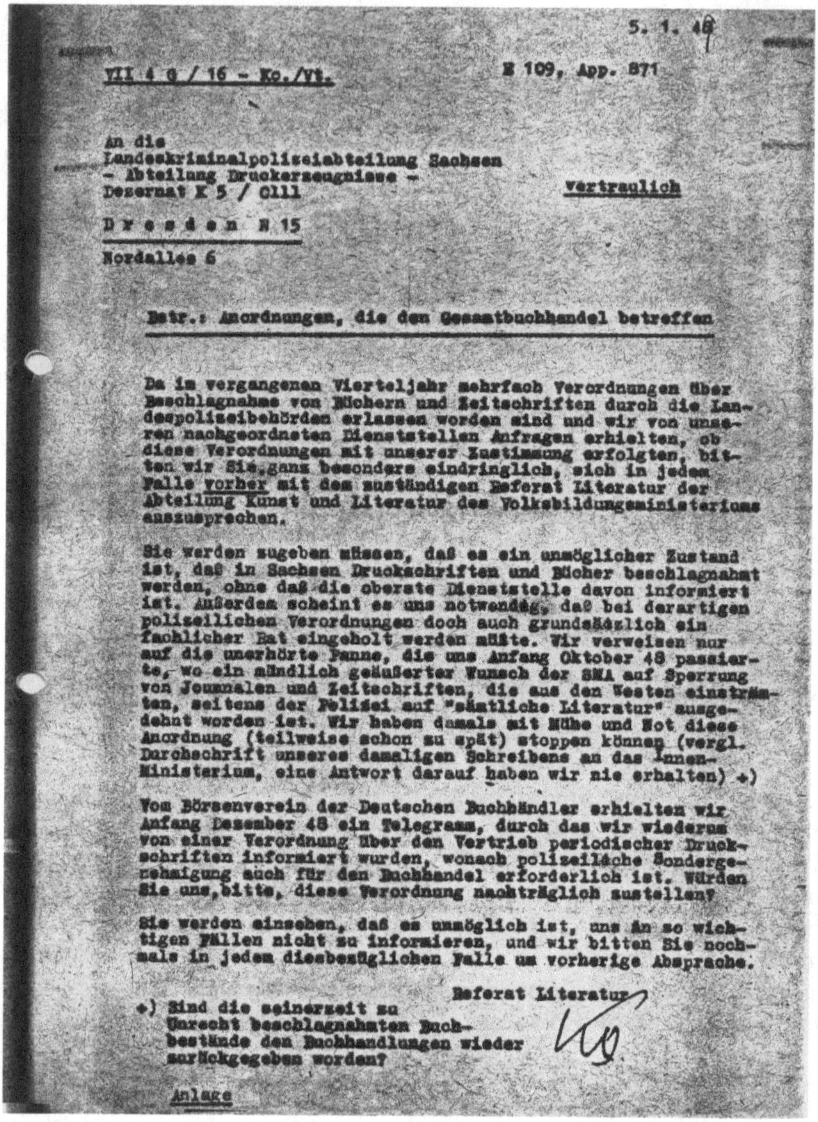

5. 1. 49

VII 4 G / 16 - Ko./Vt. N 109, App. 871

An die
Landeskriminalpolizeiabteilung Sachsen
- Abteilung Druckerzeugnisse -
Dezernat K 5 / C111

Vertraulich

Dresden N 15

Nordallee 6

Betr.: Anordnungen, die den Gesamtbuchhandel betreffen

Da im vergangenen Vierteljahr mehrfach Verordnungen über Beschlagnahme von Büchern und Zeitschriften durch die Landespolizeibehörden erlassen worden sind und wir von unseren nachgeordneten Dienststellen Anfragen erhielten, ob diese Verordnungen mit unserer Zustimmung erfolgten, bitten wir Sie, ganz besonders eindringlich, sich in jedem Falle vorher mit dem zuständigen Referat Literatur der Abteilung Kunst und Literatur des Volksbildungsministeriums auszusprechen.

Sie werden zugeben müssen, daß es ein unmöglicher Zustand ist, daß in Sachsen Druckschriften und Bücher beschlagnahmt werden, ohne daß die oberste Dienststelle davon informiert ist. Außerdem scheint es uns notwendig, daß bei derartigen polizeilichen Verordnungen doch auch grundsätzlich ein fachlicher Rat eingeholt werden müßte. Wir verweisen nur auf die unerhörte Panne, die uns Anfang Oktober 48 passierte, wo ein mündlich geäußerter Wunsch der SMA auf Sperrung von Journalen und Zeitschriften, die aus den Westen einströmten, seitens der Polizei auf "sämtliche Literatur" ausgedehnt worden ist. Wir haben damals mit Mühe und Not diese Anordnung (teilweise schon zu spät) stoppen können (vergl. Durchschrift unseres damaligen Schreibens an das Innen-Ministerium, eine Antwort darauf haben wir nie erhalten) +)

Vom Börsenverein der Deutschen Buchhändler erhielten wir Anfang Dezember 48 ein Telegramm, durch das wir wiederum von einer Verordnung über den Vertrieb periodischer Druckschriften informiert wurden, wonach polizeiliche Sondergenehmigung auch für den Buchhandel erforderlich ist. Würden Sie uns, bitte, diese Verordnung nachträglich zustellen?

Sie werden einsehen, daß es unmöglich ist, uns in so wichtigen Fällen nicht zu informieren, und wir bitten Sie nochmals in jedem diesbezüglichen Falle um vorherige Absprache.

Referat Literatur

+) Sind die seinerzeit zu Unrecht beschlagnahmten Buchbestände den Buchhandlungen wieder zurückgegeben worden?

Ko

Anlage

Abb. 6: Schreiben von Ilse Korn, der Leiterin des Referats »Literatur (und Büchereiwesen« des sächsischen »Ministeriums für Volksbildung«, an die »Landeskriminalpolizeiabteilung« Sachsen, 5.1.1949.[499]

Am 16. Juli 1945 wurde die in Magdeburg ansässige Provinzialverwaltung Sachsen mit dem bereits von den amerikanischen Militärbehörden eingesetzten Erhard Hübener als Verwaltungspräsidenten von der SMAD bestätigt.[500] Nach der Landtagswahl im Oktober 1946

---

499 Vorlage und Repro: Sächsisches Staatsarchiv, Hauptstaatsarchiv Dresden, Bestand 11401 Landesregierung Sachsen, Ministerium für Volksbildung, Nr. 2742.

500 Vgl. Schneider: Sachsen-Anhalt, S. 155 und 162.

erhielt die Provinz die Bezeichnung Sachsen-Anhalt.[501] Am 3. Dezember 1945 bestätigte die SMAD die Provinzialregierung Sachsen-Anhalt.[502] Mit dem SMAD-Befehl Nr. 180 vom 21. Juli 1947 wurde die Provinzialregierung Sachsen-Anhalt schließlich als Land Sachsen-Anhalt anerkannt.[503]

Bevor Hübener am 16. Juli 1945 die Aufgabe der Bildung der Provinzialverwaltung überlassen wurde,[504] waren vor allem Bernard Koenen und Robert Siewert von der KPD-Bezirksleitung Halle vorbereitend mit dieser Aufgabe beschäftigt.[505] Sie waren es auch, die Hübener als Verwaltungspräsidenten vorschlugen und ihn schließlich überredeten, das Amt tatsächlich anzunehmen.[506] Siewert selbst übernahm das Amt des ersten Vizepräsidenten – ähnlich wie in Sachsen, wo Kurt Fischer als eine der ersten führenden Personen im Verwaltungsaufbau das Amt des ersten Vizepräsidenten übernahm (siehe Kapitel 2.2.2.3). Im Gegensatz zu Sachsen war es in Sachsen-Anhalt allerdings in erster Linie der Ministerpräsident, der sich um den Aufbau des Landes verdient machte. Hübener, der bereits von 1922 bis 1933 Landeshauptmann der Sächsischen Provinzialbehörde in Merseburg gewesen war war, nahm »unter seinen Amtskollegen in den übrigen Ländern- und Provinzen der SBZ [...] eine Sonderstellung ein«.[507] Das lag zum einen an seinem großen Aufgabenbereich – neben der »Finanzabteilung«, der »Zentralabteilung« und der »Kommunalabteilung«, die ihm unterstanden, war er auch im Bereich der »Justizverwaltung« für die Personalpolitik verantwortlich – aber auch an seiner Persönlichkeit: »Der Liberaldemokrat besaß wohl einen besonderen Vertrauensvorsprung bei der SMAD, die ihm sogar oppositionelles Verhalten nachsah, etwa gegenüber der Bodenreform oder der Entnazifizierung.«[508] Unstimmigkeiten bei der Entlassung von CDU- und LDP-Mitgliedern aus der Verwaltung des Landes Sachsen-Anhalt, wogegen Hübener sich zu wehren versuchte, veranlassten schließlich seinen Rücktritt am 1. Oktober 1949 noch vor dem Ende der Legislaturperiode.[509] Sein Nachfolger wurde der bis dahin als Finanzminister der Landesregierung Sachsen-Anhalt tätige Werner Bruschke, der im Dezember 1945 und Januar 1946 bereits das Amt des vierten Vizepräsidenten der Provinzialverwaltung Sachsen ausgeführt hatte.[510]

Was den Aufbau der Provinzialverwaltung Sachsen und der späteren Provinzialregierung Sachsen-Anhalts erschwerte, waren die verschiedenen Verwaltungsstrukturen der ehemaligen Provinz Sachsen und des ehemaligen Landes Anhalt. Die Provinz Sachsen war als preußische Provinz in Kreis-, Bezirks-, Provinz- und Zentralbehörden eingeteilt gewesen, in der die eigentliche Verwaltungsführung der Provinz noch von den Bezirksverwaltungen übernommen worden war.[511] In Anhalt dagegen hatte es von 1874 bis 1932 immer ein zentrales »Staatsministerium« gegeben, dem die entsprechenden Abteilungen der Verwaltung unter-

501 Vgl. ebd., S. 147.
502 Vgl. ebd., S. 155 und 163.
503 Vgl. ebd., S. 147 und 163.
504 Vgl. ebd., S. 153.
505 Vgl. ebd. und Schulze: Bildung und Entwicklung der Landes- und Provinzialverwaltungen, S. 8.
506 Vgl. ebd.
507 Schneider: Sachsen-Anhalt, S. 154. Vgl. auch ebd. S. 152.
508 Ebd., S. 154. Vgl. auch ebd., S. 162.
509 Vgl. ebd., S. 158.
510 Vgl. ebd., S. 154 und 162.
511 Nähere Angaben hierzu siehe ebd., S. 152.

standen hatten.[512] Um die Provinzialverwaltung Sachsen während der Zeit ihres Aufbaus zu entlasten, wurden die Bezirksverwaltungen zunächst beibehalten; da sie sich aber zunehmend als überflüssig erwiesen, wurden sie am 1. Juli 1947 aufgelöst.[513]

Markant beim Aufbau der Provinzialverwaltung Sachsens war ihre Entnazifizierung, die, ähnlich wie in Thüringen, nur langsam ins Rollen kam und wenig konsequent durchgeführt wurde.[514]

Zuständig für die Entnazifizierung der Provinzialverwaltung Sachsen war von 1945 bis 1949 Robert Siewert, der erste Vizepräsident und spätere Innenminister der Provinzialregierung Sachsen-Anhalt, aber – wie bereits erwähnt – hatte auch Hübener einen großen Einfluss auf die Personalpolitik.[515] Wie zuvor schon die amerikanische Militärbehörde, hatte auch die SMAD beim Aufbau der Provinzialverwaltung Sachsens auf die noch bestehenden ehemaligen Verwaltungen mitsamt ihrem Personalbestand (bis auf die Verwaltungsspitzen) zurückgegriffen.[516] Hübener, der großen Wert auf die Vollständigkeit der personellen Besetzung der Verwaltung legte, war, unabhängig von ihrer politischen Gesinnung, entschieden gegen die Entlassung von Personen, solange die Stellen nicht sofort wieder besetzt werden konnten.[517] Diese Methode verzögerte die Entnazifizierung der Verwaltung. Erst nach mehrmaligen Ermahnungen von der SMA der Provinz Sachsen, erließ Hübener einige Verordnungen zur Entnazifizierung des Personals.[518] Trotzdem konnte sie erst nach einer weiteren Verschärfung der Maßnahmen im Frühjahr 1946 unter der Leitung von Siewert vorläufig als beendet erklärt werden.[519]

Wesentlich drastischer als die Entnazifizierung der Verwaltung verlief in Sachsen-Anhalt nach der Etablierung der SED ab 1947 eine »sukzessive Verdrängung von Sozialdemokraten, aber auch politisch nicht konformer Kommunisten aus führenden Partei- vor allem aber auch aus Verwaltungspositionen auf allen Ebenen«.[520] Betroffen davon war auch Ernst Thape, der Volksbildungsminister der Landesregierung. Nachdem Thape als zweiter Vizepräsident der Provinz Sachsen zunächst für die Ressorts »Wirtschaft« und »Verkehr« zuständig gewesen war, wurde ihm Mitte 1946 das Ressort »Volksbildung« unterstellt, das im Dezember 1946, nach der Umwandlung der Ressorts in Fachministerien, die Bezeichnung »Ministerium für

512 Vgl. ebd.

513 Vgl. ebd., S. 153f. Siehe auch Rundschreiben E. Hübeners, Präsident der Provinz Sachsen, an die Vizepräsidenten und Abteilungsleiter »im Hause«, 19.9.1945: LHASA, MD, Rep. K 10 MVb, Nr. 893, Bl. 174. Die genannten Bezirksverwaltungen waren Magdeburg, Halle-Merseburg und Dessau (vgl. Schneider: Sachsen-Anhalt, S. 153f).

514 Vgl. Schneider: Sachsen-Anhalt, S. 157 und Schulze: Bildung und Entwicklung der Landes- und Provinzialverwaltungen, S. 34.

515 Vgl. Schneider: Sachsen-Anhalt, S. 156.

516 Vgl. ebd., S. 153, 154 und 157 sowie Schulze: Bildung und Entwicklung der Landes- und Provinzialverwaltungen, S. 27.

517 Vgl. Schneider: Sachsen-Anhalt, S. 157. Siehe auch »Stellungnahme zu dem Entwurf des Gesetzes zur Neuordnung des Buchhandels innerhalb der sowjetischen Besatzungszone Deutschlands«, Abteilung »Volksbildung«, Provinzialregierung Sachsen-Anhalt, 13.7.1946: LHASA, MD, Rep. K 10 MVb, Nr. 4547, Bl. 146–149.

518 Näheres vgl. Schneider: Sachsen-Anhalt, S. 157. Siehe auch Rundschreiben des Präsidenten der Provinz Sachsen »Betrifft: Politische Säuberung des Verlagswesens und Buchhandels«, 8.11.1945: LHASA, MD, Rep. K 10 MVb, Nr. 5822, Bl. 44f (dasselbe Rundschreiben befindet sich auch im selben Bestand, Nr. 5126, Bl. 152–153).

519 Vgl. Schneider: Sachsen-Anhalt, S. 157.

520 Ebd. Näheres dazu siehe ebd., S. 157f.

Volksbildung, Kunst und Wissenschaft« bekam.[521] Sein Ministeramt behielt Thape bis er, aufgrund von Auseinandersetzungen mit der SED, am 28. November 1948 in den Westen floh.[522] Sein Nachfolger wurde Richard Schallock.[523]

Das »Ministerium für Volksbildung, Kunst und Wissenschaft« von Sachsen-Anhalt wurde im Dezember 1946 gemeinsam mit sieben weiteren Ministerien eingerichtet.[524] Es bestand in den ersten Jahren lediglich aus den vier Abteilungen »Schulwesen«, »Wissenschaft und Forschung«, »Kunst und Literatur« und »Kulturelle Aufklärung«.[525] Bis Mai 1949 wurde es nach und nach durch die Abteilungen »Allgemeine Abteilung«, »Personalabteilung«, »Landesjugendamt« und »Landesbild- und Lehrmittelstelle« ergänzt.[526]

Für das Verlagswesen war in der Provinzialverwaltung Sachsen bis zur Einrichtung der einzelnen Fachministerien Ende 1946 die unter Otto Halle stehende Abteilung »Volksbildung« zuständig, die zum Ressort »Volksbildung« gehörte.[527] Zwar befasste sich auch Halle selbst mit dem Verlagswesen,[528] spätestens ab Mai 1946 war jedoch Regierungsrat Rödel für diesen Bereich zuständig.[529] Nach der Umwandlung des Ressorts »Volksbildung« in das »Ministeriums für Volksbildung, Kunst und Wissenschaft« im Dezember 1946 war das Referat »Bibliotheks-, Buch- und Verlagswesen« der Abteilung »Kulturelle Aufklärung« für den Buchhandel der Provinzial- und späteren Landesregierung Sachsen-

521 Vgl. ebd., S. 155 und 162f, Präsidialabteilung der DVV an »Ministerium für Volksbildung, Kunst und Wissenschaft« Sachsen-Anhalt, 21.10.1947: LHASA, MD, Rep. K 10 MVb, Nr. 6678, Bl. 243f und Referat »Bibliotheks-, Buch- und Verlagswesen«, »Ministerium für Volksbildung, Kunst und Wissenschaft« Sachsen-Anhalt, an Ministerialdirektor Halle, 7.1.1948: ebd., Nr. 4925, Bl. 50.

522 Vgl. Schneider: Sachsen-Anhalt, S. 157.

523 Vgl. ebd., S. 163 und Organisationsbestimmung Nr. 20, »Ministerium für Volksbildung, Kunst und Wissenschaft« Sachsen-Anhalt, 22.4.1949: LHASA, MD, Rep. K 10 MVb, Nr. 2479, Bl. 23.

524 Vgl. Schneider: Sachsen-Anhalt, S. 163f und Strukturplan der Landesregierung Sachsen-Anhalt, 1.5.1949: LHASA, MD, Rep. K 10 MVb, Nr. 4196, Bl. 44–46.

525 Vgl. z.B. Gliederung des »Ministeriums für Volksbildung, Kunst und Wissenschaft« Sachsen-Anhalt, 10.2.1947: LHASA, MD, Rep. K 10 MVb, Nr. 6569, Bl. 3.

526 Vgl. Strukturplan der Landesregierung Sachsen-Anhalt, 1.5.1949: LHASA, MD, Rep. K 10 MVb, Nr. 4196, Bl. 44–46 und Organisationsbestimmung Nr. 20, »Ministerium für Volksbildung, Kunst und Wissenschaft« Sachsen-Anhalt, 22.4.1949: ebd., Nr. 2479, Bl. 23. Gemäß Schneider: Sachsen-Anhalt, S. 163 gab es etwa Mitte 1948 auch eine Abteilung »Landesamt für Kulturpflege«. Zwar kann die Existenz dieser Abteilung anhand der eingesehenen Akten nicht bestätigt werden, es ist jedoch möglich, dass sie im Mai 1949 bereits wieder aufgelöst worden war.

527 Vgl. Schneider: Sachsen-Anhalt, S. 162; Rundschreiben des Präsidenten der Provinz Sachsen »Betrifft: Politische Säuberung des Verlagswesens und Buchhandels«, 8.11.1945: LHASA, MD, Rep. K 10 MVb, Nr. 5822, Bl. 44f; Angaben zu Halle in: ebd., Nr. 893, Bl. 91r und Abteilung »Volksbildung«, Provinzialverwaltung Sachsen, an Präsident Hübener, 22.2.46: LHASA, MD, Rep. K Min. Präs, Nr. 3896, Bl. 7–11.

528 Vgl. z.B. Rundschreiben des Präsidenten der Provinz Sachsen »Betrifft: Politische Säuberung des Verlagswesens und Buchhandels«, 8.11.1945: LHASA, MD, Rep. K 10 MVb, Nr. 5822, Bl. 44f (dasselbe Rundschreiben befindet sich auch im selben Bestand, Nr. 5126, Bl. 152–153).

529 Vgl. z.B. Max Niemeyer Verlag an SMAD, 17.5.1946: LHASA, MD, Rep. K 10 MVb, Nr. 6141, Bl. 100, Rundschreiben der DVV »Betr.: Schaffung geordneter Preisverhältnisse im Buchhandel«, 24.5.1946 (handschriftliche Notizen auf dem Schreiben stammen von Rödel): ebd., Nr. 4925, Bl. 87–88 und Rundschreiben der Abteilung »Volksbildung«, Provinzialverwaltung Sachsen, an die Industrie- und Handelskammern in Halle, Magdeburg und Dessau, 14.11.1946: ebd., Nr. 5124, Bl. 69. Die Bezeichnung des Referats, das Rödel unterstand, geht aus den eingesehenen Akten des Landesarchivs Magdeburg leider nicht hervor.

Anhalts zuständig.[530] Nachdem das Referat anfangs von Rödel geführt wurde, übernahm ca. Anfang 1948 zunächst Ministerialrat Buchholz diesen Aufgabenbereich, bis Mitte 1948 schließlich Regierungsrat Schiller die Referatsleitung übernahm.[531] Leiter der Abteilung »Kulturelle Aufklärung« war bis Mitte 1948 vermutlich Otto Halle, der vormalige Leiter der Abteilung »Volksbildung«.[532]

530 Vgl. z.B. »Geschäftsverteilung und Strukturplan der Abteilung ›Kulturelle Aufklärung‹, ›Ministerium für Volksbildung, Kunst und Wissenschaft‹ Sachsen-Anhalt, 10.1.1949«: LHASA, MD, Rep. K 10 MVb, Nr. 1771, Bl. 206f; Rödel, »Ministerium für Volksbildung, Kunst und Wissenschaft« Sachsen-Anhalt, »Betr. Gesetz über die Verwertung von Verlagsrechten«, 16.4.1947: ebd., Nr. 4925, Bl. 75; Referat »Bibliotheks-, Buch- und Verlagswesen«, Landesregierung Sachsen-Anhalt, »Stand des Verlagswesens in der Provinz Sachsen-Anhalt am 24.11.1947«: ebd., Bl. 54–56; Abteilung »Kulturelle Aufklärung«, Landesregierung Sachsen-Anhalt, an Minister Thape, 10.1.1948: ebd., Bl. 46; Arbeitsbericht der »Abteilung Kulturelle Aufklärung«, Provinzialregierung Sachsen-Anhalt, 27.5.1947: ebd., Nr. 429, Bl. 258 und Tätigkeitsbericht des Referats »Bibliotheks- Buch- und Verlagswesen«, Landesregierung Sachsen-Anhalt, für die Monate Oktober und November 1947: ebd., Nr. 4034, Bl. 157f. Es ist wahrscheinlich, dass das Referat »Bibliotheks-, Buch- und Verlagswesen« zeitgleich mit der Abteilung »Kulturelle Aufklärung« gegründet wurde. Weitere Referate der Abteilung waren bis zum 31.12.1948 die Referate »Volkshochschulen«, »Allgemeine Volkskultur«, »Film« und das »Frauenreferat« (vgl. Tätigkeitsbericht der Abteilung »Kulturelle Aufklärung«, Landesregierung Sachsen-Anhalt, 16.12.1949: ebd., Nr. 4034, Bl. 173–175 und Tätigkeitsbericht für die Jahre 1947 und 1948 der Abteilung »Kulturelle Aufklärung«, Landesregierung Sachsen-Anhalt: ebd., Bl. 129).

531 Vgl. Rundschreiben des Referats »Bibliotheks- Buch- und Verlagswesen«, Provinzialregierung Sachsen-Anhalt, an die Bezirkspräsidenten in Dessau, Magdeburg und Merseburg, 21.2.1947: LHASA, MD, Rep. K 10 MVb, Nr. 5126, Bl. 115; Rundschreiben des »Ministeriums für Volksbildung, Kunst und Wissenschaft« Sachsen-Anhalt an die Kreisräte und Räte der kreisfreien Städte, 7.5.1947: ebd., Bl. 112; Rödel, »Ministerium für Volksbildung, Kunst und Wissenschaft« Sachsen-Anhalt, »Betr. Gesetz über die Verwertung von Verlagsrechten«, 16.4.1947: ebd., Nr. 4925, Bl. 75; Referat »Bibliotheks-, Buch- und Verlagswesen«, »Ministerium für Volksbildung, Kunst und Wissenschaft« Sachsen-Anhalt, an Ministerialdirektor Halle, 7.1.1948: ebd., Bl. 50; Abteilung »Kulturelle Aufklärung«, Landesregierung Sachsen-Anhalt, an Minister Thape, 10.1.1948: ebd., Bl. 46; Bericht »Entwicklung des Bücherei- und Verlagswesens seit dem Zusammenbruch«, Referat »Bibliotheks-, Buch- und Verlagswesen«, »Ministerium für Volksbildung, Kunst und Wissenschaft« Sachsen-Anhalt, 25.6.1948: ebd., Nr. 429, Bl. 253; Aktennotiz, Abteilung »Kulturelle Aufklärung«, Landesregierung Sachsen-Anhalt, 8.5.1948: ebd., Nr. 4547, Bl. 163; Angaben zu Schiller als Referent für »Bibliotheks-, Buch- und Verlagswesen«, »Ministerium für Volksbildung, Kunst und Wissenschaft« Sachsen-Anhalt, 18.8.1948: ebd., Nr. 37, Bl. 225; Mitteldeutsche Verlags-Gesellschaft an »Ministerium für Volksbildung, Kunst und Wissenschaft« Sachsen-Anhalt, 21.2.1949: ebd., Bl. 182 und »Geschäftsverteilung und Strukturplan der Abteilung ›Kulturelle Aufklärung‹, ›Ministerium für Volksbildung, Kunst und Wissenschaft‹ Sachsen-Anhalt, 10.1.1949«: ebd., Nr. 1771, Bl. 206–207. Laut Schneider: Sachsen-Anhalt, S. 163 und Broszat/Weber: SBZ-Handbuch, S. 880 war Buchholz Leiter der Abteilung »Kulturelle Aufklärung«. In dem Fall war er entweder gleichzeitig auch Leiter des Referats »Bibliotheks-, Buch- und Verlagswesen« oder er übernahm die Leitung der Abteilung »Kulturelle Aufklärung« erst ab ca. Mitte 1948, nachdem Schiller die Leitung des Referats »Bibliotheks-, Buch- und Verlagswesen« übernommen hatte. Gemäß einem Schreiben vom 7.1.1948 ist Buchholz »Ministerialrat«, was auf das Amt des Referatsleiters hindeutet, und Halle »Ministerialdirektor«, was auf das Amt des Abteilungsleiter hindeutet (vgl. Referat »Bibliotheks-, Buch- und Verlagswesen«, »Ministerium für Volksbildung, Kunst und Wissenschaft« Sachsen-Anhalt, an Ministerialdirektor Halle, 7.1.1948).

532 Laut Schneider: Sachsen-Anhalt, S. 163 und Broszat/Weber: SBZ-Handbuch, S. 920 war Halle bis 1948 Leiter der Zentralabteilung des »Ministeriums für Volksbildung, Kunst und Wissenschaft«, in den eingesehenen Akten im Landesarchiv Magdeburg wurden allerdings erst ab 1949 Hinweise auf die Existenz einer solchen Abteilung gefunden (vgl. Strukturplan der Landesregierung Sachsen-Anhalt, 1.5.1949: LHASA, MD, Rep. K 10 MVb, Nr. 4196, Bl. 44–46 und Organisationsbestimmung Nr. 20,

Das Referat »Bibliotheks-, Buch- und Verlagswesen« behielt seit seiner Einrichtung die Verantwortung für das Verlagswesen der Provinzial- bzw. Landesregierung Sachsen-Anhalt. Anfang 1948 wurde überlegt, »das Verlagswesen, das in Zukunft beratende Funktionen für die Verlage und ihre Produktion ausüben soll«, der Abteilung »Kunst und Literatur« anzugliedern.[533] Umgesetzt wurde dieser Plan jedoch nicht. Auch die 1949 geplante Einrichtung eines Referats »Propaganda« in der Abteilung »Kulturelle Aufklärung«, mit dem »auch auf die Verlagsplanung der Verlage Sachsen-Anhalts Einfluss genommen werden« sollte, erfolgte nicht.[534] Erst im September 1950, also nach der DDR, wurde das Referat »Bibliotheks-, Buch- und Verlagswesen«, wie schon Anfang 1948 geplant, von der Abteilung »Kunst und Literatur« übernommen.[535]

In den ersten Monaten nach Kriegsende gab es innerhalb der Provinzialverwaltung Sachsen noch keine strenge Abgrenzung der Aufgabengebiete der einzelnen Abteilungen, Referate und anderer nachgeordneter Dienststellen wie beispielsweise der Bezirksverwaltungen. In einem Rundschreiben vom 19. September 1945 an die Vizepräsidenten und Abteilungsleiter der Verwaltung nahm Präsident Hübener dazu Stellung:

> Bei der Einrichtung einer neuen, großen Behörde mit völlig neuen, noch unübersehbaren Aufgaben mit einem verhältnismäßig schnell zusammengestellten Beamtenapparat konnte es bei Beginn unserer Tätigkeit nicht darauf ankommen, von vornherein eine genaue Zuständigkeitsabgrenzung zwischen der eigenen und den nachgeordneten Behörden aufzustellen. Dadurch wäre zweifellos die Initiative der neu eingesetzten Kräfte gelähmt worden. Nunmehr scheint es mir jedoch an der Zeit zu sein, gewisse Richtlinien über die Zuständigkeitsabgrenzung aufzustellen, damit die Einheit des Behördenorganismus gewahrt wird und die einzelnen Abteilungen im wesentlichen nach den gleichen Grundsätzen verfahren.[536]

»Ministerium für Volksbildung, Kunst und Wissenschaft« Sachsen-Anhalt, 22.4.1949: ebd., Nr. 2479, Bl. 23). Zudem war Halle mindestens bis Mai 1948 als Ministerialdirektor mit den Belangen des Verlagswesens betraut (vgl. Aktennotiz, Abteilung »Kulturelle Aufklärung«, Landesregierung Sachsen-Anhalt, 8.5.1948: ebd., Nr. 4547, Bl. 163; Referat »Bibliotheks-, Buch- und Verlagswesen«, »Ministerium für Volksbildung, Kunst und Wissenschaft« Sachsen-Anhalt, an Ministerialdirektor Halle, 7.1.1948: und Referat »Bibliotheks-, Buch- und Verlagswesen« an Ministerialdirektor Halle, 25.11.1947: LHASA, MD, Rep. K 10 MVb, Nr. 4925, Bl. 53; siehe auch vorherige Fußnote). Sicher ist, dass Halle Anfang 1949 aus der Landesverwaltung Sachsen-Anhalt ausschied und nach Berlin ging (vgl. Einicke, Abteilung »Kulturelle Aufklärung«, Landesregierung Sachsen-Anhalt, »Betrifft: Mitteldeutsche Verlagsgesellschaft«, 21.4.1949: ebd., Nr. 37, Bl. 168). Aufgrund der schlechten Quellenlage ließen sich die weiteren Leiter der Abteilung »Kulturelle Aufklärung« nicht rekonstruieren. Ministerialdirektor Ludwig Einicke übernahm für kurze Zeit vertretungsweise dieses Amt (vgl. ebd. und Einicke, Abteilung »Kulturelle Aufklärung«, Landesregierung Sachsen-Anhalt, 19.1.1949: ebd., Nr. 1771, Bl. 171). Die Aussage, dass Buchholz dieses Amt ausführte, kann aber hier nicht bestätigt werden (vgl. vorherige Fußnote).

533 Aktenvermerk von Buchholz, Abteilung »Kulturelle Aufklärung«, Landesregierung Sachsen-Anhalt, 16.1.1948: LHASA, MD, Rep. K 10 MVb, Nr. 4925, Bl. 49.

534 Entwurf über die »Aufgaben und Organisation der Abteilung Volksaufklärung und -erziehung«, »Ministerium für Volksbildung, Kunst und Wissenschaft« Sachsen-Anhalt, ohne Datum (der Entwurf ist ein Nachtrag einer Denkschrift vom 6.12.1948): LHASA, MD, Rep. K 10 MVb, Nr. 1771, Bl. 204.

535 Vgl. Angaben zur Übernahme des Referats von der Abteilung »Kunst und Literatur«, 16.9.1950: LHASA, MD, Rep. K MdI, Nr. 7354, Bl. 247.

536 Rundschreiben E. Hübeners, Präsident der Provinz Sachsen, an die Vizepräsidenten und Abteilungsleiter im Hause, 19.9.1945: LHASA, MD, Rep. K 10 MVb, Nr. 893, Bl. 174. Da in der Provinz Sachsen

Ein Problem in Sachsen-Anhalt lag in der oft verspäteten Bekanntmachung sowohl von verwaltungsinternen Richtlinien wie auch von Anordnungen und Befehlen der SMA, so dass auch ihre Umsetzungen oft verspätet oder sogar überhaupt nicht erfolgten. Zudem kam es zum Missfallen der SMA auch vor, dass in Sachsen-Anhalt Verordnungen erlassen wurden, ohne dass eine vorherige Genehmigung der Besatzungsmacht eingeholt wurde. Nach einigen Ermahnungen der SMA untersagte Hübener in einer Organisationsbestimmung vom 11. Oktober 1946 ein derartiges Vorgehen.[537]

In Sachsen-Anhalt war das Aufgabengebiet Buchhandel nie in nur einem Referat oder einer Abteilung konzentriert, wie es z.B. später in Mecklenburg-Vorpommern der Fall war. Zwar lässt die Bezeichnung des Referats »Bibliotheks-, Buch- und Verlagswesen« vermuten, dass der gesamte Buchhandel von diesem Referat bearbeitet wurde, die Betreuung von Schriftstellern sowie die Begutachtung von Manuskripten, die für die Vergabe von Druckgenehmigungen von großer Bedeutung waren, wurden jedoch vom Referat »Literatur« bearbeitet.[538] Das Referat »Literatur« gehörte bis Dezember 1946 ebenfalls zur Abteilung »Volksbildung« des Ressorts »Volksbildung« und wurde dann im »Ministeriums für Volksbildung, Kunst und Wissenschaft« der Abteilung »Kunst und Literatur« zugeordnet.[539] Alle weiteren Bereiche des Aufgabengebiets Buchhandel wurden in Sachsen-Anhalt tatsächlich vom Referat »Bibliotheks-, Buch- und Verlagswesen« betreut. Dazu gehörten das Bücherei- und Verlagswesen sowie die Kontrolle der Buchhandlungen. Das Arbeitsgebiet Verlagswesen nahm in Sachsen-Anhalt keinen großen Raum ein. In den Tätigkeitsberichten des Referats »Bibliotheks-, Buch- und Verlagswesen« und der Abteilung »Kulturelle Aufklärung« finden sich nur wenige Hinweise auf eine nähere Beschäftigung mit dem Verlagswesen.[540] Im Vordergrund

die Bezirksverwaltungen zunächst weiter bestanden (siehe oben), waren auch Richtlinien erforderlich, die die Aufgabengebiete und Hierarchien der Volksbildungsämter der Bezirksverwaltungen festlegten (vgl. »Ausführungsbestimmungen zur Verordnung über die Einrichtung von Volksbildungs-Abteilungen bei den Bezirkspräsidenten, Landräten und Oberbürgermeistern«, Präsident der Provinz Sachsen, 1945: LHASA, MD, Rep. K MdI, Nr. 4040, Bl. 352ff).

537 Vgl. »Zur Sammlung wichtiger Organisationsbestimmung Nr. 103 [...]. Betr.: Rechtzeitige Veröffentlichung von SMAD-Befehlen und Verordnungen«, Präsident der Provinz Sachsen, 11.10.1946: LHASA, MD, Rep. K 10 MVb, Nr. 893, Bl. 47. Präsident Hübener erließ eine Vielzahl von Arbeitsanweisungen, die alle den Titel »Zur Sammlung wichtiger Organisationsbestimmungen« trugen, durchnummeriert waren und von den einzelnen Abteilungen in einem speziell dafür angelegten Ordner zu sammeln waren. Sie umfassten alle erdenklichen Tätigkeiten wie die Dauer von Telefongesprächen, den Umgang mit Publikumsverkehr, etc. (vgl. diverse Organisationsbestimmungen ebd.)

538 Vgl. z.B. Tätigkeitsbericht für den Monat April 1946, Referat »Literatur«, Abteilung »Volksbildung«, Provinzialverwaltung Sachsen, 10.5.1946: LHASA, MD, Rep. K 10 MVb, Nr. 4617, Bl. 62; Tätigkeitsbericht des Referats »Literatur«, »Ministerium für Volksbildung, Kunst und Wissenschaft« Sachsen-Anhalt, für das erste Quartal 1949, 25.3.1949: ebd., Bl. 19 und Bericht über die Aufgaben des Referats »Literatur«, Abteilung »Kunst und Literatur«, Provinzialregierung Sachsen-Anhalt, für das erste Halbjahr 1947, 10.12.1946: ebd., Bl. 49.

539 Vgl. ebd. und Strukturplan der Landesregierung Sachsen-Anhalt, 1.5.1949: LHASA, MD, Rep. K 10 MVb, Nr. 4196, Bl. 44–46.

540 Vgl. Bericht über geleistete Arbeit und überwundene Schwierigkeiten, Referat »Bibliotheks- Buch-, Verlagswesen«, Provinzialregierung Sachsen-Anhalt, 27.5.1947: LHASA, MD, Rep. K 10 MVb, Nr. 429, Bl. 258; Bericht »Entwicklung des Bücherei- und Verlagswesens seit dem Zusammenbruch«, Referat »Bibliotheks-, Buch- und Verlagswesen«, »Ministerium für Volksbildung, Kunst und Wissenschaft« Sachsen-Anhalt, 25.6.1948: ebd., Bl. 253; Tätigkeitsbericht der Abteilung »Kulturelle Aufklärung«, »Ministerium für Volksbildung, Kunst und Wissenschaft«, Landesregierung Sachsen-Anhalt, für den Zeitraum 16.10. bis 15.12.1947: ebd., Nr. 4034, Bl. 47–49; Tätigkeitsbericht für die Jahre 1947

der Arbeit des Referats »Bibliotheks-, Buch- und Verlagswesen« stand vielmehr das Bibliothekswesen.[541] Verglichen mit den anderen Ländern und Provinzen der SBZ gab es in Sachsen-Anhalt auch die meisten Volksbüchereien: »In Brandenburg und Mecklenburg gab es nur in zehn Prozent der Gemeinden Volksbüchereien, in Sachsen und Thüringen in etwa mehr als 50 Prozent und in Sachsen-Anhalt in etwa 65 Prozent«.[542]

Auf dem Gebiet der Buchhandlungen beschränkte sich die Arbeit des Referats »Bibliotheks-, Buch- und Verlagswesen« in erster Linie auf die Entnazifizierung, die Kontrolle und auf statistische Arbeiten.[543] Für die (Neu-) Zulassung von Buchhandlungen waren die Gewerbeämter und die Industrie- und Handelskammern zuständig.[544]

2.2.2.5 Thüringen

Thüringen wurde im April 1945 zunächst von US-Truppen besetzt. Nachdem die Amerikaner das Land Anfang Juli 1945 aufgrund der alliierten Kriegsvereinbarungen verlassen hatten, begann der Aufbau der Landesverwaltung unter dem Einfluss der neuen Besatzungsmacht, der Sowjets.[545] Noch unter amerikanischer Besatzung war Hermann Brill als Regierungspräsident der am 9. Juni 1945 bestätigten Provinzialverwaltung Thüringens eingesetzt worden.[546] Mit dem Besatzungswechsel trat die gesamte Regierung Brills zurück, wurde aber bereits am 5. Juli 1945 von der SMAD wieder eingesetzt.[547] Aber auch dieses Mal blieb Brill nicht lange

---

und 1948 der Abteilung »Kulturelle Aufklärung«, Landesregierung Sachsen-Anhalt: ebd., Bl. 129 sowie Tätigkeitsbericht für das erste Quartal 1949, Referat »Bibliotheks-, Buch- und Verlagswesen«, Landesregierung Sachsen-Anhalt, 24.3.1949: ebd., Bl. 152.

541 Vgl. ebd. sowie Tätigkeitsbericht der Abteilung »Kulturelle Aufklärung«, »Ministerium für Volksbildung, Kunst und Wissenschaft« Sachsen-Anhalt, für das zweite Quartal 1949, 29.6.1949: LHASA, MD, Rep. K 10 MVb, Nr. 4034, Bl. 11–19 und Bericht des Referats »Bibliotheks-, Buch- und Verlagswesen« über »Sinn und Arbeit« des Referats, ohne Datum (handschriftlich wurde das Datum 2.1.1948 auf dem Bericht notiert): ebd., Bl. 254–256.

542 Günnel: Zur Geschichte der Allgemeinen Öffentlichen Bibliotheken, S. 26. Vgl. auch Bericht des Referats »Bibliotheks-, Buch- und Verlagswesen« über »Sinn und Arbeit« des Referats und Bericht »Entwicklung des Bücherei- und Verlagswesens seit dem Zusammenbruch« des Referats »Bibliotheks-, Buch- und Verlagswesen«, »Ministerium für Volksbildung, Kunst und Wissenschaft« Sachsen-Anhalt, 25.6.1948.

543 Vgl. Präsident der Provinz Sachsen, Abteilung »Handel – Versorgung«, an Abteilung »Volksbildung«, 28.6.1946: LHASA, MD, Rep. K 10 MVb, Nr. 4547, Bl. 139; Rundschreiben des Präsidenten der Provinz Sachsen, Abteilung »Versorgung« an die Bezirkspräsidenten in Merseburg, Magdeburg und Dessau, 21.11.1946: ebd., Nr. 5126, Bl. 117; Entwurf des Rundschreibens der Landesregierung Sachsen-Anhalt, Minister für Volksbildung, Kunst und Wissenschaft an die Kreisräte und Räte der kreisfreien Städte, 12.6.1948: ebd., Nr. 6091, Bl. 1 und diverse Schreiben bzgl. der Karteikartenaktion zur Erfassung buchhändlerischer Betriebe: ebd.

544 Vgl. Präsident der Provinz Sachsen, Abteilung »Handel-Versorgung«, an Abteilung »Volksbildung«, 28.6.1946; Aktennotiz des Referats »Buch- und Verlagswesen«, Abteilung »Kulturelle Aufklärung«, »Ministerium für Volksbildung, Kunst und Wissenschaft«, 16.3.1948: LHASA, MD, Rep. K 10 MVb, Nr. 4547, Bl. 112f und Bericht »Entwicklung des Bücherei- und Verlagswesens seit dem Zusammenbruch« des Referats »Bibliotheks-, Buch- und Verlagswesen«, »Ministerium für Volksbildung, Kunst und Wissenschaft« Sachsen-Anhalt, 25.6.1948: ebd., Nr. 429, Bl. 253.

545 Vgl. Welsh: Thüringen. In: Broszat/Weber: SBZ-Handbuch, S. 167.

546 Vgl. Schulze: Bildung und Entwicklung der Landes- und Provinzialverwaltungen, S. 6.

547 Vgl. ebd., S. 7.

im Amt. Aufgrund seiner Aktivitäten bei der SPD, die sowohl bei der SMAD als auch bei der KPD beargwöhnt worden waren, wurde er am 15. Juli 1945 wieder aus seinem Amt entlassen.[548] Als neuen Präsidenten des Landes Thüringen ernannte die sowjetische Besatzungsmacht den bis dahin als Oberbürgermeister in der Stadt Gera tätigen Rudolf Paul.[549] Im September 1947 flüchtete Landespräsident Paul nach Westberlin.[550] Sein Nachfolger wurde im Oktober 1947 Werner Eggerath.[551]

Thüringen war 1945 im Vergleich zur Weimarer Republik und zum Dritten Reich durch die Integration des ehemaligen preußischen Regierungsbezirks Erfurt und des ehemaligen kurhessischen Kreises Schmalkalden territorial erweitert worden.[552] Bei der Bildung der Landesämter griff Brill zum Teil auf bereits bestehende Ministerien des Naziregimes und auf entsprechende Abteilungen der preußischen Regierung in Erfurt zurück.[553] Neben dem »Landesamt für Finanzen« und dem »Landesamt des Innern« wurde auch das »Landesamt für Volksbildung« übernommen.[554] Alle übrigen Landesämter wurden neu gebildet.[555]

Am 4. Dezember 1946 wurde die Landesverwaltung Thüringen vom thüringischen Landtag als Landesregierung bestätigt und die vormaligen Landesämter in Ministerien umgewandelt.

Charakteristisch für die Landesverwaltung bzw. -regierung Thüringens war die schleppende Entnazifizierung ihrer Behörde. Noch 1948 war der Anteil des Personals der Landesregierung, das sich nicht in der SED, sondern in »bürgerlichen« Parteien engagierte, höher als in den anderen Ländern und Provinzen der SBZ.[556] Erklärt wird diese Tatsache damit, dass durch die Übernahme der Landesämter der vormaligen Reichsverwaltung (siehe oben) auch das gesamte Personal, das bei Kriegsende zu etwa 96 Prozent aus NSDAP-Mitgliedern bestand, mit übernommen wurde.[557]

> Obwohl die Befehle und Anordnungen der SMAD wiederholt die Notwendigkeit der Entlassung sowohl aktiver wie nomineller NSDAP-Mitglieder aus dem öffentlichen Dienst betonten, richteten die verantwortlichen deutschen Behördenchefs das Hauptaugenmerk zunächst vor allem auf die Entlassung ehemaliger NS-Aktivisten. Im ersten Nachkriegsjahr wechselten die Entnazifizierungsanordnungen zwischen pauschaler Härte und der Zulassung von Ausnahmen.[558]

548 Vgl. Welsh: Thüringen, S. 174.

549 Mit der Gründung der SMA in Thüringen am 9.7.1945 wurde Thüringen als eines der Länder der SBZ bestätigt (vgl. Welsh: Thüringen, S. 167). Das offizielle Gründungsdatum der Landesverwaltung mit Sitz in Weimar ist der 16.7.1945 (vgl. Welsh: Thüringen, S. 183).

550 Vgl. Broszat/Weber: SBZ-Handbuch, S. 993.

551 Vgl. Welsh: Thüringen, S. 184.

552 Vgl. ebd., S. 167.

553 Vgl. ebd., S. 174.

554 Vgl. ebd.

555 Vgl. ebd.

556 Vgl. ebd., S. 178 und Schulze: Bildung und Entwicklung der Landes- und Provinzialverwaltungen, S. 6f und 37.

557 Vgl. Welsh: Thüringen, S. 178 und Schulze: Bildung und Entwicklung der Landes- und Provinzialverwaltungen, S. 6 u. 27. Bis Oktober 1945 sank der Anteil ehemaliger NSDAP-Mitglieder auf etwa 32,1 Prozent (vgl. Welsh: Thüringen, S. 178).

558 Welsh: Thüringen, S. 178. Vgl. auch Schulze: Bildung und Entwicklung der Landes- und Provinzialverwaltungen, S. 31–33.

Das Personal der thüringischen Landesverwaltung bzw. -regierung bestand in hohem Maße aus ehemaligen Inhaftierten von Konzentrationslagern, vor allem Buchenwalds. Die SMAD gab ihnen die Möglichkeit, in gehobenen Positionen bei der Landesverwaltung Thüringen Karriere zu machen.[559] Dazu zählten auch Hermann Brill und Walter Wolf, thüringischer Volksbildungsminister.[560] Vor der Umwandlung der einzelnen Landesämter in Fachministerien im Dezember 1946 leitete Wolf bereits das thüringische »Landesamt für Volksbildung«.[561] Im Mai 1947 übernahm er den Lehrstuhl für dialektischen Materialismus an der Universität Jena.[562] Seine Nachfolgerin als Volksbildungsministerin wurde Marie Torhorst.[563]

Anfangs bestand das thüringische »Landesamt für Volksbildung« lediglich aus vier Abteilungen:

- »Allgemeine Abteilung«,
- »Schulabteilung«,
- »Wissenschaftsabteilung« und
- »Kunstabteilung«.[564]

Das Arbeitsgebiet Verlagswesen gehörte zur Abteilung D, der »Kunstabteilung«, die wiederum in vier Referate unterteilt war:

- »Allgemeine Kunstangelegenheiten«,
- »Film- und Bildwesen«,
- »Rundfunk«,
- »Juristische Angelegenheiten, Heimatschutz, Denkmalpflege und Naturschutz, Verlagswesen«.[565]

Leiter des Referats mit der langen Bezeichnung »Juristische Angelegenheiten, Heimatschutz, Denkmalpflege und Naturschutz, Verlagswesen« war Regierungsrat Koch.[566] Allein die Tatsache, dass das Verlagswesen hier neben Bereichen, die keinen Zusammenhang zum Verlagswesen erkennen lassen, gemeinsam in einem Referat bearbeitet wurden, erweckt den Eindruck, dass das Verlagswesen in der thüringischen Landesverwaltung unmittelbar nach Kriegsende eher stiefmütterlich behandelt wurde.[567] Eine Vermutung, die durch ein Schreiben vom 9. August 1945 von Landespräsident Paul an Regierungsrat Hoffmann verstärkt wird:

559 Vgl. Welsh: Thüringen, S. 178.

560 Vgl. ebd.

561 Vgl. ebd., S. 183 und Geschäftsverteilungsplan des »Landesamts für Volksbildung«, Landesverwaltung Thüringen, ohne Datum: ThHStAW, Ld. Thür. - MfVobi, Nr. 124.

562 Vgl. Broszat/Weber: SBZ-Handbuch, S. 1060.

563 Vgl. Welsh: Thüringen, S. 185.

564 Vgl. Geschäftsverteilungsplan des »Landesamts für Volksbildung«, Landesverwaltung Thüringen, ohne Datum: ThHStAW, Ld. Thür. - MfVobi, Nr. 124.

565 Vgl. ebd.

566 Vgl. ebd.

567 Thüringen stellte dabei keinen Einzelfall dar. Wie den vorangehenden Kapiteln zu entnehmen ist, spielte das Verlagswesen auch in anderen Ländern und Provinzen anfangs eine eher untergeordnete Rolle. Noch am 31.10.1945 heißt es in einer handschriftlichen Notiz auf einem Schreiben des zur DVV wechselnden Wilhelm Girnus, Referent in der »Schulabteilung« des thüringischen »Landesamts für Volksbil-

> In Erledigung Ihres Schreibens vom 7.8.1945 halte ich es nicht für wünschenswert, die Präsidialkanzlei mit den Fragen der Verlage und Zeitungen zusätzlich zu belasten. Soweit reine Verlage in Frage kommen, mögen diese bezw. die für sie zuständigen Handelskammern, notfalls an der Spitze das Landesamt für Wirtschaft, tätig werden.[568]

Hoffmann dagegen sah bereits sehr früh die Notwendigkeit, Schriftstellern, Druckern und Verlegern mehr Beachtung zu schenken und Verordnungen für sie zu erlassen. In seinen Briefen an den Landespräsidenten bemühte er sich, diesen davon zu überzeugen:

> In diesem Zusammenhang darf ich darauf hinweisen, daß Herr Regierungspräsident Dr. Brill mir am 14. Juli 1945 aufgab, Herrn Regierungsrat Dr. Schultes den Auftrag zu erteilen, eine Verordnung zu entwerfen, nach welcher die Neugründung von Verlagen und die Herausgabe von Presseerzeugnissen durch neugegründete Verlage und Druckereien rückwirkend vom 1. April 1945 solange verboten werden soll, bis eine Nachprüfung den antifaschistischen Charakter der Verlage, Druckereien und Personen, die sich an der Herausgabe beteiligen, eindeutig erwiesen hat. [...] Solange die Besatzungsbehörde eigene Verordnungen in Presseangelegenheiten erläßt, könnte man diesen ganzen Fragenkomplex auf sich beruhen lassen. Es mehren sich aber in zunehmendem Maße die Eingaben von Druckereiunternehmern, Verlegern und zurzeit arbeitslosen Schriftstellern und Schriftleitern, die um die Genehmigung zur Herausgabe von Zeitschriften bzw. um Mitarbeit an Presseerzeugnissen nachsuchen. [...] Es wird deshalb notwendig sein, so bald als möglich entsprechende Verordnungen zu diesem Fragenkomplex zu erlassen.[569]

Im Hinblick auf die Wiederzulassung von Verlagen setzte das thüringische »Landesamt für Volksbildung« im Herbst 1945 für einige Wochen den aus dem Exil in der Sowjetunion zurückgekehrten Schriftsteller Theodor Plievier ein, der als Bevollmächtigter des Landesamtes mit den thüringischen Verlegern verhandelte.[570] Im November 1945 übernahm die »Thü-

---

dung« zu Verlagsfragen, dass jemand für dieses Aufgabengebiet eingestellt werden müsste (vgl. Wahl: Der Diederichs Verlag in Jena vor dem Ende, S. 278 und Geschäftsverteilungsplan des »Landesamts für Volksbildung«, Landesverwaltung Thüringen, ohne Datum: ThHStAW, Ld. Thür. - MfVobi, Nr. 124). Gemäß Wahl kümmert sich Girnus bis zu seinem Wechsel zur DVV auch um Verlagsangelegenheiten (vgl. Wahl: Der Diederichs Verlag in Jena vor dem Ende, S. 276 und ders.: »Das Verlegen gebe ich nie auf ...«, S. 96).

568 Landespräsident Paul an Hoffmann, Landesverwaltung Thüringen, 9.8.1945: ThHStAW, Ld. Thür. - BdMp, Nr. 219, Bl. 15. Hoffmann war im »Landesamt für Volksbildung« beschäftigt. Leider geht aus dem eingesehenen Aktenmaterial im Thüringischen Hauptstaatsarchiv nicht hervor, in welchem Referat er beschäftigt war. Es ist allerdings zu vermuten, dass er noch vor Regierungsrat Koch für das Verlagswesen zuständig war.

569 Regierungsrat Hoffmann an Landespräsident Paul, Landesverwaltung Thüringen, 2.8.1945: ThHStAW, Ld. Thür. - BdMp, Nr. 219, Bl. 7–9. Beachtenswert ist die Bereitschaft Hoffmanns, unabhängig von der sowjetischen Militäradministration – und in diesem Fall sogar noch vor ihr – erste Schritte in Richtung einer Lizenzierungspolitik zu unternehmen (vgl. auch Kapitel 4.3).

570 Vgl. Wolf, »Landesamt für Volksbildung«, Landesverwaltung Thüringen, an Gustav Fischer Verlag, 22.10.1945: »Der Schriftsteller, Herr Theodor Plievier, ist durch mich beaufragt, mit Ihnen in Verhandlung zu treten zwecks Zulassung des Verlags für wissenschaftliche, insbesondere medizinische Literatur. Ich bitte, ihn als Bevollmächtigten des Landesamtes für Volksbildung zu empfangen und gemeinsam mit ihm Verlagsprogramme und allgemeine Vorschäge auszuarbeiten.« (ThHStAW, GFV, Nr. 554). Siehe auch von Lucius: Tagebucheintrag vom 25.10.1945, Wahl: Der Diederichs Verlag in Jena vor dem Ende, S. 276 und ders.: »Das Verlegen gebe ich nie auf ...«, S. 96.

ringischen Landesstelle für Buch- und Bibliothekswesen« diese Aufgabe (siehe unten und Kapitel 4.3.1).

Im Juli 1947 bekam das Verlagswesen innerhalb der »Kunstabteilung« des inzwischen in »Ministerium für Volksbildung« umgewandelten »Landesamtes für Volksbildung« ein eigenes Referat.[571] Die Referatsleitung übernahm H. Treufeldt.[572] Spätestens im Juli 1948 wurde die »Kunstabteilung« in Abteilung »Kunst und Literatur« umbenannt.[573]

Im Mai/Juni 1948 wurde im thüringischen »Ministerium für Volksbildung« die Abteilung E »Kulturelle Aufklärung« eingerichtet, die von August Beines geführt wurde.[574] Das Referat »Verlagswesen« wurde aus der Abteilung »Kunst und Literatur« ausgegliedert und der neu geschaffenen Abteilung E angegliedert.[575] Die Leitung des Referats übernahm Kampe.[576] Ein halbes Jahr später, im Dezember 1948 wurde das Verlagswesen wieder an die Abteilung D »Kunst und Literatur« zurückgegeben.[577] Spätestens im Februar 1949 wurde das Referat in »Literatur und Verlagswesen« umbenannt.[578]

---

571 Vgl. Treufeldt, Referat »Verlagswesen«, Landesregierung Thüringen, an Minister Torhorst im Hause, 26.7.1947: ThHStAW, Ld. Thür. - MfVobi, Nr. 4280 und Arbeitsbericht für den Monat Juli 1947 von Treufeldt, Referat »Verlagswesen«, Landesregierung Thüringen: ebd.

572 Vgl. ebd.

573 Vgl. »Vorläufiger Bericht des Ministeriums für Volksbildung«, Landesregierung Thüringen, 17.7.1948: ThHStAW, Ld. Thür. - MfVobi, Nr. 124. Damit muss die Aussage von Helga Welsh korrigiert werden, nach der die Abteilung »Kunst und Literatur« erst ab 1949 existierte (vgl. Welsh: Thüringen, S. 185).

574 Vgl. »Ministerium für Volksbildung« Thüringen an »Thüringische Landesstelle für Buch- und Bibliothekswesen«, 11.6.1948: ThHStAW, Ld. Thür. - LfB, Nr. 21; »Vorläufiger Bericht des Ministeriums für Volksbildung«, Landesregierung Thüringen, 17.7.1948; Kampe, Referat »Verlagswesen«, Landesregierung Thüringen an DVV, 27.7.1948: ThHStAW, Ld. Thür. - MfVobi, Nr. 4280 und DVV an »Ministerium für Volksbildung« Thüringen, 16.8.1948: ebd., Nr. 4281. Zu weiteren Abteilungen, die nach und nach im thüringischen »Ministerium für Volksbildung« eingerichtet wurden, siehe Welsh: Thüringen, S. 185f.

575 Vgl. z.B. Kampe, Referat »Verlagswesen«, Landesregierung Thüringen an DVV, 27.7.1948; Kampe, Referat »Verlagswesen«, an das »Kreispolizeiamt« Jena, 4.8.1948: ThHStAW, Ld. Thür. - MfVobi, Nr. 4281; Kampe, Referat »Verlagswesen«, an DVV, 24.8.1948: ebd. und Kampe, Referat »Verlagswesen« an Torhorst, 18.9.1948: ebd.

576 Vgl. ebd.

577 Vgl. Torhorst, »Ministerium für Volksbildung« Thüringen, an DVV, 15.12.1948: ThHStAW, Ld. Thür. - MfVobi, Nr. 4305; Kampe, Referat »Verlagswesen«, Landesregierung Thüringen, an Verlag Karl P. Hofmann, 17.12.1948: ebd.; Kampe, Referat »Verlagswesen«, Landesregierung Thüringen, an Verlag Karl P. Hofmann, Zella, 28.12.1948: ebd.; Kampe, »Ministerium für Volksbildung« Thüringen, an Volk und Wissen Verlag, 10.12.1948: ebd., Nr. 4272 und Torhorst, »Ministerium für Volksbildung« Thüringen, an »Thüringische Landesstelle für Buch- und Bibliothekswesen«, 28.4.1949: ebd., Nr. 4278.

578 Vgl. Rundschreiben des Referats »Literatur und Verlagswesen«, Landesregierung Thüringen, an die Kreisbildungsämter und Städtischen Kulturämter, 21.2.1949: ThHStAW, Ld. Thür. - MfVobi, Nr. 4296; Gustav Fischer Verlag an Referat »Literatur und Verlagswesen«, »Ministerium für Volksbildung« Thüringen, 24.6.1949: ebd. sowie diverse andere Schreiben des Gustav Fischer Verlags an das »Ministerium für Volksbildung« Thüringen in derselben Akte. Im Frühjahr 1949 war geplant, dem Referat die Bezeichnung »Literatur und Büchereiwesen« zu geben. Das Verlagswesen sollte als eigenes Sachgebiet innerhalb des Referats geführt werden und von Sacharbeiter Engelke bearbeitet werden (vgl. Geschäftsverteilungsplan der Abteilung »Kunst und Literatur«, Landesregierung Thüringen, ohne Datum, vermutlich von März 1949: ebd., Nr. 124 und Strukturplan der Abteilung »Kunst und Literatur«, Landesregierung Thüringen, 12.3.1949: ebd.). In den eingesehenen Akten des Thüringischen Hauptstaatsarchivs wurden jedoch keine Hinweise auf die Umsetzung dieses Plans gefunden. Im Kopf der Schreiben des Referats »Literatur und Verlagswesen« stand ab Februar 1949 nur noch das Wort »Literatur« als Kürzel für das Referat. In der Abteilung »Kulturelle Aufklärung« wurde spätestens im

Wie bereits angedeutet war in Thüringen nicht nur das »Landesamt für Volksbildung« bzw. das »Ministerium für Volksbildung« für Verlagsangelegenheiten zuständig. Bis Ende April 1949 übernahm die »Thüringische Landesstelle für Buch- und Bibliothekswesen« in Jena den Großteil der Aufgaben. Bis dahin, hatte das »Ministerium für Volksbildung« vor allem die Rolle des Vermittlers. Vermittelt hat es vor allem zwischen der »Thüringischen Landesstelle für Buch- und Bibliothekswesen« und der DVV in Berlin, z.B. durch das Weiterleiten von Unterlagen der Landesstelle nach einer ergänzenden Stellungnahme, zwischen den Verlagen Thüringens und der »Thüringischen Landesstelle für Buch- und Bibliothekswesen«, z.B. durch die Klärung von Verfahrensweisen, zwischen den Verlagen Thüringens und der DVV in Berlin, z.B. durch die Bitte an die DVV, einzelne Verlage schneller über Lizenzerteilung oder -ablehnungen zu informieren oder durch die Unterstützung ihrer Lizenzierungsanträge bei der DVV sowie zwischen den einzelnen Verlagen Thüringens, z.B. zur Bildung einer Arbeitsgemeinschaft oder durch Streitschlichtung zwischen den Verlagen.[579]

Die »Thüringische Landesstelle für Buch- und Bibliothekswesen« ging aus der »Thüringische Landesstelle für volkstümliches Büchereiwesen« hervor, die bis 1937 unter dieser Bezeichnung bestand.[580] Nach Kriegsende erhielt sie zunächst die Bezeichnung »Staatliche Volksbüchereistelle Thüringen«, wurde aber am 1. August 1945 auf Empfehlung ihres Leiters, Joseph Witsch, in »Thüringische Landesstelle für Büchereiwesen« umbenannt.[581] Damit sollte eine Verwechslung mit der »Staatlichen Volksbüchereistelle für den Regierungsbezirk Erfurt« verhindert werden, die ebenfalls mit Wirkung vom 1. August 1945 der »Thüringischen Landesstelle für Büchereiwesen« angegliedert wurde.[582] Aufgrund ihres Aufgabengebiets, das sich neben dem Büchereiwesen auch auf den gesamten Buchhandel erstreckte

März 1948 ein Referat »Druckgenehmigungen« eingerichtet (vgl. Geschäftsverteilungsplan der Abteilung »Kulturelle Aufklärung«, Landesregierung Thüringen, 8.3.1949: ebd. und Referat »Druckgenehmigungen«, Abteilung E »Kulturelle Aufklärung«, Landesregierung Thüringen, 22.3.1949: ebd., Nr. 4272).

579 Vgl. z.B. Arbeitsbericht für den Monat Juli 1947 von Treufeldt, Referat »Verlagswesen«, Landesregierung Thüringen: ThHStAW, Ld. Thür. - MfVobi, Nr. 4280; Kampe, Referat »Verlagswesen«, »Ministerium für Volksbildung« Thüringen, an DVV, 25.9.1948: ebd., Nr. 4281; Julius Beltz Verlagsbuchhandlung an »Thüringische Landesstelle für Buch- und Bibliothekswesen«, 11.12.1948: ebd., Nr. 4272 und Kampe, »Ministerium für Volksbildung« Thüringen, an Volk und Wissen Verlag, 10.12.1948. ebd. Aufgrund der schlechten Quellenlage ist der Aufgabenbereich des thüringischen »Ministeriums für Volksbildung« für die Zeit vor der Gründung des Referats »Verlagswesen« der Abteilung »Kunst und Literatur« im Juli 1947 nicht mehr detailliert nachweisbar. In den Beständen des Thüringischen Hauptstaatsarchivs wurden keine Dokumente gefunden, die darüber berichten. In einem Schreiben vom 26.7.1947 an Volksbildungsministerin Torhorst schreibt schon Treufeldt, im Zusammenhang mit seinen Versuchen sich über die Arbeit seines Vorgängers zu informieren, von »verstreutem Akten- und Unterlagenmaterial« (Treufeldt, Referat »Verlagswesen«, Landesregierung Thüringen, an Minister Torhorst im Hause, 26.7.1947: ThHStAW, Ld. Thür. - MfVobi, Nr. 4280).

580 Vgl. Witsch, Leiter der »Staatlichen Volksbüchereistelle Thüringen«, an das »Landesamt für Volksbildung«, Landesverwaltung Thüringen, 30.7.1945: ThHStAW, Ld. Thür. - LfB, Nr. 21.

581 Vgl. ebd. und Wolf, »Landesamt für Volksbildung«, Landesverwaltung Thüringen, an die »Staatliche Volksbüchereistelle Thüringen«, 14.8.1945: ThHStAW, Ld. Thür. - LfB, Nr. 21.

582 Vgl. ebd.

(siehe unten), wurde die Landesstelle bereits im November 1945 erneut umbenannt, und erhielt die Bezeichnung »Thüringische Landesstelle für Buch- und Bibliothekswesen«.[583]

Bis April 1949 war die »Thüringische Landesstelle für Buch- und Bibliothekswesen« die bedeutendste Verwaltung für das Verlagswesen ihres Landes. Sie erfüllte alle wesentlichen administrativen Aufgaben auf diesem Gebiet und ist, zumindest bis zur Einrichtung des Referats »Verlagswesen« der »Kunstabteilung« im thüringischen »Ministerium für Volksbildung« im Juli 1947, mit den Volksbildungsministerien der übrigen Länder der SBZ vergleichbar. Auch für sie waren die Bestimmungen maßgeblich, die seitens der SMAD und der DVV für den Buchhandel in der SBZ erlassen wurden (siehe Kapitel 3). Unterstellt war sie jedoch dem thüringischen »Landesamt für Volksbildung« bzw. dem »Ministerium für Volksbildung«, so dass in erster Linie deren Anordnungen für sie verbindlich waren.[584] Erstaunlich ist, dass die »Thüringische Landesstelle für Buch- und Bibliothekswesen«, trotz ihrer inhaltlichen Nähe zur Abteilung »Kunst und Literatur« bzw. zur Abteilung »Kulturelle Aufklärung« der Landesregierung Thüringen, erst aufgrund des Entschlusses der Abteilungsleiterbesprechung des thüringischen »Ministeriums für Volksbildung« vom 26. Mai 1948 mit sofortiger Wirkung aus der »Hochschulabteilung« ausgegliedert und der Abteilung »Kulturelle Aufklärung« angeschlossen wurde.[585]

Das Aufgabengebiet der »Thüringischen Landesstelle für Buch- und Bibliothekswesen« umfasste sowohl den Sortiments-Buchhandel als auch das Bücherei- und Verlagswesen Thüringens. Dabei entsprachen die Aufgaben im Bereich Verlagswesen denen der Volksbildungsministerien der anderen Länder (siehe Kapitel 2.2.2). So wurden auch sämtliche Verfahren in Lizenzangelegenheiten thüringischer Verlage bis April 1949 von der »Thüringischen Landesstelle für Buch- und Bibliothekswesen« bearbeitet.[586] Sie war es auch, die die von der DVV geforderten Gutachten über thüringische Verlage schrieb und entweder ihre Lizenzierung befürwortete oder ablehnte.[587] Zwar waren diese Gutachten zunächst an das thüringische »Ministerium für Volksbildung« weiterzuleiten, allerdings wurden sie dort in der Regel wörtlich übernommen und ohne weitere Kommentare an die DVV nach Berlin weitergeleitet.[588] Zur Koordinierung ihrer Arbeiten hielten das thüringische »Ministerium für Volksbildung« und die »Thüringische Landesstelle für Buch- und Bibliothekswesen« regel-

---

583 Vgl. Witsch, »Thüringische Landesstelle für Buch- und Bibliothekswesen«, an G. Fischer, 12.11.1945: ThHStAW, Ld. Thür. - LfB, Nr. 359 und Wahl: »Das Verlegen gebe ich nie auf …«, S. 113, Fußnote 20.

584 Vgl. Witsch, Leiter der »Staatlichen Volksbüchereistelle Thüringen«, an das »Landesamt für Volksbildung«, Landesverwaltung Thüringen, 30.7.1945: ThHStAW, Ld. Thür. - LfB, Nr. 21; Wolf, »Landesamt für Volksbildung«, Landesverwaltung Thüringen, an die »Staatliche Volksbüchereistelle Thüringen«, 14.8.1945: ebd.; »Ministerium für Volksbildung« Thüringen an »Thüringische Landesstelle für Buch- und Bibliothekswesen«, 11.6.1948: ebd.; Rundschreiben des »Ministeriums für Versorgung« und des »Ministeriums für Volksbildung«, beide Landesregierung Thüringen, 19.5.1948: ThHStAW, Ld. Thür. - MfVobi, Nr. 4254; Arbeitsbericht für den Monat Juli 1947 von Treufeldt, Referat »Verlagswesen«, Landesregierung Thüringen: ebd., Nr. 4280 und Torhorst, »Ministerium für Volksbildung« Thüringen, an »Thüringische Landesstelle für Buch- und Bibliothekswesen«, 28.4.1949: ebd., Nr. 4278.

585 Vgl. »Ministerium für Volksbildung« Thüringen an »Thüringische Landesstelle für Buch- und Bibliothekswesen«, 11.6.1948: ThHStAW, Ld. Thür. - LfB, Nr. 21.

586 Vgl. Arbeitsbericht für den Monat Juli 1947 von Treufeldt, Referat »Verlagswesen«, Landesregierung Thüringen: ThHStAW, Ld. Thür. - MfVobi, Nr. 4280.

587 Vgl. diverse Gutachten in: ThHStAW, Ld. Thür. - MfVobi, Nr. 4281 und diverse Schreiben zur Überprüfung und Neuzulassung von Verlagen in ThHStAW, Ld. Thür. - LfB, Nr. 360.

588 Vgl. diverse Gutachten in ThHStAW, Ld. Thür. - MfVobi, Nr. 4281.

mäßig Besprechungen ab, über die sie auch dem Volksbildungsminister bzw. der Volksbildungsministerin berichten mussten.[589] Durch diese Besprechungen und den ständigen Schriftverkehr war das thüringische »Ministerium für Volksbildung« über die Tätigkeiten der »Thüringischen Landesstelle für Buch- und Bibliothekswesen« stets auf dem Laufenden und konnte sich gegebenenfalls einschalten.[590]

Die »Thüringische Landesstelle für Buch- und Bibliothekswesen« wurde von ihrem jeweiligen Leiter, vor allem von ihrem ersten Leiter, Joseph Witsch, geprägt. Von Kriegsende an bis zum 12. Februar 1948 war Witsch mit großem persönlichen Einsatz für die Verlage Thüringens tätig.[591] In erster Linie war es auch Witsch, der für das positive Image der Landesstelle gegenüber vergleichbaren Institutionen der SBZ sorgte. Ilse Korn vom Referat »Literatur und Büchereiwesen« der Landesregierung Sachsen beispielsweise lobte die »beinahe separatistische Linie«[592] Thüringens und war sogar an einem Sachbearbeiteraustausch mit der Landesstelle interessiert, der jedoch nie stattfand.[593] Andererseits gingen beim thüringischen »Landesamt für Volksbildung« bzw. beim »Ministerium für Volksbildung« seit Sommer 1945 auch zahlreiche Beschwerden gegen Witsch ein. Diese richteten sich gegen seine Tätigkeiten als Direktor der Ernst-Abbe-Bücherei und Leiter der »Staatlichen Landesstelle für das volkstümliche Büchereiwesen« während des NS-Regimes.[594] Am 26. Juni 1947 musste sich Witsch vor dem »Reinigungsausschuss« der Stadt Jena verantworten und wurde von den Vorwürfen freigesprochen.[595] Nach einer erneuten Verhörung am 10. Februar 1948 vor der thüringischen »Landeskommission für die Entnazifizierung« ordnete die Kommission jedoch an, ihm seine Entlassungsurkunde auszustellen.[596] Kurz zuvor war Witsch wegen seiner ablehnenden Haltung bei der Planung eines für die ganze SBZ gültigen neuen Büchereigesetzes, an der er als Vertreter des thüringischen »Ministeriums für Volksbildung« beteiligt war, mit vorgesetzten Dienststellen aneinander geraten. Am 6. Februar 1948 ließ ihn Wilhelm Senff, Leiter der »Hochschulabteilung« des Ministeriums wissen, dass er in dieser Angele-

589 Vgl. Arbeitsbericht für den Monat Juli 1947 von Treufeldt, Referat »Verlagswesen«, Landesregierung Thüringen: ThHStAW, Ld. Thür. - MfVobi, Nr. 4280.

590 Vgl. z.B. Kampe, Referat »Verlagswesen«, Landesregierung Thüringen, an Julius Beltz Verlagsbuchhandlung, 10.12.1948; Julius Beltz Verlagsbuchhandlung an »Thüringische Landesstelle für Buch- und Bibliothekswesen«, 11.12.1948: Thilo, »Thüringische Landesstelle für Buch- und Bibliothekswesen«, an Julius Beltz Verlagsbuchhandlung, 21.12.1948: alle drei in: ThHStAW, Ld. Thür. - MfVobi, Nr. 4272.

591 Vgl. Witsch, Leiter der »Staatlichen Volksbüchereistelle Thüringen«, an das »Landesamt für Volksbildung«, Landesverwaltung Thüringen, 30.7.1945: ThHStAW, Ld. Thür. - LfB, Nr. 21; Gustav Fischer an Witsch, 22.10.1945: ebd., Nr. 359; Witsch an Gustav Fischer Verlag, 19.10.1945: ebd. oder Witsch an Greifenverlag, 12.4.1946: ebd., Nr. 360 und »Thüringische Landesstelle für Buch- und Bibliothekswesen« an Gustav Fischer Verlag, 2.3.1948: ThHStAW, GFV, Nr. 568. Siehe auch Triebel: Kultur und Kalkül, S. 345.

592 Korn, Referat »Literatur und Büchereiwesen«, Landesregierung Sachsen, an Abteilung »Kunst und Literatur« im Hause, 10.9.1947: SächsHStAD, 11401 Lr. Sachsen, MfVobi, Nr. 2269.

593 Vgl. ebd.

594 Vgl. Möller: Joseph Caspar Witsch, S. 125f. Vorgeworfen wurden ihm seine »Beiträge in verschiedenen bibliothekarischen Fachzeitschriften, [...] von ihm verantwortete kommentierte Bücherverzeichnisse der Ernst-Abbe-Bücherei, [...] öffentliche Auftritte sowie [...] Mitgliedschaften in nationalsozialistischen Organisationen« (ebd.). Siehe auch Hohenstein: Joseph Caspar Witsch, S. 69ff.

595 Vgl. Möller: Joseph Caspar Witsch, S. 125.

596 Vgl. ebd., S. 128.

genheit nicht länger als Vertreter Thüringens gewünscht sei.[597] Am 12. Februar 1948 trat Witsch aus seinem Amt aus und verließ ein halbes Jahr später die SBZ, um in den Westen Deutschlands zu gehen.[598] Sein Nachfolger als Leiter der »Thüringischen Landesstelle für Buch- und Bibliothekswesen« wurde Martin Thilo.[599]

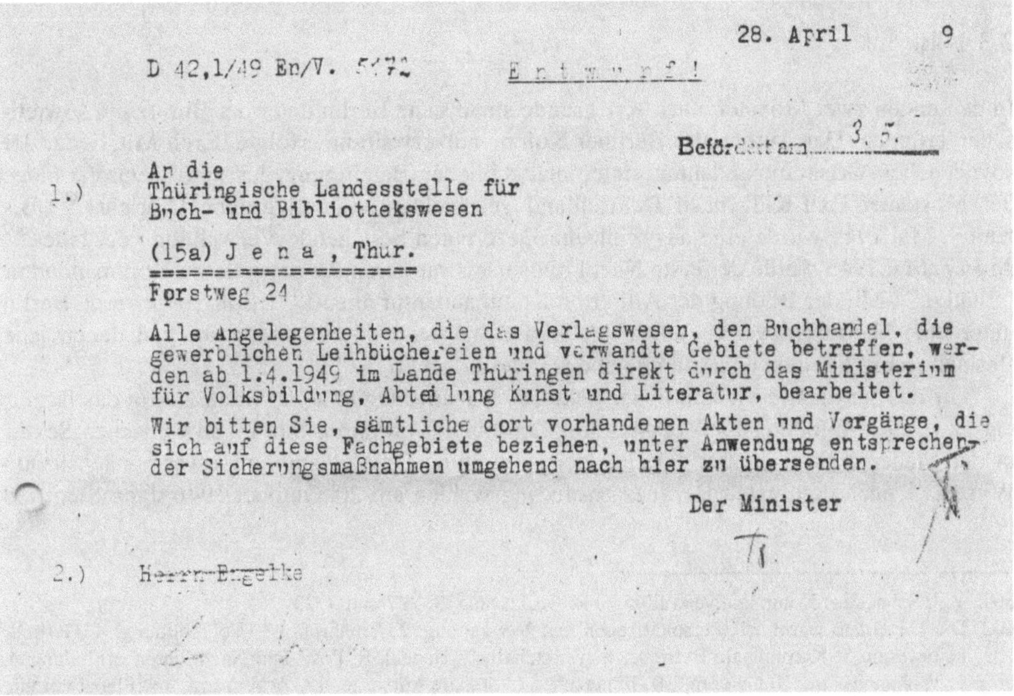
28. April 9

D 42,1/49 En/V. 5172 Entwurf!

Befördert am 3. 5.

1.) An die
Thüringische Landesstelle für
Buch- und Bibliothekswesen

(15a) Jena, Thur.
Forstweg 24

Alle Angelegenheiten, die das Verlagswesen, den Buchhandel, die gewerblichen Leihbüchereien und verwandte Gebiete betreffen, werden ab 1.4.1949 im Lande Thüringen direkt durch das Ministerium für Volksbildung, Abteilung Kunst und Literatur, bearbeitet.

Wir bitten Sie, sämtliche dort vorhandenen Akten und Vorgänge, die sich auf diese Fachgebiete beziehen, unter Anwendung entsprechender Sicherungsmaßnahmen umgehend nach hier zu übersenden.

Der Minister

2.) ~~Herrn Engelke~~

Abb. 7: Schreiben der thüringischen Volksbildungsministerin Marie Torhorst an die »Thüringische Landesstelle für Buch- und Bibliothekswesen«, 28.4.1949.[600]

Ende April 1949 beendete das thüringische »Ministerium für Volksbildung« seine Aufgabenteilung mit der »Thüringischen Landesstelle für Buch- und Bibliothekswesen«. So ordnete Volksbildungsministerin Torhorst die Übernahme sämtlicher Tätigkeiten der Landesstelle durch das Referat »Literatur und Verlagswesen« der Abteilung »Kunst und Literatur« an

597 Vgl. ebd., S. 127f.

598 Vgl. »Thüringische Landesstelle für Buch- und Bibliothekswesen« an Gustav Fischer Verlag, 2.3.1948: ThHStAW, GFV, Nr. 568 und »Bericht der Besprechung in der Deutschen Verwaltung für Volksbildung, Berlin, am 26.8.1948«: SächsHStAD, 11401 Lr. Sachsen, MfVobi, Nr. 2731. Dem Artikel »Verleger in der Ostzone« von Karl Rauch im *Tagesspiegel* Nr. 222 vom 23.8.1948 gemäß hatte Witsch über Nacht aus der SBZ flüchten müssen.

599 Vgl. »Thüringische Landesstelle für Buch- und Bibliothekswesen« an Gustav Fischer Verlag, 2.3.1948: ThHStAW, GFV, Nr. 568. Thilo war schon vorher für die Landesstelle tätig gewesen (vgl. Thilo, »Thüringische Landesstelle für Buch- und Bibliothekswesen«, an den Graphik Verlag, 28.1.1947: ThHStAW, Ld. Thür. - LfB, Nr. 360).

600 Vorlage und Repro: Thüringisches Hauptstaatsarchiv Weimar, Bestand Land Thüringen – Ministerium für Volksbildung, Nr. 4278, Bl. 10r.

(siehe Abb. 7). Somit war ab Mai 1949 allein das »Ministerium für Volksbildung« für die Buchhandelsangelegenheiten des Landes Thüringen verantwortlich.

2.3 Sondereinrichtungen der Städte Berlin und Leipzig

2.3.1 Berlin

In den ersten zwei Monaten nach Kriegsende stand ganz Berlin unter der Besatzung sowjetischer Truppen. Der Aufbau der Berliner Kommunalverwaltung erfolgte durch Mitglieder der sowjetischen Ortskommandantur, unter maßgeblicher Beteiligung der vom Zentralkomitee der Moskauer Exil-KPD nach Deutschland geschickten »Initiativgruppe Ulbricht«.[601] Bis zum 9. Mai 1945 wurde eine aus sechzehn Dezernaten bestehende Verwaltung gegründet.[602] Am 17. Mai 1945 wurde der erste Nachkriegsmagistrat durch die sowjetische Kommandantur bestätigt.[603] Mit der Bildung der Alliierten Kommandantur am 10./11. Juli 1945 wurde Berlin unter eine Viermächteverwaltung gestellt, und in vier Sektoren unterteilt, von denen jede Besatzungsmacht einen übernahm (siehe Kapitel 1.1, Abb. 1).[604]

Für das Verlagswesen sämtlicher Sektoren war im Magistrat der Stadt Berlin das Dezernat bzw. die »Abteilung für Volksbildung« zuständig, die ihren Sitz im sowjetischen Sektor in der Mauerstraße 53 hatte.[605] Leiter der »Abteilung für Volksbildung« war zunächst Otto Winzer,[606] nach den ersten Berliner Nachkriegswahlen am 20. Oktober 1946 dann Siegfried

601 Vgl. Schneider: Kommunalverwaltung und -verfassung, S. 297 und S. 299.

602 Die Dezernate waren »1. Personalfragen und Verwaltung, 2. Ernährung, 3. Volksbildung, 4. Gesundheitswesen, 5. Kommunale Betriebe, 6. Wirtschaft, 7. Handel, 8. Post- und Nachrichtenverbindungen, 9. Wohnungs- und Bauwesen, 10. Finanzen, 11. Soziale Fürsorge, 12. Arbeitsamt, 13. Planabteilung, 14. Beirat für kirchliche Fragen, 15. Gerichtswesen und Anklagebehörde und 16. Polizei.« (ebd., S. 299).

603 Vgl. ebd.

604 Vgl. ebd., S. 318.

605 Vgl. z.B. Buttke, Magistrat der Stadt Berlin, an SMAD, 19.3.1946: LAB, C Rep. 120, Nr. 3222, Bl. 21, Referat »Verlage«, Magistrat der Stadt Berlin, an die Sowjetische Zentralkommandantur, 31.5.1946: ebd., Bl. 18–19 und Buttke an den Reichsverband für Kleintierzüchter, 10.8.1946: ebd., Nr. 3216, Bl. 86. Im Juli 1945 war zunächst überlegt worden, das Verlagswesen dem Arbeitsbereich des geplanten »Dezernats für Information« zuzuordnen (vgl. »Neuer Organisationsplan der Abteilungen«, Magistrat der Stadt Berlin, undatiert (handschriftlich wurde das Datum »Juli 1945« auf dem Plan notiert): ebd., Nr. 62, Bl. 29). Ebenso sollten die Bereiche Presse, Rundfunk und Archiv diesem Dezernat angeschlossen werden (vgl. ebd.). Gemäß einem weiteren Organisationsplan vom 20.8.1945 sollte es einem Referat »Presse- und Verlagswesen« im Hauptdezernat »Personal und Verwaltung« der »Abteilung für Volksbildung« unterstellt werden (vgl. »Neuer Organisationsplan der Abteilung für Volksbildung«, 20.8.1945: ebd., Bl. 22). Weitere Dezernate der »Abteilung für Volksbildung« waren gemäß diesem Plan das Hauptdezernat »Schulwesen«, das Hauptdezernat »Wissenschaft und Forschung« sowie das Hauptdezernat »Theater, Film, Musik«. Weitere Abteilungen des Hauptdezernats »Personal und Verwaltung« waren das »Sekretariat«, die »Personalabteilung«, die »Schulverwaltung«, die »Bildstelle«, eine Abteilung »Haushaltspläne« und eine Abteilung »Justitiar«.

606 Vgl. »Neuer Organisationsplan der Abteilung für Volksbildung«, Magistrat der Stadt Berlin, 20.8.1945: LAB, C Rep. 120, Nr. 62, Bl. 22, Geschäftsverteilungsplan der »Abteilung für Volksbildung«, Magistrat der Stadt Berlin, 1.10.1945: ebd., Bl. 69–70 und Buttke, Magistrat der Stadt Berlin, an SMAD, 19.3.1946: ebd., Nr. 3222, Bl. 21. Stellvertreter Winzers war Erich Otto (vgl. »Neuer Organisationsplan

Nestriepke, und nach dessen Absetzung im Juli 1947 übernahm Walter May das Amt.[607] Spätestens im September 1945 wurde die Abteilung »Verlage« – spätestens im Dezember 1945 in Referat »Verlage« umbenannt – gegründet.[608] Geleitet wurde diese anfangs von der Referentin Windus, die jedoch bis Februar 1946 von Carl Buttke abgelöst wurde, der von nun an die Arbeit im Bereich Verlagswesen in Berlin maßgeblich prägte.[609]

Innerhalb der »Abteilung für Volksbildung« war die Abteilung bzw. das Referat »Verlage« zunächst dem von Rudolf Thunig geleiteten Hauptamt »Presse und Aufbauwerbung« unterstellt.[610] Spätestens im März 1946 wurde es zusammen mit den Referaten »Buchhandel« und »Leihbüchereiwesen« innerhalb des Hauptamts »Presse und Aufbauwerbung« zur oft auch Hauptreferat genannten Abteilung »Verlage/Buchhandel/Leihbüchereien« zusammengefasst.[611] Hauptreferent wurde Carl Buttke, Hauptsachbearbeiter für das Unterreferat bzw.

---

der Abteilung für Volksbildung«, Magistrat der Stadt Berlin, 20.8.1945 und Geschäftsverteilungsplan der »Abteilung für Volksbildung«, Magistrat der Stadt Berlin, 1.10.1945).

607 Vgl. Geschäftsverteilungsplan der »Abteilung für Volksbildung«, Magistrat der Stadt Berlin, 1.10.1945: LA Berlin, C Rep. 120, Nr. 62, Bl. 69f; »Abteilung für Volksbildung« und »Abteilung für Handel und Handwerk«, Magistrat von Groß-Berlin an die Bezirksämter, 25.11.1946: ebd., Nr. 1881, Bl. 68; »Abteilung für Volksbildung«, Magistrat der Stadt Berlin, an Stadtrat May, 18.9.1947: ebd., Bl. 11–13; Organigramm der »Abteilung für Volksbildung«, Magistrat der Stadt Berlin, undatiert (zu datieren auf »nach Juli 1947«): ebd., Bl. 98 und Schreiben an Stadtrat May bezüglich der Neuorganisation der »Abteilung für Volksbildung«, Magistrat der Stadt Berlin, 19.8.1947: ebd., Nr. 1625, Bl. 130. Vgl. auch Angaben zum Bestand »C Rep. 120« des Landesarchivs Berlin in der Beständeübersicht des Online-Portal des Landesarchivs: URL: http://www.landesarchiv-berlin.de/php-bestand (4.1.2010).

608 Vgl. Rundschreiben der Sachabteilung »Verlage«, Magistrat der Stadt Berlin, »an alle Abteilungen im Hause«, 12.9.1945: LAB, C Rep. 120, Nr. 526; Thunig, Magistrat der Stadt Berlin, an die Hauptschriftleitung der *Täglichen Rundschau*, 24.9.1945: ebd., Nr. 3199; Referat »Verlage« des Magistrats der Stadt Berlin, Liste Nr. 1 der »Verlage, die auf Grund militärbehördlicher Genehmigung ihre Arbeit (in Berlin) aufgenommen haben«, 1.12.1945: BArch DR 2/896, fol. 171ff und Referat »Verlage«, Magistrat der Stadt Berlin, an Uhlands Technischer Verlag, 4.2.1946: LAB, C Rep. 120, Nr. 1215, Bl. 73.

609 Vgl. Geschäftsverteilungsplan der »Abteilung für Volksbildung«, Magistrat der Stadt Berlin, 1.10.1945, mit handschriftlicher Ergänzung: LAB, C Rep. 120, Nr. 62, Bl. 129; Angestelltenverzeichnis, Magistrat der Stadt Berlin, undatiert: ebd., Bl. 175; Verlag Franz Eher, Fragebogen, 3.10.1945: ebd., Nr. 900, Bl. 1–3; Kopie des Artikels »Schriftstellersorgen« der *Deutschen Volkszeitung* vom 7.10.1945, weitergeleitet von der »Presseabteilung«, Magistrat der Stadt Berlin, an Referentin Windus: ebd., Nr. 1069, Bl. 1; Übersicht über die »Abteilung Volksbildung«, Magistrat der Stadt Berlin, 2.11.1945: ebd., Nr. 3257, Bl., 1f und Referat »Verlage«, Magistrat der Stadt Berlin an Uhlands Technischer Verlag, 4.2.1946: ebd., Nr. 1215, Bl. 73.

610 Vgl. Geschäftsverteilungsplan der »Abteilung für Volksbildung«, Magistrat der Stadt Berlin: 1.10.1945: LAB, C Rep. 120, Nr. 62, Bl. 69f; Haushaltsplan 1946, »Abteilung für Volksbildung«, Magistrat der Stadt Berlin, aufgestellt am 1.7.1946: ebd., Nr. 1625; Beurteilung des Universalverlags vom Referat »Verlage«, Magistrat der Stadt Berlin, 10.5.1946: ebd., Nr. 1215; »Abteilung für Volksbildung«, Magistrat der Stadt Berlin, an Seiffert, 24.5.1946: ebd., Nr. 3216, Bl. 115; Referat »Verlage«, Magistrat der Stadt Berlin, an die Sowjetische Zentralkommandantur, 31.5.1946: ebd., Nr. 3222, Bl. 18f; »Abteilung für Volksbildung«, Sachgebiet »Verlage«, Magistrat der Stadt Berlin, an Major Haskin, SMAD, 23.8.1946: ebd., Nr. 956, Bl. 44 und »Abteilung für Volksbildung«, Sachgebiet »Verlage«, Magistrat der Stadt Berlin, an Evangelische Verlagsanstalt, 14.9.1946: ebd., Nr. 910, Bl. 18. Weitere Hauptämter waren das »Hauptschulamt«, das Hauptamt »Wissenschaft und Forschung«, das Hauptamt »Theater, Film, Musik«, das »Hauptsportamt« und der »Hauptjugendausschuss« (vgl. Geschäftsverteilungsplan der »Abteilung für Volksbildung«, Magistrat der Stadt Berlin: 1.10.1945).

611 Vgl. Übersicht über die Mitarbeiter der Abteilung »Verlage/Buchhandel/Leihbüchereien«, Magistrat der Stadt Berlin, 15.3.1946: LAB, C Rep. 120, Nr. 62, Bl. 194 und Abteilung »Verlage/Buchhandel/Leihbüchereien«, Magistrat der Stadt Berlin, an Winzer im Hause, 9.5.1946: ebd., Nr. 3227, Bl. 92.

Sachgebiet »Verlage« wurde Kurt Lorf.[612] Im Oktober 1946 wurde die Abteilung »Verlage/Buchhandel/Leihbüchereien« aus dem Hauptamt »Presse und Aufbauwerbung« ausgegliedert und als Amt »Verlage/Buchhandel/Leihbüchereien« dem ebenfalls zur »Abteilung für Volksbildung« zugehörigen Hauptamt »Wissenschaft und Forschung« unterstellt.[613] Mit Zustimmung der Alliierten Kommandantur Berlin vom 24. Juni 1947 wurde dieses Amt als Referat »Verlage, Buchhandel und Leihbüchereien« gemeinsam mit den Referaten »Schrifttum«, »Wissenschaftliche Bibliotheken und Archive« und »Volks- und Betriebsbüchereien, Volksbüchereihaus« dem innerhalb des Hauptamts »Wissenschaft und Forschung« neu geschaffenen »Amt für Buch- und Büchereiwesen« unterstellt.[614] Leiter dieses neuen Amts wurde F. Moser.[615] Hauptreferent des Referats »Verlage, Buchhandel und Leihbüchereien« blieb Buttke.[616]

Das Aufgabengebiet des Referats »Verlage« und seiner Nachfolger ähnelte im Prinzip den Aufgabengebieten der in Kapitel 2.2.2 beschriebenen Ministerien für Volksbildung der Länder und Provinzen der SBZ und ihren Vorläufern. Es umfasste ebenfalls die Registrierung von Verlagen, die Annahme, Begutachtung und Weiterleitung von Lizenzanträgen, die Ergreifung von Maßnahmen zur »Entnazifizierung« und zur Überwachung von Verlagen, die Vermittlung von Autoren an Verlage, die Aufklärung über bestehende Verfahren, das Ausarbeiten von Richtlinien sowie die Bearbeitung von Anträgen auf Ausfuhrgenehmigungen von Verlagserzeugnissen, auf Fernfahrtgenehmigungen, auf Ausstellung von Reise- und Interzonenpässen und von Anträgen auf Zuteilung von Lebensmittelkarten.[617] Wie bereits ange-

---

612 Vgl. Übersicht über die Mitarbeiter der Abteilung »Verlage/Buchhandel/Leihbüchereien«, Magistrat der Stadt Berlin, 15.3.1946: LAB, C Rep. 120, Nr. 62, Bl. 194.

613 Vgl. Amt »Verlage/Buchhandlungen/Leihbüchereien«, Magistrat der Stadt Berlin, »Zu dem Entwurf eines Statuts der Abteilung für Volksbildung vom 14.10.1946«, 23.10.1946: LAB, C Rep. 120, Nr. 1881, Bl. 130, »Abteilung für Volksbildung« und »Abteilung für Handel und Handwerk«, Magistrat von Groß-Berlin, an die Bezirksämter, 15.11.1946: ebd., Nr. 1881, Bl. 68–69 und Amt »Verlage/Buchhandel/Leihbüchereien«, Magistrat der Stadt Berlin, an SMAD: ebd., Nr. 863, Bl. 82. Das Hauptamt »Presse und Aufbauwerbung« ging in dem »Magistratspresseamt«, dem »Amt für Aufbauwerbung« und dem Hauptamt »Wissenschaft und Forschung« auf (vgl. Organigramm der »Abteilung für Volksbildung«, Magistrat der Stadt Berlin, undatiert, handschriftlich wurde das Datum 15.8.1946 auf dem Plan notiert: ebd., Nr. 1625, Bl. 69 und Organigramm der »Abteilung für Volksbildung«, Magistrat der Stadt Berlin, undatiert, zu datieren auf »nach Juli 1947«: ebd., Nr. 1881, Bl. 98). Thunig übernahm die Leitung des Generalreferats der »Abteilung für Volksbildung« (vgl. Bericht über die Besprechung von Angestellten der »Abteilung für Volksbildung«, Magistrat der Stadt Berlin, 1.12.1948: ebd., Nr. 3243, Bl. 1 und Organigramm der »Abteilung für Volksbildung«, Magistrat der Stadt Berlin, undatiert, zu datieren auf »nach Juli 1947«).

614 Vgl. Amt für Buch- und Büchereiwesen, Börsenblatt Leipzig, 9.8.47, S. 221, Alliierte Kommandatura Berlin an Magistrat der Stadt Berlin, 24.6.1947: LAB, C Rep. 120, Nr. 1881, Bl. 44 und Organisationsplan der »Abteilung für Volksbildung«, Magistrat der Stadt Berlin, 18.8.1947: ebd., Nr. 1625, Bl. 133.

615 Vgl. Amt für Buch- und Büchereiwesen, Börsenblatt Leipzig, 9.8.47, S. 221 und Organisationsplan der »Abteilung für Volksbildung«, Magistrat der Stadt Berlin, 18.8.1947.

616 Vgl. Organisationsplan der »Abteilung für Volksbildung«, Magistrat der Stadt Berlin, 18.8.1947.

617 Vgl. »Zur Kulturpolitik in Berlin«, von Winzer 1946 vermutlich als Rede anlässlich des einjährigen Bestehens der »Abteilung für Volksbildung« verfasst: LAB, C Rep. 120, Nr. 3227, Bl. 1–15; Abschnitt »Verlage, Buchhandel, Leihbüchereien« des Jahresberichts »Ein Jahr geistige Enttrümmerung«, Magistrat der Stadt Berlin, 9.5.1946: ebd., Bl. 89–91; »Abteilung für Volksbildung«, Sachgebiet »Verlage«, Magistrat der Stadt Berlin, an Volk und Wissen Verlag, 30.4.1946: ebd., Nr. 1193, Bl. 81; Magistrat der Stadt Berlin an die Sowjetische Zentralkommandantur, 31.5.1946: ebd., Nr. 3222, Bl. 18–19;

deutet war das Besondere am Aufgabengebiet des Referats »Verlage« bzw. des Hauptreferats »Verlage/Buchhandel/Leihbüchereien«, dass Buttke, Lorf und ihre Kollegen bis zur Spaltung Berlins (siehe unten) sowohl für die Verlage des amerikanischen, britischen, französischen als auch für die Verlage des sowjetischen Sektors Berlins zuständig waren. Ihre Arbeit beruhte sowohl auf den Anweisungen der einzelnen Militärregierungen und der Alliierten Kommandantur als auch auf den von der »Abteilung für Volksbildung« des Magistrats von Groß-Berlin herausgegebenen Richtlinien.[618] In einem Rundschreiben der »Abteilung für Volksbildung« und der »Abteilung für Handel und Handwerk« des Berliner Magistrats vom 25. November 1946 heißt es ausdrücklich:

> Für Verlagsanträge ist ausschließlich zuständig die betreffende Militär-Regierung, in deren Sektor der Verlagsantragsteller seinen Verlagssitz hat. Die Erfassung der bei den Militär-Regierungen laufenden Verlagsanträge nimmt das Amt Verlage/Buchhandel in der Abteilung Volksbildung beim Magistrat entgegen. Die Lizenzvergabe oder -ablehnung erfolgt durch die betreffende Militär-Regierung.[619]

Bis Ende April 1946 waren im Referat Buttkes 1015 Verlagsanträge registriert worden, davon 457 aus dem amerikanischen, 348 aus dem britischen, 176 aus dem sowjetischen und 34 aus dem französischen Sektor Berlins.[620] Insgesamt gesehen wurden hier weit mehr Lizenzanträge bearbeitet, als in den entsprechenden Referaten der Volksbildungsministerien der Länder und Provinzen der SBZ.

Winzer, dem Leiter der »Abteilung für Volksbildung«, war sehr daran gelegen, mit der Arbeit in seiner Abteilung die Einheit Berlins zumindest in der Kulturpolitik wiederherzustel-

---

Pensenplan der »Abteilung für Volksbildung«, Hauptamt »Presse und Aufbauwerbung« (aus dem Haushaltsplan 1946, aufgestellt am 1.7.1946): ebd., Nr. 1625; Statutsentwurf der »Abteilung für Volksbildung«, Magistrat der Stadt Berlin, und der Abteilungen für Volksbildung der Bezirksämter, 10.10.1946: ebd.; Amt »Verlage/Buchhandel/Leihbüchereien«, Magistrat der Stadt Berlin, 9.10.1946: ebd., Nr. 875, Bl. 57; Entwurf der »Verordnung über Verlage«, Magistrat von Groß-Berlin, 1947: ebd., Bl. 18; Straßen- und Tiefbau Verlagsgesellschaft an »Abteilung für Volksbildung«, Magistrat der Stadt Berlin, 16.5.1947: ebd., Nr. 1146, Bl. 21; Buttke, »Abteilung für Volksbildung«, Magistrat der Stadt Berlin, an »Arbeitsgemeinschaft Berliner Zeitungs- und Zeitschriftenverlage«, 29.9.1947: ebd., Nr. 772, Bl. 14; Rundschreiben der »Abteilung für Volksbildung« und der »Abteilung für Wirtschaft« an »die Berliner lizensierten [sic] Verlage und genehmigten Grosso- und Versandbuchhandlungen«, 1.11.1947: ebd., Nr. 523, Bl. 2 sowie diverse Lebensmittelkarten-Anträge des Volk und Wissen Verlags in: ebd., Nr. 1193.

618 Vgl. Abteilung »Verlage/Buchhandel/Leihbüchereien«, Magistrat der Stadt Berlin, an Winzer im Hause, 9.5.1946: LAB, C Rep. 120, Nr. 3227, Bl. 92; »Abteilung für Volksbildung« und »Abteilung für Handel und Handwerk«, Magistrat von Groß-Berlin, an die Bezirksämter, 25.11.1946: ebd., Nr. 1881, Bl. 68; »Richtlinien zum Rundschreiben vom 25.11.46 betreffs Gewerbegenehmigung für Verlage, Buchhandlungen, Leihbüchereien und verwandte Gewerbe« der »Abteilung für Volksbildung«, Magistrat von Groß-Berlin, 25.11.1946: ebd., Bl. 87–88 und »Abteilung für Volksbildung«, Magistrat der Stadt Berlin, an Stadtrat May, 18.9.1947: ebd., Bl. 11–13.

619 Punkt I a des Rundschreibens der »Abteilung für Volksbildung« und der »Abteilung für Handel und Handwerk«, Magistrat von Groß-Berlin, an die Bezirksämter, 25.11.1946: LAB, C Rep. 120, Nr. 1881, Bl. 68.

620 Vgl. Abteilung »Verlage/Buchhandel/Leihbüchereien«, Magistrat der Stadt Berlin, an Winzer im Hause, 9.5.1946: LAB, C Rep. 120, Nr. 3227, Bl. 92. Näheres siehe ebd. Eine Vielzahl von Lizenzanträgen Berliner Verlage findet sich z. B. in: ebd., Nr. 3222 und Nr. 3223.

len. So heißt es in seinem Bericht »Zur Kulturpolitik in Berlin« von 1946, dass es der Abteilung gelungen sei, in weiten Teilen die Einheit Berlins zu erhalten: »Keine Zerreißung Berlins in Sektoren wie auf anderen Gebieten. – Alle diesbezüglichen Pressemeldungen sind Gott sei Dank falsch. – Im Gegenteil: wir haben versucht Nutzen zu ziehen aus der Anwesenheit der 4 Besatzungsmächte.«[621] Im Widerspruch zu den Tendenzen zur Wiedervereinigung entzündeten sich in Berlin jedoch immer wieder Auseinandersetzungen zwischen Vertretern der sowjetischen und der westlichen Besatzungszonen.[622] Dieser sich verschärfende Berliner Ost-West-Konflikt mündete schließlich in der politischen und administrativen Spaltung der Stadt. »In der zweiten Jahreshälfte 1948 begann der Exodus der bis dahin im sowjetischen Sektor gelegenen Magistratsdienststellen in den Westteil der Stadt, wohin – nach vorangegangenem offenen Straßenterror – auch der Magistrat selbst und die Stadtverordnetenversammlung übersiedelten.«[623] Im sowjetischen Sektor bildete sich dagegen Ende November 1948 ein eigener Magistrat.[624] Die »Abteilung für Volksbildung« mit ihrem Sitz in der Mauerstraße 53 blieb offenbar als solche erhalten und wurde dem neuen sowjetischen Magistrat angeschlossen. Leiter der Abteilung wurde Max Kreuziger.[625] Am ersten Dezember 1948 fanden sich die verbliebenen Mitarbeiter der Abteilung zu einer Versammlung zusammen, um über die Auswirkungen der Spaltung zu sprechen. Wie dem Bericht zu diesem Treffen zu entnehmen ist, war die Stimmung auf dieser Versammlung eher verhalten:

> Im Dienstgebäude in der Abteilung für Volksbildung, Mauerstr. 53, erschienen heute am 1. Dezember 1948 von insgesamt 152 Angestellten 74. Der Leiter des Generalreferats, Thunig, legte in kurzen Worten die politische Lage dar und forderte die Erschienenen zur loyalen Mitarbeit im legalen Magistrat auf. Die Aufforderung, sich zur gegebenen Lage zu äussern, kam von den Anwesenden niemand nach, und nur in persönlichen Gesprächen legten verschiedene in den Westsektoren wohnende Angestellte die Schwierigkeiten dar, denen sie ausgesetzt sind, wenn sie weiterhin hier im Magistrat ihren Dienst versehen. Verschiedene erklärten sich gern dazu bereit, wollten sich jedoch die Dinge im Laufe des Tages nochmals überlegen.[626]

Gemäß einer Auflistung des Personals vom 22. Dezember 1948 blieb Buttke, der vormalige Hauptreferent des Referats »Verlage, Buchhandel und Leihbüchereien«, in der »Abteilung für Volksbildung« des Magistrats im sowjetischen Sektor.[627] Er übernahm die Leitung des Referats »Verlage«.[628] Hauptsachbearbeiterin für Verlage wurde die frühere Hauptsachbearbeiterin für Leihbüchereien, Candida Both.[629] Auf die Lizenzierungsverfahren der im sowjetischen Sektor ansässigen Verlage hatte die Spaltung keine Auswirkungen. Zum einen waren

621 »Zur Kulturpolitik in Berlin«, von Winzer 1946 vermutlich als Rede anlässlich des einjährigen Bestehens der »Abteilung für Volksbildung« verfasst: LAB, C Rep. 120, Nr. 3227, Bl. 1–15.
622 Vgl. Schneider: Kommunalverwaltung, S. 318. Näheres zu den Auseinandersetzungen siehe ebd.
623 Ebd.
624 Vgl. ebd.
625 Vgl. Angaben zum Bestand »C Rep. 120« des Landesarchivs Berlin. In: Online-Portal des Landesarchivs Berlin, Beständeübersicht. URL: http://www.landesarchiv-berlin.de/php-bestand (4.1.2010).
626 Bericht über die Besprechung von Angestellten der »Abteilung für Volksbildung«, Magistrat der Stadt Berlin, 1.12.1948: LAB, C Rep. 120, Nr. 3243, Bl. 1.
627 Vgl. Auflistung der Stellenbesetzung im »Amt für Buch- und Büchereiwesen«, Magistrat der Stadt Berlin, 22.12.1948: LAB, C Rep. 120, Nr. 2110/1, Bl. 3.
628 Vgl. ebd.
629 Vgl. ebd.

die Verfahren bis zu diesem Zeitpunkt ohnehin weitgehend abgeschlossen, zum anderen verliefen sie bereits seit dem Beginn der Lizenzerteilungen nach den rechtlichen Grundlagen der SBZ – und selbst der Ansprechpartner blieb derselbe.

2.3.2 Leipzig

Leipzig hatte durch die Angriffe auf große deutsche Städte seit 1943, besonders durch den Bombenangriff am 4. Dezember 1943, große Verluste erlitten. Dennoch konnte sie ihren Rang als traditionelle Buchstadt behaupten. Die Deutsche Bücherei, der Börsenverein der Deutschen Buchhändler und eine Vielzahl von Verlagen hatten hier ihren Sitz, und trotz der erheblichen Kriegsschäden verfügte Leipzig im Vergleich zu anderen Städten über relativ gute Herstellungskapazitäten.[630] Was den Buchhandel in der SBZ betraf, orientierten sich nach Kriegsende zunächst alle an Leipzig und den dort ansässigen Buchhandelspersönlichkeiten, sowohl die amerikanische und die sowjetische Besatzungsmacht als auch die deutschen Verwaltungen.

Zunächst war Leipzig, wie auch andere Gebiete im westlichen Teil Sachsens, von amerikanischen Truppen besetzt worden. Auf Beschluss der Alliierten mussten sie diese Gebiete und somit auch Leipzig ab Anfang Juli 1945 jedoch den sowjetischen Truppen überlassen (siehe auch Kapitel 2.2.2.3). Um im Buchhandel einen Vorsprung vor der sowjetischen Besatzungsmacht zu bekommen, war der amerikanischen Militärführung offensichtlich daran gelegen, Leipzig »den Sowjets möglichst desorientiert und einiger Buchhandels-Filetstücke beraubt zu hinterlassen.«[631] Am 5. Juni 1945 beschlossen Vertreter der amerikanischen Truppen und Mitglieder des »Aktionsausschusses des Börsenvereins der Deutschen Buchhändler zu Leipzig« die Errichtung einer Zweigstelle des Börsenvereins in Wiesbaden, dem Sitz des Alliierten Hauptquartiers.[632] Zudem gelang es der amerikanischen Besatzungsmacht bevor sie sich aus Leipzig zurückziehen musste, einige Traditionsverlage wie Breitkopf & Härtel, Brockhaus, Insel, Thieme und die Dieterich'sche Verlagsbuchhandlung dazu zu bewegen, mit ihrer Unterstützung Filialen in Wiesbaden zu gründen (siehe Kapitel 4.1).

Ähnlich wie in Thüringen war in Sachsen nicht allein das »Ministerium für Volksbildung« bzw. seine Vorläufer (siehe Kapitel 2.2.2.3) für die Regelung des Verlagswesens zuständig. Die Bearbeitung von Angelegenheiten in Leipzig, wo sich der Großteil der buchhändlerischen Unternehmen befand, übernahm die Leipziger »Zentralstelle für Buch- und Bibliothekswesen« bzw. nach ihrer Umbenennung die Abteilung »Buch- und Bibliothekswesen« des »Volksbildungsamts« Leipzig. Zurückzuführen ist die Einrichtung der »Zentralstelle für Buch- und Bibliothekswesen« auf ein Treffen am 26. Juli 1945 zwischen Pjotr Solotuchin, dem Leiter der »Abteilung für Volksbildung« der SMAD, Erich Zeigner, dem Oberbürgermeister der Stadt Leipzig, Heinrich Becker, zu der Zeit kommissarischer Leiter

630 Druckkapazitäten waren in Leipzig ausreichend vorhanden, Schwierigkeiten gab es aber beim Binden der Bücher (vgl. Stadtdirektor Ott, »Nachrichtenamt«, Rat der Stadt Leipzig, an Oberbürgermeister Zeigner, 19.6.1946: StadtAL, StVuR Nr. 8890, Bl. 188).

631 Bille: Börsenverein, S. 168.

632 Vgl. Widmann: Geschichte des Buchhandels, S. 190f; Umlauff: Wiederaufbau, Sp. 135ff; Wittmann: Geschichte des deutschen Buchhandels, S. 369 und Bille: Börsenverein, S. 166f.

der Stadtbibliothek und der Städtischen Bücherhallen Leipzigs, und Heinrich Uhlendahl, dem Generaldirektor der Deutschen Bücherei – ein Treffen, das Becker in seiner Autobiographie *Zwischen Wahn und Wahrheit* als »Markstein in der Geschichte der Buchstadt Leipzig« bezeichnete.[633] Da »Leipzig als Buchstadt und als Sitz der Deutschen Bücherei« dazu berufen sei, »Fundamente für das geistige Leben in Deutschland zu legen«, wurde an diesem Tag beschlossen, bei der Leipziger Stadtverwaltung eine »Zentralstelle für die Reinigung vom Faschismus und Militarismus im Verlags- und Büchereiwesen« zu errichten.[634] Zudem seien »sämtliche lokale Maßnahmen auf dem Gebiete des Buch- und Schulwesens [...] so anzulegen, dass sie für das gesamte deutsche Gebiet jederzeit ausgebaut und verbindlich gemacht werden« könnten.[635] Gestört wurden diese frühen Tendenzen, Leipzig zu einer Zentrale im Buchhandel der SBZ zu machen, durch den am 27. Juli 1945 – also einen Tag nach dem Treffen mit Solotuchin in Leipzig – erlassenen SMAD-Befehl Nr. 17. Der Befehl ordnete die Gründung von deutschen Zentralverwaltungen in Berlin an, und eine davon war die DVV, die nach ihrer Gründung schließlich die zentrale Funktion im Buchhandel der SBZ übernahm (siehe Kapitel 2.1.2).

Parallel zur Gründung der Leipziger Zentralstelle beschloss die sächsische Landesverwaltung infolge des genannten Treffens mit Solotuchin in der zweiten Augusthälfte 1945 eine »Amtsstelle Leipzig der Landesverwaltung Sachsen für Verlagswesen, Buchhandel und Büchereien« zu bilden.[636] Besetzt wurde diese Außenstelle mit Karl Magritz von der Landesverwaltung in Dresden, ihre offizielle Bezeichnung lautete Abteilung »Buchhandel und Bibliothekswesen« (siehe Kapitel 2.2.2.3). Gemeinsam mit dem schon genannten Heinrich Becker richtete Magritz Ende August/Anfang September 1945 die »Zentralstelle für Buch- und Bibliothekswesen« im »Erziehungs- und Kulturamt« der Stadt Leipzig ein.[637] Leiter der

633 Vgl. Abschrift des Protokolls über die Besprechung zwischen Solotuchin, Smirnow, Ott, Jungmann, Uhlendahl, Becker, Zeigner Bauer und Senglaub am 26.7.1945: StadtAL, StVuR Nr. 8852, Bl. 44f, Becker: Zwischen Wahn und Wahrheit, S. 348 und Riese: Der Börsenverein, S. 184.

634 Abschrift des Protokolls über die Besprechung zwischen Solotuchin, Smirnow, Ott, Jungmann, Uhlendahl, Becker, Zeigner Bauer und Senglaub am 26.7.1945: StadtAL, StVuR Nr. 8852, Bl. 44f. Siehe auch Bille: Börsenverein, S. 174f und Riese: Der Börsenverein, S. 184.

635 Abschrift des Protokolls über die Besprechung zwischen Solotuchin, Smirnow, Ott, Jungmann, Uhlendahl, Becker, Zeigner Bauer und Senglaub am 26.7.1945: StadtAL, StVuR Nr. 8852, Bl. 44f.

636 Notizen von Oberbürgermeister Zeigner zu Mitteilungen, die ihm am 11.8.1945 »anlässlich der Arbeitstagung der Landesverwaltung in Dresden« gemacht wurden: StadtAL, StVuR Nr. 8855, Bl. 9. Vgl. auch Becker: Zwischen Wahn und Wahrheit, S. 351.

637 Vgl. Stadtrat Holtzhauer an Becker, 13.8.1945: StadtAL, StVuR Nr. 8850, Bl. 3, Artikel zur Einrichtung der »Zentralstelle für Buch- und Bibliothekswesen« im Informationsblatt Nr. 29, 8.9.1945: StadtAL, StVuR Nr. 8852, Bl. 46, Übersicht über die Abteilungen des Dezernats »Volksbildungsamt« und Becker: Zwischen Wahn und Wahrheit, S. 351. Laut dem Bericht über die Arbeit der »Zentralstelle für Buch- und Bibliothekswesen« vom 15.1.1946 sollte die Zentralstelle bereits am 1.8.1945 geschaffen werden (BArch DR 2/896, fol. 146–148). Tatsächlich wurden jedoch im August 1945 lediglich die ersten Maßnahmen zu ihrer Errichtung ergriffen. Spätestens im Januar 1946 wurde das »Erziehungs- und Kulturamt« der Stadt Leipzig in Dezernat »Volksbildungsamt« umbenannt (vgl. Rat der Stadt Leipzig, 4.1.1946: StadtAL, StVuR Nr. 2261, Bl. 4). Zu den Abteilungen des Dezernats siehe Übersicht über die Abteilungen des Dezernats »Volksbildungsamt«, Rat der Stadt Leipzig, 4.1.1946 und Organisationsplan der Stadtverwaltung Leipzig: StadtAL, StVuR Nr. 2125, Bl. 1.

Zentralstelle wurde Heinrich Becker.[638] Am 30. November 1945 stellte Magritz seine Tätigkeit in Leipzig wieder ein und ging zurück in die Landesverwaltung Sachsen nach Dresden.[639] Die Aufgaben der Abteilung »Buchhandel und Bibliothekswesen« wurden von der Leipziger »Zentralstelle für Buch- und Bibliothekswesen« übernommen, die spätestens im März 1946 in Abteilung »Buch- und Bibliothekswesen« umbenannt wurde.[640] Am 3. Juni 1946 wurde Becker in der Aufsichtsratssitzung des Verlags Bibliographisches Institut zum Geschäftsführer gewählt.[641] Seine Tätigkeit in der Abteilung »Buch- und Bibliothekswesen« führte er daneben zunächst weiter.[642] Im Oktober 1946 schied er jedoch aus dem Amt aus und Arthur Werner übernahm die Abteilungsleitung.[643] Im Zuge der Vereinheitlichung der Bezeichnungen für Dezernate und Ämter der Verwaltung des Rats der Stadt Leipzig wurde die Abteilung im September 1947 in »Amt für Buch- und Bibliothekswesen« umbenannt.[644] Eine weitere grundlegende Änderung erfolgte dann erst wieder am 1. April 1949, als das Amt im Zuge einer Verwaltungsvereinfachung aufgelöst und innerhalb des Dezernats »Volksbildung« unter der früheren Bezeichnung Abteilung »Buch- und Bibliothekswesen« dem »Amt für allgemeine Volkserziehung« angegliedert wurde.[645]

---

638 Vgl. Stadtrat Holtzhauer an Becker, 13.8.1945: StadtAL, StVuR Nr. 8850, Bl. 3, Artikel zur Einrichtung der »Zentralstelle für Buch- und Bibliothekswesen« im Informationsblatt Nr. 29, 8.9.1945: StadtAL, StVuR Nr. 8852, Bl. 46 und Becker: Zwischen Wahn und Wahrheit, S. 351.

639 Vgl. Aktennotiz vom 30.11.1945: StadtAL, StVuR Nr. 9164, Bl. 82 und Becker an Magritz, Landesverwaltung Sachsen, 20.12.1945: SächsHStAD, 11401 Lr. Sachsen, MfVobi, Nr. 2768.

640 Vgl. Aktennotiz vom 30.11.1945: StadtAL, StVuR Nr. 9164, Bl. 82 und Holtzhauer an Landesverwaltung Sachsen, 20.3.1946: StadtAL, StVuR Nr. 9164, Bl. 73. »Die Zentralstelle wird die von ihr getroffenen Entscheidungen nach Rücksprache mit Herrn Magritz folgendermassen zeichnen: 'Im Auftrag der Landesverwaltung Sachsen: Zentralstelle für Buch- und Bibliothekswesen« (Aktennotiz vom 30.11.1945).

641 Vgl. Becker: Zwischen Wahn und Wahrheit, S. 381.

642 Vgl. Becker an Oberbürgermeister Zeigner, 13.6.1946: StadtAL, StVuR Nr. 8890, Bl. 184.

643 Vgl. Begegnung mit Freunden, S. 1063 und Zeigner an A. Werner, 25.10.1946: StadtAL, StVuR Nr. 9121, Bl. 156. Becker selbst wurde im selben Monat von der SMAD als stellvertretender Vorsteher des Leipziger Börsenvereins bestätigt. In ihrem Schreiben vom 23.10.1946 an die DVV genehmigte die SMAD die Zusammensetzung des bereits wenige Wochen nach der Lizenzierung des Börsenvereins am 21.6.1946 umgebildeten vorläufigen Vorstands und des Hauptausschusses sowie die Satzung des Börsenvereins. Ernst Reclam wurde als Börsenvereins-Vorsteher, Heinrich Becker eben als sein Stellvertreter und Paul Heilmann als Geschäftsführer bestätigt (vgl. Riese: Der Börsenverein, S. 194f und Bille: Börsenverein, S. 181). Nach Kriegsende hatte zunächst der neu gebildete »Aktionsausschuss des Börsenvereins der Deutschen Buchhändler zu Leipzig« die Aufgaben des ehemaligen Vorstands übernommen. Mit der letzter Sitzung dieses Ausschusses am 31. Oktober 1945 wurde ein erster vorläufiger neuer Vorstand und ein Hauptausschuss gebildet. Erster Vorsteher wurde Walter Jäh, sein Stellvertreter Theodor Volckmar-Frentzel. Nach dem Tod Jähs am 22. Mai 1946 wurde zunächst Becker als sein Nachfolger bestellt. Stattdessen wurde jedoch Ernst Reclam Vorsteher und Becker sein Stellvertreter (vgl. Riese: Der Börsenverein, S. 178, 188 u. 194).

644 Vgl. Dezernat »Volksbildungswesen«, Rat der Stadt Leipzig, an Oberbürgermeister Zeigner, 18.8.1947: StadtAL, StVuR Nr. 2261, Bl. 10, Antwortschreiben von Zeigner, 27.8.1947: ebd., Bl. 13, Rat der Stadt Leipzig zur Bezeichnung des Dezernats des Herrn Stadtrats Lang, 30.9.1947: ebd., Bl. 19 und Kreisgruppe Leipzig. Arbeitsbereich Verlag, Börsenblatt Leipzig, 20.9.1947, S. 253. »Abteilungen, welche Amtscharakter tragen«, sollten auch als Ämter bezeichnet werden (Dezernat »Volksbildungswesen«, Rat der Stadt Leipzig, an Oberbürgermeister Zeigner, 18.8.1947).

645 Vgl. »Aufgabenbereich der Abteilung Buch- und Bibliothekswesen«, Rat der Stadt Leipzig, 2.5.1949: StadtAL, StVuR Nr. 2125, Bl. 13 und Stadtrat J. Lang an E. Schröder, Referent für Büchereiwesen, DVV: StadtAL, StVuR Nr. 2131, Bl. 53. Bereits seit Dezember 1948 wurde die Zusammenlegung der

Entsprechend der ursprünglich geplanten Bezeichnung für die Zentralstelle war sie zunächst vorwiegend dafür zuständig, Leipziger Verlage, Bibliotheken und Buchhandlungen von nationalsozialistischem und militaristischem Einfluss zu »reinigen«.[646] Gemeinsam mit der Deutschen Bücherei erarbeitete sie anhand vorher erstellter Karteien »eindeutig auszuscheidender« und »fragwürdiger« Titel eine Gesamtliste verbotener und unerwünschter Titel, die später laufend ergänzt und weiterbearbeitet wurde (zur »Liste der auszusondernden Literatur« siehe auch Kapitel 2.1.1).[647] Die Zentralstelle hatte dafür zu sorgen, dass die in den Listen aufgeführten Titel aus den Beständen der Leipziger Verlags-, Zwischen-, Sortimentsbuchhandlungen, Musikalienhandlungen und Leihbüchereien entfernt wurden und dass belastete Inhaber und leitende Angestellte die Unternehmen verließen.[648] In den Jahren 1945 und 1946 wurden über zwei Millionen »belastete« Bücher allein aus den Beständen der Leipziger Bibliotheken herausgenommen und ca. 700 Buchhandelsfirmen, 130 Leihbüchereien und 120 Werksbüchereien nach vorheriger Prüfung wiedereröffnet.[649] Des Weiteren gehörte es mit zum Aufgabenbereich der Zentralstelle und ihrer Nachfolger, der Abteilung »Buch- und Bibliothekswesen« und dem »Amt für Buch- und Bibliothekswesen«, sämtliche Leipziger Bibliotheken und Buchhandelsunternehmen zu überwachen, gemeinsam mit Vertretern der SMAD die Leipziger Buchmessen zu organisieren,[650] in Zusammenarbeit mit anderen Leipziger Organisationen und Ämtern in verschiedensten Buchhandelsangelegenheiten zu beraten, Lizenzanträge von Leipziger Verlagen zu begutachten und weiterzuleiten und Listen von Verlagen zusammenzustellen, deren Lizenzierung dringend befürwortet wurde.[651] Vierzig Verlagen hat die »Abteilung Buch- und Bibliothekswesen« bzw. das »Amt für Buch- und Bibliothekswesen« in den Jahren 1946 bis 1948 durch das große Engagement seines jeweili-

---

Abteilung mit einer anderen Abteilung innerhalb des Dezernats »Volksbildung« diskutiert (vgl. entsprechenden Vorschlag von Holtzhauer, Schreiben vom 16.12.1948: StadtAL, StVuR Nr. 2125, Bl. 29).

646 Festgelegt wurde dieser Aufgabenbereich bereits mit dem Beschluss zur Gründung der Zentralstelle (vgl. Abschrift des Protokolls über die Besprechung zwischen Solotuchin, Smirnow, Ott, Jungmann, Uhlendahl, Becker, Zeigner Bauer und Senglaub am 26.7.1945: StadtAL, StVuR 8852, Bl. 44f). Vorarbeiten hierfür waren von der Leipziger Stadtverwaltung auf Wunsch der SMA bereits seit Mitte Juli 1945 geleistet worden (vgl. Angaben zum Wunsch der SMA über die Erstellung einer Liste über Verlags- und Sortimentsunternehmen zwecks politischer Bereinigung: ebd., Bl. 19; Becker an Zeigner: ebd., Bl. 48 und Protokoll der Sitzung vom 1.9.1945: StadtAL, StVuR Nr. 8850, Bl. 64). Der Leiter der »Zentralstelle für Buch- und Bibliothekswesen« Becker bzw. später Werner war auch Mitglied in der Buchprüfungskommission der Deutschen Bücherei (vgl. A. Werner an Mones, DVV, 24.5.1947: StadtAL, StVuR Nr. 2124, Bl. 54 und Mones an Werner, 14.5.1947: ebd., Bl. 55).

647 Vgl. Bericht über die Arbeit der »Zentralstelle für Buch- und Bibliothekswesen«, Rat der Stadt Leipzig, 15.1.1946: BArch DR 2/896, fol. 146–148.

648 Vgl. ebd.

649 Vgl. Bericht über die Arbeit der Abteilung »Buch- und Bibliothekswesen«, Rat der Stadt Leipzig, seit 1945: StadtAL, StVuR Nr. 2125, Bl. 8.

650 Die erste Buchmesse fand vom 5.-12.5.1946 statt (vgl. Kapitel 3.2, SMAD-Befehl Nr. 73 vom 6.3.1946 und Widmann: Geschichte des Buchhandels, S. 225).

651 Vgl. ebd. und Bericht über die Arbeit der Abteilung »Buch- und Bibliothekswesen«, Rat der Stadt Leipzig, seit 1945: StadtAL, StVuR Nr. 2125, Bl. 8. Beispiele der genannten Listen: »Verlage, deren Lizenzierung dringendst befürwortet wird«, Abteilung »Buch- und Bibliothekswesen«, Rat der Stadt Leipzig: StadtAL, StVuR Nr. 2124, Bl. 36–38, »Weitere Verlage, deren Lizenzanträge dringendst befürwortet werden«: StadtAL, StVuR Nr. 8889, Bl. 9–15 und Angaben über das »Amt für Buch- und Bibliothekswesen«, das der DVV Verlage zur Lizenzierung vorschlagen soll: StadtAL, StVuR Nr. 2125, Bl. 50.

gen Leiters zum Lizenzerhalt verholfen.[652] Zu erwähnen ist hier vor allem der erste Leiter, Heinrich Becker, der das Vertrauen der leitenden Mitarbeiter der Stadtverwaltung Leipzigs, der Landesregierung Sachsens, der SMAD und der DVV gewann, eine beachtliche Karriere machte und dementsprechend Einfluss auf den Buchhandel in der SBZ nehmen konnte.[653] Ein »bewährter Antifaschist, charakterlich ohne Tadel«, schrieb Friedrich Marx, Leiter der Dieterich'schen Verlagsbuchhandlung, am 15. März 1946 in einem Brief an den DVV-Vizepräsidenten Erich Weinert über Becker.[654] Von 1929 bis zu seiner Entlassung im Jahre 1933 war Becker als Ministerialrat für Bücherei- und Volkshochschulwesen im Preußischen »Ministerium für Wissenschaft, Kunst und Volksbildung« tätig gewesen und hatte dort das »Referat für Volkshochschulen und Volksbüchereien« geleitet.[655] Ab Oktober 1936 war er in der Leipziger Internationalen Buchhandlung Otto Harrassowitz in Leipzig beschäftigt und übernahm dort im Oktober 1937 die Leitung der Verlagsabteilung.[656] Seine Nachkriegskarriere startete der damals 54-jährige kommissarische Leiter der Stadtbibliothek und der Städtischen Bücherhallen Leipzigs am 9. Juli 1945 mit einem Brief an den damaligen Stadtrechtsrat und späteren Oberbürgermeister Erich Zeigner.[657] »Da jetzt doch wohl sehr bald die Frage auftauchen wird, welche Maßnahmen im Verlagsbuchhandel zu ergreifen sind, um das Erscheinen unerwünschter Veröffentlichungen zuverlässig zu verhindern«, habe er sich Gedanken gemacht, von denen er Zeigner in Kenntnis setzen wolle:

> Gewiss wäre es unmöglich, wenn man den Verlagsbuchhandel jetzt hemmungslos darauf los produzieren ließe, ebenso falsch wäre es, wenn irgend etwas wie eine ›Zensur‹ eingerichtet würde. Ich habe in dieser Beziehung jahrelang die Tätigkeit der Nazizensur beobachtet und mir sehr genaue Vorstellungen darüber bilden können, was möglich und nötig ist. Ganz kurz gesagt, das wichtigste ist die scharfe Prüfung und Sichtung der Verlegerpersönlichkeiten und ihrer leitenden Mitarbeiter. Das zweite ist die Prüfung der Autoren und erst das dritte, auch im Rang zurücktretend, die Prüfung des einzelnen Buches.[658]

Er bot Zeigner an, ihn zu einem persönlichen Gespräch zu sich kommen zu lassen: »Auf Grund meiner verlegerischen bibliothekarischen und allgemeinen Verwaltungsarbeit, und vor allem auch im Verlagsbuchhandel habe ich in dieser Sache, glaube ich, die Möglichkeit einiges Nützliches zu leisten«.[659] Offensichtlich ging Zeigner auf Beckers Vorschlag ein und ließ ihn, am 26. Juli 1945 an einem der ersten Gespräche mit Vertretern der sowjetischen Besatzungsmacht über die Zukunft des Buchhandels in der SBZ teilnehmen (siehe oben). Auch die für das Verlagswesen zuständigen Mitarbeiter der DVV zogen Becker regelmäßig bei wichtigen Entscheidungen, wie den ersten Lizenzierungen von Privatverlagen, ins Vertrauen

652 Vgl. Bericht über die Arbeit der Abteilung »Buch- und Bibliothekswesen«, Rat der Stadt Leipzig, seit 1945: StadtAL, StVuR Nr. 2125, Bl. 8.
653 Vgl. Umlauff: Wiederaufbau, Sp. 1222f.
654 Marx an Weinert, 15.3.1946: BArch DR 2/1090, fol. 116–119.
655 Vgl. Umlauff: Wiederaufbau, Sp. 1223 und Becker: Zwischen Wahn und Wahrheit, Schutzumschlag (Rückentext).
656 Vgl. Becker: Zwischen Wahn und Wahrheit, S. 306 und 316.
657 Vgl. Becker an Zeigner, 9.7.1945: StadtAL, StVuR Nr. 8852, Bl. 48.
658 Ebd.
659 Ebd.

(siehe Kapitel 4.1).[660] Wie bereits erwähnt, gab Becker nach seiner Wahl zum Geschäftsführer des Bibliographischen Instituts und seiner Ernennung zum stellvertretenden Vorsteher des Börsenvereins seine Tätigkeit in der Abteilung »Buch- und Bibliothekswesen« auf. Als im Januar 1948 Ernst Reclam als Vorsteher des Börsenvereins zurücktrat, übernahm Becker zunächst das Amt des geschäftsführenden Vorstehers, bis er im Juli 1950 zum Vorsteher berufen wurde.[661] Dieses Amt behielt er, bis er Ende 1960 in den Ruhestand ging.[662]

Arthur Werner, Beckers Nachfolger als Leiter der »Abteilung für Buch- und Bibliothekswesen« im Dezernat »Volksbildung« der Stadt Leipzig, wurde, wenn auch bei weitem nicht in dem Maße wie Becker, ebenfalls von Mitarbeitern der DVV oder des Kulturellen Beirats zu wichtigen Gesprächen als Berater hinzugezogen.[663] Auch er setzte sich sehr für die Belange der Leipziger Verlage ein. Unterstützt wurde die »Abteilung für Buch- und Bibliothekswesen« bei ihren Bemühungen um die Leipziger Verlage auch von anderen Ämtern und Institutionen Leipzigs wie dem »Oberbürgermeisteramt«, dem »Nachrichtenamt« und dem Börsenverein der Deutschen Buchhändler (zur Einbeziehung des Börsenvereins in die Aufgaben der Landesverwaltung siehe Kapitel 2.2.2.3). Gerade dieser enorme Einsatz der Vertreter Leipziger Institutionen bewirkte aber auch, dass Spannungen in der sonst so guten Beziehung zwischen diesen und der DVV auftraten. So gab Theo Bartels vom Referat »Verlagswesen« der DVV auf der Besprechung zwischen lizenzierten Verlegern und Vertretern der DVV in Leipzig am 7. März 1947 offen zu, »dass die unentwegten und bestens fundierten Bemühungen von Herrn Min.Rat Becker, Herrn Heilmann und anderen Leipziger Herren, die Verlagsproduktion für Leipzig vorwärts zu treiben, auf keine Gegenliebe in Berlin gestoßen seien«.[664] Der große Zusammenhalt zwischen den genannten Leipziger Ämtern, Institutionen und Verlegern resultierte vor allem aus der Befürchtung, dass Leipzig seinen Rang als traditionelle Buchstadt verlieren könnte. Seit Kriegsende konzentrierte sich das Verlagswesen zunehmend in Berlin. Die zentralen Institutionen wie die »Propaganda-« bzw. »Informations-

---

660 Vgl. Aktennotiz Beckers, 7.1.1946: »V.B. [Lothar von Balluseck, Leiter des Referats ›Verlagswesen‹ der DVV, B.J.] teilt mit, dass die Frage der Verlagszulassungen in der sowjetischen Besatzungszone seit heute in ein neues Entwicklungsstadium tritt, weshalb der dringende Wunsch besteht, möglichst unverzüglich eine Aussprache mit dem Unterzeichneten herbeizuführen.« (StadtAL, StVuR Nr. 8889, Bl. 77). Vgl. auch »Zentralstelle für Buch- und Bibliothekswesen« an Gute, Landesverwaltung Sachsen, 17.1.1946: ebd., Bl. 60f und DVV an Becker, 25.5.1946: StadtAL, StVuR Nr. 8901, Bl. 72. Näheres siehe Kapitel 2.2.2.3.

661 Vgl. Bille: Börsenverein, S. 207, Fußnote 221. Wie einem undatierten, vertraulichen Schreiben des Börsenvereins zu entnehmen ist, wurde Reclam zuvor gebeten, von seinem Amt als erster Vorsteher des Börsenvereins zurückzutreten. Bis zur endgültigen Klärung sollte Becker die Geschäfte übernehmen. »Es besteht der dringende Wunsch, diese Angelegenheit bis zur endgültigen Regelung mit der erforderlichen Zurückhaltung zu behandeln«. (Börsenverein an Hauptausschuss, undatiert: SächsHStAD, 11401 Lr. Sachsen, MfVobi, Nr. 2739).

662 Vgl. Becker: Zwischen Wahn und Wahrheit, S. 370.

663 So wurde Werner beispielsweise am 28.5.1947 von v. Balluseck, dem Geschäftsführer des Kulturellen Beirats, zu einem inoffiziellen Treffen mit Vertretern des Kulturellen Beirats eingeladen, um darüber zu reden, wer das Leipziger Sekretariat leiten sollte, welche Verleger an bestimmten Sitzungen des Kulturellen Beirats teilnehmen könnten und welche Leipziger Persönlichkeiten als Lektoren für den Kulturellen Beirat arbeiten könnten (vgl. Kultureller Beirat an Werner, Abteilung »Buch- und Bibliothekswesen«, Rat der Stadt Leipzig, 28.5.1947: StadtAL, StVuR Nr. 8901, Bl. 31).

664 Niederschrift über eine Besprechung zwischen lizenzierten Verlegern und Vertretern der DVV in Leipzig, 7.3.47: StadtAL, StVuR Nr. 8905, Bl. 6–11. Paul Heilmann war seit 1946 Geschäftsführer des Börsenvereins der Deutschen Buchhändler.

verwaltung« der SMAD, die DVV und der Kulturelle Beirat errichteten dort ihren Sitz. Selbst Becker, dem es gelungen war, vieles für die Leipziger Verleger durchzusetzen, schrieb am 13. Juni 1946, wenige Monate, bevor er seine Tätigkeit als Leiter der Abteilung »Buch- und Bibliothekswesen« einstellte, in einem Brief an Zeigner, dass er den Eindruck habe, dass die leitenden Mitarbeiter der Abteilung »Verlagswesen« der DVV in Berlin »durchaus nichts für die Leipziger Konkurrenz übrig« hätten, und äußerte deutlich seine Unzufriedenheit.[665] Wie in Kapitel 2.2.2.3 beschrieben, fühlten sich auch die Leipziger Verleger hinter ihren Berliner Kollegen sehr in den Hintergrund gedrängt, kämpften aber mit Unterstützung führender Persönlichkeit ihrer Stadt mit großem Engagement dagegen an.

665 Becker an Oberbürgermeister Zeigner, 13.6.1946: StadtAL, StVuR Nr. 8890, Bl. 184.

3 Rechtliche Grundlagen der Lizenzierungspolitik in der SBZ

3.1 Entstehung der Befehle und Anordnungen im Bereich der Volksbildung

Nach Kriegsende überließen die Alliierten Besatzungsmächte die Kontrolle des Buchhandels zunächst weitgehend den Oberbefehlshabern der einzelnen Besatzungszonen.[1] Der am 5. Juni 1945 gebildete Kontrollrat, der über Angelegenheiten zu bestimmen hatte, die Deutschland als Einheit betrafen, erließ auf dem Gebiet des Buchhandels kaum Gesetze oder Anordnungen.[2] Zu erwähnen sind hier lediglich der Kontrollrat-Befehl Nr. 4 vom 13. Mai 1946 zur »Einziehung von Literatur und Werken nationalsozialistischen und militaristischen Charakters« und die Kontrollrat-Direktive Nr. 55 vom 25. Juni 1947 zum »Austausch von Druckschriften und Filmen im Interzonenverkehr«. Erst im Sommer 1946 wurde mit dem Ausschuss »Informationswesen« im Direktorat »Politik« der Kontrollkommission eine Stelle geschaffen, der innerhalb des Kontrollrats die Zuständigkeit für die Belange des Buchhandels übertragen wurde.[3]

Im Rechtssystem der SBZ war die höchste Instanz die im Juni 1945 gegründete SMAD (siehe Kapitel 2.1.1). Als Militärverwaltung erließ sie keine Gesetze, sondern Befehle, die für die gesamte SBZ und für den sowjetischen Sektor Berlins verbindlich waren. Voraussetzung war, dass diese Befehle stets im Einklang mit den Beschlüssen des Potsdamer Abkommens vom 2. August 1945 und mit den Gesetzen und Anordnungen des Kontrollrats waren. Die schriftlichen Befehle waren so genannte Detailbefehle, die neben dem eigentlichen Befehlsziel in beigefügten Anhängen detaillierte Anweisungen zu seiner Durchführung vorgaben.[4]

Alle schriftlichen SMAD-Befehle wurden durchnummeriert, wobei die Zählung jeweils am Beginn eines neuen Jahres wieder mit 0 anfing. Zu unterscheiden sind die Befehlsserien, die die Kennzahlen »00«, »0« oder keine weitere Kennzeichnung vor der chronologisch vergebenen Ordnungszahl hatten. Dabei stand »00« für »streng geheim« und »0« für »geheim«.[5] Befehle, die keine weitere Kennzeichnung vor der Ordnungszahl hatten, zählten zur so genannten »offenen Serie«.[6] Allein in dieser »offenen Serie« erreichte die Zählung bis 1949 die

---

1 Vgl. Umlauff: Wiederaufbau, Sp. 50.

2 Vgl. ebd., Sp. 73f und 43. Laut Umlauff ging vom Kontrollrat im gesamten kulturellen Bereich »wenig Initiative« aus, da es »ganz und gar nicht im Sinne der Alliierten« gewesen sei, »Deutschland in kultureller Hinsicht als eine Einheit zu behandeln« (vgl. ebd., Sp. 49).

3 Vgl. ebd., Sp. 49.

4 Vgl. Foitzik: Inventar der Befehle, S. 18. Neben den schriftlichen gab es auch mündliche SMAD-Befehle (Näheres dazu vgl. ebd., S. 18–21). Eine umfangreiche Sammlung von Befehlen der SMAD findet sich z.B. im Thüringischen Hauptstaatsarchiv Weimar im Bestand »Sammlung der Befehle der SMAD«. Sehr lückenhaft sind dagegen die beiden veröffentlichten Befehlssammlungen: Befehle des Obersten Chefs der Sowjetischen Militärverwaltung in Deutschland, Sammelheft 1 (1945) und Sammelheft 2 (1946). Zu den Befehlen der SMAD siehe auch Kölm: Die Befehle des Obersten Chefs der Sowjetischen Militäradministration, S. 32–35.

5 Vgl. Foitzik: Inventar der Befehle, S. 22f.

6 Vgl. ebd. Gemäß Foitzik transportierten die »offenen« Befehle »allgemeine Inhalte des Ordnungswillens der SMAD, die als ordnungspolitische Determinanten anzusehen sind« (ebd., S. 54).

Nummer 1.171.[7] Für den Bereich der Volksbildung wurden gemäß einer internen Befehlsstatistik der »Informationsverwaltung« der SMAD in der Zeit von Juli 1945 bis Dezember 1948 insgesamt 43 SMAD-Befehle erlassen, was einem Anteil von 4,5 Prozent aller in diesem Zeitraum erlassenen Befehle entspricht.[8]

SMAD-Befehle und entsprechende Richtlinien zu ihrer Ausführung durchzogen alle denkbaren Bereiche des Lebens und waren, wie erwähnt, dementsprechend zahlreich.[9] Von den Mitarbeitern der deutschen Verwaltungen erforderte es einiges an Aufmerksamkeit, sich stets über den aktuellen Stand der Befehle zu informieren.[10] Sie zu sammeln und weiterzuleiten gehörte zu den festen Bestandteilen der Arbeit sämtlicher Abteilungen.[11] Einige SMAD-Befehle wurden zwar in Tageszeitungen veröffentlicht, die meisten waren jedoch nur verwaltungsintern zugänglich.[12] Die bereits erwähnten Geheim-Befehle waren nur einem kleinen Kreis von Personen bekannt.[13]

Jede der elf deutschen Zentralverwaltungen in Berlin verfügte über einen eigenen »Chefdolmetscher«, der die von der SMAD in russischer Sprache eingereichten Befehle übersetzte, bevor sie an die Länder bzw. Provinzen weitergeleitet wurden.[14] Anfangs ließ jede einzelne deutsche Zentralverwaltung sämtliche eintreffenden SMAD-Befehle von ihrem Chefdolmetscher übersetzen.[15] Dies war jedoch nicht nur eine unnötige Verschwendung von Ressourcen, sondern bewirkte auch, dass verschiedene Übersetzungen ein und desselben Befehls kursierten.[16] Erst auf Vorschlag der »Deutschen Verwaltung für das Gesundheitswesen« vom 28. September 1945, wurden die SMAD-Befehle nur noch bei der Zentralverwaltung übersetzt, deren Fachgebiet inhaltlich von dem Befehl berührt wurde.[17] Die anderen Zentralverwaltungen sowie die Verwaltungen der Länder bzw. Provinzen erhielten Kopien dieser Übersetzungen.[18] Aufgabe der Landes- bzw. Provinzialverwaltungen war es wiederum, die

7 Vgl. ebd., S. 26. Diese Zahl muss nicht der tatsächlichen Anzahl der Befehle entsprechen, da z.B. Befehlsnummern doppelt vergeben worden sein könnten oder eventuell einige chronologische Ordnungsnummern versehentlich nicht vergeben wurden (vgl. ebd., S. 25f).

8 Davon 5 Befehle im Jahr 1945, 24 Befehle 1946, 10 Befehle 1947 und 4 Befehle 1948. Insgesamt wurden nach dieser Statistik im genannten Zeitraum 966 SMAD-Befehle erlassen (vgl. ebd., S. 55). Foitzik beruft sich hier auf die Publikation von Jastrebzow, Wladislaw Nikolajewitsch: Sotrudnitschestwo Sowetskoj Wojennoj Administrazii i nemezkich demokratitscheskich sil w poslewojennom pereustrojstwe wostotschnoj Germanii (1945–1949 gg.). Diss., Kiew 1977, S. 52f.

9 Eine Übersicht über die SMAD-Befehle der »offenen Serie« findet sich bei Foitzik: Inventar der Befehle.

10 Vgl. Foitzik: Inventar der Befehle, S. 27: »Nicht einmal der SMAD-Apparat wurde über die Befehlstätigkeit des Obersten Chefs umfassend informiert.«

11 Vgl. z.B. R. Paul, Landespräsident von Thüringen: »Anweisung für die Präsidialkanzlei«, 31.8.1945: ThHStAW, Ld. Thür. - BdMp, Nr. 219 (siehe Abb. 8) und Abschrift des Befehls Nr. 124 der SMA Thüringen vom 17.12.1945: ThHStAW, Ld. Thür. - Befehle SMATh, 1945.

12 Vgl. Foitzik, Inventar der Befehle, S. 27f.

13 Einige dieser Befehle finden sich z.B. in: LHASA, MD, Rep. K MdI, Nr. 4024.

14 Vgl. z.B. Liste der Chefdolmetscher: BArch DR 2/871, fol. 8.

15 Vgl. »Deutsche Zentralverwaltung für Gesundheitswesen« an DVV, 28.9.1945: BArch DR 2/871, fol. 1.

16 Vgl. ebd.

17 Vgl. ebd. und Rundschreiben des Präsidenten der »Deutschen Zentralfinanzverwaltung«, Henry Meyer, an Gleitze: BArch DR 2/871, fol. 4.

18 Vgl. ebd.

Befehlsübersetzungen den entsprechenden Bezirks-, Kreis- und Stadtverwaltungen zukommen zu lassen.

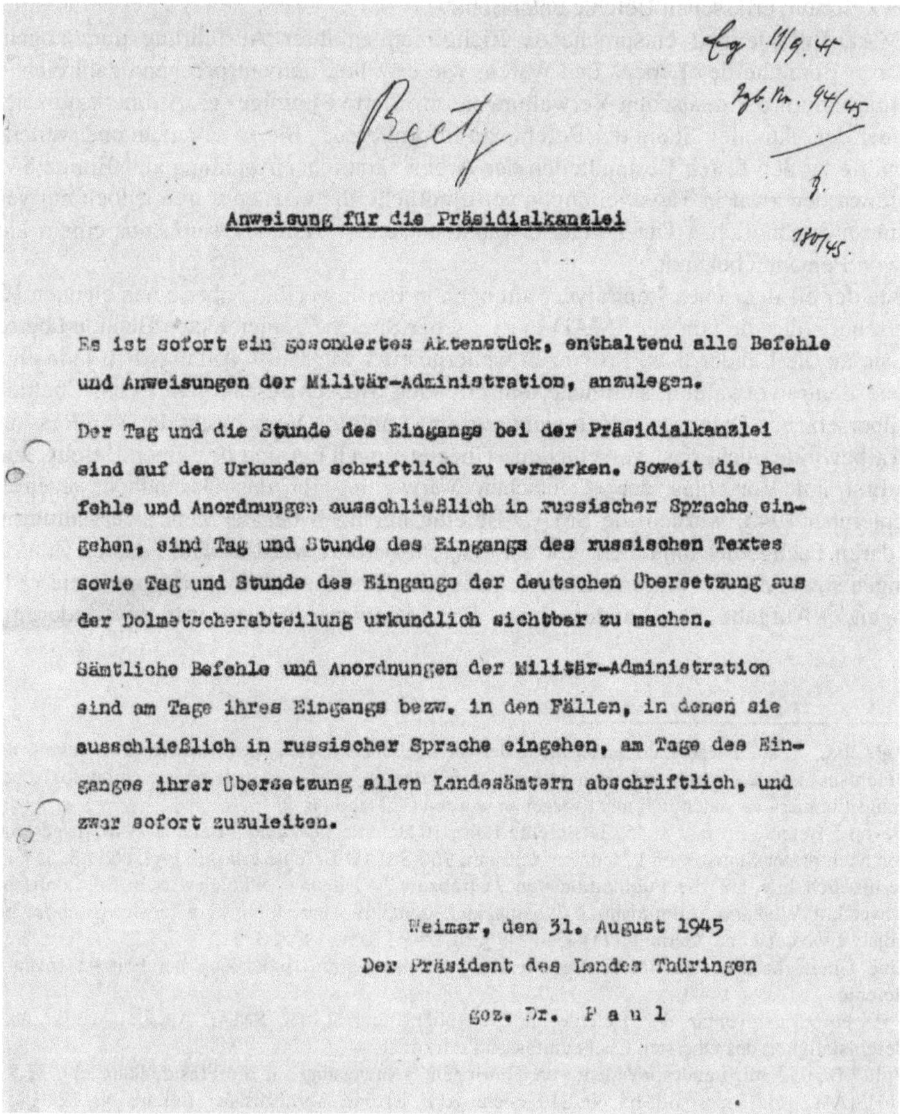

Anweisung für die Präsidialkanzlei

Es ist sofort ein gesondertes Aktenstück, enthaltend alle Befehle und Anweisungen der Militär-Administration, anzulegen.

Der Tag und die Stunde des Eingangs bei der Präsidialkanzlei sind auf den Urkunden schriftlich zu vermerken. Soweit die Befehle und Anordnungen ausschließlich in russischer Sprache eingehen, sind Tag und Stunde des Eingangs des russischen Textes sowie Tag und Stunde des Eingangs der deutschen Übersetzung aus der Dolmetscherabteilung urkundlich sichtbar zu machen.

Sämtliche Befehle und Anordnungen der Militär-Administration sind am Tage ihres Eingangs bezw. in den Fällen, in denen sie ausschließlich in russischer Sprache eingehen, am Tage des Einganges ihrer Übersetzung allen Landesämtern abschriftlich, und zwar sofort zuzuleiten.

Weimar, den 31. August 1945
Der Präsident des Landes Thüringen

gez. Dr. P a u l

Abb. 8: »Anweisung für die Präsidialkanzlei« des thüringischen Landespräsidenten Rudolf Paul, 31.8.1945.[19]

19 Vorlage und Repro: Thüringisches Hauptstaatsarchiv Weimar, Bestand Land Thüringen – Büro des Ministerpräsidenten, Nr. 219, Bl. 33r.

Neben der zentralen SMAD in Berlin-Karlshorst erließen auch ihre regionalen Außenstellen (siehe Kapitel 2.2.1) eine Vielzahl für ihre Provinz bzw. für das jeweilige Land gültiger Befehle.[20] Sinn und Zweck dieser Befehle war es in erster Linie, die Durchführung der für die ganze SBZ gültigen SMAD-Befehle zu sichern. Oftmals ähnelten die Befehle der Verwaltungen der SMA in den Ländern und Provinzen deshalb eher Ausführungsbestimmungen.

Das Potsdamer Abkommen vom 2. August 1945 sah vor, die deutsche Bevölkerung am Aufbau einer demokratischen Verwaltung ihrer Besatzungszone zu beteiligen.[21] Deshalb ermächtigte am 22. Oktober 1945 Marschall Georgi Schukow, Oberbefehlshaber der SMAD, mit dem Befehl Nr. 110 die deutschen Landes- und Provinzialverwaltungen, »Gesetze und Verordnungen mit Gesetzesgewalt im Bereich der gesetzgebenden, richterlichen und vollstreckenden Gewalt zu erlassen« (siehe Abb. 9).[22]

Sämtliche von den Verwaltungen der Länder und Provinzen erlassenen Gesetze und Verordnungen durften sich nur im Rahmen der Gesetze, Richtlinien und Anordnungen des Alliierten Kontrollrats und der SMAD bewegen.[23] Um eventuelle Verstöße zu verhindern, waren die Länder und Provinzen starken Kontrollen durch die Verwaltung der SMAD ausgesetzt. Ein Gesetz durfte von ihnen nur dann erlassen werden, wenn es zuvor von der SMAD bestätigt worden war.[24]

Eine weitere wichtige Institution war die »Deutsche Verwaltung für Volksbildung« (DVV, siehe Kapitel 2.1.2). Deren Mitarbeiter rechneten anfangs damit, dass ihrer Verwaltung in juristischer Hinsicht ein größeres Maß an Autorität eingeräumt würde. Gemäß Paragraph sechs des von ihnen selbst im November 1945 verfassten Entwurfs »Gesetz über die Einrichtung einer Deutschen Zentralverwaltung für Volksbildung in der sowjetischen Besatzungszone« stellten sie sich ihre Behörde als »neu geschaffene zentrale Dienststelle mit den

---

20 Beispiele für diese regionalen Befehle finden sich z.B. im Bestand »Sammlung der Befehle der SMA Thüringen« im Thüringischen Hauptstaatsarchiv in Weimar. Näheres zum Kreis derer, die Befehle erließen und zu den Zielgruppen der Befehle siehe Foitzik: Inventar der Befehle, S. 21f und S. 25.

21 Vgl. z.B. Das Potsdamer Abkommen. Dokumentensammlung. Berlin (Ost) 1984. Siehe auch Schulze: Bildung und Entwicklung der Landes- und Provinzialverwaltungen, S. 144 und Fait: Landesregierungen, Einleitung, S. 76.

22 Übersetzung des SMAD-Befehls Nr. 110 vom 22.10.1945: BArch DR 2/871, fol. 10. Vgl. auch Schulze: Bildung und Entwicklung der Landes- und Provinzialverwaltungen, S. 15, 17f und 159. Den Verordnungen, die bis zu diesem Zeitpunkt von den Landes- und Provinzialverwaltungen bereits erlassen worden waren, wurde mit diesem Befehl nachträglich Gesetzeskraft verliehen (vgl. Punkt 2 der Übersetzung des SMAD-Befehls Nr. 110 vom 22.10.1945). Auch den elf deutschen Zentralverwaltungen das Recht einzuräumen, Gesetze zu erlassen, hätte dem Potsdamer Abkommen widersprochen, gemäß dem in Deutschland zunächst keine zentrale Regierung zugelassenen werden sollte (vgl. ebd.). Tulpanow begründet die Tatsache, dass nicht den Zentralverwaltungen, sondern den Landes- und Provinzialverwaltungen das Recht eingeräumt wurde, Gesetze zu erlassen, folgendermaßen: »Da sich die Bildung von zentralen Verwaltungsorganen, die real imstande gewesen wären, die gefaßten – und vom Alliierten Kontrollrat bestätigten – Beschlüsse in die Tat umzusetzen, verzögerte, gestand Marschall Shukow in seinem Befehl vom 22.10.1945 den deutschen Landes- und Provinzialverwaltungen das Recht zu, Verfügungen mit Gesetzeskraft zu erlassen« (vgl. Tjulpanow: Deutschland nach dem Kriege, S. 101).

23 Vgl. Punkt 1 der oben abgebildeten Übersetzung des SMAD-Befehls Nr. 110 vom Oktober 1945 und »Sammlung wichtiger Organisationsbestimmungen« der Provinz Sachsen, Nr. 18, 2.11.1945: LHASA, MD, Rep. K 10 MVb, Nr. 893, Bl. 151.

24 Vgl. z.B. Schulze: Bildung und Entwicklung der Landes- und Provinzialverwaltungen, S. 152.

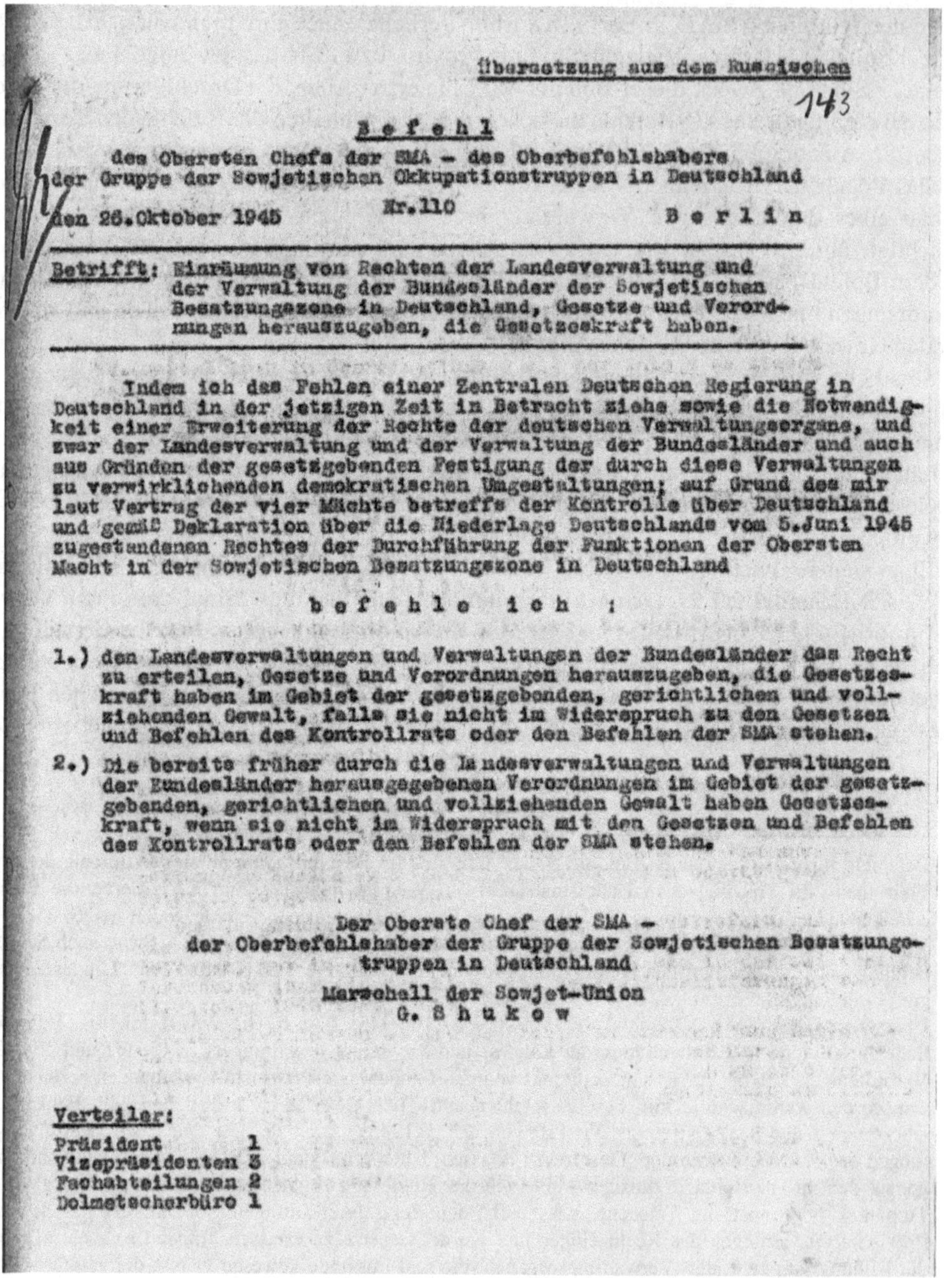

Übersetzung aus dem Russischen

143

Befehl

des Obersten Chefs der SMA – des Oberbefehlshabers der Gruppe der Sowjetischen Okkupationstruppen in Deutschland

den 26. Oktober 1945 Nr. 110 Berlin

Betrifft: Einräumung von Rechten der Landesverwaltung und der Verwaltung der Bundesländer der Sowjetischen Besatzungszone in Deutschland, Gesetze und Verordnungen herauszugeben, die Gesetzeskraft haben.

Indem ich das Fehlen einer Zentralen Deutschen Regierung in Deutschland in der jetzigen Zeit in Betracht ziehe sowie die Notwendigkeit einer Erweiterung der Rechte der deutschen Verwaltungsorgane, und zwar der Landesverwaltung und der Verwaltung der Bundesländer und auch aus Gründen der gesetzgebenden Festigung der durch diese Verwaltungen zu verwirklichenden demokratischen Umgestaltungen; auf Grund des mir laut Vertrag der vier Mächte betreffs der Kontrolle über Deutschland und gemäß Deklaration über die Niederlage Deutschlands vom 5. Juni 1945 zugestandenen Rechtes der Durchführung der Funktionen der Obersten Macht in der Sowjetischen Besatzungszone in Deutschland

befehle ich:

1.) den Landesverwaltungen und Verwaltungen der Bundesländer das Recht zu erteilen, Gesetze und Verordnungen herauszugeben, die Gesetzeskraft haben im Gebiet der gesetzgebenden, gerichtlichen und vollziehenden Gewalt, falls sie nicht im Widerspruch zu den Gesetzen und Befehlen des Kontrollrats oder den Befehlen der SMA stehen.

2.) Die bereits früher durch die Landesverwaltungen und Verwaltungen der Bundesländer herausgegebenen Verordnungen im Gebiet der gesetzgebenden, gerichtlichen und vollziehenden Gewalt haben Gesetzeskraft, wenn sie nicht im Widerspruch mit den Gesetzen und Befehlen des Kontrollrats oder den Befehlen der SMA stehen.

Der Oberste Chef der SMA –
der Oberbefehlshaber der Gruppe der Sowjetischen Besatzungstruppen in Deutschland
Marschall der Sowjet-Union
G. Shukow

Verteiler:
Präsident 1
Vizepräsidenten 3
Fachabteilungen 2
Dolmetscherbüro 1

Abb. 9: Übersetzung des SMAD-Befehls Nr. 110 vom 22. Oktober 1945.[25]

25 Vorlage und Repro: Landeshauptarchiv Schwerin, Bestand 6.11–21 Land Mecklenburg(-Vorpommern), Ministerium für Volksbildung (1946–1952), Nr. 36, Bl. 143. Die hier abgebildete Übersetzung des Befehls sowie die Übersetzung des Befehls in BArch DR 2/871, fol. 10 sind beide auf den 26. Oktober 1945 datiert. Anderen Quellen ist allerdings zu entnehmen, dass der SMAD-Befehl tatsächlich schon

Rechten und Befugnissen eines Ministeriums« vor.[26] Offiziell jedoch war die DVV, wie die anderen deutschen Zentralverwaltungen auch, eine Behörde, die auf die Herausgabe administrativer Verordnungen wie Organisationsbestimmungen und Dienstanweisungen beschränkt blieb.[27] In der Praxis war ihr Einfluss auf das Rechtssystem dann aber doch weitaus größer. Zwar hatte sie nicht das Recht, selbst Befehle zu erteilen oder Gesetze zu erlassen, sie konnte sich aber, wie im Folgenden beschrieben, sowohl an der Entstehung von SMAD-Befehlen als auch an der Entstehung von Gesetzen und Verordnungen der Länder und Provinzen beteiligen.

Von der »Propaganda-« bzw. »Informationsverwaltung« der SMAD wurde den Mitarbeitern der DVV die Möglichkeit eingeräumt, durch das Einreichen von Vorschlägen direkt an der Entstehung von SMAD-Befehlen mitzuwirken – ein Angebot, von dem reichlich Gebrauch gemacht wurde.[28] So findet sich in den Akten der DVV im Bundesarchiv in Berlin-Lichterfelde eine Vielzahl von Entwürfen komplett ausformulierter SMAD-Befehle, die die DVV-Mitarbeiter als Vorschläge bei der »Propagandaverwaltung« der SMAD eingereicht hatten.[29] Vorausgegangen waren diesen Entwürfen oft nur wenige Gespräche mit den Mitarbeitern der »Propagandaverwaltung «. Als Beispiel sei hier der Entwurf der DVV für einen SMAD-Befehl zur »Schulung der Referenten der Deutschen Verwaltung für Volksbildung und der Volksbildungsministerien der Länder der Sowjetischen Besatzungszone« erwähnt.[30] Mit den Worten »Ich bitte, dem beiliegenden Befehlsentwurf zuzustimmen und seine unterschriftliche Vollziehung veranlassen zu wollen«, wurde der Text von den Mitarbeitern der DVV im Juni 1947 bei der SMAD eingereicht.[31]

---

am 22. Oktober 1945 erlassen wurde (vgl. z.B. Befehle des Obersten Chefs der Sowjetischen Militärverwaltung in Deutschland. Sammelheft 1 (1945), S. 19f, Foitzik: Inventar der Befehle, S. 78, Fait: Landesregierungen, Einleitung, S. 76, Schulze: Bildung und Entwicklung der Landes- und Provinzialverwaltungen, S. 17 oder Um ein antifaschistisch-demokratisches Deutschland, S. 183).

26 Entwurf des »Gesetzes über die Einrichtung einer Deutschen Zentralverwaltung für Volksbildung in der sowjetischen Besatzungszone«, November 1945, § 6: BArch DR 2/6857, fol. 18. Dieser Entwurf sollte der SMAD ursprünglich als Vorlage für einen entsprechenden Befehl dienen. Siehe auch Pike: Politics of Culture, S. 95f.

27 Vgl. z.B. Organisationsstatut der DVV, Entwurf vom November 1945: BArch DR 2/6857, fol. 24 und Pike: Politics of Culture, S. 95f.

28 Vgl. auch Schulze: Bildung und Entwicklung der Landes- und Provinzialverwaltungen, S. 138.

29 Gemäß Foitzik sind Entwürfe der deutschen Zentralverwaltungen für SMAD-Befehle ab 1947 feststellbar (vgl. Foitzik: Inventar der Befehle, S. 26).

30 Entwurf der DVV für einen SMAD-Befehl zur »Schulung der Referenten der Deutschen Verwaltung für Volksbildung und der Volksbildungsministerien der Länder der Sowjetischen Besatzungszone«: BArch DR 2/968, fol. 43.

31 DVV an Solotuchin, »Abteilung für Volksbildung« der SMAD, Juni 1947: BArch DR 2/968, fol. 42. Ein Hinweis darauf, dass der Befehl tatsächlich von der SMAD erlassen wurde, ist dem eingesehenen Aktenmaterial nicht zu entnehmen. In Foitziks Publikation *Inventar der Befehle des Obersten Chefs der Sowjetischen Militäradministration in Deutschland (SMAD) 1945–1949* findet sich kein Hinweis auf seine Existenz.Weitere Beispiele für das Ausarbeiten von SMAD-Befehlen durch DVV-Mitarbeiter sind der Entwurf des bereits erwähnten »Gesetzes über die Einrichtung einer Deutschen Zentralverwaltung für Volksbildung in der sowjetischen Besatzungszone« vom November 1945: BArch DR 2/6857, fol. 18 (den als Unterschrift geplanten Worten »Der Chef der sowjetischen Militärverwaltung in Deutschland, Berlin den« ist zu entnehmen, dass der Text als SMAD-Befehl vorgesehen war); der Entwurf eines SMAD-Befehls zur »Regelung der Tätigkeit von Verlagen und Druckereien und der Herausgabe von Druckschriften durch den Präsidenten der Deutschen Verwaltung für Volksbildung in der sowjetischen Besatzungszone« vom 31.3.1948: BArch DR 2/1149, fol. 3f sowie der Entwurf eines SMAD-Befehls

Auch an der Entstehung von Gesetzen und Verordnungen der Länder und Provinzen waren die Mitarbeiter der DVV in zunehmendem Maße beteiligt. Anfangs unterbreiteten sie den Volksbildungsverwaltungen der Länder und Provinzen von ihnen ausgearbeitete Gesetzes- und Verordnungsentwürfe als mustergültige Vorschläge.[32] Gleichzeitig arbeitete die DVV daran, ihren Einfluss zu verstärken. Damit sich die einzelnen Länder und Provinzen nicht zu sehr auseinander entwickelten, hatte die DVV, in Absprache mit der SMAD, die Aufgabe übernommen, die Handlungen der deutschen Verwaltungen der Länder und Provinzen zu kontrollieren und zu koordinieren (siehe Kapitel 2.1.2). In vielen Angelegenheiten waren diese Koordinierungsarbeiten allerdings eher bestimmender als beratender Natur. Mit einem Rundschreiben vom 1. April 1946 an die einzelnen Abteilungen der DVV ordnete die Präsidialkanzlei an, nur noch zuvor von der SMAD genehmigte Verfügungen und Verordnungen an die Landes- und Provinzialverwaltungen zu verschicken – was diese Tendenz verstärkte.[33] Die Anordnung sollte verhindern, »daß von seiten der Provinzen und Länder Einsprüche gegen Verfügungen und Anordnungen der Zentralverwaltung erhoben werden« konnten.[34] Somit waren von diesem Zeitpunkt an die Anweisungen der DVV für die Verwaltungen der Länder und Provinzen bindend.

Seitens der DVV hatte von Anfang an ein Interesse daran bestanden, als eine den Landes- und Provinzialverwaltungen übergeordnete Instanz verstanden zu werden.[35] Die Mitarbeiter der Volksbildungsverwaltungen der Länder und Provinzen dagegen teilten dieses Interesse nicht. Vielmehr machte sich bei ihnen in zunehmendem Maße Unmut über das Vorgehen der DVV-Mitarbeiter breit. So schrieb Ministerialdirektor Wilhelm Hartke von der Abteilung »Volksbildung« der Provinzialverwaltung Mark Brandenburg am 16. September 1946 über die Probleme seiner Abteilung an Karl Steinhoff, den Präsidenten der Provinzialverwaltung:

> Die größte innere Schwierigkeit entsteht durch die ständigen und steigenden Versuche der Deutschen Zentralverwaltung in Berlin, aus einer Stelle, die laut Gesetz die Länder und Provinzen in Freiheit zu gemeinsamer kultureller Tätigkeit zusammenzufassen und aus deren praktischen Erfahrung heraus Richtlinien zu geben hat, zum Zentrum eines Kultur-Imperiums sich zu machen. Sie hilft wenig, macht aber viel unnötige Arbeit. Die uns nachgeordneten Stellen haben zu viele Vorgesetzte und solche, die es werden wollen.[36]

---

zur »Errichtung und [zum] Aufgabenbereich der Deutschen Verlagskommission« (ohne Datum): BArch DR 2/1092, fol. 14. Auf die letzten beiden Befehlsentwürfe wird in den folgenden Kapiteln ausführlich eingegangen.

32 Vgl. z.B. Entwurf des »Gesetzes zur Neuordnung des Buchhandels in der sowjetischen Besatzungszone Deutschlands«, August 1946: LHASA, MD, Rep. K 10 MVb, Nr. 4547, Bl. 143f). Wie einer handschriftlichen Notiz auf dem Dokument zu entnehmen ist, war der Gesetzestext der Abteilung »Volksbildung« der Provinzialverwaltung Sachsen von Theo Bartels von der DVV »diktiert« worden.

33 Vgl. Rundschreiben der DVV, 1.4.46: BArch DR 2/629, fol. 80.

34 Ebd.

35 Vgl. Organisationsstatut der DVV, Entwurf vom November 1945: »Die Z.V.f.V. [Zentralverwaltung für Volksbildung, B.J.] wird bei möglichstem Entgegenkommen den Selbstverwaltungen der Länder und Provinzen gegenüber die Einsicht in die Notwendigkeit zentraler Führungsinstanz erwecken und ihre Autorität als solche Instanz selbst fördern.« (BArch DR 2/6857, fol. 24).

36 Ministerialdirektor W. Hartke an K. Steinhoff, Präsident der Provinzialverwaltung Mark Brandenburg, 16.9.1946: BLHA, Ld. Br. Rep. 202 A, Nr. 57, Bl. 4. Zu der bereits im November 1945 aufgekomme-

Die Provinzialregierung Sachsen-Anhalt äußerte ihre Kritik am Handeln der deutschen Zentralverwaltungen sogar ganz offen in einem an sämtliche Zentralverwaltungen der SBZ gerichteten Rundschreiben vom 16. Januar 1947:

> In letzter Zeit sind mehrere der Herren Präsidenten der deutschen Verwaltungen für die sowjetische Besatzungszone dazu übergegangen, Rechtsverordnungen mit normativem Charakter für den gesamten Bereich der sowjetischen Besatzungszone zu erlassen. [...] Es ist aber zweifelhaft, ob die deutschen Verwaltungen nur auf Grund einer allgemeinen Ermächtigung oder mit Zustimmung der SMAD Rechtsverordnungen mit Gesetzeskraft erlassen können. Auf diese Weise könnte das nach der Landesverfassung allein dem Landtag obliegende Gesetzgebungsrecht illusorisch gemacht werden.[37]

Als alternativen Weg zur Schaffung einer einheitlichen Gesetzgebung in der SBZ schlug die Provinzialregierung Sachsen-Anhalt vor, Verordnungsentwürfe künftig gemeinsam mit den Fachministerien der Länder und Provinzen zu beraten.[38] Es dürfte somit ganz im Sinne der Provinzialregierung Sachsen-Anhalt gewesen sein, dass die DVV zwei Monate später, im März 1947, tatsächlich beschloss, künftig monatlich »beschlussfassende Konferenzen der Minister für Volksbildung in der sowjetischen Besatzungszone unter dem Vorsitz des Präsidenten der Deutschen Verwaltung für Volksbildung«[39] abzuhalten.[40] Ziel der Ministerkonferenzen war es, »zur Sicherstellung einer weitgehenden Einheitlichkeit der rechtlichen Ordnung des deutschen Volksbildungswesens« Beschlüsse zu fassen, die von den einzelnen Volksbildungsministern auszuführen bzw., soweit es erforderlich war, von ihnen dem zuständigen Kabinett oder dem Landtag »zur Beratung und Beschlußfassung befürwortend [zu] unterbreiten« waren.[41] Durch die Einführung dieser Ministerkonferenzen bekamen die Mitarbeiter der DVV die Möglichkeit, von ihnen ausgearbeitete Entwürfe für zukünftige Gesetze der Länder und Provinzen auf den Ministerkonferenzen zu präsentieren und eventuell sogar über sie abstimmen zu lassen. Zudem hatten sie nun das Recht, den von den Ländern und

---

nen Debatte um die Kompetenzen der Zentralverwaltungen gegenüber den Verwaltungen der Länder und Provinzen siehe auch Pike: Politics of Culture, S. 90f.

37 Rundschreiben der Provinzialregierung Sachsen-Anhalts an sämtliche deutschen Zentralverwaltungen, 16.1.1947: BLHA, Ld. Br. Rep. 202 A, Nr. 144, Bl. 15–17. Unterschrieben war dieses Rundschreiben sowohl vom Ministerpräsidenten als auch von den einzelnen Ministern der Provinzialregierung Sachsen-Anhalts.

38 Vgl. ebd.

39 Punkt 1 des Entwurfs »Geschäftsordnung für die Ministerkonferenz« der DVV, 12.3.1947: BArch DR 2/55–56, fol. 23. Dieser Entwurf wurde auf der ersten Ministerkonferenz vom 18./19.3.1947 beschlossen (vgl. »Vereinbarung über die Zusammenarbeit zwischen der Deutschen Verwaltung für Volksbildung und den Landes- und Provinzialregierungen in der sowjetischen Besatzungszone Deutschlands«, beschlossen auf der Ministerkonferenz vom 22./23.4.1947: ebd., fol. 50).

40 Zu diesen Konferenzen waren auch »die zuständigen Referenten der SMA in Karlshorst« einzuladen (vgl. Punkt 9 des Entwurfs »Geschäftsordnung für die Ministerkonferenz« der DVV, 12.3.1947: BArch DR 2/55–56, fol. 23).

41 Punkt 1 und 2 des Entwurfs »Geschäftsordnung für die Ministerkonferenz« der DVV, 12.3.1947: ebd. Die zu beratenden Gesetzesentwürfe waren vierzehn Tage vor den Ministerkonferenzen bei der DVV einzureichen, deren Mitarbeiter dann dafür sorgten, dass sämtliche Volksbildungsminister rechtzeitig eine Kopie des Entwurfs bekamen (vgl. ebd., Punkt 4).

Provinzen geplanten Gesetzen vor ihrem Erlass zu widersprechen.[42] Gemäß Punkt zwei der auf der Ministerkonferenz vom 22./23. April 1947 beschlossenen »Vereinbarung über die Zusammenarbeit zwischen der Deutschen Verwaltung für Volksbildung und den Landes- und Provinzialregierungen in der sowjetischen Besatzungszone Deutschlands« profitierten aber auch die Verwaltungen der Länder und Provinzen von den Konferenzen, da ihnen nun wiederum die Möglichkeit eingeräumt wurde, Einfluss auf die Entwürfe der DVV zu SMAD-Befehlen zu nehmen: »Verordnungen der Deutschen Verwaltung für Volksbildung und ihre Entwürfe für Befehle und Entscheidungen der SMAD sind vor Erlass bzw. vor der Herbeiführung einer Bestätigung durch die SMAD mit den Landes- bzw. Provinzialregierungen abzustimmen.«[43] Auffällig jedoch ist, dass die Mitarbeiter der Landes- und Provinzialverwaltungen in den seltensten Fällen die Möglichkeit nutzten, selbst Gesetze und Verordnungen zu entwickeln, die den übrigen Landes- und Provinzialverwaltungen als Beispiel hätten dienen können.[44] Vielmehr wurde das Ausgestalten derartiger Bestimmungen in der Regel von übergeordneten Stellen erwartet, sei es von vorgesetzten Abteilungen innerhalb der eigenen Verwaltung, von der DVV in Berlin oder von der SMAD in Berlin-Karlshorst.[45]

Eine einschneidende Änderung erfuhr das Rechtssystem der SBZ durch die Gründung der »Deutschen Wirtschaftskommission« (DWK) im Juni 1947, die allerdings für den Bereich Volksbildung und damit für das Verlagswesen nur begrenzte Bedeutung haben sollte. Schon im August 1946 hatte Bruno Leuschner, Leiter der Abteilung »Wirtschaft und Finanzen« im Parteivorstand der SED, die Errichtung einer zentralen deutschen Plankommission gefordert.[46] Zudem sollte seiner Meinung nach der deutschen Wirtschaftsverwaltung ein höheres Maß an Selbstständigkeit zugesprochen werden.[47] Die »oberste Leitung der Gesamtplanung« in den Bereichen Produktion, Verteilung, Transport, Rohstoffe und Arbeitskräfte sollte der SED übertragen werden, wodurch die Partei gegenüber der CDU und der LDP gestärkt worden wäre.[48] »Die Besatzungsmacht sollte sich auf die übergeordnete Kontrolle beschränken«.[49] Die SMAD lehnte Leuschners Plan zunächst ab. Nach dem Zusammenschluss der amerikanischen und der britischen Besatzungszone zur Bizone am 1. Januar 1947 und dem allgemeinen Produktionseinbruch zu Winterbeginn hielt sie es jedoch für notwendig, Maßnahmen zur Stabilisierung der SBZ zu ergreifen.[50] Hierzu sollten die Zentralverwaltungen für

42 Vgl. Punkt 3 der »Vereinbarung über die Zusammenarbeit zwischen der Deutschen Verwaltung für Volksbildung und den Landes- und Provinzialregierungen in der sowjetischen Besatzungszone Deutschlands«, beschlossen auf der Ministerkonferenz vom 22./23.4.1947: BArch DR 2/55–56, fol. 50.

43 Ebd., Punkt 2. Zu der Vereinbarung siehe auch Foitzik: Weder »Freiheit« noch »Einheit«, S. 46.

44 Eine Ausnahme war das von der Landesregierung Mecklenburg-Vorpommern Ende 1947/Anfang 1948 entwickelte »Buchhandelsgesetz« (vgl. z.B. W. Gützlaff, »Ministerium für Volksbildung« Mecklenburg, »Betr. Besprechung mit der Zentralverwaltung für Volksbildung Berlin«, 15.12.1947: LHA Schwerin, 6.11–21 Ld. Meckl., MfVobi, Nr. 2684, Bl. 280 oder Abschrift der Drucksache Nr. 163 vom 19.2.1948: »Gesetz über Betriebe des Buchhandelsgewerbes und Buchverleihs« (Buchhandelsgesetz): SächsHStAD, 11401 Lr. Sachsen, MfVobi, Nr. 2727).

45 Vgl. z.B. Rundschreiben E. Hübeners, Präsident der Provinz Sachsen, an die Vizepräsidenten und Abteilungsleiter »im Hause«, 19.9.1945: LHASA, MD, Rep. K 10 MVb, Nr. 893, Bl. 174.

46 Zu Leuschners Vorhaben der Gründung dieser Plankommission siehe Zank: Wirtschaftliche Zentralverwaltungen, S. 260f.

47 Vgl. ebd.

48 Ebd.

49 Vgl. ebd.

50 Vgl. ebd., S. 261. Zum Zusammenhang zwischen der Gründung der DWK und der Gründung der Bizone im Westen Deutschlands siehe auch Umlauff: Wiederaufbau, Sp. 62.

Landwirtschaft, Verkehr und Finanzen ein für alle Zentralverwaltungen gültiges Musterstatut ausarbeiten.[51] Noch bevor jedoch die SMAD über einen entsprechende Entwurf der Verwaltungen entschieden hatte, unterzeichneten Vertreter der deutschen Wirtschaftsressorts der Provinzen Sachsen-Anhalt und Brandenburg sowie des Landes Mecklenburg am 10. Februar 1947 eine bis zum 30. September 1947 befristete Vereinbarung mit den Zentralverwaltungen für »Brennstoff und Energie«, »Industrie« sowie »Handel und Versorgung«. Die erwähnten Zentralverwaltungen sollten laut dieser Vereinbarung unter anderem die Arbeit der Länder in diesen Bereichen koordinieren und zu diesem Zweck verbindliche Anordnungen erlassen können.[52] Zwei Monate später, am 18. April 1947, schlossen sich auch die Länder Thüringen und Sachsen der Vereinbarung an.[53] Wiederum zwei Monate später bestätigte und ergänzte sie der SMAD-Befehl Nr. 138 vom 4. Juni 1947. Angeordnet wurde unter anderem die Errichtung einer ständigen Kommission, bestehend aus den Präsidenten der Zentralverwaltungen für »Industrie«, »Verkehrswesen«, »Brennstoff und Energie«, »Landwirtschaft« sowie »Handel und Versorgung« und aus den Vorsitzenden des Freien Deutschen Gewerkschaftsbundes (FDGB) und der »Vereinigung der gegenseitigen Bauernhilfe« (VdgB).[54] Am 11. Juni 1947 hatte die Kommission, die bald schon die Bezeichnung »Deutsche Wirtschaftskommission« (DWK) bekam, ihre konstituierende Sitzung.[55]

In den ersten Monaten ihres Bestehens »verfügte die DWK über kaum mehr Autorität als vorher die Zentralverwaltungen«.[56] Dies änderte sich jedoch mit dem Erlass des SMAD-Befehls Nr. 32 vom 12. Februar 1948, mit dem die SMAD die Zusammensetzung und die Vollmachten der DWK neu festlegte.[57] Außer einem Vorsitzenden und zwei Stellvertretern, fünf Länderrepräsentanten und FDGB-Vertretern wurden die Präsidenten beinahe sämtlicher Zentralverwaltungen in die DWK berufen.[58] Die DWK sollte unter anderem zukünftig die Arbeit der betreffenden Zentralverwaltungen koordinieren.[59] Wie sich erst kurz vor der konstituierenden Sitzung der neu organisierten DWK, die am 9. März stattfand, herausstellte, verloren diese gleichzeitig ihren Status als Zentralverwaltungen und wurden stattdessen als Hauptverwaltungen der DWK unterstellt.[60] Das Entscheidende am SMAD-Befehl Nr. 32 vom 12. Februar 1948 aber war, dass der DWK das Recht eingeräumt wurde, »zur Durchführung ihrer Aufgaben [...] sämtlichen deutschen Organen verbindliche Verfügungen und Instruktio-

51 Vgl. Zank: Wirtschaftliche Zentralverwaltungen, S. 261.

52 Vgl. ebd.

53 Vgl. ebd., S. 262.

54 Vgl. ebd. Dieser Kommission wurde auch die Gründung einer eigenständigen Wirtschaftsabteilung, die später die Bezeichnung »Abteilung für Wirtschaftsfragen« erhielt, zugestanden. Ihr Leiter wurde der bereits erwähnte Bruno Leuschner.

55 Vgl. ebd.

56 Ebd., S. 263.

57 Gemäß Zank: Wirtschaftliche Zentralverwaltungen, S. 264 geht der Erlass dieses Befehls auf die Zuspitzung des Ost-West-Konflikts zurück, der dazu führte, dass die Besatzungsmächte die Wirtschaft ihrer Zonen stärken wollten.

58 Vgl. ebd., S. 265. Betroffen waren sämtliche Zentralverwaltungen außer denen für Inneres, Volksbildung, Justiz und zunächst auch Gesundheit.

59 Vgl. ebd.

60 Vgl. ebd. Größere Zentralverwaltungen wurden dabei in mehrere Hauptverwaltungen gesplittet. So wurde beispielsweise die »Zentralverwaltung für Industrie« in insgesamt vier Hauptverwaltungen aufgeteilt. Bis zum 30.3.1948 waren es insgesamt 17 Hauptverwaltungen, die der DWK unterstellt waren (vgl. ebd., S. 266).

nen zu erteilen.«[61] Auf eine Anfrage des Sekretariats der DWK vom 14. April 1948 hin erklärte die SMAD am 20. April 1948, dass die Beschlüsse der DWK für die gesamte SBZ verpflichtend seien.[62] Am 9. Juni 1948 wurde durch eine Anweisung der DWK auch die wirtschaftspolitische Selbstständigkeit der Länder aufgehoben. Gemäß dieser Anweisung hatten die Länder dem Ministerpräsidenten zu unterstellende Hauptabteilungen zu bilden, die unmittelbar an die Anweisungen der DWK gebunden waren.[63]

Die »Deutsche Zentralverwaltung für Volksbildung« blieb, neben den Zentralverwaltungen für Inneres und Justiz, bis zur Gründung der DDR am 7. Oktober 1949 eine der wenigen Zentralverwaltungen in der SBZ, die der DWK nicht unterstellt wurden.[64] Im November 1948 schlug die DWK der SMAD vor, auch die Präsidenten der noch fehlenden Zentralverwaltungen für Volksbildung, Inneres und Justiz in das DWK-Plenum zu berufen, womit diese Verwaltungen ebenfalls der DWK unterstellt worden wären. Die SMAD lehnte diesen Vorschlag jedoch ab.[65] Dennoch gab es unter der Vielzahl von DWK-Verordnungen mit Gesetzeskraft einige, deren Gültigkeit sich auch auf die Bereiche Volksbildung, Inneres und Justiz erstreckte. Der Buchhandel, als Teilgebiet der Volksbildung, war beispielsweise betroffen von der am 31. März 1949 erlassenen DWK-Verordnung »über die Erhaltung und Entwicklung der deutschen Wissenschaft und Kultur«, die zur Hebung des allgemeinen Bildungsniveaus die Produktion von Massenauflagen entsprechender Literatur forderte.[66]

Unverkennbar fand mit der immer mächtiger werdenden DWK ein Zentralisierungsprozess in der SBZ statt. Mitte 1948 umfasste der Personalbestand der DWK 5000 Personen, bis Anfang 1949 verdoppelte er sich auf 10 000 Personen.[67] Da SED-Anhänger in den wichtigsten Positionen beschäftigt waren, konnte sie als Instrument der SED angesehen werden.[68]

Nach der Gründung der DDR wurde der Apparat der DWK mit wenigen Änderungen in die Regierung eingegliedert.[69] Die meisten ihrer Hauptverwaltungen wurden in Ministerien umgewandelt.[70] Die DVV wurde als »Ministerium für Volksbildung« ebenfalls der neuen Regierung angeschlossen.[71]

---

61 Ebd., S. 265.
62 Vgl. ebd., S. 266.
63 Vgl. ebd., S. 268.
64 Vgl. ebd., S. 265. Ausgenommen war anfangs auch die »Zentralverwaltung für Gesundheitswesen« (vgl. ebd.).
65 Vgl. ebd., S. 271.
66 Eine Interpretation dieser Verordnung für das Verlagswesen findet sich in dem Artikel über eine Verlegertagung beim Kulturellen Beirat Anfang April 1949 in Berlin: Im Dienste des Fortschritts, Börsenblatt Leipzig, 23.4.1949, 127ff. Vgl. auch Zank: Wirtschaftliche Zentralverwaltungen, S. 274. Betroffen war der Buchhandel – um ein weiteres Beispiel zu nennen – auch von der DWK-Anordnung vom 13.7.1949 zur Vereinheitlichung des Rechnungswesens in der volkseigenen Wirtschaft (vgl. Einheitliches Rechnungswesen in der volkseigenen Wirtschaft, Börsenblatt Leipzig, 17.9.1949, S. 321). Kurz vor der Gründung der DDR war zudem eine DWK-Verordnung in Planung, nach der dem LKG (Leipziger Kommissions- und Großbuchhandel GmbH) der Import von Büchern aus Westdeutschland und aus dem Ausland überlassen werden sollte (siehe Protokoll der Sitzung des Kleinen Sekretariats der SED vom 30.9.1949: BArch DY30/J IV 2/3/54, fol. 223f). Zur Überwachung dieser Vorgänge sollte beim LKG eine »unauffällige Kontrollstelle der DWK« errichtet werden (ebd.).
67 Vgl. Zank: Wirtschaftliche Zentralverwaltungen, S. 266.
68 Vgl. ebd.
69 Vgl. ebd., S. 276 und Umlauff: Wiederaufbau, Sp. 62.
70 Vgl. Zank: Wirtschaftliche Zentralverwaltungen, S. 276.
71 Vgl. Welsh: Deutsche Zentralverwaltung für Volksbildung, S. 229.

Unabhängig davon, ob die DVV der DWK angehörte, bemühte sich die SED auch auf dem Gebiet der Volksbildung – und somit auch auf den Buchhandel – Einfluss auszuüben. Kurz nach der Gründung der SED, durch den Zusammenschluss der KPD mit Teilen der SPD am 21. April 1946, wurde als eine der beiden Hauptabteilungen der SED-Geschäftsabteilung die »Verwaltung der Parteibetriebe, Druckereien, Verlage und Gebäude« (später nur noch »Verwaltung der Parteibetriebe« genannt) eingerichtet.[72] Zu ihrem Leiter wurde Rudolf Appelt ernannt, sein Stellvertreter war Erwin Brillke. Als verantwortlicher Zeichnungsberechtigter wurde Erich W. Gniffke bestimmt.[73] Gemäß dem Protokoll der Sitzung des Zentralsekretariats vom 13. Mai 1946 sollte mit der Arbeit dieser Abteilung vor allem der Wahrung ökonomischer Interessen der Partei gedient werden. So sollten unter anderem die Parteidruckereien, die Parteizeitungsverlage und die Parteibuchverlage wirtschaftlich kontrolliert werden.[74] Ebenfalls in den Aufgabenbereich dieser Abteilung fielen von Anfang an der Aufbau eines eigenen »Netzes von Parteibuchhandlungen« und der Aufbau eines eigenen Vertriebsapparats.[75] Als weitaus größter Gesellschafter der als GmbH gegründeten neuen Parteiverlage war jeweils die Zentrale Druckerei-, Einkaufs- und Revisionsgesellschaft mbH (Zentrag) vorgesehen, die dem Zentralkomitee der SED unterstand.[76]

Nachdem die gesamte Buchhandelspolitik der SED zunächst ausschließlich darauf abzuzielen schien, die Wirtschaftlichkeit der parteieigenen Buchhandelsunternehmen zu stärken und zu festigen,[77] wurde ab dem Frühjahr 1947 innerhalb der SED in zunehmendem Maße von der Absicht der ideologischen Beeinflussung der »überparteilichen« Buchhandelsunternehmen gesprochen.[78] Die für diese Arbeit eingesehenen Dokumente der für das Verlagswesen in der SBZ verantwortlichen deutschen Institutionen, lassen jedoch nicht offenkundig erkennen, dass die SED vor Mitte 1949 schon einen direkten Einfluss auf die im Bereich der Verlagspolitik der SBZ gefassten Beschlüsse hatte.

Ein wichtiger Schritt in Richtung einer verstärkten Einflussnahme auf dem Gebiet der Volksbildung war die Konferenz der Volksbildungsminister der SBZ auf Hiddensee vom 9. bis 12. August 1948, auf der über den vom Zentralvorstand der SED vorgeschlagene Zweijahresplan diskutiert wurde: »Die Konferenz [...] begrüßte ihn warm und beschloß, das gesamte Volksbildungswesen auf die aus dem Zweijahresplan sich ergebenden Aufgaben einzustellen und der DWK wichtige konkrete Vorschläge zu unterbreiten«.[79] Dieser Beschluss bewirkte, dass die Mitarbeiter der DVV Pläne zur völligen Umgestaltung des Verlagswesens

72 Vgl. Protokoll Nr. 7 der Sitzung des SED-Zentralsekretariats, 13.5.1946: BArch DY 30/IV 2/2.1, fol. 6.

73 Vgl. ebd.

74 Vgl. ebd.

75 Vgl. ebd.

76 »Da die Zentrag bisher nur Revisions- und Treuhandaufgaben erfüllt« hatte, sollte sie »entsprechend der früheren Konzentration« als Dachgesellschaft umgebildet werden (vgl. ebd.). Als ihre neuen Gesellschafter wurden Anton Ackermann, Franz Dahlem, Alfred Oelssner, Otto Meier, Erich W. Gniffke und August Karsten berufen (vgl. ebd.)

77 Im Bereich des Verlagswesens beispielsweise wurden im März 1947 Kontrollen der »wirtschaftlichen Betätigung« vor allem der Zeitschriften- und Zeitungsverlage der SED angeordnet (vgl. Protokoll Nr. 80 der Sitzung des SED-Zentralsekretariats, 13.3.1947: BArch DY 30/IV 2/2.1/71, fol. 5f)

78 Vgl. z.B. Protokoll der Sitzung des SED-Zentralsekretariats vom 16.5.1947, Punkt 12 »Überparteiliche Verlage«: »Dahlem und Gniffke werden beauftragt, erneut Verhandlungen zu führen, um einen entsprechenden Einfluß der Partei in den betreffenden Verlagen zu sichern.« (BArch DY 30/IV 2/2.1/87, fol. 3)

79 Volksbildungsministers Grünberg, Landesregierung Mecklenburg, über die Konferenz der Volksbildungsminister auf Hiddensee, 9.-12.8.1948: SächsHStAD, 11401 Lr. Sachsen, MfVobi, Nr. 181.

entwickelten (siehe Kapitel 4.4, allgemeiner Teil). Zur Erfüllung des Zweijahresplanes sollte vor allem die Fachbuchproduktion gefördert werden (siehe Kapitel 4.4.2). Insbesondere die Mitarbeiter des Volksbildungsministeriums in Mecklenburg sahen im Zweijahresplan aber auch die Notwendigkeit, neben der Produktion von Fachbüchern auch die Produktion sozialistischer Literatur zu erhöhen und stattdessen die Verbreitung von »Kitsch und Schund« einzudämmen – Ziele, die weit über die im Potsdamer Abkommen vom 2. August 1945 vereinbarte Entnazifizierung und Entmilitarisierung Deutschlands hinausgingen.[80]

Der Einfluss der SED auf den Buchhandel erhöhte sich nochmals, nachdem am 30. Mai 1949 auf der dritten Tagung des Deutschen Volkskongresses der Entwurf der Verfassung der DDR vom 19. März 1949 genehmigt worden war, und die Gründung der DDR eigentlich nur noch eine Frage der Zeit war. Noch im Juni 1949 wurde darüber diskutiert, wie die zukünftige Buchhandelslandschaft im Sinne der SED aussehen sollte. Hierzu wurden vom Hauptreferat »Buchverlagswesen« der »Verwaltung der Parteibetriebe« Besprechungen durchgeführt, an denen nun auch Mitarbeiter des Börsenvereins, der DVV und der Volksbildungsministerien der Länder teilnahmen.[81]

3.2 SMAD-Befehle zum Buchhandel – Tabellarische Übersicht

SMAD-Befehle, die speziell zur Regelung des Buchhandels in der SBZ erlassen wurden, waren insgesamt gesehen gering. Nur 4,5 Prozent aller in der Zeit von Juli 1945 bis Dezember 1948 erlassenen Befehle fielen in den Bereich der Volksbildung, zu dem auch der Buchhandel gehörte (siehe Kapitel 3.1). Es gab jedoch eine große Anzahl von Befehlen, die den Buchhandel indirekt berührten, wie beispielsweise Befehle zur Regelung des Postverkehrs, des Interzonenhandels, der Preiskontrolle oder der Beschlagnahme von Eigentum. Die folgende Tabelle zeigt diese für den Buchhandel relevanten SMAD-Befehle. Sie wurde im Wesentlichen anhand der in den Archiven vorgefundenen Befehle und der Hinweise auf diese Befehle erstellt.[82]

80 Vgl. Präambel des Referats »Literatur und Buchwesen«, »Ministerium für Volksbildung« Mecklenburg, 2.3.1949: LHA Schwerin, 6.11–21 Ld. Meckl., MfVobi, Nr. 2681 und Arbeitsbericht des Referats »Literatur und Buchwesen«, »Ministerium für Volksbildung« Mecklenburg, für das erste Quartal 1949, 4.3.1949: ebd. und Arbeitsbericht des Referats »Literatur und Buchwesen«, »Ministerium für Volksbildung« Mecklenburg, für das erste Halbjahr 1949, 21.6.1949: ebd., Nr. 2682.

81 Vgl. z.B. Hauptreferat »Buchverlagswesen«, »Verwaltung der Parteibetriebe«, SED, »Betr.: Mecklenburg«, 7.6.1949: BArch DY 30/IV 2/9.04/670, fol. 31–37 und Hauptreferat »Buchverlagswesen«, »Verwaltung der Parteibetriebe«, SED, »Betr.: Thüringen«, 14.6.1949: ebd., fol. 38–43.

82 Von den für den Buchhandel zuständigen Verwaltungen der SBZ wurde eine solche Übersicht nie erstellt.

SMAD-Befehle zum Buchhandel in der SBZ

Datum	Befehls-Nr.	Thema	Zusammenfassung
21.6.1945	9	Preise	Es wird angeo rdnet, dass Waren nur zu Preisen von 1944 verkauft werden dürfen.[83]
27.7.1945	17	Errichtung von elf deutschen Zentralverwaltungen	Die Errichtung von elf deutschen Zentralverwaltungen wird angeordnet, darunter auch die »Zentralverwaltung für Volksbildung« (siehe Kapitel 2.1.2).
2.8.1945	19	»Verbesserung der Arbeit der Verlage und Druckereien und der Regelung der Kontrolle ihrer Tätigkeit«	Angeordnet wird die Registrierung von Verlagen und Druckereien bis zum 10.8.1945. Veröffentlichungen sind nur noch in Betrieben zugelassen, die hierfür eine spezielle Genehmigung der SMAD haben (siehe Kapitel 3.3.1).
18.8.1945	29	Zensur	Dem »Sektor für Propaganda und Zensur« der SMAD in Berlin sowie den Politischen Abteilungen der SMA in den Ländern und Provinzen werden »alle Funktionen im Hinblick auf die Durchführung der Zensurtätigkeiten« übertragen (siehe Kapitel 2.1.1).
8.9.1945	039	Entnazifizierung	Alle Besitzer von privaten Bibliotheken, Buchhandlungen und Verlagen sowie Privatpersonen werden aufgefordert, Literatur nazistischen und militaristischen Inhalts sowie Literatur, die sich »gegen die Sowjetunion und andere Vereinte Nationen« richtet, bis zum 1.10.1945 bei den Bezirkskommandanturen der SMA abzugeben.[84]
11.9.1945	56	Papier	Der Präsident der »Zentralverwaltung für Industrie« und die Präsidenten der Länder und Provinzen werden für die Papierbeschaffung des IV. Quartals 1945 verantwortlich gemacht.[85]
25.9.1945	70	Gründung des Volk und Wissen Verlags	Dem Präsidenten der Deutschen Verwaltung für Volksbildung wird die Einrichtung eines Verlages »für die Unterrichts- und pädagogische Literatur« aufgetragen (siehe Kapitel 4.1).
22.10.1945	110	Rechte der Länder und Provinzen	Den Ländern und Provinzen der SBZ wird das Recht eingeräumt, »Gesetze und Verordnungen mit Gesetzesgewalt im Bereich der gesetzgebenden, richterlichen und vollstreckenden Gewalt zu erlassen« (siehe Kapitel 3.1).

83 Vgl. Angaben zum SMAD-Befehl Nr. 9, 21.6.1945, im SMAD-Befehl Nr. 63, 26.2.1946: SächsHStAD, 11401 Lr. Sachsen, MfVobi, Nr. 2744.

84 SMAD-Befehls Nr. 039, 8.9.1945, in: Um ein antifaschistisch-demokratisches Deutschland, S. 148f und in: Politik der Sowjetischen Militäradministration, hrsg. von Möller und Tschubarjan, S. 87. Mit den »Vereinten Nationen« waren seit der Jalta-Konferenz vom Februar 1945 die 52 Staaten gemeint, »die vor dem 3. März 1945 Deutschland den Krieg erklärt hatten« (ebd.)

85 Vgl. SMAD-Befehl Nr. 56, 11.9.1945: LHA Schwerin, 6.11–21 Ld. Meckl., MfVobi, Nr. 36, Bl. 57.

Datum	Befehls-Nr.	Thema	Zusammenfassung
23.10.1945	074	»Propagandaverwaltung«	Ausführungsbefehl zum Beschluss des »Rats der Volkskommissare« vom 5.10.1945 zur Gründung der »Propagandaverwaltung« der SMAD (siehe Kapitel 2.1.1).
29.10.1945	123	Interzonaler Postverkehr	Für den Postverkehr zwischen den Zonen werden u.a. geschlossene Briefe und Druckerzeugnisse mit einem jeweiligen Gesamtgewicht von bis zu 500 g als zulässig erklärt.[86]
30.10.1945	124	Beschlagnahme	Besitztümer von Personen, Institutionen Organisationen, die im Sinne der Entnazifizierung als belastet einzustufen sind, sowie herrenlos gewordenes Gut sind bis zum 25.11.1945 zu beschlagnahmen und unter provisorische Verwaltung zu stellen.[87]
6.11.1945	137	Papier	Ergänzung zu SMAD-Befehl Nr. 56 vom 11.9.1945: Detaillierte Auftragserteilung zur Produktion von Zellulose und Papier für das IV. Quartal 1945, aufgeschlüsselt nach den einzelnen Ländern und Provinzen der SBZ und der von ihnen geforderten Produktionsmengen. An Papier werden insgesamt 38 320 t gefordert.[88]
22.12.1945	179	SWA-Verlag	Zur »Bestätigung der polygraphischen Basis« des SWA-Verlags werden ihm die Leipziger Buchdruckereien unterstellt.[89]
8.1.1946	05	Interzonenverkehr	Zur Deckung des Bedarfs an Nahrungsmitteln, Industrieerzeugnissen, Rohstoffen, Heizmaterialien und Fertigwaren wird der In- und Export zugelassen. Spezielle Genehmigungen hierfür werden von der Verwaltung für Außenhandel der SMAD erteilt.[90]
26.2.1946	63	Preise	Zum Zweck der strengeren Einhaltung des SMAD-Befehls Nr. 9 vom 21.6.1945 (Gültigkeit hatten ausschließlich die Preise von 1944) werden die Finanzämter sämtlicher Verwaltungsebenen aufgefordert, regelmäßig Kontrollen durchzuführen. Ausgenommen von dieser Preisbindung ist u.a. der Antiquariatsbuchhandel. Weitere Ausnahmen im Buchhandel sind nur mit Genehmigung der SMAD möglich.[91]

86 Vgl. SMAD-Befehl Nr. 123, 29.10.1945: LHA Schwerin, 6.11–21 Ld. Meckl., MfVobi, Nr. 36, Bl. 157.

87 Vgl. SMAD-Befehl Nr. 124, 30.10.1945 in LHA Schwerin, 6.11–21 Ld. Meckl., MfVobi, Nr. 36, Bl. 159–161, LHASA, MD, Rep. K 10 MVb, Nr. 5126, Bl. 126 und in StadtAL, StVuR Nr. 8866.

88 Vgl. SMAD-Befehl Nr. 137, 6.11.1945: LHA Schwerin, 6.11–21 Ld. Meckl., MfVobi, Nr. 36, Bl. 189f.

89 Vgl. C. G. Röder an Gustav Fischer Verlag, 1.3.46: ThHStAW, GFV, Nr. 558 und Foitzik: Inventar der Befehle, S. 85.

90 Vgl. SMAD-Befehl Nr. 05, 8.1.1946 in: LHA Schwerin, 6.11–21 Ld. Meckl., MfVobi, Nr. 37, Bl. 11 und in ThHStAW, Ld. Thür. - Befehle SMAD, 1946.

91 Vgl. SMAD-Befehl Nr. 63, 26.2.1946: SächsHStAD, 11401 Lr. Sachsen, MfVobi, Nr. 2744 und Rundschreiben der DVV »Betr.: Schaffung geordneter Preisverhältnisse im Buchhandel«, 24.5.1946: LHASA, MD, Rep. K 10 MVb, Nr. 4925, Bl. 87f.

Datum	Befehls-Nr.	Thema	Zusammenfassung
6.3.1946	73	Leipziger Messe	Die Wiedereröffnung der Leipziger Messe wird bestimmt. Als Termin für die erste Messe wird der 5.-12.5.1946 festgesetzt.[92]
18.5.1946	150	Volk und Wissen Verlag	Dem Volk und Wissen Verlag wird aufgetragen, die Schulen in der SBZ mit Schulbüchern und Lehrmitteln zu versorgen.[93]
21.5.1946	154/181	Beschlagnahme	Die gemäß SMAD-Befehl Nr. 124 vom 30.10.1945 beschlagnahmten und unter provisorische Verwaltung gestellten Besitztümer werden zur weiteren Nutzung den deutschen Selbstverwaltungsorganen überlassen. Ausnahmen waren u.a. Güter zur Deckung von Reparationsansprüchen.[94]
13.6.1946	0144	Papier	Zur Erfüllung des Produktionsplanes für Zellulose und Papier für das III. Quartal 1946 werden die Länder und Provinzen zur Sammlung von 20.000 t Altpapier verpflichtet. Firma I. G. Farbenindustrie in Wolfen soll Holzzellulose durch salpetersaures Verfahren herstellen.[95]
27.6.1946	186	Mecklenburg, Sachsen, Sachsen-Anhalt	Angeordnet werden Maßnahmen zur »Organisation der Verlagstätigkeit in Mecklenburg, Sachsen-Anhalt und Sachsen«.[96]
23.8.1946	249	Beschlagnahme	Im Krieg evakuierte Bücherbestände und die den Provinzen gehörenden Bibliotheken sind von der SMA an die deutschen Volksbildungsorgane zu übergeben. Herrenlose Bibliotheken und enteignete Bücherbestände sind auf Volks- und wissenschaftliche Bibliotheken zu verteilen.[97]
2.9.1946	262	Pflichtexemplare	Rückwirkend vom 9.5.1945 an sind von sämtlichen in der SBZ erschienen Druckerzeugnisse 101 Pflichtexemplare an diverse deutsche und sowjetische Verwaltungen, Organisationen und Bibliotheken abzugeben (davon 91 Exemplare kostenlos).[98]
24.12.1946	356	Pflichtexemplare	Drastische Reduzierung der mit SMAD-Befehl Nr. 262 vom 2.9.1946 geforderten 101 Pflichtexemplare auf 31 Pflichtexemplare (sämtliche kostenlos).

92 Vgl. SMAD-Befehl Nr. 73, 6.3.1946: LHA Schwerin, 6.11–21 Ld. Meckl., MfVobi, Nr. 37, Bl. 197.

93 Vgl. Volk und Wissen Verlags-GmbH an Landesregierung Sachsen-Anhalt, 19.5.1949: LHASA, MD, Rep. K 10 MVb, Nr. 37, Bl. 87.

94 Vgl. SMAD-Befehl Nr. 154/181, 21.5.1946 in LHASA, MD, Rep. K 10 MVb, Nr. 5126, Bl. 125 und in LHA Schwerin, 6.11–21 Ld. Meckl., MfVobi, Nr. 37, Bl. 277.

95 Vgl. SMAD-Befehl Nr. 0144, 13.6.1946: LHA Schwerin, 6.11–21 Ld. Meckl., MfVobi, Nr. 37, Bl. 300.

96 Vgl. Foitzik: Inventar der Befehle, S. 105.

97 Vgl. SMAD-Befehl Nr. 249, 23.8.1946: LHASA, MD, Rep. K 10 MVb, Nr. 5126, Bl. 121.

98 Vgl. SMAD-Befehl Nr. 262, 2.9.1946: LHASA, MD, Rep. K 10 MVb, Nr. 5126, Bl. 118 und in BLHA, Ld. Br. Rep. 202 A, Nr. 65, Bl. 74f.

Datum	Befehls-Nr.	Thema	Zusammenfassung
			Der SMAD-Befehl Nr. 262 vom 2.9.1945 wird aufgehoben.[99]
25.1.1947	25	Kultureller Beirat	Die Einrichtung eins »Rats für ideologische Fragen des Verlagswesens« wird angeordnet (siehe Kapitel 2.1.3).
17.4.1947	90	Teilweise Aufhebung der Vorzensur durch die SMAD	Die Veröffentlichung wissenschaftlicher und schöner Literatur bedarf zukünftig nur noch der Druckgenehmigung des Kulturellen Beirats. Veröffentlichen dürfen nur noch lizenzierte Verlage. Der SMAD-Befehl Nr. 19 vom 2.8.1945 wird aufgehoben (siehe Kapitel 3.3.2).
23.2.1948	13	Volk und Wissen Verlag	Dem Präsidenten der DVV wird befohlen, zur Behebung bisher aufgetretener Mängel »hinsichtlich der Leitung und Kontrolle« des Volk und Wissen Verlags, für eine bessere Programmgestaltung, für eine bessere Zusammenarbeit mit Autoren und Lehrern und für eine kürzere Zeit bis zum Erscheinen der Schul- und Lehrbücher zu sorgen.[100]
23.3.1948	094	Kontrolle der Fachzeitschriften	Den Verwaltungen und Abteilungen der SMAD wird die politische Kontrolle und Führung der von der SMAD lizenzierten deutschsprachigen wissenschaftlichen, technischen und sonstigen Fachzeitschriften übertragen.[101]
9.6.1948	105	Interzonenhandel	Zur Sicherstellung der Einhaltung der Kontrollrat-Direktive Nr. 55 vom 25.6.1947 sind bei der DWK zwei Abteilungen einzurichten, die den Im- bzw. Export von Zeitschriften regeln sollen. Eine neue Vertriebsform für Periodika wird angeordnet.[102]
23.6.1948	111	Währungsreform	Als Termin für den Geldumtausch werden der 24. und 25.6.1948 festgelegt. Geldsummen in Höhe von bis zu 5.000,- RM sollen im Verhältnis 1:10 getauscht werden. Höhere Summen sollen auf Sperrkonten gebucht werden.[103]

99 Vgl. SMAD-Befehl Nr. 356, 24.12.1946 in ThHStAW, Ld. Thür. - Befehle SMAD, 1946, SächsHStAD, 11401 Lr. Sachsen, MfVobi, Nr. 208 und in BArch DR 2/871, fol. 29. Ein Abdruck des Befehlstextes befindet sich auch im Börsenblatt, Leipzig, Nr. 2 vom 25.1.1947.

100 Vgl. SMAD-Befehl Nr. 13, 23.2.1948: BArch DR 2/1065, fol. 23.

101 Vgl. Angaben zum SMAD-Befehl Nr. 094 vom 23.3.1948 in der Rundverfügung des Stellvertreters des Obersten Chefs der SMAD, Generalleutnant Russkich vom 28.9.1948 an alle Chefs der Landesverwaltungen, der Verwaltungen und Abteilungen der SMAD über Mängel in der Durchführung des Befehls Nr. 094. In: Politik der Sowjetischen Militäradministration, hrsg. von Möller und Tschubarjan, S. 395–399.

102 Vgl. SMAD-Befehl Nr. 105, 9.6.1948 in ThHStAW, Ld. Thür. - Befehle SMAD, 1948 und in LHASA, MD, Rep. K 10 MVb, Nr. 5126, Bl. 104.

103 Vgl. Niederschrift über die Sitzung des Verleger-Ausschusses des Börsenvereins vom 23.7.1948: SächsStAL, 21766 Börsenverein, Nr. 1213, Bl. 18–23.

Datum	Befehls-Nr.	Thema	Zusammenfassung
9.12.1948	199	Interzonenhandel	Die Aktiengesellschaften der »Zeitungsvertriebsgesellschaften« der Länder, in deren Kiosken genauso wie in den Kiosken des »Postzeitungsamtes« Periodika verkauft werden, sollen die Hauptverwaltung »Post- und Fernmeldewesen« der DWK unterstellt werden.[104]

3.3 SMAD-Befehle zur Lizenzierungspolitik

Den rechtlichen Rahmen für Verlagslizenzierungen in der SBZ bildeten im Wesentlichen zwei Befehle: zum einen der SMAD-Befehl Nr. 19 vom 2. August 1945 zur »Verbesserung der Arbeit der Verlage und Druckereien und der Regelung der Kontrolle ihrer Tätigkeit« und zum anderen der SMAD-Befehl Nr. 90 vom 17. April 1947 zur »Tätigkeit der Verlage und Druckereien [i]n Verbindung mit der Aufhebung der Vorzensur für deutsche Zeitungen und andere Publikationsorgane, sowie zum Zwecke der Beibehaltung der notwendigen Kontrolle«.

Tulpanow, der bis September 1949 die »Propaganda-« bzw. »Informationsverwaltung« der SMAD leitete (siehe Kapitel 2.1.1), charakterisierte die von der SMAD erlassenen Befehle in seiner 1987 erschienenen Autobiographie *Deutschland nach dem Kriege (1945–1949)* als »überaus konkret«.[105] Dieses Merkmal trifft aber auf die beiden genannten Befehle nicht zu. Im Hinblick auf Verlagslizenzierungen ließen sie vor allem Fragen zur Durchführung offen. Dadurch blieb den hierfür zuständigen deutschen Institutionen wie der DVV und den Volksbildungsministerien der Länder und Provinzen (und deren Vorgängern – siehe Kapitel 2.2.2) ein großer Handlungsfreiraum, der unterschiedlich stark genutzt wurde. 1949 versuchte die DVV mit der Entwicklung eines SMAD-Befehls zur »Errichtung und [zum] Aufgabenbereich der Deutschen Verlagskommission« viele der noch vorhandenen Unklarheiten bezüglich der Lizenzierung von Verlagen zu beseitigen. Erlassen wurde dieser von der DVV entworfene SMAD-Befehl nicht. Aber gerade an den in diesem Befehls-Entwurf vorgeschlagenen Änderungen gegenüber den beiden früher erlassenen SMAD-Befehlen lassen sich deutlich die bis zu diesem Zeitpunkt aufgetretenen Probleme bei Verlagslizenzierungen demonstrieren.

3.3.1 SMAD-Befehl Nr. 19 vom 2. August 1945

Am 12. Mai 1945, also bereits kurz nach Kriegsende, erließ General Eisenhower, Oberster Befehlshaber der Alliierten Streitkräfte, das für die drei westlichen Besatzungszonen gültige Gesetz Nr. 191 zur »Kontrolle über Druckschriften, Rundfunk, Nachrichtendienst, Film, Theater und Musik und [zur] Untersagung der Tätigkeit des Reichsministeriums für Volksaufklä-

104 Vgl. SMAD-Befehl Nr. 199, 9.12.1948: ThHStAW, Ld. Thür. - Befehle SMAD, 1948.

105 Tjulpanow: Deutschland nach dem Kriege, S. 57.

rung und Propaganda«.[106] Dieses Gesetz verbot »das Drucken, Erzeugen, Veröffentlichen, Vertreiben, Verkaufen und gewerbliche Verleihen von Zeitungen, Magazinen, Zeitschriften, Büchern, Broschüren, Plakaten, Musikalien und sonstigen gedruckten oder (mechanisch) vervielfältigten Veröffentlichungen«.[107] Gemäß der am selben Tag verabschiedeten Nachrichtenkontroll-Vorschrift Nr. 1, die das Gesetz Nr. 191 ergänzte, durften diese Tätigkeiten künftig nur noch »mit einer schriftlichen Zulassung der Militärregierung« ausgeführt werden.[108]

In der SBZ dagegen gab es in den ersten drei Monaten nach Kriegsende keine vergleichbare Regelung. Die Hoffnung, dass vorerst kein neues Zensursystem entstehen würde, konnte sich somit hier etwas länger halten als in den westlichen Besatzungszonen. So schrieb beispielsweise Theodor Volckmar-Frentzel, Geschäftsführer des Buchgroßhändlers Koehler & Volckmar und Mitglied des Aktionsausschusses des Börsenvereins der Deutschen Buchhändler, am 23. Juli 1945:

> Ein Berufsstand wie der deutsche Verlagsbuchhandel läßt sich, wie gerade die Vergangenheit gezeigt hat, nicht von zentraler Stelle lenken, wenn er nicht mehr oder weniger verkümmern soll. Im Rahmen einer geschärften politischen Verantwortlichkeit muß der deutsche Verlagsbuchhandel unbehindert sein, frei zu gestalten. Auch auf diesem Gebiete gibt es praktisch keine Gremien, die über die Universalität verfügen könnten, die Summe der Geistesarbeit des deutschen Verlagsbuchhandels zu ersetzen.[109]

Gemäß dem Potsdamer Abkommen vom 2. August 1945 sollte »die Freiheit der Rede, der Presse und der Religion« in Deutschland gewährleistet werden, allerdings »unter Berücksichtigung der Notwendigkeit, die militärische Sicherheit zu erhalten«.[110] Zu dieser militärischen Sicherheit gehörte es, die im Potsdamer Abkommen geforderten Maßnahmen zur »Entnazifizierung« und »Entmilitarisierung« Deutschlands auch im Bereich der Presse anzuwenden. Es galt nicht nur, die in diesem Sinne als belastend einzustufende Literatur aus dem Verkehr zu ziehen, sondern auch das Entstehen neuer Literatur dieser Art zu verhindern. So ist es nicht verwunderlich, dass in der SBZ, genauso wie in den westlichen Besatzungszonen, ein System der Kontrolle über Betriebe entwickelt wurde, die Druckschriften gleich welcher Art herstellten oder veröffentlichten.

---

106 Gesetz Nr. 191 vom 12.5.1945. Ein Abdruck des Wortlauts des Gesetzestextes und ausführliche Erläuterungen dazu finden sich bei Umlauff: Wiederaufbau, Sp. 70ff bzw. Sp.1489ff. Vgl. auch »Der Deutsche Buchhandel im Zeitpunkt der Besetzung durch die Alliierte Militärregierung – Lage, Probleme und Wünsche«, 8.5.45, gezeichnet von Edgar Bielefeldt, Hans Brockhaus, Georg Petermann und Theodor Volckmar-Frentzel: StadtAL, StVuR Nr. 8863, Bl. 133ff; Regierungsrat Hoffmann an den thüringischen Landespräsidenten, R. Paul, 2.8.1945: ThHStAW, Ld. Thür. - BdMp, Nr. 219, Bl. 7–9 und T. Volckmar-Frentzel: »Zu den Problemen der personellen Bereinigung des Buchhandels und der Zensur«, 23.7.1945: StadtAL, StVuR Nr. 9156, Bl. 3–14.

107 Punkt 1 des Gesetzes Nr. 191 vom 12.5.1945.

108 Punkt 2 der Nachrichtenkontroll-Vorschrift vom 12.5.1945. Ein Abdruck des Wortlauts der Vorschrift findet sich bei Umlauff: Wiederaufbau, Sp. 1492ff.

109 T. Volckmar-Frentzel: »Zu den Problemen der personellen Bereinigung des Buchhandels und der Zensur«, 23.7.1945: StadtAL, StVuR Nr. 9156, Bl. 3–14.

110 Vgl. Punkt III A. Politische Grundsätze, Absatz 10 des Potsdamer Abkommens vom 2. August 1945 [Mitteilung über die Dreimächtekonferenz von Berlin] (3.3.2004). In: documentArchiv.de. URL: http://www.documentArchiv.de/in/1945/potsdamer-abkommen.html (4.1.2010).

Ebenfalls am 2. August 1945 erließ die SMAD den Befehl Nr. 19 zur »Verbesserung der Arbeit der Verlage und Druckereien und der Regelung der Kontrolle ihrer Tätigkeit«, der vorerst die Basis der Lizenzierungspolitik in der SBZ bildete.[111] Seine Forderungen waren denen des in den westlichen Besatzungszonen gültigen Gesetzes Nr. 191 vom 12. Mai 1945 sehr ähnlich. So durften gemäß dem Befehl Nr. 19 nur noch Betriebe mit einer entsprechenden Genehmigung von der SMAD Schriftwerke veröffentlichen:

> Die Herausgabe von Zeitungen, Büchern, Zeitschriften, Plakaten, verschiedenartigen Flugblättern, Aufrufen und Parteiliteratur [ist] nur in solchen Verlagen und Druckereien oder auf solchen Vervielfältigungsapparaten durchzuführen, für die eine spezielle Genehmigung durch die Sowjetische Militärverwaltung erteilt wurde.[112]

Zudem waren für sämtliche Publikationen zukünftig Druckgenehmigungen durch die SMA einzuholen.[113] Im Vordergrund des SMAD-Befehls Nr. 19 vom 2. August 1945 stand jedoch die Forderung an die Verlage und Druckereien der SBZ, sich innerhalb einer Woche nach Erlass des Befehls bei den zuständigen Bezirks-, Stadt- oder Kreiskommandanturen der SMA registrieren zu lassen.

Die Erteilung von Lizenzen – in dem Befehl, wie oben zitiert, »spezielle Genehmigungen« genannt – war dagegen sekundär. So finden sich weder Angaben zur Art und Weise, wie es zur Erteilung dieser notwendigen »speziellen Genehmigungen« der SMA kommen sollte, noch darüber, auf welcher Verwaltungsebene der SMA die Entscheidung über ihre Vergabe fallen sollte. Da sich der zuständige »Sektor für Propaganda und Zensur« der SMAD zu diesem Zeitpunkt noch im Aufbau befand und eine klare Abgrenzung der Aufgabenbereiche noch nicht erfolgt war, konnten nähere Angaben hierzu noch nicht gemacht werden (siehe Kapitel 2.1.1).

---

111 Laut Umlauff: Wiederaufbau, Sp. 1217 und Sp. 1649f stammt der SMAD-Befehl Nr. 19 vom 20.8.1945, obwohl in Sp. 1649f in dem abgedruckten Wortlaut am Ende des Befehlstextes der 2.8.1945 als Datum angegeben ist. Dass der Befehl tatsächlich auf den 2.8.1945 zu datieren ist, geht aus diversen Dokumenten und Veröffentlichungen hervor (vgl. z.B. Abschrift des Rundschreibens von Gladewitz, Leiter des sächsischen »Landesnachrichtenamts«, an die Nachrichtenämter der Stadt- und Landkreise, 3.3.1947: StadtAL, StVuR Nr. 9164, Bl. 24; Rundschreiben des Präsidenten des Landes Mecklenburg-Vorpommern, W. Höcker, an sämtliche Kultur- und Volksbildungsämter des Landes, 3.6.1946: LHA Schwerin, 6.11–21 Ld. Meckl., MfVobi, Nr. 2698; Pike: Politics of Culture, S. 364 und Befehle des Obersten Chefs der Sowjetischen Militärverwaltung in Deutschland. Sammelheft 1,1945, S. 16). Ein weiterer Beleg hierfür ist der Wortlaut des SMAD-Befehls Nr. 90 vom 17.4.1947, in dem unter Punkt 4 angegeben ist, dass der SMAD-Befehl Nr. 19 »vom 2. August 1945« aufgehoben wird (vgl. z.B. Umlauff: Wiederaufbau, Sp. 1655ff, Übersetzung des SMAD-Befehls Nr. 90 vom 17.4.1947 und die dazu gehörenden Richtlinien: ThHStAW, Ld. Thür. - MfVobi, Nr. 4280 und »Abschrift von Abschrift« des SMAD-Befehls Nr. 90 vom 17.4.1947: LHASA, MD, Rep. K 10 MVb, Nr. 5126, Bl. 113).

112 Punkt 3 des SMAD-Befehls Nr. 19 »Zur Verbesserung der Arbeit der Verlage und Druckereien und der Regelung der Kontrolle ihrer Tätigkeit«, 2.8.1945: StadtAL, StVuR Nr. 8854, Bl. 14 (in der Abschrift des Befehls ist fälschlicherweise als Befehls-Nr. die »10« statt der »19« angegeben worden). Schon vorher, am 23.7.1945, hatte die SMA in Thüringen einen Befehl erlassen, der innerhalb Thüringens die Herausgabe von Zeitungen und anderen Druckmaterialien ohne vorherige Genehmigung durch die SMAD verboten hatte (vgl. Befehl Nr. 3 vom 23.7.1945 der SMA Thüringen: ThHStAW, Ld. Thür. - Befehle SMATh, 1945).

113 Vgl. Punkt 5 des SMAD-Befehls Nr. 19 »Zur Verbesserung der Arbeit der Verlage und Druckereien und der Regelung der Kontrolle ihrer Tätigkeit«, 2.8.1945.

14

Befehl

des Obersten Chefs der Sowjetischen Militärverwaltung in Deutschland

2. August 1945 Nr. 10 Berlin

Zur Verbesserung der Arbeit der Verlage und Druckereien und der Regelung der Kontrolle ihrer Tätigkeit

befehle ich:

1. Allen Eigentümern sowie Leitern von behördlichen Druckereien ebenso wie von Vervielfältigungsapparaten, Rotatoren, Hektographen-, Glasplatten-Vervielfältigungsapparaten, diese bei den zuständigen Kommandanturen (Bezirks-, Stadt- oder Kreis-) nicht später als bis zum 10. August d.J. zu registrieren.

2. Allen Druckereien, Aufträge für die Herausgabe von Druckschriften nur gemäss den "Provisorischen Vorschriften für die Arbeit der Druckereien", die von der Sowjetischen Militärverwaltung bestätigt wurden, anzunehmen und auszuführen.

3. Die Herausgabe von Zeitungen, Büchern, Zeitschriften, Plakaten, verschiedenartigen Flugblättern, Aufrufen und Parteiliteratur nur in solchen Verlagen und Druckereien oder auf solchen Vervielfältigungsapparaten durchzuführen, für die eine spezielle Genehmigung durch die Sowjetische Militärverwaltung erteilt wurde.

4. Eigentümer und Leiter, die ihre Druckereien, Verlage oder Vervielfältigungsapparate bei den Militärkommandanturen bis zum 10. August nicht registrieren, werden zu strengster Verantwortung gezogen.

5. Für Übertretung der "Provisorischen Vorschriften für die Arbeit der Druckereien" betreffend die Herstellung irgendwelcher Drucksachen in Druckereien oder auf Vervielfältigungsapparaten ohne entsprechende Genehmigung durch die Vertreter der Militärbehörden werden die Druckereien oder die Vervielfältigungsapparate unverzüglich beschlagnahmt und die Inhaber dem Kriegsgericht überliefert.

Oberste
Der/Chef der Sowjetischen Militärverwaltung in Deutschland
Marschall der Sowjetunion G. Shukow

Der Chef des Stabes der Sowjetischen Militärverwaltung in Deutschl.
Generaloberst W. Kurasow.

Abb. 10: SMAD-Befehl Nr. 19 vom 2.8.1945 »Zur Verbesserung der Arbeit der Verlage und Druckereien und der Regelung der Kontrolle ihrer Tätigkeit«. Fälschlicherweise ist in dieser Übersetzung statt der 19 die 10 als Befehlsnummer angegeben. [114]

114 Vorlage und Repro: Stadtarchiv Leipzig, Bestand Stadtverordnetenversammlung und Rat der Stadt Leipzig, Nr. 8854, Bl. 14.

Der Befehl Nr. 19 vom 2. August 1945 spiegelt deutlich die Situation dieser Zeit wider. Tatsächlich waren die Arbeiten mit der vorerst notwendigen Registrierung und Entnazifizierung von Buchhandelsunternehmen in den ersten Monaten nach Kriegsende so aufwändig, dass einige der deutschen Volksbildungsverwaltungen der Länder und Provinzen sich mit dem Problem der Lizenzierung von Verlagen noch nicht richtig auseinandersetzen konnten. Eine konkretere Anweisung zur Regelung der Lizenzierungsverfahren schien zu diesem Zeitpunkt noch nicht notwendig. Die zunehmenden Anfragen der Verleger zwangen die Volksbildungsverwaltungen der Länder und Provinzen jedoch im Laufe des letzten Vierteljahres 1945 eine Regelung diesbezüglich zu finden.[115] Die Ausarbeitung einer grundsätzlichen Anleitung hierzu erwarteten allerdings im Prinzip alle von der DVV.[116] Zwar wurden in Sachsen, Thüringen und Mecklenburg-Vorpommern schon früh Versuche unternommen, in Eigeninitiative Regelungen zur Wiederzulassung von Verlagen herbeizuführen, spätestens Ende Dezember 1945 wandten sich jedoch auch sie sich an die DVV (siehe Kapitel 4.3.1). Diese hatte zu dem Zeitpunkt selbst gerade erst angefangen, sich mit der Thematik der »Neuordnung des Verlagswesens« zu beschäftigen.[117] Und genauso wie innerhalb der Verwaltung der SMAD (siehe oben und Kapitel 2.1.1) hatte innerhalb der DVV eine Auseinandersetzung mit zukünftigen Verlagslizenzierungen bis dahin nur in geringem Maße stattgefunden. Die Abteilungen der DVV befanden sich noch im Aufbau, und die entsprechenden Aufgabengebiete waren noch nicht zugeteilt (siehe Kapitel 2.1.2). Erst im Laufe des November 1945 beschloss die DVV in Absprache mit der SMAD die Bearbeitung von Anträgen auf »Arbeitsgenehmigungen« von Verlagen mit in den Aufgabenbereich der Abteilung »Presse- und Verlagswesen« zu nehmen.[118] Eine Regelung der Verfahrensweise hierzu wollte die SMAD offensichtlich gemeinsam mit der DVV entwickeln, denn sie ließ sich von der DDV diesbezüglich mehrere Vorschläge machen. Den frühen Planungen der DVV zur Regelung der Lizenzierungsverfahren ist zu entnehmen, dass sie ein erhebliches Maß an Verantwortung bei den Lizenzerteilungen den deutschen Landes- und Provinzialverwaltungen, den Verlagen in der SBZ und – vor allem – sich selbst übertragen sehen wollte. So unterbreitete die DVV beispielsweise Mitte Dezember 1945 den Vorschlag, ihr das Recht einzuräumen, »im Einverständnis

115 Vgl. G. Grünberg, Vizepräsident des Landes Mecklenburg-Vorpommern, an den Chef der SMA Mecklenburg Vorpommern, 27.10.1945: »Bei der Landesverwaltung, Abteilung Kultur und Volksbildung häufen sich die Anfragen bezüglich der Wiederaufnahme der Verlagstätigkeit.« (LHA Schwerin, 6.11–21 Ld. Meckl., MfVobi, Nr. 3078), Regierungsrat Hoffmann an den thüringischen Landespräsidenten, R. Paul, 2.8.1945: »Es mehren sich aber in zunehmendem Maße die Eingaben von Druckereiunternehmern, Verlegern und zurzeit arbeitslosen Schriftstellern und Schriftleitern [...]« (ThHStAW, Ld. Thür. - BdMp, Nr. 219Bl. 7–9) und Ministerialrat Hausmann, Provinzialregierung Mark Brandenburg, an DVV, 12.11.1945: »Ich erhalte desöfteren Anfragen über die Wiedereröffnung von Buchhandlungen und Verlagsanstalten.« (BLHA, Ld. Br. Rep. 205 A, Nr. 824, Bl. 69). Als Beispiel für eine solche Anfrage seitens der Verlage siehe z.B. Sachsenland Verlags-Buchhandlung Zittau an die Landesverwaltung Sachsen, 7.11.1945: SächsHStAD, 11401 Lr. Sachsen, MfVobi, Nr. 2768.

116 Vgl. z.B. Ministerialrat Hausmann, Provinzialregierung Mark Brandenburg, an die DVV, 12.11.1945; Grünberg an DVV, 8.12.1945: LHA Schwerin, 6.11–21 Ld. Meckl., MfVobi, Nr. 3073 und Landesverwaltung Sachsen an DVV-Präsident P. Wandel, 13.12.1945: SächsHStAD, 11401 Lr. Sachsen, MfVobi, Nr. 2724.

117 Vgl. Tätigkeitsbericht der DVV, September 1945: BArch DR 2/896, fol. 197–199 und »Aufgaben der Abteilung 'Presse- und Verlagswesen'«, DVV, 1.11.1945: BArch DR 2/896, fol. 190–194).

118 »Aufgaben der Abteilung 'Presse- und Verlagswesen'«, DVV, 1.11.1945. Vgl. auch Bericht der Abteilung »Allgemeine Volksbildung« der DVV über Aufbau und Aufgaben der Abteilung »Allgemeine Volksbildung«, 17.11.1945: BArch DR 2/629, fol. 105–108.

mit der sowjetischen Militärverwaltung« über die Vergabe von Lizenzen zu entscheiden.[119] Für die ersten Lizenzerteilungen plante sie, sich von den Landes- und Provinzialverwaltungen Verlage nennen zu lassen, »deren Ingangsetzung politisch und kulturell in bevorzugter Weise in Angriff genommen werden« sollten.[120] Die ersten lizenzierten Verleger sollten sich dann zu einer »Interessengemeinschaft« zusammenfügen und anstelle der Landes- und Provinzialverwaltungen die Vorprüfung weiterer Lizenzanträge vornehmen.[121]

Aber dieser und weitere Vorschläge der DVV entsprachen nicht den Vorstellungen der SMAD. Bis zum Ende des Jahres 1945 konnte keine Einigung zwischen der DVV und der SMAD über die genaue Zuständigkeit und die Art und Weise der Erteilung von Verlagslizenzen getroffen werden (siehe Abb. 11).

Anfang 1946 erhöhte sich seitens der Verleger und der deutschen Landes- und Provinzialverwaltungen auf die DVV der Druck, eine Regelung der Lizenzierungsverfahren herbeizuführen. Bei einem Treffen Mitte Januar 1946 zwischen Vertretern der DVV und der SMAD konnten erstmals mündliche Vereinbarungen über das weitere Vorgehen getroffen werden (Näheres siehe Kapitel 4.1). Das daraufhin bei den ersten Verlagslizenzierungen unter Beteiligung deutscher Verwaltungen eher eigendynamisch entwickelte System wurde im Prinzip beibehalten: Die bei den Landes- und Provinzialverwaltungen eingereichten Anträge wurden zunächst mit einem Gutachten an die DVV und von dort mit einem weiteren Gutachten an die SMAD weitergeleitet, die letztlich über die tatsächlichen Lizenzerteilungen entschied.

3.3.2 SMAD-Befehl Nr. 90 vom 17. April 1947 – Exkurs: Verlagsrechte und Statistik

Die wenigen von der SMAD in den Jahren 1945 und 1946 erlassenen Anordnungen zur Lizenzierungspolitik ließen den an den Verfahren beteiligten deutschen und sowjetischen Verwaltungen der Länder und Provinzen vor allem bei der Vergabe von Druckgenehmigungen einen großen Handlungsfreiraum. Eigentlich war es nur lizenzierten Verlagen möglich, Druckgenehmigungen für Neuerscheinungen zu bekommen. Aber in der Praxis konnten auch Verlage, deren Lizenzierungsverfahren noch in der Schwebe waren, solche Druckgenehmigungen erhalten. Diese ursprünglich als Ausnahmen gedachten Druckgenehmigungen waren allerdings mancherorts zur Gewohnheit geworden, was bei der DVV und beim im Sommer 1946 eingerichteten Kulturellen Beirat (siehe Kapitel 2.1.3) nicht gerade auf Zustimmung stieß. Noch im November 1947 schrieb Kielmeyer, Geschäftsführer des Kulturellen Beirats, im *Börsenblatt für den Deutschen Buchhandel* rückblickend auf die Zeit vor der Existenz des Kulturellen Beirats: »Immerhin den eigentlichen Profit aus der lokalen Druckgenehmigungspraxis zogen in hohem Maße einige meist nicht lizenzierte Gelegenheitsritter, welche die örtlichen Zufälligkeiten geschickt zum Nachteil des allgemeinen wie auch verlegerischen Inte-

119 DVV an SMAD: »Das deutsche Verlagswesen in der sowjetischen Besatzungszone«: BArch DR 2/893–894, fol. 9–11. Der Entwurf des Schreibens stammt vom 13.12.1945. Dem Stempelvermerk auf dem ersten Blatt ist zu entnehmen, dass er am 15.12.1945 »abgesegnet« wurde, was darauf schließen lässt, dass er in dieser Fassung an die SMAD geschickt wurde.

120 Ebd.

121 Vgl. ebd.

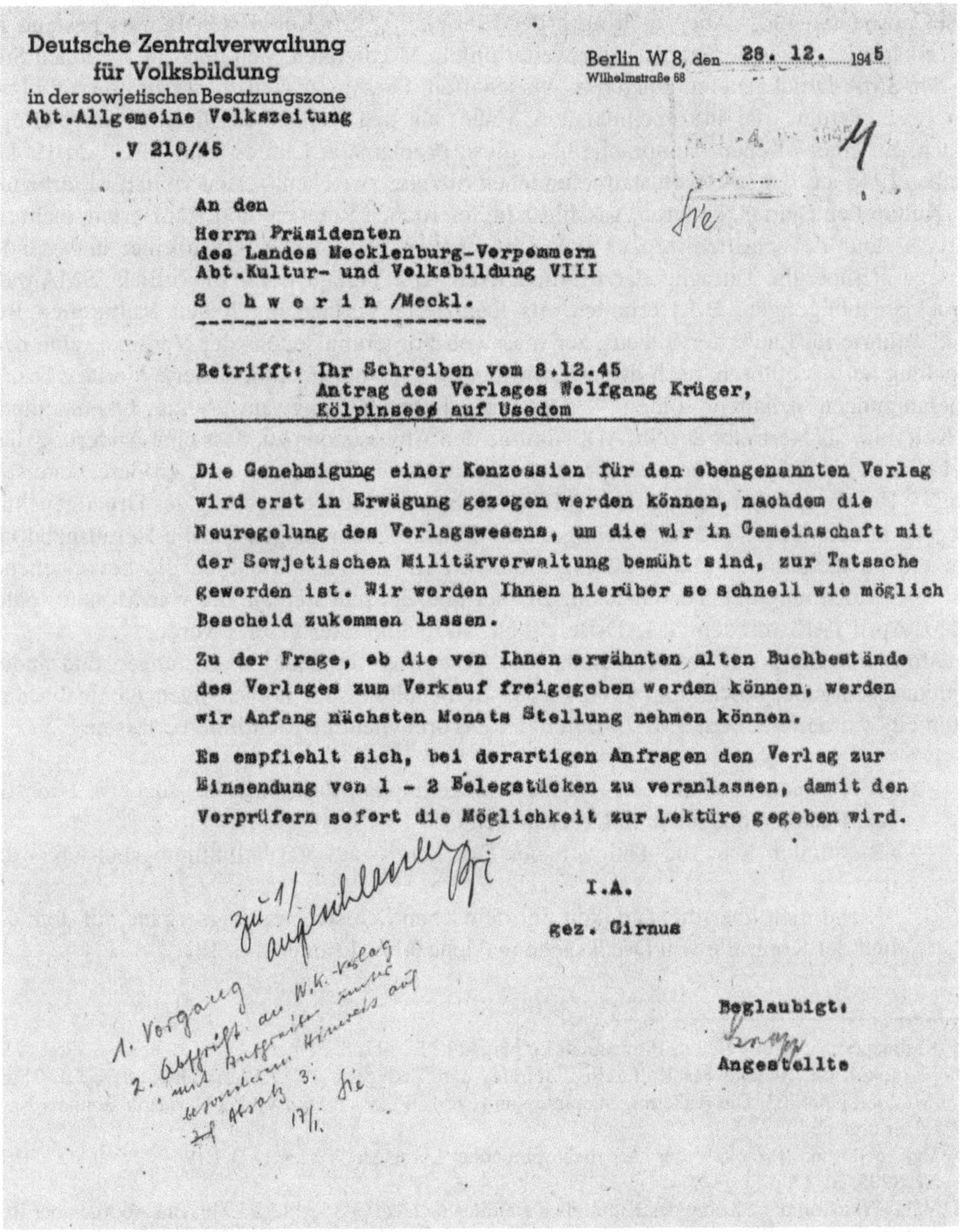

Deutsche Zentralverwaltung für Volksbildung
in der sowjetischen Besatzungszone
Abt. Allgemeine Volkszeitung

.V 210/45

Berlin W 8, den 28. 12. 1945
Wilhelmstraße 68

An den

Herrn Präsidenten
des Landes Mecklenburg-Vorpommern
Abt. Kultur- und Volksbildung VIII

S c h w e r i n /Meckl.

Betrifft: Ihr Schreiben vom 8.12.45
Antrag des Verlages Wolfgang Krüger,
Kölpinsee auf Usedom

Die Genehmigung einer Konzession für den ebengenannten Verlag wird erst in Erwägung gezogen werden können, nachdem die Neuregelung des Verlagswesens, um die wir in Gemeinschaft mit der Sowjetischen Militärverwaltung bemüht sind, zur Tatsache geworden ist. Wir werden Ihnen hierüber so schnell wie möglich Bescheid zukommen lassen.

Zu der Frage, ob die von Ihnen erwähnten alten Buchbestände des Verlages zum Verkauf freigegeben werden können, werden wir Anfang nächsten Monats Stellung nehmen können.

Es empfiehlt sich, bei derartigen Anfragen den Verlag zur Einsendung von 1 - 2 Belegstücken zu veranlassen, damit den Vorprüfern sofort die Möglichkeit zur Lektüre gegeben wird.

I.A.

gez. Girnus

Beglaubigt:

Angestellte

Abb. 11: Schreiben der DVV an den Landespräsidenten von Mecklenburg-Vorpommern Wilhelm Höcker, 28.12.1945. [122]

122 Vorlage und Repro: Landeshauptarchiv Schwerin, Bestand 6.11–21 Land Mecklenburg(-Vorpommern), Ministerium für Volksbildung (1946–1952), Nr. 3073.

resses ausbeuteten.«[123] Aber auch nach der Einrichtung des Kulturellen Beirats bestand für die (noch) nicht lizenzierten Verleger weiterhin die Möglichkeit, sich über die örtlichen Stellen der SMA Druckgenehmigungen zu verschaffen. Dieser Zustand führte zu einer Vielzahl von Beschwerden, die in zunehmendem Maße aus den Reihen der lizenzierten Verleger kamen. Zu einer offenen Aussprache über diese Problematik kam es schließlich am 19. Dezember 1946 auf der in Berlin stattgefundenen Sitzung zwischen Verlegern und Mitarbeitern des Kulturellen Beirats, in deren Anschluss im feierlichen Rahmen die Lizenzierung mehrerer Verlags- und Zeitschriftenlizenzen bekannt gegeben wurde. Die Klage einer anwesenden Verlegerin »über die Tatsache, daß oft nicht lizenzierte Verlage durch die örtliche SMA mehr [Druckgenehmigungen, B.J.] erhalten, als lizenzierte Verlage durch den Kulturellen Beirat«,[124] führte im Laufe der Sitzung zur massiven Forderung seitens der Verleger, eine neue Regelung herbeizuführen, nach der zukünftig tatsächlich nur noch lizenzierte Verlage Druckgenehmigungen erhalten sollten.[125] Der auf dieser Sitzung anwesende Oberstleutnant V. Koltypin, als Vertreter der SMAD, stimmte den Anwesenden zu, dass eine Änderung diesbezüglich notwendig sei, und versprach den lizenzierten Verlegern eine größere Unterstützung.[126] Zudem gab er bekannt, dass die SMAD bereits eine Neuregelung des Druckgenehmigungsverfahrens plane und beabsichtige, »die Zensurbestimmungen für die Herausgabe von Büchern zu lockern«.[127] Damit kündigte die SMAD erstmals öffentlich die bevorstehende teilweise Aufhebung der Vorzensur für Bücher und Zeitschriften an, die vier Monate später, am 17. April 1947, mit dem SMAD-Befehl Nr. 90 rechtlich festgesetzt wurde.[128]

»In Verbindung mit der Aufhebung der Vorzensur für deutsche Zeitungen und andere Publikationsorgane, sowie zum Zwecke der Beibehaltung der notwendigen Kontrolle ihrer Tätigkeit« wurden mit dem SMAD-Befehl Nr. 90 drei wichtige Richtlinien erlassen:

- »Richtlinien über die Herausgabe von Zeitungen, Zeitschriften, Büchern, Broschüren, Plakaten und anderen Drucksachen«,
- »Richtlinien über die Tätigkeit der Druckerei- und Vervielfältigungsbetriebe« und die
- »Richtlinien über die Tätigkeit der deutschen Selbstverwaltungsorgane auf dem Gebiet der Kontrolle von Drucksachen« (siehe Abb. 12 und Abb. 13).[129]

123 Kielmeyer: Kulturelle Beirat, Börsenblatt Leipzig, 29.11.1947, S. 329f.

124 »Protokoll der Sitzung des Kulturellen Beirates und Verleger«, 19.12.1946: ThHStAW, Ld. Thür. - MfVobi, Nr. 4263. Die Äußerung stammte von Frau L. Petersen vom Verlag Hermann Böhlaus Nachfolger (vgl. ebd.)

125 Vgl. ebd. und Protokoll der Arbeitsbesprechung Leipziger Verleger, 3.1.1947: StadtAL, StVuR Nr. 8905, Bl. 13–15.

126 Vgl. »Protokoll der Sitzung des Kulturellen Beirates und Verleger«, 19.12.1946. Ein Abdruck der Rede Koltypins findet sich auszugsweise auch bei Koven: Lizenzierung neuer Verlage und Zeitschriften, S. 77f.

127 »Protokoll der Sitzung des Kulturellen Beirates und Verleger«, 19.12.1946.

128 Eine weitere Ankündigung der beabsichtigten Aufhebung der Vorzensur erfolgte am 27.2.1947 durch Major Mischin von der SMAD bei einer weiteren öffentlichen Überreichung von Lizenzurkunden an mehrere Verleger. Vgl. Koven: Lizenzierung neuer Verlage und Zeitschriften, S. 77f. Vgl. auch Umlauff: Wiederaufbau, Sp. 1234 und Bille: Börsenverein, S. 178.

129 Abschriften des SMAD-Befehls Nr. 90 vom 17.4.1947 und der dazugehörigen Richtlinien finden sich auch in: ThHStAW, Ld. Thür. - MfVobi, Nr. 4280, ThHStAW, Ld. Thür. - Befehle SMAD, 1947, LHASA, MD, Rep. K 10 MVb, Nr. 5126, Bl. 113f und in StadtAL, StVuR Nr. 1614, Bl. 119. Ein

Gleichzeitig wurde mit Punkt vier des Befehls der SMAD-Befehl Nr. 19 vom 2. August 1945 aufgehoben.[130]

Wie im SMAD-Befehl Nr. 19 vom 2. August 1945 stand im SMAD-Befehl Nr. 90 vom 17. April 1947 nicht das eigentliche Lizenzierungsverfahren für Verlage und Zeitschriften im Vordergrund. Primär war der Befehl – wie bereits beschrieben – der Neuregelung des Verfahrens der Vorzensur gedacht. Das Entscheidende dabei war die teilweise Aufhebung der bis dahin noch für die Herausgabe jeglicher Literatur notwendigen Vorzensur durch die SMAD. »Zeitungen, wissenschaftliche und technische Bücher und Zeitschriften, schöne Literatur und Literatur über Kunst« durften von nun an ohne Vorzensur der sowjetischen Besatzungsmacht veröffentlicht werden.[131] Für »wissenschaftliche und schöne Literatur« wurde die Vorzensur allerdings nicht generell aufgehoben, sondern lediglich auf eine deutsche Instanz übertragen. Sie durfte künftig nur noch mit vorheriger Genehmigung des Kulturellen Beirats herausgegeben werden, der bereits seit der Aufnahme seiner Tätigkeit Anfang Juni 1946 die Vorprüfung von Manuskripten übernommen hatte (siehe Kapitel 2.1.3).[132] Wörtlich heißt es dazu in den »Richtlinien über die Herausgabe von Zeitungen, Zeitschriften, Büchern, Broschüren, Plakaten und anderen Drucksachen«: »Wissenschaftliche und schöne Literatur, die vom Kulturellen Beirat [...] gebilligt worden ist, wird ohne Vorzensur veröffentlicht«. Auch wenn mit dieser Formulierung vielleicht der Eindruck erweckt werden sollte, dass hier eine Liberalisierung erfolgte, änderte sich aus der Sicht der Verlage de facto wenig. Auch wenn das Wort »Vorzensur« in diesem Zusammenhang nicht mehr benutzt wurde, mussten Verleger auch für belletristische und wissenschaftliche Literatur weiterhin vor deren Veröffentlichung Genehmigungen einholen, wenn auch nun von einer deutschen Instanz.

Unberührt von der Aufhebung der bisher praktizierten Vorzensur durch die SMAD blieb die »soziale und politische Literatur«.[133] In den Richtlinien wurde ausdrücklich darauf hingewiesen, dass auch Broschüren im Umfang von bis zu sechzehn Seiten, Flugblätter und Plakate von Parteien, Gewerkschaften und öffentlichen Organisationen sowie ihrer Werbung dafür und Werbung für Bühnenunternehmen der Vorzensur durch die SMAD unterlagen.[134]

Eine Änderung des Systems zur Lizenzerteilung, das sich Anfang 1946 eher eigenständig entwickelt hatte (siehe Kapitel 4.1), hielt die SMAD bei dem Erlass des SMAD-Befehls Nr. 90 vom 17. April 1947 nicht für notwendig. Bis auf den Hinweis, dass die Lizenzen durch die SMAD vergeben werden,[135] finden sich in dem Befehl und den dazugehörigen Richtlinien keine weiteren Angaben zur Verfahrensweise. Die Relevanz des SMAD-Befehls Nr. 90 vom 17. April 1947 in Bezug auf das System der Lizenzvergabe lag vielmehr in der Hervorhebung der Unumgänglichkeit dieser Lizenzen durch Punkt eins der »Richtlinien über

Abdruck des Wortlauts des Befehls befindet sich auch bei Umlauff: Wiederaufbau, Sp. 1655ff und in: Politik der Sowjetischen Militäradministration, hrsg. von Möller und Tschubarjan, S. 136ff.

130 Vgl. ebd.

131 Vgl. »Richtlinien über die Herausgabe von Zeitungen [...]«, Satz 3.

132 Vgl. ebd. Punkt 5. Siehe auch Pike: Politics of Culture, S. 365.

133 Vgl. »Richtlinien über die Herausgabe von Zeitungen [...]«, Satz 4. In einigen Veröffentlichungen, in denen der SMAD-Befehl Nr. 90 vom 17.4.1947 erwähnt wird, findet sich die missverständliche Aussage, dass durch den SMAD-Befehl Nr. 90 die Vorzensur in der SBZ aufgehoben wurde, ohne den Hinweis darauf, dass sie für die hier erwähnte Literatur bestehen blieb (vgl. z.B. Mortier: Buchmarkt, S. 74).

134 Vgl. »Richtlinien über die Herausgabe von Zeitungen [...]«, Satz 4.

135 Vgl. »Richtlinien über die Herausgabe von Zeitungen [...]«, Satz 1.

die Herausgabe von Zeitungen, Zeitschriften, Büchern, Broschüren, Plakaten und anderen Drucksachen«. So wurde nicht nur – wie bereits in SMAD-Befehl Nr. 19 vom 2. August 1945 – bestimmt, dass für die Herausgabe von Zeitungen, Zeitschriften, Büchern, Broschüren, Plakaten und anderen Massendrucksachen eine von der SMAD erteilte Lizenz erforderlich ist,[136] sondern auch, dass Verlage ohne eine solche Lizenz ihre »Tätigkeit« erst gar nicht ausüben dürften: »Die Verlage dürfen Ihre Tätigkeit nur ausüben, nachdem sie von der Sowjetischen Militärverwaltung in Deutschland Lizenzen erhalten haben.«[137] Näher definiert wurde der hier verwendete Begriff der »Tätigkeit« nicht, was letztlich dazu führte, dass es gerade bei der Einhaltung dieser Bestimmung zu Schwierigkeiten kam (siehe Kapitel 3.3.3). Wichtig war der SMAD-Befehl Nr. 90 für die Lizenzierungspolitik darüber hinaus durch die Anordnung, dass sich Verleger, gemäß den in Zukunft ausgestellten Lizenzurkunden, wieder auf die Publikation bestimmter Fachgebiete einzuschränken hatten: »Die Verlage dürfen nur Ausgaben veröffentlichen, die in den ihnen ausgestellten Lizenzen vorgesehen und im Verlagsplan bestätigt sind.«[138] Eine Einschränkung dieser Art hatte es, wie in Kapitel 4.2 dargestellt, bereits durch die von der SMAD in den ersten Monaten nach Kriegsende ausgestellten formlosen Verlagslizenzurkunden schon einmal gegeben.

Sämtliche der bisher genannten Bestimmungen des SMAD-Befehls Nr. 90 vom 17. April 1947 wurden in den zum Befehl gehörenden »Richtlinien über die Herausgabe von Zeitungen, Zeitschriften, Büchern, Broschüren, Plakaten und anderen Drucksachen in der sowjetischen Besatzungszone Deutschlands« festgelegt, die sich an die Verleger richteten. Gleichzeitig verpflichteten die »Richtlinien über die Tätigkeit der Druckereien und der Vervielfältigungsbetriebe in der sowjetischen Besatzungszone Deutschlands« die Drucker zur Einhaltung dieser Bestimmungen. Ihnen wurde genau vorgeschrieben, welche der von den Verlagen eingereichten Materialien sie zum Abdruck bringen durften und welche nicht.[139] Um später überprüfen zu können, in welchen Druckereien das zum Abdruck gelangte Material von lizenzpflichtigen Verlagen hergestellt worden war, wurden die Druckereien dazu verpflichtet, »in der linken unteren Ecke die ständige Nummer der Druckerei in runden Klammern, die vollständige Bezeichnung der Druckerei und ihre Anschrift, die laufende Nummer des Auftrages; in der unteren rechten Ecke in Fettdruck die Nummer der Verlagslizenz oder die Nummer der Zensurgenehmigung« anzugeben.[140] Damit sich niemand auf illegalem Wege Zugang zu Druckereien oder sonstigen Vervielfältigungsbetrieben verschaffen konnte, um auf diese Art und Weise unkontrolliert Literatur zu drucken und in Umlauf zu bringen, wurde den Besitzern der Druckereien und Vervielfältigungsbetriebe vorgeschrieben, die entsprechenden Räume täglich nach Arbeitsschluss zu versiegeln.[141]

Die Kontrolle über die Einhaltung dieser Bestimmungen wurde mit den ebenfalls zum SMAD-Befehl Nr. 90 gehörenden »Richtlinien über die Tätigkeit der Organe der deutschen Selbstverwaltung in der sowjetischen Besatzungszone Deutschlands bei der Kontrolle von

136 Vgl. ebd., Satz 1, Abs. 1.
137 Ebd., Satz 1, Abs. 2. Vgl. auch Pike: Politics of Culture, S. 364.
138 »Richtlinien über die Herausgabe von Zeitungen [...]«, Satz 2.
139 Vgl. »Richtlinien über die Tätigkeit der Druckereien und der Vervielfältigungsbetriebe in der sowjetischen Besatzungszone Deutschlands« des SMAD-Befehls Nr. 90 vom 17.4.1947, Satz 2 und 3.
140 »Richtlinien über die Tätigkeit der Druckereien [...]«, Satz 4.
141 Vgl. ebd., Satz 8.

Drucksachen« den deutschen Selbstverwaltungsorganen übertragen.[142] Verstöße gegen die Richtlinien waren den örtlichen Militärkommandanturen zu melden.[143] Daneben wurde ihnen das Recht eingeräumt, eigenverantwortlich über den Druck von Akzidenzen, wie Formularen, Briefbogen und -umschläge, Rechnungen, Visitenkarten u.ä. zu bestimmen.[144]

Sowohl den Verlegern, den Besitzern von Druckereien und Vervielfältigungsbetrieben als auch den zuständigen Mitarbeitern der deutschen Selbstverwaltungsorgane wurden bei Verstößen gegen die sie betreffenden Richtlinien hohe Strafen angedroht. Bei Verlegern gingen diese Strafen bis hin zum Entzug der Verlagslizenz und der gerichtlichen Verfolgung.[145] Die SMAD scheute sich nicht davor, diese Strafen tatsächlich zu verhängen. Zur Abschreckung informierte sie die Verleger über bereits verhängte Strafen unter der Rubrik »Mitteilungen der Informations-Verwaltung der SMA« im *Börsenblatt für den Deutschen Buchhandel*. So war beispielsweise die Mitteldeutsche Druckerei und Verlagsanstalt in Halle wegen der Veröffentlichung einer Fotobildmappe bestraft worden, die eigentlich einer Druckgenehmigung des Kulturellen Beirats bedurft hatte;[146] dem Berliner Musikverlag Kurt Grabau war die Verlagslizenz entzogen worden, weil die SMAD im Nachhinein in Erfahrung gebracht hatte, dass der Verlag »während der Nazizeit für verschiedene militaristische und faschistische Kompositionen die Texte verfasst hatte«;[147] der Deutsche Zentralverlag war wegen »grober Verletzungen« des SMAD-Befehls Nr. 356 vom 24. Dezember 1946 (Abgabe von Pflichtexemplaren, siehe Kapitel 3.2) und des SMAD-Befehls Nr. 90 vom 17. April 1947 zur Zahlung einer Geldstrafe verpflichtet worden;[148] und der Berliner Verleger Alfred Esch hatte eine Geldstrafe zu zahlen, da er Literatur veröffentlicht hatte, ohne im Besitz einer Verlagslizenz oder einer Druckgenehmigung zu sein.[149]

Damit der SMAD-Befehl Nr. 90 vom 17. April 1947 sofort nach seinem Erlass angewendet werden konnte, gab die SMAD den Landes- und Provinzialverwaltungen die wichtigsten Forderungen dieses Befehls vorzeitig bekannt.[150] Auf Wunsch des Geschäftsführers des Kulturellen Beirats, Lothar von Ballusecks, wies Major Mischin Ende April 1947 die Landes-

---

142 Vgl. »Richtlinien über die Tätigkeit der Organe der deutschen Selbstverwaltung in der sowjetischen Besatzungszone Deutschlands bei der Kontrolle von Drucksachen« des SMAD-Befehls Nr. 90 vom 17.4.1947, Satz 3.

143 Vgl. ebd., Satz 4.

144 Vgl. ebd., Satz 1, 2 und 6. Siehe auch »Richtlinien über die Tätigkeit der Druckereien [...]«, Satz 2c.

145 Vgl. »Richtlinien über die Herausgabe von Zeitungen [...]«, Satz 9, »Richtlinien über die Tätigkeit der Druckereien [...]«, Satz 9 und »Richtlinien über die Tätigkeit der Organe der deutschen Selbstverwaltung [...]«, Satz 7. Vgl. auch Pike: Politics of Culture, S. 365.

146 Vgl. Mitteilungen der Informations-Verwaltung der SMA, Börsenblatt Leipzig, 17.1.48, S. 25. Die Auflage der Fotobildmappe mit dem Titel »Ästhetik und Rhythmus« wurde beschlagnahmt und der Verlag zur Zahlung einer Geldstrafe in Höhe von 1000,- RM verpflichtet. Zudem wurde der Verlagsleiter darauf hingewiesen, dass ihm bei weiteren Verstößen die Verlagslizenz entzogen werden würde (vgl. ebd.).

147 Mitteilungen der Informations-Verwaltung der SMA, Börsenblatt Leipzig, 14.2.1948, S. 60.

148 Vgl. ebd.

149 Vgl. Ohne Lizenz und Druckgenehmigung, Börsenblatt Leipzig, 12.2.1949. Um welche Literatur es sich dabei handelte, ist dem Artikel nicht zu entnehmen.

150 Vgl. Rundschreiben der Abteilung »Allgemeine Volksbildung« der Landesregierung Mecklenburg vom 15.3.1947: »Auf Grund einer Verfügung der SMAD wird ab 15.3.47 die Zensur für wissenschaftliche, künstlerische und belletristische Literatur durch die SMA aufgehoben und die Aufsicht darüber dem Ministerium für Volksbildung übergeben.« Siehe auch Rundschreiben des Innenministers der Provinzialregierung Sachsen-Anhalts, 4.3.1947: LHASA, MD, Rep. K 10 MVb, Nr. 4925, Bl. 33f.

114

Richtlinien

zu Befehl Nr. 90 der SMAD vom 17. April 1947

über die Herausgabe von Zeitungen, Zeitschriften, Büchern, Broschüren, Plakaten und anderen Drucksachen in der sowjetischen Besatzungszone Deutschlands.

1. Zeitungen, Zeitschriften, Bücher, Broschüren, Plakate und andere Massendrucksachen dürfen nur von Verlagen veröffentlicht werden, die eine Lizenz der Sowjetischen Militärverwaltung in Deutschland haben.

Die Verlage dürfen ihre Tätigkeit nur ausüben, nachdem sie von der Sowjetischen Militärverwaltung in Deutschland Lizenzen erhalten haben.

2. Die Verlage dürfen nur Ausgaben veröffentlichen, die in den ihnen ausgestellten Lizenzen vorgesehen und im Verlagsplan bestätigt sind.

3. Zeitungen, wissenschaftliche und technische Bücher und Zeitschriften, schöne Literatur und Literatur über Kunst unterliegen keiner Vorzensur.

4. Soziale und politische Literatur, Broschüren im Umfang bis zu 16 Seiten, Flugblätter und Plakate der politischen Parteien, der Gewerkschaften und öffentlichen Organisationen sowie die Werbung für diese Ausgaben und die Werbung für Bühnenunternehmen unterliegen einer Vorzensur durch die Organe der Sowjetischen Militärverwaltung in Deutschland.

5. Wissenschaftliche und schöne Literatur, die vom kulturellen Beirat bei der deutschen Verwaltung für Volksbildung in der sowjetischen Besatzungszone Deutschlands gebilligt worden ist, wird ohne Vorzensur veröffentlicht.

6. Für den Abdruck jeder Ausgabe legt der Verlag der Druckerei einen schriftlichen Auftrag vor, in dem vermerkt sein muß: die Nummer der Lizenz der Sowjetischen Militärverwaltung in Deutschland, der Name des Lizenzträgers, der Titel, die Auflage und der Umfang der Ausgabe.

7. Die volle Verantwortung für die zu veröffentlichende Ausgabe trägt der Verlag.

8. Der Verlag schickt Exemplare seiner Ausgaben an die Stellen, die im Befehl des Obersten Chefs der Sowjetischen Militärverwaltung in Deutschland Nr. 356 vom 24. 12. 1946 angeführt sind.

9. Für Verstöße gegen diese Richtlinien werden über den Lizenzträger folgende Strafen verhängt:

1. Geldstrafe;
2. Beschlagnahme eines Teiles der Auflage oder der ganzen Auflage;
3. Lizenzentziehung;
4. gerichtliche Verfolgung.

Die Sowjetische Militärverwaltung in Deutschland.

Richtlinien

zu Befehl Nr. 90 der SMAD vom 17. April 1947

über die Tätigkeit der Druckereien und der Vervielfältigungsbetriebe in der sowjetischen Besatzungszone Deutschlands.

1. Der Besitzer einer Druckerei oder eines Vervielfältigungsbetriebes darf die Arbeit in seinem Betrieb nur aufnehmen lassen, wenn er eine entsprechende Erlaubnis des Militärkommandanten vorlegen kann.

2. Die Besitzer von Druckereien oder Vervielfältigungsbetrieben sind berechtigt, zum Abdruck zu bringen:

a) Material von Verlagen, die eine Lizenz der Sowjetischen Militärverwaltung in Deutschland haben, und zwar: Zeitungen, Zeitschriften sowie die vom kulturellen Beirat bei der deutschen Verwaltung für Volksbildung in der sowjetischen Besatzungszone Deutschlands gebilligte wissenschaftliche und schöne Literatur ohne eine Vorzensur;

b) sämtliches Material, das von der Zensur der Organe der Sowjetischen Militärverwaltung genehmigt worden ist, falls ein Stempel und eine Unterschrift des Zensors vorliegt;

c) folgendes Material, das von den Organen der deutschen Selbstverwaltung (Nachrichtenamt) der Sowjetzone und von der Polizei des Sowjetsektors der Stadt Berlin genehmigt worden ist: alle Arten von Vordrucken und Formularen deutscher Dienststellen, Handels- und Industriefirmen, öffentlicher Organisationen und Privatpersonen; Briefbogen und Umschläge; Formulare für Aufstellungen, Rechnungen und Quittungen, Verträge und Abkommen; Annoncen und Reklame von Handels- und Industriefirmen; Annoncen einzelner Personen; Stellenangebote und Stellengesuche; Verlobungs-, Heirats- und Todesanzeigen; Visitenkarten, alle Arten von Klebezetteln; Anzeigen von Verlusten, Diebstählen und Raubüberfällen; Eintrittskarten für Theater und Veranstaltungen — falls ein Stempel und eine Unterschrift des zuständigen Beamten dieser Organe vorliegt.

3. Die Besitzer von Druckereien und Vervielfältigungsbetrieben sind nicht berechtigt, Material abzudrucken, das in Punkt 2 dieser Instruktion nicht vorgesehen ist.

4. Die Druckerei oder der Vervielfältigungsbetrieb dürfen das Material der Verlage nur dann abdrucken, wenn ein schriftlicher Auftrag vorliegt, in dem angeführt sein muß: die Nummer der von der Sowjetischen Militärverwaltung in Deutschland erteilten Lizenz, der Name des Lizenzträgers, der Titel, die Auflage und der Umfang der Ausfertigung. Die Besitzer von Druckereien und Vervielfältigungsbetrieben sind verpflichtet, das zum Abdruck gelangende Material mit folgenden Kennzeichen zu ver-

250. 31.

Abb. 12: Richtlinien zum SMAD-Befehl Nr. 90 vom 17.4.1947 – Teil 1. [151]

151 Vorlage und Repro: Landeshauptarchiv Sachsen-Anhalt, Abteilung Magdeburg, Bestand Rep. K 10 Ministerium für Volksbidlung, Kunst und Wissenschaft, Nr. 5126, Bl. 114.

sehen: in der linken unteren Ecke die ständige Nummer der Druckerei in runden Klammern, die vollständige Bezeichnung der Druckerei und ihre Anschrift, die laufende Nummer des Auftrages; in der unteren rechten Ecke in Fettdruck die Nummer der Verlagslizenz oder die Nummer der Zensurgenehmigung.

Material deutscher Dienststellen, Organisationen, Privatpersonen und Firmen darf nur gedruckt werden, wenn von ihnen ein schriftlicher Auftrag und die entsprechende Genehmigung der zuständigen Beamten der deutschen Selbstverwaltungsorgane (des Nachrichtenamtes) der Sowjetzone oder der Polizei im Sowjetsektor Berlins vorliegen und auch dann nur in dem Falle, wenn diese Dienststellen, Firmen, Organisationen und Personen ihren ständigen Sitz in der Sowjetzone oder im sowjetischen Sektor der Stadt Berlin haben.

In diesem Falle wird die rechte untere Ecke mit der Nummer der Zensurgenehmigung oder mit der Nummer der Genehmigung des deutschen Selbstverwaltungsorgans oder der Polizei in Fettdruck versehen.

5. Die Besitzer von Druckereien oder Vervielfältigungsbetrieben sind nicht berechtigt, eigenmächtig die Auflage und den Umfang der Ausgaben zu vergrößern.

6. Zum 5. jeden Monats schicken die Besitzer von Druckereien oder Vervielfältigungsbetrieben je ein Exemplar aller im vergangenen Monat zum Abdruck gelangten Ausgaben dem zuständigen Zensurorgan der Sowjetischen Militärverwaltung in Deutschland ein.

7. Der Verkauf oder die Entnahme von Typen oder anderen Einrichtungsgegenständen aus den Druckereiräumen darf nur mit Genehmigung des Militärkommandanten erfolgen. Der Besitzer einer Druckerei ist verpflichtet, dem Militärkommandanten rechtzeitig über alle Veränderungen in der Menge der Typen und der Einrichtungsgegenstände, über die Schließung der Druckerei wegen Reparatur oder aus anderen Gründen und dergleichen Mitteilung zu machen.

8. Der Besitzer einer Druckerei ist verpflichtet, täglich nach Arbeitsschluß die Setzerei und die Räume, wo die Druckereimaschinen stehen, zu versiegeln; der Besitzer eines Vervielfältigungsbetriebes versiegelt den Raum, wo sich der Vervielfältigungsapparat befindet.

9. Für Verstöße gegen diese Instruktion werden über die Besitzer von Druckereien oder Vervielfältigungsbetrieben folgende Strafen verhängt:

1. Geldstrafe;
2. Beschlagnahme der Druckerei oder der Vervielfältigungsapparate;
3. gerichtliche Verfolgung.

Die Sowjetische Militärverwaltung in Deutschland.

Richtlinien

zu Befehl Nr. 90 der SMAD vom 17. April 1947

über die Tätigkeit der Organe der deutschen Selbstverwaltung in der sowjetischen Besatzungszone Deutschlands bei der Kontrolle von Drucksachen.

1. Die deutschen Selbstverwaltungsorgane (in der sowjetischen Besatzungszone Deutschlands das Nachrichtenamt und im Sowjetsektor Berlins die Polizei) haben das Recht, die Genehmigung zum Abdruck folgender Arten von Material zu erteilen:

a) Alle Arten von Vordrucken und Formularen von deutschen Dienststellen, Handels- und Industriefirmen, öffentlichen Organisationen und Privatpersonen (Briefbogen und Umschläge, Vordrucke für Aufstellungen, Formulare für Rechnungen und Quittungen, Verträge und Abkommen usw.);

b) Annoncen und Reklame von Industrie- und Handelsfirmen, mit Ausnahme der Reklame und Annoncen von Bühnenunternehmen, Presseorganen, politischen Parteien, Gewerkschaften und öffentlichen Organisationen;

c) Annoncen von einzelnen Personen (Stellenangebote, Verlobungs-, Vermählungs- und Todesanzeigen), Visitenkarten, Anzeigen von Verlusten, Diebstählen und Raubüberfällen usw.;

d) Eintrittskarten für Theater und Veranstaltungen, mit Ausnahme von Eintrittskarten für Versammlungen und Kundgebungen, die von politischen Parteien und öffentlichen Organisationen veranstaltet werden.

2. Die Kontrolle über das in Punkt 1 aufgezählte Material wird in der sowjetischen Besatzungszone von den Organen der deutschen Selbstverwaltung durchgeführt und im sowjetischen Sektor der Stadt Berlin von der Polizei; jedoch nur für Einrichtungen, Firmen, Organisationen und Personen, die ihren ständigen Wohnsitz in der sowjetischen Zone oder dem sowjetischen Sektor der Stadt Berlin haben.

3. Den Organen der deutschen Selbstverwaltung (Nachrichtenamt, Polizei) obliegt die systematische Kontrolle über die Arbeit der Druckereien und der Vervielfältigungsbetriebe beim Abdruck von Material, das ihrer Prüfung unterliegt.

4. Die Organe der deutschen Selbstverwaltung (Nachrichtenamt, Polizei) melden der Militärkommandantur des Bezirks monatlich die vorgekommenen Verstöße gegen die Richtlinien durch die Besitzer von Druckereien und Vervielfältigungsbetrieben.

5. Die Militärkommandanten der Bezirke überprüfen systematisch das Material, das von den deutschen Selbstverwaltungsorganen und der Polizei zum Druck freigegeben ist.

6. Die Organe der deutschen Selbstverwaltung (Nachrichtenamt, Polizei) tragen die volle Verantwortung für den Inhalt des Materials, das durch ihre Kontrolle gegangen ist.

7. Für Verstöße gegen diese Vorschriften werden die zuständigen Beamten der deutschen Selbstverwaltungsorgane (Nachrichtenamt) und im sowjetischen Sektor der Stadt Berlin die Kontrollbeamten der Polizei, die damit betraut sind, die Genehmigung zum Druck von Material zu erteilen, zur Verantwortung gezogen und gegebenenfalls dem Gericht übergeben.

Die Sowjetische Militärverwaltung in Deutschland.

Für die Richtigkeit der Abschrift:
Schrieder, Präs.-Kanzl.

Abb. 13: Richtlinien zum SMAD-Befehl Nr. 90 vom 17.4.1947 – Teil 2.[152]

152 Vorlage und Repro: ebd.

und Provinzialverwaltungen nochmals auf die neuen Regelungen durch den SMAD-Befehl Nr. 90 hin.[153] Trotzdem zeigte sich Mitte Mai 1947, dass in einigen Landes- und Provinzialverwaltungen weiterhin unzureichende Kenntnisse über die im SMAD-Befehl Nr. 90 und in den dazugehörigen Richtlinien gestellten Forderungen herrschten und einige Punkte auf einer der kommenden Ministerkonferenzen erneut thematisiert werden sollten.[154]

Die Öffentlichkeit erfuhr vom SMAD-Befehl Nr. 90 durch entsprechende Artikel in Tageszeitungen.[155] Allerdings waren die Informationen darüber oft lückenhaft, was vor allem auf mangelhafte inhaltliche Zusammenfassungen der zum Befehl gehörenden Richtlinien zurückzuführen ist, auf deren kompletten Abdruck aufgrund ihrer Länge in der Regel verzichtet wurde. Offenbar war auch eine Vielzahl von Verlegern und Druckern über den genauen Wortlaut des SMAD-Befehls Nr. 90 ganz oder teilweise in Unkenntnis geblieben, denn ein halbes Jahr nach dem Erlass des Befehls fühlte sich die Schriftleitung des *Börsenblatts für den Deutschen Buchhandel* dazu veranlasst, den genauen Wortlaut des Befehls und der drei dazugehörenden Richtlinien, in voller Länge abzudrucken.[156]

Wie bereits erwähnt, waren in dem SMAD-Befehl Nr. 90 vom 17. April 1947 und den dazugehörigen Richtlinien keine konkreten Bestimmungen zum eigentlichen Lizenzierungsverfahren enthalten. Zum Zeitpunkt der Ausarbeitung des Befehls war es offensichtlich noch nicht notwendig erschienen, dieses genauer zu definieren und anzuordnen. Wenige Tage nach dem Erlass des Befehls wurden allerdings im *Börsenblatt* die von der DVV, dem Börsenverein der Deutschen Buchhändler und weiteren hinzugezogenen Fachleuten ausgearbeiteten und von der SMAD genehmigten »Richtlinien für die Neuzulassung, Führung und Übernahme buchhändlerischer Betriebe« veröffentlicht, die das inzwischen eingespielte System der Lizenzvergabe festlegten.[157] So heißt es in diesen Richtlinen: »Verlage können nur auf Grund einer von der SMA, Berlin-Karlshorst, erteilten Lizenz gegründet werden und produzieren. Die Bewerber haben die Lizenz mit einer Befürwortung des für sie zuständigen Volksbildungsamtes über die zuständige Landesregierung bei der Deutschen Verwaltung für Volksbildung in der sowjetischen Besatzungszone zu beantragen.«[158]

Eine Änderung erfuhr das System der Lizenzvergabe mit einer Rundverfügung des stellvertretenden Chefs der »Informationsverwaltung« der SMAD, Oberst Abramow, an die Chefs der Unterabteilungen für Information in den Ländern, die zumindest in Sachsen im August

---

153 Vgl. v. Balluseck an Major Mischin, 16.5.1947: BArch DR 2/1149, fol. 110.

154 Vgl. ebd. und v. Balluseck an DVV-Präsident P. Wandel, 17.5.1947: ebd., fol. 109.

155 Vgl. z.B. die Vorstellung des Befehls im Artikel »Neue Vorschriften für Verlage«. In: Der Neue Weg, 29.4.1947. Eine Abschrift dieses Artikels findet sich auch in: LHASA, MD, Rep. K 10 MVb, Nr. 4925, Bl. 29.

156 Vgl. Über die Tätigkeit der Verlage und Druckereien/Befehl Nr. 90, Börsenblatt Leipzig, 1.11.1947, S. 306ff.

157 Vgl. Zur Veröffentlichung der Richtlinien für die Neuzulassung, Führung und Übernahme buchhändlerischer Betriebe, Börsenblatt Leipzig, 25.4.1947. Die Richtlinien sollten »die einheitliche Handhabung in allen Fragen buchhändlerischer Zulassung und Geschätsführung« gewährleisten (ebd.).

158 »Richtlinien für die Neuzulassung, Führung und Übernahme buchhändlerischer Betriebe«. In: Börsenblatt, Leipzig, Nr. 8 vom 25.4.1947, S. 111f. Im Januar 1948 erfolgte in der Rubrik »Mitteilungen der Informations-Verwaltung der SMA« im Börsenblatts nochmals eine Ermahnung an die Verleger der SBZ, sich sowohl bei der Beantragung von Verlagslizenzen als auch bei der Beantragung von Änderungen der Verlagslizenzen an die oben genannte, hier nochmals verkürzt dargestellte Vorgehensweise zu halten (vgl. Börsenblatt, Leipzig, Nr. 3 vom 17.1.1948, S. 25).

1947 erlassen wurde.[159] Mit dieser Rundverfügung wurde angeordnet, dass »entsprechend dem Befehl des Chefs der Informationsverwaltung der SMAD« Verlags- und Zeitschriftenlizenzen nicht mehr von der SMAD in Berlin-Karlshorst, sondern von den Informationsverwaltungen der SMA in den Ländern bzw. von der Militärkommandantur der SMA im sowjetischen Sektor Berlins erteilt werden.[160] Gleichzeitig wurde in dieser Rundverfügung das Verfahren zur Erteilung von Verlags- und Zeitschriftenlizenzen vorgeschrieben. So sollten Verleger ihre Anträge wie bisher bei den Volksbildungsministerien der Länder bzw. bei der »Abteilung für Volksbildung« des Berliner Magistrats einreichen, von wo aus sie nach einer Vorprüfung an die DVV weiterzuleiten waren. Aber anstatt wie bisher die Anträge an die SMAD in Berlin-Karlshorst weiterzuleiten, sollte die DVV die Anträge nun mit einem »schriftlichen Gesuch« an die Volksbildungsministerien der Länder zurückschicken, die sie dann bei den SMA-Informationsabteilungen der Ländern einreichen konnten.[161] Welcher Befehl in der Rundverfügung angesprochen wird, ist der Verfügung selbst nicht zu entnehmen. Wie dargestellt, schrieben die »Richtlinien über die Herausgabe von Zeitungen, Zeitschriften, Büchern, Broschüren, Plakaten und anderen Drucksachen« zum SMAD-Befehl Nr. 90 vom 17.4.1947 für Verlage lediglich die Einholung einer »Lizenz der Sowjetischen Militärverwaltung in Deutschland« vor (siehe Abb. 12 und Abb. 13). Von einer Übertragung der Aufgabe der Lizenzerteilung an die SMAs der Länder und Provinzen war nicht die Rede. Es ist zu vermuten, dass ein entsprechender Befehl zwar geplant war, aber nicht erlassen wurde. Vollständig umgesetzt wurde die Rundverfügung Abramows vom Sommer 1947 nicht. So stellte die SMAD in Berlin-Karlshorst die Erteilung von Verlags- und Zeitschriftenlizenzen keinesfalls ein. Vielmehr wurden die Verlags- und Zeitschriftenlizenzen nun parallel von der »Informationsverwaltung« der SMAD in Berlin-Karlshorst und von ihren Unterabteilungen in den Ländern erteilt. Zur Unterscheidung von den Lizenzen der SMAD wurden die Lizenzen der SMAs in den Ländern mit einem Buchstaben vor der Lizenznummer gekennzeichnet (siehe auch Kapitel 4.2). Dabei setzte jeweils eine neue Zählung ein. A-Lizenzen wurden von der »Informationsabteilung« der Militärkommandantur des sowjetischen Sektors von Berlin erteilt, B-Lizenzen von der »Informationsabteilung« der SMA Sachsen und C-Lizenzen von der »Informationsabteilung« der SMA Thüringen.[162] Belege über die Erteilung von

159 Vgl. Vorlage zu dieser Rundverfügung in: Politik der Sowjetischen Militäradministration, hrsg. von Möller und Tschubarjan, S. 150–152. Diese Rundverfügung wurde den Informationsabteilungen der SMA in den Ländern und Provinzen als Vorlage zugesandt. Offensichtlich sollten sie dort datiert und an die Unterabteilungen der Informationsabteilungen in den Städten und Bezirken des Landes bzw. der Provinz weitergeleitet werden. Im Adressfeld war für den Namen des jeweiligen Chefs der Unterabteilung und für die Anschrift entsprechend Platz zum Ausfüllen gelassen worden. Dem Text der Rundverfügung ist zu entnehmen, dass sie vor Juni 1947 verfasst wurde. Von der SMA Sachsen wurde sie am 19. August 1947 an die Chefs der Informations-Unterabteilungen in Dresden, Leipzig, Döbeln, Kamenz, Zwickau und Grimma verschickt (vgl. ebd., Anmerkungen zu dieser Vorlage). Wie in Kapitel 2.2.1 beschrieben, konnte den für diese Arbeit eingesehenen Quellen nicht entnommen werden, wann diese Verfügung in den übrigen Ländern verschickt wurde. In der Vorlage zur Rundverfügung werden die »Länder und Provinzen« der SBZ angesprochen. Bis zum Erlass der Rundverfügung (in Sachsen) hatten die Provinzen Brandenburg und Sachsen-Anhalt allerdings bereits den Status von Ländern erhalten (siehe Kapitel 2.2.2).

160 Vgl. ebd. Lizenzen für Zeitungen sollten weiterhin von der »Informationsverwaltung« der SMAD in Berlin erteilt werden.

161 Ebd.

162 Vgl. z.B. Kopie der Lizenzurkunde Nr. A-2 für die Herausgabe der Zeitschrift *Die Volksbühne* im Verlag Bruno Henschel, 30.8.1947 (siehe Kapitel 4.2, Abb. 26): LAB, C Rep. 120, Nr. 3218, Bl. 3; Kopie

Lizenzen durch die SMA in Brandenburg, Mecklenburg-Vorpommern und Sachsen-Anhalt wurden bei den Recherchen für diese Arbeit nicht gefunden. Insgesamt war die Anzahl der von den SMAs der Länder erteilten Lizenzen gering. Die letzte von der sowjetischen Militärkommandantur Berlin erteilte Lizenz war gemäß diesen Recherchen die Nummer A-9 vom 15. September 1947 für die Herausgabe der Zeitschrift *Bergbau und Energiewirtschaft* im Verlag Technik, die letzte von der SMA Sachsen vergebene Lizenz war die Nummer B-8 vom 15. März 1948 für den Verlag Koehler & Amelang, Leipzig, und die letzte von der SMA Thüringen vergebene Lizenz war die Nummer C-011 vom 14. September 1949 für die Herausgabe von Rundverfügungen und pädagogischen Aufsätzen des thüringischen »Ministeriums für Volksbildung« im Thüringer Volksverlag, Weimar. Sollten tatsächlich nicht mehr Lizenzen von den SMAs der Länder erteilt worden sein, würde demnach die Zahl insgesamt bei 28 Verlags- und Zeitschriftenlizenzen liegen (siehe auch Kapitel 5).

Exkurs: Verlagsrechte und Statistik

Etwa zur gleichen Zeit des Erlasses des SMAD-Befehls Nr. 90 vom 17. April 1947 geriet eine Rechtsfrage in die öffentliche Diskussion, die im Zusammenhang mit der Einführung des Systems der Vergabe von Lizenzen unweigerlich auftreten musste: Welchen Einfluss hatte die Lizenzierungspolitik auf die Verlagsrechte? Wie in diesem Exkurs dargestellt werden soll, entwickelte sich diese diffizile Frage im Laufe der Jahre 1947 und 1948 in der SBZ zu einer der wichtigsten Kernfragen der Lizenzierungspolitik.[163]

Im Mittelpunkt dieser in ganz Deutschland ausgetragenen öffentlichen Diskussion, die durch die beiden Rechtsanwälte Friedrich und Falkenberg ausgelöst wurde,[164] stand in erster Linie die Frage nach der Erfüllung von Verlagsverträgen zwischen Verlegern und Autoren durch die in der Nachkriegszeit gegebene besondere Situation. Zu unterscheiden waren hier vier Arten von Problemfällen:

---

der Lizenzurkunde Nr. A-4 für die Herausgabe der Zeitschrift *Schulwandzeitung* im Volk und Wissen Verlag, 15.9.1947: LAB, C Rep. 120, Nr. 1193; Kopie der Lizenzurkunde Nr. A-9 für die Herausgabe der Zeitschrift *Bergbau und Energiewirtschaft* im Verlag Technik, 15.9.1947: LAB, C Rep. 120, Nr. 3221, Bl. 5; Kopie der Lizenzurkunde Nr. C-011 für die Herausgabe von Rundverfügungen und pädagogischen Aufsätzen des thüringischen »Ministeriums für Volksbildung« im Thüringer Volksverlag, 14.9.1949: ThHStAW, Ld. Thür. - MfVobi, Nr. 4273; »Thüringische Landesstelle für Buch- und Bibliothekswesen« an »Ministerium für Volksbildung« Thüringen, 24.7.1948: ThHStAW, Ld. Thür. - LfB, Nr. 31; »Ministerium für Volksbildung« Thüringen an DVV, 27.7.1948: ThHStAW, Ld. Thür. - MfVobi, Nr. 4280; Rat der Stadt Jena an »Ministerium für Volksbildung« Thüringen, 15.10.1948: ThHStAW, Ld. Thür. - MfVobi, Nr. 4281; Liste »Stand des Verlagswesens 23.8.1948«, Landesregierung Sachsen: SächsHStAD, 11401 Lr. Sachsen, MfVobi, Nr. 2764 und Angaben zu lizenzierten Verlagen Sachsens in: StadtAL, StVuR Nr. 8904.

163 Vgl. Börsenverein der Deutschen Buchhändler zu Leipzig an H. Naundorf, Landesverwaltung Sachsen, 3.1.1947: »Man war sich im Vorstand darüber klar, daß es sich um eine überaus schwierige Materie handelt, für die es nicht leicht sein dürfte, Richtlinien und Weisungen zu erlassen.« (SächsHStAD, 11401 Lr. Sachsen, MfVobi, Nr. 2739) und L. Petersen, Verlag Hermann Böhlaus Nachfolger, »Bemerkungen auf Grund des Telefongesprächs mit Herrn Oberregierungsrat Busse am 10.7.1947«, 11.7.1947: »Juristisch gelten die Fragen des Verlagrechts als die schwierigsten und kompliziertesten überhaupt.« (ThHStAW, Ld. Thür. - MfVobi, Nr. 4280)

164 Vgl. Börsenverein der Deutschen Buchhändler zu Leipzig an H. Naundorf, 3.1.1947: SächsHStAD, 11401 Lr. Sachsen, MfVobi, Nr. 2739.

1. der Verleger konnte den Verlagsvertrag nicht erfüllen, da ihm keine Lizenz erteilt wurde,
2. der Verleger konnte den Verlagsvertrag vorerst nicht erfüllen, da über die Vergabe der Lizenz noch nicht entschieden worden war (Schwebezustand),
3. der Autor konnte den Verlagsvertrag nicht erfüllen, da er oder seine Literatur aus politischen Gründen als nicht tragbar erachtet wurde,
4. der Autor konnte den Verlagsvertrag vorerst nicht erfüllen, da er sich z.B. noch in Kriegsgefangenschaft befand oder über seine politische Tragbarkeit noch nicht entschieden worden war.[165]

Das zu der Zeit gültige Verlagsgesetz von 1901/1910 hatte Fälle dieser Art nicht berücksichtigt und konnte somit zur Klärung nicht in ausreichendem Maße beitragen.[166] Höhere Instanzen erließen hierzu trotzdem keine rechtskräftigen Bestimmungen. Um diesem Notstand Abhilfe zu leisten, erstellte die Berliner Verleger- und Buchhändler-Vereinigung gemeinsam mit dem Berliner Schutzverband deutscher Autoren im Juni 1947 »Richtlinien über die Rechtsbeziehungen zwischen Autor und nicht lizenziertem Verlage sowie zwischen lizenziertem Verleger und behindertem Autor« und eine »Schiedsgerichtsordnung für ein Verleger-Autorenschiedsgericht«, gemäß der in Streitfällen eine Entscheidung durch ein Schiedsverfahren vor einem ständigen, von den beiden Verbänden in Berlin eingerichteten Schiedsgericht herbeigeführt werden sollten.[167] Die beiden Berliner Verbände empfahlen den Verlegern, in künftigen Verlagsverträgen oder in Nachträgen zu bereits bestehenden Verlagsverträgen »die Zuständigkeit des Verleger-Autorenschiedsgerichts zu vereinbaren«.[168] Gemäß den im Leipziger *Börsenblatt* veröffentlichten Artikeln von Erich Schmidt, dem Vorsitzenden der Berliner Verleger- und Buchhändlervereinigung und ehemaligen Vertreter des Hochschulverbandes vor 1933, wurden die für Berliner Verlage erstellten Richtlinien und die Schiedsgerichtsordnung allgemein sehr begrüßt.[169] Der Leipziger Börsenverein entschloss sich zu prüfen, »inwieweit sich diese Schiedsgerichtsordnung unter den entsprechenden notwendigen Änderungen auf die gesamte sowjetische Zone ausdehnen« ließe.[170] Gedacht war auch an einen

165 Vgl. z.B. Reimer: Rechtszustand, S. 1–5; Richtlinien über die Rechtsbeziehungen zwischen Autor und nicht lizenziertem Verlage, S. 41–45; Schmidt: Rechtslage bei Nichtlizenzierung, S. 46f; ders.: Zur Frage der Rechtsbeziehungen zwischen Autor und nicht lizenziertem Verlag, S. 253 sowie ders.: Autor und nicht lizenzierter Verleger, S. 225f.

166 Vgl. Reimer: Rechtszustand, S. 2 und Schmidt: Rechtslage bei Nichtlizenzierung.

167 Vgl. Reimer: Rechtszustand, S. 2f, Schmidt: Berliner Tagungen, S. 220 und ders.: Zur Frage der Rechtsbeziehungen. Ein Abdruck der hier erwähnten Schiedsgerichtsordnung sowie der Richtlinien findet sich im Anhang.

168 Schiedsgerichtsordnung für ein Verleger-Autorenschiedsgericht der Berliner Verleger- und Buchhändlervereinigung und des Schutzverbands deutscher Autoren vom Juni 1947, § 1, Abs. 2. Veröffentlicht z.B. in: »Juristischen Rundschau«, 1947, S. 17.

169 Vgl. Schmidt: Zur Frage der Rechtsbeziehungen und Schmidt: Berliner Tagungen.

170 Schmidt: Zur Frage der Rechtsbeziehungen. Die Beschäftigung des Leipziger Börsenvereins mit den Fragen der Verlagsrechte ging im wesentlichen auch auf die wiederholte Aufforderung des Referats »Literatur« des sächsischen »Ministeriums für Volksbildung« vom Dezember 1946 zurück, eine ausführliche Stellungnahme zum »gesamten Fragekomplex der Verlagsrechte von geschlossenen oder noch zu schließenden Verlagen«, insbesondere »zu dem sehr strittigen Punkt, was mit den Urheberrechten bei geschlossenen Firmen« werden solle, abzugeben (H. Naundorf, Landesverwaltung Sachsen an den Börsenverein der Deutschen Buchhändler zu Leipzig, 18.12.1946: SächsHStAD, 11401 Lr. Sachsen,

vom Schutzverband deutscher Autoren und dem Leipziger Börsenverein entworfenen, für die ganze SBZ gültigen, normierten Verlagsvertrag. Aber sowohl hierüber als auch über Änderungen an der Schiedsgerichtsordnung konnte wegen »grundsätzlicher Meinungsverschiedenheiten« keine Einigung erzielt werden.[171]

Für die deutschen Verwaltungen in den Ländern und Provinzen und für die DVV war die Frage, welchen Einfluss die Einführung des Systems der Lizenzerteilungen und sonstige durch die Nachkriegszeit bedingte Umstände auf die Erfüllung von Verlagsverträgen hatte, nur in begrenztem Maße von Interesse. Ihre Aufmerksamkeit galt lediglich den ersten beiden der oben dargestellten vier Problemfälle. So lag es in erster Linie in ihrem Interesse, zu verhindern, dass Verleger, denen seitens der SMAD keine Verlagslizenz erteilt wurde und Verleger, über deren Lizenzierung noch nicht entschieden worden war, unter bestimmten Umständen ihre Verlagsrechte anderen Verlegern übertragen konnten, ohne dass die deutschen Verwaltungen in der SBZ hierüber eine Kontrolle hatten. Zwar konnte einem Verleger aufgrund seiner nationalsozialistischen Vergangenheit die Erteilung einer Lizenz verwehrt und sein Unternehmen gemäß SMAD-Befehl Nr. 124 vom 30. Oktober 1945 beschlagnahmt werden – wobei auch die entsprechenden Verlagsrechte mit beschlagnahmt wurden.[172] In allen anderen Fällen aber gab es keine rechtliche Handhabe, den Verlegern von behördlicher Seite aus die Verlagsrechte abzunehmen. Um zu verhindern, dass nicht lizenzierte Verleger Verlagsrechte an westliche Verleger abgaben, ergriff die Landesverwaltung Sachsen die Initiative und legte der DVV Anfang April 1947 den Entwurf eines »Gesetzes über die Verwertung von Verlagsrechten« vor, über das auf der kommenden Ministerkonferenz vom 22./23. April 1947 abgestimmt werden sollte.[173] Gemäß diesem Gesetzesentwurf sollte zukünftig die Übertragung von Verlagsrechten auf andere Personen von der vorherigen Zustimmung der Volksbildungsministerien der Länder und Provinzen abhängig gemacht werden.[174] Auf der Ministerkonferenz stellte sich dann jedoch heraus, dass weder den Volksbildungsministerien der Länder und Provinzen noch der DVV bekannt war, welche Verlagsrechte aus der Zeit vor dem 9. Mai 1945 bei den Verlagen überhaupt vorhanden waren. Dabei kam auch zur Sprache, dass noch nicht einmal eine Gesamtübersicht über sämtliche bestehenden Verlage oder zumindest eine Gesamtübersicht über die bereits lizenzierten Verlage der SBZ existierte. So wurde der Sächsische Gesetzesentwurf auf der Ministerkonferenz vom 22./23. April

MfVobi, Nr. 2738). Siehe auch Börsenverein der Deutschen Buchhändler zu Leipzig an H. Naundorf, 3.1.1947: SächsHStAD, 11401 Lr. Sachsen, MfVobi, Nr. 2739.

171 Vgl. Protokoll der Sitzung des Verleger-Ausschusses des Börsenvereins vom 23.8.1948, 26.8.1948: SächsStAL, 21766 Börsenverein, Nr. 1213, Bl. 33–36.

172 Vgl. Schmidt: Rechtslage bei Nichtlizenzierung.

173 Vgl. H. Volkmann, Abteilung »Kunst und Literatur« der DVV, Entwurf des »Gesetzes über die Verwertung von Verlagsrechten« mit Begründung, »zur Vorlage in der Ministerkonferenz am 22. und 23.4.1947«: LHASA, MD, Rep. K 10 MVb, Nr. 4925, Bl. 76.

174 Vgl. ebd. Über den Erlass einer solchen Anordnung dachte im Januar 1946 schon H. Becker, der Leiter des Leipziger »Zentralstelle für Buch- und Bibliothekswesen« nach: Es müsse eine Regelung geschaffen werden, gemäß der »die in der östlichen Zone handelsgerichtlich eingetragenen Verlagsfirmen ihre Verlagsrechte nur mit Zustimmung der zuständigen Dienststellen an andere Firmen bezw. an ihre in anderen Zonen liegenden Zweigstellen übertragen« dürften. (H. Becker, »Betrifft: Wiederingangsetzung der verlegerischen Produktion in der sowjetischen Besatzungszone«, 8.1.1946: StadtAL, StVuR Nr. 8889, Bl. 70–71). Siehe auch »Plan der neuen Verlagsorganisation in der sowjetischen Besatzungszone«, unterzeichnet von H. Becker, 14.1.1946: ebd., Bl. 64–65. Zu diesem Zeitpunkt wurde dieser Gedanke jedoch noch nicht weiter verfolgt.

1947 nach einigen Diskussionen schließlich abgelehnt, da sich aus dem Erlass dieses Gesetzes, wie es im Beschlussprotokoll der Ministerkonferenz hieß, »Schwierigkeiten ergeben könnten«.[175] Stattdessen wurde beschlossen, dass die Landes- bzw. Provinzialverwaltungen bis zur Abteilungsleiterkonferenz Mitte Mai 1947 der DVV Berichte vorlegten, in denen sie unter anderem über den Stand der lizenzierten und der nicht lizenzierten Verlage ihres Landes bzw. ihrer Provinz und über sämtliche, bei diesen Verlagen liegenden Verlagsrechte informieren sollten.[176] Erst nach der Klärung dieser Voraussetzungen sollte erneut über den Erlass einer Verordnung, ähnlich dem Sächsischen Gesetzesentwurf, gesprochen werden.[177]

Bis zum Sommer 1946 waren von den Landes- bzw. Provinzialverwaltungen und von der DVV nur sporadisch statistische Erhebungen über den Stand und den Status der in der SBZ existierenden Verlage durchgeführt worden. Im September 1945 starteten die Mitarbeiter der DVV eine erstmalige Untersuchung dieser Art, indem sie entsprechende Anfragen an die Landes- und Provinzialverwaltungen richtete.[178] Jedoch waren deren Mitarbeiter zu diesem Zeitpunkt noch nicht in der Lage, ergiebige Auskünfte hierüber zu geben.[179] Diese frühen Bemühungen der DVV blieben also weitgehend erfolglos. Ähnliche Versuche zur Schaffung eines Überblicks über die bestehenden Verlage, wurden in den folgenden Monaten eigentlich nur seitens der Landes- und Provinzialverwaltungen durchgeführt.[180] Allerdings blieben diese Untersuchungen in der Regel auf die Registrierung der Verlage des jeweiligen Landes bzw. der jeweiligen Provinz beschränkt.[181] Erst ca. im Sommer 1946 versuchten die Mitarbeiter der DVV erneut, eine Übersicht über sämtliche in der SBZ existierenden Verlage zu erstellen. Hierzu schickten sie ihnen bekannten Verlagen und Verlagen, die sich gerade um den Erhalt einer Lizenz bemühten, einen umfangreichen »Fragebogen zur Erfassung der Verlage in der sowjetischen Besatzungszone« zu. Die Idee zu dieser Fragebogen-Aktion lieferten die

175 Beschlussprotokoll der Ministerkonferenz vom 22./23.4.1947: BArch DR 2/55–56, fol. 18–22. Eine nähere Erläuterung hierzu findet sich in dem Protokoll nicht. Siehe auch die handschriftlichen Notizen auf dem Entwurf des »Gesetzes über die Verwertung von Verlagsrechten« mit Begründung, »zur Vorlage in der Ministerkonferenz am 22. und 23.4.1947«: LHASA, MD, Rep. K 10 MVb, Nr. 4925, Bl. 76.

176 Vgl. Beschlussprotokoll der Ministerkonferenz vom 22./23.4.1947.

177 Diese Verordnung sollte dann zwar dasselbe Ziel verfolgen wie der sächsische Gesetzesentwurf, sollte jedoch auf bereits bestehenden Gesetzen bzw. Befehlen zur Beschlagnahme von Eigentum basieren (vgl. ebd.).

178 Vgl. z.B. DVV an Provinzialverwaltung Brandenburg, 21.9.1945: BLHA, Ld. Br. Rep. 205 A, Nr. 824, Bl. 45–46 und Provinzialverwaltung Brandenburg an DVV, 27.10.1945: ebd., Bl. 61–63.

179 Von der Provinzialverwaltung der Mark Brandenburg beispielsweise erhielt die DVV nach einer Mahnung im Oktober 1945 nur folgende Antwort: »Über die Verlage in der Provinz liegen keine Meldungen vor. In Potsdam arbeitet noch kein Verlag, jedoch laufen mehrere Gesuche.« Zwar folgt diesem Zitat eine Aufzählung der »namhafteren Verlagsanstalten« der Mark Brandenburg, alle weiteren bestehenden Verlage finden hier jedoch keine Erwähnung (vgl. Provinzialverwaltung Brandenburg an DVV, 27.10.1945). Die aufgezählten Verlage waren: A. W. Hayn's Erben, Potsdam, Akademische Verlagsgesellschaft Athenaion, Potsdam, Rütten und Löning, Potsdam, Bonness und Hachfeld, Potsdam, Verlag Alfred Protte, Potsdam, Verlag Voggenreiter, Potsdam, Stiftungsverlag, Potsdam, Suhrkamp Verlag, Babelsberg, Furche-Verlag, Babelsberg, Verlag Grote, Babelsberg, und Westphal-Verlag (vgl. ebd.).

180 Vgl. z.B. Rundschreiben des Bezirkspräsidenten Wendler, Magdeburg, 26.11.1945: LHASA, MD, Rep. K 10 MVb, Nr. 6451, Bl. 132, Kulturbund, Land Sachsen, an Referat »Literatur«, »Ministerium für Volksbildung« Sachsen, 3.5.1946: SächsHStAD, 11401 Lr. Sachsen, MfVobi, Nr. 2694 und Vordruck eines »Fragebogens zur Erfassung der Verlage in Groß-Berlin« der »Abteilung für Volksbildung« des Magistrats der Stadt Berlin, 1945: LAB, C Rep. 120, Nr. 900, Bl. 1–3.

181 Zu den Aufgaben der Länder bzw. der Provinzen der SBZ siehe Kapitel 2.2.2 und 4.3.1.

Mitarbeiter der »Abteilung für Volksbildung« des Magistrats der Stadt Berlin, die entsprechende Fragebögen bereits im August 1945 zur Beantwortung an Berliner Verlage versandt hatten. Mit einigen unwesentlichen Änderungen übernahm die DVV im Sommer 1946 die Berliner Fragebögen.[182] Diese aufwändige Fragebogen-Aktion zog sich über mehrere Monate hinweg.

Nachdem auf der Ministerkonferenz vom 22./23. April 1947, wie bereits erwähnt, der Beschluss gefasst worden war, notwendige, bislang fehlende Statistiken möglichst bald zu erstellen, nahmen die entsprechenden Untersuchungen der deutschen Landes- und Provinzialverwaltungen diesbezüglich erheblich zu.[183] Allerdings wurden die auf der Ministerkonferenz im April 1947 geforderten Auflistungen nicht, wie vorgesehen (siehe oben), schon bis zur Abteilungsleiterkonferenz Mitte Mai 1947 fertig gestellt. Die Erstellung einer Übersicht über sämtliche bestehenden Verlage und deren Verlagsrechte erwies sich als aufwändiger, als dies auf der Konferenz im April angenommen worden war. Ein Vierteljahr später wurde daraufhin das Problem auf der Konferenz der Volksbildungsminister vom 16. bis 19. Juli 1947 erneut aufgegriffen. Dabei wurde beschlossen, die Recherchen über die bestehenden Verlagsrechte auf den Zeitraum von 1919 bis Mai 1945 zu beschränken.[184] Über Einzelergebnisse dieser Recherchen sollte zukünftig in den regelmäßigen Arbeitsberichten der einzelnen Landesministerien informiert werden.[185]

Zur Erstellung der geplanten Übersicht über die Verlagsrechte sollte auf eventuell bei der Deutschen Bücherei in Leipzig vorhandenen Angaben zurückgegriffen werden.[186] Die entsprechende Anfrage der DVV bei der Deutschen Bücherei in Leipzig Ende Juli 1947 wurde jedoch abschlägig beantwortet: »Auf das Schreiben vom 31.7.47 – K 1682/47 - VB – teile

182 Vgl. Vordruck eines »Fragebogens zur Erfassung der Verlage in Groß-Berlin« der »Abteilung für Volksbildung« des Magistrats der Stadt Berlin, 1945: LAB, C Rep. 120, Nr. 900, Bl. 1–3, »Fragebogen (für Verlagsantragsteller und verwandte Gewerbe)« der »Abteilung für Volksbildung« des Magistrats von Groß-Berlin, 1947: LAB, C Rep. 120, Nr. 938, Bl. 9–11 und »Fragebogen zur Erfassung der Verlage in der sowjetischen Besatzungszone« der DVV, ausgefüllt vom Gustav Fischer Verlag, Jena, 14.6.1946: ThHStAW, Ld. Thür. - MfVobi, Nr. 4258.

183 Vgl. hierzu Rundschreiben des »Ministeriums für Volksbildung, Kunst und Wissenschaft« Sachsen-Anhalt an die Kreisräte und Räte der kreisfreien Städte, 7.5.1947: LHASA, MD, Rep. K 10 MVb, Nr. 5126, Bl. 112; »Amt für Volksbildung«, Verwaltung der Stadt Potsdam, an den Lumen Verlag, 7.6.1947: BLHA, Pr. Br. Rep. 75, Nr. 285; »Liste der Verlage, deren Lizensierung [sic] beantragt wird«, o. Datum: BLHA, Ld. Br. Rep. 205 A, Nr. 1, Bl. 77; Entwurf des Rundschreibens der Landesregierung Sachsen-Anhalt, Minister für Volksbildung, Kunst und Wissenschaft an die Kreisräte und Räte der kreisfreien Städte, 12.6.1948: LHASA, MD, Rep. K 10 MVb, Nr. 6091, Bl. 1; Entwurf des Rundschreibens des »Ministeriums für Volksbildung« Thüringen an die Verlage des Landes Thüringen, 11.9.1947 (den handschriftlichen Notizen auf dem Schreiben ist zu entnehmen, dass dem Entwurf zugestimmt und dessen Vervielfältigung in Auftrag gegeben wurde): ThHStAW, Ld. Thür. - MfVobi, Nr. 4275; Bericht über geleistete Arbeit und überwundene Schwierigkeiten, Referat »Bibliotheks-Buch-, Verlagswesen«, Provinzialregierung Sachsen-Anhalt, 27.5.1947: LHASA, MD, Rep. K 10 MVb, Nr. 429, Bl. 258, Arbeitsbericht des Referats »Literatur und Buchwesen«, »Ministerium für Volksbildung« Mecklenburg, für den Zeitraum 1.1.-15.5.1947: LHA Schwerin, 6.11–21 Ld. Meckl., MfVobi, Nr. 2666 sowie C. Buttke, »Abteilung für Volksbildung« des Magistrats der Stadt Berlin, an die »Arbeitsgemeinschaft Berliner Zeitungs- und Zeitschriftenverlage«, 29.9.1947: LAB, C Rep. 120, Nr. 772.

184 Vgl. Vorläufiges Beschlussprotokoll der Ministerkonferenz vom 16.-19.7.1947, 19.7.1947: BArch DR 2/57, fol. 10–19.

185 Vgl. ebd.

186 Vgl. ebd.

ich mit, dass weder der Deutschen Bücherei noch dem Börsenverein der Deutschen Buchhändler Unterlagen über die von Buchverlagen erworbenen Verlagsrechte zur Verfügung stehen. Auskunft hierüber können nur die in Betracht kommenden Verlage selbst geben.«[187] Die Aufstellung der Verlagsrechte aus der Zeit von 1919 bis 1945, war also, wie in dem Zitat bereits erwähnt, von den freiwilligen Angaben der Verlage abhängig, die von den Landesverwaltungen erfragt werden sollten. Ein Unterfangen, das von Anfang an wenig Aussicht auf den gewünschten Erfolg hatte und die Mitarbeiter der einzelnen Landesverwaltungen nur mäßig motivierte.[188]

Die angestrebte Gesamtübersicht über die Verlagsrechte wurde nicht mehr fertig gestellt. Grund dafür war vor allem die mangelnde Auskunftsfreudigkeit der Verlage, die trotz Mahnungen die gewünschten Angaben erst nach mehrmaliger Aufforderung oder überhaupt nicht lieferten.[189] Das Vorhaben, Landesgesetze zur Sicherung der Verlagsrechte nicht lizenzierter Verlage zu erlassen – die eigentliche Ursache der Bemühungen um die statistischen Erhebungen – geriet in der SBZ nie aus dem Blickfeld.[190] Da es jedoch nicht gelang, eine Auflistung aller bestehenden Verlagsrechte in der SBZ zu erstellen, wurden solche Landesgesetze nicht erlassen.

---

187 Antwort der Deutschen Bücherei in Leipzig auf die entsprechende Anfrage der DVV. Zitiert nach H. Volkmann, DVV, an das »Ministerium für Volksbildung« Thüringen, 19.8.1947: ThHStAW, Ld. Thür. - MfVobi, Nr. 4280 bzw. H. Volkmann, DVV, an das »Ministerium für Volksbildung« Mecklenburg-Vorpommern, 19.8.1947 (dasselbe Schreiben): LHA Schwerin, 6.11–21 Ld. Meckl., MfVobi, Nr. 3070.

188 Schon im April 1947 schrieb Rödel, Leiter des Referats »Bibliotheks-, Buch- und Verlagswesen« des »Ministeriums für Volksbildung, Kunst und Wissenschaft« der Provinzialverwaltung Sachsen, über den möglichen Versuch der Auflistung sämtlicher bei den Verlagen in der SBZ liegenden Verlagsrechte: »Fraglich bleibt, ob der große Aufwand mit dem zu erwartenden Erfolg in Einklang steht, was wohl zu verneinen ist.« (Rödel, »Ministerium für Volksbildung, Kunst und Wissenschaft« Sachsen-Anhalt, »Betr. Gesetz über die Verwertung von Verlagsrechten«, 16.4.1947: LHASA, MD, Rep. K 10 MVb, Nr. 4925, Bl. 75). Das Referat »Literatur« des »Ministeriums für Volksbildung« des Landes Sachsen sah erst im Arbeitsplan für den Monat Februar 1948 das Versenden eines Rundschreibens vor, in dem die Verleger des Landes darum gebeten werden sollten, Listen über die vorhandenen Verlagsrechte aus der Zeit von 1919 bis 1945 an die DVV zu schicken (vgl. Referat »Literatur und Büchereiwesen«, »Ministerium für Volksbildung« Sachsen, an den sächsischen Volksbildungsminister E. Hartsch, 12.2.1948: SächsHStAD, 11401 Lr. Sachsen, MfVobi, Nr. 2269). Das Referat »Bibliotheks-, Buch- und Verlagswesen« des »Ministeriums für Volksbildung, Kunst und Wissenschaft« in Sachsen-Anhalt konnte dagegen schon im November 1947 erste Ergebnisse ihrer Erkundigungen bei den Verlagen des Landes vorlegen (vgl. Referat »Bibliotheks-, Buch- und Verlagswesen«, Sachsen-Anhalt, an Ministerialdirektor Halle, 25.11.1947: LHASA, MD, Rep. K 10 MVb, Nr. 4925, Bl. 53).

189 Vgl. z.B. »Ministerium für Volksbildung« Thüringen an Firma Karl Tischer, Ronneburg, »Betr.: Rechte der Verlage von 1919 bis 1945«, 30.9.1947: ThHStAW, Ld. Thür. - MfVobi, Nr. 4272. Dieses Schreiben wurde allen thüringischen Verlagen zugesandt, die auf das vorherige Rundschreiben vom 11.9.1947 nicht reagiert hatten (vgl. Rundschreiben des »Ministeriums für Volksbildung« Thüringen an die Verlage des Landes Thüringen, 11.9.1947: ebd., Nr. 4275). Über beiden der hier erwähnten Beispiele des Rundschreibens steht »Entwurf«. Den handschriftlichen Notizen auf den Schreiben ist jedoch zu entnehmen, dass diesen Entwürfen zugestimmt wurde.

190 Vgl. z.B. W. Gützlaff, Referat »Literatur und Buchwesen«, »Ministerium für Volksbildung« Mecklenburg, Bericht über die Besprechung mit der DVV vom 8.3.1949: »Im weiteren Verlauf der Besprechung wurde über die Fragen der Lizenzausgaben, Verlagsrechte, Verkaufgenehmigungen für alte Verlagsbestände, Sicherung von Verlagsrechten durch Landesgesetze diskutiert. Diese Fragen betreffen das Land Mecklenburg nicht, da hier keine Verleger bestehen, an deren Verlagsrechten man heute noch interessiert ist.« (LHA Schwerin, 6.11–21 Ld. Meckl., MfVobi, Nr. 2683).

3.3.3 Entwurf des SMAD-Befehls »Errichtung und Aufgabenbereich der Deutschen Verlagskommission«

Schon kurz nach dem Erlass des SMAD-Befehls Nr. 90 zeigte sich, dass die hier gemachten Bestimmungen als rechtliche Grundlage zur Regelung der Lizenzierungsverfahren und ihrer Folgen nicht ausreichten. Wie im vorangehenden Kapitel beschrieben, waren zum Zeitpunkt der Ausarbeitung des SMAD-Befehls Nr. 90 und der dazugehörigen Richtlinien einige Problemfelder der Lizenzierungspolitik, wie ihre Auswirkung auf das Verlagsrecht, noch nicht erkannt worden. Zudem zeigten sich Schwachstellen des Befehls erst nach seinem Erlass.

Gerade der für die Lizenzierungspolitik wichtige Punkt eins der »Richtlinien über die Herausgabe von Zeitungen, Zeitschriften, Büchern, Broschüren, Plakaten und anderen Drucksachen« des SMAD-Befehls Nr. 90 wurde in der Praxis vor allem aufgrund mangelnder Definitionen oft fehlinterpretiert und deshalb nicht richtig eingehalten. Punkt eins, Satz zwei der Richtlinien bestimmte zwar, dass Verleger vor der Ausübung ihrer »Tätigkeit« eine Lizenz einzuholen haben (siehe Kapitel 3.3.2), durch recht freie Interpretationen dieser »Tätigkeit« kam es aber dennoch dazu, dass Verleger auch ohne Lizenz in eingeschränkter Weise ihrer Arbeit nachgingen.[191] Erich Schmidt, der Vorsitzende der Berliner Verleger- und Buchhändlervereinigung, schrieb in einem Artikel vom 20. September 1947 hierzu, dass unter dem Begriff der »Tätigkeit der Verlage« nur die Vervielfältigung und Verbreitung von Literatur gemeint sein könne, da auch der ganze übrige Text der durch den SMAD-Befehl Nr. 90 und durch die dazugehörenden Richtlinien erlassenen Vorschriften, lediglich davon handeln würde.[192] Neben der Vervielfältigung und Verbreitung von Literatur gäbe es in einem Verlag jedoch noch ganz andere Funktionen, wie die Wahrnehmung von Rechten, die »unter Umständen sehr wertvolle Aktivposten«[193] auch eines nicht lizenzierten Verlages sein könnten:

> Es scheint aber, daß im öffentlichen Interesse weitergehende Bestimmungen notwendig sind; denn zweifellos kann es nicht Absicht einer gesetzlichen Regelung sein, daß ein Verleger, welcher aus politischen Gründen nicht lizenziert wird, in der Weise weiterhin verlegerisch tätig bleiben kann, daß er Lizenzauflagen und ähnliche Rechte vergibt und damit eine dauernde Rente aus seinem tatsächlich nicht mehr zugelassenen Betrieb bezieht.[194]

Genauso wie der zweite Satz wurde auch der erste Satz des ersten Punkts der »Richtlinien über die Herausgabe von Zeitungen, Zeitschriften, Büchern, Broschüren, Plakaten und anderen Drucksachen« des SMAD-Befehls Nr. 90 vom 17. April 1947 regelmäßig fehlinterpretiert. In diesem Satz erfolgt zwar eine Aufzählung der Gegenstände des Buchhandels, für dessen Herausgabe ein Verlag eine Lizenz benötigt (siehe Kapitel 3.3.2), wie sich allerdings herausstellte, war diese Aufzählung unvollständig bzw. ungenau. Offen blieb die Frage, ob eine Verlagslizenz auch für die Herausgabe von Adressbüchern, Kalendern und Almanachen

191 Vgl. z.B. Rat der Stadt Jena an »Ministerium für Volksbildung« Thüringen, 15.10.1948: ThHStAW, Ld. Thür. - MfVobi, Nr. 4281.

192 Vgl. Schmidt: Zur Frage der Rechtsbeziehungen zwischen Autor und nicht lizenziertem Verlag.

193 Ebd.

194 Ebd. Wie in Kapitel 3.3.2 beschrieben, war Erich Schmidt aktiv am Zustandekommen der »Richtlinien über die Rechtsbeziehungen zwischen Autor und nicht lizenziertem Verlage sowie zwischen lizenziertem Verleger und behindertem Autor« und an der »Schiedsgerichtsordnung für ein Verleger-Autorenschiedsgericht« beteiligt.

mit redaktionellem Teil und für Gegenstände der Kunst wie Kunstmappen, Kunstblätter, Bilder, Bildkalender, Mal- und Bilderbücher jeglicher Art nötig war. Obwohl es sich bei diesen Gegenständen oft ebenfalls um Massendrucksachen handelte, für deren Herausgabe gemäß Punkt eins, Satz eins der Richtlinien eigentlich eine Verlagslizenz erforderlich war, wurde es selbst von der DVV als rechtmäßig angesehen, dass sie von nicht lizenzierten Verlagen herausgegeben wurden.[195] Da zudem Literatur über Kunst, gemäß SMAD-Befehl Nr. 90 und den dazugehörigen Richtlinien, die einzige war, für deren Veröffentlichung es weder einer Genehmigung sowjetischer noch deutscher Behörden bedurfte,[196] kam es schließlich zu einem unerwartet hohen Anstieg der Literaturproduktion in diesem Bereich.[197]

Bereits innerhalb des ersten Vierteljahres nach Erlass des SMAD-Befehls Nr. 90 vom 17. April 1947 waren beim Referat »Verlagswesen« der DVV derartig viele Ergänzungsvorschläge der Landes- und Provinzialverwaltungen zu dem Befehl eingegangen, dass die Referats-Mitarbeiter es in Erwägung zogen, diese Vorschläge zu »eventuell notwendigen ergänzenden Ausführungsbestimmungen« zu verarbeiten.[198] Gleichzeitig wurde beschlossen, »im Hinblick auf die Rohstoff-Lage [...] eine grundsätzliche Linie der Lizenzierungs-Politik für das laufende Jahr« auszuarbeiten.[199] Konkrete Formen nahmen diese Pläne allerdings erst Anfang 1948 an. Statt der ursprünglich vorgesehenen Ergänzungsbestimmungen zu den bestehenden Richtlinien des SMAD-Befehls Nr. 90 sollten die gesamten Richtlinien, unabhängig von der im Sommer 1947 von Oberst Abramow in Umlauf gebrachten Rundverfügung (siehe Kapitel 3.3.2), erneuert werden. Bis Ende März 1948 arbeitete die DVV den ersten Entwurf dieser neuen Richtlinien aus. Ähnlich den Richtlinien zum SMAD-Befehl Nr. 90 vom 17. April 1947 sollten die neuen Richtlinien folgende Bezeichnungen bekommen:

- »Richtlinien für die Tätigkeit der Verlage und die Herausgabe von Druckerzeugnissen«,

195 Vgl. z.B. DVV an »Ministerium für Volksbildung« Mecklenburg-Vorpommern, 4.8.1948: »Die bisher nicht lizenzpflichtigen Hersteller von Kunstmappen, Kunstblättern [...].« (LHA Schwerin, 6.11–21 Ld. Meckl., MfVobi, Nr. 3073).

196 Vgl. Satz 3 und Satz 5 der »Richtlinien über die Herausgabe von Zeitungen, Zeitschriften, Büchern, Broschüren, Plakaten und anderen Drucksachen in der sowjetischen Besatzungszone Deutschlands« zu SMAD-Befehl Nr. 90 vom 17.4.1947.

197 Vgl. z.B. DVV an »Ministerium für Volksbildung« Mecklenburg Vorpommern, 4.8.1948: LHA Schwerin, 6.11–21 Ld. Meckl., MfVobi, Nr. 3073 bzw. DVV an »Ministerium für Volksbildung, Kunst und Wissenschaft«, Sachsen-Anhalt, 4.8.1948: LHASA, MD, Rep. K 10 MVb, Nr. 37, Bl. 224 (der Text der beiden Schreiben ist identisch). Im Zusammenhang mit den Planungen im Frühjahr 1948, anstelle des SMAD-Befehls Nr. 90 vom 17. April einen neuen Befehl zu erlassen (siehe unten), wurde allerdings daran gedacht, den starken Anstieg der Produktion von Kunstmappen, Bildkalendern, Adressbüchern, Kalendern u.ä. wieder zu bremsen: »Der neue Befehl wird endlich die Handhabe bieten, der auf diesem Produktionsgebiete eingerissenen uferlosen Geschäftemacherei einen Riegel vorzuschieben und nur noch das wirtschaftlich und kulturell Wünschenswerte zuzulassen.« (ebd.). Vgl. auch Bericht »Das thüringer [sic] Verlagswesen«, o. Datum (zu datieren auf: nach April 1947): ThHStAW, Ld. Thür. - MfVobi, Nr. 4296, »Kurzer Bericht über die Besprechung bei der Deutschen Verwaltung für Volksbildung in Berlin am 26.8.48«: StadtAL, StVuR Nr. 2131, Bl. 70–71 und »Bericht der Besprechung in der Deutschen Verwaltung für Volksbildung, Berlin, am 26.8.1948«: SächsHStAD, 11401 Lr. Sachsen, MfVobi, Nr. 2731.

198 »Arbeitsplan für das 3. Vierteljahr 1947« des Referats »Verlagswesen« der DVV: BArch DR 2/1090, fol. 237–238.

199 Ebd.

- »Richtlinien für die Tätigkeit der Druckereien und anderer Vervielfältigungsbetriebe« und
- »Richtlinien für die Genehmigung und Kontrolle von Druckerzeugnissen durch die Organe der deutschen Selbstverwaltung«.[200]

Mit dem Entwurf der »Richtlinien für die Tätigkeit der Verlage und die Herausgabe von Druckerzeugnissen«, wurde erstmals in der SBZ der Versuch unternommen, im Rahmen einer solchen rechtlichen Bestimmung, durch genaue Anweisungen und Definitionen sämtliche, die Lizenzierungsverfahren betreffenden Punkte endgültig zu klären. Der Richtlinien-Entwurf war in sieben Hauptpunkte gegliedert:

A. Lizenzierung von Verlagen,
B. Bezeichnung der Verlage,
C. Verlagsproduktion,
D. Periodische Druckschriften,
E. Produktionsmeldungen,
F. Pflichtexemplare und
G. Strafbestimmungen.

Die Hauptpunkte A und B dienten vor allem der Klärung und Ergänzung des oft fehlinterpretierten Punktes eins der bestehenden »Richtlinien über die Herausgabe von Zeitungen, Zeitschriften, Büchern, Broschüren, Plakaten und anderen Drucksachen« vom 17. April 1947. So wurde die Aufzählung der Gegenstände des Buchhandels, die nur in lizenzierten Verlagen veröffentlicht werden durften, zum großen Teil um genau die Gegenstände ergänzt, die in den bestehenden Richtlinien nicht einzeln mit aufgeführt waren, und deshalb bisher auch von nicht lizenzierten Verlagen veröffentlicht wurden (siehe oben).[201] Mit Ausnahme der politischen, gewerkschaftlichen und sozialen Broschüren mit einem Umfang von bis zu sechzehn Seiten,[202] sollten nun sämtliche der hier aufgeführten Gegenstände »Einzelgenehmigung[en]

200 Der Entwurf dieser drei neuen Richtlinien finden sich in: BArch DR 2/1149, fol. 5–19. Eine Übersetzung dieses Richtlinien-Entwurfs erfolgte gemäß dem Stempel auf der ersten Seite der Richtlinien am 3.4.1948.

201 Gegenstände des Buchhandels, die zukünftig nur von lizenzierten Verlagen veröffentlicht werden sollten, waren demnach: »Bücher und Broschüren jeder Art und jeden Inhalts, Buch- und Schriftreihen (zu diesen gehören auch Schulungs- und Unterrichtsbriefe, Referentenunterlagen, Materialsammlungen in Fortsetzungen), Atlanten, Landkarten (außer Stadtplänen), graphisch vervielfältigte Lehrmittel, Musikalien (Notenblätter), Kunstmappen, Kunstblätter (Reproduktionen), Bildkalender jeder Art, Briefmarkenalben mit redaktionellem Text, Briefmarkenkataloge, sofern sie über den Rahmen einer Werbedrucksache (Angebotsliste, Auktionsverzeichnis) hinausgehen, Adreßbücher, sofern ihr Geltungsbereich den Bezirk des örtlichen Volksbildungsamtes überschreitet, Jahrbücher, die nicht häufiger als einmal im Jahr erscheinen, Kalender und Almanache mit redaktionellem Teil, Mal- und Bilderbücher, auch ohne Text, Modeblätter, Modealben, Schnittmusterbogen, Handarbeitsvorlagen.« (Entwurf der »Richtlinien für die Tätigkeit der Verlage und die Herausgabe von Druckerzeugnissen« vom 30.3.1948, Punkt A. 3).

202 »Diese Druckwerke dürfen nur mit Genehmigung der örtlichen Organe der Sowjetischen Militäradministration hergestellt werden; ihre Veröffentlichung darf nur in lizenzierten Verlagen erfolgen.« (Ebd., Punkt C. 7; siehe auch »Richtlinien für die Tätigkeit der Druckereien und anderer Vervielfältigungsbetriebe«, Punkt 2.b).

durch den Kulturellen Beirat« bedürfen.[203] »Sondergenehmigungen für einzelne Druckwerke« sollten nicht mehr erteilt werden.[204] Die Gegenstände des Buchhandels, die auch von nicht lizenzierten Verlagen veröffentlicht werden durften, wurden gesondert aufgeführt.[205]

Der neue Richtlinien-Entwurf stellte die Notwendigkeit der Lizenzen für Verlage viel deutlicher dar, als in den bestehenden Richtlinien vom 17. April 1947. Die in den aktuellen Richtlinien nicht näher spezifizierte und dadurch missverständliche »Tätigkeit der Verlage«, für die eine Lizenz erforderlich war, wurde nun genauer beschrieben. So heißt es in Punkt A. 4 des Richtlinien-Entwurfs: »Verlage dürfen ihre Produktion erst dann aufnehmen und als Verlag in Erscheinung treten, wenn sie die Verlagslizenz erhalten haben.«[206]

Um eventuelle, neue Missverständnisse von vornherein zu verhindern, sah der Hauptpunkt B des Entwurfs der »Richtlinien für die Tätigkeit der Verlage und die Herausgabe von Druckerzeugnissen« vor, dass sich Unternehmen nur dann uneingeschränkt als »Verlag« bezeichnen durften, wenn sie im Besitz einer eigenen Verlagslizenz oder Mitglied einer lizenzierten Arbeitsgemeinschaft (siehe Kapitel 4.4) waren.[207] Verlage, die keine Verlagslizenz, sondern nur eine Zeitschriften- oder Zeitungslizenz erhalten hatten, sollten sich »eindeutig als Selbstverlag der betreffenden periodischen Druckschriften [...] bezeichnen« wie z.B. »Verlag der Zeitschrift für Kunstwissenschaft« oder »Verlag Lausitzer Rundschau«.[208] Unternehmen, die nicht lizenzpflichtige Gegenstände des Buchhandels veröffentlichten, sollten in ihrer Bezeichnung einen entsprechenden Zusatz aufnehmen, aus dem die Art der Produktion sofort ersichtlich würde wie z.B. »Postkarten-Verlag« oder »Formular-Verlag«.[209] Alle übrigen verlegerisch tätigen Unternehmen sollten sich zukünftig nicht mehr als Verlag bezeichnen dürfen. Unternehmen, bei denen das Wort Verlag bereits Bestandteil ihrer Bezeichnung war, die jedoch im Sinne dieses Richtlinien-Entwurfs dafür keine Berechtigung hatten, sollten ihren Namen entsprechend ändern.[210]

Weitere Besonderheiten des neuen Richtlinien-Entwurfs waren: die Anweisung, dass Lizenzen bzw. deren Änderungen oder Erweiterungen bei den örtlichen Volksbildungsministerien bzw. beim Magistrat der Stadt Berlin zu beantragen waren; die Forderung an die Verlage, Vierteljahrespläne einzureichen und durch die SMA und den Kulturellen Beirat bestätigen zu lassen; die hier erstmalige konkrete Unterscheidung von Begriffen wie »Ver-

203 Vgl. Entwurf der »Richtlinien für die Tätigkeit der Verlage und die Herausgabe von Druckerzeugnissen« vom 30.3.1948, Punkt C. 6 und 7.

204 Vgl. ebd., Punkt C. 12.

205 Dazu gehörten »Bilder, die keine Kunstblätter sind, Postkarten jeder Art, sofern sie zum Verkauf bestimmt sind, Spiele außer Lehrspielen, Papierspielwaren, Modellierbogen, Abziehbilder, Spielkarten, Ausweise, Beitragsmarken, Advents-, Taschen-, Vormerk-, Abreiß-, Umlege-, Umsteck-, Tischkalender und Kalenderrückwände (Vorausgesetzt, daß diese Kalender außer dem Kalendarium und dem üblichen Kalenderinhalt – Wiedergabe behördlicher Anordnungen, Postgebühren usw. – keinen literarischen, künstlerischen, wissenschaftlichen oder technischen Inhalt aufweisen oder Bildkalendern gleichzustellen sind), Stadtpläne, Stadtführer, Fahrpläne, Kursbücher, Telefonbücher, Adreßbücher mit örtlichem Geltungsbereich, Formulare jeder Art, auch in Buch- oder Heftform, Trauer- und Glückwunschkarten, sofern sie überpersönlichen Charakter tragen und durch den Handel vertrieben werden« (vgl. ebd., Punkt A. 5).

206 Ebd., Punkt A. 4.

207 Vgl. ebd., Punkt B. 1.

208 Ebd., Punkt B. 4.

209 Vgl. ebd., Punkt B. 3.

210 Vgl. ebd., Punkt B. 4.

lagslizenz«, »Einzellizenz« (in dieser Arbeit stets Zeitschriften- und Zeitungslizenz genannt), »Einzeldruckgenehmigung«, »periodische Druckschriften« oder »nicht periodische Druckschriften«.[211]

Der eigentliche Kernpunkt des gesamten Richtlinien-Entwurfs jedoch war die geplante Übertragung der Aufgabe der Lizenzerteilungen an die DVV. Gleich im ersten Satz der »Richtlinien für die Tätigkeit der Verlage und die Herausgabe von Druckerzeugnissen« heißt es dazu: »Zur Ausübung der Tätigkeit als Verlag ist eine Lizenz der Deutschen Verwaltung für Volksbildung in der sowjetischen Besatzungszone erforderlich.«[212] Bereits auf der Konferenz vom 16. bis zum 19. Juli 1947 bei der DVV spielten die Volkbildungsminister der Länder und Provinzen mit dem Gedanken, die Vergabe von Verlagslizenzen in die Hand deutscher Verwaltungen zu legen.[213] Das entsprach den Wünschen der SMAD, die den deutschen Verwaltungen im Bereich des Verlagswesens offensichtlich ein höheres Maß an Verantwortung übertragen wollte. Gemäß einem Schreiben von Frommhold vom Referat »Verlagswesen« der DVV an Präsident Wandel vom März 1948 plante die SMAD, zusammen mit den neuen Richtlinien auch einen entsprechenden neuen SMAD-Befehl zu erlassen: »Wie mir von Major Mischin (zunächst vertraulich) mitgeteilt wurde, beabsichtigt die SMA im Zusammenhang mit der Neufassung der Richtlinien den Befehl Nr. 90 aufzuheben und einen neuen Befehl zu erlassen, der die Regelung der Tätigkeit der Verlage und Druckereien dem Präsidenten der Deutschen Verwaltung für Volksbildung überträgt.«[214] Genau das bestätigte der bis Ende März 1948 von der SMAD ausgearbeitete erste Befehls-Entwurf. Dem Präsidenten der DVV sollte neben der erwähnten »Regelung der Tätigkeit der Verlage und Druckereien« auch die Regelung der Herausgabe von Druckschriften in der SBZ und im sowjetischen Sektor Berlins übertragen werden.[215] Entsprechende Anordnungen sollte er unter vorheriger Bestätigung der SMAD erlassen können.[216] Der Befehls-Entwurf wies ausdrücklich darauf hin, dass die Lizenzierung von Verlagen zukünftig, unter Ausnahme besonderer Fälle, durch den Präsidenten der »Deutschen Verwaltung für Volksbildung« erfolgen sollte:

> Der Präsident der Deutschen Verwaltung für Volksbildung in der sowjetischen Besatzungszone wird bevollmächtigt, die Tätigkeit von Verlagen und die Herausgabe periodischer Druckschriften für das Gebiet der sowjetischen Besatzungszone und den sowjetischen Sektor der Stadt Berlin zu lizenzieren. Dem Chef der Informations-Verwaltung der SMA ist in besonderen Fällen die letzte Entscheidung bei der Erteilung und Entziehung von Lizenzen vorbehalten.[217]

---

211 Vgl. ebd., Punkt A. 2, Punkt C. 2 bis 5 und Punkt D. 6.

212 Ebd. Punkt A. 1.

213 Vgl. Vorläufiges Beschlussprotokoll der Ministerkonferenz vom 16.-19.7.1947, 19.7.1947: »Wenn die Lizenzierung der Verlage deutschen Behörden übertragen werden sollte, was die Konferenz begrüßen würde, dann ist die Ministerkonferenz der Auffassung, daß die Lizenzierung auf Antrag der Minister durch die Deutsche Verwaltung für Volksbildung erteilt werden soll.« (BArch DR 2/57, fol. 10–19). Siehe auch Pike: Politics of Culture, S. 361.

214 A. Frommhold, Referat »Verlagswesen« der DVV, an DVV-Präsident P. Wandel, März 1948: BArch DR 2/1149, fol. 2.

215 Vgl. Punkt 1 der Abschrift des Befehls-Entwurfs »Regelung der Tätigkeit von Verlagen und Druckereien und der Herausgabe von Druckschriften durch den Präsidenten der Deutschen Verwaltung für Volksbildung in der sowjetischen Besatzungszone«, 31.3.1948: BArch DR 2/1149, fol. 3–4.

216 Vgl. ebd.

217 Ebd., Punkt 2. Zu den weiteren geplanten Bestimmungen gemäß dem Befehlsentwurf vom März 1948 siehe Abb. 14/15.

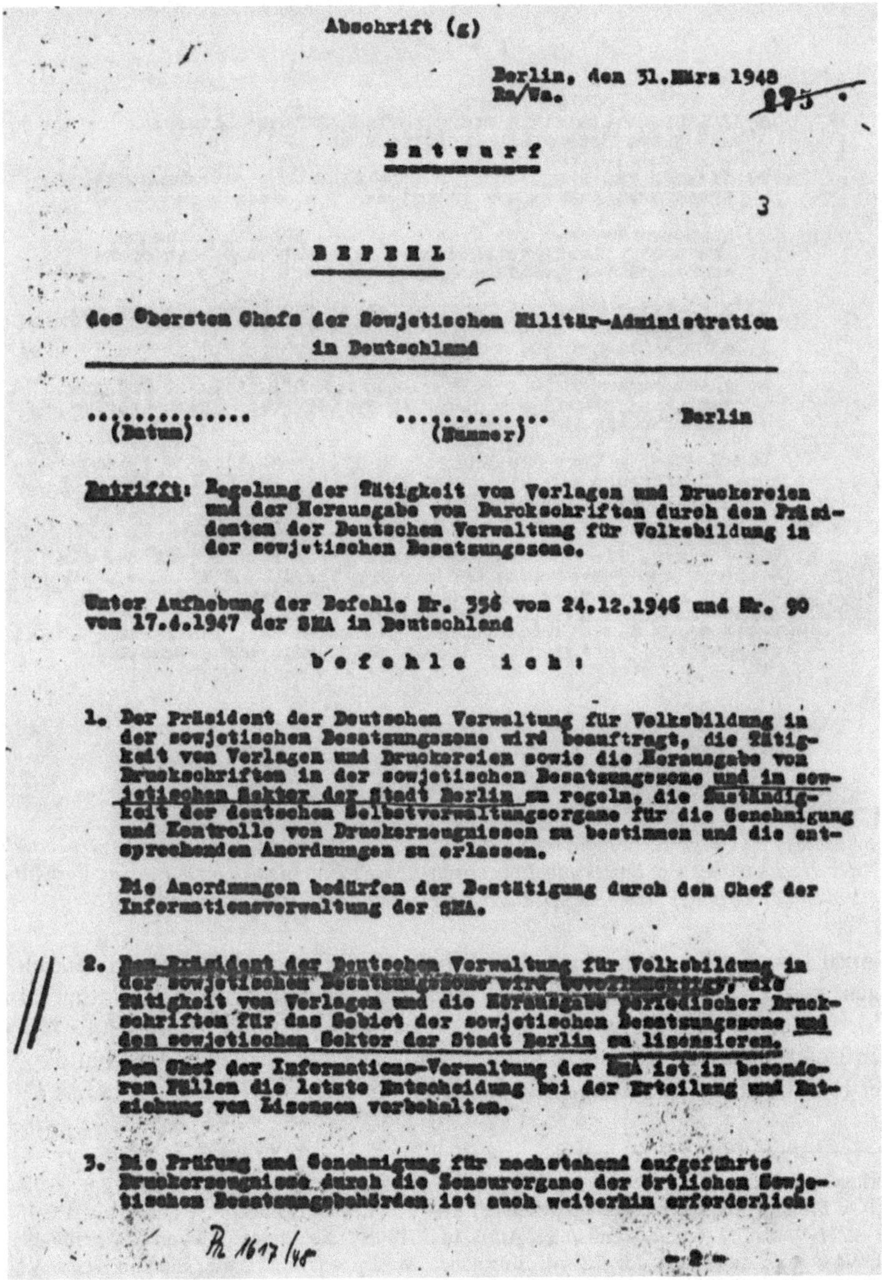

Abschrift (g)

Berlin, den 31. März 1948
Ra/Wa.

173

Entwurf

3

BEFEHL

des Obersten Chefs der Sowjetischen Militär-Administration in Deutschland

.... (Datum) .... (Nummer) Berlin

Betrifft: Regelung der Tätigkeit von Verlagen und Druckereien und der Herausgabe von Druckschriften durch den Präsidenten der Deutschen Verwaltung für Volksbildung in der sowjetischen Besatzungszone.

Unter Aufhebung der Befehle Nr. 356 vom 24.12.1946 und Nr. 90 vom 17.4.1947 der SMA in Deutschland

befehle ich:

1. Der Präsident der Deutschen Verwaltung für Volksbildung in der sowjetischen Besatzungszone wird beauftragt, die Tätigkeit von Verlagen und Druckereien sowie die Herausgabe von Druckschriften in der sowjetischen Besatzungszone und im sowjetischen Sektor der Stadt Berlin zu regeln, die Zuständigkeit der deutschen Selbstverwaltungsorgane für die Genehmigung und Kontrolle von Druckerzeugnissen zu bestimmen und die entsprechenden Anordnungen zu erlassen.

   Die Anordnungen bedürfen der Bestätigung durch den Chef der Informationsverwaltung der SMA.

2. Der Präsident der Deutschen Verwaltung für Volksbildung in der sowjetischen Besatzungszone wird bevollmächtigt, die Tätigkeit von Verlagen und die Herausgabe periodischer Druckschriften für das Gebiet der sowjetischen Besatzungszone und den sowjetischen Sektor der Stadt Berlin zu lizenzieren.

   Dem Chef der Informations-Verwaltung der SMA ist in besonderen Fällen die letzte Entscheidung bei der Erteilung und Entziehung von Lizenzen vorbehalten.

3. Die Prüfung und Genehmigung für nachstehend aufgeführte Druckerzeugnisse durch die Zensurorgane der örtlichen Sowjetischen Besatzungsbehörden ist auch weiterhin erforderlich:

Pr 1617/48

- 2 -

Abb. 14: Abschrift des Befehls-Entwurfs »Regelung der Tätigkeit von Verlagen und Druckereien und der Herausgabe von Druckschriften durch den Präsidenten der Deutschen Verwaltung für Volksbildung in der sowjetischen Besatzungszone«, 31.3.1948 – Teil 1.[218]

218 Vorlage und Repro: Bundesarchiv Berlin, Abteilung DDR, Bestand Ministerium für Volksbildung (DR 2)/1149, fol. 3.

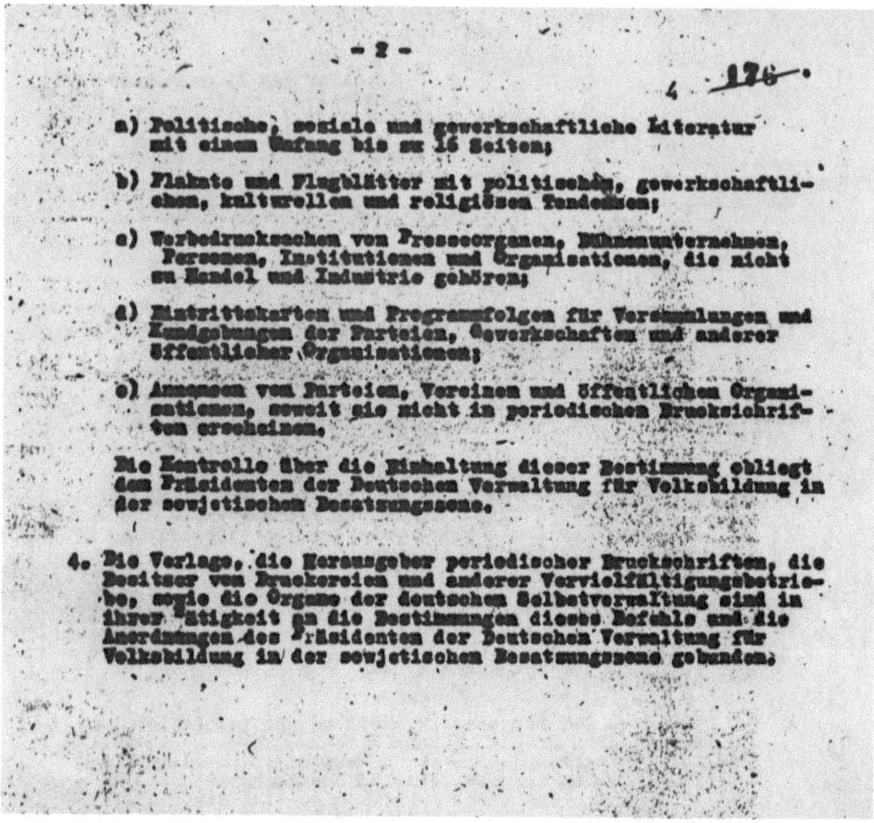

- 2 -

4 ~~176~~

a) Politische, soziale und gewerkschaftliche Literatur mit einem Umfang bis zu 16 Seiten;

b) Plakate und Flugblätter mit politischen, gewerkschaftlichen, kulturellen und religiösen Tendenzen;

c) Werbedrucksachen von Presseorganen, Bühnenunternehmen, Personen, Institutionen und Organisationen, die nicht zu Handel und Industrie gehören;

d) Eintrittskarten und Programmfolgen für Versammlungen und Kundgebungen der Parteien, Gewerkschaften und anderer öffentlicher Organisationen;

e) Annoncen von Parteien, Vereinen und öffentlichen Organisationen, soweit sie nicht in periodischen Druckschriften erscheinen.

Die Kontrolle über die Einhaltung dieser Bestimmung obliegt dem Präsidenten der Deutschen Verwaltung für Volksbildung in der sowjetischen Besatzungszone.

4. Die Verlage, die Herausgeber periodischer Druckschriften, die Besitzer von Druckereien und anderer Vervielfältigungsbetriebe, sowie die Organe der deutschen Selbstverwaltung sind in ihrer Tätigkeit an die Bestimmungen dieses Befehls und die Anordnungen des Präsidenten der Deutschen Verwaltung für Volksbildung in der sowjetischen Besatzungszone gebunden.

Abb. 15: Abschrift des Befehls-Entwurfs »Regelung der Tätigkeit von Verlagen und Druckereien und der Herausgabe von Druckschriften durch den Präsidenten der Deutschen Verwaltung für Volksbildung in der sowjetischen Besatzungszone«, 31.3.1948 – Teil 2.[219]

Am 7. April 1948 fand auf Einladung der SMAD eine Sitzung mit Vertretern deutscher Verwaltungen und Organisationen zum von der DVV ausgearbeiteten Richtlinien-Entwurf statt.[220] Jedoch konnte auf dieser Sitzung weder über den Richtlinien-Entwurf der DVV noch über den Befehls-Entwurf der SMAD eine Einigkeit erzielt werden.[221] Obwohl die Neufassung der Richtlinien zu dem Zeitpunkt eine der wichtigsten Arbeiten des Referats »Verlags-

219 Vorlage und Repro: ebd., fol. 4.

220 Vgl. A. Frommhold, Referat Verlagswesen der DVV, an DVV-Präsident P. Wandel, März 1948: BArch DR 2/1149, fol. 2 und »Arbeitsplan April–Juni 1948« des Referats »Verlagswesen« der DVV, 9.4.1948: ebd., Akte 1155, fol. 72–74. Eingeladen worden waren zu dieser Sitzung: »Herr Volkmann, ich [Frommhold, B.J.], Herr Bartels, Herr Dr. Kielmeyer, Herr Koven, ferner die Herren Buttke und Lorf vom Magistrat der Stadt Berlin sowie Herr Kotzur vom FDGB und Herr Brillke vom Zentralsekretariat der SED« (A. Frommhold, an P. Wandel, März 1948).

221 Vgl. ebd. Die Punkte, über die im einzelnen Uneinigkeit herrschten, sind in dem Arbeitsplan nicht erwähnt. Hierzu heißt es lediglich: »Es hat sich […] als notwendig erwiesen, noch eine Reihe von Fragen zu klären, über die nicht die DVV allein entscheiden kann.« Ähnlich verhielt es sich mit dem Befehls-Entwurf der SMAD: »Der Zeitpunkt der Veröffentlichung dieses Befehls steht noch nicht fest, da auch hier noch eine Reihe von Fragen zu klären sind.« (ebd.).

wesen« der DVV war,[222] änderte sich auch in den folgenden Monaten nichts daran, was Referats-Mitarbeiter Dieter Raab den »sich überstürzenden politischen Ereignissen« zuschrieb.[223] Aufgrund der anhaltenden Ungewissheit über den Zeitpunkt und die Art der Umstellung des Lizenzierungsverfahrens, wurden seit dem Frühjahr 1948 kaum noch Entscheidungen über laufende Lizenzanträge gefällt.[224] Davon ausgehend, dass die Neuregelung in Kürze eintreten würde, wurden die Anträge zurückgestellt, um dann gemäß den erwarteten Kriterien der neuen Regelungen über sie entscheiden zu können. Zu entsprechenden Beschwerden der Landesverwaltungen und der Verlage nahmen die Mitarbeiter des Referats »Verlagswesen« der DVV, wenn überhaupt, nur ausweichend Stellung.[225] Zwar hatten sie gegenüber den Landesverwaltungen schon im Sommer 1947 die geplanten neuen Richtlinien zum SMAD-Befehl Nr. 90 vom 17. April 1947 erwähnt, das gesamte Ausmaß der geplanten Umstellung des Lizenzierungsverfahrens wurde ihnen jedoch vorerst verschwiegen. Erst im Sommer 1948 wurde den Landesverwaltungen mitgeteilt, dass von der SMAD anstelle des bestehenden SMAD-Befehls Nr. 90 vom 17. April 1947 der Erlass eines neuen Befehls geplant sei.[226] So fand am 26. August 1948 auf Einladung der DVV eine Besprechung zwischen den Vertretern der DVV und den für das Verlagswesen zuständigen Referenten der Volksbildungsministerien der Länder statt, auf der über die Änderung und Erweiterung des Befehls Nr. 90 gespro-

---

222 Vgl. A. Frommhold, Referat Verlagswesen der DVV, an DVV-Präsident P. Wandel, März 1948: BArch DR 2/1149, fol. 2 und »Arbeitsplan April–Juni 1948« des Referats »Verlagswesen« der DVV, 9.4.1948: ebd., Akte 1155, fol. 72–74 und »Planung der Abteilung Kunst und Literatur für das II. Vierteljahr 1948/1949«: BArch DR 2/1155, fol. 62–63.

223 Referat »Verlagswesen« der DVV an Vizepräsident Marquardt, 6.8.1948: BArch DR 2/1049, fol. 19.

224 Vgl. ebd.: »So kommt es, daß es uns im Augenblick nicht möglich ist, selbst wirklich dringende und notwendige Lizenzen zu erreichen. Wir hoffen auf Klärung dieser Fragen zum Herbst.«

225 Vgl. z.B. Referat »Bibliotheks-, Buch- und Verlagswesen«, »Ministerium für Volksbildung, Kunst und Wissenschaft« Sachsen-Anhalt, an Ministerialdirektor Halle, 7.1.1948: »Am 18.8.1947 wurde dem Referat von der Deutschen Verwaltung für Volksbildung, Berlin, gez. Mahle, mitgeteilt, dass der Verlag Watch-Tower eine Lizenz bekommt und der Druck und die Verbreitung der Zeitschrift gestattet wird. Nachdem 5 Monate vergangen sind und bei Besprechungen in Berlin mehr als nach dem Stand der Angelegenheit gefragt wurde, ist bis heute eine Lizenz nicht erteilt worden. Auch über den Stand der übrigen Verfahren wurde keinerlei Mitteilung gemacht. [...] Im übrigen wird festgestellt, daß verschiedene Lizenzantragsteller bei Nachfrage in Berlin den Bescheid erhielten, ihre Unterlagen seien dort nicht aufzufinden bzw. lägen nicht vor. Reklamationen durch die Dienststelle führten zu dem Ergebnis, daß sich die Unterlagen im Referat Verlagswesen der Zentralverwaltung befanden.« (LHASA, MD, Rep. K 10 MVb, Nr. 4925, Bl. 50). Vgl. auch Kampe, Referat »Literatur und Büchereiwesen«, »Ministerium für Volksbildung« Thüringen, an den Formularverlag Karl Hofmann, Zella, 28.12.1948: ThHStAW, Ld. Thür. - MfVobi, Nr. 4305; Referat »Literatur und Büchereiwesen«, »Ministerium für Volksbildung« Thüringen, an den Ministerpräsidenten des Landes Thüringen, W. Eggerath, 16.3.1949: ebd.; I. Korn, Referat »Literatur und Büchereiwesen«, »Ministerium für Volksbildung« Sachsen, an den Börsenverein der Deutschen Buchhändler zu Leipzig, 5.2.1948: SächsHStAD, 11401 Lr. Sachsen, MfVobi, Nr. 2739 und I. Korn an DVV, 5.2.1948: »Unsere wiederholten Briefe und Fernschreiben in dieser gleichen Angelegenheit [...] sind von Ihrer Abteilung unbeantwortet geblieben, auch ist kein Versuch gemacht worden, diesen wichtigen Punkt auf einer der letzten Konferenzen zu besprechen.« (ebd., Nr. 2764)

226 Vgl. z.B. I. Korn an A. Werner, Abteilung »Buch- und Bibliothekswesen«, »Volksbildungsamt« der Stadt Leipzig, 18.7.1948: SächsHStAD, 11401 Lr. Sachsen, MfVobi, Nr. 2728.

chen wurde.[227] Dabei wurde erstmals in einem solchen Rahmen bekannt gegeben, dass die SMAD plane, die Lizenzierung von Verlagen deutschen Instanzen zu übertragen.[228]

Während die angekündigte Befehlsänderung oder Erweiterung weiterhin auf sich warten ließ, entwickelte sich im Laufe des ersten Vierteljahres 1949 innerhalb der DVV der Plan, eine so genannte »Deutsche Verlagskommission« (DVK) zu gründen, die zukünftig auch den Aufgabenbereich der Verlagslizenzierungen übernehmen sollte.[229] Entsprechend den allgemeinen politischen Tendenzen in der SBZ war geplant, in der DVK sämtliche bisher dezentral bearbeiteten Aufgabengebiete des Verlagswesens zu zentralisieren.[230] So sollte der DVK, gemäß anfänglichen Überlegungen, Aufgaben übertragen werden, die bisher zum Zuständigkeitsbereich der »Informationsverwaltung« der SMAD, dem Referat »Verlagswesen« der DVV und dem Kulturellen Beirat gehörten, wie beispielsweise die Erteilung oder der Entzug von Lizenzen, die planmäßige Verteilung von Rohstoffen, die Pflege der Beziehungen zwischen Verlagen und Autoren und sogar der Erlass von erforderlichen Verordnungen (unter Gegenzeichnung der DVV).[231] Anstelle des schon im März 1948 entworfenen SMAD-Befehls, der eigentlich den SMAD-Befehl Nr. 90 vom 17. April 1947 hatte ablösen sollen, arbeitete die DVV im Januar und im Herbst 1949 zwei fast identische Befehls-Entwürfe zur »Errichtung und [zum] Aufgabenbereich der Deutschen Verlagkommission« aus.[232] »Um die deutschen demokratischen Organe zu einer aktiveren Teilnahme am Wiederaufbau und an einer fortschrittlichen Entwicklung des Verlagswesens und des Buchhandels in der sowjetischen Besatzungszone heranzuziehen«,[233] sollte gemäß diesen Befehlsentwürfen dem Präsi-

227 Vgl. H. Volkmann, Abteilung »Kunst und Literatur« der DVV, an »Ministerium für Volksbildung, Kunst und Wissenschaft«, Sachsen-Anhalt, 3.8.1948: LHASA, MD, Rep. K 10 MVb, Nr. 37, Bl. 226; »Kurzer Bericht über die Besprechung bei der Deutschen Verwaltung für Volksbildung in Berlin am 26.8.48«: StadtAL, StVuR Nr. 2131, Bl. 70–71 und »Bericht der Besprechung in der Deutschen Verwaltung für Volksbildung, Berlin, am 26.8.1948«: SächsHStAD, 11401 Lr. Sachsen, MfVobi, Nr. 2731.

228 Vgl. ebd. und »Kurzer Bericht über die Besprechung bei der Deutschen Verwaltung für Volksbildung in Berlin am 26.8.48«.

229 Vgl. z.B. »Errichtung und Aufgabenbereich der Deutschen Verlagskommission«, Anlage Nr. 2 zum Protokoll der Sitzung des Kleinen Sekretariats der SED vom 7.2.1949: BArch DY30/J IV 2/3/3, fol. 10–11; Arbeitsplan der Abteilung »Kunst und Literatur« der DVV für das Jahr 1949, 21.2.1949: BArch DR 2/1155, fol. 77a-78; »Wichtigste Vorhaben im Arbeitsplan 1949/1950« der Abteilung »Kunst und Literatur« der DVV, 21.3.1949: ebd., fol. 231–232 und W. Gützlaff, Referat »Literatur und Buchwesen«, »Ministerium für Volksbildung« Mecklenburg, Bericht über die Besprechung mit der DVV vom 8.3.1949: LHA Schwerin, 6.11–21 Ld. Meckl., MfVobi, Nr. 2683.

230 Vgl. z.B. die einleitenden Worte der »Begründung für die Notwendigkeit zur Errichtung einer deutschen Verlagskommission« der DVV, o. Datum: »Eine der wichtigsten Maßnahmen, das Gelingen der im Zweijahresplan gestellten Aufgaben zu sichern, ist die Schaffung einer dem wirtschaftlichen Wiederaufbau und dem kulturellen Fortschritt wie der politischen Entwicklung und ideologischer Festigung dienenden Literatur. Voraussetzung für die Sicherung der planmäßigen Entwicklung einer solchen Literatur ist das Vorhandensein eine zentralen ideologischen Planungs- und Kontrollapparates […]«. (BArch DR 2/741–743, fol. 31–33).

231 Vgl. »Errichtung und Aufgabenbereich der Deutschen Verlagskommission«, Anlage Nr. 2 zum Protokoll der Sitzung des Kleinen Sekretariats der SED vom 7.2.1949: BArch DY30/J IV 2/3/3, fol. 10–11.

232 Vgl. Entwurf eines SMAD-Befehls zur »Errichtung und [zum] Aufgabenbereich der Deutschen Verlagskommission«, zu datieren auf Januar 1949: BArch DR 2/1092, fol. 14 und Entwurf eines SMAD-Befehls zur »Errichtung und [zum] Aufgabenbereich der Deutschen Verlagskommission«, zu datieren auf Herbst 1949: ebd., Akte 741–743, fol. 29–30. Die Unterschiede finden sich vor allem in Punkt 3 der beiden Entwürfe (siehe unten).

233 Ebd.

denten der DVV die Errichtung der DVK und die Ernennung ihres Vorsitzenden befohlen werden.[234] Gleichzeitig sollten der DVK die bereits erwähnten Aufgabengebiete übertragen werden.[235] Sämtliche bisher von der SMAD erteilten Lizenzen sollten durch die DVK innerhalb von drei Monaten erneuert werden.[236] Der SMA sollte zukünftig nur noch die Erteilung von Druckgenehmigungen für Druckerzeugnisse folgender Art vorbehalten werden:

a) Plakate, Flugblätter und Handzettel mit politischen, gewerkschaftlichen, kulturellen und religiösen Tendenzen,
b) Werbedrucksachen von Presseorganen, Bühnenunternehmen, Institutionen, Organisationen und Personen, die nicht zu Handel und Industrie gehören,
c) Eintrittskarten und Programmfolgen für Versammlungen und Kundgebungen, der Parteien, Gewerkschaften und anderer öffentlicher Organisationen.[237]

Gemäß dem Befehls-Entwurf vom März 1948, der den Befehl Nr. 90 ersetzen sollte, sollte unter anderem auch »politische, soziale und gewerkschaftliche Literatur mit einem Umfang bis zu 16 Seiten« sowie »Annoncen von Parteien, Vereinen und öffentlichen Organisationen, soweit sie nicht in periodischen Druckschriften erscheinen« der Druckgenehmigungs-Erteilung der SMA unterliegen.[238] In den beiden neuen Befehlsentwürfen tauchte diese Einschränkung nicht mehr auf. Zumindest die DVV plante bereits seit Anfang Januar 1949, die Erteilung von Druckgenehmigungen für Drucksachen dieser Art ebenfalls deutschen Instanzen zu überlassen.

Unklar war zunächst, wie die zukünftige Rolle des Kulturellen Beirats nach der geplanten Errichtung der DVK aussehen sollte. Zwar habe sich erwiesen, dass die »Institution des Kulturellen Beirats in seiner bisherigen Struktur und Funktion überholt und unzweckmäßig geworden« sei,[239] trotzdem sollte seine Existenz weiterhin beibehalten werden. Geplant war eine Umbildung des Kulturellen Beirats durch erhebliche personelle Erweiterungen.[240] Gemäß dem ersten Befehls-Entwurf zur Errichtung der DVK vom Januar 1949 sollte der Kulturelle Beirat gegenüber der DVK offenbar eine übergeordnete Position einnehmen; denn dort war noch vorgesehen, dass er die »allgemeinen Richtlinien« der Tätigkeit der DVK festlegen sollte.[241] Der zweite Befehls-Entwurf vom Herbst 1949 dagegen räumte dem Kultu-

234 Vgl. ebd., Punkt 1.
235 Zur genauen Aufgabenbeschreibung der geplanten DVK siehe Punkt 2 der beiden Befehlsentwürfe (ebd.).
236 Vgl. Punkt 1 des Abschnitts »Weiterhin befehle ich« der beiden Befehls-Entwürfe.
237 Vgl. ebd., Punkt 4.
238 Vgl. Punkt 3a und 3e des in den Abbildungen 14 und 15 dargestellten Gesetzentwurfs zur »Regelung der Tätigkeit von Verlagen und Druckereien und der Herausgabe von Druckschriften durch den Präsidenten der Deutschen Verwaltung für Volksbildung in der sowjetischen Besatzungszone«, 31.3.1948: BArch DR 2/1149, fol. 3–4.
239 »Begründung für die Notwendigkeit zur Errichtung einer deutschen Verlagskommission« der DVV, o. Datum: BArch DR 2/741–743, fol. 31–33.
240 Vgl. Punkt 3 der beiden Befehls-Entwürfe zur »Errichtung und [zum] Aufgabenbereich der Deutschen Verlagskommission. Vorgeschrieben wurde das Hinzuziehen von Vertretern verschiedener Verwaltungen, Organisationen, Parteien sowie ›namhafter‹ Vertreter des kulturellen Lebens« (vgl. ebd.).
241 Vgl. Punkt 3 des Entwurfs eines SMAD-Befehls zur »Errichtung und [zum] Aufgabenbereich der Deutschen Verlagskommission«, zu datieren auf Januar 1949: BArch DR 2/1092, fol. 14.

rellen Bereit im Wesentlichen nur noch eine beratende Funktion gegenüber der DVK ein.[242] Immer deutlicher zeigte sich, dass die Errichtung der DVK zu einer Degradierung des längst zum »Sorgenkind« gewordenen Kulturellen Beirats führen sollte.

Nähere, über den geplanten SMAD-Befehl hinausgehende Anordnungen zur Regelung des Verlagswesens sollten zukünftig durch die erste Verordnung bestimmt werden, die von der DVK erlassen werden sollte. Bei dem Entwurf dieser »Verordnung Nr. 1« handelte es sich im Prinzip um eine Umarbeitung der bereits im Frühjahr 1948 entworfenen »Richtlinien für die Tätigkeit der Verlage und die Herausgabe von Druckerzeugnissen«. Unterteilt war dieser Verordnungsentwurf in die sieben Hauptpunkte

A. Verlage
B. Verlagsproduktion
C. Zeitschriften
D. Schallplatten
E. Produktionsgenehmigung für Verlage außerhalb der SBZ und des sowjetischen Sektors von Berlin
F. Pflichtexemplare und
G. »Unter diese Bekanntmachung fallen«.[243]

In diesem Verordnungsentwurf taucht zum ersten Mal der Plan auf, dass Druckgenehmigungen zukünftig nicht mehr vom Kulturellen Beirat sondern ebenfalls von der DVK erteilt werden sollten: »Die von den Verlagen geplanten Druckwerke bedürfen der Einzelgenehmigung durch die DVK. Der DVK sind auf Anforderung Manuskripte und sämtliche Druckvorlagen zur Beurteilung vorzulegen.«[244]

Bis Oktober 1949 waren die Pläne zur Bildung der DVK schon weit fortgeschritten. So hatte die DVV bis zu diesem Zeitpunkt bereits

- »Strafbestimmungen zu dem vorgesehenen Befehl der SMAD über die Errichtung und den Aufgabenbereich der deutschen Verlagskommission«,[245]

242 Vgl. ebd. mit Punkt 3 des Entwurf eines SMAD-Befehls zur »Errichtung und [zum] Aufgabenbereich der Deutschen Verlagskommission«, zu datieren auf Herbst 1949: BArch DR 2/741–743, fol. 29f.

243 Vgl. »Deutsche Verlagskommission Verordnung Nr. 1«, DVV-Abschrift vom 3.10.1949: BArch DR 2/741–743, fol. 14–22. Laut dem Schreiben von P. Wandel an die SED vom 3.10.1949, dem diese Abschrift als Anhang beigelegt wurde, war der Verordnungsentwurf »bereits vor längerer Zeit ausgearbeitet« worden (ebd., fol. 10). Vgl. auch die ältere Fassung dieses Verordnungsentwurfs in: ebd., Akte 1132, fol. 40–48.

244 »Deutsche Verlagskommission Verordnung Nr. 1«, Punkt B, Satz 3 der DVV-Abschrift vom 3.10.1949: Siehe auch Punkt B, Satz 5: »Im Impressum ist die Nummer der Verlagslizenz und die Genehmigungsnummer der DVK anzugeben.«

245 Entwurf der Strafbestimmungen in der Anlage zum Schreiben von P. Wandel an die SED vom 3.10.1949: BArch DR 2/741–743, fol. 23f. Vgl. auch Entwurf der Strafbestimmungen in: ebd., Akte 1132, fol. 49–50. Unterschieden wurden je nach Art des Delikts Gefängnisstrafen von bis zu einem Jahr, Gefängnisstrafen von bis zu drei Monaten und Geldstrafen bis zu 1000,- DM, der Entzug von bereits zugeteilten Rohstoffen oder der Entzug der daraus hergestellten Erzeugnisse und das Untersagen der Tätigkeit als Verleger, der Tätigkeit in einer leitenden Position eines Verlages oder die Tätigkeit als Herausgeber/Redakteur einer Zeitschrift von bis zu 10 Jahren.

- einen »Vorschlag für eine Verordnung der Deutschen Wirtschaftskommission über die Errichtung der Deutschen Verlagskommission« (im Wortlaut entsprach dieser Verordnungs-Entwurf dem vorgestellten zweiten SMAD-Befehlsentwurf zur Errichtung der DVK. Sie war offensichtlich für den Fall ausgearbeitet worden, dass bis zur tatsächlichen Gründung der DVK nicht mehr die SMAD sondern die DWK für den Erlass von Bestimmungen dieser Art zuständig war),[246]
- zwei Stellen- und Strukturpläne für die DVK,[247] sowie
- eine »Begründung für die Notwendigkeit zur Errichtung einer Deutschen Verlagskommission«[248]

sowie zwei verschiedene Fassungen von Vorschlägen zur Errichtung der DVK entworfen.[249] Beachtenswert sind vor allem die beiden Stellenplan-Entwürfe. Gemäß dem von Präsident Paul Wandel am 3. Oktober 1949 zu seinem Schreiben bezüglich der »Errichtung einer Deutschen Verlagskommission« bei der SED miteingereichten Stellenplan waren für die DVK insgesamt 59 Stellen vorgesehen.[250] In dem etwas älteren Entwurf eines Strukturplans war sogar an 94 Stellen gedacht worden.[251] Der völlig unterbesetzte Kulturelle Beirat (siehe Kapitel 2.1.3) und das Referat »Verlagswesen und Literatur« der DVV verfügten im Vergleich dazu zum Zeitpunkt der Ausarbeitung dieser Entwürfe zusammen über nur 35 Stellen.[252]

Aufgrund der vielfältigen Schwierigkeiten, die bisher bei diversen Rechtsangelegenheiten aufgetreten waren (siehe Kapitel 3.3.2) sollte in der DVK ein Jurist angestellt werden:

> Der Justiziar muss mit allen Fragen des Urheber- und Verlagsrechts vertraut sein oder vertraut werden, da sich gezeigt hat, daß auf Grund der Befehle der Militärregierung und anderer Gesetze und Anordnungen mancherlei juristische Fragen behandelt und geklärt werden müssen, die von der Militärregierung, von zentralen Verwaltungen, von Länderregierungen und Organisationen vorgelegt wurden. Der Justiziar wird darüber hinaus bei der Zunahme der Verlagsverbindungen zu ausländischen Verlegern auch bei den komplizierten Fragen der Lizenzerwerbung usw. zu Rate gezogen werden. Gegenwärtig ist in der ganzen Ostzone kein Jurist bekannt, der diese gesamte

246 Vorschlag der DWK-Verordnung in der Anlage zum Schreiben von P. Wandel an die SED vom 3.10.1949: BArch DR 2/741–743, fol. 27.

247 Vgl. Vorschlag eines Struktur- und Stellenplans für die DVK in der Anlage zum Schreiben von P. Wandel an die SED vom 3.10.1949: BArch DR 2/741–743, fol. 28 und Entwurf des DVK-Strukturplans in: ebd., Akte 1132, fol. 51–64.

248 Begründung für die Notwendigkeit zur Errichtung einer DVK in der Anlage zum Schreiben von P. Wandel an die SED vom 3.10.1949: BArch DR 2/741–743, fol. 31–33. Vgl. auch Begründung für die Notwendigkeit zur Errichtung einer DVK mit dem handschriftlichen Vermerk »alte Fassung« in: ebd., Akte 1132, fol. 33–35.

249 Vgl. »Vorschlag für die Errichtung der Deutschen Verlagskommission«, 30.9.1949: BArch DR 2/741–743, fol. 25–26 und »Vorschlag zur Errichtung der Deutschen Verlagskommission« in der Anlage zum Schreiben von P. Wandel an die SED vom 3.10.1949: ebd., fol. 11–13.

250 Darunter ein Vorsitzender, zwei Vertreter des Vorsitzenden, fünf Abteilungsleiter, vier Hauptreferenten und zehn Referenten. Die übrigen Stellen waren für Sachbearbeiter, Sekretärinnen, etc. vorgesehen (vgl. Vorschlag eines Struktur- und Stellenplans für die DVK in der Anlage zum Schreiben von P. Wandel an die SED vom 3.10.1949: BArch DR 2/741–743, fol. 28).

251 Vgl. Entwurf des DVK-Strukturplans in: BArch DR 2/1132, fol. 51–64.

252 Vgl. Vorschlag eines Struktur- und Stellenplans für die DVK in der Anlage zum Schreiben von P. Wandel an die SED vom 3.10.1949: BArch DR 2/741–743, fol. 28.

Materie absolut sicher beherrscht, und es ist sehr wünschenswert, daß an zentraler Stelle ein Fachmann diese Aufgaben übernimmt.[253]

Die Mitarbeiter der DVV hielten trotz einiger strittiger Punkte an ihrem Plan zur Errichtung der DVK fest. Gegenüber den Ländern der SBZ ließen sie keinen Zweifel an der Umsetzung dieses Plans erkennen.[254] Am 3. Oktober 1949, wandte sich Präsident Wandel »in Erledigung des Auftrages des Politbüros über die Kontrolle und Organisierung des Verlagswesens« bezüglich der Errichtung der DVK schriftlich an die SED.[255] In der 24-seitigen Anlage waren sowohl einige der oben angeführten früheren Entwürfe bezüglich der Gründung der DVK, als auch ein erneuter von Wandel persönlich unterschriebener »Vorschlag zur Errichtung einer Deutschen Verlagskommission« zu finden.[256] Neben konkreten Angaben zu einer möglichen Gliederung der DVK,[257] war der wesentliche Punkt dieses neuen Vorschlags die Schaffung einer Abteilung für das Verlagswesen beim Politbüro der SED, die für die ideologische Lenkung der DVK und für die Leitung der parteieigenen Verlage zuständig sein sollte.[258] Für die Errichtung der DVK sollte jedoch weiterhin die DVV zuständig sein, der durch einen entsprechenden SMAD-Befehl die eigentliche Aufgabe der »Lizenzierung der Verlage und die Ordnung des Verlagswesens« übertragen werden sollte.[259] Gerade diese Angliederung der DVK an die DVV war der Grund, warum die SMAD wenige Tage später, am 10. Oktober 1949, auch gegen den neuesten Vorschlag Wandels zur Errichtung der DVK erneut »entschieden Einspruch«[260] erhob:

Genosse Danilow führte als spezielles Argument noch an, daß die Deutsche Verlagskommission der Deutschen Verwaltung für Volksbildung durch die zahlreiche Herausgabe eigener Literatur

253 Entwurf des DVK-Strukturplans: BArch DR 2/1132, fol. 51–64.

254 Siehe z.B. W. Gützlaff, Referat »Literatur und Buchwesen«, »Ministerium für Volksbildung« Mecklenburg-Vorpommern, Bericht über die Besprechung mit der DVV vom 8.3.1949: LHA Schwerin, 6.11–21 Ld. Meckl., MfVobi, Nr. 2683 und Referat »Bibliotheks-, Buch- und Verlagswesen«, »Ministerium für Volksbildung, Kunst und Wissenschaft« Sachsen-Anhalt, 2.9.1949: »Lizenzanträge ablehnen. Änderung erfolgt in Kürze für das Verlagswesen. Befehl über Bildung einer Verlagskommission wird herausgegeben, der eine Neuregelung vorsieht, da zuviel Verlage bestehen.« (LHASA, MD, Rep. K 10 MVb, Nr. 4547, Bl. 55).

255 Schreiben von P. Wandel an die SED vom 3.10.1949: BArch DR 2/741–743, fol. 10.

256 Vgl. Diverse Schriftstücke der Anlage zum Schreiben von P. Wandel an die SED vom 3.10.1949: BArch DR 2/741–743, fol. 10–30. Siehe auch den Entwurf zu diesem ausführlichen Schreiben in: ebd., Akte 1132, fol. 33–64.

257 Gemäß diesem Vorschlag sollte sich die DVK in ein Sekretariat und 14 Fachkommissionen (»1 Planungskommission zur Begutachtung und Koordinierung der Verlagspläne, 1 Fachkommission für Gesellschaftswissenschaften und politische Literatur«, je 1 Fachkommission für Geisteswissenschaften, für Naturwissenschaften und Medizin, für das Fachbuch Handel und Industrie, für das Fachbuch Land- und Forstwirtschaft, für Belletristik, für Kunst, für Jugendschriften und für Musik, »1 Sonderkommission für theologische und religiöse Literatur aller Konfessionen, die Einspruchskommission zur Behandlung von Einsprüchen in besonderen Fällen, die Bestätigungskommission /Zensurstelle«) unterteilen. Siehe »Vorschlag zur Errichtung der Deutschen Verlagskommission« in der Anlage zum Schreiben von P. Wandel an die SED vom 3.10.1949: BArch DR 2/741–743, fol. 11–13.

258 Vgl. ebd., Punkt 8. »Als ihr ausführendes Organ ist die Verlagszentrale (Holm) auszubauen.« (ebd.). Siehe auch die Fassung des einige Tage früher ausgearbeiteten Vorschlags für die Errichtung der »Deutschen Verlagskommission«, Punkt 2.

259 Vgl. ebd., Punkt 1.

260 P. Wandel an das Kleine Sekretariat der SED, 10.10.1949: BArch DR 2/741–743, fol. 4.

auch zu sehr Partei in eigener Sache sei, so daß sie nicht unabhängig und streng genug die Zensurarbeit ausführen könne.[261]

Bereits drei Tage vorher, am 7. Oktober 1949, wurde durch die Konstituierung des »Deutschen Volksrats« als Provisorische Volkskammer die Deutsche Demokratische Republik (DDR) gegründet. Zur Einrichtung der DVK kam es nicht mehr. Die Bestimmungen des SMAD-Befehls Nr. 90 vom 17. April 1947 wurden erst am 27. Februar 1950 mit der Übertragung entsprechender Aufgaben an das »Amt für Information« und das »Ministerium des Innern« der DDR aufgehoben.[262] Der Kulturelle Beirat wurde im August 1951 ersetzt durch das »Amt für Literatur und Verlagswesen«, das bis zum Sommer 1956 in der DDR für die Erteilung von Verlagslizenzen zuständig war (siehe Kapitel 2.1.3 und Kapitel 4).[263]

261 Ebd. Vgl. auch P. Wandel an A. Ackermann, SED, 10.10.1949: BArch DR 2/741–743, fol. 5.

262 Vgl. Strunk: Pressekontrolle, S. 221 und ders.: Zensur und Zensoren, S. 150.

263 Vgl. Lokatis: Verlagspolitik zwischen Plan und Zensur, S. 304ff, Umlauff: Wiederaufbau, Sp. 1241f und Kaemmel: Das geltende Urheber- und Verlagsrecht der Deutschen Demokratischen Republik., S. 173. Zu den Nachfolgeinstitutionen des »Amts für Literatur und Verlagswesen« - die Hauptverwaltung »Verlagswesen« des »Ministeriums für Kultur« (ab 1956), die Abteilung »Literatur und Buchwesen« des »Ministeriums für Kultur« (ab 1958) und die Hauptverwaltung »Verlage und Buchhandel« des »Ministeriums für Kultur« (ab 1963) - siehe Lokatis: Verlagspolitik zwischen Plan und Zensur, S. 303f und Barck/Langermann/Lokatis: Jedes Buch ein Abenteuer, S. 19ff, 40 u. 177ff.

4 Kampf der Verlage um die Lizenzen

4.1 Beginn der Lizenzierungen

Die Lizenzerteilung an Verlage in der SBZ bzw. im sowjetischen Sektor Berlins begann, noch bevor die SMAD mit ihrem Befehl Nr. 19 vom 2. August 1945 eine erste Basis für die Lizenzierungspolitik geschaffen hatte (siehe Kapitel 3.3.1). Recht formlos erhielt der Berliner Union-Verlag als einer der ersten am 10. Juli 1945 die Genehmigung zur Herausgabe der Zeitung *Neue Zeit* »und zwar mündlich von dem damaligen stellvertr. Kommandanten von Berlin Marschall Schukow, zusammen mit der Genehmigung zur Gründung der Christlich Demokratischen Union [...]. Eine Urkunde darüber ist dem Verlag für diesen Zweck seinerzeit nicht übergeben worden.«[1]

Die wenigen frühen, meist ohne große Formalitäten von der SMAD erlassenen Verlags-, Zeitungs- und Zeitschriftenlizenzen erfolgten ohne jegliche Beteiligung deutscher Verwaltungen. Sie wurden ausschließlich den Verlagen der mit SMAD-Befehl Nr. 2 vom 10. Juni 1945 zugelassenen Parteien, der zugelassenen Organisationen und der Verwaltungen erteilt. Bis zum 1. Dezember 1945 wurden dreizehn Berliner Verlagen und einem Brandenburger Verlag Lizenzen erteilt.[2] Davon erhielten nur fünf Verlage eine Verlagslizenz: der SWA-Verlag der SMAD, der Aufbau-Verlag des Kulturbunds zur demokratischen Erneuerung Deutschlands, der am 10. Oktober 1945 von der KPD gegründete Verlag Neuer Weg, der von der Vereinigung der gegenseitigen Bauernhilfe bzw. deren Vorläufern abhängige Deutsche Bauernverlag und der gemäß SMAD-Befehl Nr. 70 vom 25. September 1945 errichtete Volk und Wissen Verlag der »Deutschen Zentralverwaltung für Volksbildung« (DVV) und des Magistrats der Stadt Leipzig.[3] Die weiteren Lizenzen waren Zeitungs- und Zeitschriftenlizenzen.[4]

---

1 Union-Verlag an Magistrat von Groß-Berlin, 20.5.1947: LAB, C Rep. 120, Nr. 1066, Bl. 52. Erst im September 1947 wurde die nachträgliche Ausstellung der Lizenzurkunde für den Union Verlag und für die Zeitung angefordert (vgl. »Abteilung für Volksbildung« des Magistrats von Groß-Berlin an Sowjetische Zentralkommandantur, 15.9.47: ebd., Bl. 20). Vgl. auch Strunk, Pressekontrolle, S. 136ff und ders.: Zensur und Zensoren, S. 76f.

2 Vgl. Referat »Verlage« des Magistrats der Stadt Berlin, Liste Nr. 1 der »Verlage, die auf Grund militärbehördlicher Genehmigung ihre Arbeit (in Berlin) aufgenommen haben«, 1.12.1945: BArch DR 2/896, fol. 171ff und »Bericht über die Arbeit des Sektors für Propaganda und Zensur der Politischen Abteilung der SMAD vom 15. Juli bis 15. Oktober 1945«, 31.10.1945, abgedruckt in: Sowjetische Politik in der SBZ 1945–1949, S. 14–19.

3 Vgl. ebd. Eine Kopie bzw.ein Abdruck der am 28.11.1945 nachträglich ausgestellten Lizenzurkunde Nr. 9 des Aufbau-Verlags findet sich in: LAB, C Rep. 120, Nr. 780, Bl. 1 und bei Wurm: Der frühe Aufbau-Verlag, S. 19. Im Text der Urkunde wird bestätigt, dass dem Kulturbund die Aufnahme der Tätigkeit des Aufbau-Verlags und die Verbreitung von Literatur in dem Verlag bereits am 18. August 1945 durch eine Verfügung des militärischen Rates der SMAD gestattet worden war (vgl. ebd.). Angaben zur Gründung des Verlags Neuer Weg finden sich in: BArch DY 30/IV 2/9.13/1, fol. 2. Gesellschafter des Verlags Neuer Weg waren – vertretend für die KPD – ihre Funktionäre Fritz Schälike, Anton Ackermann und Walter Ulbricht. Geschäftsführer war Fritz Schälike (ebd.). Zum Deutschen Bauernverlag siehe Umlauff: Wiederaufbau, Sp. 1256.

4 Die Zeitungs- und Zeitschriftenlizenzen waren folgenden Verlagen erteilt worden: Verlag Tägliche Rundschau, Berlin (für die Tageszeitung *Tägliche Rundschau*), Deutsche Volkszeitung GmbH, Berlin (Tageszeitung *Deutsche Volkszeitung*), Das Volk GmbH, Berlin (Tageszeitung *Das Volk*), Union Verlags GmbH, Berlin (Tageszeitung *Neue Zeit*), Druckerei- und Vertriebs-Gesellschaft mbH, Berlin (Tageszeitung *Der Morgen*), Berliner Zeitung GmbH, Berlin (Tageszeitung *Berliner Zeitung*), Freier

Die DVV war zwar früh an der Planung eines Lizenzierungssystems und an den Überlegungen zum Umgang mit Privatverlagen beteiligt, in den eigentlichen Prozess der Verlagslizenzierungen wurde sie von der SMAD jedoch erst Anfang 1946 integriert.[5]

Kurz zuvor hatte der Leipziger Stadtdirektor Erich Ott die DVV in einem Schreiben vom 29. Dezember 1945 auf die konkurrierenden Verlage in den westlichen Besatzungszonen hingewiesen und aufgefordert, endlich die Erteilung von »Arbeitsgenehmigungen« an Verlage voranzutreiben.[6] Wenig später lud die DVV den Leiter der Leipziger »Zentralstelle für Buch- und Bibliothekswesen« (siehe Kapitel 2.3.2), Heinrich Becker, telefonisch ein, möglichst bald nach Berlin zu kommen und gemeinsam mit Mitarbeitern der DVV und der SMAD eine Lösung für das Problem der Verlagslizenzierungen zu erarbeiten.[7] In Gesprächen am 11. und

---

Deutscher Gewerkschaftsbund, Berlin (Tageszeitung *Die freie Gewerkschaft* und Zeitschrift *Betrieb und Gewerkschaft*), Deutscher Bauernverlag, Berlin (Zeitung *Der freie Bauer*), Verlag Volkswille, Potsdam (Tageszeitung *Volkswille*), Aufbau-Verlag GmbH, Berlin (Monatszeitschrift *Aufbau*), Volk und Wissen GmbH, Berlin (Jugendzeitschrift *Neues Leben*) und Verlag Neue Berliner Illustrierte, Berlin (Wochenzeitschrift *Neue Berliner Illustrierte*) – vgl. Referat »Verlage« des Magistrats der Stadt Berlin, Liste Nr. 1 der »Verlage, die auf Grund militärbehördlicher Genehmigung ihre Arbeit (in Berlin) aufgenommen haben«, 1.12.1945 und »Bericht über die Arbeit des Sektors für Propaganda und Zensur der Politischen Abteilung der SMAD vom 15. Juli bis 15. Oktober 1945«, 31.10.1945. Ebenfalls zugelassen worden war das *Verordnungsblatt* des Berliner Magistrats, die Zeitschrift *Friseur und Kosmetik* (»private Veröffentlichung für Frisiersalons«) sowie das *Berliner Modenblatt* (»private Modezeitschrift«) – »Bericht über die Arbeit des Sektors für Propaganda und Zensur der Politischen Abteilung der SMAD vom 15. Juli bis 15. Oktober 1945«, 31.10.1945.

5 Vgl. auch von Balluseck, Abteilung »Presse und Verlagswesen« der DVV an Becker, Leipziger »Zentralverwaltung für Buch- und Bibliothekswesen«, zu datieren auf Ende 1945/Anfang 1946 (aufgrund der Abteilungsbezeichnung): BArch DR 2/896, fol. 187 und Aktennotiz Beckers, 7.1.1946: StadtAL, StVuR Nr. 8889, Bl. 77. Seit November 1945 wurde davon gesprochen, Verlagslizenzierungen mit in den Aufgabenbereich der DVV zu nehmen, unklar war allerdings inwieweit. Über eine Planungsphase ging es zu der Zeit nicht hinaus, da zunächst keine Einigung zwischen der SMAD und der DVV erzielt werden konnte (siehe Kapitel 3.3.1). Zur Auseinandersetzung mit dem Verlagswesen seitens der DVV vor Januar 1946 siehe z.B. Tätigkeitsbericht der Abteilung »Presse und Verlagswesen« der DVV für September 1945: BArch DR 2/896, fol. 197–199, »Aufgaben der Abteilung 'Presse- und Verlagswesen'«, DVV, 1.11.1945: ebd., fol. 190–194 und Bericht der Abteilung »Presse und Verlagswesen« »Verlagswesen und technische Erleichterungen für die Buch- und Zeitungsproduktion«, 16.11.1945: ebd., fol. 189.

6 Stadtdirektor Ott, »Nachrichtenamt«, Rat der Stadt Leipzig, an DVV-Präsident Wandel, 29.12.1945: »Ich werde Ihnen in den nächsten Tagen die Liste der vielleicht 5 bis 10 wichtigsten wissenschaftlichen Verlagsunternehmungen in der sowjetischen Zone nennen und Sie bitten, sich persönlich um die allgemeine Arbeitsgenehmigung für diese zu verwenden.« (StadtAL, StVuR Nr. 8896, Bl. 221). Am 7.3.1947 sagte Bartels von der DVV gemäß einer Niederschrift über eine Besprechung zwischen lizenzierten Verlegern und Vertretern der DVV zu dem großen Engagement der Stadtverwaltung Leipzig in dieser Zeit, »daß die unentwegten und bestens fundierten Bemühungen von Herrn Min.Rat Becker, Herrn Heilmann und anderen Leipziger Herren, die Verlagsproduktion für Leipzig vorwärts zu treiben, auf keine Gegenliebe in Berlin gestoßen seien. Das habe aber seinen Grund nicht in dem Versagen oder Übelwollen der massgeblichen Persönlichkeiten, sondern in der technischen Unzulänglichkeit der behördlichen Zusammensetzung der Zentralverwaltung.«: StadtAL, StVuR Nr. 8905, Bl. 6–11.

7 Vgl. Aktennotiz Beckers, 7.1.1946: StadtAL, StVuR Nr. 8889, Bl. 77, »Zentralstelle für Buch- und Bibliothekswesen« an H. Gute, Landesverwaltung Sachsen, 17.1.1946: ebd., Bl. 60–61, »Zentralstelle für Buch- und Bibliothekswesen« Leipzig an DVV »Betrifft: Wiederingangsetzung der verlegerischen Produktion in der sowjetischen Besatzungszone«, 8.1.1946: BArch DR 2/896, fol. 174–175 und Bericht »Wiederingangsetzung des Verlagswesens« der Abteilung »Verlagswesen«, 7.1.1946: ebd., fol. 161–165.

12. Januar 1946 trafen daraufhin Vertreter des Referats »Verlagswesen« der DVV, Becker und Major Dawidowitsch von der »Informationsverwaltung« der SMAD erste konkrete Vereinbarungen zur Lizenzierung von Verlagen unter Beteiligung deutscher Verwaltungen.[8] Seitens der SMAD war es geplant, die Zahl der Verlagslizenzen möglichst gering zu halten.[9] So gab Major Dawidowitsch bei einem dieser Treffen zunächst bekannt, »dass private Verlage in Zukunft prinzipiell nicht mehr zugelassen werden« sollten.[10] Er erklärte sich dann aber damit einverstanden, trotzdem etwa fünf deutschen Privatverlagen eine Verlagslizenz zu erteilen,[11] und bestätigte damit eine gleichlautende Zusage der SMAD gegenüber der DVV von Anfang Januar 1946.[12] Gleichzeitig beauftragte Dawidowitsch Becker, gemäß dessen eigenem Vorschlag einen Versuch zu unternehmen, wissenschaftliche Privatverlage in so genannten Arbeitsgemeinschaften zusammenzufassen.[13] Deren Mitglieder sollten dann unter der Lizenz der jeweiligen Arbeitsgemeinschaft publizieren dürfen (siehe Kapitel 4.4). Die weiteren Planungen zur Umsetzung dieser beiden Vereinbarungen führten die Mitarbeiter des Referats »Verlagswesen« und Becker später gemeinsam weiter. Reglementiert wurde die Vorgehensweise der deutschen Verwaltungen bei ihren Vorarbeiten zu den vereinbarten Lizenzerteilungen seitens der SMAD nicht. Auch der von den Mitarbeitern des Referats »Verlagswesen« der DVV nach den erwähnten Gesprächen erwartete »entsprechende Befehl der Russen [...], welcher die Produktion der fünf Privatverlage in Gang setzen« würde,[14] kam nicht.[15] Fest

8 Zur Zusammenarbeit der DVV mit der Leipziger »Zentralstelle für Buch- und Bibliothekswesen« siehe auch: Tätigkeitsbericht der Abteilung »Presse und Verlagswesen« der DVV für September 1945: BArch DR 2/896, fol. 197–199, Bericht »Wiederingangsetzung des Verlagswesens« der Abteilung »Verlagswesen«, 7.1.1946: E. Zeigner, Oberbürgermeister der Stadt Leipzig, über Stadtrat Holtzhauer, Leipzig, an die »Zentralstelle für Buch- und Bibliothekswesen«, Leipzig, 30.1.1946: StadtAL, StVuR Nr. 8855, Bl. 45.

9 Vgl. Becker, »Zentralstelle für Buch- und Bibliothekswesen« Leipzig, an H. Gute, Landesverwaltung Sachsen, 18.2.1946: StadtAL, StVuR Nr. 8889, Bl. 45, »Bericht über die Arbeit der Abt. Kulturelle Aufklärung bei der Deutschen Verwaltung für Volksbildung in der Sowjetischen Besatzungszone« von Girnus an Ulbricht, 20.2.1946: BArch DR 2/629, fol. 35–42 und Becker: Zwischen Wahn und Wahrheit, S. 355f.

10 »Bericht über die Arbeit der Abt. Kulturelle Aufklärung bei der Deutschen Verwaltung für Volksbildung in der Sowjetischen Besatzungszone« von Girnus an Ulbricht, 20.2.1946: BArch DR 2/629, fol. 35–42. Vgl. auch Lokatis: Vom Plan zur improvisierten Kontrolle, S. 16–20 und Pike: Politics of Culture, S. 133.

11 Vgl. »Zentralstelle für Buch- und Bibliothekswesen«, Leipzig, »Betr.: Verlagsfragen der russischen Besatzungszone«, 14.1.1946: StadtAL, StVuR Nr. 8889, Bl. 67, »Plan der neuen Verlagsorganisation in der sowjetischen Besatzungszone«, unterzeichnet von Becker, 14.1.1946: ebd., Bl. 64–65 und DVV, Referat »Verlagswesen«, an Abteilung »Wissenschaft und Forschung« (im Hause), 2.2.1946: BArch DR 2/896, fol. 133. Vgl. auch Pike: Politics of Culture, S. 130–132.

12 Vgl. z.B. Aktennotiz Beckers, 7.1.1946: StadtAL, StVuR Nr. 8889, Bl. 77 und »Zentralstelle für Buch- und Bibliothekswesen« an Gute, Landesverwaltung Sachsen, 17.1.1946: ebd., Bl. 60–61. Siehe auch Triebel: Kultur und Kalkül, S. 345.

13 Vgl. Becker: Zwischen Wahn und Wahrheit, S. 356, Becker an Gute, 18.2.1946: StadtAL, StVuR Nr. 8889, Bl. 45 und Aktennotiz Frommholds, Referat »Verlagswesen« der DVV, 19.2.1946: BArch DR 2/896, fol. 114.

14 »Zentralstelle für Buch- und Bibliothekswesen«, Leipzig, »Betr.: Verlagsfragen der russischen Besatzungszone«, 14.1.1946: StadtAL, StVuR Nr. 8889, Bl. 67.

15 Vgl. ebd. Siehe auch »Zentralstelle für Buch- und Bibliothekswesen«, Leipzig: »Gedanken zur Arbeit der Verlage in Anpassung an die durch die bevorstehende Lizenzierung zu erwartenden Verhältnisse«, 15.1.1946: StadtAL, StVuR Nr. 8897, Bl. 83 und Abteilung »Volksbildung«, Provinzialverwaltung Sachsen, an Präsident Hübener, 22.2.46: LHASA, MD, Rep. K Min. Präs, Nr. 3896, Bl. 7–11.

stand nur, dass die Lizenzen, unter Berücksichtigung der Vorschläge der DVV, letztlich von der SMAD erteilt werden würden. Als Grundlage für ihre Vorschläge an die SMAD nutzten die DVV-Mitarbeiter wiederum die zum großen Teil bereits eingegangenen Verlags-Gutachten der Landes- und Provinzialverwaltungen.

Wie erwähnt, sollte sich die Zahl der lizenzierten Privatverlage auf fünf beschränken.[16] Welche das gemäß den verschiedenen Entwürfen von Becker und den DVV-Mitarbeitern sein sollten, ist der folgenden Tabelle zu entnehmen. Die maßgeblichen Kriterien im Auswahlverfahren waren das internationale Ansehen der Verlage sowie die bei den Verlagen liegenden Verlagsrechte (siehe auch Kapitel 3.3.2). Dass die in den Verlagen weiterhin tätigen Leiter, Geschäftsführer und leitenden Angestellten keine Mitglieder der NSDAP sein sollten, war als Voraussetzung selbstverständlich. Die Idee, pro Land bzw. Provinz pauschal »etwa zwei« belletristische Verlage zuzulassen, die bei der Abteilung »Presse und Verlagswesen« der DVV bereits Anfang November aufgetaucht war,[17] wurde schnell wieder verworfen.

Auswahlverfahren zur geplanten Lizenzierung von fünf Privatverlagen Anfang 1946

1 = in erster Linie zu berücksichtigende Verlage *2 = in zweiter Linie zu berücksichtigende Verlage*	7. Januar 1946: Bericht »Wiederingangsetzung des Verlagswesens« der DVV[18]	11. Januar 1946: Schreiben von Heinrich Becker an die DVV[19]	15. Januar 1946: Entwurf des Schreibens der DVV an die SMAD[20]	9. Februar 1946: Listen der zu genehmigenden Verlage der DVV[21]	Lizenzerteilungen Anfang bis MitteMärz 1946	Lizenzerteilungen 12. bis 18. April 1946
Johann Ambrosius Barth, Leipzig		1	1	2		
Becker & Erler, Leipzig				2		
Bibliographisches Institut, Leipzig				2		X
Hermann Böhlaus Nachfolger, Weimar						X
Breitkopf & Härtel, Leipzig				1	X	

16 Vgl. Aktennotiz Beckers, 7.1.1946: StadtAL, StVuR Nr. 8889, Bl. 77; »Zentralstelle für Buch- und Bibliothekswesen«, Leipzig »Betr.: Verlagsfragen der russischen Besatzungszone«, 14.1.1946: ebd., Bl. 67; »Plan der neuen Verlagsorganisation in der sowjetischen Besatzungszone«, unterzeichnet von Becker, 14.1.1946: ebd., Bl. 64–65; DVV, Referat »Verlagswesen« an Abteilung »Wissenschaft und Forschung« (im Hause), 2.2.1946: BArch DR 2/896, fol. 133; Becker, »Zentralstelle für Buch- und Bibliothekswesen«, Leipzig, an Gute Landesverwaltung Sachsen, 18.2.1946: StadtAL, StVuR Nr. 8889, Bl. 45 und »Zentralstelle für Buch- und Bibliothekswesen« an Gute, Landesverwaltung Sachsen, 17.1.1946: ebd., Bl. 60–61. Siehe auch Pike: Politics of Culture, S. 130–132.

17 Vgl. Aufgaben der Abteilung »Presse- und Verlagswesen«, 1.11.1945: BArch DR 2/896, fol. 190–194.

18 Bericht »Wiederingangsetzung des Verlagswesens« der Abteilung »Verlagswesen«, DVV, 7.1.1946: BArch DR 2/896, fol. 161–165.

19 Becker, Leipziger »Zentralstelle für Buch- und Bibliothekswesen« an von Balluseck, Abteilung »Verlagswesen« der DVV, 11.1.1946: BArch DR 2/896, fol. 176–178.

20 Referat »Verlagswesen«, DVV, an Abteilung »Wissenschaft und Forschung« im Hause, 2.2.1946: BArch DR 2/896, fol. 133.

21 »Liste der vordringlich zu genehmigenden Verlage«, 9.2.1946: BArch DR 2/896, fol. 118–120.

Brockhaus, Leipzig	2	1	1	2		X
Walter de Gruyter, Berlin				1		
Dieterich'sche Verlagsbuchhandlung, Leipzig				2		
Gustav Fischer, Jena	1	1	1	1		
Otto Harrassowitz, Leipzig				2		
Hinstorff, Rostock						X
Insel, Leipzig	1	1	1	1	X	
Kiepenheuer, Weimar	1			1	X	
Malik, Dresden	1			1		
Felix Meiner, Leipzig	2			1		
Max Niemeyer Verlag, Halle	2			2		
Justus Perthes, Gotha	2			2		
C. F. Peters, Leipzig				2		
Propyläen, Meißen	1			2		
Philipp Reclam, Leipzig	1	1		2	X	
Ulrich Riemerschmidt, Potsdam				2		
E. A. Seemann, Leipzig	2			1	X	
Julius Springer, Berlin	1			1		
Theodor Steinkopff, Dresden				2		
Teubner, Leipzig	1	1	1	2		
Georg Thieme, Leipzig	2	1		2		
Vogel-Verlag, Pößneck	2					

Im März 1946 lizenzierte die SMAD aufgrund der erwähnten Vorschläge der DVV-Mitarbeiter und Heinrich Beckers mit den vier Leipziger Verlagen Insel (1. März), Seemann (1. März), Reclam (14. März), Breitkopf & Härtel (14. März) sowie dem Kiepenheuer Verlag aus Weimar (14. März) die ersten Privatverlage in der SBZ.[22] Zudem erhielt die auf Initiative Beckers gegründete »Arbeitsgemeinschaft Medizinischer Verleger« ihre Verlagslizenz (22. März 1946; siehe Kapitel 4.4.1). Somit wurden beide Vereinbarungen in die Tat umgesetzt, die die DVV-Mitarbeiter, Becker sowie Dawidowitsch im Januar 1946 getroffen hatten.

Sämtliche Privatverlage der SBZ, die bei diesen Lizenzierungen nicht berücksichtigt wurden, sollten gemäß den Planungen vor den Lizenzerteilungen (siehe oben) entweder mit

22 Zu den Lizenzierungsdaten siehe Kapitel 5: »Listen der lizenzierten Verlage«. Laut Pike war das Datum der Lizenzierung des Reclam Verlages der 15.3.1946 (vgl. Pike: Politics of Culture, S. 134). Hier liegt aber ein Missverständnis vor. Für den 15.3.1946 war ursprünglich die Übergabe der Lizenzurkunde an den Reclam Verlag geplant gewesen, die aber aufgrund der vorzeitigen Abreise des Reclam-Geschäftsführers Müller aus Berlin verschoben werden musste (vgl. Aktennotiz des Referats »Verlagswesen«, 26.4.1946: BArch DR 2/896, fol. 58). Übergeben wurden die Lizenzurkunden für die Verlage Reclam, Insel, Volk und Buch, Seemann und Breitkopf & Härtel »in feierlicher Versammlung« am 25.3.1946 (vgl. Beckers Notiz »Durchsage an Herrn v. Ballusek [sic]«, 22.3.1946: StadtAL, StVuR Nr. 8889, Bl. 30).

programmähnlichen Verlagen weitere Arbeitsgemeinschaften bilden, mit einem der neuen und bereits lizenzierten Verlage der Parteien, Verwaltungen oder Organisationen der SBZ fusionieren oder ihre Tätigkeit einstellen.[23] Der große Favorit unter den Verlagen der Parteien, Verwaltungen und Organisationen der SBZ, mit denen die lizenzlosen Verlage fusionieren sollten, war der Volk und Wissen Verlag, »der damit eine absolute Schlüsselstellung im deutschen Verlagswesen« erhalten sollte.[24] Wie bereits erwähnt, wurde die Gründung des Volk und Wissen Verlages mit dem SMAD-Befehl Nr. 70 vom 25. September 1945 angeordnet.[25] Die tatsächliche Gründung erfolgte am 12. Oktober 1945 mit der DVV und dem Rat der Stadt Leipzig als Gesellschafter.[26] Die Lizenzurkunde wurde ihm nachträglich am 4. März 1946 ausgestellt.[27]

Gemäß dem Bericht »Wiederingangsetzung des Verlagswesens« der Abteilung »Verlagswesen« der DVV vom 7. Januar 1946 sollte der Volk und Wissen Verlag in acht themenorientierte Arbeitsgruppen aufgeteilt werden, in die die entsprechenden Privatverlage nach der Fusion gemäß ihrem Verlagsprogramm eingefügt werden sollten.[28] Dabei sollten die Privatverlage als Abteilungen des Volk und Wissen Verlages geführt werden und offiziell z.B. unter der Bezeichnung »Volk und Wissen – J C Hinrichs«[29], »Volk und Wissen, Abteilung J C Hinrichs«[30] oder »Volk und Wissen/J. C. Hinrichs« in Erscheinung treten.[31] »Man wird schon [...] schwindelig, wenn man an die Mammutbildung denkt, zu der Volk und Wis-

23 Vgl. Bericht »Wiederingangsetzung des Verlagswesens« der Abteilung »Verlagswesen« der DVV, 7.1.1946: BArch DR 2/896, fol. 161–165; Aktennotiz Beckers, 7.1.1946: StadtAL, StVuR Nr. 8889, Bl. 77; »Zentralstelle für Buch- und Bibliothekswesen«, Leipzig »Betr.: Verlagsfragen der russischen Besatzungszone«, 14.1.1946: ebd., Bl. 67 oder »Zentralstelle für Buch- und Bibliothekswesen« an Gute, Landesverwaltung Sachsen, 17.1.1946: ebd., 60–61.

24 Bericht »Wiederingangsetzung des Verlagswesens«, Abteilung »Verlagswesen« der DVV, 7.1.1946.

25 Vgl. auch Foitzik: Weder »Freiheit« noch »Einheit«, S. 44 und Kapitel 3.2.

26 Vgl. Aufsichtsrat der Volk und Wissen Verlags GmbH an »Abteilung für Volksbildung«, Magistrat der Stadt Berlin, 21.3.1946: LAB, C Rep. 120, Nr. 1193, Bl. 84.

27 Vgl. Kopie der Lizenzurkunde Nr. 28 des Volk und Wissen Verlags, 4.3.1946: LAB, C Rep. 120, Nr. 1193, Bl. 1. Darin heißt es: »Die Propagandaleitung der Sowjetischen Militärverwaltung in Deutschland genehmigt der Deutschen Zentralverwaltung für Volksbildung den Verlag mit dem Namen ›Volk und Wissen‹ zu gründen. Der Verlag ist berechtigt, pädagogische Literatur, Lehrbücher und Zeitschriften zu verlegen« (ebd.).

28 Vgl. Bericht »Wiederingangsetzung des Verlagswesens«, Abteilung »Verlagswesen«, 7.1.1946: BArch DR 2/896, fol. 161–165. Als Arbeitsgruppen waren vorgesehen: »Pädagogik«, »Jugendschriften«, »Geisteswissenschaften/Philosophie«, »Fremdsprachen«, »Belletristik«, »Kunst«, »Fachschrifttum« und »Geographie/Lexika/Kartographie« (vgl. ebd.).

29 Becker an von Balluseck, Referat »Verlagswesen« der DVV, 11.1.1946: BArch DR 2/896, fol. 176–178. Der Hinrichs Verlag wird in dem Schreiben durchgehend als Fallbeispiel für einen »fusionstauglichen Privatverlag« herangezogen.

30 Ebd. Siehe auch Aktennotiz »betr.: Fusionierung nicht zugelassener Verlage mit Volk und Wissen«, 14.1.1946: BArch DR 2/896, fol. 155–157.

31 »Plan der neuen Verlagsorganisation in der sowjetischen Besatzungszone«, unterzeichnet von Becker, 14.1.1946: StadtAL, StVuR Nr. 8889, Bl. 64–65. Da der Volk und Wissen Verlag ausnahmslos auch Teilhaber der mit ihm verbundenen Privatverlage werden sollte, war auch an eine entsprechende Gewinnbeteiligung gedacht. »Die natürliche Entwicklung [würde] dann dazu führen, daß allmählich das Schwergewicht – auch wirtschaftlich auf Volk und Wissen verlagert« würde (ebd.).

sen unvermittelt werden wird«, so Becker in einem Schreiben vom 11. Januar 1946 an die DVV.[32]

Die Verlagsrechte sollten formal beim Ursprungsverlag bleiben. Da dieser jedoch keine Produktionsgenehmigung bekommen sollte, hätten die Verlagsrechte nur noch über den Volk und Wissen Verlag verwertet werden können.[33] »Auch wird der Staatsverlag naturgemäß sich immer stärker ausdehnen und so wird die – vom sozialistischem Standpunkt aus erwünschte – Überführung der Privatverlage in die öffentliche Hand zwangsläufig und in organischer Entwicklung vor sich gehen.«[34]

Der Durchsetzung dieser Fusionspläne standen allerdings erhebliche Bedenken aus den eigenen Reihen entgegen. So wurde befürchtet, dass die Westzonen die Fusionen von Privatverlagen mit Verlagen der Parteien, Verwaltungen und Organisationen als »Zwangssozialisierung« brandmarken könnten[35] und dass lizenzlose Verlage, die zu einer solchen Fusion nicht bereit wären, einen weiteren Grund für die ohnehin gefürchtete Abwanderung in den Westen hätten.[36] Um den Volk und Wissen Verlag vor einem – wie Becker es bezeichnete – »Warenhauscharakter schlimmster Art« zu bewahren,[37] wurde es bald schon für ratsamer gehalten, zumindest die belletristischen Privatverlage nicht mit dem Volk und Wissen Verlag, sondern ausschließlich mit dem Berliner Aufbau-Verlag oder dem Leipziger Volk und Buch Verlag zu verbinden.[38] Spätestens mit dem Beginn der Lizenzierungen von Privatverlagen im März und der Aussicht auf weitere Lizenzierungen traten diese Fusionspläne jedoch wieder in den Hintergrund.

Bereits Mitte April 1946 lizenzierte die SMAD mit Brockhaus, Leipzig (12. April), Hermann Böhlaus Nachfolger, Weimar (12. April), Bibliographisches Institut, Leipzig (12. April) und Hinstorff, Rostock (18. April) vier weitere Privatverlage und wich damit von ihrem ursprünglichen Ziel, nur fünf Privatverlage wieder zuzulassen, ab. Wie bei den ersten Lizenzierungsverfahren stützten sich die DVV-Mitarbeiter bei ihren Vorauswahlen, die sie dann an die SMAD weitergaben, auf die Gutachten der Landes- und Provinzialverwaltungen. Das Anfang 1946 in gewisser Weise eigendynamisch entwickelte System zur Lizenzierung von Verlagen unter Beteiligung deutscher Verwaltungen wurde im Prinzip in sämtlichen folgenden Lizenzierungsverfahren beibehalten. Die endgültige Entscheidung über die Verlagslizenzanträge traf weiterhin die SMAD. Nach welchen Kriterien sie entschied, war den deutschen Verwaltungen laut einer im Dezember 1946 gehaltenen Rede des DVV-Vizepräsi-

---

32 Becker an von Balluseck, Referat »Verlagswesen« der DVV, 11.1.1946: BArch DR 2/896, fol. 176–178.

33 Vgl. ebd.

34 Ebd. Siehe auch Lokatis: Vom Plan zur improvisierten Kontrolle, S. 16.

35 »Zentralstelle für Buch- und Bibliothekswesen« Leipzig an DVV »Betrifft: Wiederingangsetzung der verlegerischen Produktion in der sowjetischen Besatzungszone«, 8.1.1946: BArch DR 2/896, fol. 174–175.

36 Vgl. z.B. »Zentralstelle für Buch- und Bibliothekswesen« an Gute, Landesverwaltung Sachsen, 17.1.1946: StadtAL, StVuR Nr. 8889, Bl. 60–61.

37 »Plan der neuen Verlagsorganisation in der sowjetischen Besatzungszone«, unterzeichnet von Becker, 14.1.1946: StadtAL, StVuR Nr. 8889, Bl. 64–65.

38 Vgl. ebd., Becker an von Balluseck, Referat »Verlagswesen« der DVV, 11.1.1946: BArch DR 2/896, fol. 176–178 und Bericht »Wiederingangsetzung des Verlagswesens« der Abteilung »Verlagswesen«, 7.1.1946: ebd., fol. 161–165.

denten und Vorsitzenden des Kulturellen Beirats Erich Weinert, nicht bekannt.[39] Meist verhalte sich die SMAD in dieser Frage aber »sehr loyal«, so Weinert.[40] Wenn die deutschen Verwaltungen also auch nicht die letzte Entscheidung über die Erteilung von Verlagslizenzen trafen, so waren ihre Vorauswahlen dennoch sehr bestimmend.

Bis die SMAD im März 1946 die ersten Privatverlage lizenzierte, war – wie bereits angedeutet – von Verlagen, Landesverwaltungen und auch von der DVV selbst massive Kritik am schleppenden Lizenzierungsverfahren in der SBZ geübt und auf eine Beschleunigung dieser Verfahren gedrängt worden. Wilhelm Girnus, Leiter der Abteilung »Kulturelle Aufklärung« der DVV, schrieb beispielsweise am 20. Februar 1946 in einem Bericht an das Zentralkomitee der KPD:

> Die Hinauszögerung der endgültigen Entscheidung über das Verlagswesen in der sowjetischen Zone durch die SMA drohte zu einer wachsenden Katastrophe zu werden. Wie mir durch gut verbürgte Nachrichten berichtet ist, haben die amerikanischen Besatzungsbehörden von Stuttgart aus einen Aufruf an alle Verleger der östlichen Zone und die Engländer an alle Verleger von Braunschweig aus einen Aufruf erlassen, sich hier zu sammeln, wo sie Lizenzen für ihre Verlage in beliebigem Umfange erhalten werden. Ein Teil der Verleger hat bereits vorher die sowjetische Zone verlassen und ist mit den Autorenrechten abgewandert. Ein anderer Teil der Verleger, wie z.B. Springer und de Gruyter haben sich im englisch-amerikanischen Gebiet von Berlin ebenfalls Lizenzen geben lassen. Im englisch-amerikanischen Sektor sind eine Reihe von Verlagslizenzen an verschiedene Verlage vergeben worden, die auch bereits Bücher herausgebracht haben.[41]

Auch Carl Buttke, der zuständige Referent für das Verlagswesen im Berliner Magistrat (siehe Kapitel 2.3.1), riet der SMAD die Lizenzerteilungen an Verlage zu beschleunigen, um zu verhindern, dass weitere Verlage ihren Sitz in die westlichen Besatzungszonen bzw. in die westlichen Sektoren Berlins verlagern.[42] Tatsächlich entwickelte sich die Abwanderung von Verlagen aus der SBZ in die Westzonen und die Westsektoren zu einem der größten Probleme der Lizenzierungspolitik in der SBZ. Bereits im Juni 1945, als größere Teile der zukünftigen SBZ noch von amerikanischen Truppen besetzt waren, nahm die amerikanische Militärbehörde Verhandlungen mit Privatverlagen auf, die sie, nach ihrem Abzug im Juli 1945, in ihrer zukünftigen Besatzungszone ansässig haben wollte. Mit Erfolg luden sie die Dieterich'sche Verlagsbuchhandlung und die Verlage Brockhaus, Breitkopf & Härtel, Insel und Thieme ein, eine Filiale in Wiesbaden, dem Sitz des Alliierten Hauptquartiers, zu gründen.[43] Weitere Verlage wie das Bibliographische Institut, Reclam, Gustav Fischer oder

39 Vgl. Protokoll der Sitzung zwischen Vertretern des Kulturellen Beirats und Verlegern vom 19.12.46: ThHStAW, Ld. Thür. - MfVobi, Nr. 4263. Auf dieser Sitzung wurden auch eine Reihe von Urkunden für Verlags- und Zeitschriftenlizenzen überreicht (vgl. ebd.).

40 Ebd.

41 »Bericht über die Arbeit der Abt. Kulturelle Aufklärung bei der Deutschen Verwaltung für Volksbildung in der Sowjetischen Besatzungszone« von Girnus an Ulbricht, 20.2.1946: BArch DR 2/629, fol. 35–42 und Pike: Politics of Culture, S. 133. Die »gut verbürgten Nachrichten«, von denen Girnus hier redet, stammen aus einem Brief von Leipzigs Stadtdirektor Erich Ott an Girnus vom 9.2.1946. Ott wiederum hatte, wie er schreibt, seine Informationen u.a. von »einem Verlagsbuchhändler aus Stuttgart«. (vgl. Ott an Girnus, 9.2.1946: BArch DR 2/629, fol. 128).

42 Vgl. Buttke an SMAD, 19.3.1946: LAB, C Rep. 120, Nr. 3222, Bl. 21.

43 Vgl. Bericht über eine Besprechung bei Hans Brockhaus, 1.6.1945: SächsStAL, 21766 Börsenverein, Nr. 1862, Bl. 9 und Niederschrift von Schulz bzgl. des Vorhabens der Auswanderung einiger Verleger

Gustav Kiepenheuer entschlossen sich in den folgenden Monaten und Jahren, ganz oder teilweise in eine der westlichen Besatzungszonen überzusiedeln.[44] Außer der Dieterich'schen Verlagsbuchhandlung und dem Gustav Fischer Verlag waren das im Übrigen alles Verlage, die auch im März und April 1946 bei den ersten Lizenzierungen von Privatverlagen in der SBZ berücksichtigt wurden (siehe oben).[45] Es ist zu vermuten, dass insbesondere die Gefahr weiterer Verlagsabwanderungen und der damit in Zusammenhang stehende Prestigeverlust der SBZ gegenüber den westlichen Besatzungszonen und der Verlust der entsprechenden Verlagsrechte dazu geführt haben, dass die SMAD schließlich wesentlich mehr Privatverlage lizenzierte, als dies ursprünglich vorgesehen war.

Nach den ersten Lizenzierungen von Privatverlagen im März und April 1946 forderte Girnus, Leiter der Abteilung »Kulturelle Aufklärung« der DVV am 24. Mai 1946 die Provinzial- und Landesverwaltungen in einem Rundschreiben dazu auf, weitere Verlage zur Lizenzierung vorzuschlagen.[46] Vor dem Einreichen bei der DVV seien die Vorschläge mit der jeweils zuständigen Propaganda-Abteilung der SMA abzustimmen. Ein ausführliches Verlagsprogramm, Lebensläufe der Inhaber, Geschäftsführer und Prokuristen sowie »Angaben, ob und wo Druckmöglichkeiten« beständen, sollten den Vorschlägen in doppelter Ausfertigung beigefügt werden.[47] Da geplant wurde, wissenschaftliche Verlage in einer Arbeitsgemeinschaft (siehe Kapitel 4.4.3) zusammenzufassen, sollten diese bei den Vorschlägen nicht berücksichtigt werden.[48] Mit dem Artikel »Der Weg zur Lizenz« in der ersten Ausgabe des *Börsenblatts für den Deutschen Buchhandel* am 25. August 1946 fand sich erstmals auch eine öffentliche schriftliche Information für Verleger darüber, wie sie eine Verlagslizenz bekommen konnten:

> Die Frage, welche Schritte unternommen werden müssen, um eine Lizenz zu erlangen, ist brennend genug, um ihre zusammenfassende Beantwortung an dieser Stelle zu rechtfertigen. Grund-

in den Westen: ebd., Bl. 59. Eingeladen waren ursprünglich auch die Verlage Reclam und Rauch (vgl. Bericht über eine Besprechung bei Hans Brockhaus, 1.6.1945), die jedoch ablehnten. Vgl. auch Riese: Der Börsenverein, S. 180; Altenhein: Bemerkungen zum Verlagswesen der DDR, S. 6–14; Bille: Buchstadt ohne Filetstücke?, S. 37; Bille: Börsenverein, S. 167 und Umlauff: Wiederaufbau, Sp. 1221.

44 Vgl. Aktennotiz vom 19.7.47 zur Lizenzierung des Reclam Verlages in Stuttgart: StadtAL, StVuR Nr. 9066, Bl. 30. Siehe auch Jütte: Das Problem der »zweigleisigen Verlage«, S. 185–197. Zur Abwanderung von Musikverlagen in die westlichen Besatzungszonen siehe Hinterthür: Noten nach Plan, S. 92–97 und S. 119–121. Zur Absicht Gustav Kiepenheuers in die britische Besatzungszone auszuwandern, wo der vormaliger Leiter der »Thüringischen Landesstelle für Buch- und Bibliothekswesen« Joseph Caspar Witsch im Herbst 1948 in Hagen eine Zweigstelle des Gustav Kiepenheuer Verlages gegründet hatte, siehe Wahl: »Das Verlegen gebe ich nie auf ...«, S. 107ff. Bereits im August 1947 hatte Kiepenheuer vergeblich versucht, eine Verlagslizenz in der amerikanischen Besatzungszone zu erlangen (vgl. ebd., S. 105).

45 Der Thieme Verlag wurde als Mitglied der »Arbeitsgemeinschaft Medizinischer Verleger« mit lizenziert. Der Gustav Fischer Verlag hätte sich ebenfalls als Mitglied der Arbeitsgemeinschaft Medizinischer Verleger mit lizenzieren lassen können, schlug seine Mitgliedschaft zu dem frühen Zeitpunkt allerdings noch aus und trat erst später bei (siehe Kapitel 4.5.3). Die Dieterich'sche Verlagsbuchhandlung war zumindest im Auswahlverfahren zur Lizenzierung der fünf Privatverlage im März 1946 mit in Betracht gezogen worden (siehe Tabelle oben).

46 Rundschreiben von Girnus, DVV, an die Provinzial- und Landesverwaltungen, 24.5.1946: LHA Schwerin, 6.11-21 Ld. Meckl., MfVobi, Nr. 3073 (siehe Abb. 16).

47 Vgl. ebd.

48 Vgl. ebd.

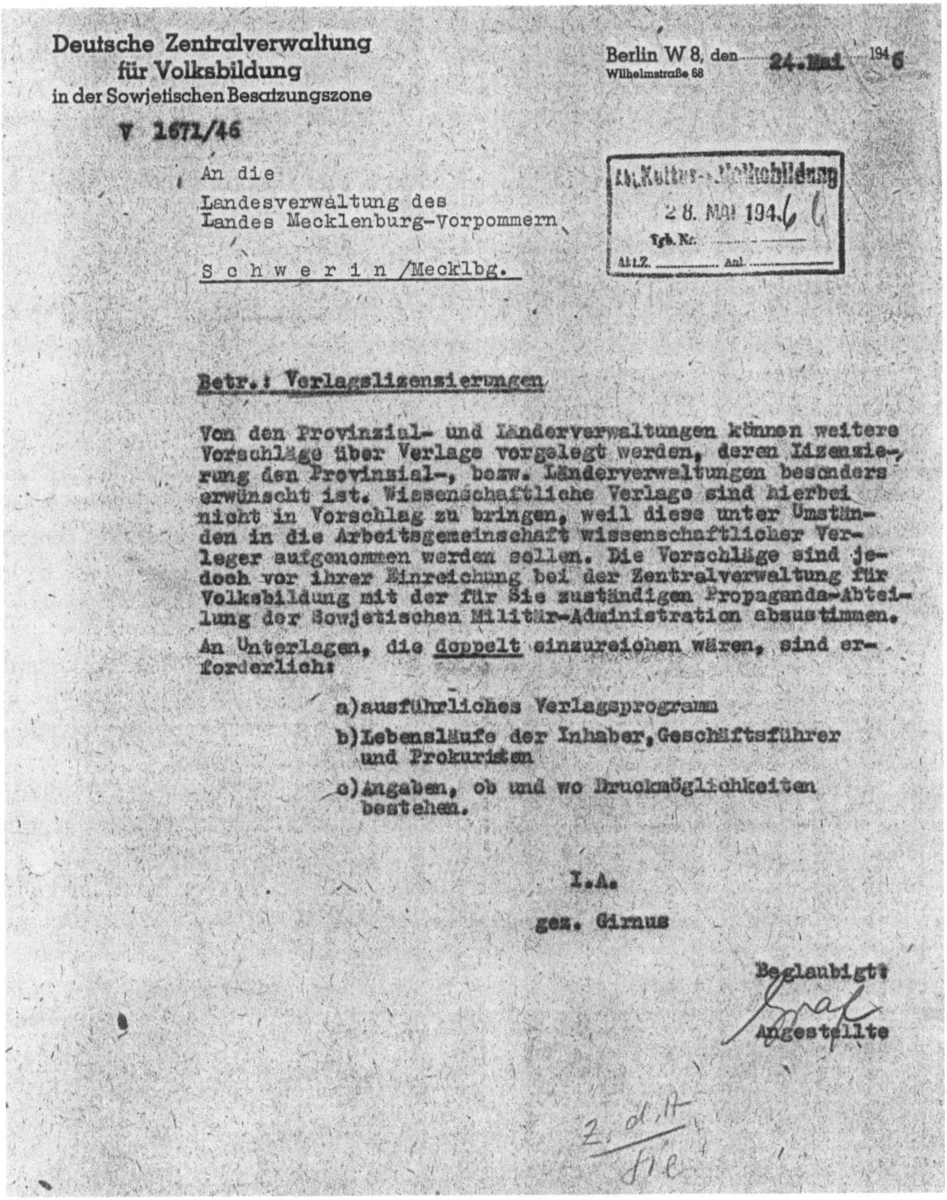

Deutsche Zentralverwaltung
für Volksbildung
in der Sowjetischen Besatzungszone

Berlin W 8, den 24. Mai 1946
Wilhelmstraße 68

V 1671/46

An die
Landesverwaltung des
Landes Mecklenburg-Vorpommern

S c h w e r i n /Mecklbg.

Abt. Kultur- u. Volksbildung
28. Mai 1946
Tgb. Nr.:
Abt.Z. Anl.

Betr.: Verlagslizenzierungen

Von den Provinzial- und Länderverwaltungen können weitere Vorschläge über Verlage vorgelegt werden, deren Lizenzierung den Provinzial-, bezw. Länderverwaltungen besonders erwünscht ist. Wissenschaftliche Verlage sind hierbei nicht in Vorschlag zu bringen, weil diese unter Umständen in die Arbeitsgemeinschaft wissenschaftlicher Verleger aufgenommen werden sollen. Die Vorschläge sind jedoch vor ihrer Einreichung bei der Zentralverwaltung für Volksbildung mit der für Sie zuständigen Propaganda-Abteilung der Sowjetischen Militär-Administration abzustimmen.
An Unterlagen, die doppelt einzureichen wären, sind erforderlich:

a) ausführliches Verlagsprogramm
b) Lebensläufe der Inhaber, Geschäftsführer und Prokuristen
c) Angaben, ob und wo Druckmöglichkeiten bestehen.

I.A.
gez. Girnus

Beglaubigt:
Angestellte

Abb. 16: Schreiben der DVV an die Landesverwaltung Mecklenburg-Vorpommern, 24.5.1946. [49]

voraussetzung ist die politische Gegebenheit: Mitglieder der NSDAP oder Verlage, die betont dem Nationalsozialismus gedient haben, sind grundsätzlich ausgeschlossen. Erst nach Belegung dieses

49 Vorlage und Repro: LHA Schwerin, 6.11-21 Ld. Meckl., MfVobi, Nr. 3073. Dieses Rundschreiben ging an sämtliche Landes- und Provinzialverwaltungen (vgl. z.B. DVV an Landesverwaltung Thüringen, 24.5.1946: ThHStAW, Ld. Thür. – LfB, Nr. 28).

> Tatbestandes kann – unter Beifügung des Lebenslaufes – der Antrag gestellt werden. Er gewinnt an Gewicht, wenn ihn ein gut durchgearbeiteter, ernsthafter Entwurf für die beabsichtigte Verlagsplanung begleitet. Diese Schriftstücke sind über die zuständige Landes- oder Provinzialverwaltung in jedem Fall zu richten an die Deutsche Verwaltung für Volksbildung in der Sowjetischen Besatzungszone, Verlagswesen, Berlin W 8, Leipziger Straße 5–7. Hier wird der Antrag geprüft und, falls keine Gegenargumente geltend gemacht werden müssen, befürwortend der Sowjetischen Militär-Administration, Berlin-Karlshorst, eingereicht, die nun ihrerseits die Lizenz erteilt oder ablehnt.[50]

Zwei Monate später, am 25. Oktober 1946 erhielten die Verleger mit dem Artikel »Die Zeitschriften in der sowjetischen Besatzungszone« im *Börsenblatt* eine entsprechende Aufklärung darüber, wie sie eine Zeitschriftenlizenz erhalten konnten:

> Jeder Antrag ist in drei Exemplaren über die zuständige Landes- oder Provinzialverwaltung der Deutschen Zentralverwaltung für Volksbildung, Abt. Verlagswesen, Berlin W 8, Unter den Linden 68, einzureichen. Er soll eine kurze, präzise Charakteristik der geplanten Zeitschrift enthalten. Außerdem sind beizufügen: Nummer der Verlags-Lizenz (bei lizenzierten Verlagen), Lebenslauf und politische Daten des Herausgebers und Schriftleiters, Angaben über Auflagenhöhe, Umfang, Format, Erscheinungsweise, Papierbedarf und eventuell andere wichtige Merkmale.[51]

Eine Zeitschriftenlizenz war für die Herausgabe jeder einzelnen Zeitschrift erforderlich, unabhängig davon, ob ein Verlag eine Verlagslizenz hatte oder nicht. Zeitschriftenlizenzen konnten also auch Verleger bekommen, die keine Verlagslizenz besaßen und diese vielleicht auch gar nicht benötigten. Dasselbe galt für die Herausgabe von Zeitungen.

Das Anfang 1946 entstandene System zur Lizenzierung von Verlagen und Zeitschriften wurde bis zur Gründung der DDR im Oktober 1949 beibehalten. Ergänzt wurde es allerdings im Sommer 1947 durch ein weiteres System: Infolge einer Rundverfügung von Oberst Abramow, dem stellvertretenden Chef der »Informationsverwaltung« der SMAD, erteilten ab Juli 1947 auch die Informationsabteilungen der SMA in den Ländern Verlags- und Zeitschriftenlizenzen (siehe Kapitel 3.3.2). Gemäß diesem neu hinzugekommenen Verfahren reichte die DVV die bei ihr angekommenen Lizenzanträge zur endgültigen Entscheidung teilweise nicht an die SMAD weiter, sondern über die Volksbildungsministerien der Länder an die Verwaltungen der SMA in den Ländern.

Einfluss auf Privatverlage

Um zusätzlich zu den Erteilungen von Druckgenehmigungen und den Zuteilungen von Papierkontingenten Einfluss auf die Arbeit der Privatverlage nehmen zu können, versuchten die Mitarbeiter der DVV und die Mitarbeiter der Volksbildungsministerien der Länder bzw. deren Vorgängerverwaltungen, Vertreter ihrer eigenen Behörde oder Vertreter zugelassener Parteien und Institutionen als Gesellschafter in Verlagen unterzubringen. So ist der Lizenzurkunde des am 18. April 1946 lizenzierten Hinstorff Verlages, Rostock, zu entnehmen, dass neben dem Verleger Peter Emil Erichson und Pastor K. Kleinschmidt auch Stadtrat Günther

---

50 Becker: Weg zur Lizenz, Börsenblatt Leipzig, 25.8.1946, S. 3.

51 Die Zeitschriften in der sowjetischen Besatzungszone, Börsenblatt Leipzig, 25.10.1946, S. 89f.

Matern und der Schriftsteller Willi Bredel Mitglieder der Kommandit-Gesellschaft waren.[52] Bredel, der 1945 aus der Sowjetunion nach Deutschland zurückgekehrt war, war Vorsitzender der Landesleitung des Kulturbundes zur demokratischen Erneuerung Deutschlands in Mecklenburg-Vorpommern und Mitglied der »Vorzensurkommission« in Mecklenburg-Vorpommern.[53] Für die Landesverwaltung schrieb er auch Gutachten zu Lizenzanträgen von Verlagen.[54]

Gustav Kiepenheuer hatte ab Frühjahr/Sommer 1946 den Schriftsteller Theodor Plievier zu fünfzig Prozent als Mitteilhaber in seinem Verlag.[55] Plievier, der ebenfalls 1945 aus der Sowjetunion nach Deutschland zurückgekehrt war, hatte im Herbst 1945 als Bevollmächtigter des thüringischen »Landesamtes für Volksbildung« mit den Verlagen Thüringens über deren Lizenzierungen verhandelt (siehe Kapitel 2.2.2.5). Der im Februar 1946 angedachte zusätzliche Eintritt des Leiters des Landesamtes Walter Wolf in den Verlag wurde nicht realisiert.[56] Als sich Kiepenheuer und Plievier am 12. Mai 1947 auf den Wiederaustritt Plieviers aus dem Verlag einigten, gab Plievier zu, »als politischer Aufpasser« in die Verlagsleitung eingetreten zu sein.[57]

Ein weiteres Beispiel ist der Jenaer Gustav Fischer Verlag, dem der Leiter des thüringischen »Landesamts für Volksbildung« im März 1946 erfolglos vorschlug, 51 Prozent des Verlages an das Land Thüringen zu übertragen (siehe Kapitel 4.5.3). Und der ebenfalls in Jena ansässige Eugen Diederichs Verlag, Jena, erhielt in der SBZ keine Verlagslizenz, weil sich der nach dem Austritt zweier Mitglieder aus der Verlagsleitung im Verlag verbliebene Niels Diederichs nicht mit dem »Landesamt für Volksbildung« bzw. der »Thüringischen Landesstelle für Buch- und Bibliothekswesen« auf einen neuen Gesellschafter im Verlag einigen konnte und auch keine Bereitschaft zeigte, sich einem anderen Verlag anzuschließen.[58] Dabei bot Joseph Witsch, Leiter der »Thüringischen Landesstelle für Buch- und Bibliothekswesen« im Oktober 1947 vergeblich an, selbst in die Verlagsleitung des Verlages einzutreten. Der neue Gesellschafter sollte »offiziell als Lizenzträger fungieren und allein für die Produktion verantwortlich zeichnen«.[59]

Auf eine andere Form der Beeinflussung ließ sich der Leipziger Reclam Verlag ein. Im Frühjahr 1946 unterschrieb Philipp Reclam einen Vertrag mit dem Kulturbund zur demokra-

---

52 Vgl. Lizenzurkunde Nr. 50 des Hinstorff Verlages, 18. April 1946: LHA Schwerin, 6.11–21 Ld. Meckl., MfVobi, Nr. 3079.

53 Vgl. Bredel, »Vorzensurkommission« Mecklenburg-Vorpommern, an die Landesverwaltung, 27.2.1946: LHA Schwerin, 6.11–21 Ld. Meckl., MfVobi, Nr. 3080; Landesverwaltung Mecklenburg-Vorpommern an Vizepräsident Grünberg, 25.7.1946: ebd. und SED, Ortsgruppe Rostock, an Bredel, »Vorzensurkommission« Mecklenburg-Vorpommern.

54 Vgl. Bredel, Kulturbund, Landesleitung Mecklenburg-Vorpommern, an den Präsidenten des Landes Mecklenburg-Vorpommern, 29.4.1946: LHA Schwerin, 6.11–21 Ld. Meckl., MfVobi, Nr. 3094.

55 Vgl. Witsch, »Thüringische Landesstelle für Buch- und Bibliothekswesen«, an DVV, 15.3.1946: ThHStAW, Ld. Thür. - LfB, Nr. 363 und Handbuch der Lizenzen, 1947, S. 123. Volker Wahl gibt zu bedenken, dass sich die von Witsch in dem Schreiben vom 15.3.1946 angegebenen Eigentumsverhältnisse möglicherweise auf mündliche Absprachen bezogen, da der Gesellschaftervertrag zwischen Gustav Kiepenheuer und Theodor Plievier erst am 16.8.1946 geschlossen wurde (vgl. Wahl: »Das Verlegen gebe ich nie auf …«, S. 103).

56 Vgl. Wahl: »Das Verlegen gebe ich nie auf …«, S. 98.

57 Zitiert nach ebd. Der Austritt Plieviers aus dem Verlag erfolgte auf Wunsch Kiepenheuers, der ein stärkeres aktives Engagement Plieviers für den Verlag vermisste (vgl. ebd., S. 104).

58 Vgl. Triebel: Kultur und Kalkül, S. 344–355.

59 Ebd.

tischen Erneuerung Deutschlands, mit dem er dem Kulturbund ein Vetorecht gegen seine Verlagplanungen einräumten.[60] Im Gegenzug dazu erklärte sich der Kulturbund bereit, dem Reclam Verlag bei bei seinen Programmplanungen »beratend zur Seite [zu] stehen«, »seine Beziehungen zu Schriftstellern und kulturellen Vereinigungen im In- und Ausland zur Verfügung zu stellen«, ihn bei »Verhandlungen mit der Besatzungsbehörde« zu unterstützen und ihm bei der Papierbeschaffung zu helfen.[61] Dem Vertrag war – drei Wochen vor der Lizenzierung des Reclam Verlags –ein Gespräch zwischen Vertretern der DVV, der Landesverwaltung Sachsen, des Kulturbundes und des Reclam Verlags vorausgegangen, in dem darüber gesprochen wurde, inwieweit eine »Verbindung des Kulturbundes mit den schöngeistigen Verlagen, insbesondere dem Reclam-Verlag, Wirklichkeit werden« könnte.[62]

Erste Neuerscheinungen

Die Verlagslizenzen genehmigten den Verlagen »die Wiederaufnahme der verlegerischen Tätigkeit« (siehe Kapitel 4.2). »Ich verlege wieder!«, heißt es so auch im Frühjahr 1946 auf dem Entwurf für das Cover des ersten Verlagsprogramms des Weimarer Gustav Kiepenheuer Verlags seit Kriegsende (siehe Abb. 17).

Wie lange es jedoch dauerte, bis die ersten Neuerscheinungen von lizenzierten Verlagen – vor allem der früh lizenzierten Verlage – herauskamen, lässt sich nur ungenau zurückverfolgen. Nicht sämtliche der frühen Publikationen erschienen unter der Lizenz des herausgebenden Verlags. Wie in den Kapiteln 2.1.3, 3.3.2 und 4.5.4 erwähnt, gab es bis Mitte April 1947 für Verlage, über deren Lizenzanträge noch nicht entschieden worden war, die Möglichkeit Neuauflagen und Restbestände bereits früher publizierter Titel mit Genehmigung der SMAs in den Ländern und Provinzen zu veröffentlichen. Auch eine Autopsie der frühen Veröffentlichungen bringt hier keine Aufklärung, da die Lizenznummern der Verlage noch nicht in ihnen abgedruckt waren.[63] Vorgeschrieben wurde die Angabe der Lizenznummer in den Veröffentlichungen der Verlage erst mit der Einführung der standardisierten Lizenzur kunden im Sommer 1946.[64] Die frühen Publikationen, die noch keine Angabe der Verlags-

60 Vertrag zwischen dem Kulturbund zur Erneuerung Deutschlands, Berlin, und dem Reclam Verlag, Leipzig zur »intensive[n] Zusammenarbeit der Vertragsschließenden im Dienste der Erziehung des deutschen Volkes in wahrhaft demokratischen Geist«, 18.3. bzw. 5.4.1946: UniL, IfKMW, Buwi, Reclam Leipzig, Nr. 15. Eine Abschrift des Vertrags findet sich auch in: BArch DR 2/896, fol. 109. Offiziell sollten mit dieser Regelung u.a. Überschneidungen mit dem Programm des Aufbau-Verlags vermieden werden (vgl. ebd.).

61 Ebd. Zudem verpflichte sich der Reclam Verlag, den Kulturbund am Erlös verkaufter Exemplare zu beteiligen (vgl. ebd.).

62 Vgl. Bericht des Referats »Verlagswesen« der DVV über diese Besprechung, 23.2.1946: BArch DR 2/896, fol. 108.

63 Sämtliche Bücher der früh lizenzierten Verlage aus dem Jahre 1946, die stichprobenartig in der Deutschen Bücherei in Leipzig eingesehen wurden, enthielten keinen Abdruck der Verlagslizenznummer. Von den Veröffentlichungen aus dem Jahr 1947 enthielten nur wenige den Abdruck der Lizenznummer. Die Auswahl der eingesehen Bücher erfolgte anhand der ersten Ausgaben der Deutschen Nationalbibliographie. Gesamtverzeichnis des reichsdeutschen Schrifttums und der deutschsprachigen Schriften. Bearbeitet und herausgegeben von der Deutschen Bücherei. Verlag des Börsenvereins der Deutschen Buchhändler zu Leipzig. Reihe A: Neuerscheinungen des Buchhandels (halbmonatliches Verzeichnis).

64 Unter Punkt 2.b) der standardisierten Verlagslizenzurkunden hieß es, dass alle unter der erteilten Lizenz erscheinenden Publikationen die Aufschrift »veröffentlicht unter der Lizenz Nr. ___ der Sowjetischen

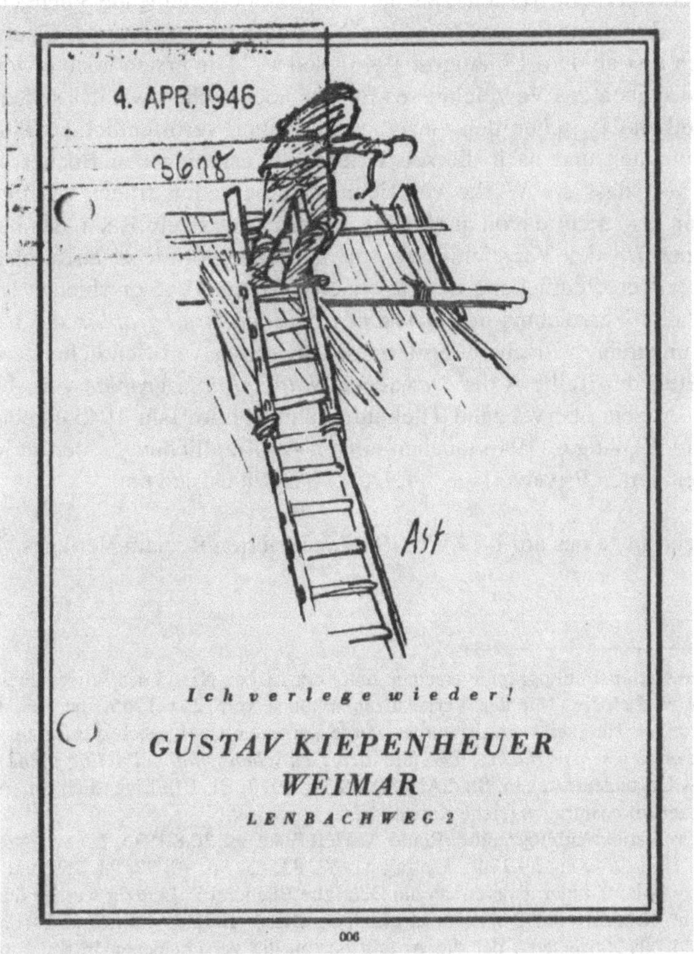

Abb. 17: Entwurf des Zeichners Albert Schaefer-Ast für das Cover eines Verlagsprospekts des Gustav Kiepenheuer Verlags, Weimar, eingegangen bei der »Thüringischen Landesstelle für Buch- und Bibliothekswesen« am 4.4.1946.[65]

lizenznummern enthielten, konnten also sowohl zu denen gehören, die mit Genehmigung der SMA vor der Lizenzierung veröffentlicht worden waren, als auch zu denen, die nach der

Militärverwaltung in Deutschland« tragen mussten. Bei den erweiterten standardisierten Verlagslizenzurkunden stand dieser Passus unter Punkt 4.b (siehe Kapitel 4.2, Abb. 22 und Abb. 24).

65 Vorlage und Repro: Thüringisches Hauptstaatsarchiv Weimar, Bestand Land Thüringen – Landesstelle für Buch- und Bibliothekswesen in Jena, Nr. 363, Bl. 111. Der Entwurf war im Zusammenhang mit den Vorbereitungen auf die Leipziger Messe vom 8.-12.5.1946 entstanden (vgl. z.B. Witsch, »Thüringische Landesstelle für Buch- und Bibliothekswesen« an den Kiepenheuer Verlag, 11.4.1946: ebd., Bl. 110. Ein Vergleich mit den ersten Verlagsprospekten des Kiepenheuer Verlags, die sich in der Verlagskatalog-Sammlung der Deutschen Bücherei Leipzig befinden, zeigt, dass dieser Entwurf – zumindest nicht wie ursprünglich vorgesehen – verwendet wurde. Gemäß Wahl: »Das Verlegen gebe ich nie auf …«, S. 100f wurde das Motiv als Versandkarte genutzt.

Lizenzierung veröffentlicht wurden. Das halbmonatlich erscheinende Verzeichnis der Neuerscheinungen des Buchhandels der *Deutschen Nationalbibliographie* der Deutschen Bücherei Leipzig erschien erst ab dem 17. August 1946 wieder.[66] Die ersten noch etwas unregelmäßig erschienenen Ausgaben des Verzeichnisses führten noch nicht – wie das später der Fall war – vollständig sämtliche zwischen den einzelnen Ausgaben veröffentlichten Titel auf, sondern listeten vielmehr nach und nach die seit Kriegsende erschienenen Bücher auf. So kam es immer wieder vor, dass sie Werke verzeichneten, die schon früher veröffentlicht worden waren.[67] Es kann also nicht davon ausgegangen werden, dass ein Buch, das beispielsweise in der Heft-Nummer 7/8 des Verzeichnisses von 1946 aufgeführt ist, auch tatsächlich in dem Zeitraum seit der Veröffentlichung des Heftes Nr. 5/6 von 1946 erschienen ist. Trotzdem ist das halbmonatliche Verzeichnis der *Deutschen Nationalbibliographie* die beste Quelle zur Ermittlung des ungefähren Erscheinungstermins der Verlagsveröffentlichungen.[68]

Im ersten Heft der Reihe A der *Deutschen Nationalbibliographie* vom 17. August 1946 sind mit ca. 65 Prozent überwiegend Titel aufgeführt, die im Jahr 1945 erschienen sind. Erst im Heft 3/4 vom 20. August 1946 tauchen einige Veröffentlichungen der im März und April 1946 ersten lizenzierten Privatverlage auf. Dabei handelt es sich um

- vier Neudrucke des am 14. März 1946 lizenzierten Reclam Verlages,[69]

---

66 Die Deutsche Nationalbibliographie erschien unter der Lizenz-Nr. 65 des Börsenvereins der Deutschen Buchhändler zu Leipzig. Mit der Verlagslizenzurkunde vom 21.6.1945, die dem Börsenverein zur »Ausübung seiner Tätigkeit« erteilt wurde, wurde ihm gleichzeitig auch die Herausgabe des *Börsenblatts für den deutschen Buchhandel* und der *Deutschen Nationalbibliographie* genehmigt (vgl. Abschrift des Urkundentextes in: StadtAL, StVuR Nr. 8927, Bl. 10). Eigentlich waren für Zeitschriften eigene Lizenzen zu beantragen (siehe Kapitel 4.2).

67 Vgl. Deutsche Nationalbibliographie, Reihe A, Heft 3/4 vom 20.8.1946, Eintrag Nr. 83, 89, 108 und Nr. 197 oder Heft 5/6 vom 2.9.1946, Eintrag Nr. 62, 83, 85, 86, 90, 92, 94, 159 und 163. Zur Abgabe von Pflichtexemplaren unter anderem an die Deutsche Bücherei in Leipzig wurden die Verlage erst mit SMAD-Befehl Nr. 262 vom 2.9.1946 verpflichtet. Dieser Befehl wurde am 24.12.1946 durch den SMAD-Befehl Nr. 356 ersetzt, der die Anzahl der an die verschiedenen Institute und Verwaltungen abzugebenden Titel herabsetzte. An die Deutsche Bücherei war demnach ein Pflichtexemplar einzureichen (siehe Kapitel 3.2).

68 In der Sammlung der Verlagskataloge in der Deutschen Bücherei in Leipzig befinden sich nur wenige der ersten Kataloge bzw. Verlagsprogramme der lizenzierten Verlage nach Kriegsende. Von den fünf Privatverlagen, die als erste lizenziert wurden (Insel, Seemann, Reclam, Breitkopf & Härtel und Kiepenheuer) befinden sich in der Sammlung beispielsweise nur von den beiden Verlagen Breitkopf & Härtel und Kiepenheuer Verlagskataloge aus der Zeit kurz nach dem Krieg. Der erste in der Sammlung vorhandene Katalog vom Breitkopf & Härtel ist die 10-seitige Ausgabe »Neuigkeiten und Neudrucke bekannter Werke der Edition Breitkopf und der Konzertbibliotheken. Frühjahrsmesse 1947.« Vom Kiepenheuer Verlag findet sich in der Sammlung die auf einem Doppelblatt gedruckte Ausgabe »An die Freunde des Verlages Gustav Kiepenheuer in allen Zonen«, die im Einleitungstext als erster Prospekt des Verlages bezeichnet wird und das einseitige »Verlags-Programm 1946/1947«. Alle drei Ausgaben führen sowohl Neuauflagen bereits früher erschienener Titel als auch (geplante) Neuerscheinungen auf. Ein genaueres Erscheinungsdatum der genannten Prospekte ist den Prospekten selbst nicht zu entnehmen.

69 Dabei handelt es sich um folgende Titel: Johann Wolfgang von Goethe: Iphigenie auf Tauris; Heinrich Heine: Die Harzreise. Nach Adolph Strodtmanns Handexemplar bericht. u. hrsg. v. Otto F. Lachmann; Gotthold Ephraim Lessing: Nathan der Weise und Eduard Mörike: Mozart auf der Reise nach Prag (vgl. Heft 3/4 vom 20.8.1946 der Deutschen Nationalbibliographie, Reihe A).

BACH
UND
WEIMAR
von
HANS-GEORG GADAMER
WEIMAR 1946
HERMANN BÖHLAUS NACHFOLGER

THEODOR PLIEVIER
Im letzten Winkel der Erde
Roman
GUSTAV KIEPENHEUER VERLAG
WEIMAR

Abb. 18: Beispiele für die ersten Neuerscheinungen lizenzierter Privatverlage in der SBZ. Gadamers »Bach und Weimar«, erschienen im Verlag Hermann Böhlaus Nachfolger (lizenziert am 12.4.1946) in Heft 9/10 vom 26.9.1946, Plieviers »Im letzten Winkel der Erde«, erschienen im Kiepenheuer Verlag (lizenziert am 14. März 1946, wird in Heft 3/4 vom 20.8.1946 der »Deutschen Nationalbibliographie« aufgeführt.[70]

- zwei Neuauflagen, des am 12. April 1946 lizenzierten Brockhaus Verlages (eine davon erschienen 1945),[71]
- zwei Kunstkalender (Abreißkalender) des am 1. März 1946 lizenzierten Seemann Verlages,
- einen Stadtplan Leipzigs des am 12. April 1946 lizenzierten Bibliographischen Instituts und
- die beiden im Gustav Kiepenheuer Verlag (lizenziert am 14. März 1946) erschienenen Romane von Theodor Plievier *Haifische* und *Im letzten Winkel.*[72]

70 Titelseiten der beiden in der Deutschen Bücherei in Leipzig befindlichen Bücher: Hans-Georg Gadamer: Bach und Weimar. [Rede]. Weimar: Hermann Böhlaus, 1946 und Theodor Plievier: Im letzten Winkel der Erde. [Roman]. Weimar: Kiepenheuer 1946.

71 Dabei handelte es sich um folgende Titel: Karl Helbig: Tuan Gila. Ein »verrückter Herr« wandert auf Sumatra. 2. Auflage 1945 und Otto Krüger: Satz, Druck, Einband und verwandte Dinge. 3. durchgesehene Auflage (vgl. ebd.).

72 Vgl. ebd. Eine Druckgenehmigung für die beiden genannten Romane von Theodor Plievier hatte Gustav Kiepenheuer im Dezember 1945, also drei Monate vor Erhalt der Verlagslizenz, beantragt (vgl. Wahl:

Titel der vier übrigen erstlizenzierten Privatverlage der SBZ tauchen erst in späteren Heften auf:

- eine am 18. Juni 1946 genehmigte Veröffentlichung des Verlages Hermann Böhlaus Nachfolger (lizenziert am 12. April 1946) in Heft 9/10 vom 26. September 1946 (siehe Abb. 18, links),[73]
- ein bereits 1945 erschienener Roman des Insel Verlags (lizenziert am 1. März 1946) ebenfalls in Heft 9/10 vom September 1946,[74]
- ein 1946 erschienener Titel des Carl Hinstorff Verlages (lizenziert am 18. April 1946) in Heft 9 vom 1. Mai 1947[75] und
- eine Veröffentlichung des Breitkopf & Härtel Verlags (lizenziert am 14. März 1946) in Heft 10 vom 16. Mai 1947.[76]

Auch bei später lizenzierten Verlagen ergab die Ermittlung des Zeitraums zwischen der Lizenzierung eines Verlages und der ersten Publikation nach der Lizenzierung mittels des halbmonatlichen Verzeichnisses der *Deutschen Nationalbibliographie* sehr unterschiedliche Ergebnisse. Eine Stichprobe ergab eine Zeitspanne etwa zwischen einem Monat wie beispielsweise bei den Verlagen Ernst Wunderlich (lizenziert am 8. Februar 1947) oder dem Kongreß Verlag (lizenziert am 3. Juni 1948) und fünf Monaten wie bei der Potsdamer Verlagsgesellschaft (lizenziert am 19. Dezember 1946) oder dem Lessing Verlag (lizenziert am 27. Februar 1947).[77]

4.2 Lizenzurkunden

Verlage, denen in der SBZ eine Lizenz erteilt wurde, erhielten als Bestätigung dafür von der SMAD eine Lizenzurkunde. Die Urkunden wurden entsprechend der chronologischen Folge ihrer Vergabe über den gesamten Zeitraum von Mai 1945 bis Oktober 1949 durchnummeriert, so dass jeder Verlag neben dem Lizenzierungsdatum auch eine eigene Lizenznummer hatte. Die Urkunden informierten die Verleger auch darüber, welche Rechte ihnen mit der Lizenzerteilung eingeräumt wurden. Eigene Urkunden wurden sowohl für die Verlagslizen-

»Das Verlegen gebe ich nie auf …«, S. 97). Die Genehmigung von der thüringischen SMA hatte er im Februar 1946 erhalten (vgl. ebd., S. 97 und 101).

73 Dabei handelt es sich um Hans-Georg Gadamer: Bach und Weimar. Das Genehmigungsdatum ist dem Abdruck hinten im Buch »genehmigt unter Nr. G-70276 – 18.6.46« zu entnehmen. Es ist hier also mit Sicherheit davon auszugehen, dass das Buch unter der Lizenz des Böhlaus Verlags erschienen ist.

74 Dabei handelt es sich um Karl Heinrich Waggerl: Mütter. Erschienen bereits 1945, also noch vor dem Erhalt der Verlagslizenz. Weitere Titel des Insel Verlags findet sich dann erst wieder in Heft 10 vom 16.5.1947 mit Rudolf Hagelstange: Venezianisches Credo, 1946; Chinesische Meisternovellen herausgegeben von Franz Kuhn, 1946; Fjodor M. Dostojewski: Die Sanfte, 1947; Nikolaj V. Gogol: Der Mantel, 1947 und anderen 1947er Titel.

75 Dabei handelt es sich um Ilse Prein: Gedichte, 1946.

76 Dabei handelt es sich um Modest Petrovic Mussorgsky (Musorgskij): Boris Godunoff, 1947.

77 Vgl. Lizenzierungslisten in Kapitel 5 und Deutsche Nationalbibliographie, Reihe A, Heft 3/4 vom 28.2.1947 (Titel des Wunderlich Verlags), Heft 13 vom 3.7.1948 (Titel des Kongreß Verlages), Heft 11 vom 1.6.1947 (Titel der Potsdamer Verlagsgesellschaft) und Heft 18 vom 1.8.1947 (Titel des Lessing Verlags).

zen ausgestellt, die generell dazu berechtigten, Bücher und Broschüren zu veröffentlichen, als auch für die Zeitungs- und Zeitschriftenlizenzen, die zur Herausgabe einer bestimmten Zeitung oder Zeitschrift berechtigten.

Die Lizenzurkunden wandelten sich im Laufe der Zeit. Von Mai 1945 bis Oktober 1949 gab es in der SBZ drei Arten, die im Folgenden als die »formlosen«, die »standardisierten« und die »erweiterten standardisierten« Urkunden bezeichnet werden.

Die frühen, formlosen Lizenzurkunden (siehe Abb. 19) waren sehr schlicht gehalten. Vorgedruckt war lediglich der Kopf. Der eigentliche Text wurde erst bei der Ausstellung eingetragen. Nur die ganz frühen Lizenzurkunden aus dem Jahre 1945 waren einsprachig, d. h. in russischer Sprache verfasst worden.[78] Alle weiteren Lizenzurkunden, sowohl die formlosen als auch später die standardisierten, wurden von der SMAD zweisprachig in Russisch und Deutsch ausgestellt. Dabei befand sich der russische Text jeweils auf der linken Seite der Urkunde und die entsprechende deutsche Übersetzung auf der rechten. Die Rechte, die den Verlegern mit den formlosen Lizenzurkunden erteilt wurden, waren – im Gegensatz zu denen der späteren standardisierten Lizenzurkunden – wenig restriktiv. In den meisten Fällen wurde den Verlegern in den formlosen Verlagslizenzurkunden ohne weitere Einschränkung die Gründung eines Verlages genehmigt bzw. – bei bereits bestehenden Verlagen – die »Aufnahme der Verlagstätigkeit«. Sie wurden lediglich darauf hingewiesen, dass sie für die jeweiligen Verlagsplanungen die Genehmigung der SMA einzuholen hatten (siehe Abb. 19).

Wissenschaftliche Verlage und Arbeitsgemeinschaften, zu denen sich wissenschaftliche Verlage zusammenschlossen, wurden in den formlosen Verlagslizenzurkunden in der Regel auf die Herausgabe von Literatur bestimmter Fachgebiete beschränkt (siehe Abdruck der Lizenzurkunde der Arbeitsgemeinschaft Medizinischer Verleger in Kapitel 4.4.1, Abb. 30).

In den formlosen Zeitungs- bzw. Zeitschriftenlizenzurkunden wurde das Format, der Umfang, die Auflagenhöhe und die Erscheinungsweise der jeweiligen Zeitung bzw. Zeitschrift von der SMAD bestimmt (siehe Abb. 20).

Ende 1947 wurden die formlosen Lizenzurkunden (Lizenz-Nr. 1 bis 71) von der SMAD zurückgezogen und die entsprechenden Lizenzen gelöscht.[79] Den davon betroffenen Lizenzinhabern waren kurz vorher durch das Ausstellen von erweiterten standardisierten Lizenzurkunden, teilweise neue Lizenzen erteilt worden.[80]

Ab der Lizenz-Nr. 72, vergeben am 18. Juni 1946 für die im Georg Thieme Verlag, Leipzig, erschienene *Zeitschrift für die gesamte Innere Medizin und ihre Grenzgebiete Klinik –*

78 Erst später wurden sie von anderer Stelle aus ins Deutsche übersetzt. Beispiele für diese frühen einsprachigen formlosen Lizenzurkunden bzw. für ihre spätere Übersetzungen siehe z.B. die Übersetzung der Lizenzurkunde der »Gesellschaft zeitgenössischer Dokumente« vom 11.12.1945 (die Angabe der Lizenznummer fehlt auf der Übersetzung): LAB, C Rep. 120, Nr. 936, Bl. 2 und die Lizenzurkunde des Aufbau-Verlages vom 28.11.1945 (Lizenzurkunde Nr. 9): LAB, C Rep. 120, Nr. 780, Bl. 1. Ein Abdruck der Urkunde des Aufbau-Verlags findet sich auch bei Wurm: Der frühe Aufbau-Verlag, S. 19.

79 Vgl. Mitteilungen der Informations-Verwaltung der SMA, Börsenblatt Leipzig, 17.1.48, S. 25: »Die Informations-Verwaltung der SMA. gibt bekannt: 1. Mit dem 31.12.1947 sind die Zeitungs-, Zeitschriften- und Verlagslizenzen mit den Nummern 1–71 erloschen.« Ein Grund für die Löschung der Lizenzen wurde nicht angegeben.

80 Vgl. Listen der lizenzierten Verlage in Kapitel 5. Siehe auch Verlag J.H.W. Dietz Nachfolger an Walter Ulbricht, 4.11.1947: »Auf Anweisung der Bibliothek und Archiv der Informationsverwaltung der SMA in Deutschland müssen wir uns um die Ausstellung einer neuen Lizenz für den Verlag Neuer Weg bemühen.« (BArch NY 4182/920, fol. 142).

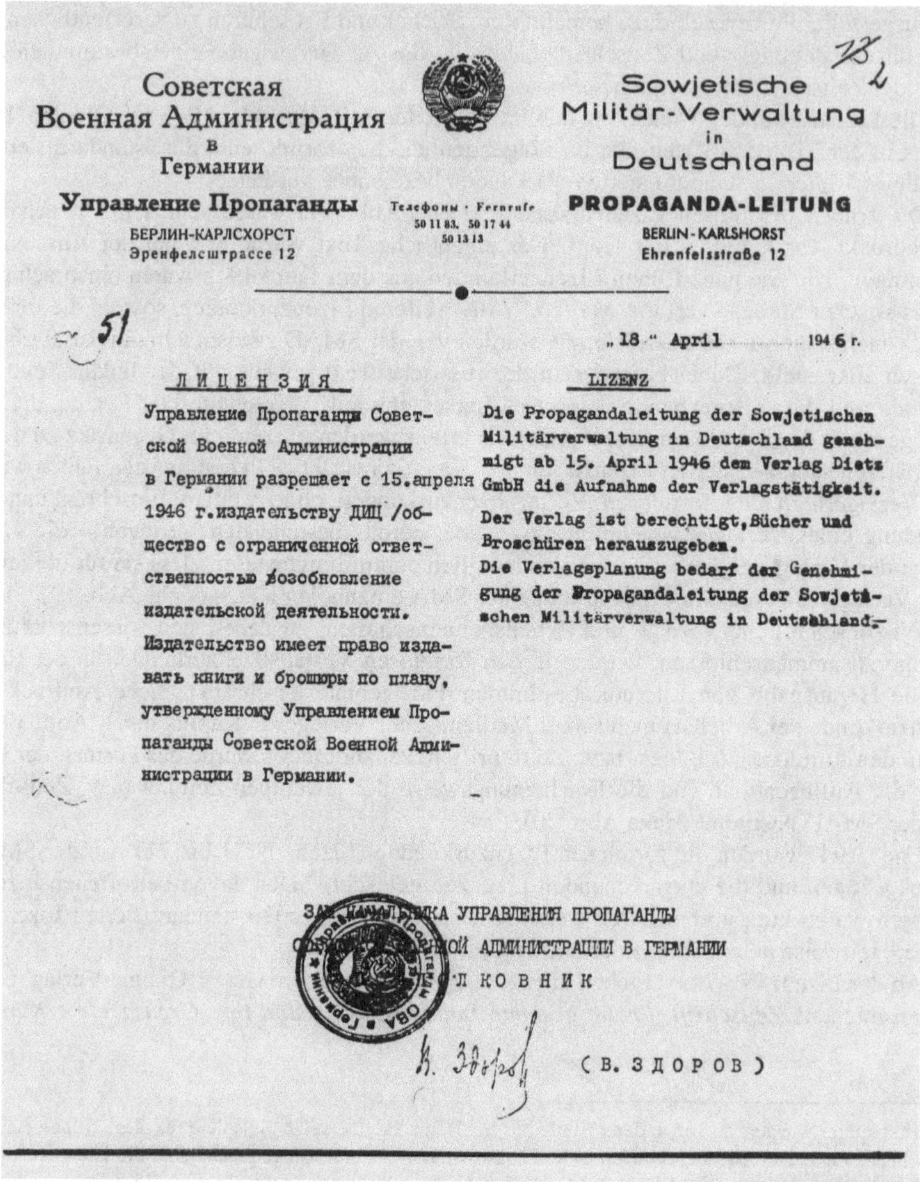
Советская Военная Администрация в Германии

Управление Пропаганды

БЕРЛИН-КАРЛСХОРСТ
Эренфелсштрассе 12

Телефоны · Fernrufe 50 11 83, 50 17 44, 50 13 13

Sowjetische Militär-Verwaltung in Deutschland

PROPAGANDA-LEITUNG

BERLIN-KARLSHORST
Ehrenfelsstraße 12

№ 51

„18“ April 1946 г.

ЛИЦЕНЗИЯ

Управление Пропаганды Советской Военной Администрации в Германии разрешает с 15.апреля 1946 г.издательству ДИЦ /общество с ограниченной ответственностью/ возобновление издательской деятельности.
Издательство имеет право издавать книги и брошюры по плану, утвержденному Управлением Пропаганды Советской Военной Администрации в Германии.

LIZENZ

Die Propagandaleitung der Sowjetischen Militärverwaltung in Deutschland genehmigt ab 15. April 1946 dem Verlag Dietz GmbH die Aufnahme der Verlagstätigkeit.

Der Verlag ist berechtigt, Bücher und Broschüren herauszugeben.
Die Verlagsplanung bedarf der Genehmigung der Propagandaleitung der Sowjetischen Militärverwaltung in Deutschland.

ЗАМ. НАЧАЛЬНИКА УПРАВЛЕНИЯ ПРОПАГАНДЫ
СОВЕТСКОЙ ВОЕННОЙ АДМИНИСТРАЦИИ В ГЕРМАНИИ
ПОЛКОВНИК

В. Здоров

(В. З Д О Р О В)

Abb. 19: Beispiel für formlose Verlagslizenzurkunden.[81]

Pathologie – Experiment,[82] wurden die formlosen Lizenzurkunden durch die standardisierten abgelöst. Anders als bei den formlosen war bei den standardisierten Lizenzurkunden nicht

81 Kopie der Lizenzurkunde Nr. 51 des Dietz Verlags, Berlin, 18.4.1946. Vorlage und Repro: Landesarchiv Berlin, Bestand C Rep. 120 Magistrat von Berlin, Abt. Volksbildung, Nr. 886, Bl. 2.

82 Vgl. Handbuch der Lizenzen, 1947, S. 63 und Lizenzen-Handbuch, 1949, S. 143.

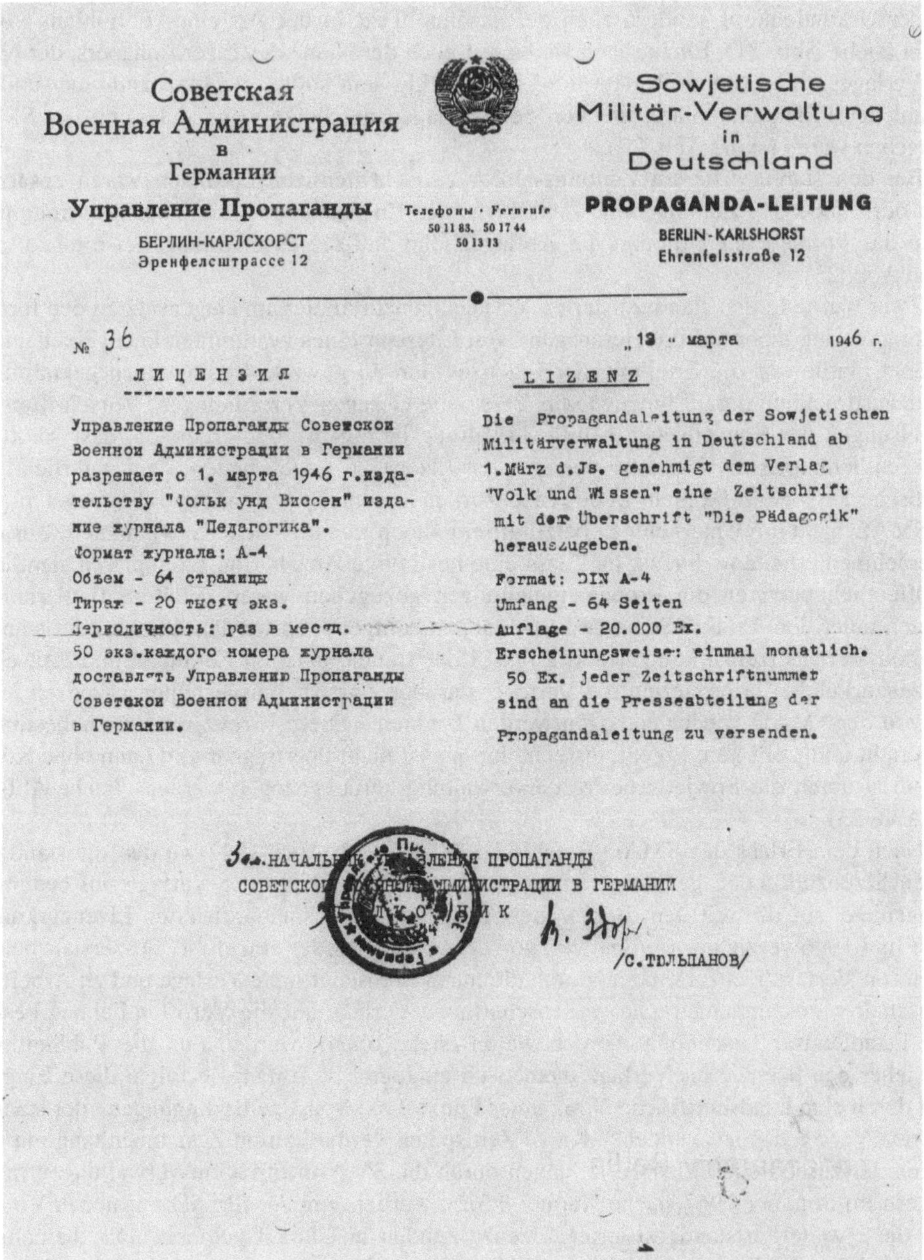

Советская Военная Администрация в Германии

Управление Пропаганды

БЕРЛИН-КАРЛСХОРСТ
Эренфелсштрассе 12

Телефоны · Fernrufe
50 11 83, 50 17 44
50 13 13

Sowjetische Militär-Verwaltung in Deutschland

PROPAGANDA-LEITUNG

BERLIN-KARLSHORST
Ehrenfelsstraße 12

№ 36 „13 « марта 1946 г.

ЛИЦЕНЗИЯ

Управление Пропаганды Советской Военной Администрации в Германии разрешает с 1. марта 1946 г.издательству "Фольк унд Виссен" издание журнала "Педагогика".
Формат журнала: А-4
Объем - 64 страницы
Тираж - 20 тысяч экз.
Периодичность: раз в месяц.
50 экз.каждого номера журнала доставлять Управлению Пропаганды Советской Военной Администрации в Германии.

LIZENZ

Die Propagandaleitung der Sowjetischen Militärverwaltung in Deutschland ab 1.März d.Js. genehmigt dem Verlag "Volk und Wissen" eine Zeitschrift mit der Überschrift "Die Pädagogik" herauszugeben.
Format: DIN A-4
Umfang - 64 Seiten
Auflage - 20.000 Ex.
Erscheinungsweise: einmal monatlich.
50 Ex. jeder Zeitschriftnummer sind an die Presseabteilung der Propagandaleitung zu versenden.

Зам.НАЧАЛЬНИК УПРАВЛЕНИЯ ПРОПАГАНДЫ
СОВЕТСКОЙ ВОЕННОЙ АДМИНИСТРАЦИИ В ГЕРМАНИИ
ПОЛКОВНИК
/С.ТЮЛЬПАНОВ/

Abb. 20: Beispiel für formlose Zeitschriftenlizenzurkunden.[83]

83 Kopie der Lizenzurkunde Nr. 36 für die Herausgabe der Zeitschrift *Die Pädagogik* im Volk und Wissen Verlag, Berlin und Leipzig, 13.3.1946. Vorlage und Repro: Landesarchiv Berlin, Bestand C Rep. 120 Magistrat von Berlin, Abt. Volksbildung, Nr. 1193, Bl. 6.

nur der Urkundenkopf sondern auch der gesamte Text in der Art eines Formblatts vorgedruckt (siehe Abb. 21). Einzutragen waren nur noch der Name des Lizenzinhabers, der Name des Verlages, das Datum, ab dem die Lizenz gültig sein sollte, die Lizenznummer und die Anzahl der Pflichtexemplare, die von den Verlagen an die Propagandaleitung der SMAD abzugeben waren (siehe Abb. 22).

Bei den standardisierten Zeitungs- bzw. Zeitschriftenlizenzurkunden waren zusätzlich noch der Name der Zeitung bzw. Zeitschrift, der Chefredakteur, die Redaktionsmitglieder sowie das Format, der Umfang, die Auflagenhöhe und die Erscheinungsweise einzutragen (siehe Abb. 23).

Zwar wurde in den standardisierten Verlagslizenzurkunden im Gegensatz zu den formlosen kein Verlag mehr auf die Herausgabe von Literatur eines bestimmten Fachgebiets eingeschränkt, dafür war die Erteilung der Lizenzen nun an gewisse Bedingungen geknüpft. So wurde ausdrücklich darauf hingewiesen, dass »alle Gesetze, Verordnungen, Vorschriften und Anweisungen der Sowjetischen Militärverwaltung befolgt werden« mussten, dass sämtliche Veröffentlichungen die Nummer der erteilten Lizenz zu tragen hatten, dass natürliche und juristische Personen, die nicht in der Lizenzurkunde genannt waren, ohne die Genehmigung der SMAD nicht am Unternehmen beteiligt sein »noch irgend welche Gewinnanteile aus dem Unternehmen erhalten« durften und dass eine bestimmte Anzahl von Exemplaren sämtlicher Veröffentlichungen an die Propagandaleitungen abzugeben waren. Weitere Bemerkungen konnten unter dem Punkt »Sonstige Bedingungen« eingetragen werden. Punkt 3 der standardisierten Verlagslizenzurkunden und Punkt 5 der standardisierten Zeitungs- und Zeitschriftenlizenzurkunden informierten die Verleger darüber, dass die ausgestellten Lizenzen jederzeit von der SMAD wieder entzogen werden konnten: »Diese Lizenz wird für unbestimmte Zeit erteilt und stellt kein Eigentumsrecht dar: sie ist nicht übertragbar und kann ohne Kündigungsfrist durch die Sowjetische Militärverwaltung zurückgezogen werden« (siehe Abb. 22 und Abb. 23).

Nach dem Erlass des SMAD-Befehls Nr. 90 vom 17. April 1947 wurden die standardisierten Lizenzurkunden geändert. So wurde die Einschränkung der Verlage auf bestimmte Fachgebiete, auf die seit dem Beginn der Ausstellung von standardisierten Lizenzurkunden Mitte Juni 1946 verzichtet worden war, von der SMAD wieder eingeführt. Anders als bei den formlosen Verlagslizenzurkunden, durch die nur wissenschaftliche Verlage und zu Arbeitsgemeinschaften zusammengefasste wissenschaftliche Verlage auf die Veröffentlichung bestimmter Fachliteratur beschränkt worden waren (siehe oben), wurden nun die Publikationen sämtlicher neu lizenzierter Verlage thematisch eingegrenzt. Anfangs erfolgte diese Eingrenzung durch eine handschriftliche Notiz unter Punkt 2 e) »Sonstige Bedingungen« der standardisierten Verlagslizenzurkunden.[84] Kurze Zeit später, vermutlich im Zusammenhang mit dem Beginn der zusätzlichen Lizenzerteilungen durch die SMA-Informationsverwaltungen in den Ländern im Sommer 1947 (siehe Kapitel 3.3.2), wurden von der SMAD mit neuen Vordrucken die erweiterten standardisierten Lizenzurkunden in Umlauf gebracht. Die thematische Einschränkung der Verlagsproduktion wurde nun unter Punkt 3 »Art der Veröffentlichungen« der Verlagslizenzurkunden eingetragen (siehe Abb. 24). Entsprechend wurden auch die Zei-

84 Vgl. z.B. Kopie der Lizenzurkunde Nr. 288 des Verlags Technik, Berlin, 29.5.1947: »Art der Herausgabe: Technische Literatur, Lehrmittel und Zeitschriften« (LAB, C Rep. 120, Nr. 3221, Bl. 4). Wobei für Zeitschriften, wie in diesem Kapitel dargestellt, eigene Lizenzen zu beantragen waren.

СОВЕТСКАЯ ВОЕННАЯ АДМИНИСТРАЦИЯ
В ГЕРМАНИИ
УПРАВЛЕНИЕ ПРОПАГАНДЫ
SOWJETISCHE MILITÄRVERWALTUNG IN DEUTSCHLAND
PROPAGANDALEITUNG

ЛИЦЕНЗИЯ
LIZENZ
№ 141

1. Управление Пропаганды Советской Военной Администрации в Германии разрешает г. Михаэлю Чесно и г. Вильгельму Байер с января 1947 года открытие издательства под названием „Ферлаг Фольк унд Вельт"

2. Лицензия выдана на следующих условиях:
а) полное соблюдение всех законов, распоряжений, директив и циркуляров Советской Военной Администрации;
б) на всех изданиях, выходящих согласно этой лицензии, должно быть указано: „Опубликовано по лицензии № 141 Советской Военной Администрации в Германии";
в) физические или юридические лица, не указанные в п. 1, не должны участвовать в данном предприятии или извлекать из него какую бы то ни было выгоду без специального разрешения Советской Военной Администрации;
г) 20 экз. изданий должны быть немедленно по выходе в свет представлены в Управление Пропаганды;
д) прочие условия:

Эта лицензия выдается на неопределенное время и не представляет собой никакого права собственности; она не подлежит передаче другому лицу и может быть отобрана Советской Военной Администрацией без предварительного уведомления.

1. Die Propagandaleitung der Sowjetischen Militärverwaltung in Deutschland genehmigt Herrn Michael Tschesno und Herrn Wilhelm Beier die Aufnahme der verlegerischen Tätigkeit unter der Firma „Verlag Volk und Welt" ab Januar 1947

2 Diese Lizenz wird unter der Bedingung erteilt,
a) daß alle Gesetze, Verordnungen, Vorschriften und Anweisungen der Sowjetischen Militärverwaltung befolgt werden;
b) daß alle auf Grund dieser Lizenz erscheinenden Veröffentlichungen die Aufschrift „veröffentlicht unter der Lizenz Nr. 141 der Sowjetischen Militärverwaltung in Deutschland" tragen;
c) daß unter 1. nicht aufgeführte natürliche und juristische Personen ohne ausdrückliche Genehmigung der Sowjetischen Militärverwaltung weder an dem Unternehmen beteiligt sind noch irgend welche Gewinnanteile aus dem Unternehmen erhalten;
d) daß 20 Exemplare aller Veröffentlichungen unmittelbar nach Erscheinung der Propagandaleitung vorzulegen sind.
e) Sonstige Bedingungen:

3. Diese Lizenz wird für unbestimmte Zeit erteilt und stellt kein Eigentumsrecht dar; sie ist nicht übertragbar und kann ohne Kündigungsfrist durch die Sowjetische Militärverwaltung zurückgezogen werden.

Зам. НАЧАЛЬНИК УПРАВЛЕНИЯ ПРОПАГАНДЫ
СОВЕТСКОЙ ВОЕННОЙ АДМИНИСТРАЦИИ В ГЕРМАНИИ
CHEF DER PROPAGANDALEITUNG DER SOWJETISCHEN MILITÄRVERWALTUNG IN DEUTSCHLAND

30 Января 1947

(С. ТЮЛЬПАНОВ)
(TJULPANOW)

Abb. 21: Beispiel für standardisierte Verlagslizenzurkunden (Detail des deutschsprachigen Textes siehe Abb. 22).[85]

85 Kopie der Lizenzurkunde Nr. 141 des Verlags Volk und Welt, Berlin, 30.1.1947. Vorlage und Repro: Landesarchiv Berlin, Bestand C Rep. 120 Magistrat von Berlin, Abt. Volksbildung, Nr. 1188, Bl. 2. Die standardisierten Lizenzurkunden und auch die später eingeführten erweiterten standardisierten Urkunden hatten das Format DIN A3.

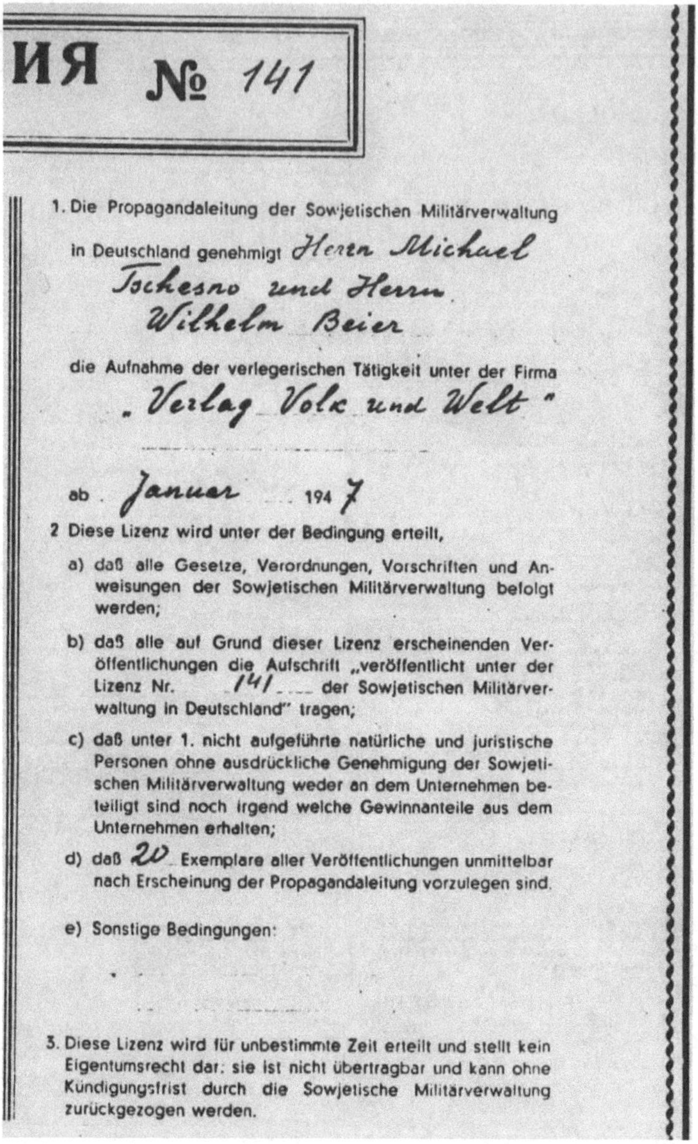

ИЯ № 141

1. Die Propagandaleitung der Sowjetischen Militärverwaltung in Deutschland genehmigt Herrn Michael Tschesno und Herrn Wilhelm Beier

die Aufnahme der verlegerischen Tätigkeit unter der Firma

„Verlag Volk und Welt"

ab Januar 1947

2 Diese Lizenz wird unter der Bedingung erteilt,

a) daß alle Gesetze, Verordnungen, Vorschriften und Anweisungen der Sowjetischen Militärverwaltung befolgt werden;

b) daß alle auf Grund dieser Lizenz erscheinenden Veröffentlichungen die Aufschrift „veröffentlicht unter der Lizenz Nr. 141 der Sowjetischen Militärverwaltung in Deutschland" tragen;

c) daß unter 1. nicht aufgeführte natürliche und juristische Personen ohne ausdrückliche Genehmigung der Sowjetischen Militärverwaltung weder an dem Unternehmen beteiligt sind noch irgend welche Gewinnanteile aus dem Unternehmen erhalten;

d) daß 20 Exemplare aller Veröffentlichungen unmittelbar nach Erscheinung der Propagandaleitung vorzulegen sind.

e) Sonstige Bedingungen:

3. Diese Lizenz wird für unbestimmte Zeit erteilt und stellt kein Eigentumsrecht dar; sie ist nicht übertragbar und kann ohne Kündigungsfrist durch die Sowjetische Militärverwaltung zurückgezogen werden.

Abb. 22: Detailansicht einer standardisierten Verlagslizenzurkunde.[86]

tungs- und Zeitschriftenlizenzurkunden dahingehend geändert, dass unter dem neuen Punkt 4 der »Inhalt der Zeitschrift, Zeitung« festgelegt wurde (siehe Abb. 25).

Weitere erwähnenswerte Änderungen der erweiterten standardisierten Lizenzurkunden waren die Angabe der Gesellschafter des Verlages auf den Verlagslizenzurkunden und des Verlagshauses auf den Zeitungs- bzw. Zeitschriftenlizenzurkunden. Die auf den standardisier-

---

86 Kopie der Lizenzurkunde Nr. 141 des Verlags Volk und Welt, Berlin, 30.1.1947. Vorlage und Repro: Landesarchiv Berlin, Bestand C Rep. 120 Magistrat von Berlin, Abt. Volksbildung, Nr. 1188, Bl. 2.

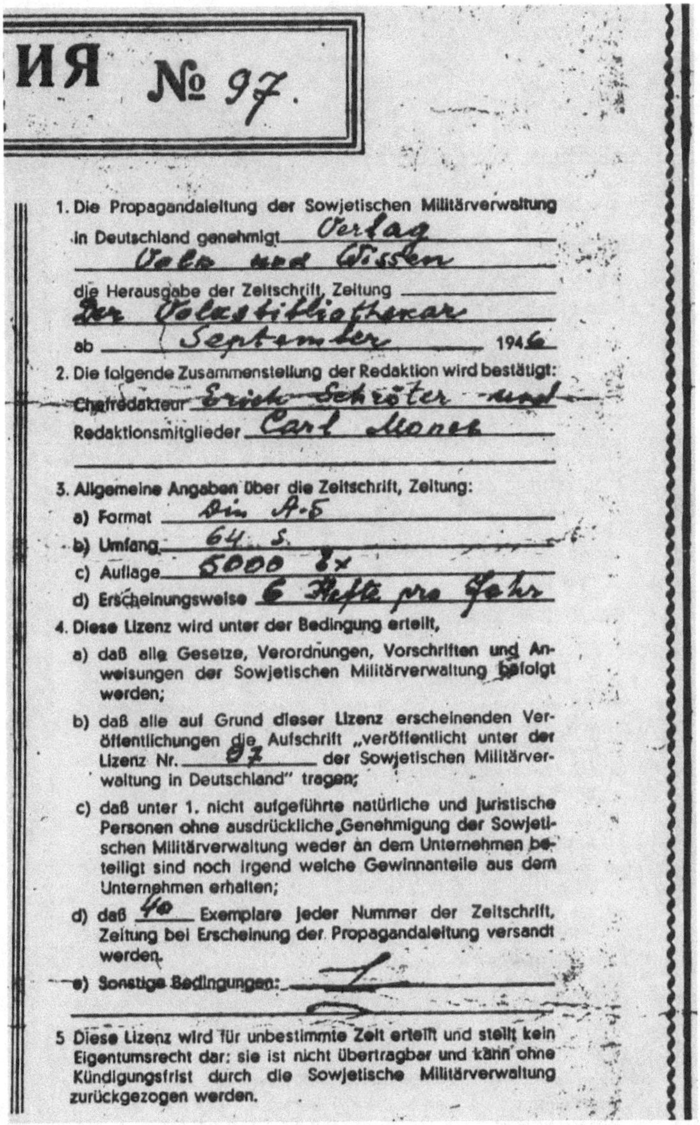

ИЯ № 97.

1. Die Propagandaleitung der Sowjetischen Militärverwaltung in Deutschland genehmigt Verlag Volk und Wissen

die Herausgabe der Zeitschrift, Zeitung Der Volksbibliothekar

ab September 1946

2. Die folgende Zusammenstellung der Redaktion wird bestätigt:

Chefredakteur Erich Schröter und

Redaktionsmitglieder Carl Mones

3. Allgemeine Angaben über die Zeitschrift, Zeitung:

a) Format Din A-5

b) Umfang 64 S.

c) Auflage 5000 Ex

d) Erscheinungsweise 6 Hefte pro Jahr

4. Diese Lizenz wird unter der Bedingung erteilt,

a) daß alle Gesetze, Verordnungen, Vorschriften und Anweisungen der Sowjetischen Militärverwaltung befolgt werden;

b) daß alle auf Grund dieser Lizenz erscheinenden Veröffentlichungen die Aufschrift „veröffentlicht unter der Lizenz Nr. 97 der Sowjetischen Militärverwaltung in Deutschland" tragen;

c) daß unter 1. nicht aufgeführte natürliche und juristische Personen ohne ausdrückliche Genehmigung der Sowjetischen Militärverwaltung weder an dem Unternehmen beteiligt sind noch irgend welche Gewinnanteile aus dem Unternehmen erhalten;

d) daß 40 Exemplare jeder Nummer der Zeitschrift, Zeitung bei Erscheinung der Propagandaleitung versandt werden.

e) Sonstige Bedingungen: —

5 Diese Lizenz wird für unbestimmte Zeit erteilt und stellt kein Eigentumsrecht dar; sie ist nicht übertragbar und kann ohne Kündigungsfrist durch die Sowjetische Militärverwaltung zurückgezogen werden.

Abb. 23: Detailansicht einer standardisierten Zeitschriftenlizenzurkunde.[87]

ten Lizenzurkunden noch übliche Angabe zur Anzahl der an die Propagandaleitung abzugebenden Pflichtexemplare fiel weg. Durch den Erlass des SMAD-Befehls Nr. 356 vom 24. Dezember 1946 zur Regelung der Pflichtexemplarabgabe (siehe Kapitel 3.2), auf dessen Einhal-

87 Kopie der Lizenzurkunde Nr. 97 für die Herausgabe der Zeitschrift *Der Volksbibliothekar* im Volk und Wissen Verlag, Berlin und Leipzig, 30.9.1946. Vorlage und Repro: Landesarchiv Berlin, Bestand C Rep. 120 Magistrat von Berlin, Abt. Volksbildung, Nr. 1193, Bl. 7.

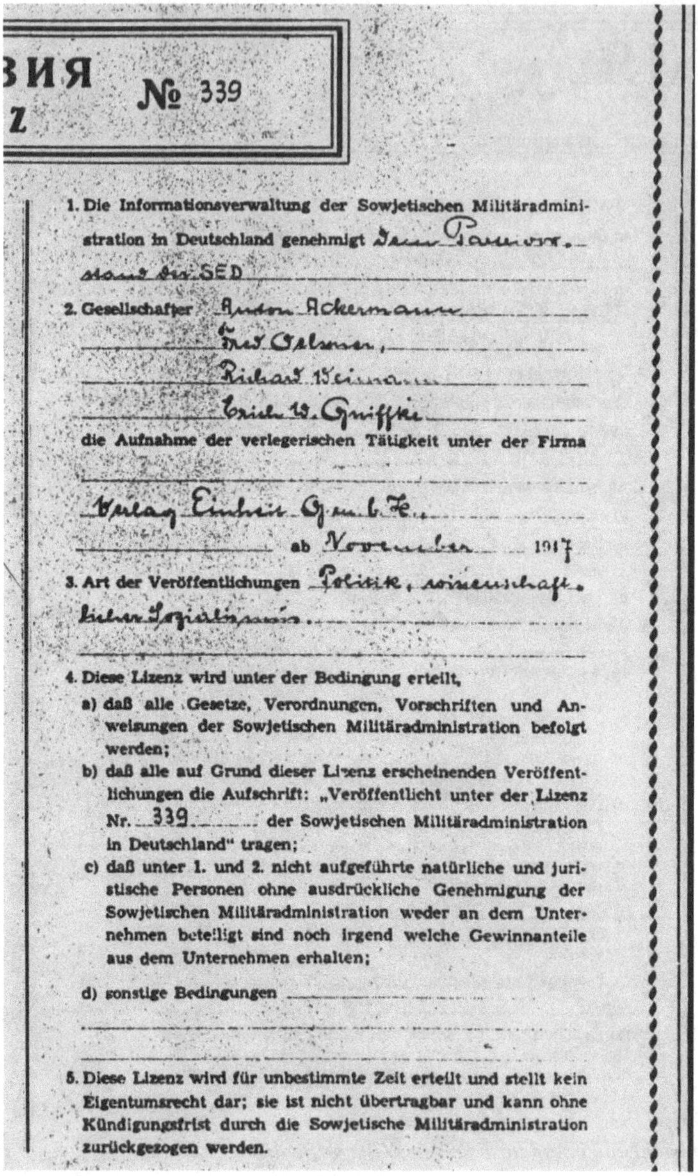

ЗИЯ № 339

Z

1. Die Informationsverwaltung der Sowjetischen Militäradministration in Deutschland genehmigt dem Parteivorstand der SED

2. Gesellschafter Anton Ackermann

Fred Oelßner,

Richard Weimann

Erich W. Gniffke

die Aufnahme der verlegerischen Tätigkeit unter der Firma

Verlag Einheit G.m.b.H.

ab November 1947

3. Art der Veröffentlichungen Politik, wissenschaftlicher Sozialismus.

4. Diese Lizenz wird unter der Bedingung erteilt,

a) daß alle Gesetze, Verordnungen, Vorschriften und Anweisungen der Sowjetischen Militäradministration befolgt werden;

b) daß alle auf Grund dieser Lizenz erscheinenden Veröffentlichungen die Aufschrift: „Veröffentlicht unter der Lizenz Nr. 339 der Sowjetischen Militäradministration in Deutschland" tragen;

c) daß unter 1. und 2. nicht aufgeführte natürliche und juristische Personen ohne ausdrückliche Genehmigung der Sowjetischen Militäradministration weder an dem Unternehmen beteiligt sind noch irgend welche Gewinnanteile aus dem Unternehmen erhalten;

d) sonstige Bedingungen

5. Diese Lizenz wird für unbestimmte Zeit erteilt und stellt kein Eigentumsrecht dar; sie ist nicht übertragbar und kann ohne Kündigungsfrist durch die Sowjetische Militäradministration zurückgezogen werden.

Abb. 24: Detailansicht einer erweiterten standardisierten Verlagslizenzurkunde.[88]

tung auch der SMAD-Befehl Nr. 90 vom 17. April 1947 noch einmal ausdrücklich hinwies,[89] war diese Angabe schon länger hinfällig.

88 Kopie der Lizenzurkunde Nr. 339 des Einheit Verlags, Berlin, 10.12.1947. Vorlage und Repro: Landesarchiv Berlin, Bestand C Rep. 120 Magistrat von Berlin, Abt. Volksbildung, Nr. 1178, Bl. 2.

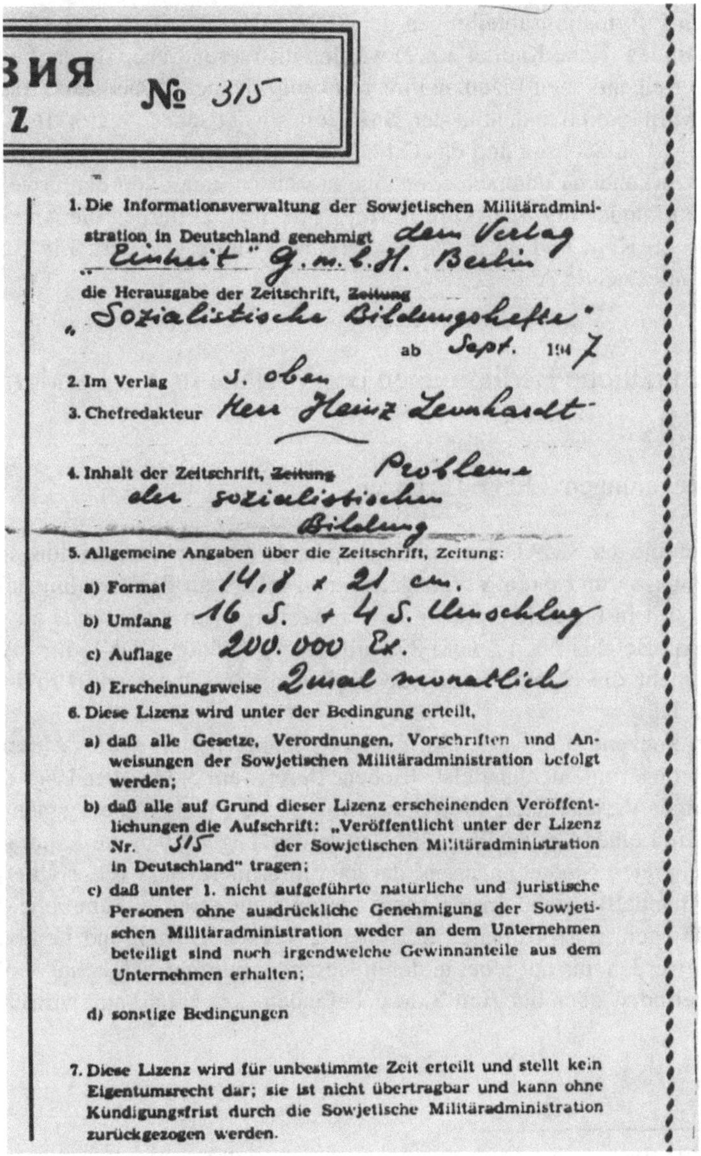

ЗИЯ
Z
№ 315

1. Die Informationsverwaltung der Sowjetischen Militäradministration in Deutschland genehmigt dem Verlag „Einheit" G.m.b.H. Berlin
die Herausgabe der Zeitschrift, ~~Zeitung~~
„Sozialistische Bildungshefte"
ab Sept. 1947
2. Im Verlag s. oben
3. Chefredakteur Herr Heinz Lenhardt
4. Inhalt der Zeitschrift, ~~Zeitung~~ Probleme der sozialistischen Bildung
5. Allgemeine Angaben über die Zeitschrift, Zeitung:
a) Format 14,8 x 21 cm.
b) Umfang 16 S. + 4 S. Umschlag
c) Auflage 200.000 Ex.
d) Erscheinungsweise 2mal monatlich
6. Diese Lizenz wird unter der Bedingung erteilt,
a) daß alle Gesetze, Verordnungen, Vorschriften und Anweisungen der Sowjetischen Militäradministration befolgt werden;
b) daß alle auf Grund dieser Lizenz erscheinenden Veröffentlichungen die Aufschrift: „Veröffentlicht unter der Lizenz Nr. 315 der Sowjetischen Militäradministration in Deutschland" tragen;
c) daß unter 1. nicht aufgeführte natürliche und juristische Personen ohne ausdrückliche Genehmigung der Sowjetischen Militäradministration weder an dem Unternehmen beteiligt sind noch irgendwelche Gewinnanteile aus dem Unternehmen erhalten;
d) sonstige Bedingungen
7. Diese Lizenz wird für unbestimmte Zeit erteilt und stellt kein Eigentumsrecht dar; sie ist nicht übertragbar und kann ohne Kündigungsfrist durch die Sowjetische Militäradministration zurückgezogen werden.

Abb. 25: Detailansicht einer erweiterten standardisierten Zeitschriftenlizenzurkunde.[90]

89 Vgl. Satz 8 der »Richtlinien über die Herausgabe von Zeitungen, Zeitschriften, Büchern, Broschüren, Plakaten und anderen Drucksachen« zum SMAD-Befehl Nr. 90 vom 17.4.1947, abgebildet in Kapitel 3.3.2, Abb. 12.

90 Kopie der Lizenzurkunde Nr. 315 für die Herausgabe der Zeitschrift *Sozialistische Bildungshefte* im Verlag Einheit, Berlin, 4.10.1947. Vorlage und Repro: Landesarchiv Berlin, Bestand C Rep. 120 Magistrat von Berlin, Abt. Volksbildung, Nr. 1178, Bl. 7.

Die von den Informationsabteilungen der SMA in den Ländern ab Sommer 1947 ausgestellt Lizenzurkunden (siehe Kapitel 3.3.2) wurden im Wesentlichen durch die Buchstaben A, B oder C vor der eigentlichen Lizenznummer gekennzeichnet. Dabei stand das A für Lizenzurkunden der Militärkommandantur der SMA im sowjetischen Sektor Berlins, das B für Urkunden der SMA in Sachsen und das C für Urkunden der SMA in Thüringen.[91] Diese »A-, B- und C-Lizenzurkunden« unterschieden sich ansonsten kaum von den erweiterten standardisierten Lizenzurkunden der SMAD in Berlin-Karlshorst. Lediglich die Angabe der ausstellenden Behörde im Kopf und am Ende der Urkunde wurde geändert. Ein Beispiel für eine solche Lizenz findet sich in Abb. 26.

4.3 Unterschiedliche Bedingungen der Verlage in den Ländern und Provinzen

4.3.1 Frühe Regelungen – Erste Lizenzen

Die wenigen Befehle der SMAD zum Verlagswesen ließen den Volksbildungsministerien der Länder und Provinzen und ihren Vorgängern einen relativ großen Handlungsfreiraum (siehe Kapitel 3). Das traf insbesondere auf die ersten Monate nach Kriegsende zu, bevor die aufgrund des SMAD-Befehls Nr. 17 vom 27. Juli 1945 gegründete DVV ihre Arbeit aufnahm und mehr und mehr die Koordinierung der Arbeiten der Länder und Provinzen übernahm (siehe Kapitel 2.1.2).

In **Sachsen** konzentrierten sich die frühen Regelungen zum Verlagswesen zunächst auf die Entnazifizierung von Buchhandelsbetrieben. Bereits am 3. Oktober 1945 erhielten insgesamt 145 Leipziger Verlage nach ihrer Überprüfung eine »Weiterarbeitsgenehmigung« (nicht zu verwechseln mit einer Verlagslizenz).[92] Am selben Tag wurden die Landräte und Bürgermeister der kreisfreien Städte Sachsens darüber informiert, dass diese Überprüfungen auf sämtliche Buchhandelsbetriebe in Sachsen auszuweiten seien.[93] Sämtliche Verlage, Zwischenbuchhandlungen, Barsortimente, Sortimente, Verkaufsstellen und Leihbüchereien sollten geschlossen werden, bis auf jene, in deren Geschäftsführung sich keine »politisch belasteten Personen befinden oder bis zum 8. Mai befanden« oder die »aus wirtschaftlichen oder

91 Von den SMAs der übrigen Länder der SBZ wurden vermutlich keine Lizenzen erteilt (siehe Kapitel 3.3.2).

92 Vgl. Liste der »Leipziger Verlage, die auf Grund der Anordnung vom 3.10.45 die Weiterarbeitsgenehmigung erhielten«: SächsHStAD, 11401 Lr. Sachsen, MfVobi, Nr. 2768. Im Rundschreiben der Abteilung »Buch- und Bibliothekswesen«, Landesverwaltung Sachsen, an die sächsischen Landräte und Bürgermeister der kreisfreien Städte vom 3.10.1945 heißt es, dass die von ihr erteilten Genehmigungen die betreffenden Buchhandelsbetriebe in Sachsen dazu berechtigten, »bei den in Leipzig ansässigen und zur Wiedereröffnung gelangenden Firmen des Verlags- und Zwischenbuchhandels einzukaufen«. (ebd., Nr. 2727).

93 Vgl. Rundschreiben der Abteilung »Buch- und Bibliothekswesen«, Landesverwaltung Sachsen, an die Landräte und Bürgermeister der kreisfreien Städte Sachsens vom 3.10.1945. Beauftragt, diese Ausweitung zu veranlassen, war die Leipziger Außenstelle der Abteilung »Schrifttum und Buchhandel« der Landesverwaltung Sachsen, also die Abteilung »Buchhandel und Bibliothekswesen« (vgl. ebd.).

СОВЕТСКАЯ ВОЕННАЯ АДМИНИСТРАЦИЯ
В ГЕРМАНИИ
ОТДЕЛ ИНФОРМАЦИИ
ПРИ УПРАВЛЕНИИ ВОЕННОГО КОМЕНДАНТА СОВЕТСКОГО СЕКТОРА ОККУПАЦИИ Г. БЕРЛИН
SOWJETISCHE MILITÄRADMINISTRATION IN DEUTSCHLAND
INFORMATIONSABTEILUNG
BEI DER VERWALTUNG DES MILITÄRKOMMANDANTEN DES SOWJETISCHEN SEKTORS VON BERLIN

ЛИЦЕНЗИЯ
LIZENZ
№ A-2

1. Управление Информации Советской Военной Администрации в Германии разрешает Объединению немецкой народной сцены с 1 сентября 1947 г. издание журнала, газеты „Народная сцена“
2. В издательстве Бруно Геншель и сын
3. Отв. редактор Инге фон Вангенгейм
4. Характер журнала, газеты вопросы немецкой народной сцены
5. Общие данные журнала, газеты:
   а) формат Дин A-4
   б) объем 32 стр
   в) тираж 100000 экз.
   г) периодичность 1 раз в месяц
6. Лицензия выдана на следующих условиях:
   а) полное соблюдение всех законов, распоряжений, директив и циркуляров Советской Военной Администрации;
   б) на всех изданиях, выходящих согласно этой лицензии, должно быть указано: «Опубликовано по лицензии № A-2 Советской Военной Администрации в Германии»;
   в) физические или юридические лица, не указанные в п. 1, не должны участвовать в данном предприятии или извлекать из него какую бы то ни было выгоду без специального разрешения Советской Военной Администрации;
   г) прочие условия
7. Эта лицензия выдается на неопределенное время и не представляет собой никакого права собственности; она не подлежит передаче другому лицу и может быть отобрана Советской Военной Администрацией без предварительного уведомления.

1. Die Informationsverwaltung der Sowjetischen Militäradministration in Deutschland genehmigt dem Bund Deutscher Volksbühnen, die Herausgabe der Zeitschrift, Zeitung „Die Volksbühne“ ab 1 Sept. 1947
2. Im Verlag Bruno Henschel u. Sohn
3. Chefredakteur Inge v. Wangenheim
4. Inhalt der Zeitschrift, Zeitung die Fragen der deutschen Volksbühnen
5. Allgemeine Angaben über die Zeitschrift, Zeitung:
   a) Format Din A-4
   b) Umfang 32 Seiten
   c) Auflage 100000
   d) Erscheinungsweise monatlich einmal
6. Diese Lizenz wird unter der Bedingung erteilt,
   a) daß alle Gesetze, Verordnungen, Vorschriften und Anweisungen der Sowjetischen Militäradministration befolgt werden;
   b) daß alle auf Grund dieser Lizenz erscheinenden Veröffentlichungen die Aufschrift: „Veröffentlicht unter der Lizenz Nr. A-2 der Sowjetischen Militäradministration in Deutschland" tragen;
   c) daß unter 1. nicht aufgeführte natürliche und juristische Personen ohne ausdrückliche Genehmigung der Sowjetischen Militäradministration weder an dem Unternehmen beteiligt sind noch irgendwelche Gewinnanteile aus dem Unternehmen erhalten;
   d) sonstige Bedingungen — —
7. Diese Lizenz wird für unbestimmte Zeit erteilt und stellt kein Eigentumsrecht dar; sie ist nicht übertragbar und kann ohne Kündigungsfrist durch die Sowjetische Militäradministration zurückgezogen werden.

НАЧАЛЬНИК ОТДЕЛА ИНФОРМАЦИИ
ПРИ УПРАВЛЕНИИ ВОЕННОГО КОМЕНДАНТА СОВЕТСКОГО СЕКТОРА ОККУПАЦИИ Г. БЕРЛИН
CHEF DER INFORMATIONSABTEILUNG BEI DER VERWALTUNG DES MILITÄRKOMMANDANTEN DES SOWJETISCHEN SEKTORS VON BERLIN

30 авг. 1947 подполковник (Демидов)

Abb. 26: Beispiel für eine A-Lizenzurkunde, ausgestellt von der »Informationsabteilung« der Militärkommandantur des sowjetischen Sektors Berlins.[94]

94 Kopie der Lizenzurkunde Nr. A-2 für die Herausgabe der Zeitschrift *Die Volksbühne* im Verlag Bruno Henschel und Sohn, Berlin, 30.8.1947. Vorlage und Repro: Landesarchiv Berlin, Bestand C Rep. 120 Magistrat von Berlin, Abt. Volksbildung, Nr. 3218, Bl. 3.

wissenschaftlichen Gründen für die Aufrechterhaltung des Buchhandels von erheblicher Bedeutung« waren.[95]

Allein aufgrund der Vielzahl von Verlagen, die sich in Leipzig befanden, kam Sachsen eine besondere Rolle im Verlagswesen der SBZ zu. Wie in den Kapiteln 2.2.2.3 und 2.3.2 beschrieben, waren mit der Abteilung »Schrifttum und Buchhandel« des »Kulturamts« der sächsischen Landesverwaltung und der »Zentralstelle für Buch- und Bibliothekswesen« bzw. ihren Nachfolgern sowohl eine Dresdener als auch eine Leipziger Stelle für das Verlagswesen in Sachsen zuständig. Die sächsische Landesverwaltung in Dresden setzte sich zunächst besonders für die Lizenzierung eines ortsansässigen Privatverlags, des Malik Verlags, ein.[96] Becker, der Leiter der Leipziger »Zentralstelle für Buch- und Bibliothekswesen«, befürwortete dagegen besonders die »grundsätzliche Genehmigung« der dort ansässigen Verlage Brockhaus, Insel und Reclam.[97] Sowohl in Dresden als auch in Leipzig wandte man sich Ende 1945 – also kurz vor den Gesprächen Beckers mit Major Dawidowitsch und DVV-Mitarbeitern Mitte Januar 1946 in Berlin über zentrale Vereinbarungen (siehe Kapitel 4.1) – an den DVV-Präsidenten Paul Wandel mit der Bitte, Entscheidungen für die Lizenzierung sächsischer Verlagsunternehmen herbeizuführen. So fragte die sächsische Landesregierung am 13. Dezember 1945 in einem Schreiben an Wandel an, wie der Malik Verlag und »die kleine Gruppe von Privatverlagen, an deren Produktion die Landesverwaltung Sachsen besonders interessiert« sei, eine Verlagslizenz und Druckgenehmigungen für Neuerscheinungen erhalten könne.[98] Und am 29. Dezember 1945 drängte der Leipziger Stadtdirektor Ott Wandel auf eine rasche Hilfe für »wertvolle Verlagsinstitutionen«, damit diese den Verlagen in den westlichen Besatzungszonen nicht weiter nachstünden.[99] Unter den neun ersten lizenzierten Privatverlagen im März und April 1946 waren allein sechs aus Leipzig: Insel, Reclam, Seemann, Breitkopf & Härtel, Brockhaus und das Bibliographische Institut (siehe Kapitel 4.1). Dazu kam der Leipziger Volk und Buch Verlag, der Verlag des Rats der Stadt Leipzig. Der Verlag wurde bereits am 23. November 1945 als Gesellschaft mit beschränkter Haftung (GmbH) gegründet, bekam seine Lizenz aber erst am 16. März 1946.[100] Becker selbst war

95 Rundschreiben der Abteilung »Buch- und Bibliothekswesen«, Landesverwaltung Sachsen, an die Landräte und Bürgermeister der kreisfreien Städte Sachsens vom 3.10.1945. Bis zum 1.11.1945 sollten diese Firmen Lebensläufe und weitere Unterlagen bei der Leipziger Abteilung »Buchhandel und Bibliothekswesen« eingereicht haben (ebd.).

96 Vgl. Landesverwaltung Sachsen, an DVV-Präsident P. Wandel, 13.12.1945: SächsHStAD, 11401 Lr. Sachsen, MfVobi, Nr. 2724.

97 Vgl. Becker, Leipziger »Zentralstelle für Buch- und Bibliothekswesen« an Magritz, Landesverwaltung Sachsen, 20.12.1945: SächsHStAD, 11401 Lr. Sachsen, MfVobi, Nr. 2768.

98 Landesverwaltung Sachsen, an DVV-Präsident P. Wandel, 13.12.1945: SächsHStAD, 11401 Lr. Sachsen, MfVobi, Nr. 2724. Welche Verlage zu der zitierten »kleinen Gruppe von Privatverlagen« gehörten, ist dem Schreiben nicht zu entnehmen.

99 Stadtdirektor Ott, »Nachrichtenamt«, Rat der Stadt Leipzig, an DVV-Präsident Wandel, 29.12.1945: StadtAL, StVuR Nr. 8896, Bl. 221.

100 Vgl. Kopie der Lizenzurkunde Nr. 38, 16.3.1946, Verlag Volk und Buch: StadtAL, StVuR Nr. 9121 und Notiz vom 26.6.1946: ebd., Bl. 177. Weiterer Gesellschafter im Verlag Volk und Buch war das Leipziger Einkaufshaus für Büchereien (vgl. Abschrift der notariellen Ausfertigung von Notar Erich Blume, 21.4.1947: ebd., Bl. 135 und beglaubigte Abschrift der Lizenzurkunde Nr. 378, 15.12.1947, Volk und Buch Verlag: StadtAL, StVuR Nr. 8904, Bl. 83). Der Rat der Stadt Leipzig beteiligte sich an der GmbH mit einem Stammkapital von 20.000 RM, das Einkaufshaus für Büchereien mit einem Stammkapital von 10.000 RM (vgl. Abschrift der notariellen Ausfertigung von Notar Erich Blume, 21.4.1947, und Volk und Buch Verlag an Stadtrat Johannes Lang, 4.12.1948: StadtAL, StVuR

gemeinsam mit Stadtrat Helmut Holtzhauer Vertreter des Rats der Stadt Leipzig in der GmbH.[101] Der Malik Verlag, der von der Zentralverwaltung »Wissenschaft, Kunst und Erziehung« der sächsischen Landesregierung unterstützt worden war, erhielt in der SBZ keine Lizenz.[102] Der erste sächsische Verlag außerhalb Leipzigs wurde mit dem Dresdener Theodor Steinkopff Verlag erst am 10. Dezember 1946 lizenziert (siehe Kapitel 5). Insgesamt gesehen ging es in Sachsen mit den Verlagslizenzierungen zunächst nicht so zügig weiter wie anfangs. Bis zum Ende des Jahres 1946 wurden vom Referat »Literatur« des sächsischen »Ministeriums für Volksbildung« noch mindestens 45 weitere Anträge auf Verlags- und Zeitschriftenlizenzen bei der DVV eingereicht, elf von ihnen mit Befürwortung des Ministeriums.[103] Verlagslizenzen erhielten 1946 in Sachsen allerdings nur noch der Verlag des Börsenvereins der Deutschen Buchhändler (21. Juni 1946), der Verlag Johann Ambrosius Barth (28. August 1946), der Universalverlag (28. August 1946) und der Deutsche Film Verlag (1. Oktober 1946) – sämtlich in Leipzig – sowie der bereits genannte Dresdener Theodor Steinkopff Verlag.[104] Um die Lizenzierungen voranzutreiben, reichte das Referat »Literatur« des sächsischen »Ministeriums für Volksbildung« Ende Januar 1947 aus der eingegangenen »Flut von Anträgen« auf Verlags-, Zeitschriften-, und Zeitungslizenzen eine Auswahl von 35 bei der für Sachsen zuständigen SMA in Dresden ein.[105] Gemäß dem Begleitschreiben war das Hauptkri-

Nr. 9121, Bl. 17). Mit der Übertragung des Gesellschafteranteils der Stadt Leipzig auf das Kommunal-Wirtschafts-Unternehmen der Stadt Leipzig am 1.8.1949 entfiel die Vertretung der Stadt Leipzig in der GmbH (vgl. Volk und Buch Verlag an Rudolf Senf, Leiter des »Amts für Allgemeine Volkserziehung«, 11.8.1949: ebd., Bl. 4).

101 Vgl. Schreiben von Oberbürgermeister Erich Zeigner, 23.11.1945: »Hierdurch erteile ich den Herren Stadtrat Helmut Holtzhauer, Leipzig, und Ministerialrat a.D. Heinrich Becker, Leipzig, und zwar jedem mit dem Recht zur alleinigen Vertretung, Vollmacht, die Stadt Leipzig bei der Gründungsversammlung der Gesellschaft mit beschränkter Haftung Volk und Buch-Verlag zu vertreten, auch bei der Fassung von Beschlüssen in dieser Versammlung.« (StadtAL, StVuR Nr. 9121, Bl. 195). Nach dem Ausscheiden Beckers aus der Abteilung »Buch- und Bibliothekswesen« ernannte Zeigner Arthur Werner als seinen Nachfolger in der GmbH (vgl. Zeigner an Werner, 25.10.1946: ebd., Bl. 156). Werner war auch Beckers Nachfolger als Leiter der Abteilung »Buch- und Bibliothekswesen« (siehe Kapitel 2.3.2).

102 Der Malik Verlag hatte seine Tätigkeit 1933 einstellen müssen. Der Verlagsleiter, Wieland Herzfelde, emigrierte und lebte am Ende des Zweiten Weltkriegs in New York (vgl. »Liste der vordringlich zu genehmigenden Verlage«, Referat »Verlagswesen« der DVV, 9.2.1946: BArch DR 2/896, fol. 118–119). Da der Abteilung »Schrifttum und Buchhandel« der sächsischen Landesverwaltung »aus allgemein kultur- und schrifttumspolitischen Erwägungen sehr an einer Wiederbelebung der Tätigkeit des Malik-Verlages« gelegen war, setzte sie am 13.11.1945 Frau Buchholtz-Herzfelde, Walter Neugebauer und Kurt Beyer als kommissarische Treuhänder des Verlages ein (Abteilung »Schrifttum und Buchhandel«, Landesverwaltung Sachsen, an Buchholtz-Herzfelde, 13.11.1945: SächsHStAD, 11401 Lr. Sachsen, MfVobi, Nr. 2725). Zwar wurde die Lizenzierung des Malik Verlages als einer der ersten Privatverlage, auch von der DVV in Betracht gezogen (siehe Kapitel 4.1), erteilt wurde eine Lizenz jedoch nicht.

103 Vgl. Liste »Stand des Verlagswesens 23.8.1948«, Landesregierung Sachsen: SächsHStAD, 11401 Lr. Sachsen, MfVobi, Nr. 2764. Gemäß dieser Liste wurden genau 45 Anträge an die DVV weitergeleitet, es ist allerdings nicht auszuschließen, dass tatsächlich mehr Anträge eingereicht wurden, als auf der Liste aufgeführt sind. Aus der Liste geht nicht hervor, welcher der Verlage eine Verlags- und welcher eine Zeitschriftenlizenz beantragt hat. Aufgeführt sind nur Verlage, deren Lizenzierungsverfahren noch nicht abgeschlossen waren.

104 Siehe Lizenzierungslisten in Kapitel 5. Nicht mit aufgeführt sind hier die für Zeitschriften sächsischer Verlage vergebenen Lizenzen.

105 Vgl. Naundorf, »Ministerium für Volksbildung« Sachsen, an SMA Dresden, 31.1.47: SächsHStAD, 11401 Lr. Sachsen, MfVobi, Nr. 2744.

terium dieser Auswahl das Ziel, für jedes Sachgebiet mindestens einen lizenzierten Verlag zu haben.[106] In den folgenden vier Wochen wurde 18 sächsischen Verlagen die Verlagslizenz erteilt, darunter elf vom »Volksbildungsministerium« vorgeschlagenen.[107] Während einer Besprechung zwischen lizenzierten Leipziger Verlegern, Vertretern des »Volksbildungsamts« Leipzig, der Leipziger Sowjetischen Zentralkommandantur und der DVV am 7. März 1947 in Leipzig bat die Vertreterin der Leipziger Sowjetischen Zentralkommandantur, Frau Oberleutnant Schulmann, um das baldige Einreichen einer Liste mit weiteren Lizenzierungsvorschlägen.[108] Welche sächsische Verwaltungsstelle diese Liste einreiche, sei egal; wichtig sei, dass sie »sehr genaue Angaben über jeden vorgeschlagenen Verlag enthalte, aus denen klar zu ersehen sei, ob der Verlag für eine Lizenzerteilung würdig sei«.[109] Noch im selben Monat reichte die Abteilung »Buch- und Bibliothekswesen« des Leipziger »Volksbildungsamts« eine solche Liste bei der Leipziger SMA, bei der DVV sowie beim sächsischen »Ministerium für Volksbildung« ein.[110] »Dringendst befürwortet« wurden hier die fünf Leipziger Verlage Teubner, Abteilung Schaeffer des Kohlhammer Verlags, List & von Bressendorf, F. W. Hendel sowie die Helingsche Verlagsanstalt.[111] Von ihnen erhielten Teubner, List & Bressendorf und Hendel im Juni 1947 die Verlagslizenz.[112]

In **Thüringen** war die deutsche Provinzial- bzw. Landesverwaltung sehr früh dazu bereit, selbst Regelungen für das Verlagswesen herbeizuführen. Bereits am 14. Juli 1945 erteilte der einen Tag später aus seinem Amt entlassene Regierungspräsident Hermann L. Brill (siehe Kapitel 2.2.2.5) den Auftrag, »eine Verordnung zu entwerfen, nach welcher die Neugründung von Verlagen und die Herausgabe von Presseerzeugnissen durch neugegründete Verlage und Druckereien rückwirkend vom 1. April 1945 solange verboten werden« sollte, »bis eine Nachprüfung den antifaschistischen Charakter der Verlage, Druckereien und Personen, die sich an der Herausgabe beteiligen, eindeutig erwiesen« war.[113] Brills Nachfolger, Rudolf Paul, ließ zunächst keine weiteren Schritte in diese Richtung unternehmen. Am 23. Juli 1945 verbot dann jedoch die SMA in Thüringen mit dem unten abgebildeten Befehl Nr. 3 ausdrücklich, Zeitungen und anderes »Druckmaterial« ohne ihre Genehmigung zu drucken und zu verbreiten (siehe Abb. 27). Sie kam damit teilweise der zentralen SMAD in Berlin-Karlshorst zuvor, die ihren für die ganze Besatzungszone gültigen SMAD-Befehl Nr. 19 erst am

106 Vgl. ebd.

107 Das waren die elf Verlage Ernst Wunderlich (Leipzig), Dieterich'sche Verlagsbuchhandlung (Leipzig), Felix Meiner (Leipzig), Staackmann (Leipzig), Harth (Leipzig), Wolfgang Jeß (Dresden), Akademische Verlagsgesellschaft Geest & Portig (Leipzig), Otto Harrassowitz (Leipzig), S. Hirzel (Leipzig), L. Ehlermann (Dresden), Rupert Verlag (Leipzig) sowie die sieben Verlage Paul List (Leipzig), Sachsenverlag (Dresden), Otto Beyer (Leipzig), Dresdner Verlagsanstalt, Neumann (Dresden), Pro Musica (Leipzig) und Voco (Dresden). Näheres zu den Daten siehe Kapitel 5.

108 Vgl. Niederschrift über eine Besprechung zwischen lizenzierten Verlegern und Vertretern der DVV in Leipzig, 7.3.47: StadtAL, StVuR Nr. 8905, Bl. 6–11.

109 Ebd.

110 »Verlage, deren Lizenzierung dringendst befürwortet wird«, Abteilung »Buch- und Bibliothekswesen«, Rat der Stadt Leipzig: StadtAL, StVuR Nr. 2124, Bl. 36–38.

111 Vgl. ebd.

112 Vgl. Lizenzierungslisten in Kapitel 5. Die Abteilung Schaeffer des bereits in der amerikanischen Besatzungszone lizenzierten Verlages W. Kohlhammer, Stuttgart, und die Helingsche Verlagsanstalt erhielten auch später keine Lizenz in der SBZ.

113 Regierungsrat Hoffmann an den thüringischen Landespräsidenten, R. Paul, 2.8.1945: ThHStAW, Ld. Thür. - BdMp, Nr. 219, Bl. 7–9.

2. August 1945 erließ. Wie in Kapitel 3.3.1 beschrieben, wurde mit dem SMAD-Befehl Nr. 19 unter anderem angeordnet, dass Drucksachen einer Druckgenehmigung der SMA bedurften und nur noch in genehmigten Verlagen veröffentlicht werden durften.

Befehl

des Chefs der Sowjet-Militär-Administration des Landes Thüringen

vom 23. Juli 1945 Nr. 3 Weimar

Noch gibt es Fälle, wo einzelne Bürgermeister der Städte örtliche Zeitungen oder Informationsblätter drucken und verbreiten lassen ohne Genehmigung der Militär-Administration.

Ich befehle:

1. Die Ausgabe von Zeitungen und anderem Druckmaterial ohne Genehmigung der Sowjet-Militär-Administration ist verboten.
2. Die Militär-Kommandanten sind verpflichtet, auf die Erfüllung dieses Befehls zu achten.
3. Zuwiderhandlungen werden nach den Kriegsgesetzen bestraft. Das ohne Genehmigung gedruckte Material wird beschlagnahmt.

Der Chef der Sowjet-Militär-Administration
des Landes Thüringen
Garde-Generaloberst Tschuikow.

Abb. 27: Befehl Nr. 3 der SMA Thüringen, 23.7.1945.[114]

Am Tag des Erlasses des SMAD-Befehls Nr. 19 hatte sich auch Präsident Paul von der Notwendigkeit überzeugen lassen, für den Fall der Untätigkeit der Besatzungsbehörde selbst eine Verordnung zum Verlagswesen zu erlassen, und hatte den Entwurf einer solchen in Auftrag gegeben.[115] Als Reaktion auf den SMAD-Befehl Nr. 19 vom 2. August 1945 erließ zum einen das »Landesamt für Volksbildung« am 21. September 1945 die für Verlage, Buchhandlungen und Leihbüchereien gültigen »Richtlinien über die Ausmerzung der nationalsozialistischen, militaristischen und imperialistischen Literatur«. Zum anderen ordnete die »Thüringische

114 Vorlage und Repro: Thüringisches Hauptstaatarchiv Weimar, Bestand Zeitgeschichtliche Sammlung Nr. 79, Befehl 3.

115 Vgl. Regierungsrat Hoffmann an den thüringischen Landespräsidenten, R. Paul, 2.8.1945: ThHStAW, Ld. Thür. - BdMp, Nr. 219, Bl. 7–9.

Landesstelle für Buch- und Bibliothekswesen« am 1. November 1945 in einem Rundschreiben an, Anträge auf Wiedereröffnung bei ihr zu stellen.[116] Die Anträge sollten folgende Angaben enthalten:

> Firma, Gründungsjahr, buchhändlerisches Arbeitsgebiet, (möglichst genau die Rechtsform des Unternehmens, ob handelsgerichtlich eingetragen), Zahl der Angestellten und Arbeiter, (a. Buchhändlerische, b. Sonstige) am 1.1.1939, am 1.1.1945 und am 1.8.1945, Namen der Inhaber und leitenden Angestellten, auch der nichtbuchhändlerischen, Kommissionär, Mitteilungen, ob seit dem 30.1.1933 ein Wechsel der Inhaber, der Betriebsführer oder der leitenden Angestellten aus rassischen oder politischen Gründen eingetreten ist, gegebenenfalls wann und welche.[117]

Zudem wurden sämtliche Leiter von Buchhandelsbetrieben und ihre leitenden Angestellten dazu aufgefordert, an einer Fragebogenaktion teilzunehmen, die unter anderem über ihre bisherige Parteizugehörigkeit, über ihren Dienst bei der Wehrmacht und über ihre Tätigkeit in buchhändlerischen Organisationen seit Machtantritt der Nationalsozialisten Ende Januar 1933 aufklären sollte.[118] Firmen, die ihre ausgefüllten Fragebögen sowie die ebenfalls angeforderten Lebensläufe nicht innerhalb von acht Tagen einreichen würden, wurde mit Schließung gedroht.[119] Sämtliche Unterlagen sollten bei der »Thüringischen Landesstelle für Buch- und Bibliothekswesen« eingereicht werden, wo auch die »politische und fachliche Eignung« der Unternehmen, die einen Antrag auf Wiedereröffnung stellten, überprüft wurde.[120] Die vorläufige Entscheidung über die Anträge war dem Leiter des thüringischen »Landesamtes für Volksbildung«, Walter Wolf, (siehe Kapitel 2.2.2.5), vorbehalten.[121] Bereits am 21. Januar 1946 – wenige Tage nachdem sich auf zentraler Ebene Vertreter der DVV und SMAD auf die Lizenzierung einiger weniger Privatverlage geeinigt hatten (siehe Kapitel 4.1) – legte der Leiter der »Thüringischen Landesstelle für Buch- und Bibliothekswesen«, Joseph Witsch, der dortigen SMA drei Listen der Verlage Thüringens vor: erstens das »Verzeichnis der Verlage, für die die Registrierung beantragt ist«, zweitens das »Verzeichnis der Verlage, die nach Genehmigung der ersten Liste in der Reihenfolge ihrer Aufzählung zur Registrierung vorgeschlagen werden sollen« und drittens das »Verzeichnis der Verlage, deren Registrierung einstweilig nicht vorgesehen ist«.[122] Die Verlage Gustav Kiepenheuer aus Weimar, Gustav Fischer aus Jena, Justus Perthes aus Gotha und die Thüringische Verlagsanstalt aus Weimar, später Verlag Werden und Wirken, der Verlag des thüringischen »Landesamt für Volksbildung« und späteren »Ministeriums für Volksbildung«, waren die ersten thüringischen Verlage

116 Vgl. Rundschreiben der »Thüringischen Landesstelle für Buch- und Bibliothekswesen«, 1.11.1945: ThHStAW, Ld. Thür. - LfB, Nr. 331. In dem Rundschreiben werden die Richtlinien vom 21.9.1945 zitiert. An wen dieses Rundschreiben versandt wurde, ob an die Städte und Gemeinden Thüringens und/oder an die Verlage, geht aus dem Rundschreiben nicht hervor.

117 Rundschreiben der »Thüringischen Landesstelle für Buch- und Bibliothekswesen«, 1.11.1945.

118 Näheres zu den gestellten Fragen siehe ebd.

119 Vgl. ebd.

120 Vgl. ebd. und Rundschreiben des »Landesamts für Volksbildung« Thüringen, an die Oberbürgermeister und Landräte Thüringens, 30.11.1945: ThHStAW, Ld. Thür. - LfB, Nr. 31, Bl. 114.

121 Rundschreiben des »Landesamts für Volksbildung« Thüringen, an die Oberbürgermeister und Landräte Thüringens, 30.11.1945.

122 Witsch, »Thüringische Landesstelle für Buch- und Bibliothekswesen«, an Blechmann, SMA Thüringen, 12.1.1946: ThHStAW, Ld. Thür. - LfB, Nr. 25. Die genannten Listen sind diesem Schreiben in der Akte nicht beigefügt.

für deren Lizenzierung sich Witsch dabei einsetzte.[123] Am 7. Februar 1946 reichte er elf weitere Verlagsanträge an das thüringische »Landesamt für Volksbildung« weiter und drängte aufgrund des seiner Meinung nach untragbaren »Zustands der Ungewissheit für alle Beteiligten« darauf, »die Unterlagen nach Berlin weiterzugeben und eine Entscheidung in den Verlagsfragen herbeizuführen.«[124] Mit den Weimarer Verlagen Gustav Kiepenheuer (14. März) und Hermann Böhlaus Nachfolger (12. April) befanden sich schließlich unter den ersten neun Privatverlagen, die im März und April 1946 von der SMAD lizenziert wurden, dann auch zwei thüringische Verlage (siehe Kapitel 4.1). Der dritte Verlag Thüringens, der eine Lizenz der SMAD erhielt, war am 10. Juni 1946 die bereits erwähnte Thüringische Verlagsanstalt mit den ihr angeschlossenen Verlagen Julius Beltz und Beyer & Söhne, beide aus Langensalza, Thüringen (siehe Kapitel 5). Danach folgten im Dezember 1946 der Gustav Fischer Verlag (10. Dezember) und der Karl Rauch Verlag (12. Dezember), beide aus Jena, sowie der Greifenverlag aus Rudolstadt (18. Dezember). Bis Ende 1946 waren somit »von früher etwa 80 Verlagen« Thüringens acht lizenziert, davon zwei im Rahmen ihres Anschlusses an die Thüringische Verlagsanstalt.[125] Bis Mitte April 1947 kamen sechs weitere Verlage und eine Verleger-Arbeitsgemeinschaft hinzu: der Thüringer Volksverlag, Weimar (25. Februar 1947), der Markewitz Verlag, Mühlhausen (1. April 1947), die Verlage Duncker, Weimar, Graphik, Altenburg, Justus Perthes, Gotha, und Martin Luther, Erfurt, (sämtliche 2. April 1947) sowie die »Arbeitsgemeinschaft Thüringischer Verleger« (ebenfalls 2. April 1947), der

123 Vgl. Witsch, »Thüringische Landesstelle für Buch- und Bibliothekswesen«, an »Ministerium für Volksbildung« Thüringen, 7.2.1946: ThHStAW, Ld. Thür. - LfB, Nr. 31. Die Thüringische Verlagsanstalt wurde Ende März/Anfang April 1946 gegründet. Sie sollte ursprünglich die Bezeichnung »Stiftung ›Thüringischer Staatsverlag‹« erhalten. Gemäß einem Verfassungsentwurf sollte sie den Zweck haben, »in Arbeitsgemeinschaft mit Thüringischen Verlegern durch Veröffentlichungen der Volksbildung zu dienen« (Verfassung der Stiftung »Thüringischer Staatsverlag«, Anlage zum Schreiben von Witsch an DVV, 16.4.1946: ThHStAW, Ld. Thür. - LfB, Nr. 370). Ihm angeschlossen hatten sich die Verlage Julius Beltz und Beyer & Söhne, beide aus Langensalza, Thüringen (ebd.). Am 18.2.1949 wurde die Thüringische Verlagsanstalt, inzwischen in Verlag Werden und Wirken umbenannt, aufgrund des Beschlusses der Gesellschafterversammlung aufgelöst (»Bericht über die Prüfung des Jahresabschlusses zum 31.12.1948 der Volk und Wissen Verlags GmbH«: BArch DR 2/882, fol. 10). Zum Lizenzierungsverfahren des Gustav Fischer Verlags siehe Kapitel 4.5.3. Für die Wiederzulassung der Verlage Gustav Kiepenheuer, Gustav Fischer, Justus Perthes sowie für den Vogel-Verlag aus Pößneck hatte sich zuvor schon Theodor Plievier als Bevollmächtigter des thüringischen »Landesamts für Volksbildung« gegenüber der DVV eingesetzt (vgl. Wahl: »Das Verlegen gebe ich nie auf ...«, S. 96). Zu dem frühen Zeitpunkt hatte es jedoch noch keine Einigung bezüglich des Umgangs mit Privatverlagen gegeben.

124 Ebd. Welche elf Verlage das waren, deren Anträge hier weitergeleitet wurden, ist dem Schreiben nicht zu entnehmen.

125 Vgl. Thilo, »Thüringische Landesstelle für Buch- und Bibliothekswesen« an H. Strom, 3.3.1947: ThHStAW, Ld. Thür. - LfB, Nr. 369. In dem genannten Schreiben heißt es, dass bis zum 3.3.1947 neun Verlage lizenziert worden seien (vgl. ebd.). Die Zahl erhöhte sich von acht auf neun durch den am 25.2.1947 lizenzierten Thüringer Volksverlag, dem Verlag der SED Thüringen (vgl. ebd.). Die dortige Angabe »3 davon im Rahmen einer Arbeitsgemeinschaft« bezieht sich auf die beiden Verlage, Beltz und Beyer & Söhne, die sich der Thüringischen Verlagsanstalt angeschlossen hatten, sowie vermutlich auf den Gustav Fischer Verlag, der zwar inzwischen für die naturwissenschaftlichen Publikationen des Verlages eine eigene Verlagslizenz besaß, aber durch seine Mitgliedschaft in der »Arbeitsgemeinschaft Medizinischer Verleger« auch für die medizinischen Publikationen des Verlages lizenziert war (siehe Kapitel 4.5.3).

zu dem Zeitpunkt dreizehn weitere Thüringer Verlage angeschlossen waren.[126] »Mit den neu erteilten Lizenzen sind wir einen wesentlichen Schritt weitergekommen«, schrieb Witsch in seinem »Bericht über den Stand der Verlagsangelegenheiten in Thüringen« am 8. April 1947.[127] »Es sind jetzt nur noch wenige Fälle, für die Anträge laufen.«[128] Bis zum 23. März 1948 kamen mit dem Jenaer Urania-Verlag (21. Juli 1947), dem Robert Birkner Verlag, Apolda, und dem Landesverlag Thüringen, Weimar, (beide 16. September 1947) nur noch drei weitere Verlage hinzu.[129]

In der **Mark Brandenburg** wandten sich die Verlage und Buchhandlungen in den ersten Monaten nach Kriegsende zwar auch mit ihren Anfragen auf Wiedereröffnung an die zuständige Provinzialverwaltung, eine klärende Antwort bekamen sie hier jedoch vorerst nicht. Am 12. November 1945 wies der Leiter der Gruppe »Allgemeine Volksbildung« von der Abteilung »Volksbildung«, Ministerialrat Hausmann, mit einem Schreiben die DVV aauf die Anfragen hin und erkundigte sich, ob die DVV bereits »Grundsätze über die Wiedereröffnung solcher Betriebe ausgearbeitet« habe.[130] Bemühungen, selbst eine Lösung für die Provinz herbeizuführen, wie beispielsweise in Thüringen, gab es in der Mark Brandenburg zunächst nicht. Die Provinzialverwaltung handelte erst, nachdem die DVV im Mai 1946 in einem Rundschreiben an die Provinzial- und Landesverwaltungen weitere Lizenzierungsvorschläge eingefordert und über die Vorgehensweise aufgeklärt hatte (siehe Kapitel 4.1). Die Verwaltung der Mark Brandenburg erließ daraufhin mit dem Runderlass 337/IV vom 13. Juni 1946 an die Landräte und Oberbürgermeister der Städte eine Anordnung zu »Gewerbe- usw. Genehmigungen für Buchhändler, gewerbliche Buchverleiher und Verleger«.[131] Ausdrücklich wurde darin »Personen, die der NSDAP oder einer ihrer Gliederungen angehört oder sich aktiv im Sinne des Nationalsozialismus betätigt« hatten, die »Genehmigung zur Führung oder Eröffnung« von Buchhandelsunternehmen untersagt.[132] Weitere Kriterien waren unter anderem die Allgemein- und Fachbildung der Leiter und Mitarbeiter sowie ihre berufliche Erfahrung. Außerdem sollte die Zulassung »überflüssiger buchhändlerischer Unternehmungen«

126 Vgl. »Bericht über den Stand der Verlagsangelegenheiten in Thüringen«, »Thüringische Landesstelle für Buch- und Bibliothekswesen«, 8.4.1947: ThHStAW, Ld. Thür. - LfB, Nr. 31, Bl. 103 und Liste der bis zum 30.4.1947 lizenzierten Verlage Thüringens, »Ministerium für Volksbildung« Thüringen: ThHStAW, Ld. Thür. - MfVobi, Nr. 4267. Zur »Arbeitsgemeinschaft Thüringischer Verleger« siehe Kapitel 4.3.3.

127 »Bericht über den Stand der Verlagsangelegenheiten in Thüringen«, »Thüringische Landesstelle für Buch- und Bibliothekswesen«, 8.4.1947.

128 Ebd. Die angesprochenen Verlage, für die zu diesem Zeitpunkt Lizenzanträge liefen, waren der Leopold Klotz Verlag, Gotha, der Wartburg-Verlag, Jena und der Urania-Verlag, ebenfalls aus Jena (vgl. ebd.). Eine Verlagslizenz erhielt von diesen Verlagen am 21.7.1947 nur noch der Urania-Verlag. Der Wartburg Verlag erhielt am 15.12.1947 ein Lizenz für die Zeitschrift »Glaube und Heimat« (Vgl. Rat der Stadt Jena an »Ministerium für Volksbildung« Thüringen, 15.10.1948: ThHStAW, Ld. Thür. - MfVobi, Nr. 4281 und Kapitel 5).

129 Vgl. Liste der bis zum 20.3.1948 lizenzierten Verlage Thüringens, 22.3.1948: ThHStAW, Ld. Thür. - MfVobi, Nr. 4275 und Kapitel 5.

130 DVV an Provinzialverwaltung Brandenburg, 21.9.1945: BLHA, Ld. Br. Rep. 205 A, Nr. 824, Bl. 45–46.

131 Runderlass Nr. 337 der Provinzialverwaltung Mark Brandenburg an die Landräte und Oberbürgermeister der Provinz, 13.6.1946, unterschrieben in Vertretung für den Präsidenten Karl Steinhoff vom 3. Vizepräsidenten Fritz Rücker: BLHA, Ld. Br. Rep. 205 A, Nr. 828, Bl. 74.

132 Ebd.

vermieden werden.[133] Die Leiter sämtlicher Buchhandelsunternehmen wurden dazu verpflichtet, »genaue Unterlagen ihres gesamten Personals den Volksbildungsämtern einzureichen«.[134] Anträge auf Gründung neuer und Erwerb bestehender Verlage sollten von den örtlichen Volksbildungsämtern bearbeitet und »entscheidungsreif« Karl Steinhoff, dem Präsidenten der Provinzialverwaltung, vorgelegt werden.[135] Für die Genehmigung von Verlagen war in jedem Fall die Entscheidung der Abteilung »Volksbildung« der Provinzialverwaltung einzuholen.[136] Zusätzlich zu ihrem Antrag sollten die Verlage einen ausgefüllten Fragebogen, Lebensläufe des Personals sowie einen Entwurf der beabsichtigten Verlagsplanung einreichen.[137] Zu dieser Zeit planten die Mitarbeiter der Gruppe »Allgemeine Volksbildung« der Provinzialverwaltung gerade die »Errichtung und Reaktivierung von 4–5 Verlagsanstalten«.[138] Die Lizenzierungen seien, so hieß es, »im Gange« und sollten noch im Juni oder spätestens im Juli 1946 ihren Abschluss finden.[139] Tatsächlich aber wurde erst am 19. Dezember 1946 mit der Potsdamer Verlagsgesellschaft erstmals ein Verlag aus der Mark Brandenburg lizenziert. Danach folgten am 8. Februar 1947 der Verlag Eduard Stichnote und am 28. Mai 1947 die Märkische Druck- und Verlags-GmbH, beide aus Potsdam (siehe Kapitel 5). Weitere Verlage der Mark Brandenburg wurden nicht lizenziert.

In der Provinz Sachsen, später **Sachsen-Anhalt** (siehe Kapitel 2.2.2.4), erfolgte die so genannte »politische Säuberung des Verlagswesens und Buchhandels« durch Ausschüsse, die gemäß einer am 20. September 1945 erlassenen Verordnung gebildet worden waren.[140] Da diese »Säuberung« als Voraussetzung für die Wiederaufnahme der Verlagsproduktion galt, sollte sie bis zum 20. Dezember 1945 abgeschlossen sein.[141] Regelungen zur Wiederzulas-

133 Ebd.

134 Ebd.

135 Vgl. ebd. Statt dem Wort »Verlage« steht in der Abschrift zweimal »Vorlage«; es ist davon auszugehen, dass es sich hier um einen einfachen Tippfehler handelt.

136 Vgl. ebd.

137 Vgl. Handschriftliche Notizen auf dem Schreiben von E. Laukner an K. Steinhoff, 17.9.1946: BLHA, Ld. Br. Rep. 205 A, Nr. 856, Bl. 139 und Provinzialverwaltung Mark Brandenburg an E. Laukner, 18.10.1946: ebd., Bl. 138. Der Runderlass Nr. 337/IV hat die Erteilung von Genehmigungen für Buchhandelsunternehmen bis Januar 1949 geregelt (vgl. Aktenvermerk »Regelung der gewerblichen Zulassung für Betriebe des Buchhandels«, 25.1.1949: BLHA, Ld. Br. Rep. 205 A, Nr. 828, Bl. 53–54). Zu den Fragebögen siehe auch Kapitel 3.3.2.

138 Vgl. Arbeitsplan der Gruppe »Allgemeine Volksbildung«, Provinzialverwaltung Mark Brandenburg, zu datieren auf die Zeit vor dem 14.6.1946: BLHA, Ld. Br. Rep. 205 A, Nr. 818, Bl. 132. Welche Verlage das waren, ist dem Schreiben nicht zu entnehmen.

139 Vgl. ebd.

140 Rundschreiben »Politische Säuberung des Verlagswesens und Buchhandels« des Präsidenten der Provinz Sachsen an die Städte und Gemeinden der Provinz, 8.11.1945: LHASA, MD, Rep. K 10 MVb, Nr. 5822, Bl. 44–45.

141 Vgl. ebd. Nicht in allen dieser Ausschüsse wurde der gewünschte Termin eingehalten. Der Ausschuss zur politischen Bereinigung der Wirtschaft bei der Wirtschaftskammer Magdeburg hatte erst am 21.12.1945 seine erste Sitzung (vgl. »Ausschuss zur politischen Säuberung der Wirtschaft bei der Wirtschaftskammer Magdeburg« an einen Adressaten in Magdeburg, der Name des Adressaten wurde auf der Kopie des Schreibens vom Archiv geschwärzt, 29.12.1945: LHASA, MD, Rep. K 10 MVb, Nr. 5124, Bl. 194). Noch im November 1946 erinnerte die Abteilung »Volksbildung« der Provinzialverwaltung Sachsen in einem Rundschreiben an die Ausschüsse in den Städten Halle, Magdeburg und Dessau an das oben zitierte Rundschreiben vom 8.11.1945 und bat um die Einreichung von Berichten über die vollzogenen »Säuberungsverfahren« bis spätestens 5.12.1946 (vgl. Rundschreiben der Abtei-

sung von Verlagen wurden in der Provinz Sachsen jedoch nicht geschaffen. Ähnlich wie in der Provinz Mark Brandenburg wurde erwartet, dass diese auf zentraler Ebene beschlossen würden. So hieß es in einem Bericht über die bisherige Tätigkeit der Abteilung »Volksbildung« der Provinzialregierung Sachsen-Anhalt vom 22. Februar 1946: »Leider war es noch nicht möglich, in unserer Provinz Buchverlage anerkennen zu lassen, da ein zentraler Befehl noch keine Handhabung bietet.«[142] Wie in Brandenburg, kam es auch in der Provinz Sachsen-Anhalt erst im Dezember 1946 zur Lizenzierung von Verlagen. So erhielt der Max Niemeyer Verlag, Halle, am 10. Dezember 1946 und die Mitteldeutsche Verlags-Gesellschaft mbH, Halle, am 11. Dezember 1946 eine Verlagslizenz (siehe Kapitel 5). Wenige Tage später, am 19. Dezember 1946, wurde die »Arbeitsgemeinschaft der Fachbuch- und Fachzeitschriften-Verleger«, Leipzig und Berlin, lizenziert. Ihr angeschlossen waren auch der Wichmann Verlag, Bad Liebenwerda, und der Ziemsen Verlag, Wittenberg, aus Sachsen-Anhalt (siehe Kapitel 4.4.2), so dass bis zum Ende des Jahres 1946 vier von 92 Verlagen Sachsen-Anhalts lizenziert waren.[143] Die dann folgenden Lizenzierungen waren am 8. Februar 1947 die Wilhelm Knapp Verlagsbuchhandlung und die Carl Marhold Verlagsbuchhandlung, beide aus Halle, sowie am 27. Mai 1947 die Mitteldeutsche Druckerei- und Verlagsanstalt und am 20. August 1947 der Gebauer-Schwetschke-Verlag, ebenfalls beide aus Halle (siehe Kapitel 5). Danach stagnierten die Lizenzierungen für Verlage Sachsen-Anhalts. In einem Bericht des Referats »Bibliotheks-, Buch- und Verlagswesen« des »Ministeriums für Volksbildung, Kunst und Wissenschaft« der Landesregierung Sachsen-Anhalt an Ministerialdirektor Otto Halle vom 25. November 1947 heißt es:

> Das Land Sachsen-Anhalt steht mit 8 lizenzierten Verlagen (davon 2 im Rahmen einer Arbeitsgemeinschaft) weit hinter anderen Ländern zurück. So hat nach einem Bericht der Verleger-Gemeinschaft Sachsen-Anhalt (ohne Datum) an den Herrn Minister Thape die Stadt Berlin ca 100 Lizenzen, das Land Sachsen ca 40 und Thüringen ca 35. Es erscheint notwendig, dass der nächsten Ministerkonferenz diese Lage des Landes Sachsen-Anhalt vor Augen gestellt und auf eine bevorzugte Berücksichtigung unseres Landes Gewicht gelegt wird.[144]

lung »Volksbildung«, Provinz Sachsen, an die Industrie- und Handelskammern in Halle, Magdeburg und Dessau, 14.11.1946: ebd., Bl. 69).

142 Abteilung »Volksbildung«, Provinzialverwaltung Sachsen, an Präsident Hübener, 22.2.46: LHASA, MD, Rep. K Min. Präs, Nr. 3896, Bl. 7–11. Lediglich die Stadtverwaltung Halle erließ im Alleingang »in Ausführung des Befehls Nr. 10 des Herrn Militärkommandanten der Stadt Halle vom 15. Februar 1946« eine Anordnung, nach der unter anderem Leihbüchereien und Verlagen ab dem 27.3.1946 nur dann ihren Betrieb weiterführen durften, »wenn sie im Besitze eines ›Zulassungsscheins‹« des »Volksbildungsamts« Halle waren (»Amtl. Bekanntmachungen der Stadtverwaltung Halle Nr. 114« betr. »Anerkennung, Neu- u. Wiedereröffnung von Handelsbetrieben mit Druckerzeugnissen«, 19.3.1946: LHASA, MD, Rep. K 10 MVb, Nr. 4547, Bl. 150). Der erwähnte Befehl Nr. 10 war dieser Bekanntmachung nicht beigelegt.

143 Zur Anzahl der Verlage in Sachsen-Anhalt siehe Referat »Bibliotheks-, Buch- und Verlagswesen«, »Ministeriums für Volksbildung, Kunst und Wissenschaft«, Provinzialverwaltung Sachsen, an »Abteilung Kunst und Literatur« im Hause, 13.5.1947: LHASA, MD, Rep. K 10 MVb, Nr. 4925, Bl. 72f.

144 Bericht »Verlage und Verlagsrechte« des Referats »Bibliotheks-, Buch- und Verlagswesen«, »Ministerium für Volksbildung, Kunst und Wissenschaft« Sachsen Anhalt, an O. Halle, 25.11.1947: LHASA, MD, Rep. K 10 MVb, Nr. 4925, Bl. 53–56.

Zu diesem Zeitpunkt war über 28 weitere Verlagslizenzanträge von Verlagen Sachsen-Anhalts noch nicht entschieden worden.[145] Zu weiteren Lizenzierungen kam es nicht mehr.[146]

In **Mecklenburg-Vorpommern** waren die Verleger vermutlich als Reaktion auf den am 2. August 1945 erlassenen SMAD-Befehl Nr. 19 (siehe Kapitel 3.3.1) von der Abteilung »Kultur und Volksbildung« der Landesverwaltung dazu aufgefordert worden, Anträge auf Wiederzulassung mit folgenden Anlagen bei ihr einzureichen:

> 1.) Lebenslauf des Verlagsleiters mit ausführlicher Übersicht über die politische Betätigung; 2.) Eidesstattliche Erklärung, dass Angehörige der NSDAP aus leitenden Stellungen entfernt wurden und höchstenfalls in untergeordneten Positionen arbeiten; 3.) Übersicht über das künftige Arbeitsprogramm; 4.) Auskunft, auf welchem Arbeitsgebiet sich der Verlag spezialisieren will; 5.) Übersicht über die technischen Möglichkeiten der Programmdurchführung (Verträge mit Druckereien, Papiervorräte).[147]

Am 27. Oktober 1945, nach der Überprüfung der ersten eingegangenen Anträge, wandte sich der dritte Vizepräsident der Landesverwaltung Mecklenburg-Vorpommern und Leiter ihrer Abteilung »Kultur und Volksbildung«, Gottfried Grünberg (siehe Kapitel 2.2.2.2), an den Chef der SMA Mecklenburg-Vorpommerns mit der Bitte, dem Verlag Christian Sauerland und Sohn, Ludwigslust, »die grundsätzliche Konzession zu erteilen«. [148] Das waren gut zwei Monate, bevor auf zentraler Ebene zwischen Vertretern der SMAD und der DVV erste konkrete Beschlüsse zur Lizenzierung von Privatverlagen gefasst wurden (siehe Kapitel 4.1). Trotz wiederholter Nachfragen der Abteilung »Kultur und Volksbildung« der Landesverwaltung wurde von der SMA Mecklenburg-Vorpommerns weder eine Entscheidung über die Erteilung dieser Konzession noch eine Entscheidung über die grundsätzliche »Klärung der Verlegertätigkeit« getroffen. [149] In der Hoffnung auf eine Lösung des Problems wandte sich Grünberg schließlich an die DVV in Berlin.[150] Zusammen mit einer kleinen Beschwerde über das Verhalten der SMA Mecklenburg-Vorpommerns reichte Grünberg am 8. Dezember 1945 weitere inzwischen eingegangene Anträge auf Wiederzulassung bei ihr ein.[151] Als Antwort

145 Vgl. ebd.

146 Vgl. Bericht »Entwicklung des Bücherei- und Verlagswesens seit dem Zusammenbruch« des Referats »Bibliotheks-, Buch- und Verlagswesen«, »Ministerium für Volksbildung, Kunst und Wissenschaft« Sachsen Anhalt, 25.6.1948: LHASA, MD, Rep. K 10 MVb, Nr. 429, Bl. 253. Siehe auch Referat »Bibliotheks-, Buch- und Verlagswesen«, »Ministerium für Volksbildung, Kunst und Wissenschaft« Sachsen Anhalt, an »Amt für Volksbildung«, Rat der Stadt Stendal, 14.3.1949: »Abschliessend wird darauf hingewiesen, dass Verlaglizenzierungen im Hinblick auf die augenblickliche Papiersituation nicht mehr erteilt werden« (LHASA, MD, Rep. K 10 MVb, Nr. 7179, Bl. 3).

147 G. Grünberg, Vizepräsident des Landes Mecklenburg-Vorpommern, an den Chef der SMA Mecklenburg Vorpommern, 27.10.1945: LHA Schwerin, 6.11–21 Ld. Meckl., MfVobi, Nr. 3078. Wann die Verleger zur Einreichung dieser Anträge aufgefordert wurden, ist dem Schreiben nicht zu entnehmen.

148 Ebd. »Bei der Landesverwaltung, Abteilung Kultur und Volksbildung häufen sich die Anfragen bezüglich der Wiederaufnahme der Verlagstätigkeit«, so Grünberg in dem Schreiben an die SMA Schwerin (ebd.).

149 Grünberg an DVV, 8.12.1945: LHA Schwerin, 6.11–21 Ld. Meckl., MfVobi, Nr. 3073.

150 Vgl. ebd.

151 Vgl. ebd. Dem Schreiben ist nicht zu entnehmen, Anträge welcher Verlage das waren. Aus einem Schreiben der DVV an die Abteilung »Kultur und Volksbildung« der Landesverwaltung Mecklenburg-Vorpommern vom 28.12.1945 geht jedoch hervor, dass einer der Anträge vom Verlag Wolfgang

darauf teilte ihm die DVV mit, dass zunächst die »Neuregelung des Verlagswesens« abgewartet werden müsse, um die sie sich zusammen mit der SMAD bemühe.[152]

Bei den Anfang 1946 einsetzenden konkreteren Planungen auf zentraler Ebene zu den ersten Lizenzierungen von Privatverlagen (siehe Kapitel 4.1) wurde der Verlag Christian Sauerland und Sohn trotz der Unterstützung durch die Landesverwaltung Mecklenburg-Vorpommern nicht in Betracht gezogen. Stattdessen lizenzierte die SMAD gemäß den Vorschlägen Beckers und der DVV-Mitarbeiter bei ihrer zweiten Lizenzierungswelle von Privatverlagen am 18. April 1946 den Rostocker Hinstorff Verlag.[153] Die nächste Lizenzierung eines Verlags aus Mecklenburg-Vorpommern erfolgte dann erst wieder am 12. Dezember 1946 mit dem Peter-Paul-Verlag aus Feldberg.[154] Bis Mitte Mai 1947 verfügten insgesamt vier Mecklenburger Verlage über eine Verlagslizenz: die beiden bereits erwähnten Verlage Hinstorff und Peter-Paul sowie der in Schwerin ansässige Mecklenburgische Heimatverlag (24. Februar 1947), der zum Mecklenburger Kulturbund zur Demokratischen Erneuerung Deutschlands gehörte, und der Schweriner Musikverlag Schimanke (25. Februar 1947).[155] Dem von der Landesverwaltung Mecklenburg-Vorpommern immer wieder unterstützten Verlag Sauerland und Sohn wurde von der SMAD zwar keine Verlagslizenz erteilt, dafür erhielt er am 2. April 1947 eine Zeitschriftenlizenz für den *Generalanzeiger für Philatelie*.[156] Eine weitere Verlagslizenzierung erfolgte dann erst wieder am 10. Dezember 1947 mit dem Mecklenburger Verlag, Schwerin, dem Verlag des Landesvorstands der SED Mecklenburg.[157] Weitere Verlagslizenzen wurden für Verlage in Mecklenburg-Vorpommern nicht erteilt.

Im Magistrat von **Groß-Berlin** war, wie in Kapitel 2.3.1 beschrieben, ein und dieselbe Verwaltungsstelle für die Verlage aller Sektoren Berlins zuständig. Lizenzierungsanträge waren jeweils nach den Anweisungen der zuständigen Militärregierung zu bearbeiten. Zwar wurden von der Abteilung bzw. dem Referat »Verlage« des Magistrats und seinen Nachfol-

Krüger, Kölpinsee, stammte (vgl. DVV an Abteilung »Kultur und Volksbildung«, Landesverwaltung Mecklenburg-Vorpommern, 28.12.1945: LHA Schwerin, 6.11–21 Ld. Meckl., MfVobi, Nr. 3073).

152 DVV an Abteilung »Kultur und Volksbildung«, Landesverwaltung Mecklenburg-Vorpommern, 28.12.1945. Vgl. auch Abteilung »Kultur und Volksbildung«, Landesverwaltung Mecklenburg-Vorpommern, an Kurt Saubert, 21.1.1946: LHA Schwerin, 6.11–21 Ld. Meckl., MfVobi, Nr. 3089.

153 Vgl. Kopie der Lizenzurkunde Nr. 50 des Hinstorff Verlages (erteilt an den Verleger Peter E. Erichson, an Pastor K. Kleinschmidt, an den Stadtrat Günther Matern und an den Schriftsteller und Vorsitzenden der Landesleitung des Kulturbundes zur demokratischen Erneuerung Deutschlands in Mecklenburg-Vorpommern Willi Bredel), 18.4.1946: LHA Schwerin, 6.11–21 Ld. Meckl., MfVobi, Nr. 3079. Zum Hinstorff Verlag siehe auch Kapitel 4.1.

154 Vgl. Kopie der Lizenzurkunde Nr. 118 des Peter-Paul-Verlags, 12.12.1946: LHA Schwerin, 6.11–21 Ld. Meckl., MfVobi, Nr. 3074.

155 Vgl. Arbeitsbericht für den Zeitraum Januar bis Mai 1947, Referat »Literatur und Buchwesen«, »Ministerium für Volksbildung« Mecklenburg: LHA Schwerin, 6.11–21 Ld. Meckl., MfVobi, Nr. 2666 bzw. auszugsweise Abschrift desselben Arbeitsberichtes: ebd., Nr. 2683; Kopie der Lizenzurkunde Nr. 185 des Mecklenburgischen Heimatverlages (erteilt an Willi Bredel, Otto Oehmcke und Herbert Bartholomäus), 24.2.1947: ebd., Nr. 3087 und Kopie der Lizenzurkunde Nr. 209 des Musik-Verlags Schimanke, 25.2.1947: ebd., Nr. 3090.

156 Vgl. Kopie der Lizenzurkunde Nr. 264 der Zeitschrift »Generalanzeiger für Philatelie«, herausgegeben vom Sauerland Verlag, 2.4.1947: LHA Schwerin, 6.11–21 Ld. Meckl., MfVobi, Nr. 3078 und Jahresbericht 1946, Abteilung »Kunst und Literatur«, »Ministerium für Volksbildung« Mecklenburg-Vorpommern: LHA Schwerin, 6.11–21 Ld. Meckl., MfVobi, Nr. 2666.

157 Vgl. Kopie der Lizenzurkunde Nr. 342 für den Mecklenburger Verlag, 10.12.1947: LHA Schwerin, 6.11–21 Ld. Meckl., MfVobi, Nr. 3084.

gern keine Regelungen geschaffen, die ausschließlich dem Umgang mit Verlagen eines einzelnen Sektors dienten. Dadurch, dass hier allerdings die Anweisungen sämtlicher Militärregierungen zusammenliefen, bot sich den Referatsmitarbeitern ein guter Vergleich der Handlungsweise der einzelnen Besatzungsmächte gegenüber ihren Verlagen. Zeichneten sich Tendenzen ab, die Verlage eines Sektoren gegenüber Verlagen anderer Sektoren zu benachteiligten, konnten sie die entsprechende Besatzungsmacht darüber informieren und somit auch indirekt Einfluss auf Verfahrensweisen nehmen (siehe unten). Wurden vom Magistrat Berlin selbst Regelungen geschaffen, galten sie immer den Verlagen sämtlicher Sektoren. Zur Erfassung der Verlage in Groß-Berlin verteilten die Mitarbeiter der »Abteilung für Volksbildung« des Magistrats seit Juli 1945 mehrseitige Fragebögen.[158] Sie enthielten unter anderem Fragen zu Personalbestand, Verlagsgebäude, angegliederten Druckereien, angeschlossenen Verbänden und Organisationen, Papierbeständen, wirtschaftlicher Leistungsfähigkeit, Zusammenarbeit mit Schriftstellern, Politikern etc., verlegten Zeitschriften, erschienen Verlagswerken und Verlagsplanungen.[159] Ausführliche Angaben zu den Verlagsinhabern und ihren bisherigen beruflichen und politischen Aktivitäten sollten anhand der mit einzureichenden Lebensläufe und der ausgefüllten »Fragebögen (für Verlagsantragsteller und verwandte Gewerbe)« ermittelt werden.[160] Das Einreichen dieser Unterlagen beim Magistrat von Groß-Berlin war für alle Verlage Berlins – unabhängig davon, in welchem Sektor der Stadt sie ihren Sitz hatten – Bestandteil des Lizenzantrags.[161] Bestand eine Aussicht auf eine Lizenzerteilung, konnte der Magistrat einen vorläufigen Gewerbeschein ausstellen.[162] Voraussetzungen für die Erteilung eines solchen Scheines war, dass in dem jeweiligen Betrieb keine ehemaligen NSDAP-Mitglieder tätig waren, dass genügend Fachkenntnisse nachgewiesen werden konnten, dass wirtschaftlich geordnete Verhältnisse vorlagen und dass die »örtlichen Bedürfnisse einer Neuzulassung« vorhanden waren.[163] Die Idee der Berliner Fragebogen-Aktion wurde übrigens im Sommer 1946 auch von der DVV aufgegriffen. Um sich einen Überblick über die in der SBZ existierenden Verlage zu schaffen, erstellte sie Fragebögen, die den Berliner Fragebögen im Wortlaut sehr ähnelten, und verteilten sie unter den Verlagen (siehe Kapitel 3.3.2).

---

158 Vgl. Vordruck eines »Fragebogens zur Erfassung der Verlage in Groß-Berlin« der »Abteilung für Volksbildung« des Magistrats der Stadt Berlin, 1945: LAB, C Rep. 120, Nr. 900, Bl. 1–3, »Fragebogen (für Verlagsantragsteller und verwandte Gewerbe)« der »Abteilung für Volksbildung« des Magistrats von Groß-Berlin, 1947: ebd., Nr. 938, Bl. 9–11 und Referat »Verlage«, Magistrat von Groß-Berlin, an G. Menzel, 15.4.1946: LAB, C Rep. 120, Nr. 3223, Bl. 95.

159 Vgl. Vordruck eines »Fragebogens zur Erfassung der Verlage in Groß-Berlin« der »Abteilung für Volksbildung« des Magistrats der Stadt Berlin, 1945.

160 Vgl. Referat »Verlage«, Magistrat von Groß-Berlin, an G. Menzel, 15.4.1946: LAB, C Rep. 120, Nr. 3223, Bl. 95 und »Fragebogen (für Verlagsantragsteller und verwandte Gewerbe)« der »Abteilung für Volksbildung« des Magistrats von Groß-Berlin, 1947: ebd., Nr. 938, Bl. 9–11.

161 Vgl. Referat »Verlage«, Magistrat von Groß-Berlin, an G. Menzel, 15.4.1946.

162 Vgl. Punkt I a des Schreibens der »Abteilung für Volksbildung« und der »Abteilung für Handel und Handwerk«, Magistrat von Groß-Berlin an die Bezirksämter, 25.11.1946: LAB, C Rep. 120, Nr. 1881, Bl. 68. In diesen Gewerbescheinen musste folgender Passus enthalten sein: »Die Ausübung jeder verlegerischen Tätigkeit ist nur mit den entsprechenden Genehmigungen der Militär-Regierung gestattet« (ebd.).

163 Vgl. »Richtlinien zum Rundschreiben vom 25.11.46 betreffs Gewerbegenehmigung für Verlage, Buchhandlungen, Leihbüchereien und verwandte Gewerbe« der »Abteilung für Volksbildung«, Magistrat von Groß-Berlin, 25.11.1946: LAB, C Rep. 120, Nr. 1881, Bl. 87–88.

Fast alle der bereits 1945 von der SMAD erlassenen Lizenzen gingen an Verlage, die ihren Sitz im sowjetischen Sektor Berlins hatten. Wie bereits in Kapitel 4.1 erwähnt, waren dies Verlage der von der SMAD zugelassenen Parteien, Organisationen und Verwaltungen. Genauso wenig wie die DVV an diesen ersten Lizenzierungen beteiligt war, war es der Berliner Magistrat. Und auch später kam es noch vor, dass der Magistrat erst im Nachhinein von Lizenzerteilungen an neu gegründete Verlage von Parteien, Organisationen und Verwaltungen erfuhr. Am 11. März 1946 informierte ihn beispielsweise der Berliner Express Verlag nachträglich darüber, dass er von der SMAD die Genehmigung zur Herausgabe der Zeitung *Nacht-Express* erhalten habe.[164]

In den ersten Monaten nach Kriegsende erhielten nur wenige der bereits vorher existierenden Verlage in ganz Berlin eine Genehmigung zur Aufnahme ihrer Arbeit von der jeweils zuständigen Besatzungsbehörde.[165] Im ersten Quartal 1946 zeichneten sich dann Unterschiede in den verschiedenen Sektoren ab. Besonders im britischen und amerikanischen Sektor bekamen Verlage schneller Lizenzen als im sowjetischen Sektor. Demzufolge verstärkte sich der Trend zur Abwanderung von Verlagen aus dem sowjetischen in den britischen oder amerikanischen Sektor bzw. zur Errichtung von Zweigstellen in diesen Sektoren. Der Leiter des Referats »Verlage« des Berliner Magistrats, Carl Buttke, informierte die SMAD von diesen Beobachtungen und riet zur Beschleunigung der Lizenzerteilungen in der SBZ und im sowjetischen Sektor Berlins. Am 19. März 1946, kurz nach den ersten Lizenzierungen von Privatverlagen in der SBZ, schrieb er an die SMAD in Berlin-Karlshorst:

> Da von seiten der britischen und amerikanischen Militär-Regierung eine Anzahl Verlage die Verlagslizenzen erhalten haben, und u.a. der Springer-Verlag und der Albert Nauck & Co.-Verlag, die ihren Stammsitz in der sowjetischen Zone haben, für ihre Zweigniederlassung in der britischen Zone von der Britischen Militär-Regierung die Lizenz erhielten, dürfte es für die sowjetische Militär-Administration von besonderem Interesse sein, die Frage der Lizenzerteilung erneut zu überprüfen, damit eine Abwanderung von Verlagen aus der sowjetischen Zonen in die anderen Zonen vermieden wird. Auf Grund unserer Rücksprache mit Herrn Major Stotland [von der Sowjetische Zentralkommandantur Berlin, B.J.] sind wir übereingekommen, nach sorgfältiger, genauester Prüfung eine Anzahl Verlage im sowjetischen Sektor, in 3 Gruppen gegliedert, der Sowjetischen Militär-Administration für die Lizenzerteilung vorzuschlagen. Diese Verlage sind ausgewählt worden auf Grund ihrer Wichtigkeit für den kulturellen und wirtschaftlichen Aufbau.[166]

---

164 Vgl. Express Verlag an »Abteilung für Volksbildung«, Magistrat von Groß-Berlin, 11.3.1946: LAB, C Rep. 120, Nr. 912, Bl. 43. Der *Nacht-Express* hatte die Lizenz-Nr. 143 (vgl. Übersicht der Lizenzen des Express Verlages: LAB, C Rep. 120, Nr. 912, Bl. 1). Das lässt darauf schließen, dass ihm die Lizenz in der Zeit von Ende Dezember 1946 bis Mitte Februar 1947 erteilt wurde. Da der *Nacht-Express*, was auch hier deutlich wird, allerdings bereits früher erschienen ist, kann davon ausgegangen werden, dass ihm zunächst keine Lizenz erteilt worden war. Statt einer Lizenzurkunde bekamen 1945 neu gegründeten Verlagen von der SMAD oft nur ein einfaches Schreiben, mit dem ihnen die Gründung und Aufnahme der verlegerischen Tätigkeit gestattet wurde. Siehe auch Union Verlag an Magistrat von Groß-Berlin, 20.5.1947 bezüglich der Lizenzierung der Zeitung *Neue Zeit* am 10.7.1945: »Eine Urkunde darüber ist dem Verlag für diesen Zweck seinerzeit nicht übergeben worden.« (LAB, C Rep. 120, Nr. 1066, Bl. 52). Siehe auch Kapitel 4.1.

165 Vgl. Rundschreiben der Sachabteilung »Verlage«, »Abteilung für Volksbildung«, Magistrat der Stadt Berlin, »an alle Abteilungen im Hause«, 12.9.1945: LAB, C Rep. 120, Nr. 526.

166 Buttke, Magistrat von Groß-Berlin, an SMAD, 19.3.1946: LAB, C Rep. 120, Nr. 3222, Bl. 21.

Insgesamt 25 Privatverlage des sowjetischen Sektors waren in der Liste aufgeführt,[167] die später handschriftlich ergänzt bzw. geändert und schließlich komplett überarbeitet wurde. Die überarbeitete Liste reichte das Referat »Verlage« am 31. Mai 1946 bei der Berliner Sowjetischen Zentralkommandantur ein.[168] Knapp drei weitere Monate vergingen, bis am 28. August 1946 folgende der vorgeschlagenen Verlage eine Verlagslizenz erhielten: Gustav Lyon, Universalverlag, A. Weichert Verlag, Heymanns Verlag, Musikverlag »Monte-Ferro« Heinz Stahlberg, Berliner Musikverlage Kurt Grabau und Hansa-Verlag Franz Lincke (siehe Kapitel 5).[169] Gleichzeitig wurde die Verlagsgemeinschaft »Jugend und Welt« mit den Mitgliedern Altberliner Verlag Lucie Groszer, Alfred Holz Verlag und Verlag Rudolf Zech lizenziert.[170] Daneben waren im ersten Halbjahr 1946 auch eine Reihe von weiteren neu gegründeten Verlagen von Parteien, Organisationen und Verwaltungen lizenziert worden, darunter der am 15. Januar 1946 von SPD und KPD gemeinsam gegründete Verlag Einheit (lizenziert am 26. Januar 1946),[171] der am 11. März 1946 von den deutschen Zentralverwaltungen in Berlin

---

167 Zur ersten Gruppe, in der sich vermutlich die Verlage befanden, deren Lizenzierungen am dringendsten vom Berliner Magistrat befürwortet wurden, gehörten von oben nach unten: der Verlag Technik, der Buchmeister-Verlag (Büchergilde Gutenberg), der Aktuelle Verlag Fenner & Teichert, der Carl Heymanns Verlag, der Erich Sicker Verlag, Gustav Lyon, der Springer Verlag sowie der Universalverlag. In der zweiten Gruppe waren der Altberliner Verlag Lucie Groszer, die Deutsche Allgemeine Friseur-Zeitung Adolf Stegemann, der Hansa-Verlag für Literatur und Kunst Leo Kajet, der Heintze & Blanckertz Verlag, der Eugen Knopf Verlag, der Stenographie-Verlag Heinrich Konrad (später handschriftlich durchgestrichen), der Verlag für Sprachwissenschaft Bruno Pasch und der A. Weichert Verlag; später handschriftlich ergänzt durch die Verlage Rudolf Zech und Alfred Holz. In der dritten Gruppen waren die Heilsarmee-Gesellschaft, der Heimatdienst Verlag, der Ostwerk Verlag, der Verlag des Johannes-Bundes, der Musikverlag »Monte-Ferro« Heinz Stahlberg, die Alexander Meyer K. G., der Hansa-Verlag Franz Lincke, der Musik-Verlag Elton und der Musik-Verlag Heifu Heinz Funke; später handschriftlich ergänzt durch die Edition Rotköpfchen Kurt Grabau (vgl. Liste der Verlage, die der SMAD zur Lizenzierung vorgeschlagen wurden, des Referats »Verlage«, Magistrat der Stadt Berlin, 19.3.1946: LAB, C Rep. 120, Nr. 3222, Bl. 23–25).

168 Vgl. Referat »Verlage«, Magistrat der Stadt Berlin, an die Sowjetische Zentralkommandantur, 31.5.1946: LAB, C Rep. 120, Nr. 3222, Bl. 18–19.

169 Weitere Verlage, die auf der überarbeiteten Liste standen, aber nicht wie die erwähnten am 28.8.1946 lizenziert wurden, waren: Aktueller Verlag Fenner & Teichert, Buchmeister Verlag, Erich Sicker, Hansa Verlag für Literatur und Kunst Leo Kajet, Heilsarmee-Gesellschaft und der Verlage für Sprachwissenschaft Bruno Pasch (vgl. ebd.).

170 Nach der offensichtlichen Auflösung der »Verlagsgemeinschaft GmbH Jugend und Welt« (siehe Kapitel 4.3.3) erhielt der Alfred Holz Verlag am 25.2.1947 und der Altberliner Verlag Lucie Groszer am 28.2.1947 eine eigene Verlagslizenz (siehe Kapitel 5).

171 Vgl. Kopie der Lizenzurkunde Nr. 18 des Verlags Einheit, 26.1.1946 (ausgestellt an Anton Ackermann, Fred Oelßner, Richard Weimann und Erich Gniffke): BArch DY 30/IV 2/9.13/3, fol. 4; Kopie der Lizenzurkunde Nr. 339 des Verlags Einheit (ausgestellt an dieselben Personen), 10.12.1947: LAB, C Rep. 120, Nr. 1178, Bl. 2 (eine Detailansicht der Lizenzurkunde Nr. 339 findet sich Kapitel 4.2, Abb. 24); undatiertes Schreiben mit der Überschrift »Verlag Einheit. GmbH, Berlin«: BArch DY 30/IV 2/9.13/1, fol. 16–17 und Angaben zum Einheit Verlag in: ebd., fol. 19. Seit August 1948 wurde die Tätigkeit des Einheit Verlags vom Dietz Verlag ausgeübt. Mit Beschluss vom 30. Mai 1950 wurde der Verlag Einheit aufgelöst (vgl. Angaben zum Einheit Verlag in: ebd., fol. 19). Der Verlag Einheit befand sich schon vorher in Personalunion mit dem Dietz Verlag (vgl. undatiertes Schreiben mit der Überschrift »Verlag Einheit. GmbH, Berlin«: und Protokoll Nr. 7 der Sitzung des Zentralsekretariats der SED, 13.5.1946: BArch DY 30/IV 2/2.1, fol. 6. Wie in Kapitel 4.2 beschrieben, wurden Ende 1947 die Lizenzurkunden Nr. 1–71 zurückgezogen und teilweise neu ausgestellt. Deshalb wurde auch der Verlag Einheit zweimal lizenziert.

gegründete Deutsche Zentralverlag (1. März 1946)[172] und der Dietz Verlag, der zentrale Parteiverlag der SED (18. April 1946)[173], der aufgrund der Vereinigung der beiden Parteien KPD und SPD als Nachfolger des bereits 1945 lizenzierten KPD-Verlags Neuer Weg und der beiden Berliner Verlage Vorwärts und Das Volk gegründet worden war.[174]

Eine größere Zahl von Verlagen erhielt im sowjetischen Sektor Berlins noch einmal im Februar 1947 Lizenzen. So wurden am 8. Februar der Akademie-Verlag und der Buchring der Jugend lizenziert, am 17. Februar die fünf Verlage Die Wirtschaft, Bau- und Kunst, Evers Krenz, Landbau und vermutlich Pharus-Plan, am 25. Februar die vier Verlage Büchergilde Gutenberg, Alfred Holz, H. Jentgen und Dr. Werner Saenger, am 27. Februar die vier Verlage Lessing, Hermann Haase, Max Lipfert und Globus und am 28. Februar der Altberliner Verlag Lucie Groszer (siehe Kapitel 5). Weitere Verlagslizenzierungen erfolgten nur noch vereinzelt.

4.3.2 Weiterleitung von Lizenzanträgen

Zwar war die SMAD die höchste Entscheidungsinstanz für die Vergabe der Verlagslizenzen, aber nicht jeder Lizenzantrag, drang bis zu ihr vor. Es war der DVV weitgehend selbst überlassen, welche Anträge sie an die SMAD weiterleitete, ebenso wie die Ministerien für Volksbildung der Länder bzw. ihre Vorläufer selbst entschieden, bei welchen Anträgen sie die DVV einschalteten. Dabei trafen die einzelnen Volksbildungsministerien unterschiedlich strenge Vorauswahlen. Vorgegeben war nur die Bedingung, dass die Verleger und ihre Mitarbeiter nicht durch eine frühere Unterstützung des Nationalsozialismus im Sinne der »Entnazifizierung« belastet waren. Nur selten wurde ein Antrag weitergeleitet, dem das

---

172 Vgl. Abschrift der Lizenzurkunde des Deutschen Zentralverlags in: LAB, C Rep. 120, Nr. 873, Bl. 6. Die Lizenzurkunde war demnach schon vor der offiziellen Gründung des Deutschen Zentralverlags unterschrieben worden. Geplant war die Gründung des Zentralverlags spätestens seit Oktober 1945 (vgl. Land- und Forstwirtschaftliche Zentralverwaltung an DVV, 9.10.1945: BArch DR 2/1149, fol. 141). Zur Gründung des Deutschen Zentralverlags am 11.3.1946 vgl. Rechtsanwältin Gentz an DVV, 11.4.1946: BArch DR 2/896, fol. 9, notarielle Unterlagen zur Gründung des Deutschen Zentralverlags: ebd., fol. 10–20 und Aktennotiz von v. Balluseck, DVV, über den Zentralverlag, 25.3.1946: ebd., fol. 87. Die Übergabe der Lizenzurkunde erfolgte am 25.3.1946 (vgl. Aktennotiz von v. Balluseck, DVV, über den Zentralverlag, 25.3.1946).

173 Vgl. Kopie der Lizenzurkunde Nr. 51 des Dietz Verlags, 18.4.1946: LAB, C Rep. 120, Nr. 886, Bl. 2 (ein Abdruck der Urkunde befindet sich in Kapitel 4.2, Abb. 19). Unter der Bezeichnung J. H. W. Dietz Nachfolger GmbH erhielt der Verlag am 10.12.1946 rückwirkend ab November 1947 eine neue Lizenz (vgl. Kopie der Lizenzurkunde Nr. 341 des Dietz Verlags, 10.12.1946: ebd., Bl. 3). Genauso wie bei der Lizenzurkunde für den Verlag Einheit war auch diese Lizenzurkunde ausgestellt an Anton Ackermann, Fred Oelßner, Richard Weimann und Erich Gniffke. Näheres zum Dietz Verlag und den Problemen bei der Namensgebung siehe auch Lokatis: Dietz., S. 533–548.

174 Vgl. Ein neuer Buchverlag, Tägliche Rundschau, 18.9.1946. Vermutlich im Zusammenhang mit der Löschung und Neuerteilung der formlosen Lizenzurkunden Ende 1947 (siehe Kap. 4.2) wurde dem Verlag Neuer Weg allerdings mit Lizenz-Nr. 340 erneut eine Lizenzurkunde ausgestellt, unter der der Verlag auch publizierte (vgl. Angaben zur Lizenzierung des Verlags Neuer Weg in: LAB, C Rep. 120, Nr. 886, Bl. 54 und Wilhelm Pieck: Der neue Weg zum gemeinsamen Kampfe für den Sturz der Hitlerdiktatur. Berlin: Verlag Neuer Weg 1949, Titelblatt-Rückseite: »Veröffentlicht unter Lizenz-Nr. 340 der Sowjetischen Militär-Administration in Deutschland«). Zu weiteren Lizenzierungen von Verlagen im sowjetischen Sektor Berlins siehe Kapitel 5.

zuständige Volksbildungsministerium eher ablehnend gegenüber stand. Die größten Chancen darauf hatten die Verlage in Sachsen und im sowjetischen Sektor Berlins. Aber auch das änderte sich spätestens nach dem 26. August 1948, als DVV-Vertreter und die für das Verlagswesen zuständigen Referenten der Länder bei einer vertraulichen Besprechung vereinbarten, dass nur noch die wichtigsten Verlagslizenzanträge an die DVV weiterzuleiten waren und die Länderreferenten ansonsten von sich aus abschlägige Bescheide erteilen oder einen Beitritt in eine Arbeitsgemeinschaft vorschlagen sollten.[175] Neben »Geldverknappung durch die Währungsreform« und »Rohstoffknappheit« sollte als Begründung angegeben werden, »dass sich vom kaufmännischen Standpunkt aus eine Einzelexistenz kaum mehr wirtschaftlich vertreten« lasse.[176]

Der Magistrat von **Groß-Berlin** hatte bis dahin Verlagslizenzanträge von Verlagen aus dem sowjetischen Sektor Berlins generell auch dann mit einem entsprechenden Gutachten an die DVV oder die SMA weitergeleitet, wenn sie nicht befürwortet wurden.[177]

In **Sachsen** wurden unter Hans Naundorf als zuständigem Sachbearbeiter im Referat »Schrifttum und Buchhandel« bzw. ab März 1946 als Leiter des Referats »Literatur« (siehe Kapitel 2.2.2.3) sämtliche eingereichten Verlagslizenzanträge an die nächst höhere Instanz weitergegeben, auch wenn sie von ihm nicht befürwortet wurden: »Er schickte seinerzeit nie einen Antrag zurück, weil er der Meinung war, dass jeder Verleger das Recht hätte, wenigstens der zentralen Verlagsabteilung zur Ansicht unterbreitet zu werden«.[178] Auch Ilse Korn, Naundorfs Nachfolgerin ab Mai 1947, leitete zunächst alle Anträge weiter, fing dann aber ab Oktober 1947 an, ihrer Meinung nach »belanglose Anträge« sofort zurückzuschicken oder aber die Antragsteller in persönlichen Gesprächen davon zu überzeugen, ihre Anträge von sich aus zurückzuziehen.[179] Einige Verlage, deren Lizenzierung zwar von der Landesregierung befürwortet wurde, deren Anträge jedoch keine Aussicht auf Erfolg hatten, versuchte Korn in Arbeitsgemeinschaften unterzubringen.[180]

In **Thüringen** scheiterte der Versuch eine Verlagslizenz zu bekommen für viele Verlage bereits auf Landesebene. Von Anfang an wurden von der zuständigen »Thüringischen Landesstelle für Buch- und Bibliothekswesen« nur die Lizenzanträge an die nächst höhere

175 Vgl. »Bericht der Besprechung in der Deutschen Verwaltung für Volksbildung, Berlin, am 26.8.1948«: SächsHStAD, 11401 Lr. Sachsen, MfVobi, Nr. 2731. Siehe auch Referat »Literatur«, Landesregierung Sachsen, an Minister Holtzhauer, 15.7.1948: SächsHStAD, 11401 Lr. Sachsen, MfVobi, Nr. 2764.

176 »Bericht der Besprechung in der Deutschen Verwaltung für Volksbildung, Berlin, am 26.8.1948«.

177 Vgl. Buttke, »Amt für Verlage/Buchhandel/Leihbüchereien«, Magistrat von Groß-Berlin, an K. Gapp, 2.1.1947: LAB, C Rep. 120, Nr. 3223, Bl. 21, Abschrift des Schreibens der SMAD, Propagandaleitung, 21.6.1946: ebd., Bl. 54 und Beurteilung des Bären-Verlags Gerstmayer & Sohn des »Amts für Verlage/Buchhandel/Leihbüchereien«, Magistrat von Groß-Berlin, 20.1.1947: LAB, C Rep. 120, Nr. 3222, Bl. 43.

178 Korn, Referat »Literatur«, »Ministerium für Volksbildung« Sachsen-Anhalt, an Minister Holtzhauer, 17.7.1948: SächsHStAD, 11401 Lr. Sachsen, MfVobi, Nr. 2764. Mit der »zentralen Verlagsabteilung« war die »Deutsche Zentralverwaltung für Volksbildung« in Berlin gemeint. Vgl. auch »Niederschrift über Dienstbesprechung mit Frau Oberreg.Rat Korn am 19.9.1948«, »Ministerium für Volksbildung« Sachsen, 21.9.1948: ebd., Nr. 2765 und Liste »Stand des Verlagswesens 23.8.1948«, Landesregierung Sachsen: ebd., Nr. 2764.

179 Korn an Holtzhauer, 17.7.1948. Vgl. auch »Niederschrift über Dienstbesprechung mit Frau Oberreg.Rat Korn am 19.9.1948«, »Ministerium für Volksbildung« Sachsen, 21.9.1948, Liste »Stand des Verlagswesens 23.8.1948«, Landesregierung Sachsen und Referat »Literatur«, Landesregierung Sachsen, an Minister Holtzhauer, 15.7.1948: SächsHStAD, 11401 Lr. Sachsen, MfVobi, Nr. 2764.

180 Vgl. Korn an Holtzhauer, 17.7.1948.

Instanz weitergeleitet, die auch von ihr befürwortet wurden. »Etwa 40 Kleinverlagen« wurde im Januar und Februar 1946 die Möglichkeit zum Erhalt einer Lizenz von vornherein genommen, indem ihnen so genannte »Auflösungsbescheide« zugeschickt wurden, obwohl es keine Rechtsgrundlage dafür gab.[181] In den Bescheiden hieß es:

> Die allgemeine Wirtschaftslage und insbesondere die Verknappung an Werkdruckpapieren jeder Art erzwingt eine starke Einschränkung des Verlagswesens. Ich bedaure, Ihnen deshalb mitteilen zu müssen, dass Sie mit der Neuregistrierung Ihres Verlages nicht mehr rechnen können. Jede Verlagstätigkeit ist damit untersagt. Der Verlag ist aufzulösen.[182]

Sonstige abschlägige Bescheide auf Lizenzanträge wurden in Thüringen meist damit begründet, dass aufgrund des Papiermangels nur wenige Verlage lizenziert werden könnten und dass deshalb nur bedeutende Verlage eine Aussicht auf eine Lizenz hätten.[183]

Auch in **Mecklenburg-Vorpommern** wurden nicht alle eingereichten Verlagsanträge an die DVV oder die SMA weitergeleitet. Das zuständige »Ministerium für Volksbildung« bzw. seine Vorläuferin, die Abteilung »Kultur und Volksbildung«, lehnten Lizenzanträge, die sie nicht befürworteten, gleich von sich aus ab.[184]

Ob in den Provinzen bzw. Ländern **Mark Brandenburg** und **Sachsen-Anhalt** nur die befürworteten oder stets sämtliche eingereichten Verlagslizenzanträge an die DVV nach Berlin weitergereicht wurden, lässt sich aufgrund der mangelhaften Quellenlage nicht mehr nachvollziehen. Eine undatierte Liste von Verlagen, deren Lizenzierung von der Provinzial- bzw.

---

181 Witsch, »Thüringische Landesstelle für Buch- und Bibliothekswesen«, an »Ministerium für Volksbildung« Thüringen, 7.2.1946: ThHStAW, Ld. Thür. - LfB, Nr. 31. Vgl. auch Liste der Verlage, die »durch Verfügung der Thür. Landesstelle für Buch- und Bibliothekswesen vom 22.2.1946 bzw. 14.2.1946 geschlossen« wurden: »Eine Rechtsgrundlage für die Schließung muss noch geschaffen werden.« (ebd.).

182 »Thüringische Landesstelle für Buch- und Bibliothekswesen« an Verlag J. Arnd, Saalfeld, 22.1.1946: ThHStAW, Ld. Thür. - LfB, Nr. 355.

183 Vgl. z.B. Treufeldt, Referat »Verlagswesen«, »Ministerium für Volksbildung« Thüringen an Emil Abigt, 29.8.1947: ThHStAW, Ld. Thür. - MfVobi, Nr. 4273; »Thüringische Landesstelle für Buch- und Bibliothekswesen« an Gepa-Druck: ThHStAW, Ld. Thür. - LfB, Nr. 360; »Thüringische Landesstelle für Buch- und Bibliothekswesen« an Gepa-Druck, 19.1.45: ebd.; Thilo, »Thüringische Landesstelle für Buch- und Bibliothekswesen« an H. Strom, 3.3.1947: ebd., Nr. 369 und »Thüringische Landesstelle für Buch- und Bibliothekswesen« an Straubing & Müller, 17.9.1946: ebd.

184 Vgl. z.B. Siemon, Abteilung »Allgemeine Volkskultur«, »Ministerium für Volksbildung« Mecklenburg, an C. Dittmer, Lyra-Verlag, 4.3.1947 (begründet mit nicht vorhandener Aussicht auf Lizenzerteilung): LHA Schwerin, 6.11–21 Ld. Meckl., MfVobi, Nr. 3081, W. Panzig Kommanditgesellschaft für Druck und Verlag an »Ministerium für Volksbildung« Mecklenburg, 16.9.1948 (begründet mit Papiermangel): ebd., Nr. 3075, Hanna-Heide Kraze, Heimat-Verlag, an Siemon, »Ministerium für Volksbildung« Mecklenburg-Vorpommern, 12.3.1946 (ohne Begründung): ebd., Nr. 3080 und Hanna-Heide Kraze, Heimat-Verlag, an Siemon, »Ministerium für Volksbildung« Mecklenburg-Vorpommern, 24.1.1947 (ohne Begründung): ebd., Nr. 3086. Es kam auch vor, dass Verlagslizenzanträge, die von Schwerin aus an die DVV weitergeleitet worden waren, nicht mehr aufzufinden waren (vgl. Abteilung »Allgemeine Volkskultur«, »Ministerium für Volksbildung« Mecklenburg, an Einheitsverlag Mecklenburg-Vorpommern, Schwerin, 10.9.1947: ebd., Nr. 3084 und W. Jöhren, an Volksbildungsminister G. Grünberg, Landesregierung Mecklenburg, 7.2.1948: ebd., Nr. 167, Bl. 220).

Landesregierung Mark Brandenburg beantragt wurde, lässt allerdings vermuten, dass dort nur befürwortete Anträge weitergeleitet wurden.[185]

4.3.3 Regionale Zusammenschlüsse von Verlagen

Kleinere und weniger bekannte Verlage bekamen in Thüringen und Sachsen-Anhalt die größte Unterstützung seitens der Provinzial- bzw. Landesverwaltungen. In **Thüringen** war es insbesondere dem Engagement von Joseph Witsch, dem Leiter der »Thüringischen Landesstelle für Buch- und Bibliothekswesen«, zu verdanken, dass es zur Errichtung einer Arbeitsgemeinschaft für ausgewählte kleinere Verlage kam, die auf absehbare Zeit keine Aussicht auf eigene Verlagslizenzen hatten.[186] Bereits 1945 versuchte er, mehrere Verlage als Gemeinschaft wieder zum Arbeiten zu bringen.[187] Um ihnen zunächst die Fortsetzung ihrer wirtschaftlichen Existenz zu ermöglichen, bemühte sich Witsch um Druckgenehmigungen für Einzelwerke der Verlage.[188] Ähnlich wie bei den überregionalen Arbeitsgemeinschaften von Verlagen gleicher Fachrichtungen (siehe Kapitel 4.4) sollten sie dann unter der Lizenz der regionalen Arbeitsgemeinschaft weiterhin publizieren können, so der Vorschlag Witschs gegenüber der DVV in Berlin.[189] Die DVV stand dem Vorschlag gemäß mündlichen Aussagen positiv gegenüber,[190] so dass Witsch einen entsprechenden Antrag bei der SMA in Weimar stellte.[191] Im Oktober 1946 wurde dieser Antrag dort befürwortet und zur weiteren offiziellen Bearbeitung nach Berlin weitergegeben.[192] Nachdem Witsch Anfang März 1947 seinen Antrag wiederholt hatte,[193] konnte die Bildung der »Arbeitsgemeinschaft Thüringischer Verleger« mit Sitz in Jena am 1. April 1947 vertraglich besiegelt werden (siehe Abschrift des Gesellschaftervertrags in Abb. 28 und Abb. 29).

185 Vgl. »Liste der Verlage, deren Lizenzierung beantragt wird«, o. Datum: BLHA, Ld. Br. Rep. 205 A, Nr. 1, Bl. 77. Da keiner der hier aufgeführten Verlage in der SBZ eine Lizenz erhalten hat, lässt sich das Datum der Liste nicht einschränken.

186 Gemäß Witsch handelte es sich dabei um Verlage »die zwar durch den Umfang und die Qualität der Produktion zur Erteilung einer Einzellizenz nicht in Frage« kamen, »deren Schließung aber eine besondere Härte« bedeutet hätte (Witsch an SMA Weimar, 6.3.1947: ThHStAW, Ld. Thür. - LfB, Nr. 355).

187 Vgl. Protokoll der Gründungsversammlung der »Arbeitsgemeinschaft Thüringischer Verleger«, 31.3.1947: ThHStAW, Ld. Thür. - LfB, Nr. 355.

188 Vgl. Witsch an das Generalsekretariat der LDP, Landesverband Thüringen, 24.10.1946: ThHStAW, Ld. Thür. - LfB, Nr. 364.

189 Vgl. ebd.

190 Vgl. Witsch an Greifenverlag, 12.4.1946: »Eine telefonische Rücksprache mit Berlin hat mir gezeigt, dass man dieser Arbeitsgemeinschaft positiv gegenüber steht und wahrscheinlich dem Fortgang derselben keine Schwierigkeiten bereiten wird.« (ThHStAW, Ld. Thür. - LfB, Nr. 360).

191 Vgl. Witsch an das Generalsekretariat der LDP, Landesverband Thüringen, 24.10.1946: ThHStAW, Ld. Thür. - LfB, Nr. 364.

192 Vgl. ebd. und Witsch an SMA Weimar, 6.3.1947: ThHStAW, Ld. Thür. - LfB, Nr. 355.

193 Vgl. Witsch an SMA Weimar, 6.3.1947.

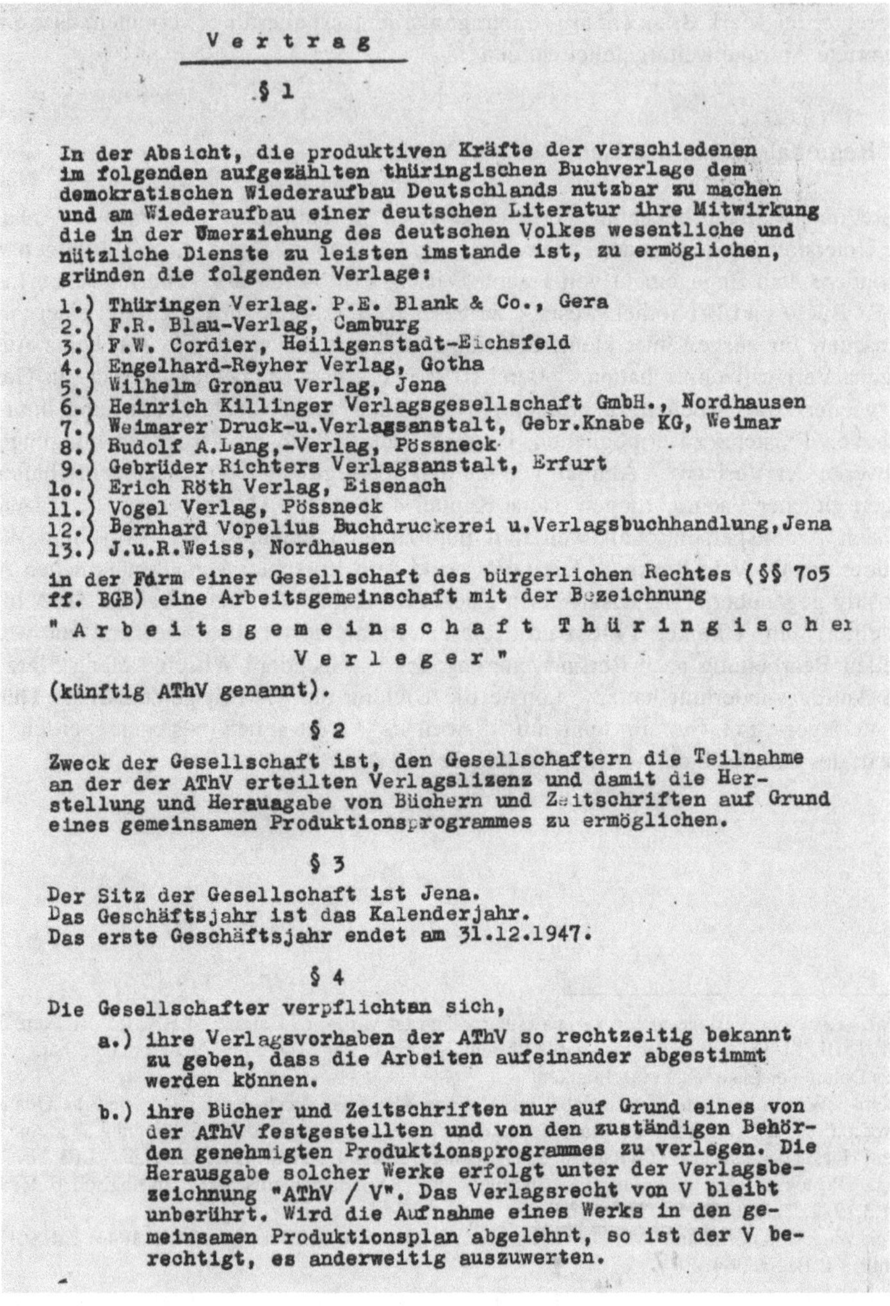

Vertrag

§ 1

In der Absicht, die produktiven Kräfte der verschiedenen im folgenden aufgezählten thüringischen Buchverlage dem demokratischen Wiederaufbau Deutschlands nutzbar zu machen und am Wiederaufbau einer deutschen Literatur ihre Mitwirkung die in der Umerziehung des deutschen Volkes wesentliche und nützliche Dienste zu leisten imstande ist, zu ermöglichen, gründen die folgenden Verlage:

1.) Thüringen Verlag. P.E. Blank & Co., Gera
2.) F.R. Blau-Verlag, Camburg
3.) F.W. Cordier, Heiligenstadt-Eichsfeld
4.) Engelhard-Reyher Verlag, Gotha
5.) Wilhelm Gronau Verlag, Jena
6.) Heinrich Killinger Verlagsgesellschaft GmbH., Nordhausen
7.) Weimarer Druck-u.Verlagsanstalt, Gebr.Knabe KG, Weimar
8.) Rudolf A.Lang,-Verlag, Pössneck
9.) Gebrüder Richters Verlagsanstalt, Erfurt
1o.) Erich Röth Verlag, Eisenach
11.) Vogel Verlag, Pössneck
12.) Bernhard Vopelius Buchdruckerei u.Verlagsbuchhandlung,Jena
13.) J.u.R.Weiss, Nordhausen

in der Form einer Gesellschaft des bürgerlichen Rechtes (§§ 7o5 ff. BGB) eine Arbeitsgemeinschaft mit der Bezeichnung

"Arbeitsgemeinschaft Thüringischer Verleger"

(künftig AThV genannt).

§ 2

Zweck der Gesellschaft ist, den Gesellschaftern die Teilnahme an der der AThV erteilten Verlagslizenz und damit die Herstellung und Herausgabe von Büchern und Zeitschriften auf Grund eines gemeinsamen Produktionsprogrammes zu ermöglichen.

§ 3

Der Sitz der Gesellschaft ist Jena.
Das Geschäftsjahr ist das Kalenderjahr.
Das erste Geschäftsjahr endet am 31.12.1947.

§ 4

Die Gesellschafter verpflichten sich,

a.) ihre Verlagsvorhaben der AThV so rechtzeitig bekannt zu geben, dass die Arbeiten aufeinander abgestimmt werden können.

b.) ihre Bücher und Zeitschriften nur auf Grund eines von der AThV festgestellten und von den zuständigen Behörden genehmigten Produktionsprogrammes zu verlegen. Die Herausgabe solcher Werke erfolgt unter der Verlagsbezeichnung "AThV / V". Das Verlagsrecht von V bleibt unberührt. Wird die Aufnahme eines Werks in den gemeinsamen Produktionsplan abgelehnt, so ist der V berechtigt, es anderweitig auszuwerten.

Abb. 28: Abschrift des Gesellschaftervertrags der »Arbeitsgemeinschaft Thüringischer Verleger«, 1.4.1947 (Seite 1).[194]

194 Vorlage und Repro: Thüringisches Hauptstaatsarchiv Weimar, Bestand Land Thüringen – Ministerium für Volksbildung, Nr. 4267, Bl. 44r.

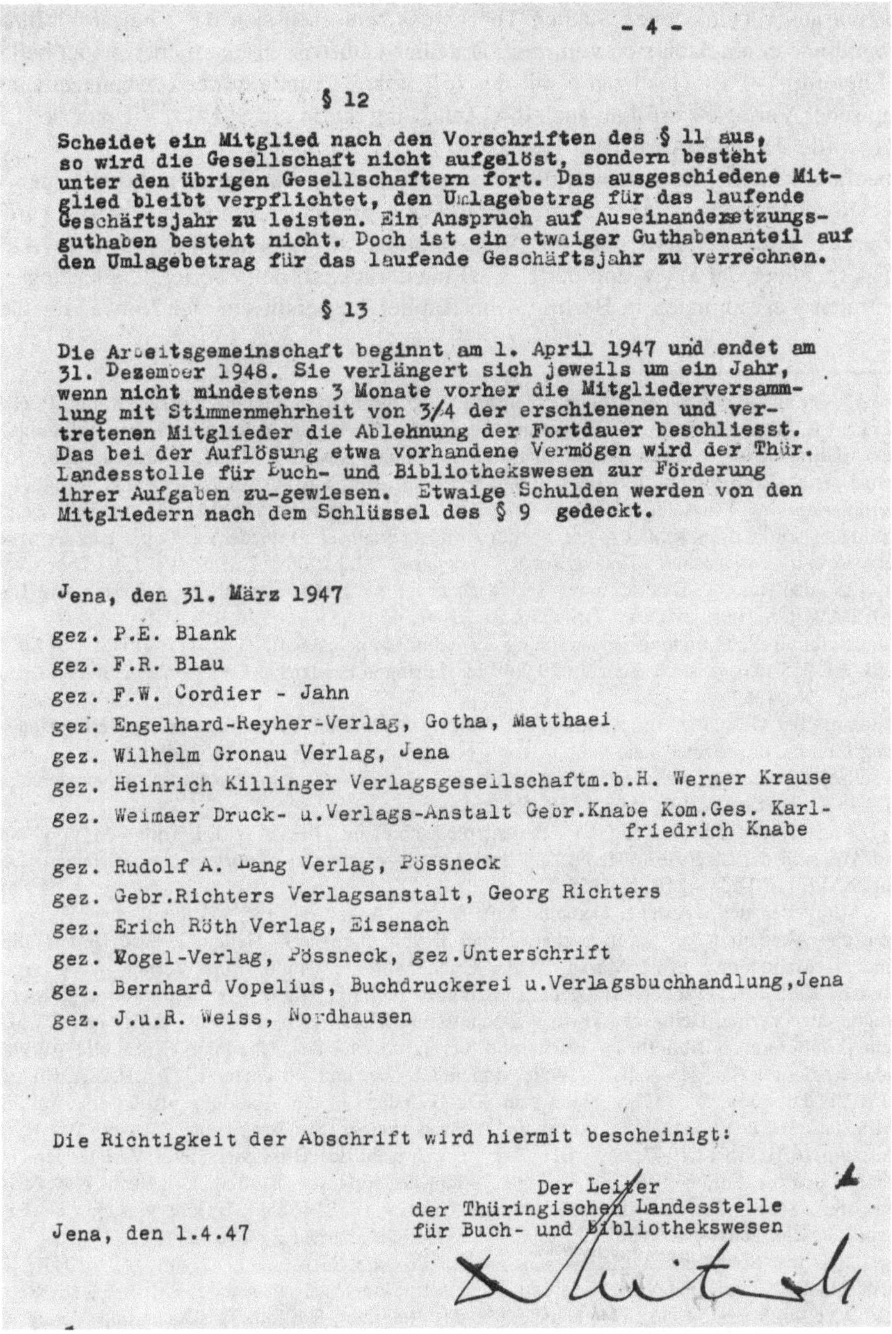

\- 4 -

§ 12

Scheidet ein Mitglied nach den Vorschriften des § 11 aus, so wird die Gesellschaft nicht aufgelöst, sondern besteht unter den übrigen Gesellschaftern fort. Das ausgeschiedene Mitglied bleibt verpflichtet, den Umlagebetrag für das laufende Geschäftsjahr zu leisten. Ein Anspruch auf Auseinandersetzungsguthaben besteht nicht. Doch ist ein etwaiger Guthabenanteil auf den Umlagebetrag für das laufende Geschäftsjahr zu verrechnen.

§ 13

Die Arbeitsgemeinschaft beginnt am 1. April 1947 und endet am 31. Dezember 1948. Sie verlängert sich jeweils um ein Jahr, wenn nicht mindestens 3 Monate vorher die Mitgliederversammlung mit Stimmenmehrheit von 3/4 der erschienenen und vertretenen Mitglieder die Ablehnung der Fortdauer beschliesst. Das bei der Auflösung etwa vorhandene Vermögen wird der Thür. Landesstelle für Buch- und Bibliothekswesen zur Förderung ihrer Aufgaben zu-gewiesen. Etwaige Schulden werden von den Mitgliedern nach dem Schlüssel des § 9 gedeckt.

Jena, den 31. März 1947

gez. P.E. Blank
gez. F.R. Blau
gez. F.W. Cordier - Jahn
gez. Engelhard-Reyher-Verlag, Gotha, Matthaei
gez. Wilhelm Gronau Verlag, Jena
gez. Heinrich Killinger Verlagsgesellschaftm.b.H. Werner Krause
gez. Weimaer Druck- u.Verlags-Anstalt Gebr.Knabe Kom.Ges. Karlfriedrich Knabe
gez. Rudolf A. Lang Verlag, Pössneck
gez. Gebr.Richters Verlagsanstalt, Georg Richters
gez. Erich Röth Verlag, Eisenach
gez. Vogel-Verlag, Pössneck, gez.Unterschrift
gez. Bernhard Vopelius, Buchdruckerei u.Verlagsbuchhandlung,Jena
gez. J.u.R. Weiss, Nordhausen

Die Richtigkeit der Abschrift wird hiermit bescheinigt:

Der Leiter
der Thüringischen Landesstelle
für Buch- und Bibliothekswesen

Jena, den 1.4.47

Abb. 29: Abschrift des Gesellschaftervertrags der »Arbeitsgemeinschaft Thüringischer Verleger«, 1.4.1947 (Seite 4).[195]

195 Vorlage und Repro: ebd., Bl. 45r.

13 Verlage aus verschiedenen Städten Thüringens schlossen sich ihr dabei an.[196] Ihre Verlagsprogramme erstreckten sich von religiöser über naturwissenschaftlicher bis zu belletristischer Literatur.[197] Fast gleichzeitig mit der offiziellen Gründung der »Arbeitsgemeinschaft Thüringischer Verleger« erfolgte auch ihre Zulassung durch die SMAD.[198] Unter der Lizenz-Nr. 271 wurde sie am 2. April 1947 lizenziert.[199]

Ebenfalls 13 Verlage waren es, die sich im Herbst 1947 in **Sachsen-Anhalt** zur »Verleger-Gemeinschaft Sachsen-Anhalt« mit Sitz in Halle zusammenschlossen.[200] Zwar wurde ihre Lizenzierung vom »Ministerium für Volksbildung, Kunst und Wissenschaft« Sachsen-Anhalts gegenüber der DVV und der SMAD nachdrücklich befürwortet,[201] allerdings waren die zentralen Verwaltungen in Berlin (siehe Kapitel 2.1) nicht von der Notwendigkeit ihrer

---

196 Die 13 Verlage, die sich der Arbeitsgemeinschaft bei ihrer Gründung anschlossen, waren: P. E. Blank, Gera, F. R. Blau, Camburg, F. W. Cordier, Heiligenstadt, Engelhard Reyher, Gotha, Wilhelm Gronau, Jena, Killinger, Nordhausen, Gebr. Knabe KG, Weimar, Rudolf A. Lang, Pössneck, Gebr. Richters, Erfurt, Erich Röth, Eisenach, Vogel-Verlag, Pößneck, Bernhard Vopelius, Jena und J. und R. Weiß, Nordhausen (vgl. Darstellung der Abschrift des Gesellschaftervertrags, Abb. 28 und 29). Der Verlag Killinger, Nordhausen, schied später aus der Arbeitsgemeinschaft wieder aus (vgl. Liste der Mitglieder der »Arbeitsgemeinschaft Thüringischer Verleger«, 22.3.1948: ThHStAW, Ld. Thür. - MfVobi, Nr. 4257 und Bericht »Das thüringer [sic] Verlagswesen«, zu datieren auf die Zeit nach dem 1.8.1948: ThHStAW, Ld. Thür. - MfVobi, Nr. 4296, Bl. 29–36.

197 Vgl. Protokoll der Gründungsversammlung der Arbeitsgemeinschaft, 31.3.1947: ThHStAW, Ld. Thür. - LfB, Nr. 355 und »Liste I. Bis zum 20.3.48 in Thüringen lizenzierte Verlage«: ThHStAW, Ld. Thür. - MfVobi, Nr. 4257.

198 Schon auf der Gründungsversammlung der Arbeitsgemeinschaft einen Tag vor der Vertragsunterzeichnung hieß es, die Lizenz liege »abholfertig« vor. Voraussetzung zur Aushändigung sei nur noch, den Gesellschaftervertrag vorzulegen (Protokoll der Gründungsversammlung der Arbeitsgemeinschaft, 31.3.1947: ThHStAW, Ld. Thür. - LfB, Nr. 355).

199 Vgl. Angaben zur Lizenzierung der Arbeitsgemeinschaft in: ThHStAW, Ld. Thür. - MfVobi, Nr. 4257 und Abschrift der Lizenzurkunde Nr. 271 der »Arbeitsgemeinschaft Thüringischer Verleger«, 2.4.1947: ThHStAW, Ld. Thür. - LfB, Nr. 355.

200 Die Mitglieder der »Verleger-Gemeinschaft Sachsen-Anhalt« waren: Akademischer Verlag, Halle; Deutsche Akademie der Naturforscher, Halle; Druck und Werk, Halle; Gerhard Isert, Halle; Otto Lindner, Magdeburg; Ernst Marks, Thale; Erich Morgner, Halle; Rupa-Verlag, Wernigerode und Dessau; Karl Josef Sander, Magdeburg; Sanitäre Technik, Halle; Friedrich Stollberg, Merseburg; Wegbereiter-Verlag, Delitzsch; sowie Wirtschaftsrundschau Sachsen-Anhalt, Halle (vgl. Tätigkeitsbericht des Referats »Bibliotheks- Buch- und Verlagswesen« der Abteilung »Kulturelle Aufklärung«, Landesregierung Sachsen-Anhalt, für die Monate Oktober und November 1947: LHASA, MD, Rep. K 10 MVb, Nr. 4034, Bl. 157f). Siehe auch Tätigkeitsbericht der Abteilung »Kulturelle Aufklärung«, »Ministerium für Volksbildung, Kunst und Wissenschaft«, Landesregierung Sachsen-Anhalt, für den Zeitraum 16.10.-15.12.1947: ebd., Bl. 47–49. Die Anzahl der Mitglieder dieser Verlegergemeinschaft erhöhte sich bis Anfang 1948 auf 15 (vgl. Bericht des Referats »Bibliotheks-, Buch- und Verlagswesen« über »Sinn und Arbeit« des Referats: ebd., Nr. 429, Bl. 254–256). Welche Verlage sich der Verlegergemeinschaft später noch anschlossen, ist dem Bericht nicht zu entnehmen.

201 Vgl. Bericht »Stand des Verlagswesens in der Provinz Sachsen-Anhalt am 24.11.1947«, Referat »Bibliotheks-, Buch- und Verlagswesen«, Landesregierung Sachsen-Anhalt: LHASA, MD, Rep. K 10 MVb, Nr. 4925, Bl. 54–56, Tätigkeitsbericht des Referats »Bibliotheks- Buch- und Verlagswesen«, Abteilung »Kulturelle Aufklärung«, Landesregierung Sachsen-Anhalt, für die Monate Oktober und November 1947 und Bericht des Referats »Bibliotheks-, Buch- und Verlagswesen« über »Sinn und Arbeit« des Referats. Im November 1947 wurde die Lizenzierung der »Verleger-Gemeinschaft Sachsen-Anhalt« neben der Lizenzierung einiger weiterer Verlage Sachsen-Anhalts als vordringlich angesehen (vgl. Referat »Bibliotheks-, Buch- und Verlagswesen« an Ministerialdirektor Halle, 25.11.1947: LHASA, MD, Rep. K 10 MVb, Nr. 4925, Bl. 53).

Existenz zu überzeugen. Zu einer Lizenzierung kam es nicht.[202] Eine weitere kleine Verlegergemeinschaft gab es daneben noch in **Berlin**. Sie wurde am 28. August 1946 unter der Lizenz-Nr. 89 als »Verlagsgemeinschaft GmbH Jugend und Welt« lizenziert (siehe Kapitel 5). Sie bestand lediglich aus den drei Verlagen Alfred Holz, Rudolf R. Zech und Altberliner Verlag Lucie Groszer. Ihr Verlagsprogramm umfasste sowohl Jugendbücher als auch Belletristik.[203] In **Sachsen** waren sämtliche Versuche zur Bildung von regionalen Arbeitsgemeinschaften bzw. Verlegergemeinschaften vergeblich. Sie gingen vor allem von Heinrich Becker, dem Leiter der Leipziger »Zentralstelle für Buch- und Bibliothekswesen« aus, der Anfang 1946 erfolgreich seine Idee zur Bildung einer überregionalen Arbeitsgemeinschaft für Verlage gleicher Fachrichtung umgesetzt hatte (siehe Kapitel 4.1 und 4.4.1).[204] Heftige Kritik an seinem Plan, geisteswissenschaftliche Verlage Leipzigs in einer Verlegergemeinschaft zu vereinen,[205] kam vor allem aus den Reihen der Verleger. So schrieb der Leiter der Dieterich'schen Verlagsbuchhandlung, Rudolf Marx, am 19. März 1946 in einem Brief an Erich Weinert, den Vizepräsident der »Deutschen Zentralverwaltung für Volksbildung«:

> [...], denn in dieser Arbeitsgemeinschaft muss er[, der Verleger,] jeden Monat seine Pläne, d.h. seine ungeborenen Kinder, mit denen der anderen Mitglieder seiner Arbeitsgemeinschaft durchsprechen und ausknobeln. Dies gestattet wiederum Einblicke in seine Werkstatt, die sich jeder Künstler (und der wirkliche Verleger ist so etwas wie ein Künstler) verbitten würde, weil sie die Ruhe und Besonderheit seines Schaffensprozesses ständig stören. Die Erzeugnisse einer Arbeitsgemeinschaft werden sich dadurch unvermeidlich uniformieren, die Initiative der Verlage wird abnehmen, und der angestrebte Eindruck der Vielfältigkeit und Buntheit des Verlagsschaffens unserer Zone wird verloren gehen.[206]

Erst elf Monate später, am 8. Februar 1947, erhielt die Dieterich'sche Verlagsbuchhandlung eine eigene Verlagslizenz (siehe Kapitel 5).

4.4 Überregionale Arbeitsgemeinschaften

Mit den Arbeitsgemeinschaften wurde in der SBZ eine neue Form der Verlagstätigkeit geschaffen, die insbesondere aus der Sicht der »Propaganda-« bzw. »Informationsverwaltung« der SMAD und der DVV die Vorteile hatte, die Zahl der Verlagslizenzen gering zu halten und nicht-lizenzierte Privatverlage mit ihren Verlagsrechten trotzdem in der SBZ zu halten. Zudem konnten die Verlage, im Hinblick auf die mit dem Potsdamer Abkommen vom 2. August 1945 geforderte Entnazifizierung und im Hinblick auf die Einflussnahme auf Verlagplanungen, gut kontrolliert werden. Verlage, denen immer wieder deutlich gesagt wurde, dass sie keine Aussicht auf den Erhalt einer eigenen Lizenz hätten, sahen – sofern sie in der

202 Über die Gründe dafür geben die eingesehenen Akten der Zentral- und Landesarchive keinen Aufschluss.

203 Vgl. Handbuch der Lizenzen, 1947, S. 94 und Lizenzen-Handbuch, 1949, S. 216.

204 Näheres zur »Zentralstelle für Buch- und Bibliothekswesen« siehe Kapitel 2.3.2.

205 Erste Vorbesprechungen zur Bildung dieser Verlegergemeinschaft waren für Ende März 1946 geplant gewesen (vgl. Rudolf Marx an Erich Weinert, 19.3.1946: BArch DR 2/1090, fol. 114f).

206 Marx an Weinert, 19.3.1946: BArch DR 2/1090, fol. 114f.

SBZ bleiben wollten – keine andere Lösung, als dem von behördlicher Seite angebotenen Beitritt zu einer Arbeitsgemeinschaft zuzustimmen. Dabei hofften alle, mit ihrer Mitgliedschaft nur die Zeit bis zum Erhalt einer eigenen Verlagslizenz überbrücken zu müssen. Unter der Lizenz der Arbeitsgemeinschaft konnten die beteiligten Verlage – genauso wie lizenzierte Verlage – publizieren, ohne selbst eine eigene Verlagslizenz zu besitzen. Interessant war der Beitritt zu einer solchen Arbeitsgemeinschaft fast ausschließlich für lizenzlose Privatverlage. Die neu gegründeten Verlage von Verwaltungen, Parteien und Organisationen bekamen in der Regel ohnehin schnell eine eigene Lizenz und waren deshalb nicht auf die Mitgliedschaft in einer Arbeitsgemeinschaft angewiesen.

Die regionalen Arbeitsgemeinschaften, bei denen sich Verlage verschiedenster Fachrichtungen eines Landes bzw. eine Provinz zusammenschlossen, kamen in erster Linie durch das Engagement der für sie zuständigen Verwaltungen in den Ländern und Provinzen zustande (siehe Kapitel 4.3.3). Da die in ihnen zusammengeschlossenen Verlage in der Regel weder über einen großen Namen noch über wertvolle Verlagsrechte verfügten, hatten die zentralen Institutionen nur mäßiges Interesse an ihnen. Ganz anders verhielt es sich mit den überregionalen Arbeitsgemeinschaften, in denen namhafte wissenschaftliche Verlage gleicher Fachrichtungen zusammengeschlossen werden sollten.

Zurückzuführen ist die Schaffung von überregionalen Arbeitsgemeinschaften in der SBZ auf die Initiative Sachsens – und hier insbesondere auf Ministerialdirektor Heinrich Becker, den Leiter der »Zentralstelle für Buch- und Bibliothekswesen« in Leipzig. Gemeinsam mit Ministerialdirektor Herbert Gute und Hans Naundorf vom Ressort »Volksbildung« der Landesverwaltung Sachsen entwickelte er die Idee, wissenschaftliche Verlage zu »sachlichen Hauptverlagsgruppen« in der Form von GmbHs zusammenzufassen.[207]

Wie in Kapitel 4.1 beschrieben, fuhr Becker auf Einladung der DVV am 11. Januar 1946 zu einer zweitägigen Besprechung über die Regelung des Verlagswesens in der SBZ nach Berlin. In einem Gespräch mit DVV-Präsident Wandel berichtete er über seine Idee der Zusammenfassung wissenschaftlicher Verlage zu Arbeitsgemeinschaften, die durch Mitarbeiter der Zentral-, Landes- oder Provinzialverwaltungen und durch Mitarbeiter von verwaltungs-, partei- und organisationseigenen Verlagen kontrolliert und gelenkt werden sollten.[208] Wandel erklärte sich »mit dieser Lösung durchaus einverstanden« und forderte Becker auf, »diese Regelung des Verlagswesens der östlichen Zone so rasch wie möglich voranzutreiben und in diesem Sinne auch mit der SMA in Karlshorst zu verhandeln«.[209] Bereits einen Tag später hatte er bei einem Gespräch mit Dawidowitsch in Karlshorst Gelegenheit dazu. Dawidowitsch äußerte sich zunächst etwas skeptisch zu Beckers Vorschlag.[210] Nachdem

207 Becker an Gute, Landesverwaltung Sachsen, 18.2.1946: StadtAL, StVuR Nr. 8889, Bl. 45. Vgl. auch Naundorf an Becker, 15.2.1946: ebd., Bl. 44. Näheres zu Becker, Gute und Naundorf siehe Kapitel 1.3.2 und 1.2.2.3. Wie dem Brief von Naundorf zu entnehmen ist, wurde das dargestellte Thema auch bei unkonventionellen Treffen erörtert: »Wenn Du am Mittwoch nach Dresden kommst, richte es bitte so ein, daß Du über Nacht hier bleiben kannst. Du kannst bei mir mit schlafen, wenn auch unter primitiven Verhältnissen. Wir könnten dann ganz unter uns den gesamten Fragenkomplex noch einmal durchsprechen.« (ebd.).

208 Vgl. Becker, »Zentralstelle für Buch- und Bibliothekswesen« Leipzig, an Gute, Landesverwaltung Sachsen, 18.2.1946: StadtAL, StVuR Nr. 8889, Bl. 45 und Aktennotiz Frommholds, Referat »Verlagswesen«, DVV, 19.2.1946: BArch DR 2/896, fol. 114.

209 Becker an Gute, 18.2.1946.

210 Vgl. Becker: Zwischen Wahn und Wahrheit, S. 356.

Becker ihn jedoch davon überzeugt hatte, dass die Verlage »den Vorteil der von [ihm] vorgeschlagenen Lösung erkennen und entsprechend verfahren würden«, erklärte er sich zu einem Versuch bereit. Becker bekam acht Wochen Zeit, um die Idee umzusetzen und Dawidowitsch anschließend von den Ergebnissen zu berichten.[211]

Überzeugt von seinem Plan unternahm Becker gemeinsam mit der DVV-Abteilung »Verlagswesen« sofort die ersten Schritte zur Bildung einer Arbeitsgemeinschaft medizinischer Fachverlage. Seine Verhandlungen mit den Verlagen Johann Ambrosius Barth, Dr. Werner Saenger, Theodor Steinkopff und Georg Thieme verliefen erfolgreich und so wurde die »Arbeitsgemeinschaft Medizinischer Verleger, Verlagsgesellschaft mbH.« bereits am 22. März 1946 unter der Lizenz-Nr. 37 von der SMAD lizenziert.[212]

Auch die DVV freundete sich schnell mit der Idee des Zusammenschlusses mehrerer Privatverlage zu Arbeitsgemeinschaften an. Zum einen konnte den darin zusammenarbeitenden Privatverlagen der Eindruck vermittelt werden, dass sie ihre Selbstständigkeit behielten.[213] Gleichzeitig aber konnten diese, wie anfangs erwähnt, intensiver kontrolliert werden, wenn Personal der zentralen und regionalen Verwaltungen zur Koordination und Lenkung der Arbeitsgemeinschaften eingesetzt wurde. Bereits wenige Tage nach dem Entschluss Dawidowitschs, versuchsweise zunächst eine Arbeitsgemeinschaft für medizinische Literatur einrichten zu lassen, dachte die DVV schon an die Bildung weiterer Arbeitsgemeinschaften. Dabei zog sie vor allem auch eine Zusammenfassung wissenschaftlicher Verlage der Bereiche Technik und Verkehr, Musikalien sowie Bildende Kunst in Erwägung.[214] Privatverlage, die keinen Platz in einer Arbeitsgemeinschaft fanden, sollten gemäß frühen Planungen mit den verwaltungs-, partei- und organisationseigenen Verlagen fusioniert werden (siehe Kapitel 4.1).[215]

Für die Einrichtung von Arbeitsgemeinschaften geeignete Fachgebiete gab es viele. Allerdings sollte nach den Vorstellungen der SMAD die Zahl der Verlagslizenzen möglichst gering gehalten werden.[216] Wäre eine Arbeitsgemeinschaft je Fachgebiet eingerichtet worden, hätte das eine erhebliche Anzahl von Lizenzen allein für diese Arbeitsgemeinschaften erfordert. Dies dürfte der Grund dafür gewesen sein, dass nicht für jede mögliche Fachrichtung eine Arbeitsgemeinschaft eingerichtet wurde. Stattdessen kam die Überlegung auf, die in Frage kommenden wissenschaftlichen Verlage verschiedener Fachrichtungen in einer über-

---

211 Ebd. Vgl. auch Becker an Gute, 18.2.1946: StadtAL, StVuR Nr. 8889, Bl. 45 und Aktennotiz Frommholds, DVV, Referat »Verlagswesen«, 19.2.1946: BArch DR 2/896, fol. 114. Wie Becker in dem hier erwähnten Gespräch mit Dawidowitsch mitteilte, zweifelte er – im Gegensatz zur Einrichtung von Arbeitsgemeinschaften – an der Praktikabilität einer Fusionierung von Privatverlagen mit verwaltungs-, partei- und organisationseigenen Verlagen, da »bedeutende Verlage ihre Autoren in allen Besatzungszonen« hätten und diese Autoren im Falle der Fusion ihrer Verlage mit Verlagen der Verwaltungen, Parteien und Organisationen ihre Werke »höchstwahrscheinlich häufig [...] bei Verlagen in den anderen Besatzungszonen publizieren« würden. Außerdem sei »es im Interesse einer wirkungsvollen Bündnispolitik [...], wertvolle Verlagstraditionen, soweit vertretbar, zu bewahren« (Becker: Zwischen Wahn und Wahrheit, S. 355). Mit der Bündnispolitik waren die anfänglichen Bestrebungen der KPD zur vorläufigen Einbindung sozialdemokratischer und humanistischer bürgerlicher Kräfte gemeint.

212 Vgl. Abbildung der Kopie der Lizenzurkunde Nr. 37 der »Arbeitsgemeinschaft Medizinischer Verleger« vom 22.3.1946 in Kapitel 4.4.1, Abb 30.

213 Vgl. Becker: Zwischen Wahn und Wahrheit, S. 356.

214 Vgl. »Bericht über die Arbeit der Abteilung Kulturelle Aufklärung bei der Deutschen Verwaltung für Volksbildung in der Sowjetischen Besatzungszone« von Girnus an Ulbricht, 20.2.1946: BArch DR 2/629, fol. 35–42.

215 Vgl. ebd.

216 Vgl. Becker: Zwischen Wahn und Wahrheit, S. 355 und Kapitel 3.1.

greifenden »Arbeitsgemeinschaft Wissenschaftlicher Verlage« zu komprimieren.[217] Nach der Bildung der »Arbeitsgemeinschaft Medizinischer Verleger« sollte sie – neben einer Arbeitsgemeinschaft für Musikverleger – als nächste gegründet werden.[218]

Die Entwicklung kam jedoch schnell ins Stocken.[219] Außer der »Arbeitsgemeinschaft der Fachbuch- und Fachzeitschriften-Verleger«, die am 19. Dezember 1946 von der SMAD lizenziert wurde (siehe Kapitel 4.4.2),[220] wurden zunächst keine weiteren Arbeitsgemeinschaften mehr gebildet.

Erst im Sommer 1948 kam die Bildung von Arbeitsgemeinschaften im Zusammenhang mit den Diskussionen um einen Zweijahresplan wieder stärker ins Gespräch. Im Hinblick auf diesen Plan beabsichtigte die DVV eine komplette Umstrukturierung des Verlagswesens. Auf einer Besprechung von Vertretern der DVV und der Volksbildungsministerien der Länder wurde am 26. August 1948 der Entschluss bekannt gegeben, alle noch nicht lizenzierten Verlage, die dafür in Frage kamen, in neu zu schaffenden Arbeitsgemeinschaften unterzubringen.[221] Dabei wurde selbst der Entzug bereits an Privatverlage vergebener Verlagslizenzen in Betracht gezogen, um die Unternehmen in die neuen Arbeitsgemeinschaften zu zwingen. Die Privatverlage als solche sollten dadurch nach und nach eliminiert werden: »Alle übrigen Verlage, die in eine solche Arbeitsgemeinschaft nicht mit aufgenommen werden, sollen ein Schreiben erhalten, in dem ihnen mitgeteilt wird, daß sie mit einer Lizenz nicht zu rechnen haben.«[222]

Neben einer Arbeitsgemeinschaft für Musikverleger, die wie dargestellt bereits seit März 1946 – also seit zwei Jahren – geplant gewesen war, sollten weitere für die Bereiche Philatelie, Pädagogik (Lehrbücher), Briefmarken und Adressbücher gebildet und so alle erdenklichen Fachrichtungen abgedeckt werden.[223] Erwogen wurde außerdem die Zusammenfassung

217 Vgl. Aktennotiz Beckers, 26.3.1946: StadtAL, StVuR Nr. 8889, Bl. 30.

218 Vgl. ebd.

219 Verantwortlich hierfür machte Becker in seiner Rede auf der 20. Sitzung des Ausschusses für Kulturpolitik am 25.6.1949 abfällig »den Mann mit der Pelzmütze [...], der uns im Verlagswesen gut zwei Jahre zurückgeworfen hat, weil er die Entwicklung verhindert hat und niemand an amtlicher Stelle das durchschaute« (BArch DR 2/1085, fol. 10). Dieser habe die Bildung der Arbeitsgemeinschaften regelrecht »torpediert« (vgl. ebd.). Gemäß Pike: Politics of Culture, S. 359, war mit »dem Mann mit der Pelzmütze« der in den Westen geflohene Lothar von Balluseck gemeint. Pike misst Beckers Äußerung allerdings nicht so viel Aussagekraft bei, da dieser seiner Ansicht nach nur einen Sündenbock für mehrere aufgetretene Probleme suchte (vgl. ebd., S. 360).

220 Vgl. Lizenzurkunde der »Arbeitsgemeinschaft der Fachbuch- und Fachzeitschriften-Verleger«: LAB, C Rep. 120, Nr. 772.

221 Vgl. »Kurzer Bericht über die Besprechung bei der Deutschen Verwaltung für Volksbildung in Berlin am 26.8.48«: StadtAL, StVuR Nr. 2131, Bl. 70f und »Bericht der Besprechung in der Deutschen Verwaltung für Volksbildung, Berlin, am 26.8.1948«: SächsHStAD, 11401 Lr. Sachsen, MfVobi, Nr. 2731. Siehe auch die Rede Beckers auf der 20. Sitzung des Ausschusses für Kulturpolitik vom 25.6.1946, auf der er die Notwendigkeit der Lenkung des Verlagswesens durch Arbeitsgemeinschaften nochmals betonte (vgl. Rede Beckers »Das Verlagswesen auf der 20. Sitzung des Ausschusses für Kulturpolitik«, 25.6.1949: BArch DR 2/1085, fol. 19f).

222 »Kurzer Bericht über die Besprechung bei der Deutschen Verwaltung für Volksbildung in Berlin am 26.8.48«. Wenn auch am Fortbestand mancher Verlage keine Interesse bestand, so doch an ihren Mitarbeitern: »Das Personal der jetzt noch nicht lizenzierten Verlage (toten Verlage), die der Gefahr einer gewissen fachlichen Verlotterung ausgesetzt seien, soll möglichst für die Arbeitsgemeinschaften gerettet werden.« (»Bericht der Besprechung in der Deutschen Verwaltung für Volksbildung, Berlin, am 26.8.1948«: SächsHStAD, 11401 Lr. Sachsen, MfVobi, Nr. 2731).

223 Vgl. ebd.

von Verlagen belletristischer Literatur. Jedoch wurde diese Idee schnell wieder verworfen, da für diese Verlage zum einen bereits einige Einzellizenzen vergeben worden waren, zum anderen eine solche Arbeitsgemeinschaft »im Zeichen des Wirtschaftsplanes [des Zweijahresplanes, B.J.] nicht als vordringlich« angesehen wurde.[224]

Welche Arbeitsgemeinschaften von 1945 bis 1949 in der SBZ tatsächlich eingerichtet wurden und welche zumindest in der Planung weit fortgeschritten waren, wird in den folgenden Kapiteln geschildert. Dabei werden zunächst die »Arbeitsgemeinschaft Medizinischer Verleger« und die »Arbeitsgemeinschaft der Fachbuch- und Fachzeitschriften-Verleger« beschrieben, mit Angaben zu ihrer Gründung, ihren Mitgliedern, ihrer Struktur und ihrer Arbeitsweise. Anschließend werden in einem weiteren Unterkapitel jene Arbeitsgemeinschaften vorgestellt, die geplant waren, zu deren Bildung es aus unterschiedlichen Gründen aber nicht gekommen ist (»Arbeitsgemeinschaft Evangelischer Verleger«, »Arbeitsgemeinschaft der Musikverleger«, »Arbeitsgemeinschaft Pädagogischer Verleger« und »Arbeitsgemeinschaft Wissenschaftlicher Verleger«).

4.4.1 »Arbeitsgemeinschaft Medizinischer Verleger«

Die erste Arbeitsgemeinschaft in der SBZ wurde sehr schnell gebildet. Zwischen dem Entschluss zur Gründung einer Arbeitsgemeinschaft für medizinische Verlage am 12. Januar 1946 und ihrer Lizenzierung durch die SMAD am 22. März 1946 vergingen gerade 41 Tage. Angesichts dessen, was der mit der Bildung der Arbeitsgemeinschaft beauftragte Becker in dieser Zeitspanne alles zu erledigen hatte, wird deutlich, wie kurz diese war. So musste er zunächst die in Frage kommenden medizinischen Fachverlage von der Idee der Arbeitsgemeinschaft überzeugen, ihre Vorstellungen in Übereinstimmung bringen mit seinen eigenen, denen der SMAD und denen der DVV und zudem noch die erforderlichen Verträge ausarbeiten, etwa den Gesellschaftervertrag, den Durchführungsvertrag und den Schiedsgerichtsvertrag.

Am 21. März 1946 unterschrieben die vier Verlage Ambrosius Barth aus Leipzig, Dr. Werner Saenger aus Berlin, Theodor Steinkopff aus Dresden und Georg Thieme aus Leipzig in Berlin die Verträge zur Gründung der »Arbeitsgemeinschaft Medizinischer Verleger«.[225] Einen Tag später wurde sie von der SMAD unter der Lizenz-Nr. 37 lizenziert (siehe Abb. 30).[226]

224 »Kurzer Bericht über die Besprechung bei der Deutschen Verwaltung für Volksbildung in Berlin am 26.8.48«. Denkbar ist allerdings auch, dass die DVV die Einrichtung einer Arbeitsgemeinschaft Belletristischer Verleger scheute, da sie vehementen Widerstand der Verleger erwartete. Beschwerden von Verlegern, die den Wunsch der DVV nach einer solchen Arbeitsgemeinschaft schon lange vorhergesehen hatten, gingen bei der DVV bereits 1946 ein. Vgl. z.B. Rudolf Marx, Dieterich'sche Verlagsbuchhandlung, an Erich Weinert, 19.3.1946: BArch DR 2/1090, fol. 114f (s. Zitat in Kap. 4.3.3).

225 Vgl. Annelise von Lucius: Tagebucheinträge 25. Mai 1945 bis 20. Dezember 1946 (handschriftlich), Einträge vom 17. und 20.3.1946 und Kopie der Lizenzurkunde Nr. 37 der »Arbeitsgemeinschaft Medizinischer Verleger«, 22.3.1946: LAB, C Rep. 120, Nr. 773, Bl. 16 (siehe Abb. 30). Von Lucius war die Tochter von Gustav Fischer und spätere Leiterin des Jenaer Gustav Fischer Verlages (siehe Kapitel 4.5).

226 Vgl. Kopie der Lizenzurkunde Nr. 37 der »Arbeitsgemeinschaft Medizinischer Verleger«, 22.3.1946.

Beckers Versuche, die Verleger medizinischer Literatur vom Nutzen eines Beitritts zu einer Arbeitsgemeinschaft zu überzeugen, waren aber teilweise erfolglos geblieben.[227] Die vier Verlage, aus denen sich die »Arbeitsgemeinschaft Medizinischer Verleger« zunächst zusammensetzte, waren nur jene, mit denen sich Becker am zügigsten einigen konnte. Außer ihnen hätte er auch gerne die Akademische Verlagsgesellschaft sowie die Verlage Gustav Fischer, Jena, Fischer & Erler, Leipzig, und Hirzel, Leipzig, mit in die Arbeitsgemeinschaft aufgenommen, die im übrigen ursprünglich neben den Verlagen medizinischer Literatur auch solche mit biologischer Literatur aufnehmen sollte.[228] Sie traten der »Arbeitsgemeinschaft Medizinischer Verleger« später bei, ebenso wie weitere Verlage. In alphabetischer Reihenfolge waren es folgende acht Verlage, die sich neben den bereits genannten im Laufe der Zeit noch anschlossen:

- Akademische Verlagsgesellschaft Geest & Portig, Leipzig (vormals Becker & Erler)[229],
- Gustav Fischer Verlag, Jena,
- Verlag H. Heinecke, Berlin,
- Verlag S. Hirzel, Leipzig,
- Verlagsbuchhandlung Carl Marhold, Halle,
- Verlag Dr. Willmar Schwabe, Leipzig,
- Verlagsbuchhandlung Elwin Staude, Osterwieck, und
- der Verlag des Deutschen Hygiene-Museums, Dresden.[230]

Auch beim Ausarbeiten der verschiedenen Verträge durch Becker und Vertreter der DVV gab es einige Schwierigkeiten. Jede der Parteien wollte ihre eigenen Interessen durchsetzen: Während die Zentralverwaltungen einen größtmöglichen Einfluss auf die »Arbeitsgemein-

227 Gemäß einem Telefonat zwischen den Verlagen Steinkopff und Gustav Fischer war zunächst geplant die Verlage Steinkopff, Thieme, Brockhaus und Gustav Fischer aufzunehmen (vgl. von Lucius: Tagebucheintrag vom 28.2.1946).

228 Vgl. Aktennotiz Frommholds, Referat »Verlagswesen«, DVV, 19.2.1946: BArch DR 2/896, fol. 114. Bei dem hier unter der Bezeichnung »Fischer & Erler« aufgeführten Verlag handelt es sich vermutlich um die Leipziger Verlagsgesellschaft Becker & Erler, die unter ihrer späteren Bezeichnung Verlagsgesellschaft Geest & Portig der Arbeitsgemeinschaft im Dezember 1947 beigetreten ist (s. unten).

229 Vgl. Lizenzen-Handbuch, 1949, S. 248.

230 Der nicht ganz freiwillige Beitritt des Gustav Fischer Verlages (siehe dazu Kapitel 4.5) erfolgte am 6.6.1946 (vgl. Antrag Annelise von Lucius' auf Erteilung einer Verlagslizenz für den Gustav Fischer Verlag, 6.6.1946: ThHStAW, Ld. Thür. - LfB, Nr. 330). Gemäß dem Schreiben von Arthur Meiner, J. A. Barth Verlag, an von Lucius, Gustav Fischer Verlag, vom 20.6.1946 (in: ThHStAW, GFV, Nr. 556) muss der Beitritt Hirzels vor dem Datum dieses Briefes erfolgt sein. Der Verlag H. Heinecke und der Verlag des Deutschen Hygiene-Museums traten der »Arbeitsgemeinschaft Medizinischer Verleger« in der Zeit bis zum 1.3.1947 bei (vgl. DVV, Liste der lizenzierten Buch- und Zeitschriftenverlage in der SBZ und im sowjetischen Sektor Berlins, Stand 1.3.1947: SächsHStAD, 11401 Lr. Sachsen, MfVobi, Nr. 2764), der Beitritt der Akademischen Verlagsgesellschaft Geest & Portig folgte in der Zeit bis zum 10.12.1947 (vgl. Beilage der Lizenzurkunde der »Arbeitsgemeinschaft Medizinischer Verleger«, 10.12.1947: StadtAL, StVuR Nr. 8904, Bl. 46) und der Beitritt der Verlage Schwabe, Staude und der Verlagsbuchhandlung Marhold in der darauf folgenden Zeit bis Anfang 1949 (vgl. Geschäftsbericht der »Arbeitsgemeinschaft Medizinischer Verleger« für das Jahr 1948, 30.4.1949: BArch DR 2/981, fol. 23ff). In der Beilage zur Lizenzurkunde wurden die Verlage am 10.12.1947 als Gesellschafter der »Arbeitsgemeinschaft Medizinischer Verleger« bestätigt.

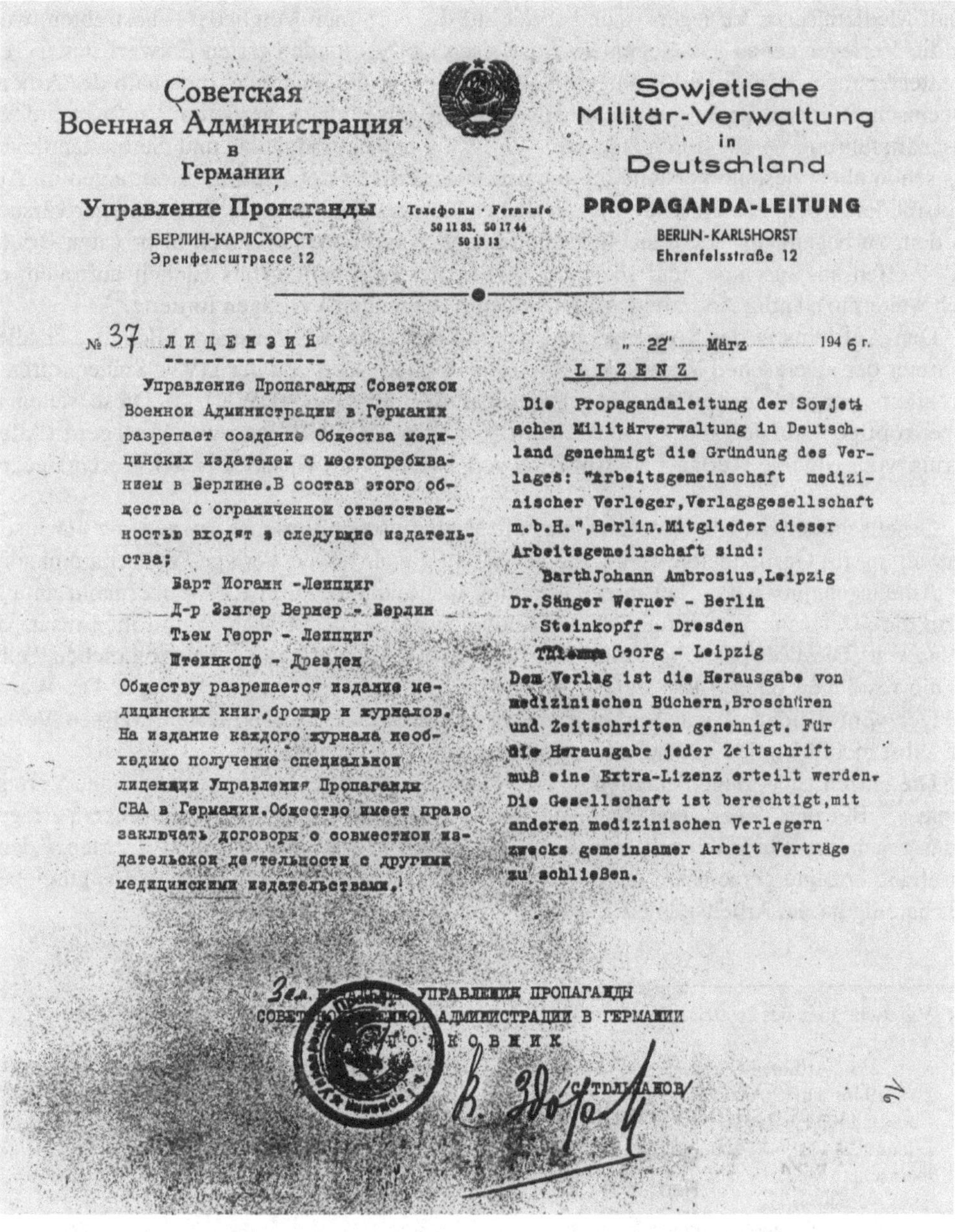

Советская
Военная Администрация
в
Германии

Управление Пропаганды

БЕРЛИН-КАРЛСХОРСТ
Эренфелсштрассе 12

Телефоны · Fernrufe
50 11 83, 50 17 44
50 13 13

Sowjetische
Militär-Verwaltung
in
Deutschland

PROPAGANDA-LEITUNG

BERLIN-KARLSHORST
Ehrenfelsstraße 12

№ 37 ЛИЦЕНЗИЯ

„22" März 1946 г.

Управление Пропаганды Советской Военной Администрации в Германии разрешает создание Общества медицинских издателей с местопребыванием в Берлине. В состав этого общества с ограниченной ответственностью входят в следующие издательства;

Барт Иоганн - Лейпциг
Д-р Зэнгер Вернер - Берлин
Тьем Георг - Лейпциг
Штейнкопф - Дрезден

Обществу разрешается издание медицинских книг, брошюр и журналов. На издание каждого журнала необходимо получение специальной лицензии Управления Пропаганды СВА в Германии. Общество имеет право заключать договоры о совместной издательской деятельности с другими медицинскими издательствами.

LIZENZ

Die Propagandaleitung der Sowjetischen Militärverwaltung in Deutschland genehmigt die Gründung des Verlages: "Arbeitsgemeinschaft medizinischer Verleger, Verlagsgesellschaft m.b.H.", Berlin. Mitglieder dieser Arbeitsgemeinschaft sind:

Barth Johann Ambrosius, Leipzig
Dr. Sänger Werner - Berlin
Steinkopff - Dresden
Thieme Georg - Leipzig

Dem Verlag ist die Herausgabe von medizinischen Büchern, Broschüren und Zeitschriften genehmigt. Für die Herausgabe jeder Zeitschrift muß eine Extra-Lizenz erteilt werden. Die Gesellschaft ist berechtigt, mit anderen medizinischen Verlegern zwecks gemeinsamer Arbeit Verträge zu schließen.

Зам. ... УПРАВЛЕНИЯ ПРОПАГАНДЫ
СОВЕТ... АДМИНИСТРАЦИИ В ГЕРМАНИИ
ПОЛКОВНИК
/С.ТЮЛЬПАНОВ/

Abb. 30: Kopie der Lizenzurkunde Nr. 37 der »Arbeitsgemeinschaft Medizinischer Verleger«, 22.3.1946.[231]

231 Vorlage und Repro: Landesarchiv Berlin, Bestand C Rep. 120 Magistrat von Berlin, Abt. Volksbildung, Nr. 773.

schaft Medizinischer Verleger« – und somit auf die einzelnen Mitglieder – anstrebten, wollten die Verleger genau das Gegenteil. So wiesen sie bereits den ersten Entwurf des Gesellschaftervertrages zurück und schlugen Änderungen vor, die ihnen u.a. innerhalb der Arbeitsgemeinschaft mehr Rechte einräumten, beispielsweise einen größeren Einfluss auf die Geschäftsführung.[232] Sie fürchteten den Verlust ihrer Individualität und Selbstständigkeit, was schon allein deshalb verständlich ist, weil die Vertreter der Zentralverwaltungen im Aufsichtsrat der Arbeitsgemeinschaft ein deutliches Übergewicht hatten.[233] Die Verleger versuchten dem zu begegnen, indem sie sich untereinander verbanden und sich in privaten Briefen und Treffen austauschten, und so in der Arbeitsgemeinschaft oft als Einheit auftraten, die auch weiterhin ständig Änderungen z.B. an den bestehenden Verträgen forderte.[234]

Den Aufsichtsrat der »Arbeitsgemeinschaft Medizinischer Verleger« bildeten vor allem Vertreter der »Deutschen Verwaltung für Gesundheitswesen« und der DVV. Später waren es vor allem Vertreter der »Deutschen Wirtschaftskommission« (DWK). [235] Diese saßen im siebenköpfigen Aufsichtsrat zu viert einem Vertreter der DVV und zwei Verlegern (Alfred Dornig vom Thieme Verlag und Annelise von Lucius vom Gustav Fischer Verlag) gegenüber.[236]

Gesellschafter der »Arbeitsgemeinschaft Medizinischer Verleger« waren die »Deutsche Verwaltung für Gesundheitswesen«, die DVV und die einzelnen Verlage. Vom Stammkapital der Arbeitsgemeinschaft – bei ihrer Gründung insgesamt 100.000 RM – übernahm anfangs allein die »Deutsche Verwaltung für Gesundheitswesen« 25.000 RM, womit ihr Einsatz der größte war: Die DVV beteiligte sich mit 10.000 RM, die Verlage kamen zu gleichen Teilen für die restlichen 65.000 RM auf.[237] Als Geschäftsführer wurden der Verleger Dr. Werner Saenger vom gleichnamigen Verlag und Alfred Napieralski vom Volk und Wissen Verlag, der selbst nicht Mitglied in der Arbeitsgemeinschaft war, ernannt.[238]

Die einzelnen Verlage behielten an ihren früheren Veröffentlichungen sämtliche Verlagsrechte. [239] Bei den neuen, von ihnen in der »Arbeitsgemeinschaft Medizinischer Verleger« herausgegebenen Publikationen hatten sie aber nur das Eigentum an diesen Rechten – deren Ausübung erfolgte gemeinsam mit der Arbeitsgemeinschaft.[240] Der Verkaufserlös ging ebenfalls anteilig an die Arbeitsgemeinschaft.[241]

---

232 Vgl. Schreiben des Justiziars Maikowski, 19.3.1946: BArch DR 2/896, fol. 89.

233 Vgl. ebd.

234 Vgl. z.B. Arthur Meiner, J. A. Barth Verlag, an Annelise von Lucius, Gustav Fischer Verlag, 20.6.1946: ThHStAW, GFV, Nr. 556, von Lucius an A. Meiner, 26.6.1946: ebd., A. Meiner an von Lucius, 11.7.1947: ebd., A. Meiner an A. von Lucius, 16.8.1946: ebd. oder Theodor Steinkopff an von Lucius, 29.11.1948: ebd., Bündel 571. Diverse Entwürfe und Versionen von Verträgen der »Arbeitsgemeinschaft Medizinischer Verleger« befinden sich in StadtAL, StVuR Nr. 8897 und in ThHStAW, Ld. Thür. - LfB, Nr. 359.

235 Zur DWK siehe auch Kapitel 3.1.

236 Vgl. Geschäftsbericht der »Arbeitsgemeinschaft Medizinischer Verleger« für das Jahr 1948, 30.4.1949: BArch DR 2/981, fol. 23ff.

237 Vgl. Aktennotiz von Ballusecks, DVV, März 1946: BArch DR 2/624, fol. 28.

238 Vgl. ebd.

239 Vgl. § 3 des Entwurfs des Gesellschaftervertrags (ohne Datum): BArch DR 2/896, fol. 96f.

240 Vgl. ebd.

241 Vgl. § 7 des Entwurfs des Gesellschaftervertrags (ohne Datum) und Entwurf des Durchführungsvertrags der »Arbeitsgemeinschaft Medizinischer Verleger«: BArch DR 2/896, fol. 98f. Weitere Vereinbarungen zwischen den Verlagen und der »Arbeitsgemeinschaft Medizinischer Verleger«, z.B. Kündigungsfristen

Ende 1947 wurden die Lizenzen mit den Nummern 1 bis 71 von der SMAD wieder eingezogen und für ungültig erklärt (siehe Kapitel 4.2). Anstelle der am 22. März 1946 ausgestellten Lizenzurkunde mit der Nummer 37 wurde die »Arbeitsgemeinschaft Medizinischer Verleger« am 10. Dezember 1947 unter der Lizenz-Nr. 346 eine neue Lizenz ausgestellt.[242]

Heinrich Becker war mit der »Arbeitsgemeinschaft Medizinischer Verleger« als Ergebnis seiner Bemühungen sehr zufrieden und ließ keine Gelegenheit aus, sie lobend zu erwähnen.[243] Die ihr angeschlossenen Verleger allerdings waren vom Sinn und Zweck der Arbeitsgemeinschaft meist nicht so überzeugt. Sie waren der Arbeitsgemeinschaft selbstverständlich nur deshalb beigetreten, weil sie sich bestimmte Vorteile erhofft hatten – etwa auch ohne Aussicht auf eine schnelle Verlagslizenz sofort wieder produzieren und veröffentlichen zu können. Zudem hatten sie wahrscheinlich auch auf einen »guten Draht« zu den Vertretern des Mitgesellschafters DVV gehofft und damit auf weitere Vorteile wie beispielsweise bei der Versorgung mit Papier. Doch ihre Vorstellungen erwiesen sich teilweise als Illusion. Ein gutes Zeugnis dafür liefert der Schriftwechsel zwischen dem Gustav Fischer Verlag und dem Theodor Steinkopff Verlag.[244] So schreibt Steinkopff bereits vier Monate nach der Gründung der »Arbeitsgemeinschaft Medizinischer Verleger« betrübt:

> Freilich sind die Vorteile, die wir erhofften, bis jetzt wenigstens, wenig sichtbar, es dauert alles entsetzlich lange und die Formalitäten zum wirklichen Produzieren sind immer noch nicht erfüllt, (Druckgenehmigung etc.). Augenblicklich sieht es so aus, als wenn der Vorteil für die einzelnen Firmen wieder mehr bei der Einrichtung von Einzellizenzen liegt als bei der Beteiligung an den Arbeitsgemeinschaften.[245]

Noch deutlicher wird Steinkopff fünf Monate später in einem weiteren Brief an den Gustav Fischer Verlag:

> Ich habe den Eindruck, als wenn sich die AmV [›Arbeitsgemeinschaft Medizinischer Verleger‹, B.J.] etwas stark nach der formalistischen und bürokratischen Seite hin aufbläht und dadurch das Wesentliche, was uns als angeschlossene Verleger interessiert, nämlich uns zu helfen bei den Schwierigkeiten mit der Besatzungsbehörde etc., damit wir in unserer Verlagstätigkeit gefördert werden, in den Hintergrund gedrängt wird.[246]

---

oder gemeinsame Finanzierung der in der Arbeitsgemeinschaft herausgegebenen Publikationen, siehe ebd.

242 Vgl. Lizenzen-Handbuch, 1949, S. 243 und Auflistung der Nummern der Verlags- und Zeitschriftenlizenzen der Arbeitsgemeinschaft in: LAB, C Rep. 120, Nr. 773, Bl. 5.

243 Vgl. z.B. den Auszug aus dem Rundfunk-Interview mit Becker auf dem dritten Messetag der Leipziger Frühjahrsmesse am 10.5.1946 in Becker: Zwischen Wahn und Wahrheit, S. 364, oder Rede Beckers »Das Verlagswesen auf der 20. Sitzung des Ausschusses für Kulturpolitik«, 25.6.1949: BArch DR 2/1085. Siehe auch den Bericht über die Leipziger Frühjahrsmesse 1949 »Fortschrittliche Verlagsarbeit/ Die deutsche Buchproduktion auf der Frühjahrsmesse 1949«. In: Börsenblatt, Leipzig, Nr. 13, 26.3.49, S. 101ff. Auch hier fällt die Hervorhebung der »Arbeitsgemeinschaft Medizinischer Verleger« – nicht nur durch die graphische Darstellung ihres Messestandes – besonders auf.

244 Dieser Schriftwechsel befindet sich im Archiv des Jenaer Gustav Fischer Verlages, dass im Thüringischen Hauptstaatsarchiv in Weimar untergebracht ist.

245 Theodor Steinkopff an von Lucius, 19.6.1946: ThHStAW, GFV, Nr. 558. Siehe auch von Lucius an Steinkopff, 9.7.1946: ebd.

246 Steinkopff an von Lucius, 22.11.1946: ebd.

Der Vorwurf war berechtigt, weil die Arbeitsgemeinschaft als eine Art zusätzliche Zensurstelle die Herausgabe von Büchern und Zeitschriften entgegen den Vorstellungen der Verlage eher bremste als beschleunigte. Denn bevor auch nur ein Manuskript seinen üblichen Weg zur Druckgenehmigung gehen konnte, war es zuvor vom Lektorat der Arbeitsgemeinschaft auf seine »medizinisch-wissenschaftliche« und »politische Brauchbarkeit« hin zu prüfen.[247] Erst wenn es in beiden Punkten als »einwandfrei« eingestuft wurde, ging es an den Verlag zurück, um dann den üblichen Weg durch die Genehmigungsinstanzen zu nehmen: über die örtliche SMA zum Kulturellen Beirat und von dort zur SMAD. Dort war für die Verlagswerke der Arbeitsgemeinschaft die Pressestelle der »Abteilung Gesundheitswesen« zuständig.[248] Ziel dieser Art von Vorzensur war es sicherlich auch, den Kulturellen Beirat (siehe Kapitel 2.1.3) durch eine Verringerung der Anzahl zu begutachtender Manuskripte zu entlasten. Zwar konnte der Beirat durch das Lektorat der Arbeitsgemeinschaft nicht ersetzt werden, aber wegen der vorherigen Prüfung durch das Lektorat erreichten ihn nur solche Manuskripte, die nach dessen Meinung eine Veröffentlichung Wert waren. Für die von ihr befürworteten Manuskripte und Zeitschriften setzte sich die Arbeitsgemeinschaft dann auch beim Kulturellen Beirat – zu dessen Sitzungen sie Vertreter entsandte[249] – und bei der SMA ein und informierte die auf die Druckgenehmigung wartenden Verlage über den Stand der Dinge.[250] Wegen der Verzögerungen empfanden die Verleger jedoch das Einschalten des Lektorats der Arbeitsgemeinschaft in den Zensurprozess insgesamt als hinderlich.[251]

Die Produktion der »Arbeitsgemeinschaft Medizinischer Verleger« war recht groß. Für das Geschäftsjahr 1946 liegen zwar ebenso wie für 1949 keine Produktionszahlen vor. Einen Eindruck vermittelt aber der Geschäftsbericht der »Arbeitsgemeinschaft Medizinischer Verlage« von 1948 für die Jahre 1947 und 1948.[252] Demnach nahm die Produktion der Arbeitsgemeinschaft in diesem Zeitraum zu. Während 1947 insgesamt 90 Titel (davon 30 Neuerscheinungen) verlegt wurden, waren es 1948 insgesamt 100 (davon 47 Neuerscheinungen).

---

247 Vgl. Karl Bremser, Prokurist des Gustav Fischer Verlages, an die »Thüringische Landesstelle für Buch- und Bibliothekswesen«, 21.10.1946: ThHStAW, Ld. Thür. - LfB, Nr. 359 und »Richtlinien über die Einholung der Lizenz für eine medizinische Zeitschrift«: ThHStAW, GFV, Nr. 562. Siehe auch § 1 des Entwurf des Durchführungsvertrags der Arbeitsgemeinschaft: BArch DR 2/896, fol. 98f.

248 Vgl. Bremser an die »Thüringische Landesstelle für Buch- und Bibliothekswesen«, 21.10.1946; »Richtlinien über die Einholung der Lizenz für eine medizinische Zeitschrift«; Karl Bremser an Dr. med. Georg Henneberg, 12.4.1947: ThHStAW, GFV, Nr. 561 und »Arbeitsgemeinschaft Medizinischer Verleger« an Dr. med. Georg Henneberg, 18.6.1947: ebd.

249 Vgl. z.B. »Protokoll der 40. Sitzung des Kulturellen Beirats für das Verlagswesen am 5. Mai 1947«: BArch DR 2/5652, fol. 118ff.

250 Vgl. »Arbeitsgemeinschaft Medizinischer Verleger« an den Gustav Fischer Verlag, 18.2.1947: ThHStAW, Ld. Thür. - LfB, Nr. 359 und »Arbeitsgemeinschaft Medizinischer Verleger« an den Gustav Fischer Verlag, 4.12.1946: ebd.

251 Vgl. auch Karl Bremser an Theodor Steinkopff, 17.2.1947: ThHStAW, GFV, Nr. 563. Vom Lektorat der Arbeitsgemeinschaft gewünschte Änderungen an den Manuskripten und Zeitschriften waren besonders natürlich für die betroffenen Autoren des Verlages ärgerlich. Allerdings ist es fraglich, wie viel ernsthafte Bedeutung sie den Wünschen beimaßen – etwa wenn Prof. Dr. Alexander Sturm in einem Brief an den Gustav Fischer Verlag am 4.5.1948 die Änderungswünsche des Lektorats der Arbeitsgemeinschaft ironisch als »ein Zeitdokument besonderer Art« bezeichnete (vgl. ebd., Bündel 571).

252 Vgl. Geschäftsbericht der »Arbeitsgemeinschaft Medizinischer Verleger« für das Jahr 1948, 30.4.49: BArch DR 2/981, fol. 23ff. Aufschluss über die Auflagenhöhen gibt der Bericht leider nicht.

1947 erschienen erst 16 fortlaufende Zeitschriften, 1948 waren es mit 29 schon erheblich mehr.[253]

Zu den maßgeblich an der Buchproduktion 1947 und 1948 beteiligten Verlagen der Arbeitsgemeinschaft zählten in erster Linie Johann Ambrosius Barth und Georg Thieme gefolgt von Theodor Steinkopff und Gustav Fischer. Die Produktion der übrigen Verlage der Arbeitsgemeinschaft fiel mit einem bis sechs Titel pro Jahr weniger ins Gewicht.[254]

4.4.2 »Arbeitsgemeinschaft der Fachbuch- und Fachzeitschriften-Verleger« – Gründung des Fachbuchverlags

Anders als für Verleger medizinischer Literatur oder für Musikverleger sollte für Verleger anderer Fachliteratur nicht schon gemäß ersten Planungen über die »Wiederingangsetzung des Verlagswesens« (siehe Kapitel 4.1) eine Arbeitsgemeinschaft eingerichtet werden. Vielmehr sollte die Herausgabe von »berufsbildendem Fachschrifttum«[255] in erster Linie dem Verlag des FDGB vorbehalten sein, der bereits im Dezember 1945 mit der Zeitung *Die Freie Gewerkschaft* und der Zeitschrift *Betrieb und Gewerkschaft* seine verlegerische Tätigkeit aufgenommen hatte.[256] Alle weiteren Fachbuchverleger sollten sich mit dem Verlag des FDGB in Verbindung setzen, um über eine zukünftige Koordinierung ihrer Tätigkeiten zu beratschlagen.[257] Erst in den daraufhin einsetzenden Verhandlungen kam es zu dem Entschluss, eine »Arbeitsgemeinschaft der Fachbuch- und Fachzeitschriften-Verleger« zu gründen. Im Dezember 1946 wurde sie gegründet und am 19. Dezember 1946 unter der Lizenz-Nr. 136 von der SMAD lizenziert.[258] Lizenzträger war Die Freie Gewerkschaft Verlagsgesellschaft, der Verlag des FDGB.[259] Genau eine Woche nach der Lizenzierung der »Arbeitsgemeinschaft der Fachbuch- und Fachzeitschriften-Verleger«, am 26. Dezember 1946, erhielt Die Freie Gewerkschaft Verlagsgesellschaft zudem unter der Lizenz-Nr. 138 eine Verlagslizenz, mit der sie unabhängig von der Arbeitsgemeinschaft publizieren konnte.[260]

253 Eine Auflistung der für diese Zeitschriften von der SMAD erteilten 29 Lizenzen befindet sich in: LAB, C Rep. 120, Nr. 773, Bl. 5.

254 Vgl. Geschäftsbericht der »Arbeitsgemeinschaft Medizinischer Verleger« für das Jahr 1948, 30.4.49: BArch DR 2/981, fol. 23ff. Der Schwerpunkt der Buchproduktion der »Arbeitsgemeinschaft Medizinischer Verleger« lag in der Herausgabe von Lehr- und Fortbildungsbücher. 1947 machten sie insgesamt 66,7 Prozent der Gesamtproduktion aus, 1948 insgesamt Prozent (vgl. ebd.).

255 Arbeitsplan des Referats »Verlagswesen« der DVV, undatiert: BArch DR 2/896, fol. 65–71. Handschriftlich wurde der 4.4.1946 oben auf das Schreiben gesetzt. Da aus dem Arbeitsplan jedoch hervorgeht, dass der Deutsche Zentralverlag noch nicht lizenziert war, muss der Arbeitsplan vor dem 1.3.1946, dem Lizenzierungsdatum des Deutschen Zentralverlags, erstellt worden sein.

256 Vgl. ebd. und Referat »Verlage« des Magistrats der Stadt Berlin, Liste Nr. 1 der »Verlage, die auf Grund militärbehördlicher Genehmigung ihre Arbeit (in Berlin) aufgenommen haben«, 1.12.1945: BArch DR 2/896, fol. 171ff.

257 Vgl. Arbeitsplan des Referat »Verlagswesen« der DVV, undatiert: BArch DR 2/896, fol. 65–71.

258 Vgl. Kopie der Lizenzurkunde Nr. 136 der »Arbeitsgemeinschaft der Fachbuch- und Fachzeitschriften-Verleger«, 19.12.1946: LAB, C Rep. 120, Nr. 772, Bl. 3.

259 Vgl. ebd.

260 Vgl. Angaben zur Lizenzierung der Freien Gewerkschaft Verlagsgesellschaft in LAB, C Rep. 120, Nr. 875, Bl. 1.

Bis zum März 1947 schlossen sich der »Arbeitsgemeinschaft der Fachbuch- und Fachzeitschriften-Verleger« elf Verlage an:

- Georg Achterberg, Berlin,
- J. Bohn & Berger, Leipzig,
- Brücke-Verlag, Kirchhain,
- Industrie-Verlag, Eichwalde,
- Max Jänicke, Leipzig,
- Heinrich Killinger, Leipzig,
- Paul Steinke, Schwerin,
- August Steinkopf, Berlin,
- Bernhard Friedrich Voigt, Leipzig,
- Herbert Wichmann, Bad Liebenwerda, und
- A. Ziemsen, Wittenberg.[261]

Von Bedeutung wurde die »Arbeitsgemeinschaft der Fachbuch- und Fachzeitschriften-Verleger« im Sommer 1948 im Zusammenhang mit dem auf Initiative der SED beschlossenen Zweijahresplan (siehe Kapitel 3.1). Die Förderung einer »wohlfundierten Fachbuchproduktion« sollte laut DVV der »wesentliche Beitrag des Verlagswesens der sowjetischen Besatzungszone zum Zweijahresplan« sein.[262] Sie lenkte einen Großteil ihrer Aufmerksamkeit auf die Entwicklung eines Planes für eine optimale Fachbuchproduktion in der SBZ.[263]

In diesem Zusammenhang plante sie zunächst, die »Arbeitsgemeinschaft der Fachbuch- und Fachzeitschriften-Verleger« durch eine neue Zusammensetzung der ihr angehörenden Verlage und durch die Schaffung neuer Gremien, denen Vertreter verschiedener zentraler Institutionen und Organisationen der SBZ angehören sollten, komplett umzustrukturieren.[264] Am 18. September 1948 beschlossen jedoch die Vertreter der DVV, des Kulturellen Beirats, des FDGB, der DWK, der Kammer der Technik, der SED sowie der Verlage Volk und Wis-

261 Vgl. Liste der lizenzierten Buch- und Zeitschriftenverlage in der SBZ und im sowjetischen Sektor Berlins, Stand 1.3.1947, DVV: SächsHStAD, 11401 Lr. Sachsen, MfVobi, Nr. 2764 und Auflistung der Mitgliedsfirmen der »Arbeitsgemeinschaft der Fachbuch- und Fachzeitschriften-Verleger«, undatiert: LAB, C Rep. 120, Nr. 772, Bl. 2. Spätere Auflistungen der Mitgliedsfirmen der »Arbeitsgemeinschaft der Fachbuch- und Fachzeitschriften-Verleger« und Angaben zur Struktur der Arbeitsgemeinschaft wurden bei den Recherchen für diese Arbeit nicht gefunden.

262 Referat »Verlagswesen«, DVV, »Betr.: Besprechung über die Grundlagen zur Fachbuch-Planung«, 26.8.1948: BArch DR 2/1049, fol. 13. Vgl. auch Referat »Verlagswesen«, DVV, »Betrifft: Fachbuchproduktion im Zweijahresplan«, 5.10.1948: ebd., fol. 6–8; Referat »Verlagswesen«, DVV, »Betrifft: Fachbuch-Verlag«, Protokoll der Besprechung vom 14.12.1948: ebd., fol. 35–36 und Kielmeyer, Kultureller Beirat, an Vizepräsident Engel, 8.2.1949: ebd., Akte 1092, fol. 20f.

263 Vgl. z.B. Referat »Verlagswesen«, DVV, Bericht über die Besprechung der Landesreferenten für Verlagswesen und Buchhandel am 26.8.1948: StadtAL, StVuR Nr. 2131, Bl. 66–69, »Kurzer Bericht über die Besprechung bei der Deutschen Verwaltung für Volksbildung in Berlin am 26.8.48«: ebd., Bl. 70f und »Bericht der Besprechung in der Deutschen Verwaltung für Volksbildung, Berlin, am 26.8.1948«: SächsHStAD, 11401 Lr. Sachsen, MfVobi, Nr. 2731.

264 Vgl. Referat »Verlagswesen« der DVV, »Betr.: Besprechung über die Grundlagen zur Fachbuch-Planung«, 26.8.1948: BArch DR 2/1049, fol. 13. Zu den genannten Institutionen und Organisationen sollten u.a. die DWK, der FDGB und die Kammer der Technik gehören. Die Mitgliedsverlage der Arbeitsgemeinschaft sollten nur in zweiter Linie an der Zusammensetzung der neuen Gremien beteiligt sein (vgl. ebd.).

sen, Technik und Die Wirtschaft auf einer Besprechung bei der DVV, statt der Umstrukturierung der bestehenden »Arbeitsgemeinschaft der Fachbuch- und Fachzeitschriften-Verleger« einen »zentralen Fachbuch-Verlag« zu gründen: »Hinsichtlich der verlegerischen Seite sprach man sich allgemein für eine starke Betonung eines zentralen Fachbuch-Verlages und gegen die Aktivierung zahlreicher privater Verlage aus.«[265] Die Organisation der Gründung des Zentralen Fachbuchverlages wurde dem Referat »Verlagswesen« der DVV, der Fachbuch-Abteilung des Volk und Wissen Verlages und der Freien Gewerkschaft Verlagsgesellschaft übertragen.[266] Dabei oblag ihnen auch die Entscheidung darüber, welche Privatverlage in die Arbeit des Fachbuchverlags eventuell noch mit einbezogen werden sollten.[267] Für die zukünftige Planung der Fachbuchproduktion sollte ein »Planungsrat« gebildet werden, dem Vertreter derselben Institutionen und Verlage angehörten sollten, die auch bei dieser Besprechung anwesend waren.[268]

Gemäß späteren Planungen sollte beim Kulturellen Beirat anstelle der bestehenden »Fachbuchkommission« (siehe Kapitel 2.1.3) eine »Fachbuch-Planungskommission« geschaffen werden, die zunächst nur den Bedarf an Fachbüchern ermitteln sollte, später aber »die bisherige Tätigkeit der Fachbuchkommission allmählich übernehmen und die vorgelegten Manuskripte auf ihre Eignung hin prüfen« sollte.[269] Da als Mitglieder dieser »Fachbuch-Planungskommission« im Wesentlichen Vertreter der gleichen Institutionen und Verlage vorgesehen waren, wie für den erwähnten »Planungsrat«, und da die Aufgabenbeschreibung beider Gremien sehr ähnlich war, ist davon auszugehen, dass die »Fachbuch-Planungskommission« anstatt des »Planungsrats« gebildet werden sollte. [270] Bereits im Oktober 1948 waren erste Schritte zur Bildung der »Fachbuch-Planungskommission« unternommen worden.[271]

---

265 Referat »Verlagswesen« der DVV, »Protokoll der Besprechung über die Grundlagen zur Fachbuch-Planung am 17.9.48 im Hause der Deutschen Verwaltung für Volksbildung«: BArch DR 2/1049, fol. 14f. Vgl. auch Referat »Verlagswesen« der DVV, »Betrifft: Fachbuchproduktion im Zweijahresplan«, 5.10.1948: »Es besteht Einmütigkeit, daß die neuen großen Aufgaben nicht von den bestehenden Fachbuchverlagen übernommen werden können, da das Fachbuch in den Mittelpunkt der Buchproduktion rücken muß. Eine Neugründung ist notwendig, für die nur die entscheidenden Verwaltungen und Organisationen in Frage kommen« (ebd., fol. 6–8).

266 Vgl. Referat »Verlagswesen« der DVV, »Protokoll der Besprechung über die Grundlagen zur Fachbuch-Planung am 17.9.48 im Hause der Deutschen Verwaltung für Volksbildung«.

267 Vgl. ebd.

268 Vgl. ebd. Als Datum für die offizielle Konstituierung des Planungsrates wurde der 22.9.1948 festgesetzt (vgl. ebd.)

269 Referat »Verlagswesen« der DVV, »Betrifft: Fachbuchproduktion im Zweijahresplan«, 5.10.1948: BArch DR 2/1049, fol. 6–8. Vgl. auch Referat »Verlagswesen« der DVV, »Zusammenfassung der Besprechung vom 18.10.1948 über die Gründung eines zentralen Fachbuch-Verlages«, 19.10.1948: ebd., fol. 10; Referat »Verlagswesen« der DVV, »Betrifft: Fachbuch-Verlag«, Protokoll der Besprechung vom 14.12.1948: ebd., fol. 35–36 und Walter: Der Fachbuchverlag im Wandel, S. 17. Bereits im März 1948 war die »Fachbuchkommission« des Kulturellen Beirats in eine »Fachbuchkommission I für Technik, Handel und Industrie« und in eine »Fachbuchkommission II für Land- und Forstwirtschaft« geteilt worden (siehe Kapitel 2.1.3).

270 Vgl. Referat »Verlagswesen« der DVV, »Betrifft: Fachbuchproduktion im Zweijahresplan«, 5.10.1948 und Referat »Verlagswesen« der DVV, »Betrifft: Fachbuch-Verlag«, Protokoll der Besprechung vom 14.12.1948.

271 Vgl. Referat »Verlagswesen« der DVV, »Zusammenfassung der Besprechung vom 18.10.1948 über die Gründung eines zentralen Fachbuch-Verlages«, 19.10.1948: BArch DR 2/1049, fol. 10.

Als Gründungstermin des Fachbuchverlages war der 18. Oktober 1948 vorgesehen.[272] Aufgrund von Unstimmigkeiten bezüglich des Trägers und der Gesellschafter wurde dieser Termin allerdings um drei Monate verschoben. Zunächst wurde dafür plädiert, die »fünf großen Verlage der öffentlichen Hand« Volk und Wissen, Die freie Gewerkschaft, Deutscher Zentralverlag, Deutscher Bauernverlag und Verlag Technik als Gesellschafter des Fachbuchverlages einzusetzen.[273] Die DWK äußerte jedoch »starke politische Bedenken gegen die Gründung des neuen Verlages durch Verlage« und schlug stattdessen vor, die hinter diesen Verlagen stehenden Institutionen und Organisationen direkt als Gesellschafter anzugeben.[274] Deshalb wurde nach einigen weiteren Diskussionen letztendlich beschlossen, den Bundesvorstand des FDGB als Träger des Fachbuchverlags zu bestimmen und als Gesellschafter Vertreter des FDGB, der Vereinigung der gegenseitigen Bauernhilfe (VdgB) und der Kammer der Technik persönlich einzusetzen.[275]

Am 12. Januar 1949 – zwei Jahre nach der Gründung der »Arbeitsgemeinschaft der Fachbuch- und Fachzeitschriften-Verleger« – war es dann soweit und die GmbH Fachbuchverlag wurde gegründet.[276] Vom anfänglichen Stammkapital von insgesamt 240.000 DM übernahm der FDGB 160.000 DM und der VdgB und die Kammer der Technik jeweils 40.000 DM.[277] Als Sitze des Fachbuchverlages wurden sowohl Leipzig als auch Berlin bestimmt, wo er die Räume und das Personal der »Arbeitsgemeinschaft der Fachbuch- und Fachzeitschriften-Verleger« übernahm.[278] Die »Arbeitsgemeinschaft der Fachbuch- und Fach-

272 Vgl. Referat »Verlagswesen« der DVV, »Betrifft: Fachbuchproduktion im Zweijahresplan«, 5.10.1948: BArch DR 2/1049, fol. 6–8.

273 Ebd.

274 Ebd. Bei den Planungen zur Gründung des Fachbuchverlags spielte die Meinung der DWK eine entscheidende Rolle. Siehe z.B. den Brief Wandels an den DWK-Vorsitzenden Heinrich Rau vom 1.10.1948 bezüglich der Gründung des Fachbuchverlages: »Ich halte es für notwendig, daß die DWK in dieser Hinsicht unmittelbarer und maßgeblicher beteiligt wird. Es erscheint mir sogar zweckmäßig, daß diese Verlagsgründung weitgehend eine Sache der DWK sein sollte, wobei die aufgeführten Verlage in bescheidenerem Ausmaße als Partner beteiligt werden könnten.« (BArch DR 2/1049, fol. 11). Siehe auch den Bericht der Besprechung über die Gründung eines zentralen Fachbuchverlags vom 18.10.1948: »Durch die Abwesenheit der Deutschen Wirtschaftskommission konnten die bestehenden Absichten der Verlagsgründung nicht konkretisiert werden. Infolgedessen behielt die Besprechung informatorischen Charakter.« (ebd., fol. 10).

275 Vgl. Referat »Verlagswesen« der DVV, »Betrifft: Fachbuchproduktion im Zweijahresplan«, 5.10.1948: BArch DR 2/1049, fol. 6–8; Raab, DVV, an Vizepräsident Marquardt, 8.10.1948: ebd., fol. 5; DVV an Marquardt, 7.12.1948: ebd., fol. 33 und Referat »Verlagswesen«, DVV, »Betrifft: Fachbuch-Verlag«, Protokoll der Besprechung vom 14.12.1948: ebd., fol. 35f. Die Idee, mit der DVV und DWK auch die zentralen Institutionen der SBZ als Gesellschaft am Fachbuchverlag zu beteiligen, wurde erst im Dezember 1948 verworfen (vgl. DVV an Marquardt, 7.12.1948).

276 Vgl. Volkmann, DVV, an Wandel im Hause, 18.12.1948: BArch DR 2/1149, fol. 37; Raab, DVV, an Wandel im Hause, ohne Datum (zu datieren auf »vor 12.1.1949«): ebd., fol. 38, Walter: Der Fachbuchverlag, S. 18 und Links: Das Schicksal der DDR-Verlage, S. 70.

277 Vgl. Referat »Verlagswesen« der DVV, »Betrifft: Fachbuch-Verlag«, Protokoll der Besprechung vom 14.12.1948: BArch DR 2/1049, fol. 35f und Walter: Der Fachbuchverlag, S. 16f. Die Stammkapital-Summen des Fachbuchverlags wurden in dem Protokoll vom 14.12.1948 und in anderen Berichten in DM und nicht in RM angeben (vgl. z.B. ebd. und Referat »Verlagswesen« der DVV, »Betrifft: Fachbuchproduktion im Zweijahresplan«, 5.10.1948: BArch DR 2/1049, fol. 6–8).

278 Vgl. ebd. Siehe auch Referat »Verlagswesen« der DVV, »Betrifft: Fachbuchproduktion im Zweijahresplan«, 5.10.1948: BArch DR 2/1049, fol. 6–8 und Referat »Verlagswesen« der DVV, »Zusammenfas-

zeitschriften-Verleger« selbst wurde aufgelöst. Als Geschäftsführer des Fachbuchverlages wurde Heinz Schöbel, Geschäftsführer des Paul List Verlages und der Verlagsanstalt List & von Bressendorf, eingesetzt.[279]

Am 7. Mai 1949, einige Monate nach seiner Gründung erhielt der Fachbuchverlag die Lizenz der SMAD, die ihm die Aufnahme der verlegerischen Tätigkeit rückwirkend ab März 1949 gestattete. Er bekam dieselbe Lizenznummer, die zwei Jahre lang die Bücher der »Arbeitsgemeinschaft der Fachbuch- und Fachzeitschriften-Verleger« gekennzeichnet hatte: 136 (siehe Abb. 31).

4.4.3 Geplante Arbeitsgemeinschaften für Verleger evangelischer, pädagogischer und wissenschaftlicher Literatur und für Musikverleger

Die im Folgenden in alphabetischer Reihenfolge beschriebenen Arbeitsgemeinschaften kamen in der SBZ über ein Planungsstadium nicht hinaus. Da diese Planungen allerdings in einigen Fällen bereits weit fortgeschritten waren und sie auch nochmals die Absicht der Errichtung mehrerer Arbeitsgemeinschaften verdeutlichen, sollen sie hier kurz aufgeführt werden.

Die geplante »Arbeitsgemeinschaft Evangelischer Verleger«

Der Wunsch der Kirche – und hier besonders der Evangelischen Kirche – sich verlegerisch zu betätigen, war nicht weniger groß als bei anderen Organisationen und Personen. So schrieb beispielsweise der Evangelische Presseverband aus Görlitz im Oktober 1945 an die sächsische Landesverwaltung in Dresden:

> Es wäre uns sehr erwünscht, nunmehr im Zuge des Wiederaufbaus kultureller und geistiger Arbeiten auch unsere Gemeindeblätter oder wenigstens eines davon herausbringen zu können. [...] Entscheidend ist uns, daß überhaupt eine kirchliche Gemeindeblattpresse nach Überwindung des faschistischen Systems wieder zugelassen wird.[280]

sung der Besprechung vom 18.10.1948 über die Gründung eines zentralen Fachbuch-Verlages«, 19.10.1948: ebd., fol. 10.

279 Vgl. Referat »Verlagswesen«, DVV, »Betrifft: Fachbuch-Verlag«, Protokoll der Besprechung vom 14.12.1948: BArch DR 2/1049, fol. 35f und Walter: Der Fachbuchverlag, S. 17. Ein zweiter Geschäftsführer sollte später dazukommen (vgl. Protokoll der Besprechung vom 14.12.1948). Die Ernennung Schöbels ist insofern überraschend, da in früheren Überlegungen immer von Otto Hubele vom Volk und Wissen Verlag als einem der beiden Geschäftsführer des Verlages die Rede war (vgl. Referat »Verlagswesen« der DVV, »Betrifft: Fachbuchproduktion im Zweijahresplan«, 5.10.1948: BArch DR 2/1049, fol. 6–8 und Referat »Verlagswesen« der DVV, »Zusammenfassung der Besprechung vom 18.10.1948 über die Gründung eines zentralen Fachbuch-Verlages«, 19.10.1948: ebd., fol. 10). Warum Schöbel als einer der beiden Geschäftsführer eingesetzt wurde, konnte den eingesehenen Dokumenten nicht entnommen werden.

280 Evangelischer Presseverband Görlitz an die Landesverwaltung Sachsen, 29.10.1945: SächsHStAD, 11401 Lr. Sachsen, MfVobi, Nr. 2724. Siehe auch Evangelisch-lutherisches Landeskirchenamt Sachsen an die Landesverwaltung Sachsen, 29.4.1946: ebd., Nr. 2694 und Pfarrer Dr. Busch, Landesleitung der Freien Volkskirchlichen Vereinigung Sachsens, an den Börsenverein der Deutschen Buchhändler, 13.5.1947: ebd., Nr. 2728.

31

СОВЕТСКАЯ ВОЕННАЯ АДМИНИСТРАЦИЯ
В ГЕРМАНИИ
УПРАВЛЕНИЕ ИНФОРМАЦИИ
SOWJETISCHE MILITÄRADMINISTRATION IN DEUTSCHLAND
INFORMATIONSVERWALTUNG

ЛИЦЕНЗИЯ
LIZENZ
№ 136

1. Управление Информации Советской Военной Администрации в Германии разрешает правлению ФДГБ,

2. Компаньоны Пауль Коцур, Вальтер Машке, Адольф Кауфман, Франц Трёмлер, Пауль Шольц, Курт Янке, Георг Маркузе,

с марта 1949 года открытие издательства под названием „Фахбухферлаг" г.м.б.х., Лейпциг и Берлин

3. Характер изданий промышленная, техническая, профессиональная, сельскохозяйственная и коммерческая литература и журналы.

4. Лицензия выдана на следующих условиях:
а) полное соблюдение всех законов, распоряжений, директив и циркуляров Советской Военной Администрации;
б) на всех изданиях, выходящих согласно этой лицензии, должно быть указано: «Опубликовано по лицензии № 136 Советской Военной Администрации в Германии»;
в) физические или юридические лица, не указанные в п.п. 1 и 2, не должны участвовать в данном предприятии или извлекать из него какую бы то ни было выгоду без специального разрешения Советской Военной Администрации;
г) 20 экз. изданий должны быть немедленно по выходе в свет представлены в Управление Информации.
д) прочие условия

5. Эта лицензия выдается на неопределенное время и не представляет собой никакого права собственности; она не подлежит передаче другому лицу и может быть отобрана Советской Военной Администрацией без предварительного уведомления.

1. Die Informationsverwaltung der Sowjetischen Militäradministration in Deutschland genehmigt dem Bundesvorstand des FDGB

2. Gesellschafter Paul Kozur, Walter Maschke, Adolf Kaufmann, Franz Trömler, Paul Scholz, Kurt Janke, Georg Marcuse

die Aufnahme der verlegerischen Tätigkeit unter der Firma „Fachbuchverlag" GmbH., Leipzig und Berlin,

ab März 1949

3. Art der Veröffentlichungen Industrielle, technische, gewerbliche, landwirtschaftliche und kaufmännische Fachliteratur und Fachzeitschriften.

4. Diese Lizenz wird unter der Bedingung erteilt,
a) daß alle Gesetze, Verordnungen, Vorschriften und Anweisungen der Sowjetischen Militäradministration befolgt werden;
b) daß alle auf Grund dieser Lizenz erscheinenden Veröffentlichungen die Aufschrift: „Veröffentlicht unter der Lizenz Nr. 136 der Sowjetischen Militäradministration in Deutschland" tragen;
c) daß unter 1. und 2. nicht aufgeführte natürliche und juristische Personen ohne ausdrückliche Genehmigung der Sowjetischen Militäradministration weder an dem Unternehmen beteiligt sind noch irgend welche Gewinnanteile aus dem Unternehmen erhalten;
d) daß 20 Exemplare aller Veröffentlichungen unmittelbar nach Erscheinen der Informationsverwaltung einzusenden sind;
e) sonstige Bedingungen

5. Diese Lizenz wird für unbestimmte Zeit erteilt und stellt kein Eigentumsrecht dar; sie ist nicht übertragbar und kann ohne Kündigungsfrist durch die Sowjetische Militäradministration zurückgezogen werden.

НАЧАЛЬНИК УПРАВЛЕНИЯ ИНФОРМАЦИИ
СОВЕТСКОЙ ВОЕННОЙ АДМИНИСТРАЦИИ В ГЕРМАНИИ
CHEF DER INFORMATIONSVERWALTUNG DER SOWJETISCHEN MILITÄRADMINISTRATION IN DEUTSCHLAND

ПОЛКОВНИК
OBERST
(С. ТЮЛЬПАНОВ)
(S. TJULPANOW)

Druckerei „Tägliche Rundschau", Berlin SW 68 K.-Nr. 56

Abb. 31: Kopie der Lizenzurkunde Nr. 136 des Fachbuchverlags, 7.5.1949.[281]

281 Vorlage und Repro: Stadtarchiv Leipzig, Bestand Stadtverordnetenversammlung und Rat der Stadt Leipzig, Nr. 8904, Bl. 31. Die Urkunde wurde rückwirkend zum März 1949 ausgestellt.

Die Bereitschaft, die Kirche in dieser Hinsicht zu unterstützen, war in den für die Lizenzierungspolitik verantwortlichen deutschen Institutionen anfangs auch vorhanden. Besonders die »Abteilung für Volksbildung« des Magistrats der Stadt Berlin (siehe Kapitel 2.3.1) setzte sich für die kirchlichen Verlage ein, da sie zum einen das Abwandern dieser Verlage in die westlichen Besatzungszonen befürchtete und zum anderen ihre Lizenzierungen aus »besonderen psychologischen Erwägungen« heraus für wichtig hielt.[282] Die DVV zog eine Lizenzierung der kirchlichen Verlage gleich bei ihren ersten Überlegungen über die »Wiederingangsetzung des Verlagswesens« im Januar 1946 mit in Betracht.[283] Zu diesem Zeitpunkt lagen bereits Anträge des Heimatdienst-Verlages, Berlin, und des Ostwerk-Verlages, Berlin, als evangelische Verlage, sowie ein Antrag des Johannes-Bundes, Berlin, als katholischen Verlag, vor, deren Bewilligung gegenüber der SMAD von der DVV auch geplant gewesen war.[284] Zusätzlich erkundigte sich die DVV sowohl bei der evangelischen als auch bei der katholischen Kirche, welche Verlage diese zur Wiederzulassung empfahlen.[285]

Nachdem die Zahl der evangelischen Verlage, die ihre Tätigkeit wieder aufnehmen wollten, in den folgenden Wochen wuchs, kam bei der DVV schnell die Idee auf, auch diese Verlage zu einer Einheit zusammenzuschließen. Zunächst dachte sie dabei an eine Fusion der evangelischen Verlage mit dem Klotz Verlag in Gotha – vorausgesetzt, dass dieser eine Lizenz bekäme –, genauso wie sie Fusionen diverser Privatverlage mit dem Volk und Wissen Verlag plante (siehe Kapitel 4.1).[286] Bereits im März 1946 entschied sie sich jedoch dafür, die evangelischen Verlage »zu einer Arbeitsgemeinschaft unter Führung einer von der evangelischen Kirchenbehörde Berlin vorzunehmenden Verlags-Neugründung« zusammenzuschließen.[287] Zur Bildung einer Arbeitsgemeinschaft Evangelischer Verlage ist es allerdings nie gekommen.

282 »Abteilung für Volksbildung« des Magistrats der Stadt Berlin an die SMAD, 19.3.1946: LAB, C Rep. 120, Nr. 3222, Bl. 21–25. Vgl. auch Beurteilung Buttkes, Magistrat der Stadt Berlin, der Heilsarmee-Gesellschaft, des Heimatdienst-Verlages, des Ostwerk-Verlages und des Verlages des Johannes-Bundes: ebd., Nr. 1215, Bl. 16. Die kirchlichen Verlage, für deren Lizenzierung der Magistrat der Stadt Berlin plädierte, waren die Heilsarmee-Gesellschaft, der Heimatdienst-Verlag, der Ostwerk-Verlag und der Verlag des Johannes-Bundes (vgl. ebd.). Näheres zur Problematik der Abwanderung der Verlage aus der SBZ in eine der westlichen Besatzungszonen siehe Kapitel 4.1.

283 Bericht »Wiederingangsetzung des Verlagswesens«, Referat »Verlagswesen«, DVV, 7.1.1946: BArch DR 2/896, fol. 161–165. Vgl. auch Referat »Verlagswesen«, DVV, an Abteilung »Wissenschaft und Forschung« (im Hause), 2.2.1946: ebd., fol. 133.

284 Vgl. ebd.

285 Vgl. ebd. Sie befragte Pfarrer Schröder von der evangelischen Kirche und Bischof Preysing von der katholischen Kirche. Eine Antwort lag zum Zeitpunkt des Schreibens noch nicht vor. Anders als der Magistrat der Stadt Berlin war das Referat »Verlagswesen« der DVV von der Notwendigkeit der Lizenzierung des Verlages der Heilsarmee nicht so überzeugt: »Einen Antrag beim Berliner Magistrat hat auch der Verlag der Heilsarmee gestellt, dessen Abwanderung in die englische oder amerikanische Zone, falls er keine russische Genehmigung erhält, wohl leicht zu verschmerzen wäre.« (ebd.).

286 Vgl. Referat »Verlagswesen«, DVV, »Liste von Verlagen, die zu Gruppen zusammenzuschließen oder mit VOLK und WISSEN zu vereinigen sind«, 9.2.1946: BArch DR 2/896, fol. 128. Die Verlage, die gemäß der DVV dafür in Frage kamen, waren: Buchhandlung des Waisenhauses (Halle), Stiftungsverlag (Potsdam), Friedrich Bahn (Schwerin), Ungelenk (Dresden), Unitätsverlag (Herrnhut) und die beiden Leipziger Verlage Dörffling & Franke und Deichert (vgl. ebd.).

287 Arbeitsplan des Referats »Verlagswesen« der DVV, undatiert: BArch DR 2/896, fol. 65–71 (handschriftlich wurde das Datum 4.4.1946 ergänzt, tatsächlich aber muss der Arbeitsplan vor dem 1.3.1946 verfasst worden sein, da an diesem Tag der Zentralverlag lizenziert wurde, der in diesem Arbeitsplan als noch nicht lizenziert erwähnt wird). Vgl. auch Referat »Literatur« der Landesverwaltung Sachsen an

Die geplante »Arbeitsgemeinschaft der Musikverleger«

Die Bildung einer Arbeitsgemeinschaft für Musikverleger zog sich zwar von Februar 1946 bis Sommer 1948 durch die Pläne des Referats »Verlagswesen« der DVV,[288] wurde aber nie in die Tat umgesetzt. Sie sollte bereits als eine der beiden nächsten Arbeitsgemeinschaften nach der »Arbeitsgemeinschaft Medizinischer Verleger« geschaffen werden. Das Scheitern dieses Vorhabens lag vermutlich daran, dass der Leipziger Musikverlag Breitkopf & Härtel als einer der ersten Privatverlage in der SBZ am 14. März 1946 unter der Lizenz-Nr. 42 lizenziert wurde (siehe Kapitel 4.1). Da er eigentlich im Zentrum der »Arbeitsgemeinschaft der Musikverleger« hätte stehen sollen,[289] nun aber eine eigene Verlagslizenz besaß und von daher auch nicht mehr auf die Mitgliedschaft in einer Arbeitsgemeinschaft angewiesen war, wurde möglicherweise seitens der DVV die Notwendigkeit der gesamten Arbeitsgemeinschaft der Musikverleger in Frage gestellt.

Im Zusammenhang mit der im August 1948 aufgekommenen Idee, Verlage möglichst nur noch in Arbeitsgemeinschaften arbeiten zu lassen, kam auch die Musik-Arbeitsgemeinschaft wieder intensiver ins Gespräch. Die Verlage, die »gute Musik« herausbrachten, sollten in einer solchen Gemeinschaft zusammengebracht werden, wobei außer den bereits lizenzierten Leipziger Verlagen Breitkopf & Härtel und C. F. Peters nach Ansicht des Referats »Verlagswesen« der DVV nur noch die Leipziger Verlage Bruckner sowie Kistner & Siegel in Frage kamen.[290] Nun ergab sich aber dasselbe Problem wie in der ersten Hälfte 1946, als die Gründung der »Arbeitsgemeinschaft der Musikverleger« schon einmal in Erwägung gezogen worden war: Um die Verlage Breitkopf & Härtel und C. F. Peters zum Beitritt in die Arbeitsgemeinschaft zu bewegen, hätte man ihnen ihre Lizenzen wieder entziehen müssen – ohne einen solchen Schritt gab es für sie dafür keine Notwendigkeit. Vor der Anwendung solch radikaler Methoden schreckte die DVV aber doch zurück.[291] Eine andere Lösung des Problems wurde

das evangelisch-lutherische Landeskirchenamt Sachsens, 14.5.1946: SächsHStAD, 11401 Lr. Sachsen, MfVobi, Nr. 2694. Die Gründung einer entsprechenden »Arbeitsgemeinschaft Katholischer Verleger«, an die die DVV ebenfalls gedacht hatte, wurde wieder verworfen, da die katholische Kirche einen Zusammenschluss dieser Art ablehnte und stattdessen die Lizenzierung nur eines Verlages, und zwar des neu gegründeten Hedwigs-Verlages, Berlin und Dresden, beantragt hatte (vgl. Arbeitsplan des Referats »Verlagswesen« der DVV, undatiert).

288 Vgl. z.B. Aktennotiz Frommholds, Referat »Verlagswesen«, DVV, 19.2.1946: BArch DR 2/896, fol. 114; Buttke, »Abteilung für Volksbildung«, Magistrat der Stadt Berlin, Beurteilung des Monte-Ferro Verlags, 25.7.1946: LAB, C Rep. 120, Nr. 1056, Bl. 16; Aktennotiz Beckers, 26.3.1946: StadtAL, StVuR Nr. 8889, Bl. 30; Schreiben der DVV, 18.2.1947: ebd., Bl. 4; »Kurzer Bericht über die Besprechung bei der Deutschen Verwaltung für Volksbildung in Berlin am 26.8.48«: ebd., Nr. 2131, Bl. 70f und »Bericht der Besprechung in der Deutschen Verwaltung für Volksbildung, Berlin, am 26.8.1948«: SächsHStAD, 11401 Lr. Sachsen, MfVobi, Nr. 2731. Ein besonderer Einsatz für die Gründung einer Arbeitsgemeinschaft für Musikverleger kam auch aus Sachsen (vgl. z.B. Ilse Korn, Referat »Literatur«, »Ministeriums für Volksbildung« Sachsen, an Minister Holtzhauer, 17.7.1948: ebd., Nr. 2764 und Kurt Thiele an Landesverwaltung Sachsen, 25.9.1945: ebd., Nr. 2768).

289 Vgl. Aktennotiz Frommholds, Abt. »Verlagswesen«, DVV, 19.2.1946, Aktennotiz Beckers, 26.3.1946 und Hinterthür: Noten nach Plan, S. 75f.

290 »Kurzer Bericht über die Besprechung bei der Deutschen Verwaltung für Volksbildung in Berlin am 26.8.48«: StadtAL, StVuR Nr. 2131, Bl. 70f.

291 Vgl. ebd. und »Bericht der Besprechung in der Deutschen Verwaltung für Volksbildung, Berlin, am 26.8.1948«: SächsHStAD, 11401 Lr. Sachsen, MfVobi, Nr. 2731.

nicht gefunden, und so kam die »Arbeitsgemeinschaft der Musikverleger« letztendlich wieder nicht zustande.

Die geplante »Arbeitsgemeinschaft Pädagogischer Verleger«

Von allen geplanten, aber nie gebildeten Arbeitsgemeinschaften in der SBZ war die »Arbeitsgemeinschaft Pädagogischer Verleger« die am weitesten fortgeschrittene. Zwar wurde in frühen Überlegungen der DVV zur Lenkung des Verlagswesens noch nicht konkret an die Einrichtung einer Arbeitsgemeinschaft für Verlage des Gebiets »Erziehung und Geisteswissenschaft« gedacht, [292] trotzdem sollten auch diese Verlage in irgendeiner Form zusammengefasst werden. So heißt es in einer Aktennotiz des Referats »Verlagswesen« der DVV vom 19. Februar 1946, dass sich diese Verlage um den Volk und Wissen Verlag »gruppieren« sollten – ohne dass jedoch die Art und Weise näher präzisiert wurde.[293] Spätestens im April 1948 wurde dann tatsächlich der Entschluss gefasst, eine »Arbeitsgemeinschaft Pädagogischer Verleger« mit Sitz in Leipzig zu gründen, die all das herausgeben sollte, was nicht durch den Volk und Wissen Verlag verlegt wurde.[294] Die Initiative zu den erforderlichen Vorbesprechungen zwischen der DVV, dem »Volksbildungsamt« der Stadt Leipzig, Vertretern des Börsenvereins, des FDGB und der in Frage kommenden Verleger gingen außer von der DVV anfangs auch von Leipzig aus, wo sich im übrigen auch die Mehrzahl der Verlage pädagogischer Fachrichtung befand.[295]

Neben den Verlegern pädagogischer Literatur sollten in die »Arbeitsgemeinschaft Pädagogischer Verleger« auch die Hersteller von Lehrmitteln und die Verleger von Kinder- und Jugendbüchern integriert werden.[296] Schließlich wurden sämtliche Verlage, die für die Aufnahme in die »Arbeitsgemeinschaft Pädagogischer Verleger« in Frage kamen, »der Wichtigkeit nach«[297] in drei Gruppen eingeteilt:

---

292 Aktennotiz Frommholds, Abt. »Verlagswesen«, DVV, 19.2.1946: BArch DR 2/896, fol. 114.

293 Ebd.

294 Vgl. Aktennotiz Werners, »Amt für Buch- und Bibliothekswesen«, Leipzig, 3.5.1948; Werner an den Volk und Wissen Verlag, 5.5.1948 und Entwurf des Gesellschaftervertrages der »Arbeitsgemeinschaft Pädagogischer Verleger«, undatiert: alle drei in StadtAL, StVuR Nr. 8906. Die Herausgabe von Schulbüchern sollte weiterhin dem Volk und Wissen Verlag vorbehalten bleiben (vgl. DVV, »Betr. Begründung einer Lehrmittel-Arbeitsgemeinschaft. Protokoll der vorbereitenden Sitzung vom 19.8.1948«: BArch DR 2/1049, fol. 16f). »Grundsätzliche Übereinstimmung bestand unter allen Anwesenden darüber, daß die zu begründende Arbeitsgemeinschaft kein Konkurrenzunternehmen privatgesellschaftlichen Charakters gegen VuW [den Volks und Wissen Verlag, B.J.] sein kann und werden darf [...]« (ebd.).

295 Vgl. Aktennotiz Werners, »Amt für Buch- und Bibliothekswesen«, Leipzig, 3.5.1948. Zu nennen sind hier vor allem das Leipziger »Amt für Buch- und Bibliothekswesen« und die Kreisgruppe Leipzig des Börsenvereins (vgl. ebd.).

296 Vgl. Referat »Verlagswesen« der DVV an Vizepräsident Marquardt: BArch DR 2/1049, fol. 19; »Bericht der Besprechung in der Deutschen Verwaltung für Volksbildung, Berlin, am 26.8.1948«: SächsHStAD, 11401 Lr. Sachsen, MfVobi, Nr. 2731 und Aktennotiz Werners, »Amt für Buch- und Bibliothekswesen«, Leipzig, 3.5.1948: StadtAL, StVuR Nr. 8906. Die Verleger pädagogischer Literatur, die dabei in Erwägung gezogen wurden, waren die Verlage Friedrich Brandstetter (Leipzig), Dürr & Weber (Leipzig), Julius Klinkhardt (Leipzig), O. R. Reisland (Leipzig), Ehlermann (Dresden) und Zickfeld (Osterwieck) (vgl. Aktennotiz Werners, »Amt für Buch- und Bibliothekswesen«, Leipzig, 3.5.1948 und Entwurf des Gesellschaftervertrages der »Arbeitsgemeinschaft Pädagogischer Verleger«, undatiert: ebd.).

297 Vgl. »Bericht der Besprechung in der Deutschen Verwaltung für Volksbildung, Berlin, am 26.8.1948«.

Gruppe I
- R. A. Breitfeld, Leipzig,
- L. Ehlermann, Dresden,
- F. R. E. Fischer, Dresden,
- Julius Klinkhardt, Leipzig,
- Paul Räth, Leipzig,
- Volk und Bild, Leipzig,
- Rupa, Wernigerode, und
- Kind und Erziehung, Leipzig.

Gruppe II
- Dresdner Schulbuchverlag, Dresden,
- Elbe-Verlag, Dresden,
- Kulturverlag Börnchen, Leipzig,
- Nikolaus Richter, Annaberg und
- Wachsmuth, Leipzig.

Gruppe III
- Hermann Beyer, Leipzig,
- Brückenverlag, Dresden,
- Lesekasten Verlag, E. Vetter, Neukieritzsch,
- Martin Schilling, Leipzig,
- Phon-Verlag, Magdeburg,
- Hönicke, Babelsberg, und
- Stenos GmbH, Altenburg.[298]

Als Zentrum der »Arbeitsgemeinschaft Pädagogischer Verleger«, um das sich die anderen Verlage gruppieren sollten, war die Lehrmittelzentrale GmbH in Berlin vorgesehen, die gleichzeitig auch als Lizenzträger der Arbeitsgemeinschaft fungieren sollte.[299]

Möglicherweise lag es an der Tatsache, dass ab Sommer 1948 ohnehin kaum noch Verlagslizenzen vergeben wurden (siehe Kapitel 3.3.3 und 4.4), dass die Arbeitsgemeinschaft trotz der intensiven und weit fortgeschrittenen Planungen doch nicht gegründet wurde. Wie

298 Vgl. ebd. und »Liste der Lehrmittelverlage, die vom Referat ›Verlagswesen‹ zur Mitgliedschaft in der Arbeitsgemeinschaft (Lehrmittelzentrale) vorgeschlagen werden«, vermutlich vom 20.8.1948: BArch DR 2/1049, fol. 18. Genauso wie Hemmungen vorhanden waren, den Leipziger Verlagen Breitkopf & Härtel und Peters ihre Lizenzen wieder zu entziehen, um sie stattdessen in der geplanten »Arbeitsgemeinschaft der Musikverleger« aufzunehmen, waren diese auch mit Blick auf den Dresdner Ehlermann Verlag vorhanden: »vorläufig nichts darüber verlauten lassen, da noch unklar« (»Bericht der Besprechung in der Deutschen Verwaltung für Volksbildung, Berlin, am 26.8.1948«; vgl. auch »Betr. Begründung einer Lehrmittel-Arbeitsgemeinschaft. Protokoll der vorbereitenden Sitzung vom 19.8.1948«: BArch DR 2/1049, fol. 16–17, und Abteilung »Verlagwesen« der DVV an Vizepräsident Marquardt: ebd., fol. 20).

299 Vgl. »Betr. Begründung einer Lehrmittel-Arbeitsgemeinschaft. Protokoll der vorbereitenden Sitzung vom 19.8.1948«, »Kurzer Bericht über die Besprechung bei der Deutschen Verwaltung für Volksbildung in Berlin am 26.8.48«: StadtAL, StVuR Nr. 2131, Bl. 70f, Aktennotiz des Referats »Verlagswesen« der DVV: BArch DR 2/1049, fol. 12 und »Bericht der Besprechung in der Deutschen Verwaltung für Volksbildung, Berlin, am 26.8.1948«: SächsHStAD, 11401 Lr. Sachsen, MfVobi, Nr. 2731.

bei den anderen nicht realisierten Vorhaben zu Bildung einer Arbeitsgemeinschaft ist aber auch diese Erklärung nur eine begründete Vermutung. Tatsache ist, dass es nach dem Ende der Überlegungen für die »Arbeitsgemeinschaft Pädagogischer Verleger« keine weiteren Pläne für derartige Zusammenschlüsse mehr gab.

Die geplante »Arbeitsgemeinschaft Wissenschaftlicher Verleger«

Die »Arbeitsgemeinschaft Wissenschaftlicher Verleger« war neben jener für Musikverleger als eine der nächsten beiden Gründungen nach Bildung der »Arbeitsgemeinschaft Medizinischer Verleger« im März 1946 vorgesehen. Dennoch kam auch sie letztendlich nicht zustande. Erstaunlich schnell verschwand sie wieder aus den Planungen der DVV und des Leipziger »Volksbildungsamts«, dem die Bildung dieser Arbeitsgemeinschaft – ebenso wie zuvor die der »Arbeitsgemeinschaft Medizinischer Verleger« (siehe Kapitel 4.4.1) – anvertraut worden war.[300]

Der erste Beleg für das Vorhaben stammt vom 26. März 1946, als »eine Besprechung mit etwa 15 schwerwissenschaftlichen Verlegern aus Leipzig, Halle und Dresden [...] zwecks etwaiger Schaffung einer Arbeitsgemeinschaft« stattfand.[301] Vom Leipziger »Volksbildungsamt« wurde im April 1946 sogar schon ein Vertrag zur Bildung der »Arbeitsgemeinschaft Wissenschaftlicher Verleger« entworfen und im Mai 1946 den einzelnen Verlagen zugesandt.[302] Dennoch war bereits ab Juni 1946 von ihrer Gründung keine Rede mehr. An mangelndem Interesse seitens der Verleger kann es nicht gelegen haben, dass die Gründung der Arbeitsgemeinschaft scheiterte. Zwar gab es Verleger wissenschaftlicher Literatur, die dem Beitritt in diese Arbeitsgemeinschaft negativ gegenüberstanden, wie beispielsweise der Max Niemeyer Verlag aus Halle, der es aber zu diesem Zeitpunkt generell ablehnte, sich einer Arbeitsgemeinschaft anzuschließen.[303] Andere Verlage dagegen, wie beispielsweise Gustav Fischer (Jena), Theodor Steinkopff (Dresden), Justus Perthes (Gotha) und Leopold Klotz

300 Vgl. Aktennotiz von Ballusecks, DVV, Referat »Verlagswesen«, 29.3.1946: BArch DR 2/896, fol. 78; Witsch, »Thüringische Landesstelle für Buch- und Bibliothekswesen«, an die DVV, 23.5.1946: ThHStAW, Ld. Thür. - LfB, Nr. 359; M. Niemeyer an die Provinzialverwaltung Sachsen-Anhalt, 31.5.1946: LHASA, MD, Rep. K 10 MVb, Nr. 6141, Bl. 87 und T. Steinkopff an A. von Lucius, 19.6.1946: ThHStAW, GFV, Nr. 558.

301 Aktennotiz Beckers, 26.3.1946: StadtAL, StVuR Nr. 8889, Bl. 30. Ein weiteres Treffen mit interessierten Verlegern hat am 4.4.1946 im Rathaus in Leipzig stattgefunden (vgl. A. von Lucius: Tagebucheintrag vom 4.4.1946).

302 Vgl. M. Niemeyer an die Provinzialverwaltung Sachsen-Anhalt, 31.5.1946: LHASA, MD, Rep. K 10 MVb, Nr. 6141, Bl. 87 und Arbeitsplan des Referats »Verlagswesen« der DVV, undatiert: BArch DR 2/896, fol. 65–71.

303 In dem Brief vom 31.5.1946 an das »Volksbildungsamt« der sächsischen Provinzialverwaltung in Halle schreibt Niemeyer: »Dem mir am 15. Mai vom Volksbildungsamt Leipzig übersandten Vertrags-Entwurf zur Bildung einer Arbeitsgemeinschaft wissenschaftlicher Verleger kann ich nicht ohne weiteres zustimmen. Die Eigenart und persönliche Arbeitsweise meines Verlages wäre in einer solchen Arbeitsgemeinschaft aufgehoben. Meinem in Halle gegründeten und mit dem kulturellen Leben der Stadt Halle und seiner Universität auf engste verbundenen Verlag möchte ich die selbständige Wirkungsmöglichkeit erhalten.« (LHASA, MD, Rep. K 10 MVb, Nr. 6141, Bl. 87).

(Gotha), hatten durchaus Interesse an der Bildung dieser Arbeitsgemeinschaft gezeigt.[304] Wie viele andere mussten dann aber auch sie sich umorientieren.

4.5 Gustav Fischer Verlag, Jena – Fallbeispiel

4.5.1 Verlagsgeschichte: Anfänge

Die Geschichte des Jenaer Traditionsverlags Gustav Fischer geht bis ins Jahr 1661 zurück. Wie den drei ausführlichen Jubiläumsschriften des Verlags zu entnehmen ist, kaufte Johann Werther in diesem Jahr im thüringischen Jena eine Druckerei und Verlagsbuchhandlung.[305] Bis 1772 blieb sie in der Hand der Familie Werther und wurde dann von Johann Michael Maucke, dem ersten Gehilfen der Druckerei und Verlagsbuchhandlung, übernommen. Von den Nachkommen Mauckes ging sie 1867 in den Besitz Hermann Duffts über. Nachdem sie zehn Jahre später, im Jahr 1877, in Konkurs geriet, kaufte der Hamburger Buchhändler Gustav Paul Danckert Fischer das Unternehmen. Unter Danckert Fischers Leitung erfolgte eine Spezialisierung des Verlags auf die Gebiete Medizin und Naturwissenschaften. Nach seinem Tod am 22. Juli 1910, übernahm Gustav Adolf Fischer,[306] der Sohn seines Cousins und seit 1901 sein Adoptivsohn, die Verlagsleitung. Er war schon früh als Nachfolger Danckert Fischers von diesem selbst bestimmt und dementsprechend ausgebildet worden.

4.5.2 Verlagsgeschichte: Ende des Zweiten Weltkriegs

Nach dem Ende des Zweiten Weltkriegs bemühte sich die Geschäftsführung des Gustav Fischer Verlages, die Arbeit möglichst nahtlos weiterzuführen.[307] Dabei standen Verlagsleiter

304 Vgl. Witsch, »Thüringische Landesstelle für Buch- und Bibliothekswesen«, an die DVV, 23.5.1946: ThHStAW, Ld. Thür. - LfB, Nr. 359; Witsch an die DVV, 10.4.1946: ebd. und T. Steinkopff an A. von Lucius, 19.6.1946: ThHStAW, GFV, Nr. 558.

305 Stier: Das Verlagshaus Gustav Fischer, S. 1; Hundert Jahre Gustav Fischer Verlag, S. 4 und 100 Jahre wissenschaftliche Verlagsarbeit in Jena, S. 19f. Auch die folgenden Informationen dieses Kapitels stammen aus diesen Jubiläumsschriften.

306 Biografische Angaben zu Gustav Fischer, seiner Tochter Annelise von Lucius, seinem Schwiegersohn August von Breitenbuch sowie zu den ehemaligen Prokuristen des Verlags Karl Bremser, Rudolf Maas und Robert Stimmel, finden sich in den Kurzbiografien im Anhang.

307 Zur Geschichte des Gustav Fischer Verlags unter der Herrschaft des Nationalsozialismus finden sich in den oben genannten Publikationen wenige Hinweise. Gerd Schulz schreibt dazu in dem Jubiläumsband des Stuttgarter Gustav Fischer Verlags: »Wenige Jahre nach der Inflation brachte die Weltwirtschaftskrise auch dem Gustav Fischer Verlag neue, schwere Probleme; es mußte teilweise zur Kurzarbeit übergegangen werden. Am meisten aber belastete Dr. Gustav Fischer die Hitlerzeit. Seine Angehörigen wie seine alten Mitarbeiter berichten übereinstimmend, dass er einer der wenigen gewesen ist [sic], die von der ersten Stunde an klar sahen und das Schlimmste befürchteten. Soweit es eben ging, suchte er seinen jüdischen oder aus politischen Gründen geächteten Autoren, von denen viele in die Emigration gegangen waren, die Treue zu halten.« (Hundert Jahre Gustav Fischer Verlag, S. 25). Im Jubiläumsband des Jenaer Gustav Fischer Verlags findet sich dazu folgener Satz: »Wohl hatte der zweite Weltkrieg [...] hier deutliche und schmerzliche Spuren hinterlassen, doch hatte Gustav Fischer seinen Verlag durch die geistige Nacht des Faschismus mit moralischer Lauterkeit und humanistischer Würde geführt,

Gustav Adolf Fischer [im Folgenden kurz Gustav Fischer genannt], dem zu diesem Zeitpunkt 80 Prozent des Verlages gehörten, und seiner im Verlag seit 1943 tätigen Tochter Annelise von Lucius, deren Verlagsanteil 10 Prozent betrug, 30 Mitarbeiter zur Seite.[308] Da während der Bombenangriffe auf Jena lediglich die Fensterscheiben des Verlagsgebäudes beschädigt worden waren, konnten die alten Räumlichkeiten des Verlags im Villengang Nr. 2 weiterhin genutzt werden.[309] Eine Grundvoraussetzung für die Weiterführung der Verlagsarbeit war die Kontaktaufnahme zu den Autoren.[310] Kennzeichnend für die frühe Korrespondenz zwischen Gustav Fischer und den Autoren sind vor allem Beschreibungen von Kriegserlebnissen und Klagen über die Nachkriegssituation. Klar ersichtlich ist auch, dass beide Seiten eine möglichst schnelle Wiederaufnahme ihrer bisherigen Zusammenarbeit anstrebten (siehe Abb. 32 und 33).[311]

4.5.3 Verlagsgenehmigung – Arbeitsgemeinschaft Medizinischer Verleger – Verlagslizenz

Aufgrund des SMAD-Befehls Nr. 19 vom 2. August 1945 (siehe Kapitel 3.3.1) war auch Gustav Fischer die Herstellung und Veröffentlichung seiner Verlagserzeugnisse untersagt. Er ging jedoch davon aus, bis Juni 1945 die Genehmigung zur Weiterführung seines Betriebs von der amerikanischen Besatzungsbehörde zu erhalten.[312] Wie den Tagebuchaufzeichnungen von Annelise von Lucius, der Tochter Fischers, zu entnehmen ist, hatte die Verlagsleitung die Nachricht, dass die Sowjets die Amerikaner als Besatzungsmacht in Thüringen ablösen würden, über das Radio erfahren.[313] Ihre Hoffnung, doch amerikanisch zu bleiben, schwand, als am 1. Juli 1945 tatsächlich die ersten Sowjets kamen.[314] Fischers anfänglicher Optimismus geriet zunehmend ins Schwanken, denn auch nach dem Wechsel der Besatzungsmacht wurde ihm zunächst keine Verlagsgenehmigung in Aussicht gestellt. Als die Genehmi-

so dass sich spätere Mitarbeiter des Namens dieses Hauses in keiner Weise zu schämen brauchten.« (100 Jahre wissenschaftliche Verlagsarbeit, S. 32f).

308 Vgl. »Fragebogen zur Erfassung der Verlage in der sowjetischen Besatzungszone«, 14.6.1946: ThHStAW, Ld. Thür. - MfVobi, Nr. 4258. Die restlichen 10 Prozent der Verlagsanteile lagen bei Fischers erstgeborener Tochter Herta von Breitenbuch (geb. 1911), im Juni 1946 wohnhaft in Ludwigshof bei Ranis, die sich jedoch nie direkt an der Verlagsleitung beteiligte (vgl. ebd.).

309 Vgl. Fischer an das »Landesamt für Wirtschaft«, 13.4.1946: ThHStAW, GFV, Nr. 557, »Fragebogen zur Erfassung der Verlage in der sowjetischen Besatzungszone«, 14.6.1946: ThHStAW, Ld. Thür. - MfVobi, Nr. 4258 und Fischer an Käthe Stepke, 28.8.1945: »Obwohl Jena bei dem letzten Bombenangriff Anfang April ds. Js. noch schwer gelitten hat, bin ich und meine Mitarbeiter, sowie mein Geschäftshaus ohne nennenswerten Schaden geblieben.« (ThHStAW, GFV, Nr. 555). Siehe auch Fischer an W. Bargmann, 26.11.1945: ebd., Nr. 553.

310 Ist im Folgenden von den »Autoren« des Gustav Fischer Verlages die Rede, so sind hiermit stets sowohl die Verfasser als auch die Herausgeber von Büchern und Zeitschriften gemeint.

311 Vgl. z.B. H. v. Eggeling an Fischer, 11.12.1945 und E. Tiegs an Fischer, 2.11.1945: beide in ThHStAW, GFV, Nr. 553 sowie O. Lentz an Fischer, 13.12.1945: Fischer an O. Lentz, 18.12.1945 und R. Medem an Fischer, 27.12.1945: alle drei in ebd., Bündel 554.

312 Vgl. G. Fischer an A. Weber, 23.5.1945: ThHStAW, GFV, Nr. 555.

313 Vgl. Annelise von Lucius: Tagebucheinträge 25. Mai 1945 bis 20. Dezember 1946 (handschriftlich), Eintrag vom 7.6.1945.

314 Vgl. von Lucius: Tagebucheinträge vom 30.6. und 1.7.1945.

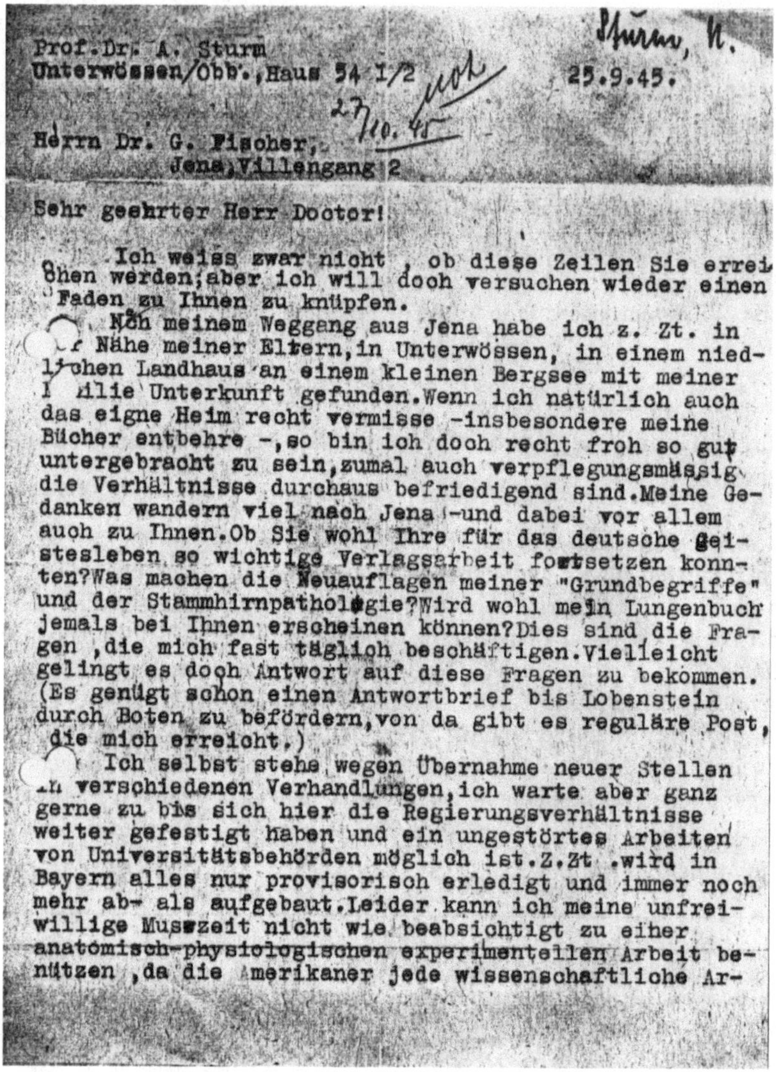

Sturm, A.

Prof. Dr. A. Sturm
Unterwössen/Obb., Haus 54 1/2

erl. 27/10. 45

25.9.45.

Herrn Dr. G. Fischer,
Jena, Villengang 2

Sehr geehrter Herr Doctor!

Ich weiss zwar nicht , ob diese Zeilen Sie erreichen werden; aber ich will doch versuchen wieder einen Faden zu Ihnen zu knüpfen.

Nach meinem Weggang aus Jena habe ich z. Zt. in der Nähe meiner Eltern, in Unterwössen, in einem niedlichen Landhaus an einem kleinen Bergsee mit meiner Familie Unterkunft gefunden. Wenn ich natürlich auch das eigne Heim recht vermisse -insbesondere meine Bücher entbehre -, so bin ich doch recht froh so gut untergebracht zu sein, zumal auch verpflegungsmässig die Verhältnisse durchaus befriedigend sind. Meine Gedanken wandern viel nach Jena -und dabei vor allem auch zu Ihnen. Ob Sie wohl Ihre für das deutsche Geistesleben so wichtige Verlagsarbeit fortsetzen konnten? Was machen die Neuauflagen meiner "Grundbegriffe" und der Stammhirnpatholgie? Wird wohl mein Lungenbuch jemals bei Ihnen erscheinen können? Dies sind die Fragen ,die mich fast täglich beschäftigen. Vielleicht gelingt es doch Antwort auf diese Fragen zu bekommen. (Es genügt schon einen Antwortbrief bis Lobenstein durch Boten zu befördern, von da gibt es reguläre Post, die mich erreicht.)

Ich selbst stehe wegen Übernahme neuer Stellen in verschiedenen Verhandlungen, ich warte aber ganz gerne zu bis sich hier die Regierungsverhältnisse weiter gefestigt haben und ein ungestörtes Arbeiten von Universitätsbehörden möglich ist. Z.Zt .wird in Bayern alles nur provisorisch erledigt und immer noch mehr ab- als aufgebaut. Leider kann ich meine unfreiwillige Musszeit nicht wie beabsichtigt zu einer anatomisch-physiologischen experimentellen Arbeit benützen ,da die Amerikaner jede wissenschaftliche Ar-

Abb. 32: Schreiben von Prof. Dr. Alexander Sturm an Dr. Gustav Fischer, 25.9.1945, Teil 1. [315]

gung am 9. August 1945 wiederholt verschoben wurde,[316] wandte er sich an Rudolf Paul, den Präsidenten des Landes Thüringen, und äußerte seinen Unmut über die schlechten Bedingungen, denen Verleger in Jena, im Gegensatz zu Verlegern anderer Städte, ausgesetzt waren (siehe Abb. 34 und 35). Nachdem im September 1945 die seit vier Monaten erwartete Genehmigung zur Weiterführung des Betriebes immer noch nicht vorlag, schrieb Fischer in einem Entwurf deprimiert an den ihm befreundeten Verleger Theodor Steinkopff aus Dresden:

315 Vorlage und Repro: Thüringisches Hauptstaatsarchiv Weimar, Bestand Gustav Fischer Verlag, Schriftwechsel 1945 St-We (1), Bl. 113r.

316 Vgl. von Lucius: Tagebucheintrag vom 9.8.1945.

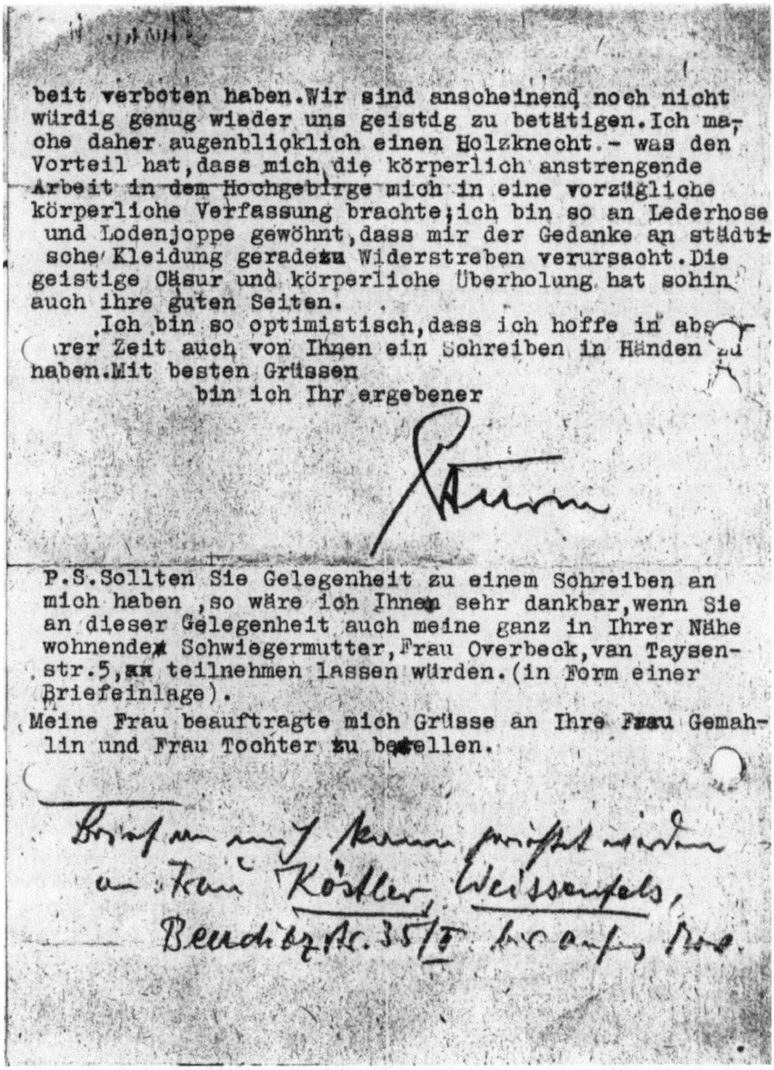

beit verboten haben.Wir sind anscheinend noch nicht würdig genug wieder uns geistig zu betätigen.Ich mache daher augenblicklich einen Holzknecht.- was den Vorteil hat,dass mich die körperlich anstrengende ~~Arbeit in dem Hochgebirge~~ mich in eine vorzügliche körperliche Verfassung brachte;ich bin so an Lederhose und Lodenjoppe gewöhnt,dass mir der Gedanke an städtische Kleidung geradezu Widerstreben verursacht.Die geistige Cäsur und körperliche Überholung hat sohin auch ihre guten Seiten.

Ich bin so optimistisch,dass ich hoffe in absehbarer Zeit auch von Ihnen ein Schreiben in Händen zu haben.Mit besten Grüssen

bin ich Ihr ergebener

Sturm

P.S.Sollten Sie Gelegenheit zu einem Schreiben an mich haben ,so wäre ich Ihnen sehr dankbar,wenn Sie an dieser Gelegenheit auch meine ganz in Ihrer Nähe wohnende Schwiegermutter,Frau Overbeck,van Taysenstr.5, teilnehmen lassen würden.(in Form einer Briefeinlage).

Meine Frau beauftragte mich Grüsse an Ihre Frau Gemahlin und Frau Tochter zu bestellen.

an Frau Köstler, Weissenfels,

Abb. 33: Schreiben von Prof. Dr. Alexander Sturm an Dr. Gustav Fischer, 25.9.1945, Teil 2. [317]

In Jena ruht Produktion und Verkaufstätigkeit des Verlages nunmehr schon seit geraumer Zeit. Das Sortiment darf wohl seine Vorräte verkaufen, aber die Verlage, darunter auch der meinige, sind durch schriftlichen Bescheid der Kommandantur als geschlossen erklärt worden, und es war mir bisher nicht möglich, die Rücknahme dieses Beschlusses zu erwirken. Wie die weitere Entscheidung über meine verschiedenen Gesuche getroffen werden wird, steht noch dahin. Sonst türmen sich die Schwierigkeiten und tagtäglich sind neue Entschliessungen zu erwägen und zu treffen, wie Sie wahrscheinlich aus eigener Erfahrung wissen werden.[318]

317 Vorlage und Repro: ebd., Bl. 113v.

318 Entwurf des Briefes von Fischer an Theodor Steinkopff, September 1945: ThHStAW, GFV, Nr. 555.

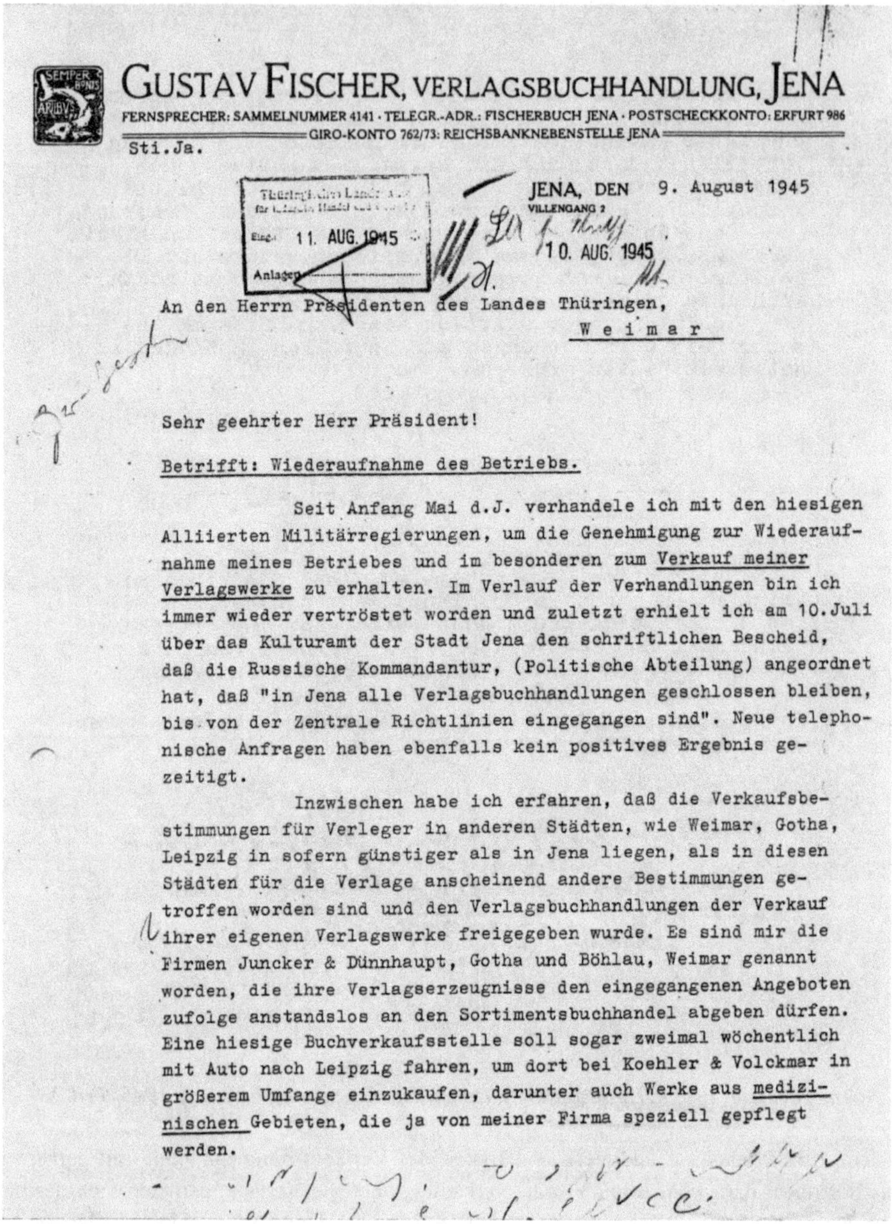

GUSTAV FISCHER, VERLAGSBUCHHANDLUNG, JENA

FERNSPRECHER: SAMMELNUMMER 4141 · TELEGR.-ADR.: FISCHERBUCH JENA · POSTSCHECKKONTO: ERFURT 986

GIRO-KONTO 762/73: REICHSBANKNEBENSTELLE JENA

Sti.Ja.

Eing.: 11. AUG. 1945

Anlagen

JENA, DEN 9. August 1945
VILLENGANG 2

10. AUG. 1945

An den Herrn Präsidenten des Landes Thüringen,
Weimar

Sehr geehrter Herr Präsident!

Betrifft: Wiederaufnahme des Betriebs.

Seit Anfang Mai d.J. verhandele ich mit den hiesigen Alliierten Militärregierungen, um die Genehmigung zur Wiederaufnahme meines Betriebes und im besonderen zum Verkauf meiner Verlagswerke zu erhalten. Im Verlauf der Verhandlungen bin ich immer wieder vertröstet worden und zuletzt erhielt ich am 10.Juli über das Kulturamt der Stadt Jena den schriftlichen Bescheid, daß die Russische Kommandantur, (Politische Abteilung) angeordnet hat, daß "in Jena alle Verlagsbuchhandlungen geschlossen bleiben, bis von der Zentrale Richtlinien eingegangen sind". Neue telephonische Anfragen haben ebenfalls kein positives Ergebnis gezeitigt.

Inzwischen habe ich erfahren, daß die Verkaufsbestimmungen für Verleger in anderen Städten, wie Weimar, Gotha, Leipzig in sofern günstiger als in Jena liegen, als in diesen Städten für die Verlage anscheinend andere Bestimmungen getroffen worden sind und den Verlagsbuchhandlungen der Verkauf ihrer eigenen Verlagswerke freigegeben wurde. Es sind mir die Firmen Juncker & Dünnhaupt, Gotha und Böhlau, Weimar genannt worden, die ihre Verlagserzeugnisse den eingegangenen Angeboten zufolge anstandslos an den Sortimentsbuchhandel abgeben dürfen. Eine hiesige Buchverkaufsstelle soll sogar zweimal wöchentlich mit Auto nach Leipzig fahren, um dort bei Koehler & Volckmar in größerem Umfange einzukaufen, darunter auch Werke aus medizinischen Gebieten, die ja von meiner Firma speziell gepflegt werden.

Abb. 34: Schreiben von Gustav Fischer an den thüringischen Landespräsidenten Rudolf Paul, 9.8.1945 – Teil 1.[319]

319 Vorlage und Repro: Thüringisches Hauptstaatsarchiv Weimar, Bestand Landesstelle für Buch- und Bibliothekswesen in Jena Nr. 359, Bl. 237r. Genau am selben Tag bat Paul selbst in einem Schreiben an Regierungsrat Hoffmann darum, die Präsidialkanzlei nicht mit Verlagsangelegenheiten zu belasten (siehe Kapitel 2.2.2.5). Um den Prozess zu beschleunigen, versuchte die Verlagsleitung auch, den

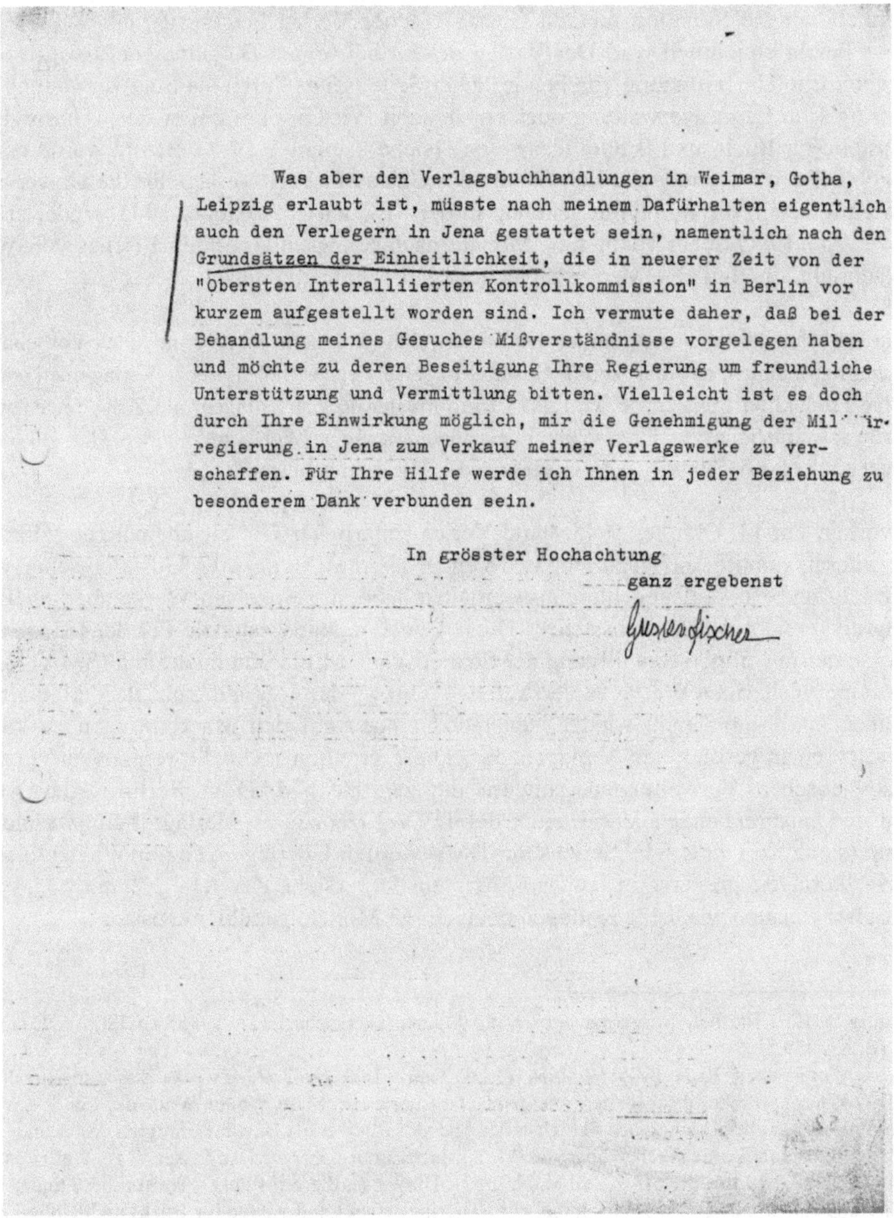
Was aber den Verlagsbuchhandlungen in Weimar, Gotha, Leipzig erlaubt ist, müsste nach meinem Dafürhalten eigentlich auch den Verlegern in Jena gestattet sein, namentlich nach den Grundsätzen der Einheitlichkeit, die in neuerer Zeit von der "Obersten Interalliierten Kontrollkommission" in Berlin vor kurzem aufgestellt worden sind. Ich vermute daher, daß bei der Behandlung meines Gesuches Mißverständnisse vorgelegen haben und möchte zu deren Beseitigung Ihre Regierung um freundliche Unterstützung und Vermittlung bitten. Vielleicht ist es doch durch Ihre Einwirkung möglich, mir die Genehmigung der Mil[illegible]ir-regierung in Jena zum Verkauf meiner Verlagswerke zu verschaffen. Für Ihre Hilfe werde ich Ihnen in jeder Beziehung zu besonderem Dank verbunden sein.

In grösster Hochachtung

ganz ergebenst

Gustav Fischer

Abb. 35: Schreiben von Gustav Fischer an den thüringischen Landespräsidenten Rudolf Paul, 9.8.1945 – Teil 2.[320]

Genehmigungsantrag über die Universität zu stellen (siehe von Lucius: Tagebucheinträge vom 14. und 15.8.1945).

320 Vorlage und Repro: Thüringisches Hauptstaatsarchiv Weimar, Bestand Landesstelle für Buch- und Bibliothekswesen in Jena Nr. 359, Bl. 237v.

Tatsächlich sah die Situation für den Gustav Fischer Verlag besser aus, als es für Fischer selbst vielleicht ersichtlich war. Der Verlag bekam bei seinen Bemühungen um eine Zulassung schon früh Unterstützung von behördlicher Seite, sei es durch die Stadtverwaltung Jena, die thüringische Landesverwaltung oder von Joseph Witsch, dem Leiter der »Thüringischen Landesstelle für Buch- und Bibliothekswesen« (siehe Kapitel 2.2.2.5). Betont wurde von diesen regelmäßig, dass gerade die Lehrbücher des Gustav Fischer Verlags für die Universität in Jena wichtig seien, die immerhin als erste in der SBZ am 15. Oktober 1945 wieder eröffnet wurde.[321] Am 19. Oktober 1945, fünf Monate nach Kriegsende, erhielt Fischer von Witsch eine Nachricht, die ihm eine Menge Zuversicht gebracht haben dürfte:

> Die Verhältnisse haben sich nun soweit geklärt, daß ich glaube Ihnen ohne jeden Vorbehalt versichern zu können, daß der Verlag Gustav Fischer als erster thüringischer Verlag anerkannt und seine Produktion freigegeben wird. [...] Die formalen Registrierungen und Zulassungen werden noch, soweit ich die Verhältnisse überblicken kann, lange auf sich warten lassen. Das soll Sie aber nicht hindern, die Tätigkeit des Verlages wieder voll aufzunehmen.[322]

Kurz vorher, am 11. Oktober 1945, hatte Verlagsmitarbeiter Glaser, ehemaliger Mitarbeiter der Druckerei Kämpfe, die Nachricht aus Weimar überbracht, dass der Gustav Fischer Verlag die »Druck- und Verkaufsgenehmigung« erhalten habe, die einzelnen Werke aber zur Begutachtung eingereicht werden müssten.[323] Diese Genehmigung gestattete Fischer jedoch lediglich, mit einer jeweiligen Bewilligung der Sowjetischen Militäradministration (SMA) Restbestände seiner bisherigen Werke zu verkaufen.[324] Um wieder voll und ganz als Verlag arbeiten zu können, und somit auch wieder Neuerscheinungen auf den Markt bringen zu können, bedurfte es einer gesonderten Verlagslizenz. Diese erteilten nicht die regionalen deutschen oder sowjetischen Verwaltungen, sondern die zentrale SMAD in Berlin-Karlshorst, die anhand der entsprechenden Vorarbeiten der DVV Lizenzen an Verlage befürwortete oder ablehnte (siehe Kapitel 2.1.1). Seitens der DVV wurden Überlegungen zur Wiederzulassung von Privatverlagen aber erst im Januar 1946 intensiviert (siehe Kapitel 2.1.2 und 4.1), so dass sich Fischer genauso wie seine Kollegen noch einige Monate gedulden musste.

---

321 Vgl. z.B. Karl Barthel, Bürgermeister der Stadt Jena, an Fischer, 12.9.1945: ThHStAW, Ld. Thür. - LfB, Nr. 359.

322 Witsch an Fischer, 19.10.1945: ThHStAW, Ld. Thür. - LfB, Nr. 359. »Zwecks Zulassung des Verlags für wissenschaftliche, insbesondere medizinische Literatur« plante Walter Wolf, der Leiter des »Landesamtes für Volksbildung« den Schriftsteller Theodor Plievier als Bevollmächtigten des »Landesamtes für Volksbildung« mit Fischer über das Verlagsprogramm u.ä. reden zu lassen (vgl. Walter Wolf an Fischer, 22.10.1945: ThHStAW, GFV, Nr. 553). Hinweise, die ein solches Treffen bestätigen, gibt es allerdings nicht. Näheres zu Witsch und zur »Thüringischen Landesstelle für Buch- und Bibliothekswesen« siehe Kapitel 2.2.2.5.

323 Von Lucius: Tagebucheintrag vom 11.10.1945. In der handschriftlichen Abschrift der Tagebucheinträge von Annelise von Lucius steht zwar der 11.11.1945 als Datum, aufgrund der Chronologie der Einträge und da am 1.11. bereits die erste Produktionsliste des Verlags genehmigt wurde bzw. vorlag (siehe Tagebucheintrag vom 1.11.1945), muss der Eintrag vom 11.10.1945 sein. Laut den handschriftlichen Anmerkungen von Lucius' zu den Tagebuchauszügen hatte Glaser »in der Nazizeit große Schwierigkeiten«. Fischer stand ihm bei und stellte ihn im Verlag an. Der Druckerei Kämpfe wurde im August 1945 die Weiterführung des Betriebs untersagt. Fischer plante, die Druckerei zu pachten (vgl. von Lucius: Tagebucheintrag vom 27.8.1945 und folgende.

324 Siehe unten und Kapitel 2.1.3.

Wie in Kapitel 4.1 beschrieben, hielten sowohl die Mitarbeiter der DVV als auch ihr Berater Heinrich Becker, der Leiter der Leipziger »Zentralstelle für Buch- und Bibliothekswesen«, den Gustav Fischer Verlag für einen bedeutenden Verlag in der SBZ. Als einer der zunächst nur fünf zur Lizenzierung vorzuschlagenden Privatverlage stand er stets mit zur Debatte.[325] Die Aussicht auf eine eigene Verlagslizenz für den Gustav Fischer Verlag geriet allerdings Mitte Januar 1946 mit dem Entschluss ins Wanken, eine Arbeitsgemeinschaft für medizinische Verlage zu gründen. Geplant war, Verlage medizinischer Fachrichtung in dieser Arbeitsgemeinschaft zu vereinen und ihnen eine gemeinsame Verlagslizenz zu erteilen. Becker, der mit der Gründung der Arbeitsgemeinschaft beauftragt worden war, plante, auch den Gustav Fischer Verlag darin zu integrieren (siehe Kapitel 4.4.1). Fischer selbst und seine Mitarbeiter erfuhren am 28. Februar 1946 durch einen Verlegerkollegen von diesem Vorhaben: Theodor Steinkopff von der gleichnamigen Verlagsbuchhandlung in Dresden erzählte in einem Telefonat von der geplanten Zusammenlegung der Verlage Fischer, Steinkopff (Dresden), Thieme (Leipzig) und Brockhaus (Leipzig).[326] Wenige Tage vorher war Fischer in einem Telegramm gebeten worden, einen Bevollmächtigten des Verlags zur »Zentralverwaltung für Gesundheitswesen« nach Berlin zu schicken, um über die Weiterführung seines Verlages zu reden.[327] Die Nachfrage bei Witsch wegen des Telegramms ergab die für die Verlagsleitung deprimierende Befürchtung, dass dem Verlag eventuell eine Verstaatlichung drohe.[328] Der Besuch eines Prokuristen des Verlages am 4. März 1946 in Berlin bestätigte Steinkopffs Informationen über den Plan, medizinische Fachverlage in einer Arbeitsgemeinschaft zu vereinen.[329] Die kommenden zwei Wochen waren für die Verlagsleitung sehr hektisch. Mit der gemeinsamen Durchsicht der Berliner Verträge zur Gründung der Arbeitsgemeinschaft und durch zahlreiche Gespräche mit Vertretern der entsprechenden Behörden in Jena, Weimar und Berlin sowie mit den Verlagskollegen, die ebenfalls in die Arbeitsgemeinschaft aufgenommen werden sollten, versuchten sie sich ein Bild davon zu machen, ob der Beitritt in die geplante »Arbeitsgemeinschaft Medizinischer Verleger« sinnvoller sei, als weiterhin auf eine eigene Verlagslizenz zu hoffen.[330] Intensivsten Kontakt hielten sie dabei mit Joseph Witsch, dem Leiter der »Thüringischen Landesstelle für Buch- und Bibliothekswesen«, der Annelise von Lucius am 9. März zu einem Gespräch mit Landesdirektor Wolf (siehe Kapitel 2.2.2.5) nach

325 In der »Liste der vordringlich zu genehmigenden Verlage« des Referats »Verlagswesen« der DVV vom 9.2.1946 heißt es: »Der Verlag gehört zu den bedeutendsten wissenschaftlichen Verlagen für Medizin, Naturwissenschaften und Nationalökonomie.« (BArch DR 2/896, fol. 118). Kurzzeitig wurde auch an eine Fusion sämtlicher medizinischer Verlage mit dem Gustav Fischer Verlag gedacht (vgl. Bericht »Wiederingangsetzung des Verlagswesens« der Abteilung »Verlagswesen«, DVV, 7.1.1946: BArch DR 2/896, fol. 161–165.

326 Vgl. von Lucius: Tagebucheintrag vom 28.2.1946. Die Verlage Steinkopff und Thieme gehörten zu den ersten Verlagen, die der »Arbeitsgemeinschaft Medizinischer Verleger« wenig später tatsächlich beitraten (siehe Kapitel 4.4.1). Zu weiteren Verlagen, deren Beitritt in die Arbeitsgemeinschaft ebenfalls gewünscht wurde, und zu denen, die ihr später beitraten, siehe ebd. Der Brockhaus Verlag erhielt am 12.4.1946 eine eigene Verlagslizenz (vgl. Handbuch der Lizenzen, 1947, S. 111).

327 Vgl. von Lucius: Tagebucheintrag vom 24.2.1946.

328 Vgl. von Lucius: Tagebucheintrag vom 25.2.1946.

329 Vgl. von Lucius: Tagebucheintrag vom 4.3.1946.

330 Vgl. von Lucius: Tagebucheinträge vom 5. bis 18.3.1946.

Weimar begleitete.[331] Wie die Verlagsleitung zwei Tage später in einem weiteren Gespräch mit Witsch erfuhr, hatte Wolf inzwischen vorgeschlagen, dass das Land Thüringen 51 Prozent des Verlags übernehmen solle.[332] Über den Hintergrund und die Absicht dieses Vorschlags sowie über weitere Reaktionen des Verlags auf diesen Vorschlag finden sich leider keine Hinweise. Die meisten dieser Gespräche führten Annelise von Lucius, ihr Schwager und Rechtsanwalt Reinhart von Lucius sowie die Prokuristen des Verlages. Auf Fischer mussten sie dabei verzichten, da dieser am 8. März auf vereisten Stufen gestürzt war und seitdem mit einem Bruch des linken Oberarms in der Klinik lag.[333] Von seinem Krankenbett aus riet Fischer, keinesfalls eine lange Bindung einzugehen.[334] Am 15. März fuhr Annelise von Lucius für zwei Tage nach Leipzig, um gemeinsam mit Reinhart von Lucius an den dort stattfindenden Vorverhandlungen über die Gründung der Arbeitsgemeinschaft teilzunehmen.[335] Der Druck stieg, als einen Tag nach diesem Treffen ein Telegramm aus Leipzig eintraf, in dem es hieß, dass der Vertragsabschluss bereits vier Tage später, am 21. März stattfinden sollte.[336] Nach einer erneuten Rücksprache mit Witsch entschied die Verlagsleitung am 18. März 1946, nicht zur Vertragsunterzeichnung nach Berlin zu fahren.[337] Einen Tag später ließ sie die DVV-Mitarbeiter in Berlin durch ein Telegramm von ihrem Entschluss, der Arbeitsgemeinschaft nicht beizutreten, wissen.[338] Gegenüber Witsch begründete Annelise von Lucius die Absage in ihrem Schreiben vom 20. März 1946 (siehe Abb. 36) mit der Befürchtung, dass ein Beitritt in die Arbeitsgemeinschaft gleichzeitig auch eine Beschränkung des Verlags auf medizinische Literatur bedeuten würde und der Verlag somit auf die Herausgabe von Literatur anderer Fachgebiete verzichten müsste. Die Vertragsunterzeichnung zur Gründung der »Arbeitsgemeinschaft Medizinischer Verleger« fand somit am 21. März ohne den Gustav Fischer Verlag statt. Schon einen Tag später, am 22. März 1946, wurde die Arbeitsgemeinschaft unter der Lizenz-Nr. 37 von der SMAD genehmigt.[339] Am selben Tag starb Gustav Fischer in der Klinik an den Folgen der Komplikationen nach einem Armbruch, und seine Tochter Annelise von Lucius übernahm die Verlagsleitung.[340]

331 Zum Verhältnis zwischen Annelise von Lucius und Joseph Witsch vgl. auch Interview von Bettina Jütte mit Annelise von Lucius und Wulf Dietrich von Lucius am 6.12.1996 in Stuttgart, Teil 1, Fragen 4 bis 6 (siehe Anhang).

332 Vgl. von Lucius: Tagebucheintrag vom 11.3.1946.

333 Vgl. von Lucius: Tagebucheintrag vom 8.3.1946.

334 Vgl. von Lucius: Tagebucheintrag vom 12.3.1946.

335 Vgl. von Lucius: Tagebucheinträge vom 13. bis 16.3.1946.

336 Vgl. von Lucius: Tagebucheintrag vom 17.3.1946.

337 Vgl. von Lucius: Tagebucheintrag vom 18.3.1946.

338 Vgl. von Lucius: Tagebucheintrag vom 19.3.1946.

339 Näheres, auch zu den anfänglichen und später hinzugetretenen Mitgliedern, siehe Kapitel 4.4.1.

340 Vgl. von Lucius: Tagebucheintrag vom 22.3.1946. Die Beisetzung fand vier Tage später, am 26. März, statt (vgl. von Lucius: Tagebucheintrage vom 16.3.1946). Vgl. auch diverse Beileidsbekundungen in: ThHStAW, GFV, Nr. 557; Hundert Jahre Gustav Fischer Verlag, S. 25; Stier: Verlagshaus Gustav Fischer, S. 27; Bremser: Aus Beruf und Leben, S. 72 und Interview Teil 2, Frage 41. Von Lucius' Mann, Tankred von Lucius, geb. 1909, der eigentlich als Nachfolger von Gustav Fischer vorgesehen war, war während des Krieges gestorben (Vgl. Entwurf eines Briefes von Fischer an Theodor Steinkopff, September 1945: ThHStAW, GFV, Nr. 555 und Hundert Jahre Gustav Fischer Verlag, S. 35).

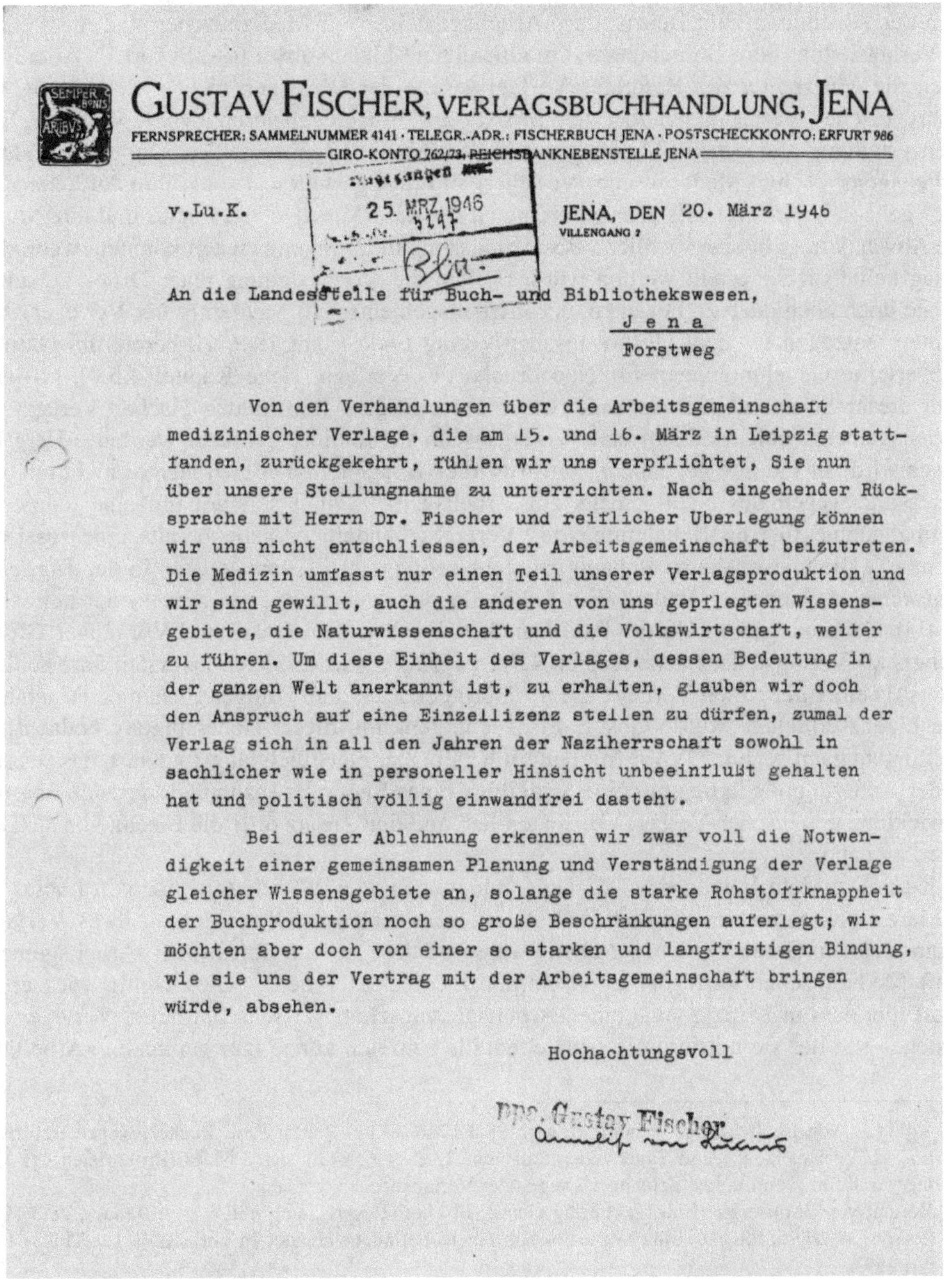

GUSTAV FISCHER, VERLAGSBUCHHANDLUNG, JENA

FERNSPRECHER: SAMMELNUMMER 4141 · TELEGR.-ADR.: FISCHERBUCH JENA · POSTSCHECKKONTO: ERFURT 986
GIRO-KONTO 762/73, REICHSBANKNEBENSTELLE JENA

v.Lu.K.

25. MRZ. 1946

JENA, DEN 20. März 1946
VILLENGANG 2

An die Landesstelle für Buch- und Bibliothekswesen,
Jena
Forstweg

Von den Verhandlungen über die Arbeitsgemeinschaft medizinischer Verlage, die am 15. und 16. März in Leipzig stattfanden, zurückgekehrt, fühlen wir uns verpflichtet, Sie nun über unsere Stellungnahme zu unterrichten. Nach eingehender Rücksprache mit Herrn Dr. Fischer und reiflicher Uberlegung können wir uns nicht entschliessen, der Arbeitsgemeinschaft beizutreten. Die Medizin umfasst nur einen Teil unserer Verlagsproduktion und wir sind gewillt, auch die anderen von uns gepflegten Wissensgebiete, die Naturwissenschaft und die Volkswirtschaft, weiter zu führen. Um diese Einheit des Verlages, dessen Bedeutung in der ganzen Welt anerkannt ist, zu erhalten, glauben wir doch den Anspruch auf eine Einzellizenz stellen zu dürfen, zumal der Verlag sich in all den Jahren der Naziherrschaft sowohl in sachlicher wie in personeller Hinsicht unbeeinflußt gehalten hat und politisch völlig einwandfrei dasteht.

Bei dieser Ablehnung erkennen wir zwar voll die Notwendigkeit einer gemeinsamen Planung und Verständigung der Verlage gleicher Wissensgebiete an, solange die starke Rohstoffknappheit der Buchproduktion noch so große Beschränkungen auferlegt; wir möchten aber doch von einer so starken und langfristigen Bindung, wie sie uns der Vertrag mit der Arbeitsgemeinschaft bringen würde, absehen.

Hochachtungsvoll

ppa. Gustav Fischer
Annelise von Lucius

Abb. 36: Schreiben von Annelise von Lucius an die »Thüringische Landesstelle für Buch- und Bibliothekswesen«, 20.3.1946.[341]

341 Vorlage und Repro: Thüringisches Hauptstaatsarchiv Weimar, Bestand: Landesstelle für Buch- und Bibliothekswesen in Jena Nr. 359, Bl. 172r.

Nach der Ablehnung zum Beitritt der »Arbeitsgemeinschaft Medizinischer Verleger« setzte die Verlagsleitung ihre Bemühungen um eine eigene Lizenz unverdrossen fort.[342] Allerdings waren die Mitarbeiter des Referats »Verlagswesen« der DVV nun nicht mehr gewillt, den Gustav Fischer Verlag gegenüber der SMAD zur Einzellizenzierung vorzuschlagen. Eine Lizenzerteilung hätte ihrer Meinung nach den Sinn und Zweck der soeben gebildeten »Arbeitsgemeinschaft Medizinischer Verleger« in Frage gestellt und sogar ihre Auflösung zur Folge gehabt.[343] Andererseits aber befürchteten sie, dass Annelise von Lucius und ihre Mutter eine Abwanderung in eine westliche Besatzungszone in Erwägung ziehen könnten, wenn dem Verlag keine Lizenz erteilt werden würde.[344] Um die Verlagsleitung unter Druck zu setzen und sie doch noch dazu zu bewegen, der »Arbeitsgemeinschaft Medizinischer Verleger« beizutreten, entzogen sie dem Gustav Fischer Verlag Ende März 1946 20 bereits im Oktober 1945 erteilte Genehmigungen für Nachdrucke des Verlags (siehe Kapitel 4.5.4). Offiziell sollte dieser Schritt keineswegs mit dem nicht erfolgten Beitritt des Fischer Verlags zur »Arbeitsgemeinschaft Medizinischer Verleger« in Verbindung gebracht werden: »Herr Dr. Witsch wird der Familie gegenüber zum Ausdruck bringen, daß es sich hierbei nicht um eine Repressalie wegen des Nichtbeitritts zur Arbeitsgemeinschaft sondern um eine temporäre Strafmaßnahme für die Behauptung des Verlages handelt, er habe bereits eine russische Lizenz.«[345] Die hier erwähnte Behauptung geht auf den am 11. Januar 1946 in der *Täglichen Rundschau* erschienenen Artikel »Ein Leben für das deutsche Buch« zurück, der anlässlich des 100. Geburtstags von Gustav Paul Danckert Fischer, dem Onkel und Vorgänger Gustav Fischers als Verlagsleiter (siehe Kapitel 4.5.1), verfasst wurde. Gleich im ersten Satz heißt es dort: »Als einer der ersten Verlage, die in Thüringen nach dem völligen Zusammenbruch eine neue Lizenz erhielten, wurde Gustav Fischer in Jena mit dieser Genehmigung bedacht.«[346] Nachforschungen seitens DVV-Mitarbeitern hatten aber eigentlich längst geklärt, dass es sich bei der Äußerung »lediglich um eine Mitteilung eines Reporters [handelte], der sich über die Entwicklung des Fischer-Verlages berichten ließ und den Zusatz über die Lizenz von sich aus gemacht« habe.[347]

Kurz nach dem Entzug der Druckgenehmigungen wies Witsch Annelise von Lucius am 30. März 1946 unmissverständlich darauf hin, dass eine Einzellizenzierung ihres Verlages »kaum mehr im Bereich des Möglichen« wäre und dass sie den Beitritt zur »Arbeitsgemeinschaft Medizinischer Verleger« noch einmal überdenken solle.[348] Gleichzeitig wies er sie darauf hin, dass in Leipzig auch eine »Arbeitsgemeinschaft Wissenschaftlicher Verleger« im Entstehen sei, der sie mit ihrem Verlag ebenfalls beitreten könne (zur geplanten »Arbeitsge-

342 Vgl. z.B. von Lucius: Tagebucheintrag vom 28.3.1946: »Zum Rektor Prof. Zucker, wegen Befürwortung d. Verlagslizenz« und Tagebucheintrag vom 29.3.1946: »Mit Herrn Maas [Prokuristen des Verlags] u. Reini [von Lucius' Schwager] wegen der Verlagslizenz sprechen«.

343 Bericht von Ballusecks »Betrifft: Verlag Gustav Fischer (Besprechung mit Witsch, Jena)«, 28.3.1946: BArch DR 2/896, fol. 80. (Eine Kopie des Schreibens befindet sich auch in ThHStAW, Ld. Thür. - LfB, Nr. 359).

344 Vgl. ebd.

345 Ebd.

346 Ein Leben für das deutsche Buch, Tägliche Rundschau, 11.1.1946.

347 Aktennotiz des Referats »Verlagswesen« der DVV, 15.1.1946: BArch DR 2/896, fol. 142.

348 Aktenvermerk von Witsch über eine »Besprechung mit Annelise von Lucius, Gustav Fischer Verlag, Jena, am 30.3.46«: ThHStAW, Ld. Thür. - LfB, Nr. 359. Vgl. auch von Lucius: Tagebucheintrag vom 30.3.1946: »Bei Dr. Witsch, berichtet aus Berlin. Einzellizenz ausgeschlossen. Wir müssen doch zur Arbeitsgemeinschaft. Die Bedingungen sind aber milder.«

meinschaft Wissenschaftlicher Verleger« siehe Kapitel 4.4.3).[349] Zwei Tage später nahm Annelise von Lucius gemeinsam mit Witsch an einer Sitzung im Leipziger Rathaus teil, auf der mit interessierten Verlegern über die geplante »Arbeitsgemeinschaft Wissenschaftlicher Verleger« gesprochen wurde.[350] Gegenüber Witsch signalisierte sie die Bereitschaft, beiden Arbeitsgemeinschaften beizutreten.[351] Ihren Tagebucheinträgen ist jedoch zu entnehmen, dass sie bezüglich dieser Entscheidung weiterhin unsicher war.[352] Nachdem jedoch alle weiteren Bemühungen um eine Einzellizenz scheiterten und die Verlagsarbeit wegen der fehlenden Lizenz zu stagnieren drohte, entschied die Verlagsleitung am 1. Juni 1946, der »Arbeitsgemeinschaft Medizinischer Verleger« tatsächlich beizutreten.[353] Eine schriftliche Bestätigung dieses Entschlusses verfasste Annelise von Lucius am 6. Juni 1946.[354] Von behördlicher Seite wurde der 6. Juni als offizielles Beitrittsdatum des Gustav Fischer Verlages in die Arbeitsgemeinschaft betrachtet.[355] Gleichzeitig mit der schriftlichen Bestätigung zum Beitritt in die Arbeitsgemeinschaft beantragte Annelise von Lucius für die Gebiete der Natur-, Sozial- und Wirtschaftswissenschaften eine eigene Verlagslizenz.[356] Die Vorbereitungen zur Gründung der geplanten »Arbeitsgemeinschaft Wissenschaftlicher Verleger« waren inzwischen ins Stocken geraten.[357] Kurz und bündig unterstützte Witsch mit seinem erforderlichen Gutachten am 28. September 1946 den Antrag Annelise von Lucius':

349 Vgl. Aktenvermerk von Witsch über eine »Besprechung mit Frau von Lucius, Gustav Fischer Verlag, Jena, am 30.3.46« und von Lucius: Tagebucheintrag vom 30.3.1946.

350 Vgl. von Lucius: Tagebucheintrag vom 2.4.1946.

351 Vgl. Witsch an das Referat »Verlagswesen« der DVV, 10.4.1946 und Witsch an die DVV, 23.5.1946: beide in ThHStAW, Ld. Thür. - LfB, Nr. 359.

352 Vgl. von Lucius: Tagebucheinträge vom 9., 11. und 14.4.1946.

353 Vgl. von Lucius: Tagebucheinträge vom 6., 8., 9., 11., 25., 31.5. und 1.6.1946. Vgl. auch Interview Teil 1, Frage 1.

354 Vgl. Lizenzantrag des Gustav Fischer Verlags, 6.6.1946: »Der Verlag Gustav Fischer in Jena hat am 1. Juni 1946 seinen Beitritt zu der Arbeitsgemeinschaft medizinischer Verlage erklärt.« (ThHStAW, Ld. Thür. - LfB, Nr. 330).

355 Vgl. z.B. Witsch an von Balluseck, Juni 1946 und Arbeitsgemeinschaft Medizinischer Verleger an die »Thüringische Landesstelle für Buch- und Bibliothekswesen«, 7.6.1946: beide in ThHStAW, Ld. Thür. - LfB, Nr. 359 sowie Bremser: Aus Beruf und Leben, S. 72. Die Verträge zum Beitritt unterschrieb Annelise von Lucius am 13.6.1946 (vgl. von Lucius: Tagebucheintrag vom 13.6.1946). Die »Originallizenz für die medizinische Richtung« wurde dem Gustav Fischer Verlag erst im Dezember 1946 von der »Arbeitsgemeinschaft Medizinischer Verleger« zugesandt (vgl. K. Bremser an J. Witsch, 14.12.1946: ThHStAW, GFV, Nr. 557).

356 Vgl. von Lucius' Antrag auf Erteilung einer Lizenz für die Gebiete der Natur-, Sozial- und Wirtschaftswissenschaften, 6.6.1946: ThHStAW, Ld. Thür. - LfB, Nr. 330. Ein Bestandteil des Lizenzantrags war auch der von der DVV entworfene sechsseitige »Fragebogen zur Erfassung der Verlage in der sowjetischen Besatzungszone«. Da er auf den 14.6.1946 datiert ist, wurde er wahrscheinlich nachträglich eingereicht. Der Fragebogen befindet sich zusammen mit den dazugehörigen 20 Anlagen in: ThHStAW, Ld. Thür. - MfVobi, Nr. 4258.

357 Vgl. Witsch an »Deutsche Zentralverwaltung für Volksbildung«, 23.5.1946: »Von der Arbeitsgemeinschaft wissenschaftlicher Verleger, zu der die Vorbesprechungen Ende April schon in Leipzig stattgefunden haben, habe weder ich noch der Verlag Fischer etwas gehört« (ThHStAW, Ld. Thür. - LfB, Nr. 359). Mit dem Hinweis auf »Ende April« hat sich Witsch möglicherweise im Datum geirrt. Tatsächlich hat eine solche Vorbesprechung Anfang April stattgefunden (vgl. oben). Es ist jedoch nicht auszuschließen, dass Ende April erneut ein Treffen stattgefunden hat.

> Der Verlag Gustav Fischer in Jena ist mit seiner medizinischen Abteilung Mitglied der Arbeitsgemeinschaft medizinischer Verleger. Er gehört zu den bedeutendsten wissenschaftlichen Verlagen der Ostzone und ist weder durch seine Produktion noch personell in irgendeiner Weise politisch belastet. Der beiliegende Antrag des Verlags Gustav Fischer auf Erteilung einer Lizenz wird von uns dringendst befürwortet.[358]

Am 10. Dezember 1946 bekam der Gustav Fischer Verlag unter der Lizenz-Nr. 114 tatsächlich von der SMAD die Lizenz für die Gebiete der Natur-, Sozial- und Wirtschaftswissenschaften erteilt.[359] Zwei Tage später folgte mit der Lizenz für die Zeitschrift »*Zentralblatt für Bakteriologie, Parasitenkunde, Infektionskrankheiten und Hygiene, I. und II. Teil*« die erste Zeitschriftenlizenz des Verlags.[360] Sie wurde der »Arbeitsgemeinschaft Medizinischer Verleger« als Lizenzträger für den Gustav Fischer Verlag ausgestellt.[361] Am 19. Dezember 1946 wurden diese beiden Lizenzierungen neben 21 weiteren auf der vom Kulturellen Beirat in Zusammenarbeit mit der DVV einberufenen Verlegertagung vor größerem Publikum offiziell bekannt gegeben und die entsprechenden Urkunden von Oberstleutnant Koltypin von der SMAD an die anwesenden Lizenzträger überreicht.[362] Auch Annelise von Lucius nahm persönlich an dieser Tagung teil, da Lothar Balluseck, der Leiter des Referats »Verlagswesen« der DVV, ihr wenige Tage vorher ausdrücklich dazu geraten hatte.[363] In ihrem Tagebuch schreibt sie später über den Augenblick der Lizenzüberreichung: »Russe spricht, überreicht Lizenzen. Verlagslizenz u[nd, B.J.] f. Zentralblatt f[ür, B.J.] Bakteriologie, bin froh!«[364]

---

358 Vgl. Schreiben Witschs »Betrifft: Lizenzierung des Verlages Gustav Fischer Jena«, 28.9.1946: ThHStAW, Ld. Thür. - LfB, Nr. 359.

359 Vgl. Liste der lizenzierten Verlage in Thüringen, undatiert: ThHStAW, Ld. Thür. - MfVobi, Nr. 4280 und Lizenzen-Handbuch, 1949, S. 243.

360 Vgl. Abdruck der Lizenzurkunde in Hundert Jahre Gustav Fischer Verlag, S. 30 und Handbuch der Lizenzen, 1947, S. 64. Sie erhielt die Lizenz-Nr. 123. Mit dem I. und II. Teil war die so genannte »Erste Abteilung: Medizinisch-hygienische Bakteriologie, Virusforschung und tierische Parasitologie«, Originale (I) und Referate (II) gemeint (vgl. Anlage »Zeitschriften« zum Fragebogen zur Erfassung der Verlage,14.6.1946: ThHStAW, Ld. Thür. - MfVobi, Nr. 4258, Bl. 5). Daneben gab es noch die so genannte »Zweite Abteilung: Allgemeine, landwirtschaftliche, technische, Nahrungsmittel-Bakteriologie, Protozoologie, Pflanzenkrankheiten (einschliesslich der durch Viren hervorgerufenen) und Pflanzenschutz sowie Tierkrankheiten (ausschliesslich der in das Gebiet der Medizin gehörenden)« (ebd.). Näheres zur zweiten Abteilung der Zeitschrift siehe weiter unten.

361 Vgl. Abdruck der Lizenzurkunde in Hundert Jahre Gustav Fischer Verlag, S. 30.

362 Vgl. Koven: Verleger-Tagung am 19. Dezember 1946 in Berlin, Börsenblatt Leipzig, 25.1.1947, »Protokoll der Sitzung des Kulturellen Beirates und Verleger«, 19.12.1946: ThHStAW, Ld. Thür. - MfVobi, Nr. 4263 und Protokoll der Arbeitsbesprechung Leipziger Verleger, 3.1.1947: StadtAL, StVuR Nr. 8905, Bl. 13–15. In der Rede von Koltypin auf der Verlegertagung und entsprechend in einigen Berichten über diese Tagung (vgl. z.B. ebd.) heißt es zwar, dass die Lizenzen an diesem Tage, also am 19.12.1946, erteilt werden bzw. wurden, tatsächlich wurden sie an diesem Tage aber nur offiziell bekannt gegeben. Die eigentlichen Lizenzierungen erfolgten in den Tagen davor.

363 Vgl. von Lucius: Tagebucheinträge vom 11., 16. und 19.12.1946.

364 Von Lucius: Tagebucheintrag vom 19.12.1946. Vgl. auch Interview Teil 1, Frage 14.

4.5.4 Druckgenehmigungen – Papier

Solange die Angelegenheiten um die Verlagslizenz unklar waren, konnten beim Gustav Fischer Verlag keine Neuerscheinungen publiziert werden. Jedoch war es dem Verlag bis dahin möglich, mit den entsprechenden Druckgenehmigungen der Besatzungsbehörde Bücher, die sich bei Kriegsende bereits in Druck befanden, und Neuauflagen bereits früher erschienener Titel zu veröffentlichen.

Durch den Beitritt in die »Arbeitsgemeinschaft Medizinischer Verleger« im Juni 1946 (siehe Kapitel 4.5.3) war dem Verlag auch die Herausgabe von Neuerscheinungen medizinischer Fachliteratur unter der Lizenz der Arbeitsgemeinschaft möglich. Und nach dem Erhalt der Verlagslizenz im Dezember 1946 konnten schließlich auch wieder Neuerscheinungen weiterer wissenschaftlicher Fachgebiete des Verlages herausgegeben werden.[365]

Bücher aus Restbeständen, d. h. von Auflagen aus der Zeit vor Kriegsende, durften in der SBZ genauso wie Neuerscheinungen nur dann verkauft werden, wenn sie nicht politisch belastet waren. Im Rahmen der frühen Entnazifizierungsaktionen wurden die bei thüringischen Verlagen lagernden von dem im November 1945 gegründeten »Ausschuss zur Bereinigung des Thüringischen Buchhandels und Verlagswesen« geprüft, in dem Gustav Fischer als Vertreter für den Verlagsbuchhandel selbst Mitglied war.[366] Wie der Aufstellung in Abb. 37 zu entnehmen ist, fielen bei diesen Bestandsprüfungen insgesamt 23 Titel des Gustav Fischer Verlages in die Kategorie der politisch belasteten und somit auszusondernden Publikationen.[367]

Entscheidende Hindernisse für die Herausgabe von Neuauflagen – genauso wie später für die Herausgabe von Neuerscheinungen – waren in der SBZ vor allem fehlende Druckgenehmigungen und der Mangel an Papier. Der lange und oft erbitterte Kampf um Druckgenehmigungen und um Papier – vor allem in den Jahren 1946 und 1947 – machte einen Großteil der gesamten Verlagsarbeit des Gustav Fischer Verlags aus.

Erst im September 1945 erfuhr Fischer durch die für ihn arbeitende Druckerei Dietsch & Brückner, dass Druckgenehmigungen nicht nur für Neuerscheinungen, sondern auch für Neuauflagen des Verlages einzuholen waren: »Wir fragen heute an, ob Sie bei der Administration der russischen Militärregierung in Weimar Ihre verschiedenen Verlagsobjekte einschl. der Zeitschriften eingereicht haben, da wir ohne die Genehmigung der Administration an keinem Ihrer Verlagsobjekte weiterarbeiten dürfen.«[368]

365 Neuerscheinungen medizinischen Inhalts trugen also die Lizenz-Nr. 37 (Lizenz der »Arbeitsgemeinschaft Medizinischer Verleger«), Neuerscheinungen auf den Gebieten der Natur-, Sozial- und Wirtschaftswissenschaften die Lizenz-Nr. 114 (Lizenz des Gustav Fischer Verlags). Für jede Zeitschrift musste eine gesonderte Lizenz beantragt werden (siehe oben und Kapitel 4.1 und 4.2).

366 Vgl. Witsch an Fischer, 12.11.1945 (betr. Prokurist Stimmel, nicht identisch mit oben genanntem Schreiben): ThHStAW, Ld. Thür. - LfB, Nr. 359 und Bericht über die 3. Sitzung des »Ausschusses zur Überprüfung des Thüringischen Verlags-Buchhandels, des Sortiments- und Leihbuchhandels«, 27.11.1945: ebd., Nr. 314. Auf den Sitzungen dieses Ausschusses ließ sich Fischer in der Regel von Angestellten seines Verlages vertreten (vgl. ebd.).

367 Für die »nicht verbotenen bzw. nicht gesperrten Bestände« hatte der Gustav Fischer Verlag am 12.11.1945 die Erlaubnis zum Verkauf erhalten (Witsch an Fischer, 12.11.1945: ThHStAW, Ld. Thür. - LfB, Nr. 359.

368 Dietsch & Brückner an Gustav Fischer Verlag, 5.9.1945: ThHStAW, GFV, Nr. 553.

GUSTAV FISCHER, Verlagsbuchhhandlung, Jena

Blatt

Anlage zu II/8

Verfasser:	Titel:	Vorrat:
Boehm	Der 18. Januar (Jenaer akad.Reden 18)	440 Expl.
Diehl	Der Einzelne u.die Gemeinschaft	347 "
Genechten	Stellung d.Niederlande (Kieler Vorträge 69)	158 "
Heinrich	Die soziale Frage	598 "
Hesse	Grundriß der politischen Ökonomie IV	454 "
Lampe	Allgem.Wehrwirtschaftslehre	544 "
Passarge	Kriegschirurgisches Seminar	1500 "
Klein u.a.	Der Amtsarzt	restlos vernichtet
Andreae	Kapitalismus,Bolschewismus,Faschismus	" "
Astel	Die Aufgabe (Jenaer akad.Reden 24)	" "
Brinkmann	Wirtschaftspolitik aus nat.soz. Kraftquell	" "
Gottl-Ottlilienfeld	Theorie blickt in die Zeit	" "
Greiser	Aufbau im Osten (Kieler Vorträge 68)	" "
Hesse	Grundriß d.polit.Ökonomie I/III	" "
Schwerin v.Krosigk	Finanzpolitik (Kieler Vorträge 41)	" "
Stengel v.Rutkowski,	Wissenschaft u.Wert (Jenaer akad. Reden 29)	" "
Uhlig	Mussolinis dt.Studien(Beiträge Schneider 19)	" "
Wagner,Josef	Preispolitik im Vierjahresplan (Kieler Vorträge 51)	" "
Willeke	Arbeitseinsatz im Kriege	" "
Fossati u. a.	Wirtschaftstheorie,Korporative	" "
Murr	Sippenkunde	" "
Franz	Der biologische Fortschritt	" "
Brecht u.a.	Wohnungsbau (Materialiensammlung 38)	" "

Abb. 37: »Anlage zu II/8« des »Fragebogens zur Erfassung der Verlage in der Sowjetischen Besatzungszone«, 14.6.1946.[369]

369 Vorlage und Repro: Thüringisches Hauptstaatsarchiv Weimar, Bestand Land Thüringen – Ministerium für Volksbildung Nr. 4258, Bl. 29r. Diese Anlage diente der Beantwortung der Frage »Welche der Verlagswerke sind außerdem unter Anlegung eines strengen Maßstabes infolge ihrer faschistischen, militaristischen, rassepolitischen Tendenz nicht mehr verlagswürdig? Restbestände?« (vgl. ebd.).

Fischer und seine Prokuristen hatten sich bereits seit Mai 1945 darum bemüht, Näheres über das Prozedere zum Erhalt von Druckgenehmigungen herauszufinden,[370] was zu diesem sehr frühen Zeitpunkt jedoch noch recht erfolglos war. Aufgrund des zitierten Hinweises der Druckerei Dietsch & Brückner intensivierten sie ihre Bemühungen.[371] Der erste schriftliche Versuch Fischers, über die Militäradministration Druckgenehmigungen zu erhalten, erfolgte am 11. September 1945. In diesem Antrag an die SMA in Weimar bat er um die Druckgenehmigungen für nur einen Buchtitel und für sechs Zeitschriften seines Verlages.[372] Ein wesentlich ausführlicherer Antrag folgte innerhalb der nächsten sieben Wochen mit der Einreichung einer Liste von insgesamt dreiundzwanzig Buchtiteln und sechs Zeitschriften bei der »Thüringischen Landesstelle für Buch- und Bibliothekswesen«.[373] Verglichen mit der langen Wartezeit, die bis zur Entscheidung über später gestellte Druckgenehmigungsanträge in Kauf genommen werden musste, war der Weg bis zur Entscheidung über diesen frühen Antrag sehr

370 Vgl. von Lucius: Tagebucheintrag vom 25.5.1945.

371 Vgl. Gustav Fischer Verlag an Dietsch & Brückner, 8.9.1945 und Dietsch & Brückner an Gustav Fischer Verlag, 10.9.1945: beide in ThHStAW, GFV, Nr. 553. Vgl. auch die handschriftlichen Notizen Fischers unter dem zitierten Schreiben.

372 Vgl. Gustav Fischer Verlag an Major Ssagidow von der SMA in Weimar, 11.9.1945: ThHStAW, GFV, Nr. 553. Bei dem Buchtitel handelte es sich um die 5. und 6. Auflage der »Grundbegriffe der inneren Medizin« von Alexander Sturm. Die hier erwähnten Zeitschriften waren: Archiv für experimentelle Zellforschung, besonders Gewebezüchtung (Explantation), begründet von Rhoda Erdmann, hrsg. von Eugen Haagen; Beiträge zur Geologie von Thüringen, hrsg. vom Thüringischen Geologischen Verein; Mitteilungen aus den Grenzgebieten der Medizin und Chirurgie, begründet von J. v. Mikulicz und B. Naunyn, hrsg. von Wolfgang Denk und Erwin Risak; Zeitschrift für Immunitätsforschung und experimentelle Therapie, hrsg. von P. Uhlenhuth und E. Schlossberger; Zentralblatt für allgemeine Pathologie und pathologische Anatomie, begründet von E. Ziegler, hrsg. von M. B. Schmidt und Georg B. Gruben; sowie Zentralblatt für Bakteriologie, Parasitenkunde und Infektionskrankheiten, begründet von Oskar Uhlworm, hrsg. von E. Gildemeister und A. Weber. (vgl. ebd.).

373 Bei den Buchtiteln handelte es sich um: Harms: Zoobiologie für Mediziner und Landwirte; M. Hartmann: Allgemeine Biologie. Eine Einführung in die Lehre vom Leben, 3. Auflage; Lehrbuch der Botanik, 23. Auflage. Hrsg. von H. Fitting, W. Schumacher, R. Harder und F. Firbas; Lehrbuch der Geburtshilfe, 8. und 9. Auflage. Hrsg. von W. Stoeckel; Lehrbuch der medizinischen Entomologie, 3. Auflage. Hrsg. von E. Martini; Lehrbuch der Pharmakognosie, 6. Auflage. Hrsg. von U. Weber; Lehrbuch der speziellen pathologischen Physiologie, 6./7. Auflage. Hrsg. von L. Heilmeyer; Lehrbuch und Atlas der Augenheilkunde, 9. Auflage. Hrsg. von E. Hertel; H. Marx: Kurzes Handbuch der Ohrenheilkunde, 2. Auflage; H. Mohler: Lösungsspektren, 2. Auflage; H. Molisch: Anatomie der Pflanze, 5. Auflage; Nierenkrankheiten, Bd. 2. Hrsg. von E. Becher; Rezepttaschenbuch, 7. Auflage. Hrsg. von L. Heilmeyer; B. Simons/F. Nöller/E. Busse: Operationslehre; E. von Skramlik: Die Rolle der Genussmittel in Schillers Leben (Monographien der Medizinisch-Naturwissenschaftlichen Gesellschaft zu Jena, Nr. 2); E. von Skramlik: Goethes Stellung zum Tabak (Monographien der Medizinisch-Naturwissenschaftlichen Gesellschaft zu Jena, Nr.1); A. Sturm: Grundbegriffe der inneren Medizin, 5./6. Auflage; W. Veil/A. Sturm: Die Pathologie des Stammhirns und ihre vegetativen klinischen Bilder als Erkenntnis und Grundlage der Unfallbegutachtung innerer Krankheiten, 2. Auflage; W. Veil: Die Basedowsche Krankheit, 2. Auflage; W. Veil: Goethe als Patient; H. Voss/R. Herrlinger: Taschenbuch der Anatomie; H. Werner: Vom Polarstern bis zum Kreuz des Südens, 2. Auflage und H.-R. Wiedemann: Der konstitutionelle, familiäre, hämatolytische Ikterus im Kindesalter. Bei den Zeitschriften handelte es sich um: Flora, hrsg. von O. Renner; Fortschritte der Zoologie, hrsg. von M. Hartmann; Iherings Jahrbücher für die Dogmatik des bürgerlichen Rechts, hrsg. von A. Schultze und H. Siber; Jenaische Zeitschrift für Medizin und Naturwissenschaft, hrsg. von der Medizinisch-Naturwissenschaftlichen Gesellschaft zu Jena; sowie die Zeitschrift des Vereins für Thüringische Geschichte und Altertumskunde, hrsg. von W. Flach (vgl. Gustav Fischer Verlagsbuchhandlung, Liste »Werke« von ca. September/Oktober 1945: ThHStAW, Ld. Thür. - LfB, Nr. 359).

kurz. Bereits am 19. Oktober 1945 konnte Witsch Fischer mitteilen, dass die Aussicht auf den Erhalt der beantragten Druckgenehmigungen von der SMA in Weimar sehr gut sei:

> Die mir eingereichte Liste von Produktionsvorhaben liegt im Augenblick beim Landesamt für Gesundheitswesen. Der Leiter des Landesamtes für Gesundheitswesen, Herr Landesdirektor Dr. Drechsler hat mir bereits versichert, daß er gegen keines der zum Druck in Aussicht genommenen Bücher Einwendungen hat. Am Montag hole ich mir die Listen dort ab und bekomme dann, was mir Major Pabenko von der Russischen Administration schon zugesagt hat, sofort den Zensurstempel für die gesamte Produktionsliste.[374]

Tatsächlich erhielt Fischer am 30. Oktober 1945 die Druckgenehmigungen für zwanzig der dreiundzwanzig in der genannten Liste aufgeführten Buchtitel.[375] Alle diese Druckgenehmigungen beschränkten sich auf Bücher der medizinischen Fachrichtung. Der Versuch, Druckgenehmigungen für volkswirtschaftliche Publikationen des Verlages zu erlangen, erwies sich – was einem Brief von Fischer an Professor Dr. Albert Hesse vom 30. November 1945 zu entnehmen ist – zu diesem Zeitpunkt noch als völlig aussichtslos: »Wie ich Ihnen in meinem Brief vom 22. November schon schrieb, hat die Zensurstelle sich bezüglich der volkswirtschaftlichen Literatur dahingehend geäußert, dass sie die Genehmigung bis auf weiteres nicht erteilen könne. Ob und wann Aussicht besteht, wieder volkswirtschaftliche Werke in Druck zu geben, lässt sich also heute gar nicht übersehen.«[376]

Genauso schnell wie der Gustav Fischer Verlag diese ersten Druckgenehmigungen für einige medizinische Bücher erhalten hatte, verlor er sie sechs Monate später wieder. Der Grund hierfür war der Entschluss der Verlagsleitung im März 1946, sich der »Arbeitsgemeinschaft Medizinischer Verleger« nicht anzuschließen. Wie bereits beschrieben, wurden dem Verlag daraufhin Ende März die bereits erteilten Druckgenehmigungen wieder entzogen (siehe oben).

---

374 Witsch an Fischer, 19.10.1945: ThHStAW, Ld. Thür. - LfB, Nr. 359. Zur Beurteilung der Titel durch das thüringische »Landesgesundheitsamt« siehe die Anmerkungen auf der Liste »Werke« des Gustav Fischer Verlages von ca. September/Oktober 1945: ebd.

375 Vgl. Gustav Fischer Verlag an Witsch, 10.4.1946: ThHStAW, GFV, Nr. 557, Abschrift der »Eingabe zur zeitweisen Freistellung der nachstehenden Druckerei- u. Buchbindereibetriebe in Jena« des Gustav Fischer Verlages, 4.9.1946: ebd., Bündel 558 und Antrag Gustav Fischer Verlag auf Druckgenehmigung, 18.5.46: ThHStAW, Ld. Thür. - LfB, Nr. 359. Vgl. auch Aktennotiz von Ballusecks, März 1946: BArch DR 2/624, fol. 28 und Gustav Fischer Verlag an O. Lentz, 6.12.1945: ThHStAW, GFV, Nr. 554. Die drei Titel der oben erwähnten Liste, für die keine Druckgenehmigung erteilt wurden, waren die 9. Auflage des von Hertel herausgegebenen »Lehrbuchs und Atlasses der Augenheilkunde« und die beiden von E. von Skramlik verfassten Bücher »Goethes Stellung zum Tabak« und »Die Rolle der Genussmittel in Schillers Leben« (vgl. Gustav Fischer Verlagsbuchhandlung, Liste »Werke« von ca. September/Oktober 1945: ThHStAW, Ld. Thür. - LfB, Nr. 359 mit Gustav Fischer Verlag an Witsch, 10.4.1946: ThHStAW, GFV, Nr. 557). Dem Gustav Fischer Verlag selbst ging die Druckgenehmigung der SMA am 1.11.1945 zu: »Endlich Genehmigungsstempel d. russ. Behörde für die 1. Produktionsliste da!« (von Lucius: Tagebucheintrag vom 1.11.1945).

376 Gustav Fischer an A. Hesse, 30.11.1945: ThHStAW, GFV, Nr. 553. Ebenso unklar schien es zu diesem Zeitpunkt auch noch mit dem Erhalt von Zeitschriftenlizenzen zu sein: »Brief v. Harms aus Berlin, dass die dt. Zentralverwaltung f. d. Gesundheitswesen wahrscheinlich keine andere als ihre eigene med. Zeitschrift genehmigen wird.« (von Lucius: Tagebucheintrag vom 12.2.1946). Sowohl Hesse als auch Harms waren Autoren des Gustav Fischer Verlages.

Im Gegensatz zum ersten Verfahren um die Entscheidung eines Druckgenehmigungsantrags des Gustav Fischer Verlags dauerte der Prozess bis zur endgültigen Entscheidung über spätere Anträge – wie bereits angedeutet – wesentlich länger. In der Regel kümmerte sich Karl Bremser, einer der Prokuristen des Verlages, um die Druckgenehmigungen für die einzelnen Titel.[377] Auf dem Weg bis zur Entscheidung über die Bewilligung bzw. über die Ablehnung durchliefen die einzelnen Anträge verschiedene Instanzen. Nachdem sie von Bremser zunächst bei der »Thüringischen Landesstelle für Buch- und Bibliothekswesen« eingereicht worden waren, wurden sie von dort mit einer entsprechenden Beurteilung an die thüringische SMA weitergeleitet, die bis Oktober 1946 die Stelle war, die über die endgültige Vergabe von Druckgenehmigungen an thüringische Verlage zu entscheiden hatte (siehe Kapitel 2.1.3).[378] Eine große Entscheidungsgewalt über die Vergabe von Druckgenehmigungen für die Herausgabe medizinischer Literatur des Gustav Fischer Verlages hatte anfangs auch das thüringische »Landesgesundheitsamt« in Weimar. Von der »Thüringischen Landesstelle für Buch- und Bibliothekswesen« war diesem Amt die fachliche Beurteilung der Manuskripte des Gustav Fischer Verlages überlassen worden.[379] Ohne die schriftliche Befürwortung der Druckgenehmigungsanträge durch das thüringische »Landesgesundheitsamt« war eine Weiterleitung des Antrages an die thüringische SMA zwecklos. Dabei oblag es auch dem thüringischen »Landesgesundheitsamt«, nach eigenem Ermessen Änderungen an den einzelnen Manuskripten zu fordern, die es für notwendig hielt.[380] Für die leitenden Angestellten des Gustav Fischer Verlages war das Einschalten des thüringischen »Landesgesundheitsamtes« in das Druckgenehmigungsverfahren wenig hilfreich, da sich dadurch der Weg zur Entscheidung über den Antrag erheblich verzögerte. Erst mit dem Beitritt des Gustav Fischer Verlages in die »Arbeitsgemeinschaft Medizinischer Verleger« im Juni 1946 erübrigte sich die Beurteilung der Manuskripte durch das thüringische »Landesgesundheitsamt«, da die Arbeitsgemeinschaft über ein eigenes Lektorat verfügte (siehe Kapitel 4.4.1). Eine Beschleunigung im Entscheidungsprozess ergab sich dadurch allerdings nicht, denn auch das Begutachtungs-Verfahren der »Arbeitsgemeinschaft Medizinischer Verleger« war langwierig.

Wie der Aufstellung in Abb. 38 zu entnehmen ist, konnten im Gustav Fischer Verlag bis September 1946 insgesamt nur zehn Titel erscheinen. Bis auf zwei Titel gehörten diese zehn

---

377 Weitere Prokuristen des Verlags waren Robert Stimmel und Rudolf Maas.

378 Druckgenehmigungsanträge des Gustav Fischer Verlages an die »Thüringische Landesstelle für Buch- und Bibliothekswesen« siehe z.B. Witsch an Gustav Fischer Verlag, 21.5.1946 und Gustav Fischer Verlag an Witsch, 18.5.1946: beide in ThHStAW, GFV, Nr. 557.

379 Vgl. Thüringisches »Landesgesundheitsamt« Weimar an Gustav Fischer Verlag, 8.7.1946 und die zwei Schreiben des Gustav Fischer Verlags an das thüringische »Landesgesundheitsamt« vom 31.5.1946 und das Schreiben des Gustav Fischer Verlags an das »Landesgesundheitsamt« vom 27.5.1946: alle in ThHStAW, GFV, Nr. 557.

380 So schrieb beispielsweise das thüringische »Landesgesundheitsamt« 12.6.1946 in einem Schreiben an den Gustav Fischer Verlag: »Für das Werk 'Nomina Anatomica' von H. Stieve werden Drucklegung und Veröffentlichung unter folgenden Voraussetzung [sic] befürwortet: Seite 4 Abs. 1 sowie die Anmerkung sind zu streichen. Seite 4 und 5 sind die in Klammer gesetzten Abschnitte auszutilgen. Seite 25 sind die ersten 5 Worte der fünftletzten Zeile zu streichen. Statt 'Vorwort zur 2. Auflage' empfehlen wir zu schreiben 'Aus dem Vorwort zur 2. Auflage'.« (»Landesgesundheitsamt« Weimar an Gustav Fischer Verlag, 12.6.1946: ThHStAW, GFV, Nr. 557).

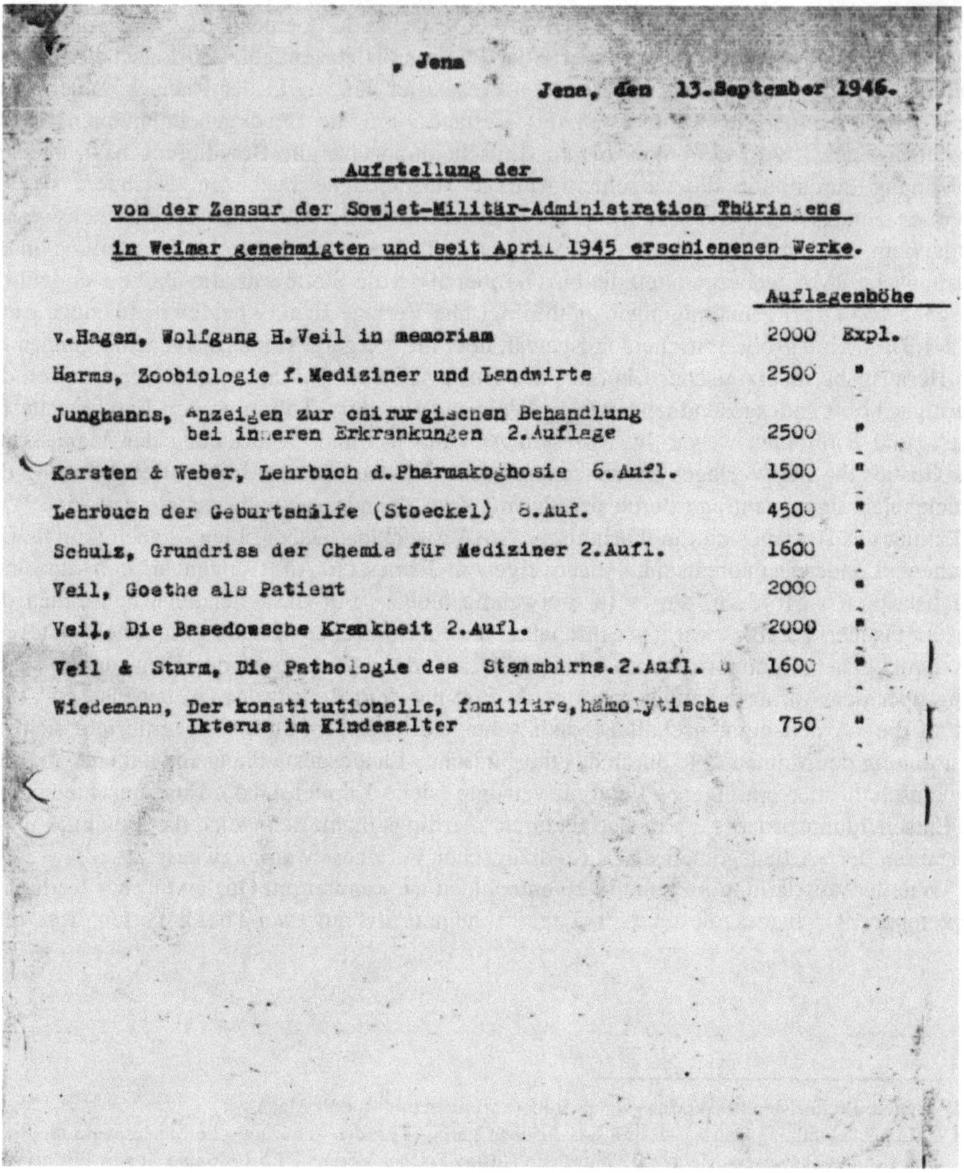

, Jena

Jena, den 13.September 1946.

Aufstellung der
von der Zensur der Sowjet-Militär-Administration Thüringens
in Weimar genehmigten und seit April 1945 erschienenen Werke.

	Auflagenhöhe	
v.Hagen, Wolfgang H.Veil in memoriam	2000	Expl.
Harms, Zoobiologie f.Mediziner und Landwirte	2500	"
Junghanns, Anzeigen zur chirurgischen Behandlung bei inneren Erkrankungen 2.Auflage	2500	"
Karsten & Weber, Lehrbuch d.Pharmakognosie 6.Aufl.	1500	"
Lehrbuch der Geburtshilfe (Stoeckel) 8.Auf.	4500	"
Schulz, Grundriss der Chemie für Mediziner 2.Aufl.	1600	"
Veil, Goethe als Patient	2000	"
Veil, Die Basedowsche Krankheit 2.Aufl.	2000	"
Veil & Sturm, Die Pathologie des Stammhirns.2.Aufl.	1600	"
Wiedemann, Der konstitutionelle, familiäre, hämolytische Ikterus im Kindesalter	750	"

Abb. 38: Gustav Fischer Verlag, »Aufstellung der von der Zensur der Sowjet-Militär-Administration Thüringens in Weimar genehmigten und seit April 1945 erschienenen Werke«, 13.9.1946.[381]

381 Vorlage und Repro: Thüringisches Hauptstaatsarchiv Weimar, Bestand Gustav Fischer Verlag, Schriftwechsel 1946 Kos-Lir (3), Bl. 55r. Die Angabe in der Überschrift, dass es sich hier um von der SMA in Thüringen genehmigte und »seit April 1945« erschienene Titel handelt ist irreführend, da Thüringen erst ab Juli 1945 unter sowjetischer Besatzung stand. Statt »April 1945« wäre hier vom Verlag also eigentlich »Juli 1945« anzugeben gewesen.

zu denen, deren Druckgenehmigungen bereits im Oktober 1945 erteilt, im März 1946 aber wieder zurückgezogen worden waren.[382]

Dafür, dass von der SMA in Thüringen im Oktober 1945 bereits für zwanzig Titel Druckgenehmigungen erteilt worden waren, ist die Anzahl von zehn bis September 1946 tatsächlich erschienenen Titeln sehr gering. Wären die im Oktober 1945 erteilten Druckgenehmigungen nicht wieder entzogen worden, hätten theoretisch bis zum September 1946 doppelt so viele Titel des Gustav Fischer Verlages wieder erscheinen können. Da der Verlag aber große Probleme mit der Papierbeschaffung für seine Bücher hatte (siehe unten), ist es fraglich, ob die Titelzahl bis zu diesem Zeitpunkt in der Praxis tatsächlich höher gewesen wäre.

Ab Oktober 1946 wurden Druckgenehmigungen an thüringische Verlage nicht mehr von der SMA in Thüringen, sondern direkt von der SMAD in Berlin-Karlshorst vergeben.[383] Für die medizinischen Veröffentlichungen des Gustav Fischer Verlages war nun die Pressestelle der »Abteilung Gesundheitswesen« der SMAD zuständig.[384] Sämtliche Druckgenehmigungen, die dem Gustav Fischer Verlag bis zu diesem Zeitpunkt bereits durch die thüringische SMA erteilt worden waren, mussten nun nochmals von der SMAD in Berlin-Karlshorst bestätigt werden, was auch problemlos geschah.[385] Für den Gustav Fischer Verlag war die Neuregelung von großem Vorteil, denn auf diese Art und Weise wurden, mit einer Ausnahme, auch sämtliche der oben erwähnten zurückgezogenen Druckgenehmigungen nun doch wieder bestätigt.[386] Eine Beschleunigung der Druckgenehmigungsverfahren hingegen ergab sich nicht daraus, dass nun statt der SMA in Thüringen die SMAD in Berlin-Karlshorst die Erteilung von Druckgenehmigungen übernommen hatte. Auch das spätere Einschalten des im Juni 1946 eingerichteten und immer bedeutender werdenden Kulturellen Beirats in den Prozess zur Vergabe von Druckgenehmigungen konnte diesbezüglich keine Abhilfe leisten.[387] Kurz nachdem dem Kulturellen Beirat durch den SMAD-Befehl Nr. 90 vom 17. April 1947 die Aufgabe übertragen worden war, über die Veröffentlichung wissenschaftlicher und schöner Literatur zu entscheiden (siehe Kapitel 2.1.3), beschwerten sich die Prokuristen des Gustav Fischer Verlages bei der DVV über den schleppenden Fortgang im Druckgenehmigungsverfahren:

382 Bei den beiden erwähnten Titeln handelte es sich um die Bücher von Herbert Junghanns: Anzeigen zur chirurgischen Behandlung bei inneren Erkrankungen (zweite Auflage) und von Benno von Hagen: Wolfgang H. Veil in memoriam. Der Gustav Fischer Verlag hatte am 18.5.1946 für die Werke, deren Druckgenehmigungen im März 1946 wieder zurückgezogen worden waren, erneut einen Druckgenehmigungsantrag gestellt (vgl. Antrag Gustav Fischer Verlag auf Druckgenehmigung, 18.5.46: ThHStAW, Ld. Thür. - LfB, Nr. 359).

383 Vgl. »Thüringische Landesstelle für Buch- und Bibliothekswesen« an Gustav Fischer Verlag, 14.10.1946: ThHStAW, GFV, Nr. 557.

384 Vgl. z.B. »Richtlinien über die Einholung der Lizenz für eine medizinische Zeitschrift«: ThHStAW, GFV, Nr. 562.

385 Vgl. Arbeitsgemeinschaft Medizinischer Verleger an den Gustav Fischer Verlag, 4.12.1946: ThHStAW, Ld. Thür. - LfB, Nr. 359.

386 Vgl. ebd. Die Ausnahme betraf die von B. Simons, F. Nöller und E. Busse verfasste »Operationslehre«. »Als Begründung für diese Ausnahme wurde uns gesagt, daß es sich hier um ein typisches Kriegsbuch handle, dessen Herstellung und Vertrieb nicht genehmigt werden könne.« (Ebd.). Vgl. auch Abschrift der »Eingabe zur zeitweisen Freistellung der nachstehenden Druckerei- u. Buchbindereibetriebe in Jena« des Gustav Fischer Verlages, 4.9.1946 und Gustav Fischer Verlag an die SMA in Weimar, 16.10.1946: beide in ThHStAW, GFV, Nr. 558.

387 Vgl. z.B. K. Bremser an Dr. med. G. Henneberg, 12.4.1947: ThHStAW, GFV, Nr. 561.

> Auf meine seit Januar ds. Js. eingereichten Anträge bin ich zu meinem größten Bedauern noch ohne die Entscheidung über ein einziges Buch geblieben. Ich wäre daher für eine freundliche Nachricht darüber sehr dankbar, wann mit der Stellungnahme zu meinen Anträgen gerechnet werden kann, weil ich hiernach die Antworten auf die immer zahlreicher bei mir einlaufenden Anfragen von seiten meiner Autoren einrichten will. Insbesondere weise ich auch auf die ausländischen Autoren meines Verlages hin, die selbstverständlich ihre Verbindung mit mir lösen und ihre Werke zurückziehen werden, wenn ich ihnen nicht jetzt nach so langer Zeit eine bindende Auskunft über die Druckmöglichkeit geben kann.[388]

Insgesamt gesehen ließen die Schwierigkeiten des Gustav Fischer Verlags zur Erlangung von Druckgenehmigungen für Bücher im Laufe des Jahres 1947 deutlich nach. Die Verlagsunterlagen aus diesem Jahr lassen darauf schließen, dass die Buchproduktion langsam ins Rollen kam und die Verlagsarbeit nicht mehr wie bisher ein reines Abenteuer war – was zweifellos direkt mit dem Erhalt der Verlagslizenz im Dezember 1946 im Zusammenhang stand. Gravierende Probleme hatte der Gustav Fischer Verlag allerdings weiterhin bei der Herausgabe von Zeitschriften, für die nach wie vor gesondert Lizenzen bei der SMAD zu beantragen waren.[389] Die Schwierigkeiten, die der Verlag vor allem bei der Herausgabe der naturwissenschaftlichen Zeitschriften hatte, lassen sich am Beispiel des bereits 1887 von Oskar Uhlworm begründeten *Zentralblatts für Bakteriologie, Parasitenkunde und Infektionskrankheiten* demonstrieren.[390]

Bereits im September 1945 versuchte Fischer für das bereits seit 1895 in zwei Abteilungen erscheinende *Zentralblatt für Bakteriologie, Parasitenkunde und Infektionskrankheiten* eine Genehmigung zum Weiterdruck und zur Veröffentlichung zu erlangen.[391] Über ein Jahr später, im Dezember 1946, erhielt der Verlag von der SMAD unter der Lizenz-Nr. 123 die Genehmigung zur Herausgabe der »Ersten Abteilung« des Zentralblatts, das die Gebiete »medizinisch-hygienische Bakteriologie, Virusforschung und tierische Parasitologie« umfasste (siehe auch Kapitel 4.5.3).[392] Fünf Monate später, im Mai 1947 konnte die erste Aus-

---

388 K. Bremser und R. Maas an die DVV, 23.4.1947: ThHStAW, Ld. Thür. - LfB, Nr. 359. Vgl. auch Gustav Fischer Verlag an »Thüringische Landesstelle für Buch- und Bibliothekswesen«, 28.4.1947: »Die erbetene Aufstellung füge ich hier bei, aus der hervorgeht, dass ich seit der Lizenz-Erteilung vom 10. Dezember 1946 [...] noch für kein Werk die Druckgenehmigung erhalten habe.« (ebd.). Der direkte Kontakt des Gustav Fischer Verlags mit dem Kulturellen Beirat bezüglich Druckgenehmigungen lief in der Regel über Ludolf Koven: »Das waren immer Besuche mit Angst und Schrecken. Da ging es ja stets darum, ob eine Druckgenehmigung erteilt wird oder nicht.« (Annelise von Lucius in: Interview Teil 1, Frage 7).

389 Vgl. K. Bremser an E. Tiegs, 20.1.1948 und K. Bremser an E. Tiegs, 3.5.1948: beide in ThHStAW, GFV, Nr. 571 sowie diverse Schreiben in ebd., Bündel 560. Zu den »Richtlinien über die Einholung der Lizenz für eine medizinische Zeitschrift« siehe ebd., Bündel 562.

390 Der Zusatz »und Hygiene« im Titel der Zeitschrift erfolgte erst nach bzw. mit der Lizenzierung am 12.12.1946. Vgl. auch Abdruck der Lizenzurkunde in Hundert Jahre Gustav Fischer Verlag, S. 30. Allerdings weicht der hier handschriftlich eingetragene Titel der Zeitschrift wiederum insofern von dem ab, unter dem sie dann tatsächlich erschien, als dass das Wort »Parasitenkunde« fehlt. Der Zusatz »und Hygiene« ist allerdings eingetragen.

391 Vgl. Gustav Fischer Verlag an Major Ssagidow von der SMA in Weimar, 11.9.1945: ThHStAW, GFV, Nr. 553 und »Anlage zu II/3 c« des »Fragebogens zur Erfassung der Verlage in der Sowjetischen Besatzungszone«, Seite 5, 14.6.1946: ThHStAW, Ld. Thür. - MfVobi, Nr. 4258.

392 Vgl. z.B. K. Bremser an Dr. med. G. Henneberg, 12.4.1947: ThHStAW, GFV, Nr. 561. Eine Abbildung der Lizenzurkunde findet sich in Hundert Jahre Gustav Fischer Verlag, S. 30.

gabe der »Ersten Abteilung« wieder erscheinen.[393] Für die Herausgabe der »Zweiten Abteilung«, die sich »der allgemeinen, der technologischen und der landwirtschaftlichen Bakteriologie, Gärungsphysiologie, Pflanzenpathologie und dem Pflanzenschutz« widmete,[394] wurde trotz intensiver Bemühungen seitens der Verlagsleitung und der Herausgeber des »Zentralblatts« in der gesamten SBZ-Zeit keine Lizenz erteilt.[395] Einer der Gründe hierfür lag in der Undurchsichtigkeit der für die Vergabe von Lizenzen für naturwissenschaftliche Zeitschriften zuständigen Instanzen. Im Februar 1949 beispielsweise wurde dem Gustav Fischer Verlag nahe gelegt, bezüglich einer notwendigen Beurteilung der Zeitschrift gegenüber der »Informationsabteilung« der SMAD »mit dem Leiter der naturwissenschaftlichen Abteilung in Karlshorst Fühlung zu nehmen«[396]. Bei dem Versuch, mit dieser Abteilung Kontakt aufzunehmen, stellte sich jedoch heraus, dass diese gar nicht existierte.[397] Sicher war lediglich, dass die Lizenz letztendlich von der »Informationsabteilung« der SMAD vergeben wurde. Mit der Gründung der DDR im Oktober 1949 änderte sich jedoch auch das: »Ich habe in diesen Tagen wieder mit Herrn Frommhold über die Frage der Lizenzerteilung für das Zentralblatt für Bakteriologie II. Abt. gesprochen. Er sagte mir, daß jetzt nicht mehr die russischen Dienststellen in Karlshorst, sondern das Ministerium für Volksbildung der neuen deutschen Regierung in Berlin zuständig ist.«[398]

Erst 1952 konnte die »Zweite Abteilung« des *Zentralblatts für Bakteriologie, Parasitenkunde, Infektionskrankheiten und Hygiene* mit Band 107 erstmals wieder erscheinen.

Das aufwändige Verfahren zum Erhalt von Druckgenehmigungen war, wie bereits erwähnt, nicht allein verantwortlich für das in der Regel verzögerte Erscheinen der Bücher und Zeitschriften des Gustav Fischer Verlages. Auch ihre Produktion barg einige Schwierigkeiten. Problematisch war hier in erster Linie der Mangel an Papier. Eine endgültige Auftragserteilung zum Druck eines Buches konnte letztendlich immer erst dann erfolgen, wenn das dafür notwendige Papier zur Verfügung stand. Besonders in den ersten Monaten nach Kriegsende kam es vor, dass Gustav Fischer Druckereien, die sich bereits zum Druck eines Buches bereit erklärt hatten, den angebotenen Auftrag wieder entziehen musste, da es ihm nicht gelungen war, das erforderliche Papier zu besorgen.[399] Da es schon schwierig genug war, überhaupt eine Druckerei zu finden, die dazu im Stande war, Aufträge anzunehmen, waren Fälle dieser Art für den Verlag äußerst ungünstig. Die mit dem Gustav Fischer Verlag zusammenarbeitenden Druckereien waren aufgrund der Demontagen, bei denen neben Materialien auch zum Teil die Einrichtungen ihrer Betriebe beschlagnahmt wurden, zeitweise gänzlich

---

393 Vgl. Fischer an »Thüringische Landesstelle für Buch- und Bibliothekswesen«, 6.5.47: ThHStAW, Ld. Thür. - LfB, Nr. 359.

394 »Anlage zu II/3 c« des »Fragebogens zur Erfassung der Verlage in der Sowjetischen Besatzungszone«, Seite 5, 14.6.1946: ThHStAW, Ld. Thür. - MfVobi, Nr. 4258.

395 Vgl. Gustav Fischer Verlag an R. Koch (Mitherausgeber der zweiten Abteilung des Zentralblatts), 30.4.1949: ThHStAW, GFV, Nr. 575, R. Koch an Gustav Fischer Verlag, 26.10.1949: ebd. und K. Bremser an Oberregierungsrat C. Stapp: ebd., Bündel 578.

396 K. Bremser an R. Koch, 30.4.1949: ThHStAW, GFV, Nr. 575. Von wem genau Bremser diese Information hatte, geht aus dem Schreiben nicht hervor. Bremser erhielt sie bei seiner »Anwesenheit in Berlin in der letzten Februarwoche« (vgl. ebd.).

397 Vgl. R. Koch an Gustav Fischer Verlag, 1.9.1949: ThHStAW, GFV, Nr. 575.

398 R. Koch an Gustav Fischer Verlag, 26.10.1949: ebd.

399 Vgl. Gustav Fischer Verlag an die Pierersche Hofbuchdruckerei Stephan Geibel & Co, Altenburg, 29.1.1946: ThHStAW, GFV, Nr. 558 und diverse andere Schreiben des Gustav Fischer Verlages an Druckereien: ebd.

arbeitsunfähig. Doch selbst wenn das nicht der Fall war, hinderte sie oft die Verpflichtung, zunächst die Aufträge des SWA Verlages, dem Verlag der SMAD, auszuführen, daran, weitere Aufträge anzunehmen. So schreibt die Druckerei C. G. Röder aus Leipzig, die durch den SMAD-Befehl Nr. 179 vom 22. Dezember 1945 dem »Militärverlag Moskau in Leipzig« unterstellt worden war,[400] im Januar 1947 an den Gustav Fischer Verlag: »Die Situation hat sich aber in den letzten Tagen – vermutlich durch die umfangreichen Demontagen in Leipzig – sehr zu Ungunsten des zivilen Sektors geändert. Die Setzerei wurde auf Monate hinaus mit russischen Aufträgen voll ausgelastet und kann daher einen einigermaßen genauen Termin für die Fertigstellung des Satzes nicht geben.«[401]

Gerade die Demontage der Leipziger Druckerei Röder im August 1946 hatte auch für den Gustav Fischer Verlag erhebliche Folgen. Zum Druck von zwei bereits genehmigten Lehrbüchern waren der Firma im Frühjahr 1946 vom Gustav Fischer Verlag insgesamt 102 500 Bogen Kunst- und Illustrationsdruckpapier zur Verfügung gestellt worden.[402] Die Firma Röder war jedoch von der Anordnung der Zentralkommandantur Leipzigs betroffen, gemäß der sämtliche Papierbestände der Druckereien, Großhändler und Spediteure Leipzigs zugunsten des Verlages der SMA beschlagnahmt wurden.[403] Somit wurde bei der Beschlagnahme des Papierbestandes der Firma Röder am 31. August 1946 auch das noch bei ihr lagernde Papier des Gustav Fischer Verlages konfisziert.[404] Zwar konnten die von dieser Aktion betroffenen Verlage dem Verlag der SMA das von ihnen beschlagnahmte Papier in Rechnung stellen,[405] aber aufgrund des allgemein herrschenden Papiermangels war ihnen vielmehr daran gelegen, ihre bereits vorhandenen Bestände zu behalten. Bei dem beschlagnahmten Papier des Gustav Fischer Verlages handelte es sich entgegen den anfänglichen Befürchtung der Verlagsleitung nur um einen Rest von 7 830 Bogen,[406] trotzdem bemühten sich Annelise von Lucius und die Prokuristen des Gustav Fischer Verlages mit Schreiben an den »Leiter der

---

400 Vgl. C. G. Röder an Gustav Fischer Verlag, 1.3.1946: ThHStAW, GFV, Nr. 558. Röder gibt in diesem Schreiben für den genannten SMAD-Befehl fälschlicherweise die Nummer 197 an. Tatsächlich handelt es sich aber um den SMAD-Befehl mit der Nummer 179 vom 22.12.1945 zur »Bestätigung der polygraphischen Basis der Abteilung Militärverlag des Volkskommissariats für Verteidigung in Leipzig« (vgl. Foitzik: Inventar der Befehle). Mit dem »Militärverlag Moskau in Leipzig« ist der SWA-Verlag gemeint.

401 Vgl. C. G. Röder an Gustav Fischer Verlag, 6.1.1947: ThHStAW, GFV, Nr. 563. Angesprochen ist hier der Druck der 6./7. Auflage des »Lehrbuchs der speziellen pathologischen Physiologie« von L. Heilmeyer. Siehe auch C. G. Röder an Gustav Fischer Verlag, 16.4.1947: ebd., C. G. Röder an Gustav Fischer Verlag, 1.3.46: ebd., Bündel 558, C. G. Röder an Gustav Fischer Verlag, 6.5.1946: ebd., »Nachrichtenamt« der Stadt Leipzig, Abteilung »Graphisches Gewerbe« an Gustav Fischer Verlag, 24.5.1948: ebd., Bündel 569 und Piererschе Hofbuchdruckerei an Gustav Fischer Verlag, 3.9.1948: ebd.

402 Vgl. C. G. Röder an Gustav Fischer Verlag, 6.9.1946 und Gustav Fischer Verlag an C. G. Röder, 9.5.1946: beide in ThHStAW, GFV, Nr. 558. Bei den genannten Lehrbüchern handelte es sich um die »Zoobiologie für Mediziner und Landwirte« von Harms und um das »Lehrbuch der speziellen Physiologie« von L. Heilmeyer.

403 Vgl. C. G. Röder an Gustav Fischer Verlag, 6.9.1946: ThHStAW, GFV, Nr. 558.

404 Vgl. z. B. C. G. Röder an Gustav Fischer Verlag, 20.9.1946: ebd.

405 Vgl. ebd.

406 Vgl. ebd. Da eines der beiden in Auftrag gegebenen Lehrbücher zum Zeitpunkt der Beschlagnahme schon fertig gestellt und das Papier zum Druck des anderen Lehrbuches bereits vom Papierlager an die Druckerei ausgeliefert worden war, wurden von den insgesamt 102 500 Bogen Kunst- und Illustrationsdruckpapier nur ein Rest von 7 830 Bogen beschlagnahmt (vgl. ebd.).

Demontage« bei der Firma Röder und mit Schreiben an den Verlag der SMA ein halbes Jahr lang, eine Freigabe der beschlagnahmten Papiere zu erwirken.[407] Nachdem ihre Anträge diesbezüglich von der Jenaer Industrie- und Handelskammer und von Witsch, dem Leiter der »Thüringischen Landesstelle für Buch- und Bibliothekswesen«, unterstützt worden waren, erhielten sie das Papier im Februar 1947 tatsächlich wieder zurück.[408]

Im Jahr 1947 entwickelte sich die Frage der Papierbeschaffung zu einem der vorrangigen Themen in der Geschäftskorrespondenz des Gustav Fischer Verlages.[409] Die langsam zunehmende Produktion von Büchern führte zwangsweise auch zu einer kontinuierlichen Erhöhung des Papierbedarfs. Die eigenen Papiervorräte waren längst verbraucht oder – wie dargestellt – beschlagnahmt, und so war der Gustav Fischer Verlag um so mehr vom Kulturellen Beirat abhängig, dem seit Sommer 1946 die Zuteilung von Papierkontingenten überlassen worden war (siehe Kapitel 2.1.3). Das System der Papierbewilligungen durch den Kulturellen Beirat forderte von den Verlegern ein hohes Maß an Geduld. Dabei lagen die Schwierigkeiten für den Gustav Fischer Verlag in erster Linie in der oft sehr verspäteten Auslieferung der bewilligten Papierbestände.[410] Immer wieder versuchten die leitenden Angestellten des Verlages 1947 durch Schreiben an den Kulturellen Beirat, die Vorgänge bis zur endgültigen Zusicherung und Auslieferung des Papiers zu beschleunigen.[411]

Der Mangel an Papier in der SBZ spiegelte sich auch in den Büchern selbst wieder. Der Gustav Fischer Verlag war stets ein Verlag gewesen, dessen Leiter bzw. Leiterin um höchste Qualität der Bücher bemüht war.[412] In der Nachkriegszeit aber konnte dieser Anspruch schon

---

407 Vgl. Gustav Fischer Verlag an »den Leiter der Demontage bei der Fa. C. G. Röder«, 9.5.1946, Gustav Fischer Verlag an Verlag der SMA in Leipzig, 16.9.1946, Gustav Fischer Verlag an den Verlag der SMA in Leipzig, 18.11.1946 und C. G. Röder an Gustav Fischer Verlag, 11.11.1946: alle in ThHStAW, GFV, Nr. 558. Wer mit dem »Leiter der Demontage« namentlich gemeint war, geht aus dem Schriftverkehr nicht hervor.

408 Vgl. Gustav Fischer Verlag an die »Thüringische Landesstelle für Wirtschaft«, Weimar, 9.11.1946: ThHStAW, GFV, Nr. 557, Gustav Fischer Verlag an Witsch, 14.12.1946: ebd., Gustav Fischer an C. G. Röder, 7.11.1946: ebd., Bündel 558, Gustav Fischer Verlag an »Ministerium für Volksbildung«, Weimar, 16.12.1946: ebd., Bündel 559 und »Thüringische Landesstelle für Buch- und Bibliothekswesen« an Gustav Fischer Verlag, 12.2.1947: »Papier wurde am 6.2.47 durch den SWA-Verlag Weimar an den Verlag Gustav Fischer auf Grund unserer Anträge zurückgegeben.« (ThHStAW, Ld. Thür. - LfB, Nr. 359). Weitere Beispiele zu diesem Thema sind die Beschlagnahmungen bei der Druckerei Dietsch & Brückner in Weimar und der Druckerei Lippert in Naumburg (an der Druckerei Lippert war der Gustav Fischer Verlag beteiligt). Auch hier bemühte sich die Leitung des Gustav Fischer Verlages wochen- und monatelang um die Freigabe von Papier und Satz (vgl. von Lucius: Tagebucheinträge vom 24., 26., 27., 30.4., 2., 31.5. und 10.12.1946).

409 Vgl. z.B. K. Bremser an H. Kruse, 16.7.1947: ThHStAW, GFV, Nr. 562 und diverse Schreiben in ThHStAW, GFV, Nr. 560.

410 Im September 1947 wurde beispielsweise die Zusage des Kulturellen Beirats, das Papier zum Druck des von Reinhold Schaede verfassten Buchs »Die pflanzlichen Symbiosen« noch im 3. Quartal des Jahres auszuliefern, wieder annulliert. Aufgrund der Rohstoffknappheit war von der SMA kurzfristig beschlossen worden, das Papier doch erst mit der Auslieferung des Papiers für das 4. Quartal mit auszuliefern (vgl. Gustav Fischer Verlag an den Kulturellen Beirat, 30.9.1947 und Kultureller Beirat an Gustav Fischer Verlag, 3.11.1947: beide in ThHStAW, GFV, Nr. 560).

411 Vgl. diverse Schreiben in ThHStAW, GFV, Nr. 560.

412 Schon das Motto des Verlagssignets »Semper Bonis Artibus« symbolisiert diesen Anspruch (vgl. diverse Abbildungen des Signets auf den Schreiben des Gustav Fischer Verlages). Vgl. auch Hundert Jahre Gustav Fischer Verlag, S. 17f und Stier: Verlagshaus Gustav Fischer, S. 18. Abbildungen der seit

allein deshalb nicht erfüllt werden, da das vorhandene Papier oft nicht die gewünschte Qualität aufwies. Noch im Juni 1948 schrieb Prokurist Bremser beispielsweise an Professor Dr. Sturm, dessen geplante Bearbeitung eines Lehrbuch etwas ins Stocken geraten war: »Ich begrüße es sogar einerseits, wenn sich der Abschluß Ihrer Arbeiten noch einige Zeit hinzieht; denn die Frage der Papierbeschaffung bereitet mir für solche Werke ganz besonderes Kopfzerbrechen. Jedoch haben wir auch die volle Hoffnung, daß in absehbarer Zeit wieder eine bessere Papierqualität zur Verfügung stehen wird.«[413]

Weitere Qualitätseinbußen ergaben sich durch Veränderungen am Satzspiegel der Bücher. Um Papier zu sparen, fühlte sich Bremser in einigen Fällen dazu veranlasst, den Satzspiegel zu vergrößern: »Infolge der herrschenden Papierknappheit möchte ich den Satzspiegel des Buches erweitern, und zwar in der Zeilenbreite, sowohl als auch in der Zeilenzahl. Die Seitenverlängerung um ein oder zwei Zeilen macht ja keine besondere Schwierigkeit und veranlaßt keine besonderen Mehrkosten.«[414]

4.5.5 Abwanderung der Autoren in westliche Besatzungszonen – Gründung der Zweigstelle Stuttgart – Flucht aus der SBZ

In Anbetracht der Probleme, mit denen sich Verleger in der SBZ auseinandersetzen mussten, erscheint es nur natürlich, dass sie es früher oder später in Erwägung zogen, ihren Sitz in eine der westlichen Besatzungszonen zu verlegen. Auch Fischer wurde ständig mit dem Gedanken an diese Möglichkeit konfrontiert. In seiner Korrespondenz mit verschiedenen Autoren und Kollegen gehörten Überlegungen über eine Verlegung des Wohnsitzes in eine westliche Besatzungszone schon früh mit zu den wichtigsten Gesprächsthemen.[415] Manche seiner in einer der drei westlichen Besatzungszonen ansässigen Autoren erwarteten es sogar von Fischer, dass er – genauso wie zuvor einige seiner Kollegen – nach Wiesbaden oder in eine andere westdeutsche Stadt ziehen würde.[416] Entgegen ihren Vorstellungen beschloss Fischer jedoch, in Jena zu bleiben: »Für die Verlegung des Druckortes in westdeutsches Gebiet liegt

1898 existierenden Variationen dieses Signets finden sich auch in Hundert Jahre Gustav Fischer Verlag, S. 3 und in 100 Jahre wissenschaftliche Verlagsarbeit, S. 25.

413 K. Bremser an A. Sturm, 17.6.1948: ThHStAW, GFV, Nr. 571. Angesprochen ist die von Sturm gemeinsam mit Wolfgang Heinrich Veil herausgegebene »Pathologie des Stammhirns und ihre vegetativen klinischen Bilder als Erkenntnis und Grundlage der Unfallbegutachtung innerer Krankheiten«, die bereits in zwei Auflagen im Gustav Fischer Verlag erschienen war.

414 Gustav Fischer Verlag an C. G. Röder, Leipzig, 6.1.1948: ThHStAW, GFV, Nr. 569.

415 Vgl. z.B. Steinkopff an Fischer, 30.8.1945: »Die ganze Frage, ob es richtig ist, zu versuchen, in der russischen Besatzungszone auf unserem Arbeitsgebiet weiter zu wirken, oder Anschluß nach dem Westen zu suchen, ist ja so unendlich schwer zu klären. Wir müssen eben Geduld haben und die Hoffnung auf eine Wendung zum Besseren nicht ganz verlieren.« (ThHStAW, GFV, Nr. 555).

416 Siehe z.B. Medem an Fischer, 27.12.1945: ThHStAW, GFV, Nr. 554 oder F. Büchner an Fischer, 26.10.1945: »Haben Sie eine Verlegung Ihres Verlages in das westdeutsche Gebiet vorgesehen, etwa wie Springer und Thieme mit ihrer Verlegung nach Wiesbaden? Wenn nicht, so würde ich vorschlagen, daß Sie vertraglich die Lizenz für die Beiträge auf 5 Jahre dem Alber-Verlag-Freiburg übertragen, der dem Verlag Herder-Freiburg angegliedert ist.« (ebd., Bündel 553; gemeint sind die »Beiträge zur pathologischen Anatomie«). Vgl. auch Interview Teil 2, Frage 16 und Jütte: Problem der »zweigleisigen Verlage«, S. 185. Näheres zur Abwanderung der Verlage in die westlichen Besatzungszonen siehe Kapitel 4.1).

meines Erachtens kein Grund vor und eine auch nur teilweise Verlegung des Verlages nach Wiesbaden ist keineswegs erforderlich. Ich wüßte nicht, warum der Verlagsort eine Änderung erfahren müsste, zumal da wir ja jetzt über die größten Schwierigkeiten mit der Post hinweg sind.«[417]

Wären nicht die ständigen Nachfragen der Autoren des Verlages gewesen, wäre von den leitenden Angestellten des Gustav Fischer Verlages wahrscheinlich auch die Geduld, die die Lizenzierungspolitik in ihrer gesamten Komplexität forderte, leichter aufzubringen gewesen. Gerade den Autoren gegenüber fühlte sich die Verlagsleitung verpflichtet, Erklärungen für die Verzögerungen bei der Herausgabe ihrer Verlagsvorhaben abzugeben. Die Autoren selbst machten in ihren Schreiben an den Gustav Fischer Verlag oftmals keinen Hehl aus ihrer Verärgerung über diese Verzögerungen und setzten die leitenden Angestellten des Gustav Fischer Verlages regelmäßig unter Druck. Fischer, seine Tochter und die Prokuristen des Verlages gaben diesen Druck wiederum in der Korrespondenz mit den für die Lizenzierungspolitik verantwortlichen Behörden oder in der Korrespondenz mit den Druckereien weiter (siehe oben). Den ungeduldigen Autoren gegenüber aber gaben sie sich in der Regel eher ruhig und optimistisch. Wie die folgenden Zitate zeigen, versuchten sie ständig, die Autoren über das lange Warten auf Druckgenehmigungen und auf Papier und – bis zum Erhalt der Lizenz im Dezember 1946 – auch über das Warten auf die notwendige Verlagslizenz hinwegzutrösten:

> »Da ich aber die Unterlagen für die Druckgenehmigungen längst eingereicht habe, hoffe ich, bald die Erlaubnis zur Weiterführung des 'Anatomischen Anzeigers' zu bekommen.« (Zitat vom 26. November 1945.[418] Lizenziert wurde die Zeitschrift am 24. Februar 1947).[419]

> »Es sind alle Anordnungen getroffen, so dass mit einer baldigen Fertigstellung [der 5./6. Auflage der *Grundbegriffe der inneren Medizin*, B.J.] gerechnet werden kann, vorausgesetzt, dass nicht die Druckerei wieder von der Besatzungsbehörde für einige Zeit in Anspruch genommen wird.« (Zitat vom 3. Mai 1946.[420] Erschienen ist das Buch von Alexander Sturm im letzten Quartal des Jahres 1946).[421]

---

417 Fischer an F. Büchner,12.11.1945: ThHStAW, GFV, Nr. 553 (Antwortschreiben Fischers an das in der vorhergehenden Fußnote zitierte Schreiben Büchners). Auch auf den Vorschlag Büchners, die Veröffentlichung der »Beiträge zur pathologischen Anatomie« einem westlichen Verlag zu überlassen (vgl. vorangehende Fußnote), ging Fischer nicht ein (vgl. Fischer an F. Büchner, 12.11.1945). Wie Büchner vorausgesehen hatte, bekam Fischer dann tatsächlich Schwierigkeiten, eine Druckgenehmigung von der SMAD für die Beiträge zu erlangen, gerade weil Büchner als Herausgeber sich in einer westlichen Besatzungszone aufhielt. So verlangte die Abteilung »Gesundheitswesen« der SMAD in Karlshorst von Fischer im Herbst 1946 als Voraussetzung für die Erteilung einer Druckgenehmigung auch einen in der SBZ ansässigen Wissenschaftler als Mitherausgeber der Beiträge mit anzugeben (vgl. Fischer an H. Loeschcke, 5.9.1945: ThHStAW, GFV, Nr. 557).

418 Gustav Fischer Verlag an W. Bargmann, 26.11.1945: ThHStAW, GFV, Nr. 553.

419 Sie wurde der »Arbeitsgemeinschaft Medizinischer Verleger« für das Mitglied Gustav Fischer Verlag erteilt und erhielt die Lizenz-Nr. 197 (vgl. Handbuch der Lizenzen, 1947, S. 64, Lizenzen-Handbuch, 1949, S. 138, Auflistung der lizenzierten Verlage und Zeitschriften in Thüringen, 1947: ThHStAW, Ld. Thür. - MfVobi, Nr. 4280 und Auflistung der Zeitschriftenlizenzen der Arbeitsgemeinschaft Medizinischer Verlage: LAB, C Rep. 120, Nr. 773, Bl. 5).

420 K. Bremser an A. Sturm, 3.5.1946: ThHStAW, GFV, Nr. 559.

421 In der »Aufstellung der von der Zensur der Sowjet-Militär-Administration Thüringens in Weimar genehmigten und seit April 1945 erschienenen Werke«, 13.9.1946 (ThHStAW, GFV, Nr. 557), ist das

»Auf der anderen Seite aber sind Ihnen meine unausgesetzten Bemühungen um die Lizenzerteilung der 'Berichte [der deutschen botanischen Gesellschaft, B.J.]' genügend bekannt. Ich gebe jedenfalls die Hoffnung noch immer nicht ganz auf [...]. (Zitat vom 28. Juli 1948.[422] 1949 konnte die Zeitschrift wieder erscheinen).«[423]

Zuversichtliche Sätze dieser Art lassen aber auch das Bestreben der Leitung des Gustav Fischer Verlages erkennen, ihre Autoren unter allen Umständen zu halten. Denn genauso wie seitens der zentralen deutschen und sowjetischen Behörden in Berlin um die Abwanderung bedeutender Privatverlage in die westlichen Besatzungszonen gefürchtet wurde (siehe Kapitel 4.1), fürchteten sich die Verleger wiederum vor dem möglichen Entschluss der Autoren, die Veröffentlichung ihrer Arbeiten letztendlich Verlegern der Westzonen zu überlassen. Drohungen von Autoren, den Verlag zu wechseln, belasteten auch die Arbeit im Gustav Fischer Verlag, was sich zum Beispiel an der Veröffentlichung von Alexander Sturms »Klinischer Pathologie der Lunge« demonstrieren lässt. Nachdem Sturm erfahren hatte, dass der Beginn des Drucks seines Lehrbuchs vorerst verschoben werden musste, schrieb er am 3. April 1946 an den Gustav Fischer Verlag:

Würden Sie, sofern mit dem Druckbeginn nicht gerechnet werden kann, das Buch an einen anderen Verlag (in der a.Zone [amerikanischen Besatzungszone, B.J.]) abgeben, trotzdem Sie mir schon in entgegenkommendster Weise die Abbildungsklisches [sic] hergestellt haben? Sie wissen, wie sehr ich mich mit Ihnen verbunden fühle und wie arg es mir wäre mit Ihnen nicht mehr zusammenarbeiten zu können. Andrerseits wird mein von mir in wissenschaftlichen Arbeiten oft erwähntes Lungenbuch von vielen Seiten dringend erwartet.[424]

Prokurist Karl Bremser ließ Sturm daraufhin wissen, dass er es sehr bedauern würde, wenn das Buch nicht im Gustav Fischer Verlag erscheinen würde, zumal dem Verlag für die Herstellung der Druckstöcke schon Kosten entstanden waren.[425] Trotzdem entschloss sich Sturm dazu, das Buch von einem Verlag der amerikanischen Besatzungszone veröffentlichen zu lassen.[426] Bremser erfuhr davon erst, nachdem Sturm über die Übernahme des Buchs bereits Abmachungen mit dem entsprechenden Verlag getroffen hatte.[427] Noch zwei Jahre später konnte er seine Enttäuschung darüber nicht verbergen: »Daß ich Ihr geplantes Lungenbuch schweren Herzens scheiden sah, werden Sie mir nachfühlen. Es wäre auf alle Fälle ein für meinen Verlag wertvolles Buch geworden. Wie niederdrückend die Verhältnisse, die über uns gekommen sind, sich auswirken, spürt man am besten durch solche Einzelfälle.«[428]

Buch nicht erwähnt. Da es aber 1946 erschienen ist, kann es nur in der Zeit vom 13. September bis Ende Dezember 1946 veröffentlicht worden sein.

422 K. Bremser an E. Tiegs, 28.7.1948: ThHStAW, GFV, Nr. 571.

423 Ab Band 62 erschien sie im Piscator Verlag in Stuttgart.

424 A. Sturm an Fischer, 3.4.1946: ThHStAW, GFV, Nr. 559.

425 Vgl. K. Bremser an A. Sturm, 3.5.1946: ebd.

426 Vgl. K. Bremser an A. Sturm, 21.6.1946: ebd.

427 Vgl. ebd. Das Buch erschien 1948 in der Wissenschaftlichen Verlagsgesellschaft in Stuttgart unter dem Titel »Die klinische Pathologie der Lunge in Beziehung zum vegetativen Nervensystem«.

428 K. Bremser an A. Sturm, 17.6.1948: ThHStAW, GFV, Nr. 571. Weitere Fälle, in denen Autoren des Gustav Fischer Verlages überlegten, die Veröffentlichung ihrer Arbeiten einem Verlag der West-Zonen zu überlassen, siehe F. Büchner an Gustav Fischer Verlag, 26.10.1945: ebd., Bündel 553, W. Bargmann

Aufgrund der erschwerten Kontaktpflege war es für den Gustav Fischer Verlag ungünstig, dass viele seiner Autoren nicht in der SBZ, sondern in den westlichen Besatzungszonen ansässig waren.[429] Gerade die Nähe zur Jenaer Universität und dadurch auch die Nähe zu den dort arbeitenden Wissenschaftlern, unter denen sich einige seiner Autoren befanden, war für den Gustav Fischer Verlag bislang immer sehr vorteilhaft gewesen.[430] »Ein größerer Teil der Dozenten, namentlich [die] führenden Köpfe aus reiner und angewandter Wissenschaft«[431] siedelten sich allerdings nach dem Ende des Zweiten Weltkriegs – besonders nach dem Abzug der amerikanischen Truppen aus Thüringen im Juli 1945 (siehe Kapitel 2.2.2.5) – in den westlichen Besatzungszonen an.[432] Einige der auf diese Weise verzogenen Autoren des Gustav Fischer Verlages wollten, wie es beispielsweise Rudolf Medem Ende Dezember in einem Brief an seinen Verleger Gustav Fischer formulierte, »die Arbeiten wie auch das Honorar in [ihrer] 'Nähe' sehen«[433]. Traf dieses nicht zu, war es für einige Autoren Grund genug, die Herausgabe ihrer Arbeiten in einem Verlag ihrer Zone zu bevorzugen.

Am 8. November 1947 beschloss Annelise von Lucius, Verlagsleiterin seit dem Tod ihres Vaters Gustav Fischer im März 1946 (siehe Kapitel 4.5.3), gemeinsam mit ihrer Schwester Herta von Breitenbuch, geborene Fischer, und ihrer Mutter Marie Fischer auf der Gesellschafterversammlung, eine Zweigstelle des Gustav Fischer Verlages in Stuttgart, in der amerikanischen Besatzungszone Deutschlands, zu gründen.[434] Dieser Beschluss ist nicht etwa auf ein einziges Ereignis zurückzuführen, sondern vielmehr auf die Gesamtsituation, in der sich der Verlag zu diesem Zeitpunkt befand.[435] Neben der räumlichen Distanz zu den Autoren in den westlichen Besatzungszonen und den Schwierigkeiten beim Erhalt von Druckgenehmigungen und Zeitschriftenlizenzen waren da zum Beispiel auch die Probleme, die sich durch Papierbeschlagnahmungen und durch Beschlagnahmungen und Demontagen von Firmen, die mit dem Gustav Fischer Verlag zusammen arbeiteten, ergaben (siehe Kapitel 4.5.4). Auch die Räumlichkeiten des Gustav Fischer Verlages selbst blieben von den Beschlagnahmungsaktionen der SMA nicht verschont. Erst zwei Wochen vor dem Entschluss der Gründung einer Zweigstelle wurde das Lagerhaus in der Naumburger Straße, das dem Gustav Fischer Verlag als Nebenlager diente, gegen den Widerspruch Annelise von Lucius' von der Jenaer Stadtkommandantur der SMA beschlagnahmt, um zu einer Art Kasino umgebaut zu werden.[436]

---

an Gustav Fischer Verlag, 17.11.1945: ebd., Gustav Fischer Verlag an W. Bargmann: ebd. und K. Bremser an E. von Drigalski, 24.3.1948: ebd., Bündel 565.

429 Rückblickend empfand Annelise von Lucius die Schwierigkeiten, die sich daraus ergaben, dass einige Autoren ihren Wohnsitz in einer der westlichen Besatzungszone hatten, sogar als das größte Problem im Zusammenhang mit der Lizenzierungspolitik in der SBZ überhaupt (vgl. Interview Teil 1, Frage 15).

430 Von Anfang an hatte der Gustav Fischer Verlag »seine Wurzeln in Jena, in der dortigen Universität und ihren Dozenten« gehabt (Hundert Jahre Gustav Fischer Verlag, S. 8). Siehe auch 100 Jahre wissenschaftliche Verlagsarbeit, S. 20 und S. 22.

431 Theodor Steinkopff an Gustav Fischer, 30.8.1945: ThHStAW, GFV, Nr. 555.

432 Vgl. z.B. ebd. und Sturm an Fischer, 25.9.1945: ebd.

433 Rudolf Medem an Gustav Fischer, 27.12.1945: ThHStAW, GFV, Nr. 554.

434 Vgl. Hundert Jahre Gustav Fischer Verlag, S. 42.

435 Vgl. Interview Teil 2, Frage 2 und Frage 20. Zu den Ursachen, die zur Gründung der Zweigstelle und zur zunehmenden Konzentration auf diese Zweigstelle führten, siehe auch Jütte: Problem der »zweigleisigen Verlage«, S. 185–197.

436 Vgl. von Lucius an die SMA Weimar, 24.10.1947 mit den Ergänzungen vom 25.10. und 30.10.1947: ThHStAW, GFV, Nr. 563. Vgl. auch Jütte: Problem der »zweigleisigen Verlage«, S. 186. Zur Unterbringung der im Gebäude lagernden Bücherballen wurde dem Verlag bei der Jenaer Firma Zeiss eine Art Notunterkunft zugewiesen (vgl. von Lucius an die SMA Weimar, 24.10.1947 mit den Ergänzungen

Während der Verlag in der SBZ mit Schwierigkeiten wie den genannten zu kämpfen hatte, vermittelte der Blick in die westlichen Besatzungszonen den Eindruck, dass sich das Verlagswesen dort in mancherlei Hinsicht besser bzw. schneller entwickeln konnte – insbesondere auf dem Gebiet der naturwissenschaftlichen Zeitschriften.[437] Für die Verlagsleitung des Gustav Fischer Verlages war es alles in allem einfach nahe liegend, dass der Schwager von Annelise von Lucius, der gerade aus amerikanischer Haft entlassene August von Breitenbuch, eine Zweigstelle des Verlags in einer westlichen Besatzungszone eröffnete.[438]

Am 22. Dezember 1947 erhielt der Gustav Fischer Verlag von der zuständigen Stelle der amerikanischen Militärregierung, dem Office Of Military Government des Landes Württemberg-Baden, die Genehmigung zur Gründung der Zweigstelle: »You are herewith given permission to establish a branch office of Gustav Fischer, Verlagsbuchhandlung, at Stuttgart [...].«[439] Adressiert war die Genehmigung an Rudolf Maas, den langjährigen Prokuristen und Generalbevollmächtigten des Verlages, der von Breitenbuch beim Aufbau der Zweigstelle half.[440] Nachdem auch vom »Gewerbeamt« der Stadt Stuttgart die Genehmigung vorlag,[441] konnten von Breitenbuch und Maas die Arbeit ein halbes Jahr später, im September 1948 in den zunächst provisorisch eingerichteten Räumen im Eberhardbau, einem Gebäude der Firma Koch, Neff & Oetinger, aufnehmen: »Jetzt arbeiten wir ja nur notdürftig in unseren kleinen Zimmerchen, aber es geht vorläufig auch so«.[442] Anfangs diente die Zweigstelle in Stuttgart nur dem Vertrieb der Jenaer Produktion. Mit dem bereits zitierten Genehmigungsschreiben des Offices Of Military Government vom 22. Dezember 1947 wurde zwar der Verkauf der in der SBZ produzierten Bücher gestattet, es wurde aber ausdrücklich darauf hingewiesen, dass die Zweigstelle in Stuttgart für selbst geplante Titel von der amerikanischen Besatzungsbehörde keine Papierzuteilungen bekommen würde.[443] Genauso wie in der SBZ war dafür auch in der amerikanischen Besatzungszone eine Verlagslizenz notwendig, die Maas Ende August/ Anfang September 1948 beantragte.[444] Maas rechnete damit, die Lizenz bereits drei Wochen

vom 25.10. und 30.10.1947 und Interview Teil 2, Frage 19). Für die SMA bot sich das Lagerhaus an, da es sich direkt gegenüber einer ihrer Einrichtungen befand. Umgebaut wurde es letztlich nicht. Noch Jahre später befand sich das Signet des Gustav Fischer Verlags am Giebel des Hauses (vgl. Interview Teil 2, Frage 18).

437 Vgl. Jütte: Problem der »zweigleisigen Verlage«, S. 188f und S. 190. Zu den Schwierigkeiten des Gustav Fischer Verlages bei der Herausgabe naturwissenschaftlicher Zeitschriften siehe auch Kapitel 4.5.4.

438 Vgl. Interview Teil 2, Frage 2. Siehe auch ebd., Frage 1 und 20.

439 Ewald W. Schnitzer, Chief of the Publications Control Branch, an Rudolf Maas, 22.12.1947. Ein Abdruck dieses Genehmigungsschreibens findet sich in Hundert Jahre Gustav Fischer Verlag, S. 41.

440 Vgl. ebd., S. 41 und S. 49 sowie Interview Teil 2, Frage 17.

441 Vgl. Hundert Jahre Gustav Fischer Verlag, S. 44.

442 Maas an Gustav Fischer Verlag, Jena, 9.9.1948: DNB, HArch Börsenverein, Fischer Jena 1948. Vgl. auch von Lucius an Maas, 31.8.1948: ebd. und Hundert Jahre Gustav Fischer Verlag, S. 42 und 44. Vor dem Einzug in den Eberhardbau führten von Breitenbuch und Maas ihre Vorbereitungen von ihren Privatunterkünften in Stuttgart aus. Von Breitenbuch wohnte bereits seit Herbst 1947 mit seiner Familie in Stuttgart (vgl. von Lucius an Steinkopff, 23.7.1948: ThHStAW, GFV, Nr. 571). Zu den Räumlichkeiten im Eberhardbau siehe auch Interview Teil 2, Frage 3.

443 Vgl. auch Interview Teil 2, Frage 8.

444 Vgl. Telegramm von Maas an den Gustav Fischer Verlag in Jena, 18.8.1948: DNB, HArch Börsenverein, Fischer Jena 1948 und Maas an von Lucius, 3.9.1948: ebd.

nach ihrer Beantragung zu bekommen,[445] die Erteilung verzögerte sich jedoch. »Hier muss man Eselsgeduld haben«, schrieb er diesbezüglich am 22. November 1948 an Annelise von Lucius nach Jena.[446] Zwei Wochen später, am 8. Dezember 1948 konnte er ihr in einem Telegramm die glückliche Nachricht übermitteln: »Lizenz soeben erhalten«.[447] Mit der Lizenzierung erhielt die Zweigstelle den Tarnnamen Piscator Verlag, die lateinische Übersetzung des Namens des Jenaer Mutterhauses. Zum einen war eine Doppellizenzierung unter demselben Namen Gustav Fischer nicht genehmigt worden, und zum anderen sollte »das Jenaer Unternehmen nicht durch das Bestehen eines gleichnamigen, westlichen Unternehmens gefährdet« werden.[448] Ab 1949 erschienen im Piscator Verlag eigene Titel, darunter auch solche, deren Veröffentlichung in der SBZ bis dahin nicht möglich gewesen war.[449]

Während die Arbeit im Stuttgarter Piscator Verlag allmählich ins Rollen kam, nahmen die Schwierigkeiten, mit denen das Mutterhaus in Jena zu kämpfen hatte, weiter zu. Nach wie vor gelang es dem Gustav Fischer Verlag in der SBZ nicht, Lizenzen für die naturwissenschaftlichen Zeitschriften zu erlangen.[450] Andere Verlage in der SBZ schienen dabei weniger Probleme zu haben. So schrieb der Herausgeber der Gustav-Fischer-Zeitschrift *Berichte der Deutschen Botanischen Gesellschaft*, Professor Dr. E. Tiegs, schon im Januar 1948 an den Gustav Fischer Verlag:

> Es ist mir [...] unerfindlich, wie der Springer-Verlag eine Zeitschriftenlizenz nach der anderen erhält. Soll er ein Monopol haben? [...] Die Mitglieder [der Deutschen Botanischen Gesellschaft, B.J.] kommen immer wieder mit Anfragen und verweisen auf Springer, mitunter hat man den Eindruck, dass sie glauben, wir rühren uns nicht. Wenn man die große Zahl der neuen populären naturwissenschaftlichen Zeitschriften betrachtet, dann fragt man sich, wie ist deren Erscheinen ermöglicht worden.[451]

Erhebliche Probleme bereitete dem Gustav Fischer Verlag auch die Währungsreform vom 21. Juni 1948. Der Besitz der mit der Reform in den drei westlichen Besatzungszonen eingeführten neuen Währung »Deutsche Mark« wurde in der SBZ unter Strafe gestellt. Zugelassen waren in der SBZ nur noch Reichsmark und Rentenmarkscheine mit aufgeklebten Spezialkupons. Die fälligen Honorare für die in den westlichen Besatzungszonen ansässigen Autoren des Verlages konnten nicht mehr von Jena aus bezahlt werden.[452] Um so größer wurde die

---

445 Vgl. Maas an von Lucius, 3.9.1948 und Maas an den Gustav Fischer Verlag, 9.9.1948, beide in: DNB, HArch Börsenverein, Fischer Jena 1948.

446 Maas an von Lucius, 22.11.1948: DNB, HArch Börsenverein, Fischer Jena 1948. Das Warten auf die Verlagslizenz durchzieht die gesamte Korrespondenz zwischen der Zweigniederlassung in Stuttgart und dem Mutterhaus in Jena (vgl. diverse Schreiben ebd.).

447 Telegramm von Maas an den Gustav Fischer Verlag in Jena, 8.12.1948: ThHStAW, GFV, Nr. 568. Vgl. auch Brief von v. Lucius an H. Peters, 7.1.1946: ebd., Bündel 557.

448 Äußerung August von Breitenbuchs, 1953, zitiert in Hundert Jahre Gustav Fischer Verlag, S. 52.

449 Vgl. Jütte: Problem der »zweigleisigen Verlage«, S. 191f.

450 Vgl. K. Bremser an E. Tiegs, 20.1.1948 und K. Bremser an E. Tiegs, 28.7.1948: beide in ThHStAW, GFV, Nr. 571 oder K. Bremser an E. Tiegs, 5.3.1949: ebd., Bündel 578.

451 E. Tiegs an K. Bremser, 23.1.1948: ThHStAW, GFV, Nr. 571.

452 Überweisungen waren dem Jenaer Gustav Fischer Verlag nur noch auf Konten von Banken möglich, die ihren Sitz ebenfalls in der SBZ bzw. im Ostsektor Berlins hatten (vgl. von Lucius an M. E. Strasburger, 14.5.1949: ThHStAW, GFV, Nr. 578). Zu Kontensperrungen des Verlages siehe z.B. von Lucius an

Bedeutung der Zweigstelle in Stuttgart: Durch den bereits erwähnten Vertrieb der schon frühzeitig nach Stuttgart gebrachten Jenaer Produktion über die Zweigstelle und die somit erwirtschafteten Westmark konnten die Honorare der Westautoren von dort aus gezahlt werden.[453] Mit der Zuspitzung der Situation zwischen der SBZ und den westlichen Besatzungszonen im Interzonenverkehr wurde dieser Weg allerdings ebenfalls erschwert. Als Reaktion auf das Verbot der SMAD vom April 1948, westlich lizenzierte Zeitungen zu beziehen, hatten die amerikanische und später auch die britische Besatzungszone die Einfuhr von Druckerzeugnissen aus der SBZ untersagt.[454] Verschärfte Grenzkontrollen verhinderten auch in zunehmendem Maße den Transport von Gütern auf illegalen Wegen.[455] Umso wichtiger war es für den Gustav Fischer Verlag, dass der Piscator Verlag in Stuttgart eine eigene Verlagslizenz von der amerikanischen Besatzungsbehörde erhielt. Mit den ab 1949 im Piscator Verlag selbst produzierten Titeln konnten die weiteren Honorierungen der West-Autoren des Gustav Fischer Verlages zunächst gesichert werden.[456]

Westkontakte wurden von den Behörden in der SBZ bzw. seit Oktober 1949 in der DDR aufmerksam beobachtet. Dabei erregten die Aktivitäten zwischen dem Gustav Fischer Verlag und der Stuttgarter Zweigstelle offensichtlich Misstrauen: »Wenn die Herren Fischer und Sänger glauben, wir wüssten nicht, wer Piscator und Editio Cantor sind, dann täuschen sie sich.«[457] Im Februar 1950 tauchte beim Gustav Fischer Verlag in Jena überraschend ein Buchprüfer des »Finanzministeriums« Weimar auf, um die Buchhaltung der Jahre 1946 bis 1949 zu überprüfen. [458] Bei dieser Steuerprüfung, die sich über mehrere Monate hinzog, geriet auch die Verquickung der Finanzangelegenheiten des Mutterhauses in Jena mit denen der Zweigstelle in Stuttgart in den Blickpunkt.[459] 1951 wurde schließlich eine Steuersumme

---

M. E. Strasburger, 17.10.1949: ebd., Steinkopff an Fischer, 9.8.1952: ebd., Bündel 599 und Maas an den Gustav Fischer Verlag, 9.9.1948: DNB, HArch Börsenverein, Fischer Jena 1948.

453 Vgl. Interview Teil 2, Fragen 26 und 28.

454 Vgl. auch Jütte: Problem der »zweigleisigen Verlage«, S. 193f.

455 Vgl. Interview Teil 2, Frage 25.

456 Vgl. Jütte: Problem der »zweigleisigen Verlage«, S. 196.

457 Äußerung eines Ministerialbeamten zitiert bei Gerd Schulz in: Hundert Jahre Gustav Fischer Verlag, S. 42 und Lucius: Die Zusammenarbeit der Gustav Fischer Verlage, S. 198. Editio Cantor war der 1947 in Freiburg von Werner Saenger und Rolf Halt neu gegründete medizinische und naturwissenschaftliche Verlag, der 1948 seinen Standort nach Aulendorf verlagerte. Im März 1946 war der Ost-Berliner Verlag Dr. Werner Saenger als Mitglied der »Arbeitsgemeinschaft Medizinischer Verleger« lizenziert worden. Ähnlich wie bei der Benennung der Zweigstelle Piscator des Gustav Fischer Verlages leitete sich der Name Editio Cantor aus dem Lateinischen ab: Editio für Verlag, Cantor für Sänger.

458 Gustav Fischer Verlag an Maas, 22.2.1950: ThHStAW, GFV, Nr. 583.

459 Zur hier angesprochenen Verquickung der Finanzangelegenheiten siehe auch Maas an Gustav Fischer Verlag, 12.8.1948: »Nachstehend erhalten Sie eine Aufstellung von Zahlungen, die für Jena bestimmt sind, aber jetzt auf die Konten des Zweiggeschäftes gutgeschrieben wurden (...)« (ThHStAW, GFV, Nr. 568); diverse weitere Schreiben: ebd.; von Lucius an von Breitenbuch, 8.2.1949: »Durch die wirtschaftliche Situation ergibt sich die Notwendigkeit, in aller Kürze eine sehr wichtige Besprechung über Steuer- und Bilanzfragen hier im Verlag abzuhalten. Die Anwesenheit aller Kommanditisten ist dabei unbedingt erforderlich.« (ebd., Bündel 573); Maas an von Lucius, 9.9.1948: Gegenüber dem Stuttgarter »Finanzamt« müsse erklärt werden, »auf welche Weise die nicht unerheblichen Beträge von der Ostzone nach der Westzone gekommen« seien (DNB, HArch Börsenverein, Fischer Jena 1948); Maas an von Lucius, 26.10.1948: Die Einkommen seien aus steuerrechtlichen Gründen vom Stammhaus zu zahlen. »Da wir aber doch wollen, dass eventuelle Gewinne hierbleiben, muss nun versucht werden, unsere Selbständigkeit in Stuttgart nachzuweisen.« (ebd.).

von etwa 100.000 Mark festgesetzt, die der Verlag zu zahlen hatte.[460] Anfang der 50er Jahre ist von behördlicher Seite aus der Druck auf Privatfirmen in der DDR offenbar nochmals verstärkt worden. Im ersten Quartal 1953 verließ eine auffallend hohe Zahl von Privatunternehmern die DDR, so dass zu vermuten ist, dass eine bewusste Verdrängungspolitik betrieben wurde.[461] »Das Notaufnahmeverfahren in West-Berlin verzeichnete in diesen Monaten einen absoluten Gipfel der Flüchtlingszahlen.«[462] Auch der Druck auf die Verlagsleitung des Gustav Fischer Verlages nahm zu. In der Nacht vom 14. Januar 1953 wurde Annelise von Lucius gemeinsam mit ihrer über 70 Jahre alten Mutter Marie Fischer verhaftet und die ganze Nacht lang verhört.[463] Im Mittelpunkt der Befragung, die ein Offizier durchführte, der kaum Deutsch konnte, standen Annelise von Lucius' Kontakte zum Westen.[464] Das Protokoll, das sie später unterschreiben musste, war voller orthografischer Fehler.[465] Am nächsten Morgen wurden die beiden Frauen entgegen den Befürchtungen Annelise von Lucius', die schon vermutete, dass sie nach Sibirien gebracht würden, wieder freigelassen.[466] Annelise von Lucius erschreckte das Erlebnis derart, dass sie sich entschloss, sofort mit ihrer Mutter und ihren beiden fünfzehn und dreizehn Jahre alten Kindern Wulf Dietrich und Karin-Herta nach Stuttgart zu flüchten.[467] Weder die Mitarbeiter im Verlag noch ihren Schwager August von Breitenbuch in Stuttgart informierte sie von dem Plan. Selbst ihren Kindern erzählte sie erst kurz vor der Flucht davon, damit sie sich nicht vorher versehentlich versprechen konnten.[468] Über Berlin führte der Fluchtweg im Januar 1953 nach Stuttgart, wo sie ihren Schwager und ihre Schwester Herta mit ihrem Erscheinen überraschte.[469] Noch im selben Monat wurde der Gustav Fischer Verlag in Jena enteignet und am 1. Februar 1953 unter staatliche Verwaltung gestellt.[470] Die Stuttgarter Zweigstelle wurde im Laufe des Jahres 1953 aufgelöst.[471] Gemeinsam mit von Breitenbuch führte Annelise von Lucius in Stuttgart die »Gustav Fischer oHG« weiter, die ihre Schwester Herta im März 1951 zusammen mit dem entfernten Verwandten Emil Gustav Fischer als Namensgeber, parallel zum Piscator Verlag gegründet hatte.[472]

460 Vgl. Interview Teil 2, Frage 30. Vgl. auch diverse Schreiben und Steuerbescheide in ThHStAW, GFV, Nr. 589 und in ebd., Bündel 596.
461 Vgl. W. D. von Lucius: Zusammenarbeit, S. 198. Vgl. auch Interview Teil 2, Frage 31 und 32.
462 W. D. von Lucius: Zusammenarbeit, S. 198.
463 Vgl. Interview Teil 2, Frage 33. Siehe auch Hundert Jahre Gustav Fischer Verlag, S. 36.
464 Vgl. Interview Teil 2, Frage 33.
465 Vgl. ebd.
466 Vgl. ebd.
467 Vgl. ebd.
468 Vgl. Interview Teil 2, Frage 34.
469 Vgl. ebd.
470 Vgl. Hundert Jahre Gustav Fischer Verlag, S. 51, Interview Teil 2, Frage 37 und Bremser: Aus Beruf und Leben, S. 82.
471 Vgl. Hundert Jahre Gustav Fischer Verlag, S. 52.
472 Vgl. ebd., S. 48. Die »Gustav Fischer oHG« wurde mit dem Gesellschaftsvertrag vom 27. März 1951 rückwirkend zum 1. Oktober 1950 ins Leben gerufen. Hintergrund der Gründung war der Wunsch, auch im Westen unter dem Namen Gustav Fischer publizieren zu können (vgl. ebd.). Emil Gustav Fischer schied Ende 1952 wieder aus dem Betrieb aus (vgl. ebd.).

5 Listen der lizenzierten Verlage in der SBZ

Anfang März 1947 stellte die DVV eine Übersicht über alle Buch- und Zeitschriftenverlage zusammen, die bis zum 1. März 1947 von der SMAD lizenziert worden waren.[1] Welche der aufgeführten Verlage eine Verlagslizenz und welche eine Zeitschriftenlizenz erhalten hatten, ist der Liste nicht zu entnehmen. Auch Angaben zu Lizenzierungsdaten oder -nummern wurden nicht gemacht. Auf der Konferenz der Volksbildungsminister vom 16. bis 19. Juli 1947 erklärten sich die Mitarbeiter der DVV auf Anfrage bereit, eine ergänzte Liste aller lizenzierten Verlage zu erstellen.[2] Noch bevor sie mit der Erstellung dieser Liste begannen, erschien das *Handbuch der Lizenzen deutscher Verlage* mit dem Stand vom Juli 1947.[3] Im Handbuch waren, so weit wie möglich, die lizenzierten Verlage, Zeitschriften und Zeitungen sämtlicher Besatzungszonen mit Angaben zu ihren Anschriften, Inhabern, Arbeitsgebieten, Lizenzierungsdaten und -nummern aufgeführt. Wider Erwarten wurde das Handbuch nicht von allen positiv aufgenommen. Obwohl das Vorwort darauf hinwies, dass die gemachten Angaben keinen Anspruch auf Vollständigkeit erhoben, und Nachträge und Ergänzungen bereits geplant seien, kritisierte es ein Rezensent im Leipziger *Börsenblatt* wegen »außerordentlicher Fehler und Lücken«:

> Auf Grund von amtlichem Material der Militärregierungen dürfte die Zusammenstellung wohl kaum erfolgt sein, was in jedem Falle zweckmäßig gewesen wäre, wenn man bei den heutigen Rohstoffverhältnissen die Herausgabe eines solchen Werkes überhaupt bejahen soll. [...] Angesichts der dargestellten Mängel ist der Gebrauchswert des vorliegenden Werkes sehr gering.[4]

Unter dem Titel *Lizenzen-Handbuch Deutscher Verlage* erschien 1949 eine Überarbeitung des Handbuchs mit dem Stand vom März 1949.[5] Ein vollständiges und fehlerfreies Verzeichnis sämtlicher in Deutschland lizenzierter Verlage konnte jedoch auch mit dieser Auflage nicht vorgelegt werden.

Die Basis der Listen der lizenzierten Verlage in diesem Kapitel bilden die Angaben zu Lizenzierungsdaten und –nummern, die in den für diese Arbeit in den staatlichen Archiven eingesehen Akten gefunden wurden sowie die dort vereinzelt vorhandenen Kopien von Lizenzurkunden.[6] Insoweit keine anderen Daten ermittelt werden konnten, wurden die Angaben der beiden Lizenzenhandbücher übernommen.

---

1 Vgl. Liste der lizenzierten Buch- und Zeitschriftenverlage in der SBZ und im sowjetischen Sektor Berlins, Stand 1.3.1947, DVV, 4.3.1947: SächsHStAD, 11401 Lr. Sachsen, MfVobi, Nr. 2764. Aufgelistet waren hier insgesamt 107 Buch- und Zeitschriftenverlage. Darunter 51 Verlage aus dem sowjetischen Sektor Berlins.

2 Vgl. Vorläufiges Beschlussprotokoll der Ministerkonferenz vom 16. bis 19.7.1947, 19.7.1947: BArch DR 2/57, fol. 10–19. Siehe auch Pike: Politics of Culture, S. 361.

3 Der Vermerk »Abgeschlossen Juli 1947« findet sich im Impressum (vgl. Handbuch der Lizenzen, 1947, Impressum).

4 Handbuch der Lizenzen Deutscher Verlage, Börsenblatt Leipzig, 31.1.1948. Als Verfasser der Rezension ist am Ende des Artikels »B...r« angegeben.

5 Der Vermerk »Abgeschlossen März 1949« findet sich im Impressum (vgl. Lizenzen-Handbuch, 1949, Impressum).

6 Die meisten gefundenen Kopien von Lizenzurkunden befinden sich im Landesarchiv Berlin.

Verlage, die in den Listen mehrfach erwähnt werden, gehören entweder zu den Verlagen, denen aufgrund der Löschung der Lizenznummern 1 bis 71 Ende 1947 neue Lizenzurkunden ausgestellt wurden (siehe Kapitel 4.2) oder zu den Verlagen, die zum Beispiel Mitglied der »Arbeitsgemeinschaft Medizinischer Verleger« waren und für die Herausgabe nicht-medizinischer Literatur zusätzlich eine eigene Verlagslizenz erhielten.

Eine Auswertung der Listen ergibt, dass von der SMAD in Berlin-Karlshorst und von den Informationsabteilungen der SMA in den Ländern und Provinzen (ab Sommer 1947, siehe Kapitel 2.2.1 und 3.3.2) von Mai 1945 bis Oktober 1949 insgesamt 170 Verlagslizenzen für einzelne Verlage und 5 Verlagslizenzen für Arbeits- bzw. Verlagsgemeinschaften erteilt wurden. Unter den 170 Verlagen, die eine eigene Verlagslizenz erhielten, waren 24, die aufgrund der genannten Löschung der Lizenznummern 1 bis 71 Ende 1947 erneut lizenziert wurden. Unter den 5 Lizenzen für Arbeits- bzw. Verlagsgemeinschaften war eine, die nach der Löschung neu erteilt wurde. Durch ihre Mitgliedschaft in einer der 4 Arbeits- bzw. Verlagsgemeinschaften der SBZ (siehe Kapitel 4.3.3 und 4.4.) waren insgesamt 39 Verlage lizenziert.[7] 12 Verlage waren Mitglied in einer Arbeitsgemeinschaft und bekamen zusätzlich eine Lizenz für Fachgebiete, die nicht von der Arbeitsgemeinschaft abgedeckt wurden, oder bekamen eine eigene Verlagslizenz, weil die Arbeitsgemeinschaft, der sie angehörten, aufgelöst wurde. Insgesamt waren 173 Verlage durch eine eigene Lizenz, durch die Mitgliedschaft in einer Arbeits- bzw. Verlagsgemeinschaft oder durch beides als Buchverlage in der SBZ zugelassen.

Bis Ende 1951 behielten die von der SMAD erteilten Lizenzen ihre Gültigkeit. Schon vorher wurde ihren Besitzern mitgeteilt, ob sie eine neue Lizenz erhalten würden. Die »alten« Urkunden wurden eingezogen. Zuständig für diese Neulizenzierungen war das im August 1951 gegründete »Amt für Literatur und Verlagswesen«, die Nachfolgebehörde des Kulturellen Beirats. [8] Bereits am 3. Oktober 1951 legten die Mitarbeiter des Amts mit den »Richtlinien für die Neulizenzierung der Verlage« fest, wie diese Lizenzierungen vonstatten gehen sollten.[9] So sollte in den Räumen des »Amts für Literatur« mit jedem Verleger, der eine neue Lizenz erhalten sollte, über dessen zukünftige Arbeit, »seine Schwierigkeiten und bisherigen Schwächen« gesprochen werden.[10] Mit den Verlegern, deren Neulizenzierung abgelehnt würde, sollte »über die Gründe der Ablehnung und über die Möglichkeiten der Abwicklung ausführlich gesprochen werden.«[11] Festgelegt wurde auch, dass die Nummerierung der Lizenzurkunden nicht mehr fortlaufend, »sondern nach einem System [erfolgen sollte], das jeder Art von Verlagen eine bestimmte Nummerngruppe« zuweisen sollte.[12]

Gemäß einer Auflistung des »Amts für Literatur« hatten mit dem Stichtag des 31. Dezember 1951 nur noch 65 Buchverlage der DDR eine Lizenz.[13]

---

7 Dazu wurde auch die Julius Beltz Verlagsbuchhandlung (Langensalza) gezählt, die von April 1946 bis Dezember 1948 durch die mit der Thüringischen Verlagsanstalt bzw. demVerlag Werden und Wirken vereinbarte Arbeitsgemeinschaft lizenziert war.

8 Vgl. Umlauff: Wiederaufbau, Sp. 1241ff, Lokatis: Verlagspolitik zwischen Plan und Zensur, S. 307 und Barck/Langermann/Lokatis: Jedes Buch ein Abenteuer, S. 19ff.

9 Vgl. »Richtlinien für die Neulizenzierung der Verlage«, 3.10.1951: BArch DR 1/1938, fol. 44f.

10 Vgl. ebd.

11 Ebd.

12 Ebd.

13 Vgl. Liste der lizenzierten Verlage der DDR, 31.12.1951: BArch DR 2/1137, fol. 105–110.

5.1 Alphabetische Liste der lizenzierten Verlage in der SBZ

Verlag	Lizenz-Nr.	Datum	Fußnote
Georg Achterberg, Berlin *lizenziert durch die Mitgliedschaft in der »Arbeitsgemeinschaft der Fachbuch- und Fachzeitschriften-Verleger«*			
Berliner Adreßbuch-Verlag, Berlin	295	27.5.1947	1
Akademie-Verlag, Berlin	156	8.2.1947	2
Akademische Verlagsgesellschaft Geest & Portig, Leipzig (Sachsen) *lizenziert durch die Mitgliedschaft in der »Arbeitsgemeinschaft Medizinischer Verleger«*			
Akademische Verlagsgesellschaft Geest & Portig, Leipzig (Sachsen)	194	25.2.1947	3
Albertus-Verlag, Berlin		vor 25.6.1947	4
Allgemeiner Deutscher Verlag, Berlin	355	11.12.1945	5
Alwerdo-Verlag, Werner & Co, Berlin	296	28.5.1947	6
Altberliner Verlag Lucie Groszer, Berlin *vorher lizenziert durch die Mitgliedschaft in der Verlagsgemeinschaft »Jugend und Welt«*	243	28.2.1947	7
»Arbeitsgemeinschaft der Fachbuch- und Fachzeitschriften-Verleger«, Leipzig (Sachsen) und Berlin – siehe Abb. 31, Kapitel 4.4.2 – *Näheres zur Arbeitsgemeinschaft und zu deren Mitgliedern siehe Kapitel 4.4.2*	136	19.12.1946	8
»Arbeitsgemeinschaft Medizinischer Verleger«, Berlin – siehe Abb. 31, Kapitel 4.4.1 – *Näheres zur Arbeitsgemeinschaft und zu deren Mitgliedern siehe Kapitel 4.4.1*	37	22.3.1946	9
»Arbeitsgemeinschaft Medizinischer Verleger«, Berlin	346	10.12.1947	10
»Arbeitsgemeinschaft Thüringischer Verleger« Jena (Thüringen) *Näheres zur Arbeitsgemeinschaft und zu deren Mitgliedern siehe Kapitel 4.3.3*	271	2.4.1947	11
Johannes Asmus, Leipzig (Sachsen)		vor 24.9.1947	12
Aufbau-Verlag, Berlin	9	28.11.1945	13
Karl Baedeker, Leipzig (Sachsen)		vor 21.9.1948	14
Bahn Verlag		vor 28.5.1946	15
Johann Ambrosius Barth, Leipzig (Sachsen) *lizenziert durch die Mitgliedschaft in der »Arbeitsgemeinschaft Medizinischer Verleger«*			

Verlag	Lizenz-Nr.	Datum	Fußnote
Johann Ambrosius Barth, Leipzig (Sachsen)	88	28.8.1946	16
Johann Ambrosius Barth, Leipzig (Sachsen)	410	9.11.1947	17
Bau- und Kunstverlag, Berlin	168 oder 173	17.2.1947	18
Julius Beltz, Langensalza (Thüringen) *von April 1946 bis Dezember 1948 lizenziert durch die mit der Thüringischen Verlagsanstalt bzw. dem Verlag Werden und Wirken vereinbarte Arbeitsgemeinschaft*			19
Berliner Verlag, Berlin		vor 1.9.1946	20
Otto Beyer, Leipzig (Sachsen)	161	8.2.1947	21
Beyer & Söhne, Langensalza (Thüringen) *Ab April 1946 lizenziert durch die mit der Thüringischen Verlagsanstalt bzw. dem Verlag Werden und Wirken vereinbarte Arbeitsgemeinschaft*			22
Bibliographisches Institut, Leipzig (Sachsen)	49	12.4.1946	23
Bibliographisches Institut, Leipzig (Sachsen)	345	10.12.1947	24
Robert Birkner, Apolda (Thüringen)	C-004	16.9.1947	25
F. R. Blau Verlag, Camburg (Thüringen) *lizenziert durch die Mitgliedschaft in der »Arbeitsgemeinschaft Thüringischer Verleger«*			
Hermann Böhlaus Nachfolger, Weimar (Thüringen)	48	12.4.1946	26
Hermann Böhlaus Nachfolger, Weimar (Thüringen)	356	10.12.1947	27
Börsenverein der Deutschen Buchhändler zu Leipzig, Leipzig (Sachsen)	65	21.6.1946	28
Verlag des Börsenvereins der Deutschen Buchhändler zu Leipzig, (Sachsen)	383	15.11.1947	29
J. Bohn & Berger, Berlin *lizenziert durch die Mitgliedschaft in der »Arbeitsgemeinschaft der Fachbuch- und Fachzeitschriften-Verleger«*			
Breitkopf & Härtel, Leipzig (Sachsen)	42	14.3.1946	30
Breitkopf & Härtel, Leipzig (Sachsen)	364	10.12.1947	31
F. A. Brockhaus, Leipzig (Sachsen)	47	12.4.1946	32
F. A. Brockhaus, Leipzig (Sachsen)	344	10.12.1947	33
Brücke-Verlag Kurt Schmersow, Kirchhain N.-L. (Brandenburg) *lizenziert durch die Mitgliedschaft in der »Arbeitsgemeinschaft der Fachbuch- und Fachzeitschriften-Verleger«*			
Buch und Bild, Berlin	310	vor 1.9.1946	34

Verlag	Lizenz-Nr.	Datum	Fuß-note
Buchring der Jugend, Berlin	152	8.2.1947	35
Büchergilde Gutenberg, Berlin	229	25.2.1947	36
Chery, Berlin		vor 1.9.1946	37
Columba, Berlin	263	vor 25.6.1947	38
F. W. Cordier, Heiligenstadt (Thüringen) *lizenziert durch die Mitgliedschaft in der »Arbeitsgemeinschaft Thüringischer Verleger«*			
Friedrich Daebel Adressbücher- und Zeitschriftenverlag, Markranstädt (Sachsen)		vor März 1947	39
Deutsche Zentralbibliothek für Blinde, Leipzig (Sachsen)	86	August 1946	40
Deutscher Bauernverlag, Berlin	33	vor 1.12.1945	41
Deutscher Bauernverlag, Berlin	401	14.4.1948	42
Deutscher Film-Verlag, Leipzig (Sachsen)	105	31.10.1946	43
Deutscher Frauen-Verlag, Berlin	100	29.8.1946	44
Deutscher Funk-Verlag, Berlin	52	25.4.1946	45
Deutscher Funk-Verlag, Berlin	358	10.12.1947	46
Deutscher Verein für Kunstwissenschaft, Berlin	397	15.12.1947	47
Deutscher Zentralverlag, Berlin	45	1.3.1946	48
Die Freie Gewerkschaft Verlagsgesellschaft, Berlin	138	26.12.1946	49
Dieterich'sche Verlagsbuchhandlung, Leipzig (Sachsen)	155	8.2.1947	50
Dietz, Berlin – siehe Abb. 19, Kapitel 4.2 – *vorher Verlag Neuer Weg, Vorwärts Verlag und Verlag Das Volk (siehe Kapitel 4.1 und 4.3.1)*	51	18.4.1946	51
J. H. W. Dietz Nachfolger, Berlin	341	10.12.1947	52
Drei Masken Verlag, Berlin	293	27.5.1947	53
Dresdener Verlagsgesellschaft, Dresden (Sachsen)	170	17.2.1947	54
Druckerei und Vertriebs-Gesellschaft, Berlin		vor 15.3.1946	55
Alexander Duncker, Weimar (Thüringen)	261	2.4.1947	56
L. Ehlermann, Dresden (Sachsen)	204	vor März 1947	57
Evangelische Verlagsanstalt, Berlin	54	13.5.1946	58
Evangelische Verlagsanstalt, Berlin	352	vor März 1949	59
Evers-Krenz-Verlag, Berlin	164	17.2.1947	60
Express Verlag, Berlin		vor 1.9.1946	61
Fachbuchverlag, Leipzig (Sachsen) und Berlin	136	7.5.1949	62

Verlag	Lizenz-Nr.	Datum	Fußnote
Gustav Fischer Verlagsbuchhandlung, Jena (Thüringen) *lizenziert durch die Mitgliedschaft in der »Arbeitsgemeinschaft Medizinischer Verleger«*			
Gustav Fischer Verlagsbuchhandlung, Jena (Thüringen)	114	10.12.1946	63
Robert Forberg Musikalienverlag, Leipzig (Sachsen)	306	7.6.1947	64
Gartenverlag Hermann Elias & Kurt Mehlhardt, Berlin	227	27.2.1947	65
Gebauer-Schwetschke-Verlag Nachfolger Jaeger & Co, Halle (Sachsen-Anhalt)	292	20.8.1947	66
Globus-Verlag, Berlin	233	27.2.1947	67
Berliner Musikverlage Kurt Grabau, Edition Rotköpfchen, Berlin	96	28.8.1946	68
Graphik-Verlag Altenburg (Thüringen)	255	2.4.1947	69
Greifenverlag, Rudolstadt (Thüringen)	116	18.12.1946	70
Wilhelm Gronau Verlagsbuchhandlung, Jena (Thüringen) *lizenziert durch die Mitgliedschaft in der »Arbeitsgemeinschaft Thüringischer Verleger«*			
Hermann Haase Verlag, Berlin	187	27.2.1947	71
Hachmeister & Thal Verlagsbuchhandlung, Leipzig (Sachsen)	305	7.6.1947	72
Hansa-Verlag Franz Lincke, Berlin	92	28.8.1946	73
Otto Harrassowitz, Leipzig (Sachsen)	231	25.2.1947	74
Harth Verlag Pro Musica, Leipzig (Sachsen)	205	25.2.1947	75
Hans Hedewigs Nachfolger Curt Ronniger, Leipzig (Sachsen)	B-5	10.1.1948	76
H. Heinecke Verlag, Berlin *lizenziert durch die Mitgliedschaft in der »Arbeitsgemeinschaft Medizinischer Verleger«*			
H. Heinecke Verlag, Berlin	121	12.12.1946	77
F. W. Hendel, Leipzig (Sachsen)	304	Juni 1947	78
Verlag Bruno Henschel & Sohn, Berlin	324	30.8.1947	79
Carl Heymanns Verlag, Berlin	76	28.8.1946	80
Carl Hinstorff, Rostock (Mecklenburg-Vorpommern)	50	18.4.1946	81
Carl Hinstorff, Rostock (Mecklenburg-Vorpommern)	357	10.12.1947	82
S. Hirzel, Leipzig (Sachsen) *lizenziert durch die Mitgliedschaft in der »Arbeitsgemeinschaft Medizinischer Verleger«*			
S. Hirzel, Leipzig (Sachsen)	188	25.2.1947	83

Verlag	Lizenz-Nr.	Datum	Fußnote
Historisches Kabinett, Berlin *zugehörig zum Allgemeinen Deutschen Verlag, Berlin*			84
Friedrich Hofmeister Musikalien-Verlag, Leipzig (Sachsen)	327	14.11.1947	85
Alfred Holz, Berlin *vorher lizenziert durch die Mitgliedschaft in der Verlagsgemeinschaft »Jugend und Welt«*	244	25.2.1947	86
Industrie-Verlag Carl Haenchen, Eichwalde *lizenziert durch die Mitgliedschaft in der »Arbeitsgemeinschaft der Fachbuch- und Fachzeitschriften-Verleger«*			
Insel, Leipzig (Sachsen)	40	1.3.1946	87
Insel, Leipzig (Sachsen)	366	10.11.1947	88
Max Jänicke, Leipzig (Sachsen) *lizenziert durch die Mitgliedschaft in der »Arbeitsgemeinschaft der Fachbuch- und Fachzeitschriften-Verleger«*			
H. Jentgen, Berlin	288	25.2.1947	89
Wolfgang Jess, Dresden (Sachsen)	232	25.2.1947	90
Gustav Kiepenheuer, Weimar (Thüringen)	35	14.3.1946	91
Gustav Kiepenheuer, Weimar (Thüringen)	367	10.12.1947	92
Heinrich Killinger, Leipzig (Sachsen) *lizenziert durch die Mitgliedschaft in der »Arbeitsgemeinschaft der Fachbuch- und Fachzeitschriften-Verleger«*			
Heinrich Killinger, Nordhausen (Thüringen) *lizenziert durch die Mitgliedschaft der »Arbeitsgemeinschaft Thüringischer Verleger«*			
Gebrüder Knabe Verlag, Weimar (Thüringen) *lizenziert durch die Mitgliedschaft in der »Arbeitsgemeinschaft Thüringischer Verleger«*			
Wilhelm Knapp Verlagsbuchhandlung, Halle (Sachsen-Anhalt)	159	8.2.1947	93
Koehler & Amelang, Leipzig (Sachsen)	B-8	15.3.1948	94
Kongreß Verlag, Berlin	399	3.6.1948	95
Herbert Kuschel, Berlin		vor März 1947	96
Landbau-Verlag, Berlin	167	17.2.1947	97
Landesverlag Thüringen, Weimar (Thüringen)	C-003	16.9.1947	98
Rudolf A. Lang, Pößneck (Weimar) *lizenziert durch die Mitgliedschaft in der »Arbeitsgemeinschaft Thüringischer Verleger«*			
Lessing Verlag, Berlin	221	27.2.1947	99

Verlag	Lizenz-Nr.	Datum	Fußnote
Lied der Zeit Musikverlag, Berlin	119	vor 19.12.1946	100
Wilhelm Lindner, Berlin	139	21.12.1945	101
Max Lipfert, Berlin	234	27.2.1947	102
Paul List, Leipzig (Sachsen)	157	8.2.1947	103
Verlagsanstalt List & von Bressendorf, Leipzig (Sachsen)	303	7.6.1947	104
Martin Luther Verlag, Erfurt (Thüringen)	269	2.4.1947	105
Gustav Lyon, Berlin	95	28.8.1946	106
Verlagsbuchhandlung Carl Marhold, Halle (Sachsen-Anhalt)	160	8.2.1947	107
Richard Markewitz, Mühlhausen (Thüringen)	268	1.4.1947	108
Märkische Druck- und Verlags-GmbH, Potsdam (Brandenburg)	284	28.5.1947	109
Mecklenburger Verlag, Schwerin (Mecklenburg-Vorpommern)	342	10.12.1947	110
Mecklenburgischer Heimatverlag, Schwerin (Mecklenburg-Vorpommern) *im August 1948 in Petermänken-Verlag umbenannt*	185	24.2.1947	111
Felix Meiner Verlag, Leipzig (Sachsen)	162	8.2.1947	112
Mitteldeutsche Druckerei und Verlagsanstalt, Halle (Sachsen-Anhalt)	286	27.5.1947	113
Mitteldeutsche Verlags-Gesellschaft, Halle (Sachsen-Anhalt)	111	11.12.1946	114
Müller-Verlag, Meuselwitz (Thüringen)		vor März 1947	115
Musikverlag »Monte-Ferro« Heinz Stahlberg, Berlin	93	28.8.1946	116
Musikverlag Schimanke, Schwerin (Mecklenburg-Vorpommern)	209	25.2.1947	117
Neumann-Verlag, Dresden (Sachsen)	219	25.2.1947	118
Max Niemeyer Verlag, Halle (Sachsen-Anhalt)	113	10.12.1946	119
Ossietzky Verlagsgesellschaft, Berlin		vor 1.9.1946	120
Justus Perthes, Gotha (Thüringen)	250	2.4.1947	121
Peter-Paul-Verlag, Feldberg (Mecklenburg-Vorpommern)	118	12.12.1946	122
Petermänken-Verlag, Schwerin *siehe Mecklenburgischer Heimat-Verlag*			
C. F. Peters, Leipzig (Sachsen)	248	17.3.1947	123
Pharus-Plan, Berlin	166	Februar 1947 (vermutlich)	124
Potsdamer Verlagsgesellschaft, Potsdam (Brandenburg)	120	19.12.1946	125
Karl Rauch, Jena (Thüringen)	117	12.12.1946	126
Philipp Reclam jun., Leipzig (Sachsen)	39	14.3.1946	127

Verlag	Lizenz-Nr.	Datum	Fußnote
Philipp Reclam jun., Leipzig (Sachsen)	343	3.1.1948	128
Engelhard Reyher, Gotha (Thüringen) *lizenziert durch die Mitgliedschaft in der »Arbeitsgemeinschaft Thüringischer Verleger«*			
Gebrüder Richters Verlagsanstalt, Erfurt (Thüringen) *lizenziert durch die Mitgliedschaft in der »Arbeitsgemeinschaft Thüringischer Verleger«*			
Riechmann Verlag		vor 28.5.1946	129
Erich Röth Verlag, Eisenach (Thüringen) *lizenziert durch die Mitgliedschaft in der »Arbeitsgemeinschaft Thüringischer Verleger«*			
Rowohlt, Berlin	331	14.11.1947	130
Rupert-Verlag, Leipzig (Sachsen)	230	25.2.1947	131
Sachsenverlag, Dresden (Sachsen)	158	8.2.1947	132
Dr. Werner Saenger, Berlin *lizenziert durch die Mitgliedschaft in der »Arbeitsgemeinschaft Medizinischer Verleger«*			
Dr. Werner Saenger, Berlin	208	25.2.1947	133
Heinrich Schmidt & Carl Günther, Leipzig (Sachsen)	326	10.12.1947	134
E. A. Seemann, Leipzig (Sachsen)	41	1.3.1946	135
E. A. Seemann, Leipzig (Sachsen)	365	10.12.1947	136
L. Staackmann, Leipzig (Sachsen)	171	17.2.1947	137
Adolf Stegemann, Berlin	294	28.5.1947	138
Paul Steinke, Schwerin (Mecklenburg-Vorpommern) *lizenziert durch die Mitgliedschaft in der »Arbeitsgemeinschaft der Fachbuch- und Fachzeitschriften-Verleger«*			
August Steinkopf, Berlin *lizenziert durch die Mitgliedschaft in der »Arbeitsgemeinschaft der Fachbuch- und Fachzeitschriften-Verleger«*			
Theodor Steinkopff, Dresden (Sachsen) *lizenziert durch die Mitgliedschaft in der »Arbeitsgemeinschaft Medizinischer Verleger«*			
Theodor Steinkopff, Dresden (Sachsen)	115	10.12.1946	139
Eduard Stichnote, Potsdam (Brandenburg)	153	7.2.1947	140
SWA-Verlag, Berlin und Leipzig (Sachsen)		vor 1.12.1945	141
B. G. Teubner, Leipzig (Sachsen)	302	Juni 1947	142

Verlag	Lizenz-Nr.	Datum	Fußnote
Georg Thieme, Leipzig (Sachsen) *lizenziert durch die Mitgliedschaft in der »Arbeitsgemeinschaft Medizinischer Verleger«*			
Georg Thieme, Leipzig (Sachsen)		vor März 1949	143
Thüringen Verlag, P. E. Blank & Co., Gera (Thüringen) *lizenziert durch die Mitgliedschaft in der »Arbeitsgemeinschaft Thüringischer Verleger«*			
Thüringer Volksverlag, Weimar (Thüringen)	220	25.2.1947	144
Thüringische Verlagsanstalt, Weimar (Thüringen) *Später Verlag Werden und Wirken*	66	10.6.1946	145
Ulenspiegel-Verlag, Berlin	436	13.5.1948	146
Union-Verlag, Berlin		10.7.1945	147
Universalverlag, Leipzig (Sachsen) und Berlin	90	28.8.1946	148
Universalverlag, Leipzig (Sachsen) und Berlin	412	14.3.1948	149
Urania-Verlag, Jena (Thüringen)	C-001	21.7.1947	150
Verlag Chemie, Berlin		vor 1.8.1946	151
Verlag Das Neue Berlin, Berlin	91	28.8.1946	152
Verlag des Deutschen Hygiene-Museums, Dresden (Sachsen) *lizenziert durch die Mitgliedschaft in der »Arbeitsgemeinschaft Medizinischer Verleger«*			
Verlag Die Wirtschaft, Berlin	165	17.2.1947	153
Verlag Einheit, Berlin	18	26.1.1946	154
Verlag Einheit, Berlin *– siehe Abb. 24, Kapitel 4.2 –*	339	10.12.1947	155
Verlag für wirtschaftliche Information Wilhelm Orschel, Berlin		vor 1.9.1946	156
Verlag Kultur und Fortschritt, Berlin	329	vor März 1949	157
Verlag Neuer Weg, Berlin *später Dietz Verlag (siehe Kapitel 4.3.1)*		vor 1.12.1945	158
Verlag Neuer Weg, Berlin	340	10.12.1947 (vermutlich)	159
Verlag Neues Deutschland, Berlin		vor 1.9.1946	160
Verlag Neues Leben, Berlin	68	17.6.1946	161
Verlag Technik, Berlin	288	29.5.1947	162
Verlag Volk und Welt, Berlin *– siehe Abb. 21 und Abb. 22, Kapitel 4.2 –*	141	30.1.1947	163

Verlag	Lizenz-Nr.	Datum	Fußnote
Verlag Werden und Wirken, Weimar (Thüringen) *vorher Thüringische Verlagsanstalt*	405	vor März 1949	164
Verlagsgemeinschaft »Jugend und Welt«, Berlin	89	28.8.1946	165
Voco-Verlag Wolfram von Hanstein, Dresden (Sachsen)	169	vor 27.2.1947	166
Vogel-Verlag, Pößneck (Thüringen) *lizenziert durch die Mitgliedschaft in der »Arbeitsgemeinschaft Thüringischer Verleger«*			
Bernhard Friedrich Voigt, Leipzig (Sachsen) *lizenziert durch die Mitgliedschaft in der »Arbeitsgemeinschaft der Fachbuch- und Fachzeitschriften-Verleger«*			
Volk und Buch Verlag, Leipzig (Sachsen)	38	16.3.1946	167
Volk und Buch Verlag, Leipzig (Sachsen)	378	15.12.1947	168
Volk und Wissen Verlag, Berlin und Leipzig	28	4.3.1946	169
Volk und Wissen Verlag, Berlin und Leipzig	334	10.12.1947	170
Bernhard Vopelius, Jena (Thüringen) *lizenziert durch die Mitgliedschaft in der »Arbeitsgemeinschaft Thüringischer Verleger«*			
VVN-Verlag, Berlin, Potsdam (Brandenburg)	497	vor 22.1.1949	171
A. Weichert, Berlin	94	28.8.1946	172
J. u. R. Weiß, Nordhausen (Thüringen) *lizenziert durch die Mitgliedschaft in der »Arbeitsgemeinschaft Thüringischer Verleger«*			
Herbert Wichmann, Bad Liebenwerda (Sachsen-Anhalt) *lizenziert durch die Mitgliedschaft in der »Arbeitsgemeinschaft der Fachbuch- und Fachzeitschriften-Verleger«*			
Ernst Wunderlich Verlagsbuchhandlung, Leipzig (Sachsen)	154	8.2.1947	173
Rudolf R. Zech Verlag, Berlin *vorher lizenziert durch die Mitgliedschaft in der Verlagsgemeinschaft »Jugend und Welt«*		Februar 1947 (vermutlich)	174
A. Ziemsen Verlag, Wittenberg (Sachsen-Anhalt) *vorher lizenziert durch die Mitgliedschaft in der »Arbeitsgemeinschaft der Fachbuch- und Fachzeitschriften-Verleger«*		vor März 1949	175

5.2 Chronologische Liste der lizenzierten Verlage in der SBZ

Verlag	Lizenz-Nr.	Datum	Fuß-note
Union-Verlag, Berlin		10.7.1945	147
Aufbau-Verlag, Berlin	9	28.11.1945	13
Deutscher Bauernverlag, Berlin	33	vor 1.12.1945	41
Verlag Neuer Weg, Berlin *später Dietz Verlag (siehe Kapitel 4.3.1)*		vor 1.12.1945	158
SWA-Verlag, Berlin und Leipzig (Sachsen)		vor 1.12.1945	141
Allgemeiner Deutscher Verlag, Berlin	355	11.12.1945	5
Lied der Zeit Musikverlag, Berlin	119	vor 19.12.1946	100
Wilhelm Lindner, Berlin	139	21.12.1945	101
Verlag Einheit, Berlin	18	26.1.1946	154
Insel, Leipzig (Sachsen)	40	1.3.1946	87
E. A. Seemann, Leipzig (Sachsen)	41	1.3.1946	135
Deutscher Zentralverlag, Berlin	45	1.3.1946	48
Volk und Wissen Verlag, Berlin und Leipzig	28	4.3.1946	169
Breitkopf & Härtel, Leipzig (Sachsen)	42	14.3.1946	30
Philipp Reclam jun., Leipzig (Sachsen)	39	14.3.1946	127
Gustav Kiepenheuer, Weimar (Thüringen)	35	14.3.1946	91
Druckerei und Vertriebs-Gesellschaft, Berlin		vor 15.3.1946	55
Volk und Buch Verlag, Leipzig (Sachsen)	38	16.3.1946	167
»Arbeitsgemeinschaft Medizinischer Verleger«, Berlin – siehe Abb. 30, Kapitel 4.4.1 – *Näheres zur Arbeitsgemeinschaft und zu deren Mitgliedern siehe Kapitel 4.4.1*	37	22.3.1946	9
F. A. Brockhaus, Leipzig (Sachsen)	47	12.4.1946	32
Hermann Böhlaus Nachfolger, Weimar (Thüringen)	48	12.4.1946	26
Bibliographisches Institut, Leipzig (Sachsen)	49	12.4.1946	23
Carl Hinstorff, Rostock (Mecklenburg-Vorpommern)	50	18.4.1946	81
Dietz, Berlin *– siehe Abb. 19, Kapitel 4.2 –* *vorher Verlag Neuer Weg, Vorwärts Verlag und Verlag das Volk (siehe Kapitel 4.1 und 4.3.1)*	51	18.4.1946	51
Deutscher Funk-Verlag, Berlin	52	25.4.1946	45
Evangelische Verlagsanstalt, Berlin	54	13.5.1946	58

Verlag	Lizenz-Nr.	Datum	Fußnote
Bahn Verlag		vor 28.5.1946	15
Riechmann Verlag		vor 28.5.1946	129
Thüringische Verlagsanstalt, Weimar (Thüringen) *später Verlag Werden und Wirken*	66	10.6.1946	145
Verlag Neues Leben, Berlin	68	17.6.1946	161
Börsenverein der Deutschen Buchhändler zu Leipzig, Leipzig (Sachsen)	65	21.6.1946	28
Verlag Chemie, Berlin		vor 1.8.1946	151
Carl Heymanns Verlag, Berlin	76	28.8.1946	80
Deutsche Zentralbibliothek für Blinde, Leipzig (Sachsen)	86	August 1946	40
Johann Ambrosius Barth, Leipzig (Sachsen)	88	28.8.1946	16
Verlagsgemeinschaft »Jugend und Welt«, Berlin	89	28.8.1946	165
Universalverlag, Leipzig (Sachsen) und Berlin	90	28.8.1946	148
Verlag Das Neue Berlin, Berlin	91	28.8.1946	152
Hansa-Verlag Franz Lincke, Berlin	92	28.8.1946	73
Musikverlag »Monte-Ferro« Heinz Stahlberg, Berlin	93	28.8.1946	116
A. Weichert, Berlin	94	28.8.1946	172
Gustav Lyon, Berlin	95	28.8.1946	106
Berliner Musikverlage Kurt Grabau, Edition Rotköpfchen, Berlin	96	28.8.1946	68
Deutscher Frauen-Verlag, Berlin	100	29.8.1946	44
Berliner Verlag, Berlin		vor 1.9.1946	20
Buch und Bild, Berlin	310	vor 1.9.1946	34
Chery, Berlin		vor 1.9.1946	37
Express Verlag, Berlin		vor 1.9.1946	61
Verlag Neues Deutschland, Berlin		vor 1.9.1946	160
Ossietzky Verlagsgesellschaft, Berlin		vor 1.9.1946	120
Verlag für wirtschaftliche Information Wilhelm Orschel, Berlin		vor 1.9.1946	156
Deutscher Film-Verlag, Leipzig (Sachsen)	105	31.10.1946	43
Max Niemeyer Verlag, Halle (Sachsen-Anhalt)	113	10.12.1946	119
Gustav Fischer Verlagsbuchhandlung, Jena (Thüringen)	114	10.12.1946	63
Theodor Steinkopff, Dresden (Sachsen)	115	10.12.1946	139
Mitteldeutsche Verlags-Gesellschaft, Halle (Sachsen-Anhalt)	111	11.12.1946	114
Karl Rauch, Jena (Thüringen)	117	12.12.1946	126

Verlag	Lizenz-Nr.	Datum	Fußnote
Peter-Paul-Verlag, Feldberg (Mecklenburg-Vorpommern)	118	12.12.1946	122
H. Heinecke Verlag, Berlin	121	12.12.1946	77
Greifenverlag, Rudolstadt (Thüringen)	116	18.12.1946	70
Potsdamer Verlagsgesellschaft, Potsdam (Brandenburg)	120	19.12.1946	125
»Arbeitsgemeinschaft der Fachbuch- und Fachzeitschriften-Verleger«, Leipzig (Sachsen) und Berlin – siehe Abb. 31, Kapitel 4.4.2 – *Näheres zur Arbeitsgemeinschaft und zu deren Mitgliedern siehe Kapitel 4.4.2*	136	19.12.1946	8
Die Freie Gewerkschaft Verlagsgesellschaft, Berlin	138	26.12.1946	49
Verlag Volk und Welt, Berlin – siehe Abb. 21 und Abb. 22, Kapitel 4.2 –	141	30.1.1947	163
Eduard Stichnote, Potsdam (Brandenburg)	153	7.2.1947	140
Buchring der Jugend, Berlin	152	8.2.1947	35
Ernst Wunderlich Verlagsbuchhandlung, Leipzig (Sachsen)	154	8.2.1947	173
Dieterich'sche Verlagsbuchhandlung, Leipzig (Sachsen)	155	8.2.1947	50
Akademie-Verlag, Berlin	156	8.2.1947	2
Paul List, Leipzig (Sachsen)	157	8.2.1947	103
Sachsenverlag, Dresden (Sachsen)	158	8.2.1947	132
Wilhelm Knapp Verlagsbuchhandlung, Halle (Sachsen-Anhalt)	159	8.2.1947	93
Verlagsbuchhandlung Carl Marhold, Halle (Sachsen-Anhalt)	160	8.2.1947	107
Otto Beyer, Leipzig (Sachsen)	161	8.2.1947	21
Felix Meiner Verlag, Leipzig (Sachsen)	162	8.2.1947	112
Evers-Krenz-Verlag, Berlin	164	17.2.1947	60
Verlag Die Wirtschaft, Berlin	165	17.2.1947	153
Pharus-Plan, Berlin	166	Februar 1947 (vermutlich)	124
Landbau-Verlag, Berlin	167	17.2.1947	97
Bau- und Kunstverlag, Berlin	168 oder 173	17.2.1947	18
Dresdener Verlagsgesellschaft, Dresden (Sachsen)	170	17.2.1947	54
L. Staackmann, Leipzig (Sachsen)	171	17.2.1947	137
Mecklenburgischer Heimatverlag, Schwerin (Mecklenburg-Vorpommern) *im August 1948 in Petermänken-Verlag umbenannt*	185	24.2.1947	111

Verlag	Lizenz-Nr.	Datum	Fußnote
S. Hirzel, Leipzig (Sachsen)	188	25.2.1947	83
Akademische Verlagsgesellschaft Geest & Portig, Leipzig (Sachsen)	194	25.2.1947	3
Harth Verlag Pro Musica, Leipzig (Sachsen)	205	25.2.1947	75
Dr. Werner Saenger, Berlin	208	25.2.1947	133
Musikverlag Schimanke, Schwerin (Mecklenburg-Vorpommern)	209	25.2.1947	117
H. Jentgen, Berlin	288	25.2.1947	89
Neumann-Verlag, Dresden (Sachsen)	219	25.2.1947	118
Thüringer Volksverlag, Weimar (Thüringen)	220	25.2.1947	144
Büchergilde Gutenberg, Berlin	229	25.2.1947	36
Rupert-Verlag, Leipzig (Sachsen)	230	25.2.1947	131
Otto Harrassowitz, Leipzig (Sachsen)	231	25.2.1947	74
Wolfgang Jess, Dresden (Sachsen)	232	25.2.1947	90
Alfred Holz, Berlin *vorher lizenziert durch die Mitgliedschaft in der Verlagsgemeinschaft »Jugend und Welt«*	244	25.2.1947	86
Voco-Verlag Wolfram von Hanstein, Dresden (Sachsen)	169	vor 27.2.1947	166
Hermann Haase Verlag, Berlin	187	27.2.1947	71
Lessing Verlag, Berlin	221	27.2.1947	99
Gartenverlag Hermann Elias & Kurt Mehlhardt, Berlin	227	27.2.1947	65
Globus-Verlag, Berlin	233	27.2.1947	67
Max Lipfert, Berlin	234	27.2.1947	102
Altberliner Verlag Lucie Groszer, Berlin *vorher lizenziert durch die Mitgliedschaft in der Verlagsgemeinschaft »Jugend und Welt«*	243	28.2.1947	7
Rudolf R. Zech Verlag, Berlin *vorher lizenziert durch die Mitgliedschaft in der Verlagsgemeinschaft »Jugend und Welt«*		Februar 1947 (vermutlich)	174
Friedrich Daebel Adressbücher- und Zeitschriftenverlag, Markranstädt (Sachsen)		vor März 1947	39
L. Ehlermann, Dresden (Sachsen)	204	vor März 1947	57
Herbert Kuschel, Berlin		vor März 1947	96
Müller-Verlag, Meuselwitz (Thüringen)		vor März 1947	115
C. F. Peters, Leipzig (Sachsen)	248	17.3.1947	123
Richard Markewitz, Mühlhausen (Thüringen)	268	1.4.1947	108

Verlag	Lizenz-Nr.	Datum	Fußnote
Justus Perthes, Gotha (Thüringen)	250	2.4.1947	121
Graphik-Verlag Altenburg (Thüringen)	255	2.4.1947	69
Alexander Duncker, Weimar (Thüringen)	261	2.4.1947	56
Martin Luther Verlag, Erfurt (Thüringen)	269	2.4.1947	105
»Arbeitsgemeinschaft Thüringischer Verleger« Jena (Thüringen) *Näheres zur Arbeitsgemeinschaft und zu deren Mitgliedern siehe Kapitel 4.3.3*	271	2.4.1947	11
Mitteldeutsche Druckerei und Verlagsanstalt, Halle (Sachsen-Anhalt)	286	27.5.1947	113
Drei Masken Verlag, Berlin	293	27.5.1947	53
Berliner Adreßbuch-Verlag, Berlin	295	27.5.1947	1
Märkische Druck- und Verlags-GmbH, Potsdam (Brandenburg)	284	28.5.1947	109
Adolf Stegemann, Berlin	294	28.5.1947	138
Alwerdo-Verlag, Werner & Co, Berlin	296	28.5.1947	6
Verlag Technik, Berlin	288	29.5.1947	162
B. G. Teubner, Leipzig (Sachsen)	302	Juni 1947	142
F. W. Hendel, Leipzig (Sachsen)	304	Juni 1947	78
List & von Bressendorf, Leipzig (Sachsen)	303	7.6.1947	104
Hachmeister & Thal Verlagsbuchhandlung, Leipzig (Sachsen)	305	7.6.1947	72
Robert Forberg Musikalienverlag, Leipzig (Sachsen)	306	7.6.1947	64
Albertus-Verlag, Berlin		vor 25.6.1947	4
Columba, Berlin	263	vor 25.6.1947	38
Urania-Verlag, Jena (Thüringen)	C-001	21.7.1947	150
Gebauer-Schwetschke-Verlag Nachfolger Jaeger & Co, Halle (Sachsen-Anhalt)	292	20.8.1947	66
Verlag Bruno Henschel & Sohn, Berlin	324	30.8.1947	79
Landesverlag Thüringen, Weimar (Thüringen)	C-003	16.9.1947	98
Robert Birkner, Apolda (Thüringen)	C-004	16.9.1947	25
Johannes Asmus, Leipzig (Sachsen)		vor 24.9.1947	12
Johann Ambrosius Barth, Leipzig (Sachsen)	410	9.11.1947	17
Insel, Leipzig (Sachsen)	366	10.11.1947	88
Friedrich Hofmeister Musikalien-Verlag, Leipzig (Sachsen)	327	14.11.1947	85
Rowohlt, Berlin	331	14.11.1947	130

Verlag	Lizenz-Nr.	Datum	Fußnote
Verlag des Börsenvereins der Deutschen Buchhändler zu Leipzig, (Sachsen)	383	15.11.1947	29
Heinrich Schmidt & Carl Günther, Leipzig (Sachsen)	326	10.12.1947	134
Volk und Wissen Verlag, Berlin und Leipzig	334	10.12.1947	170
Verlag Einheit, Berlin – siehe Abb. 24, Kapitel 4.2 –	339	10.12.1947	155
Verlag Neuer Weg, Berlin	340	10.12.1947 (vermutlich)	159
J. H. W. Dietz Nachfolger, Berlin	341	10.12.1947	52
Mecklenburger Verlag, Schwerin (Mecklenburg-Vorpommern)	342	10.12.1947	110
F. A. Brockhaus, Leipzig (Sachsen)	344	10.12.1947	33
Bibliographisches Institut, Leipzig (Sachsen)	345	10.12.1947	24
»Arbeitsgemeinschaft Medizinischer Verleger«, Berlin	346	10.12.1947	9
Hermann Böhlaus Nachfolger, Weimar (Thüringen)	356	10.12.1947	27
Carl Hinstorff, Rostock (Mecklenburg-Vorpommern)	357	10.12.1947	82
Deutscher Funk-Verlag, Berlin	358	10.12.1947	46
Breitkopf & Härtel, Leipzig (Sachsen)	364	10.12.1947	31
E. A. Seemann Verlag, Leipzig (Sachsen)	365	10.12.1947	136
Gustav Kiepenheuer Verlag, Weimar (Thüringen)	367	10.12.1947	92
Volk und Buch Verlag, Leipzig (Sachsen)	378	15.12.1947	168
Deutscher Verein für Kunstwissenschaft, Berlin	397	15.12.1947	47
Philipp Reclam jun., Leipzig (Sachsen)	343	3.1.1948	128
Hans Hedewigs Nachfolger Curt Ronniger, Leipzig (Sachsen)	B-5	10.1.1948	76
Universalverlag, Leipzig (Sachsen) und Berlin	412	14.3.1948	149
Koehler & Amelang, Leipzig (Sachsen)	B-8	15.3.1948	94
Deutscher Bauernverlag, Berlin	401	14.4.1948	42
Ulenspiegel-Verlag, Berlin	436	13.5.1948	146
Kongreß Verlag, Berlin	399	3.6.1948	95
Karl Baedeker, Leipzig (Sachsen)		vor 21.9.1948	14
VVN-Verlag, Berlin, Potsdam (Brandenburg)	497	vor 22.1.1949	171
Verlag Kultur und Fortschritt, Berlin	329	vor März 1949	157
Evangelische Verlagsanstalt, Berlin	352	vor März 1949	59
Georg Thieme, Leipzig (Sachsen)		vor März 1949	143

Verlag	Lizenz-Nr.	Datum	Fußnote
Verlag Werden und Wirken, Weimar (Thüringen) *vorher Thüringische Verlagsanstalt*	405	vor März 1949	164
A. Ziemsen Verlag, Wittenberg (Sachsen-Anhalt) *vorher lizenziert durch die Mitgliedschaft in der »Arbeitsgemeinschaft der Fachbuch- und Fachzeitschriftenverleger«*		vor März 1949	175
Fachbuchverlag, Leipzig (Sachsen) und Berlin	136	7.5.1949	62

1 Vgl. Lizenzen-Handbuch, 1949, S. 208.

2 Vgl. v. Balluseck, Referat »Verlagswesen«, DVV an Präsidialabteilung, DVV, 10.2.1947: BArch DR 2/1149, fol. 124 und Lizenzen-Handbuch, 1949, S. 208.

3 Vgl. Liste der lizenzierten Verlage in Leipzig, Stand 15.1.1947: StadtAL, StVuR Nr. 8865, Bl. 11-13, Angaben zur Lizenzierung der Akademischen Verlagsgesellschaft Geest & Portig: ebd., Akte 8904, Bl. 1 und Lizenzen-Handbuch, 1949, S. 248.

4 Vgl. Neulizenzierte Zeitschriften und Verlage, Börsenblatt Leipzig, 25.6.1947, S. 166 und Lizenzen-Handbuch, 1949, S. 208.

5 Vgl. Verlage, lizenziert von der SMA., Börsenblatt Leipzig, 25.8.1946, S. 3f und Lizenzen-Handbuch, 1949, S. 208 u. 215. Aufgrund der hohen Lizenz-Nummer ist davon auszugehen, dass der Verlag zum hier angegebenen Datum ursprünglich eine formlose Lizenzurkunde der Nummer 1 bis 71 bekommen hat, die Ende 1947 gelöscht und teilweise neu erteilt wurden (siehe Kapitel 4.2). Die hier angegebene Lizenz-Nummer würde demnach zur wahrscheinlich neu erteilten Lizenz Ende 1947 gehören.

6 Vgl. Lizenzen-Handbuch, 1949, S. 209.

7 Vgl. Neue Verlage lizenziert, Börsenblatt Leipzig, 10.10.1946, S. 65 und Lizenzen-Handbuch, 1949, S. 208 u. 216.

8 Vgl. Kopie der Lizenzurkunde Nr. 136 der »Arbeitsgemeinschaft der Fachbuch- und Fachzeitschriftenverleger«, 19.12.1946: LAB, C Rep. 120, Nr. 772, Bl. 3.

9 Vgl. Kopie der Lizenzurkunde Nr. 37 der »Arbeitsgemeinschaft Medizinischer Verleger«, 22.3.1946: LAB, C Rep. 120, Nr. 773, Bl. 16.

10 Vgl. Angaben zur Lizenzierung der »Arbeitsgemeinschaft Medizinischer Verleger« in: StadtAL, StVuR Nr. 8904, Bl. 10 und Lizenzen-Handbuch, 1949, S. 243.

11 Vgl. Abschrift der Lizenzurkunde Nr. 271 der »Arbeitsgemeinschaft Thüringischer Verleger«, 2.4.1947: ThHStAW, Ld. Thür. - LfB, Nr. 355 und Angaben zu lizenzierten Verlagen in Thüringen in: ThHStAW, Ld. Thür. - MfVobi, Nr. 4257.

12 Vgl. Referat »Literatur«, »Ministerium für Volksbildung« Sachsen, an Sekretariat im Hause, 24.9.1947: SächsHStAD, 11401 Lr. Sachsen, MfVobi, Nr. 2764.

13 Vgl. Kopie der Lizenzurkunde Nr. 9 des Aufbau-Verlags, 28.11.1945: LAB, C Rep. 120, Nr. 780, Bl. 1. Dem Text der Urkunde ist zu entnehmen, dass bereits am 18. August 1945 »durch Verfügung des militärischen Rates der Sowjetischen Militärverwaltung in Deutschland [...] die Tätigkeit des Kulturbundverlages unter der Bezeichnung ‚Aufbau-Verlag GmbH' und die Verbreitung der von diesem herausgegebenen Druckschriften erlaubt worden« war.

14 Vgl. »Ministerium für Volksbildung« Sachsen, 21.9.1948: SächsHStAD, 11401 Lr. Sachsen, MfVobi, Nr. 2765. Im Frühjahr 1948 hatte Baedeker einen Leipzig-Reiseführer unter der Lizenz des Bibliografischen Instituts veröffentlicht. Dieser Reiseführer wurde später beschlagnahmt (vgl. Karl Baedeker: Leipzig – Ein neuer Führer. Leipzig: Bibliographisches Institut in Arbeitsgemeinschaft mit Karl Baedeker 1948 und A. Werner, Abteilung »Buch- und Bibliothekswesen«, Rat der Stadt Leipzig, an E. Ott. 9.4.1948: StadtAL, StVuR Nr. 8890, Bl. 31).

15 Vgl. Listen lizenzierter Verlage in: ThHStAW, Ld. Thür. - LfB, Nr. 373.

16 Vgl. Abschrift der Lizenzurkunde Nr. 88 des Verlages Johann Ambrosius Barth, 28.8.1946: StadtAL, StVuR Nr. 8920, Bl. 37.

17 Vgl. Angaben zur Lizenzierung des Verlages Johann Ambrosius Barth in: StadtAL, StVuR, Nr. 8904, Bl. 5.

18 Vgl. Lizenzen-Handbuch, 1949, S. 209. Es ist zu vermuten, dass eine der beiden angegebenen Lizenznummern zu einer Zeitschriftenlizenz des Verlages gehört.

19 Vgl. Julius Beltz Verlagsbuchhandlung an »Thüringische Landesstelle für Buch- und Bibliothekswesen«, 8.11.1948: ThHStAW, Ld. Thür. - MfVobi, Nr. 4272; Referat »Verlagswesen«, »Ministerium für Volksbildung« Thüringen, an den Verlag Volk und Wissen: ebd.; Referat »Verlagswesen«, »Ministerium für Volksbildung« Thüringen, an DVV, 24.1.1949: ebd. und Listen lizenzierter Verlage in: ThHStAW, Ld. Thür. - LfB, Nr. 373.

20 Vgl. Listen lizenzierter Verlage in: ThHStAW, Ld. Thür. - LfB, Nr. 373.

21 Vgl. v. Balluseck, Referat »Verlagswesen«, DVV an Präsidialabteilung, DVV, 10.2.1947: BArch DR 2/1149, fol. 124.

22 Vgl. Verfassung der Stiftung »Thüringischer Staatsverlag«, Anlage zum Schreiben von Witsch an DVV, 16.4.1946: ThHStAW, Ld. Thür. - LfB, Nr. 370.

23 Vgl. Handbuch der Lizenzen, 1947, S. 111.

24 Vgl. Angaben zur Lizenzierung des Bibliographischen Instituts in: StadtAal, StVuR Nr. 8904, Bl. 20 und Lizenzen-Handbuch, 1949, S. 248.

25 Vgl. »Ministerium für Volksbildung« Thüringen an DVV, 27.7.1948: ThHStAW, Ld. Thür. - MfVobi, Nr. 4280.

26 Vgl. Liste der lizenzierten Verlage in Thüringen, undatiert: ThHStAW, Ld. Thür. - MfVobi, Nr. 4280 und Handbuch der Lizenzen, 1947, S. 123.

27 Vgl. Lizenzen-Handbuch, 1949, S. 274.

28 Vgl. Abschrift der Lizenzurkunde Nr. 65 des Börsenvereins der Deutschen Buchhändler zu Leipzig, 21.6.1946: StadtLA, StVuR, Nr. 8927, Bl. 10. Die Lizenzurkunde genehmigte dem Börsenverein die Ausübung seiner Tätigkeit und gestattet ihm gleichzeitig die Herausgabe des *Börsenblatts für den Deutschen Buchhandel s* und der *Deutschen Nationalbibliographie*. In dem Sinne handelte es sich hier eigentlich nicht um eine reine Verlagslizenzurkunde, sie soll hier aber trotzdem mit aufgeführt werden.

29 Vgl. Angaben zur Lizenzierung des Verlags des Börsenvereins der Deutschen Buchhändler zu Leipzig in: StadtAL, StVuR Nr. 8904, Bl. 21 und Lizenzen-Handbuch, 1949, S. 249.

30 Vgl. Liste der lizenzierten Verlage in Leipzig, Stand 15.1.1947: StadtAL, StVuR Nr. 8865, Bl. 11-13, Aktennotiz v. Balluseck, 26.3.1946: BArch DR 2/896, fol. 85 und Hinterthür: Noten nach Plan, S. 74.

31 Vgl. Angaben zur Lizenzierung des Breitkopf & Härtel Verlags in: StadtAL, StVuR Nr. 8904, Bl. 26.

32 Vgl. Handbuch der Lizenzen, 1947, S. 111.

33 Vgl. Angaben zur Lizenzierung des Brockhaus Verlages in: StadtAL, StVuR Nr. 8904, Bl. 27 und Lizenzen-Handbuch, 1949, S. 249.

34 Vgl. Listen lizenzierter Verlage in: ThHStAW, Ld. Thür. - LfB, Nr. 373 und Lizenzen-Handbuch, 1949, S. 210. Aufgrund der hohen Lizenz-Nummer ist davon auszugehen, dass der Verlag zum hier angegebenen Datum ursprünglich eine formlose Lizenzurkunde der Nummer 1 bis 71 bekommen hat, die Ende 1947 gelöscht und teilweise neu erteilt wurden (siehe Kapitel 4.2). Die hier angegebene Lizenz-Nummer würde demnach zur wahrscheinlich neu erteilten Lizenz Ende 1947 gehören.

35 Vgl. v. Balluseck, Referat »Verlagswesen«, DVV an Präsidialabteilung, DVV, 10.2.1947: BArch DR 2/1149, fol. 124, Liste der lizenzierten Buch- und Zeitschriftenverlage in der SBZ und im sowjetischen Sektor Berlins, Stand 1.3.1947, DVV: SächsHStAD, 11401 Lr. Sachsen, MfVobi, Nr. 2764 und Lizenzen-Handbuch, 1949, S. 211.

36 Vgl. Lizenzen-Handbuch, 1949, S. 210.

37 Vgl. Listen lizenzierter Verlage in: ThHStAW, Ld. Thür. - LfB, Nr. 373 und Verlage, lizenziert von der SMA., Börsenblatt Leipzig, 25.8.1946, S. 3f.

38 Vgl. Neulizenzierte Zeitschriften und Verlage, Börsenblatt Leipzig, 25.6.1947, S. 166 und Lizenzen-Handbuch, 1949, S. 211.

39 Vgl. Liste der lizenzierten Buch- und Zeitschriftenverlage in der SBZ und im sowjetischen Sektor Berlins, Stand 1.3.1947, DVV: SächsHStAD, 11401 Lr. Sachsen, MfVobi, Nr. 2764.

40 Vgl. Lizenzen-Handbuch, 1949, S. 251.

41 Vgl. »Bericht über die Arbeit des Sektors für Propaganda und Zensur der Politischen Abteilung der SMAD vom 15. Juli bis 15. Oktober 1945«, 31.10.1945, abgedruckt in: Bonwetsch/Bordjugov/Naimark: Sowjetische Politik, S. 14-19; Listen lizenzierter Verlage in: ThHStAW, Ld. Thür. - LfB,

Nr. 373; Liste der lizenzierten Buch- und Zeitschriftenverlage in der SBZ und im sowjetischen Sektor Berlins, Stand 1.3.1947, DVV: SächsHStAD, 11401 Lr. Sachsen, MfVobi, Nr. 2764 und Handbuch der Lizenzen, 1947, S. 91.

42 Vgl. Kopie der Lizenzurkunde Nr. 401 des Deutschen Bauernverlags, 14.4.1948: LAB, C Rep. 120, Nr. 863, Bl. 3.

43 Vgl. Lizenzen-Handbuch, 1949, S. 213.

44 Vgl. Kopie der Lizenzurkunde Nr. 100 des Deutschen Frauen-Verlags, 29.8.1946: LAB, C Rep. 120, Nr. 865.

45 Vgl. Handbuch der Lizenzen, 1947, S. 93.

46 Vgl. Lizenzen-Handbuch, 1949, S. 213.

47 Vgl. ebd.

48 Vgl. Abschrift der Lizenzurkunde des Deutschen Zentralverlags, 1.3.1946: LAB, C Rep. 120, Nr. 873, Bl. 6 und Handbuch der Lizenzen, 1947, S. 97.

49 Vgl. Angaben zur Lizenzierung der Verlagsgesellschaft Freie Gewerkschaft in: Liste der lizenzierten Buch- und Zeitschriftenverlage in der SBZ und im sowjetischen Sektor Berlins, Stand 1.3.1947, DVV: SächsHStAD, 11401 Lr. Sachsen, MfVobi, Nr. 2764 und Listen lizenzierter Verlage in: ThHStAW, Ld. Thür. - LfB, Nr. 373.

50 Vgl. Lizenzen-Handbuch, 1949, S. 249, v. Balluseck, Referat »Verlagswesen«, DVV an Präsidialabteilung, DVV, 10.2.1947: BArch DR 2/1149, fol. 124 und Angaben zur Lizenzierung der Dieterich'schen Verlagsbuchhandlung in: StadtAL, StVuR Nr. 8904, Bl. 30.

51 Vgl. Kopie der Lizenzurkunde Nr. 51 des Dietz Verlags, 18.4.1946: LAB, C Rep. 120, Nr. 886, Bl. 2.

52 Vgl. Kopie der Lizenzurkunde Nr. 341 des Verlages J. H. W. Dietz Nachfolger, 10.12.1947: LAB, C Rep. 120, Nr. 886, Bl. 3.

53 Vgl. Lizenzen-Handbuch, 1949, S. 212.

54 Vgl. ebd., S. 227.

55 Vgl. Listen lizenzierter Verlage in: ThHStAW, Ld. Thür. - LfB, Nr. 373. Siehe auch Verlage, lizenziert von der SMA., Berlin-Karlshorst, Börsenblatt Leipzig, 25.8.1946, S. 3f.

56 Vgl. Liste der lizenzierten Verlage in Thüringen, undatiert: ThHStAW, Ld. Thür. - MfVobi, Nr. 4280 und »Bericht über den Stand der Verlagsangelegenheiten in Thüringen«, »Thüringische Landesstelle für Buch- und Bibliothekswesen«, 8.4.1947: ThHStAW, Ld. Thür. - LfB, Nr. 31, Bl. 103.

57 Vgl. Lizenzierte Verlage und Zeitschriften. In: Börsenblatt Leipzig, 25.3.1947, S. 79 und Handbuch der Lizenzen, 1947, S. 91.

58 Vgl. Angaben zur Lizenzierung der Evangelischen Verlagsanstalt in: LAB, C Rep. 120, Nr. 910 und Handbuch der Lizenzen, 1947, S. 93.

59 Vgl. Lizenzen-Handbuch, 1949, S. 213.

60 Vgl. ebd.

61 Vgl. Listen lizenzierter Verlage in: ThHStAW, Ld. Thür. - LfB, Nr. 373.

62 Vgl. Kopie der Lizenzurkunde Nr. 136 des Fachbuchverlags, 7.5.1949: StadtAL, StVuR Nr. 8904, Bl. 31.

63 Vgl. Liste der lizenzierten Verlage in Thüringen, undatiert: ThHStAW, Ld. Thür. - MfVobi, Nr. 4280 und Lizenzen-Handbuch, 1949, S. 243.

64 Vgl. Angaben zur Lizenzierung des Forberg Verlags in: StadtAL, StVuR Nr. 8904, Bl. 32 und Lizenzerteilungen, Börsenblatt Leipzig, 30.8.1947.

65 Vgl. Liste der lizenzierten Buch- und Zeitschriftenverlage in der SBZ und im sowjetischen Sektor Berlins, Stand 1.3.1947, DVV: SächsHStAD, 11401 Lr. Sachsen, MfVobi, Nr. 2764 und Lizenzen-Handbuch, 1949, S. 213.

66 Vgl. Lizenzerteilungen, Börsenblatt Leipzig, 30.8.1947, Liste der lizenzierten Verlage in Sachsen-Anhalt, 29.8.1947: LHASA, MD, Rep. K MdI, Nr. 4024, Bl. 91 und Lizenzen-Handbuch, 1949, S. 235.

67 Vgl. Angaben zur Lizenzierung des Globus-Verlags in: LAB, C Rep. 120, Nr. 938, Bl. 11 und Bl. 36.

68 Vgl. Lizenzen-Handbuch, 1949, S. 214 und Neue Verlage lizenziert, Börsenblatt Leipzig, 10.10.1946, S. 65.

69 Vgl. Liste der lizenzierten Verlage in Thüringen, undatiert: ThHStAW, Ld. Thür. - MfVobi, Nr. 4280; »Bericht über den Stand der Verlagsangelegenheiten in Thüringen«, »Thüringische Landesstelle für Buch- und Bibliothekswesen«, 8.4.1947: ThHStAW, Ld. Thür. - LfB, Nr. 31, Bl. 103 und Lizenzen-Handbuch, 1949, S. 206.

70 Vgl. Liste der lizenzierten Verlage in Thüringen, undatiert: ThHStAW, Ld. Thür. - MfVobi, Nr. 4280 und Lizenzen-Handbuch, 1949, S. 263. Die im Lizenzen-Handbuch fälschlicherweise für den Greifenverlag angegebene Lizenz-Nr. 166 gehörte zum Pharus-Plan-Verlag.

71 Vgl. Kopie der Lizenzurkunde Nr. 187 des Hermann Haase Verlags, 27.2. 1947: LAB, C Rep. 120, Nr. 3216, Bl. 2 und Angaben zur Lizenzierung des Haase Verlags in ebd., Bl. 1.

72 Vgl. Lizenzerteilungen, Börsenblatt Leipzig, 30.8.1947 und Angaben zur Lizenzierung der Hachmeister & Thal Verlagsbuchhandlung in: StadtAL, StVuR Nr. 8904, Bl. 36.

73 Vgl. Handbuch der Lizenzen, 1947, S. 94 und Neue Verlage lizenziert, Börsenblatt Leipzig, 10.10.1946, S. 65.

74 Vgl. Lizenzen-Handbuch, 1949, S. 249.

75 Vgl. Kopie der Lizenzurkunde Nr. 205 des Harth-Verlags Pro Musica: StadtAL, StVuR Nr. 8892.

76 Vgl. Angaben zur Lizenzierung des Hedewigs Verlags in: StadtAL, StVuR Nr. 8904, Bl. 41 und Lizenz-Erteilungen, Börsenblatt Leipzig, 28.2.1948, S. 73.

77 Vgl. Lizenzen-Handbuch, 1949, S. 215.

78 Vgl. Liste »Stand des Verlagswesens 23.8.1948«, Landesregierung Sachsen: SächsHStAD, 11401 Lr. Sachsen, MfVobi, Nr. 2764 und Lizenzerteilungen, Börsenblatt Leipzig, 30.8.1947.

79 Vgl. Lizenzen-Handbuch, 1949, S. 215.

80 Vgl. Handbuch der Lizenzen, 1947, S. 94, Lizenzen-Handbuch, 1949, S. 215 und Neue Verlage lizenziert, Börsenblatt Leipzig, 10.10.1946, S. 65.

81 Vgl. Kopie der Lizenzurkunde Nr. 50 des Hinstorff Verlags, 18.4.1946: LHA Schwerin, 6.11-21 Ld. Meckl., MfVobi, Nr. 3079.

82 Vgl. Kopie der Lizenzurkunde Nr. 357des Hinstorff Verlags, 10.12.1947: LHA Schwerin, 6.11-21 Ld. Meckl., MfVobi, Nr. 3079.

83 Vgl. Lizenzen-Handbuch, 1949, S. 249 und Angaben zur Lizenzierung des Hirzel Verlags in: StadtAL, StVuR Nr. 8904, Bl. 48.

84 Vgl. Lizenzen-Handbuch, 1949, S. 215 und Verlage, lizenziert von der SMA., Berlin-Karlshorst, Börsenblatt Leipzig, 25.8.1946, S. 3f.

85 Vgl. Angaben zur Lizenzierung des Hofmeister Musikalien-Verlags in: StadtAL, StVuR Nr. 8904, Bl. 50, Lizenzen-Handbuch, 1949, S. 249 und Hinweis »Lizenzerteilungen – Berichtigung«. In: Börsenblatt, Leipzig, Nr. 3, 17.1.1948, S. 26.

86 Vgl. Kopie der Lizenzurkunde Nr. 244 des Alfred Holz Verlags, 25.2.1947: LAB, C Rep. 120, Nr. 3220, Bl. 3.

87 Vgl. Handbuch der Lizenzen, 1947, S. 148.

88 Vgl. Angaben zur Lizenzierung des Insel Verlags in: StadtAL, StVuR Nr. 8904, Bl. 51 und Lizenzen-Handbuch, 1949, S. 249

89 Im Lizenzen-Handbuch, 1949, S. 215 sind für den Jentgen Verlag zwei Lizenznummern angeben: 215 und 288. Die Lizenznummer 215 gehört allerdings zur Lizenz der Zeitschrift *Kunstseide und Zellwolle* im Jentgen Verlag (siehe Impressum späterer Ausgaben der Zeitschrift). Demzufolge gehört die Lizenznummer 288 zur Verlagslizenz.

90 Vgl. Lizenzen-Handbuch, 1949, S. 227.

91 Vgl. Schreiben der »Thüringischen Landesstelle für Buch- und Bibliothekswesen«, undatiert: ThHStAW, Ld. Thür. - LfB, Nr. 25; Listen lizenzierter Verlage in: ebd., Akte 373; »Thüringische Landesstelle für Buch- und Bibliothekswesen« an Graphik Verlag, 9.5.1946: ebd., Akte 360; Liste der lizenzierten Verlage in Thüringen, undatiert: ThHStAW, Ld. Thür. - MfVobi, Nr. 4280, Arbeitsplan der Abteilung »Verlagswesen« der DVV, 4.4.1946: BArch DR 2/896, fol. 65-71 und Wahl: »Das Verlegen gebe ich nie auf...«, S. 99, S. 113, Fußnote 29 und S. 114, Fußnote 39.

92 Vgl. Abdruck der Lizenzurkunde Nr. 367 des Gustav Kiepenheuer Verlags, 10.12.1947, in: »Das Publikum will mehr als trockne Schwarten«, S. 81 und Angaben zu lizenzierten Verlagen in Thüringen in: ThHStAW, Ld. Thür. - MfVobi, Nr. 4257. Bezug nehmend auf die im genannten Jubiläumsband abgedruckte Lizenzurkunde, gibt Volker Wahl in seinem Artikel »Das Verlegen gebe ich nie auf...«, S. 104, den 10. Oktober 1947 als Lizenzierungsdatum an. Wie auf der Urkunde zu sehen ist, trägt sie aber – genauso wie eine Reihe weiterer am selben Tag von der gleichen Handschrift ausgefüllter Urkunden – das Datum »10/XII« 1947 und wurde wie die anderen nachträglich zum 1. November 1947 ausgestellt (siehe Kapitel 5.2).

93 Vgl. Handbuch der Lizenzen, 1947, S. 104.

94 Vgl. Angaben zur Lizenzierung des Verlags Koehler & Amelang in: StadtAL, StVuR Nr. 8904, Bl. 55 und Liste »Stand des Verlagswesens 23.8.1948«, Landesregierung Sachsen: SächsHStAD, 11401 Lr. Sachsen, MfVobi, Nr. 2764.
95 Vgl. Kopie der Lizenzurkunde Nr. 399 des Kongreß-Verlags, 3.6.1948: LAB, C Rep. 120, Nr. 1008, Bl. 4.
96 Vgl. Liste der lizenzierten Buch- und Zeitschriftenverlage in der SBZ und im sowjetischen Sektor Berlins, Stand 1.3.1947, DVV: SächsHStAD, 11401 Lr. Sachsen, MfVobi, Nr. 2764.
97 Vgl. Lizenzen-Handbuch, 1949, S. 216.
98 Vgl. »Ministerium für Volksbildung« Thüringen an DVV, 27.7.1948: ThHStAW, Ld. Thür. - MfVobi, Nr. 4280.
99 Vgl. Referat »Verlage/Buchhandel/Leihbüchereien«, Magistrat der Stadt Berlin, an DVV: BArch DR 2/1149, fol. 65. Vgl. auch Lizenzen-Handbuch, 1949, S. 216 und Liste der lizenzierten Buch- und Zeitschriftenverlage in der SBZ und im sowjetischen Sektor Berlins, Stand 1.3.1947, DVV: SächsHStAD, 11401 Lr. Sachsen, MfVobi, Nr. 2764.
100 Vgl. Lizenzen-Handbuch, 1949, S. 217 und Koven: Verleger-Tagung am 19. Dezember 1946 in Berlin, Börsenblatt Leipzig, 25.1.1947.
101 Vgl. Lizenzen-Handbuch, 1949, S. 217.
102 Vgl. ebd.
103 Vgl. v. Balluseck, Referat »Verlagswesen«, DVV an Präsidialabteilung, DVV, 10.2.1947: BArch DR 2/1149, fol. 124; Angaben zur Lizenzierung des Paul List Verlags in: StadtAL, StVuR Nr. 8904, Bl. 57 und Lizenzen-Handbuch, 1949, S. 249.
104 Vgl. Angaben zur Lizenzierung der Verlagsanstalt List & von Bressendorf in: StadtAL, StVuR Nr. 8904, Bl. 58 und Lizenzerteilungen, Börsenblatt Leipzig, 30.8.1947.
105 Vgl. Liste der lizenzierten Verlage in Thüringen, undatiert: ThHStAW, Ld. Thür. - MfVobi, Nr. 4280, »Bericht über den Stand der Verlagsangelegenheiten in Thüringen«, »Thüringische Landesstelle für Buch- und Bibliothekswesen«, 8.4.1947: ThHStAW, Ld. Thür. - LfB, Nr. 31, Bl. 103 und Lizenzen-Handbuch, 1949, S. 229.
106 Vgl. Lizenzen-Handbuch, 1949, S. 217 und Neue Verlage lizenziert, Börsenblatt Leipzig, 10.10.1946, S. 65.
107 Vgl. Lizenzen-Handbuch, 1949, S. 235, v. Balluseck, Referat »Verlagswesen«, DVV an Präsidialabteilung, DVV, 10.2.1947: BArch DR 2/1149, fol. 124 und Liste der lizenzierten Verlage in Sachsen-Anhalt, 29.8.1947: LHASA, MD, Rep. K MdI, Nr. 4024, Bl. 91.
108 Vgl. Angaben zu lizenzierten Verlagen in Thüringen in: ThHStAW, Ld. Thür. - MfVobi, Nr. 4257 und Liste der lizenzierten Verlage in Thüringen, undatiert: ebd., Akte 4280.
109 Vgl. Lizenzen-Handbuch, 1949, S. 261.
110 Vgl. Kopie der Lizenzurkunde Nr. 342 des Mecklenburger Verlags, 10.12.1947: LHA Schwerin, 6.11-21 Ld. Meckl., MfVobi, Nr. 3084.
111 Vgl. Kopie der Lizenzurkunde Nr. 185 des Mecklenburgischen Heimatverlags, 24.2.1947: LHA Schwerin, 6.11-21 Ld. Meckl., MfVobi, Nr. 3087. Die Umbenennung des aus dem Verlag des Kulturbundes hervorgegangenen Mecklenburgischen Heimatverlags erfolgte aufgrund der Namensähnlichkeit zum Mecklenburger Verlag und zum nicht lizenzierten Heimatverlag (vgl. Petermänken-Verlag an Landesregierung Mecklenburg, 30.8.1948: ebd.). Aufgrund der Namensänderung stellte die SMAD dem Verlag eine neue Lizenzurkunde aus, die aber vermutlich keine Neulizenzierung unter einer neuen Lizenznummer war (vgl. ebd.).
112 Vgl. v. Balluseck, Referat »Verlagswesen«, DVV an Präsidialabteilung, DVV, 10.2.1947: BArch DR 2/1149, fol. 124, Angaben zur Lizenzierung des Felix Meiner Verlags in: StadtAL, StVuR Nr. 8904, Bl. 60 und Lizenzen-Handbuch, 1949, S. 250
113 Vgl. Liste der lizenzierten Verlage in Sachsen-Anhalt, 29.8.1947: LHASA, MD, Rep. K MdI, Nr. 4024, Bl. 91 und Lizenzen-Handbuch, 1949, S. 235.
114 Vgl. Liste der lizenzierten Verlage in Sachsen-Anhalt, 29.8.1947: LHASA, MD, Rep. K MdI, Nr. 4024, Bl. 91 und Lizenzen-Handbuch, 1949, S. 235. Laut Lizenzen-Handbuch, 1949, hatte die Mitteldeutsche Verlags-Gesellschaft auch die Lizenz-Nr. 112. Diese Angabe stimmt, allerdings handelte es sich dabei um eine Zeitschriftenlizenz für das *Gesetzblatt des Landes Sachsen-Anhalt.* (vgl. Liste der lizenzierten Zeitungen und Zeitschriften in Sachsen-Anhalt, 29.8.1947: LHASA, MD, Rep. K MdI, Nr. 4024,

Bl. 92). Die Mitteldeutsche Verlagsgesellschaft, Halle, ist nicht zu verwechseln mit der Mitteldeutschen Druckerei und Verlagsanstalt, die ihren Sitz ebenfalls in Halle hatte (vgl. ebd.).

115 Vgl. Liste der lizenzierten Buch- und Zeitschriftenverlage in der SBZ und im sowjetischen Sektor Berlins, Stand 1.3.1947, DVV: SächsHStAD, 11401 Lr. Sachsen, MfVobi, Nr. 2764.

116 Vgl. Angabe des Lizenzierungsdatums des Monte-Ferro Verlags in: LAB, C Rep. 120, Nr. 1056, Bl. 14; Monte-Ferro Verlag an den Magistrat der Stadt Berlin, 16.5.1947: ebd., Bl. 10; Liste der lizenzierten Buch- und Zeitschriftenverlage in der SBZ und im sowjetischen Sektor Berlins, Stand 1.3.1947, DVV: SächsHStAD, 11401 Lr. Sachsen, MfVobi, Nr. 2764; Handbuch der Lizenzen, 1947, S. 95 und Neue Verlage lizenziert, Börsenblatt Leipzig, 10.10.1946, S. 65.

117 Vgl. Kopie der Lizenzurkunde Nr. 209 des Musikverlags Schimanke, 25.2.1947: LHA Schwerin, 6.11-21 Ld. Meckl., MfVobi, Nr. 3090.

118 Vgl. Lizenzen-Handbuch, 1949, S. 261.

119 Vgl. Abschrift der Lizenzurkunde Nr. 113 des Niemeyer Verlags: LHASA, MD, Rep. K 10 MVb, Nr. 6141, Bl. 83, Handbuch der Lizenzen, 1947, S. 104 und Liste der lizenzierten Verlage in Sachsen-Anhalt, 29.8.1947: LHASA, MD, Rep. K MdI, Nr. 4024, Bl. 91.

120 Vgl. Listen lizenzierter Verlage in: ThHStAW, Ld. Thür. - LfB, Nr. 373.

121 Vgl. Witsch, »Thüringische Landesstelle für Buch- und Bibliothekswesen« an »Ministerium für Volksbildung« Thüringen, 8.4.1947: ThHStAW, Ld. Thür. - MfVobi, Nr. 4267; Liste der lizenzierten Verlage in Thüringen, undatiert: ebd., Akte 4280; »Bericht über den Stand der Verlagsangelegenheiten in Thüringen«, »Thüringische Landesstelle für Buch- und Bibliothekswesen«, 8.4.1947: ThHStAW, Ld. Thür. - LfB, Nr. 31, Bl. 103 und Lizenzen-Handbuch, 1949, S. 234.

122 Vgl. Kopie der Lizenzurkunde Nr. 118 des Peter-Paul-Verlags, 12.12.1946: LHA Schwerin, 6.11-21 Ld. Meckl., MfVobi, Nr. 3074.

123 Vgl. Lizenzen-Handbuch, 1949, S. 250 und Angaben zur Lizenzierung des Musikverlags C. F. Peters in: StadtAL, StVuR Nr. 8904, Bl. 61. Ein Abdruck der Urkunde befindet sich in: Molkenbur: C. F. Peters 1800–2000, S. XIX.

124 Vgl. v. Balluseck, Kultureller Beirat an Präsidialabteilung, DVV, 19.2.1947: BArch DR 2/1149, fol. 130 und Lizenzen-Handbuch, 1949, S. 218. Das im Lizenzen-Handbuch angegebene Lizenzierungsdatum 17.3.1946 ist falsch. Sämtliche in dieser frühen Zeit bereits lizenzierten Verlage haben niedrigere Lizenznummern. Die Lizenznummer 166 wird im Februar vergeben worden sein. Gemäß dem Schreiben von v. Balluseck sollten am 27.2.1947 insgesamt 27 Verlegern Lizenzurkunden übereicht werden, darunter auch dem Pharus-Plan Verlag. Die meisten dieser Verlage waren im Februar 1947 lizenziert worden.

125 Vgl. Lizenzen-Handbuch, 1949, S. 261 und Koven: Verleger-Tagung am 19. Dezember 1946 in Berlin, Börsenblatt Leipzig, 25.1.1947.

126 Vgl. Angaben zur Lizenzierung des Karl Rauch Verlags in: Thüringisches Hauptstaatsarchiv Weimar: Bestand MfVobi 4281; Liste der lizenzierten Verlage in Thüringen, undatiert: ThHStAW, Ld. Thür. - MfVobi, Nr. 4280 und Rauch an »Thüringische Landesstelle für Buch- und Bibliothekswesen«, 14.4.1947: ThHStAW, Ld. Thür. - LfB, Nr. 368. Am 1.7.1948 gab Karl Rauch seine Lizenzurkunde zurück mit der Angabe auf den Verzicht zukünftiger Verlagstätigkeit in der SBZ (vgl. Angaben dazu in: ThHStAW, Ld. Thür. - MfVobi, Nr. 4281). Kurz vorher hatte das Referat »Verlagswesen« der DVV durch einen Brief des Verlegers Raimund Bülow aus Boppard am Rhein erfahren, dass Rauch die Absicht habe, sich in die französische Besatzungszone abzusetzen. Eine »sogenannte Geheimlizenz für Berlin-franz. Sektor« sowie eine »allgemeine Verlagslizenz für die Franz. Zone« habe er bereits erhalten (vgl. Zitate aus dem Brief in einem Schreiben von Frommhold, Referat »Verlagswesen«, DVV, an das thüringische »Ministerium für Volksbildung«, 30.6.1948: ebd.). Tatsächlich ließ sich Karl Rauch nach dem Verlassen der SBZ in Boppard am Rhein nieder (vgl. Lizenzen-Handbuch, 1949, S. 224). Von dort aus veröffentlichte er am 21.9.1948 und am 23.9.1948 zwei Artikel im *Tagesspiegel* (Nr. 220 und 222), in denen er sich – zum Missfallen der DVV und des thüringischen »Ministeriums für Volksbildung« – kritisch zur Situation in der SBZ äußerte (vgl. Referat »Verlagswesen«, DVV, an Kriminalpolizei Jena, 6.10.1948).

127 Vgl. Kopie der Lizenzurkunde Nr. 39 des Verlags Philipp Reclam jun., 14.3.196: UniL, IfKMW, Buwi, Reclam Leipzig, Nr. 15.

128 Vgl. Abschrift der Kopie der Lizenzurkunde Nr. 343 des Verlags Philipp Reclam jun., 3.1.1948: UniL, IfKMW, Buwi, Reclam Leipzig, Nr. 15.

129 Vgl. Listen lizenzierter Verlage in: ThHStAW, Ld. Thür. - LfB, Nr. 373.
130 Vgl. Lizenzen-Handbuch, 1949, S. 219.
131 Vgl. ebd., S. 250 und Angaben zur Lizenzierung des Rupert Verlags in: StadtAL, StVuR Nr. 8904, Bl. 63.
132 Vgl. Handbuch der Lizenzen, 1947, S. 100.
133 Vgl. Kopie der Lizenzurkunde Nr. 208 des Verlags Dr. Werner Saenger, 25.2.1947: LAB, C Rep. 120, Nr. 1109, Bl. 8.
134 Vgl. Lizenzen-Handbuch, 1949, S. 250, Angaben zur Lizenzierung des Verlags Heinrich Schmidt & Carl Günther in: StadtAL, StVuR Nr. 8904, Bl. 65 und Hinweis »Lizenzerteilungen – Berichtigung«. In: Börsenblatt, Leipzig, Nr. 3, 17.1.1948, S. 26.
135 Vgl. Liste der lizenzierten Verlage in Leipzig, Stand 15.1.1947: StadtAL, StVuR Nr. 8865, Bl. 11-13 und Wiederbeginn der verlegerischen Tätigkeit, Sächsisches Tageblatt, 2.4.1946.
136 Vgl. Lizenzen-Handbuch, 1949, S. 250 und Eine westdeutsche Falschmeldung, Börsenblatt Leipzig, 22.1.1949.
137 Vgl. Lizenzen-Handbuch, 1949, S. 250, Liste der lizenzierten Verlage in Leipzig, Stand 15.1.1947: StadtAL, StVuR Nr. 8865, Bl. 11-13 und Angaben zur Lizenzierung des Staackmann Verlags in: StadtAL, StVuR Nr. 8904, Bl. 71.
138 Vgl. Lizenzen-Handbuch, 1949, S. 220. Die hier ebenfalls für den Stegemann angegebene Lizenz-Nr. 392 ist falsch. Sie gehörte zur Lizenz der Zeitschrift *Neuer Weg* (vgl. Kopie der Lizenzurkunde Nr. 392 zur Herausgabe der Zeitschrift *Neuer Weg* im Einheit Verlag: LAB, C Rep. 120, Nr. 1178, Bl. 4).
139 Vgl. Lizenzen-Handbuch, 1949, S. 227.
140 Vgl. ebd., S. 261 und v. Balluseck, Referat »Verlagswesen«, DVV an Präsidialabteilung, DVV, 10.2.1947: BArch DR 2/1149, fol. 124.
141 Vgl. »Bericht über die Arbeit des Sektors für Propaganda und Zensur der Politischen Abteilung der SMAD vom 15. Juli bis 15. Oktober 1945«, 31.10.1945, abgedruckt in: Bonwetsch/Bordjugov/Naimark: Sowjetische Politik, S. 14-19
142 Vgl. Angaben zur Lizenzierung der Teubner Verlagsgesellschaft in: StadtAL, StVuR Nr. 8904, Bl. 38 und Lizenzerteilungen, Börsenblatt Leipzig, 30.8.1947.
143 Vgl. Lizenzen-Handbuch, 1949, S. 250.
144 Vgl. Angaben zu lizenzierten Verlagen in Thüringen in: ThHStAW, Ld. Thür. - MfVobi, Nr. 4257.
145 Vgl. Handbuch der Lizenzen, 1947, S. 123.
146 Vgl. Lizenzen-Handbuch, 1949, S. 221.
147 Vgl. Union-Verlag an Magistrat von Groß-Berlin, 20.5.1947: LAB, C Rep. 120, Nr. 1066, Bl. 52, Handbuch der Lizenzen, 1947, S. 96 und Lizenzen-Handbuch, 1949, S. 221. Mit der Lizenz wurde die Gründung der Christlich Demokratischen Union und die Herausgabe der Zeitung *Neue Zeit* genehmigt. Der Verlag veröffentlichte unter der Lizenz aber auch Schriften (vgl. Handbuch der Lizenzen, 1947, S. 96 und Lizenzen-Handbuch, 1949, S. 221).
148 Vgl. Handbuch der Lizenzen, 1947, S. 111, Lizenzen-Handbuch, 1949, S. 221 u. 250 und Neue Verlage lizenziert, Börsenblatt Leipzig, 10.10.1946, S. 65.
149 Vgl. Angaben zur Lizenzierung des Universalverlags in: StadtAL, StVuR Nr. 8904, Bl. 79.
150 Vgl. »Ministerium für Volksbildung« Thüringen an DVV, 27.7.1948: ThHStAW, Ld. Thür. - MfVobi, Nr. 4280 und Lizenzen-Handbuch, 1949, S. 243.
151 Vgl. Listen lizenzierter Verlage in: ThHStAW, Ld. Thür. - LfB, Nr. 373.
152 Vgl. Lizenzen-Handbuch, 1949, S. 210 und Neue Verlage lizenziert, Börsenblatt Leipzig, 10.10.1946, S. 65.
153 Vgl. Lizenzen-Handbuch, 1949, S. 222 und Angaben zur Lizenzierung des Verlags Die Wirtschaft in: LAB, C Rep. 120, Nr. 884, Bl. 3.
154 Vgl. Kopie der Lizenzurkunde Nr. 18 des Einheit Verlags, 26.1.1946: BArch DY 30/IV 2/9.13/3, fol. 4.
155 Vgl. Kopie der Lizenzurkunde Nr. 339 des Verlags Einheit, 10.12.1947: LAB, C Rep. 120, Nr. 1178, Bl. 2.
156 Vgl. Listen lizenzierter Verlage in: ThHStAW, Ld. Thür. - LfB, Nr. 373.
157 Vgl. Lizenzen-Handbuch, 1949, S. 216.
158 Vgl. Referat »Verlage«, Magistrat der Stadt Berlin, Liste Nr. 1 der »Verlage, die auf Grund militärbehördlicher Genehmigung ihre Arbeit (in Berlin) aufgenommen haben«, 1.12.1945: BArch DR 2/896,

fol. 171ff und »Bericht über die Arbeit des Sektors für Propaganda und Zensur der Politischen Abteilung der SMAD vom 15. Juli bis 15. Oktober 1945«, 31.10.1945, abgedruckt in: Bonwetsch/Bordjugov/Naimark: Sowjetische Politik, S. 14-19.

159 Vgl. Angaben zur Lizenzierung des Verlags Neuer Weg in: LAB, C Rep. 120, Nr. 886, Bl. 54 und Wilhelm Pieck: Der neue Weg zum gemeinsamen Kampfe für den Sturz der Hitlerdiktatur. Berlin: Verlag Neuer Weg 1949, Titelblatt-Rückseite: »Veröffentlicht unter Lizenz-Nr. 340 der Sowjetischen Militär-Administration in Deutschland«. Die Vermutung zum Lizenzierungsdatum beruht darauf, dass die Lizenzen Nr. 334, 339, 341 und 342 für die Verlage Volk und Wissen, Einheit, Dietz und Mecklenburger Verlag ebenfalls am 10.12.1947 vergeben wurden.

160 Vgl. Listen lizenzierter Verlage in: ThHStAW, Ld. Thür. - LfB, Nr. 373.

161 Vgl. Lizenzen-Handbuch, 1949, S. 218.

162 Vgl. Kopie der Lizenzurkunde Nr. 288 des Verlags Technik, 29.5.1947: LAB, C Rep. 120, Nr. 3221, Bl. 4.

163 Vgl. Kopie der Lizenzurkunde Nr. 141 des Verlags Volk und Welt, 30.1.1947: LAB, C Rep. 120, Nr. 1188.

164 Vgl. Schreiben »Zu den Fragen der Daseinsberechtigung und Daseinsnotwendigkeit des Verlages Werden und Wirken« von Erwin Reiche, Direktor des Verlags, 8.3.1949: BArch DR 2/1094-1095, fol. 19-27 und Lizenzen-Handbuch, 1949, S. 274. Die Lizenz wurde vermutlich rückwirkend zum November 1947 ausgestellt (vgl. Schreiben Reiches vom 8.3.1949).

165 Vgl. Lizenzen-Handbuch, 1949, S. 216 und Neue Verlage lizenziert, Börsenblatt Leipzig, 10.10.1946, S. 65.

166 Vgl. v. Balluseck, Kultureller Beirat, an Präsidialabteilung, DVV, 19.2.1947: BArch DR 2/1149, fol. 130; Liste der lizenzierten Buch- und Zeitschriftenverlage in der SBZ und im sowjetischen Sektor Berlins, Stand 1.3.1947, DVV: SächsHStAD, 11401 Lr. Sachsen, MfVobi, Nr. 2764 und Lizenzen-Handbuch, 1949, S. 227. Gemäß dem Schreiben von v. Balluseck sollten am 27.2.1947 insgesamt 27 Verlegern Lizenzurkunden übereicht werden, darunter auch dem Voco-Verlag. Die meisten dieser Verlage waren im Februar 1947 lizenziert worden. Die Lizenz-Nummer ist den Veröffentlichungen des Verlags zu entnehmen (vgl. z.B. Wolfram von Hahnstein: Der vom Gutenberg. Dresden: Voco-Verlag 1947, Titelblatt Rückseite »Lizenznummer 169 der Sowjetischen Militärverwaltung in Deutschland«).

167 Vgl. Kopie der Lizenzurkunde Nr. 38 des Verlags Volk und Buch, 16.3.1946: StadtAL, StVuR Nr. 9121.

168 Vgl. Angaben zur Lizenzierung des Volk und Buch Verlags in: StadtAL, StVuR Nr. 8904, Bl. 83.

169 Vgl. Kopie der Lizenzurkunde Nr. 28 des Verlags Volk und Wissen, 4.3.1946: LAB, C Rep. 120, Nr. 1193, Bl. 1. Die Urkunde wurde dem Volk und Wissen Verlag, der aufgrund des SMAD-Befehl Nr. 70 vom 25. September 1945 gegründet worden war, nachträglich ausgestellt (siehe Kapitel 4.1).

170 Vgl. Lizenzen-Handbuch, 1949, S. 221.

171 Vgl. VVN-Verlag, Börsenblatt Leipzig, 22.1.1949.

172 Vgl. Handbuch der Lizenzen, 1947, S. 97 und Neue Verlage lizenziert, Börsenblatt Leipzig, 10.10.1946, S. 65.

173 Vgl. v. Balluseck, Referat »Verlagswesen«, DVV an Präsidialabteilung, DVV, 10.2.1947: BArch DR 2/1149, fol. 124 und Angaben zur Lizenzierung des Wunderlich Verlags in: StadtAL, StVuR Nr. 8904, Bl. 84.

174 Gemäß einem Schreiben von v. Balluseck, Kultureller Beirat an die Präsidialabteilung, DVV, vom 19.2.1947 (BArch DR 2/1149, fol. 130) sollten am 27.2.1947 insgesamt 27 Verlegern Lizenzurkunden übereicht werden. Die meisten dieser Verlage waren im Februar 1947 lizenziert worden. Die Angaben zur Lizenzierung des Zech Verlags im Lizenzen-Handbuch, 1949, S. 222 waren veraltet. Die dort angegebene Lizenz-Nr. 89 vom 28.6.1946 gehörte zur Verlagsgemeinschaft »Jugend und Welt«, die sich aber offensichtlich bis Februar 1947 aufgelöst hatte.

175 Vgl. Lizenzen-Handbuch, 1949, S. 276.

6 Schlussbetrachtungen

Mit der Lizenzierungspolitik in der Sowjetischen Besatzungszone Deutschlands wurde ein System geschaffen, das zwischen Zentralisation und Dezentralisation schwankte. Während der ersten Monate nach Kriegsende erteilte die »Propagandaverwaltung« der SMAD in Berlin-Karlshorst ohne Beteiligung deutscher Verwaltungen Lizenzen an neu gegründete Verlage von Parteien, Organisationen und Verwaltungen. Zum einen standen die Lizenzierungen dieser Verlage ohnehin außer Frage; zum anderen war die aufgrund des SMAD-Befehls Nr. 17 vom 27. Juli 1945 neu geschaffene »Deutsche Zentralverwaltung für Volksbildung« (DVV) noch zu sehr mit dem Aufbau ihrer eigenen Verwaltung beschäftigt, und bis Ende 1945 kam keine Einigung über die Art und Weise ihrer Beteiligung an zukünftigen Verlagslizenzierungen zustande.

Anfang 1946 entwickelte die SMAD dann gemeinsam mit Vertretern der DVV und Persönlichkeiten aus dem Buchhandel Leipzigs ein Konzept für die zukünftige Verlagslandschaft der SBZ. An den daraufhin einsetzenden Lizenzierungen wurden sowohl die DVV als auch die deutschen Verwaltungen der Länder und Provinzen in erheblichem Maße beteiligt. So traf die DVV nach einer Begutachtung der Lizenzanträge durch die Volksbildungsverwaltungen der Länder und Provinzen eine Vorauswahl der zu lizenzierenden Verlage. Dieses System der Lizenzierungen entwickelte sich im ersten Halbjahr 1946 eher eigendynamisch und wurde erst später von der SMAD als offizielles System vorgegeben.

Bis zum Sommer 1947 behielt es sich die »Propagandaverwaltung« der SMAD vor, die endgültige Entscheidung über die Lizenzerteilungen zu treffen und die Lizenzurkunden auszustellen. Im Sommer 1947 wurde die Lizenzerteilung an Verlage und Zeitschriften durch die Übertragung dieser Aufgabe an die Informationsabteilungen der SMA in den Ländern und Provinzen dezentralisiert. Allerdings erteilte auch die mittlerweile in »Informationsverwaltung« umbenannte »Propagandaverwaltung« weiterhin Lizenzen.

Anfang 1948 konkretisierten sich neue Zentralisierungsbestrebungen. Die beiden für die Lizenzierungen maßgeblichen Befehle der SMAD – Befehl Nr. 19 vom 2. August 1945 und Befehl Nr. 90 vom 17. April 1947 – und die dazugehörigen Richtlinien ließen den beteiligten Institutionen bei der Durchführung des Lizenzierungssystems einen großen freien Freiraum. Mit einer kompletten Neufassung der zum SMAD-Befehl Nr. 90 zugehörigen Richtlinien sollten nun sämtliche die Lizenzierungsverfahren betreffenden Punkte genaustens definiert werden und die Aufgabe der Lizenzerteilung an die DVV übertragen werden. Im März 1948 kam der Plan auf, nicht nur die Richtlinien zu erneuern, sondern den gesamten SMAD-Befehls Nr. 90 aufzuheben und gleichzeitig einen neuen Befehl zu erlassen. Mit diesem sollte die Deutsche Verlagskommission (DVK) ins Leben gerufen werden, die einen Großteil der Aufgaben der sowjetischen »Informationsverwaltungen«, der DVV und des Kulturellen Beirats übernehmen sollte. Bei den seit April 1948 stattfindenden Sitzungen zwischen Vertretern der SMAD und deutschen Verwaltungen konnte allerdings keine Einigung über die verschiedenen Fassungen des Befehls-Entwurfs erzielt werden. So blieb der SMAD-Befehl Nr. 90 vom 17. April 1947 und die dazugehörigen Richtlinien auch nach der Gründung der DDR im Oktober 1949 bis zum 27. Februar 1950 in Kraft. Die Aufgabe der Lizenzerteilungen übernahm im August 1951 das neu errichtete »Amt für Literatur und Verlagswesen«.

Anfang 1946 plante die SMAD nur fünf Privatverlage wieder zuzulassen. Aber bereits im zweiten Quartal 1946 ging sie dazu über, mehr Verlage zu lizenzieren, als ursprünglich geplant. Der Grund hierfür lag in erster Linie an den Rechten der Verlage an den Autoren und Publikationen, die in der SBZ gehalten werden sollten. Ohne weitere Lizenzierungen wären wahrscheinlich – so auch die damaligen Befürchtungen der zuständigen Verwaltungen – mehr Verlage als ohnehin schon in die westlichen Zonen abgewandert, was dem Image der SBZ geschadet hätte. Eine rechtliche Handhabe, die Verleger zu zwingen, mit ihren Verlagsrechten in der SBZ zu bleiben, gab es nicht. Verlagen ihre Verlagsrechte zu entziehen, war nur im Zusammenhang mit einer Enteignung bzw. Beschlagnahme im Rahmen der im Potsdamer Abkommen vom 2. August 1945 vereinbarten Entnazifizierung und Entmilitarisierung Deutschlands möglich.

Um die Zahl der Verlagslizenzen dennoch so gering wie möglich zu halten, wurden mit der »Arbeitsgemeinschaft Medizinischer Verleger« und der »Arbeitsgemeinschaft der Fachbuch- und Fachzeitschriften-Verleger« zwei überregionale Arbeitsgemeinschaften geschaffen, unter deren Lizenzen ihnen angeschlossene Verlage publizieren konnten. Zudem wurden mit der »Arbeitsgemeinschaft Thüringischer Verleger« und der Berliner Verlagsgemeinschaft »Jugend und Welt« zwei regionale Arbeitsgemeinschaften lizenziert, die nach dem gleichen Prinzip arbeiteten. Weitere überregionale Arbeitsgemeinschaften für Verlage gleicher Fachrichtungen waren geplant, wurden aber nicht eingerichtet. Insgesamt waren in der SBZ 173 Verlage durch eine eigene Verlagslizenz oder durch die Mitgliedschaft in einer Arbeits- bzw. Verlagsgemeinschaft lizenziert.

Der Erhalt von Verlagslizenzen war zu einem großen Teil davon abhängig, inwieweit sich die Mitarbeiter der jeweils zuständigen Verwaltung in den Ländern und Provinzen für »ihre« Verlage einsetzten. Hier gab es große Unterschiede. Anhand der in den verschiedenen Archiven vorgefundenen Struktur- und Personalpläne und anhand der eingesehenen Korrespondenz der für die Verlagslizenzierungen zuständigen deutschen Verwaltungen konnte sowohl für die DVV als auch für die Volksbildungsverwaltungen bzw. –ministerien der Länder und Provinzen weitgehend rekonstruiert werden, welche Referate und welche dort beschäftigten Personen für das Verlagswesen in der SBZ zuständig waren. Diese Ergebnisse als auch das in der Arbeit nachvollzogene Verfahren der Lizenzerteilungen bilden ein Gerüst der Lizenzierungspolitik im Verlagswesen der SBZ und können weiteren Forschungen zum Nachkriegsbuchhandel als Grundlage dienen. Anbieten würde sich z. B. eine eingehendere Betrachtung politisch-ideologischer Fragen. Wie in Kapitel 4.1 anhand des Rostocker Hinstorff Verlages, des Weimarer Gustav Kiepenheuer Verlages, des Jenaer Gustav Fischer Verlages und des Jenaer Eugen Diederichs Verlages als Beispielen dargestellt, versuchten Mitarbeiter deutscher Verwaltungen ideologischen Einfluss auf Privatverlage zu nehmen, indem sie versuchten sich selbst oder Vertreter zugelassener Parteien und Institutionen in die Gesellschafterstruktur der Verlage einzubringen. Hier könnten weitere Arbeiten untersuchen, in welchen Fällen unter dem Deckmantel der im Potsdamer Abkommen beschlossenen Entnazifizierung oder als Druckmittel für die Voraussetzung einer Lizenzerteilung ein derartiger Austausch von Gesellschaftern gelungen ist und in wiefern so genannte Privatverlage in der SBZ tatsächlich noch privat waren. Auch ein umfassenderer Vergleich der Lizenzierungspolitik in der SBZ mit derjenigen in den drei westlichen Besatzungszonen, insbesondere im Hinblick auf die Übertragung von Verantwortung auf deutsche Institutionen, bietet sich an.

Die in lizenzierten Verlagen erschienenen Publikationen unterlagen in der SBZ der Vorzensur. Hier nahm der im Sommer 1946 eingerichtete »Kulturelle Beirat für das Verlagswesen« – eine deutsche Institution – durch die Erteilung von Druckgenehmigungen für wissenschaftliche Literatur und Belletristik (ab April 1947) als auch durch die Zuteilung von Papierkontingenten und eine unbestreitbare Machtposition im Verlagswesen der SBZ ein. Mit dem kaum zu widerlegenden Argument der Papierknappheit konnte der Kulturelle Beirat –

weit über die im Potsdamer Abkommen geforderten Ziele nach Entnazifizierung und Entmilitarisierung hinausgehend – steuern, welche Literatur in Umlauf gebracht wurde und welche nicht. Allerdings arbeitete er unter chaotischen strukturellen Umständen. Vor allem aufgrund des Mangels an festangestelltem Personal konnte der Beirat seinen eigenen Apparat nicht vollständig kontrollieren und somit seine Machtposition nicht umfassend nutzen. Für zukünftige Forschungen bietet es sich an, sich eingehender mit der Arbeit in den einzelnen Kommissionen des Kulturellen Beirats zu beschäftigen und genauer zu prüfen – auch in ideologischer Hinsicht –, wer in den Kommissionen arbeitete und mit welchen Argumenten Literatur angenommen bzw. abgelehnt wurde. Im Anhang findet sich ein Formular des Kulturellen Beirats, das von seinen festen und freien Lektoren zur Beurteilung eingereichter Manuskripte auszufüllen war. Ebenfalls untersuchenswert ist die Druckgenehmigungspraxis der SMAD bzw. der Verwaltungen der SMA in den Ländern und Provinzen der SBZ vor der Einrichtung des Kulturellen Beirats, die in bisherigen Publikationen kaum Beachtung gefunden hat.

Neben den Vorarbeiten zu Verlagslizenzierungen beschäftigten sich die Mitarbeiter der vorgestellten deutschen Verwaltungen auch maßgeblich mit einer Reihe weiterer Angelegenheiten des Buchhandels. Die SMAD überließ ihnen die Bearbeitung eines großen Teils der Aufgaben. Die relativ wenigen Befehle und Anordnungen der SMAD auf diesem Gebiet umfassten die Themenbereiche Entnazifizierung, Kontrolle und Gründung von Unternehmen, Interzonenverkehr, Beschlagnahme, Zensur, Papierbeschaffung, Abgabe von Pflichtexemplaren, Leipziger Messe, Preise und Postverkehr. Die Übersicht dieser Befehle mit kurzen Inhaltsangaben in Kapitel 3.2 soll weiteren Arbeiten zu diesen Themen als Quellenhinweis dienen.

Kurzbiografien

Abramow, Alexei Alexandrowitsch. Der Oberstleutnant der sowjetischen Armee war seit März 1947 stellvertretender und ab September 1949 als Nachfolger von Tulpanow Leiter der »Propaganda-« bzw. »Informationsverwaltung« der SMAD.[1]

Ackermann, Anton (ursprünglich: Eugen Hanisch). Der 1905 in Thalheim geborene Ackermann schloss sich 1926 der KPD an. 1928 verließ er als Absolvent die Leninschule in Moskau. In Berlin leitete er nach der Machtergreifung der Nationalsozialisten die illegale KPD und wurde 1935 Mitglied des Zentralkomitees der KPD und Kandidat des Politbüros. Ein Jahr später nahm er am Spanischen Bürgerkrieg teil und ging anschließend zurück in die Sowjetunion. Nach 1943 schloss er sich dem NKFD an und übernahm die Leitung des Moskauer Senders »Freies Deutschland«. Nach seiner Rückkehr nach Deutschland im Mai 1945 leitete er bis Juni 1945 die »Initiativgruppe Ackermann« in Sachsen und beteiligte sich als Mitglied des Sekretariats des Zentralkomitees der KPD 1946 maßgeblich an der Gründung und später auch an der Leitung der SED. 1946 war er Abgeordneter des sächsischen Landtags. Von 1945 bis 1951 war er Mitglied im Präsidialrat des Kulturbundes zur demokratischen Erneuerung Deutschlands, 1949–1953 Staatssekretär im »Außenministerium« und 1958 Leiter der Abteilung »Kultur, Volksbildung, Gesundheit« in der Staatlichen Plankommission der DDR. Ackermann starb im Jahr 1973.[2]

Artjuchin, I. D., Prof. Dr. Von 1945 bis 1948 war er stellvertretender Chef und von 1948 bis 1949 Chef der »Abteilung für Volksbildung« der SMAD.[3]

Balluseck, Lothar von. Der Journalist und Schriftsteller wurde 1906 geboren. Von Oktober 1945 bis August 1947 war von Balluseck Leiter des Referats »Verlagswesen« bzw. des Vorgängerreferats der DVV. Mit der Gründung des Kulturellen Beirats im Sommer 1946 übernahm von Balluseck gleichzeitig das Amt des Geschäftsführers des Kulturellen Beirats. Im Juli 1947 schied von Balluseck sowohl aus der DVV als auch aus dem Kulturellen Beirat aus und ging in die westlichen Besatzungszonen.[4]

Bartels, Theo Alfred August Johannes. Der im Jahr 1902 geborene Bartels wurde nach Kriegsende zunächst als Sachbearbeiter für Verlagswesen in der DVV eingestellt. Nachdem er sich bereits im ersten Quartal des Jahres 1946 »um eine Stelle als Referent für Verlagsfragen« beworben hatte,[5] wurde er spätestens im Mai 1946 zum Referenten im DVV-Referat »Verlagswesen« befördert. Seit 1928 war Bartels Mitglied der KPD.[6]

Becher, Johannes R. Der 1891 geborene Schriftsteller trat 1917 als 26-Jähriger der USPD bei, 1918 dem Spartakusbund und 1923 der KPD. Von 1928 bis 1933 gehörte er als Sekretär dem »Bund proletarisch-revolutionärer Schriftsteller« an. 1935 ging Becher in die Emigration

---

1 Vgl. Broszat/Weber: SBZ-Handbuch, S. 858, Foitzik: Sowjetische Militäradministration in Deutschland (SMAD) 1945–1949, S. 456, ders.: Sowjetische Militäradministration, 1993, S. 53 und Bonwetsch/Bordjugov/Naimark: Sowjetische Politik in der SBZ, S. 300.

2 Vgl. Broszat/Weber: SBZ-Handbuch, S. 858 und SBZ-Biographie, S. 12.

3 Vgl. Broszat/Weber: SBZ-Handbuch, S. 862.

4 Vgl. Kapitel 2.1.2 und 2.1.3 sowie Broszat/Weber: SBZ-Handbuch, S. 863.

5 Girnus, DVV, an die Kaderabteilung der KPD, 8.4.1946: BArch DR 2/629, fol. 71.

6 Vgl. ebd. und Angaben zu Bartels in: ebd., Akte 928, fol. 3.

und wurde in der UdSSR Herausgeber der *Internationalen Literatur – Deutsche Blätter* und ab 1943 Mitbegründer des NKFD. Nach seiner Rückkehr nach Deutschland gehörte er von Juni 1945 bis April 1946 dem Zentralkomitee der KPD und danach bis September 1947 dem Parteivorstand der SED an. 1948 wurde er in den Parteivorstand der SED aufgenommen. Von 1950 bis 1958 war er Mitglied im Zentralkomitee der SED. Zusätzlich zu diesen Ämtern war er von 1945 bis 1958 Präsident des Kulturbundes zur demokratischen Erneuerung Deutschlands, von 1945 bis 1946 dritter Vizepräsident der DVV, von 1949 bis 1958 Mitglied der Volkskammer, von 1952 bis 1956 Präsident der Akademie der Künste und schließlich von 1954 bis 1958 Minister für Kultur der DDR. Becher starb 1958.[7]

Bechler, Bernhard. Der 1911 in Grün bei Lengenfeld/Vogtland geborene Bechler war Berufsoffizier und Mitglied in der NSDAP. Er geriet als Major 1943 in sowjetische Gefangenschaft. Nach seiner Gefangenschaft wurde er Vorstandsmitglied im Bund deutscher Offiziere, später schloss er sich als Rundfunksprecher dem NKFD an. 1944 war Bechler als NKFD-Frontbevollmächtigter der zweiten Belorussischen Front tätig. Von den Nationalsozialisten wurde er »wegen seiner antifaschistischen, demokratischen Haltung (...) aus dem Staatsdienst entlassen«.[8] 1945 trat Bechler in die KPD, später in die SED ein. Am 9. Juli 1945 wurde Bechler zum ersten Vizepräsident der Provinz Mark Brandenburg ernannt. Von 1946 bis 1949 war er Innenminister in Brandenburg. Nach 1949 war er in leitenden Positionen bei der Volkspolizei und ab 1956 dann als Generalmajor bei der Nationalen Volksarmee tätig.[9]

Becker, Heinrich. Becker wurde 1891 geborenen. Der Historiker und Germanist trat 1923 der SPD bei. 1922 wurde er Leiter der Publikationsabteilung der Quäker in Berlin, 1926 Geschäftsführer der »Deutschen Zentralstelle für Volkstümliches Büchereiwesen« in Leipzig und 1929 Ministerialrat für Bücherei- und Volkshochschulwesen im Preußischen »Ministerium für Wissenschaft, Kunst und Volksbildung«, wo er das »Referat für Volkshochschulen und Volksbüchereien« übernahm. 1933 wurde er aufgrund seiner politischen Haltung von den Nationalsozialisten aus dem Ministerium entlassen. 1936 wurde Becker bei der Leipziger Internationalen Buchhandlung Otto Harrassowitz eingestellt. Ein Jahr später übernahm er die Leitung der Verlagsabteilung. Nach Kriegsende arbeitete Becker zunächst als kommissarischer Leiter der Leipziger Stadtbibliothek und der Städtischen Bücherhallen Leipzigs bis er Mitte August 1945 zum Leiter der »Zentralstelle für Buch- und Bibliothekswesen« im »Erziehungs- und Kulturamt« der Stadt Leipzig ernannt wurde. Am 3. Juni 1946 wurde Becker zum Geschäftsführer des Bibliographischen Instituts gewählt. Zudem war er seit November 1946 zunächst stellvertretender Vorsteher, ab Januar 1948 dann geschäftsführender Vorsteher und von Juli 1950 bis zum Übergang in den Ruhestand Ende 1960 offzieller Vorsteher des Leipziger Börsenvereins der Deutschen Buchhändler zu Leipzig. Während seiner Amtszeit trat er in die SED ein. Becker starb im Jahr 1971.[10]

---

7 Vgl. Broszat/Weber: SBZ-Handbuch, S. 865.

8 Schulze: Bildung und Entwicklung der Landes- und Provinzialverwaltungen, S. 13.

9 Vgl. Fait: Brandenburg, S. 85 und 96, Broszat/Weber: SBZ-Handbuch, S. 866, Schulze: Bildung und Entwicklung der Landes- und Provinzialverwaltungen, S. 13 und SBZ-Biographie, S. 28.

10 Vgl. Umlauff: Wiederaufbau, S. 1223, Bille: Börsenverein, S. 181 u. 207, Becker: Zwischen Wahn und Wahrheit, S. 306, 316, 370 u. 381 und Stadtrat Holtzhauer an Becker, 13.8.1945: StadtAL, StVuR Nr. 8850, Bl. 3.

Beines, August. Der 1915 geborene Beines absolvierte vor dem Zweiten Weltkrieg die Funkerschule Bonn-Hangelar. Von 1936 bis 1945 gehörte er der Wehrmacht als Nachrichtenoffizier an. Kurz vor Kriegsende wurde Beines wegen Befehlsverweigerung verhaftet, da er sich weigerte, das Hauptquartier von Hermann Göring zu verteidigen. Nach dem Krieg wurde er nach kurzer Gefangenschaft im Juli 1945 entlassen und trat anschließend in der SBZ der KPD bei. Ab Juni/Juli 1948 leitete Beines die Abteilung E »Kulturelle Aufklärung« im thüringischen »Ministerium für Volksbildung«.[11]

Bokow, Fjodor Jefimowitsch. Der 1903 geborene Bokow wurde 1943 Generalleutnant der sowjetischen Armee. Von Juni 1945 bis November 1946 gehörte er dem Militärrat der Gruppe der Sowjetischen Streitkräfte in Deutschland an. 1947 kehrte Bokow in die Sowjetunion zurück und belegte bis 1961 höchste Kommando-Posten.[12]

Both, Candida. Both war zunächst in der Abteilung »Büchereiwesen« im Magistrat der Stadt Berlin tätig und wechselte im ersten Quartal 1946 in die neu gegründete Abteilung »Verlage/Buchhandel/Leihbüchereien«, wo sie als Hauptsachbearbeiterin für Leihbüchereien tätig war.[13] Vermutlich in den ersten Nachkriegsmonaten war sie »Lektorin für Buchhandel«[14]

Breitenbuch, August von. Der 1900 geborene von Breitenbuch machte nach dem Ende des Ersten Weltkriegs zunächst eine Ausbildung als Mühlenkaufmann, erlernte dann aber den Beruf Landwirt. Von 1927 bis 1930 hielt er sich zur Erlernung moderner landwirtschaftlicher Betriebsformen in den USA auf. Zurück in Deutschland übernahm er in Thüringen den Gutsbetrieb seines verstorbenen Vaters. 1935 heiratete er Herta Fischer, die 1911 geborene Tochter des Verlegers Gustav Fischer. Durch die Bodenreform verlor er nach Kriegsende den Gutsbetrieb und widmete sich nach der Entlassung aus amerikanischer Haft dem Verlagswesen. Er ging 1947 nach Stuttgart und baute gemeinsam mit Rudolf Maas, dem Prokuristen des Jenaer Gustav Fischer Verlags, den Piscator Verlag als Zweigstelle des Gustav Fischer Verlags auf. Später führte er gemeinsam mit der 1953 nach Stuttgart geflüchteten Annelise von Lucius, Tochter des Verlegers Gustav Fischer, die im März 1951 parallel zum Piscator Verlag gegründete Gustav Fischer oHG (später KG) weiter. Er verstarb 1987 in Stuttgart.[15]

Bremser, Karl. Der 1884 in Wiesbaden geborene Bremser machte von 1899 bis 1901 in der Heinrich Staadt Buchhandlung in Wiesbaden eine Lehre und arbeitete danach zwei weitere Jahre als Sortimentsgehilfe im selben Betrieb. Von 1903 bis 1906 war er im Gustav Fischer Verlag in Jena tätig, wo er zunächst in der Auslieferungsabteilung und ab 1904 in der Herstellungsabteilung arbeitete. 1907 kehrte er als erster Sortimenter wieder in die Wiesbadener Buchhandlung Staadt zurück. 1908 trat er erneut in den Gustav Fischer Verlag ein, arbeitete zunächst als Chefsekretär von Gustav Fischer und wechselte 1910 in die Herstellung der

---

11 Vgl. Personal-Fragebogen August Beines: BArch DR 2/928, fol. 31, Lebenslauf Beines: ebd., fol. 32 und Kapitel 2.2.2.5.

12 Vgl. Bonwetsch/Bordjugov/Naimark: Sowjetische Politik in der SBZ, S 301 und Broszat/Weber: SBZ-Handbuch, S. 874.

13 Vgl. Übersicht über die »Abteilung für Volksbildung«, Magistrat der Stadt Berlin, 2.11.1945: LAB, C Rep. 120, Nr. 3257, Bl. 1–2, Übersicht über die Mitarbeiter der Abteilung »Verlage/Buchhandel/Leihbüchereien«, Magistrat der Stadt Berlin, 15.3.1946: ebd., Nr. 62, Bl. 194 und Pensenplan der »Abteilung für Volksbildung«, Hauptamt »Presse und Aufbauwerbung« – aus dem Haushaltsplan 1946, aufgestellt am 1.7.1946: ebd., Nr. 1625.

14 Vgl. Angestelltenverzeichnis, Magistrat der Stadt Berlin, undatiert: ebd., Nr. 62, Bl. 175.

15 Vgl. Hundert Jahre Gustav Fischer Verlag, S. 49 und Kapitel 4.5.

Abteilung »Zeitschriften«. 1926 übernahm er die Leitung der Herstellungsabteilung mit Prokura.[16]

Brill, Hermann L., Dr. jur. Brill wurde 1895 in Gräfenroda geborenen und war Lehrer. Von 1920 bis 1933 war er thüringischer Landtagsabgeordneter und von 1932 bis 1933 Mitglied des Reichstages. Nach 1933 wurde er wegen illegaler Arbeit mehrmals verhaftet und war von 1938 bis 1945 im Zuchthaus bzw. Konzentrationslager Buchenwald. Bereits in Buchenwald beschäftigte sich Brill als Wortführer eines illegalen antifaschistischen Komitees mit verfassungspolitischen Fragen der Nachkriegszeit. Am 7. Mai 1945 übernahm er die Leitung der Reichs- und Landesbehörden in Weimar und wurde am 9. Juni 1945 von der amerikanischen Besatzungsbehörde zum Regierungspräsidenten der Provinz Thüringen ernannt. Nach der Übernahme Thüringens Anfang Juli durch die sowjetische Truppen trat die gesamte Regierung Brills zurück. Am 5. Juli 1945 wurde Brill von der SMAD wieder eingesetzt, jedoch am 15. Juli 1945 aufgrund seiner Aktivitäten bei der SPD wieder entlassen. Von Mai bis Dezember 1945 war Brill im Bezirksvorstand der SPD in Thüringen tätig. Ab Juli 1946 übernahm er im »Hessischen Staatsministerium« in Wiesbaden das Amt des Staatssekretärs. Brill starb im Jahr 1959.[17]

Brugsch, Theodor, Dr. med. Der 1878 geborene Brugsch wurde 1936 nach langjährigen Tätigkeit als Professor und Direktor der Medizinischen Universitätsklinik Halle/Saale zwangsweise in den Ruhestand versetzt. Nach dem Krieg wurde er Professor an der Humboldt-Universität und Direktor der ersten Medizinischen Klinik der Charité. Der nach 1945 parteilose Brugsch war von 1946 bis 1949 Vizepräsident der »Deutschen Verwaltung für Volksbildung« und von 1949 bis 1954 Mitglied der Volkskammer. Ab dem Jahr 1945 gehörte er dem Kulturbund zur demokratischen Erneuerung Deutschlands an, besetzte dort von 1951 bis 1963 das Präsidialamt und ab 1957 das Amt des Vizepräsidenten. Brugsch starb im Jahr 1963.[18]

Bruschke, Werner. Der 1898 in Magdeburg geborene Bruschke erlernte den Beruf des Schlossers. 1916 trat er der SPD bei und war dort von 1927 bis 1933 als hauptamtlicher Parteisekretär tätig. Nach 1933 wurde er verhaftet. Die Zeit von 1939 bis 1945 verbrachte Bruschke im Konzentrationslager. Von Juli bis August 1945 war er Sekretär des Bezirksvorstandes der SPD in Magdeburg, danach Sekretär des Provinzialvorstandes der SPD in Sachsen-Anhalt und ab Sommer 1946 war er im Sekretariat des Landesvorstands der SED in Sachsen-Anhalt tätig. Im Dezember 1945 wurde ihm für einen Monat das Amt des vierten Vizepräsidenten der Provinzialverwaltung Sachsens verliehen. Von Februar 1946 bis Dezember 1946 arbeitete er als Regierungspräsident im Bezirk Magdeburg – bis ihm noch im selben Monat das Amt des Finanzministers der Provinzial- und späteren Landesregierung Sachsen-Anhalts anvertraut wurde. 1946 war er Abgeordneter des Landtags von Sachsen-Anhalt. Im Dezember 1948 übernahm Bruschke den Landesvorsitz der SED in Sachsen-Anhalt. 1949

16 Vgl. Bremser: Aus Beruf und Leben; Lebenslauf Bremser, 6.6.1946: ThHStAW, Ld. Thür. - LfB, Nr. 330, Lebenslauf Bremser, 27.10.1945: ebd., Nr. 359 und Kapitel 4.5.

17 Vgl. Welsh: Thüringen, S. 167u. 173, Broszat/Weber: SBZ-Handbuch, S. 878 und Wer ist wer? 1948, S. 37.

18 Vgl. Broszat/Weber: SBZ-Handbuch, S. 879.

wurde ihm als Nachfolger Hübeners das Amt des Ministerpräsidenten von Sachsen-Anhalt verliehen.[19]

Buttke, Carl. Buttke leitete ab Februar 1946 das Referat »Verlage« im Magistrat der Stadt Berlin. Mit der Zusammenlegung der Referate »Verlage«, »Buchhandel« und »Leihbüchereiwesen« zur Abteilung »Verlage/Buchhandel/Leihbüchereien« im März 1946 wurde er Hauptreferent. Nach der administrativen Spaltung des Magistrats in der zweiten Jahreshälfte 1948 blieb Buttke beim neuen sowjetischen Magistrat und übernahm die Leitung des Referats »Verlage«.[20]

Davidenko(w), siehe Dawidowitsch, David S.

Dawidowitsch, David S. Der Major der sowjetischen Armee leitete von Dezember 1945 bis August 1946 die Abteilung »Presse und Verlage« der SMAD.[21]

Ebert, Friedrich. Der gelernte Buchdrucker wurde 1894 in Bremen geboren. 1913 trat er der SPD und dem Verband Deutscher Buchdrucker bei. Von 1919 bis 1925 war er als Redakteur bei der Zeitung »*Vorwärts*«, später dann bis 1933 als Chefredakteur der »*Brandenburger Zeitung*« tätig. Von 1927 bis 1933 war Ebert Stadtverordnetenvorsteher in Brandenburg und von 1928 bis 1933 Mitglied des Reichstages. 1933 kam er für acht Monate ins Konzentrationslager. Ab 1940 arbeitete er als Angestellter im Reichsverlagsamt. Nach Kriegsende trat er der Gesellschaft für Deutsch-Sowjetische Freundschaft (DSF) bei und betätigte sich im Sekretariat des SPD-Bezirksverbands von Brandenburg-Land. Von 1945 bis April 1946 war er Hauptsekretär des Zentralausschusses der SPD und anschließend bis September 1947 im Parteivorstand der SED. Ebenfalls von April 1946 an bis Dezember 1948 betätigte sich Ebert als Vorsitzender des Landesvorstands der SED von Brandenburg und ab September 1947 als Mitglied des Zentralsekretariats der SED. 1946 war er erster Vorsitzender der Beratenden Versammlung Brandenburgs, 1946 bis 1948 Mitglied des Landtags von Brandenburg und ab Januar 1949 Mitglied des SED-Politbüros. Als Oberbürgermeister Ostberlins war er von November 1948 bis 1967 tätig. Ab 1949 war Ebert Mitglied der Volkskammer. 1950 wurde ihm das Amt des Präsidenten der DSF anvertraut. 1960 wurde er Mitglied im Staatsrat. Ebert starb 1979.[22]

Eggerath, Werner. Der 1900 in Wuppertal-Elberfeld geborene Eggerath war Schlosser und Bergmann. 1924 schloss er sich der KPD an. 1934 war er Vertreter der Revolutionären Gewerkschaftsopposition in der Landesleitung der illegalen KPD. 1935 wurde Eggerath von der Gestapo verhaftet. Von Oktober 1945 bis April 1946 war er als Vorsitzender in der Bezirksleitung der KPD Thüringen tätig. Anschließend war er bis September 1947 erster Landesvorsitzender der SED Thüringen und gleichzeitig im Parteivorstand der SED. Von Mai bis Oktober 1947 leitete er das »Ministerium des Innern« in Thüringen. Als Thüringischer Ministerpräsident war er von 1947 bis 1952 tätig. Eggerath starb 1977.[23]

Eisermann, Ludwig. Der 1910 geborene Eisermann war Drogist. 1928 trat er der KPD bei. Während des Zweiten Weltkriegs wurde er mehrmals verhaftet und verbrachte unter anderem

19 Vgl. ebd. und SBZ-Biographie, S. 51.
20 Vgl. Kapitel 2.3.1.
21 Vgl. Bonwetsch/Bordjugov/Naimark: Sowjetische Politik in der SBZ, S. 302 und Kapitel 2.1.1.
22 Vgl. Broszat/Weber: SBZ-Handbuch, S. 891 und SBZ-Biographie, S. 74f.
23 Vgl. Broszat/Weber: SBZ-Handbuch, S. 892, SBZ-Biographie, S. 76 und Wer ist wer? 1948, S. 56.

einige Zeit im Konzentrationslager Sachsenhausen. Nach Kriegsende war Eisermann Kreissekretär der SED von Rostock. Von 1947 bis 1949 leitete er die Abteilung »Allgemeine Volkskultur« im »Ministeriums für Volksbildung« Mecklenburg. Danach wurde er zweiter persönlicher Referent Otto Grotewohls. 1960 übernahm er das Amt des Direktors der Nationalen Mahn- und Gedenkstätten Buchenwald. Eisermann starb im Jahr 1981.[24]

Engel, Rudolf. Der 1903 geborene Engel trat 1929 der KPD bei. Nach 1933 ging er in die Emigration und nahm am Spanischen Bürgerkrieg teil. Danach schloss er sich von 1940 bis 1944 der französischen Widerstandsbewegung an. Nach seiner Rückkehr nach Deutschland im September 1945 trat er wieder der KPD bei und später der SED. Im Oktober wurde er für zwei Monate Leiter der Hauptabteilung »Organisation und Planung«, danach bis 1948 Präsident der »Zentralverwaltung für deutsche Umsiedler«. Von August 1948 bis Oktober war Engel dritter Vizepräsident der DVV. 1949 trat er das Amt des Direktors der Deutschen Akademie der Künste an. Von 1962 bis 1967 war er Botschaftsrat und Kulturattaché der DDR in Prag.[25]

Filippow, Iwan Filippowitsch. Filippow hat vor dem Zweiten Weltkrieg die sowjetische Nachrichtenagentur TASS in Berlin vertreten. 1945 kehrte er als Politoffizier nach Berlin zurück. Im August 1945 wurde Filippow Leiter des »Sektors für Propaganda und Zensur«, gleichzeitig war er Leiter der für die Vorzensur zuständigen Abteilung »Zensur« und Stellvertreter des Politischen Beraters Semjonow beim Obersten Chef der SMAD. Filippow starb im Jahr 1989.[26]

Fischer, Gustav Adolf, Dr. Als Sohn des Kaufmanns Karl Fischer und seiner Frau Elise wurde Gustav Adolf Fischer 1878 in Heilbronn geboren. 1896 trat er erstmals bei seinem Onkel und späteren Adoptivvater (ab April 1901) Gustav Paul Danckert Fischer in den Verlag ein. Ein Jahr später begann er im Buchsortiment Speyer & Peters in Berlin eine Lehre. 1900 nahm er in München ein Studium der Rechts- und Wirtschaftswissenschaften auf. 1903 promovierte er in Halle in Philosophie. Nach Aufenthalten in New York (Volontär der Buchimport-Firma Stechert & Co) und Paris (Tätigkeit im Verlag Masson & Co) trat er im Oktober 1905 als Kollektiv-Prokurist wieder in den Verlag Gustav Fischer ein und wurde 1909 Teilhaber. Nach dem Tod von Danckert Fischer übernahm er ein Jahr später die Verlagsleitung. Gustav Fischer starb im März 1946.[27]

Fischer, Kurt. Der 1900 geborene Fischer erlernte den Beruf des Lehrers. 1919 trat er der KPD bei. Nachdem er 1921 schon einmal für zwei Jahre in die UdSSR gegangen war, emigrierte er 1924 erneut dorthin und wurde Mitglied der KPdSU(B). Nach seinem Studium an der Militärakademie Frunse in Moskau (1928–1932), arbeitete er für den sowjetischen Geheimdienst. In den Kriegsjahren 1939 bis 1941 war er in der sowjetischen Militärbehörde tätig. Nach Kriegsende kehrte Fischer als Mitglied der »Initiativgruppe Ackermann« zurück nach Deutschland und war zunächst als erster Bürgermeister in Dresden tätig, bis er zum ersten Vizepräsident der Landesverwaltung Sachsen ernannt wurde und das Ressort »Inneres

---

24 Vgl. Broszat/Weber: SBZ-Handbuch, S. 893.

25 Vgl. ebd., S. 894.

26 Vgl. Strunk: Zensur und Zensuren, S. 92 und Bonwetsch/Bordjugov/Naimark: Sowjetische Politik in der SBZ, S. 303.

27 Vgl. Lebenslauf Gustav Fischer: ThHStAW, Ld. Thür. - LfB, Nr. 330, Bremser: Aus Beruf und Leben, S. 49–54 und Kapitel 4.5.

und Volksbildung« leitete. Von Dezember 1946 bis 1948 war er als Innenminister und stellvertretender Ministerpräsident in Sachsen tätig. 1946 wurde er Mitglied im Landesvorstand der SED von Sachsen und von 1946 bis Juni 1950 war er Mitglied des Landtags von Sachsen. 1948 wurde Fischer Präsident der »Deutschen Zentralverwaltung des Innern« in Berlin. Fischer starb im Jahr 1950.[28]

Friedrichs, Rudolf. Der 1892 geborene Friedrichs war Jurist. 1927 wurde er Mitglied im kommunalpolitischen Landesausschuss der SPD Sachsen. Von 1927 bis zu seiner Entlassung und Gefangennahme 1933 war er als Regierungsrat im »Innenministerium« Sachsen tätig. Bevor er 1945 zum Oberbürgermeister Dresdens ernannt wurde, arbeite Friedrichs als Lebensmittelhändler. Von Juli 1945 bis Juni 1947 war er Präsident der Landesverwaltung Sachsen bzw. Ministerpräsident der Landesregierung. Friedrich starb im Jahr 1947.[29]

Frommhold, Alfred. Der 1899 geborene Frommhold absolvierte von 1914 bis 1918 in Staßfurt eine Buchhändlerlehre. 1921 zog er nach Berlin und arbeitete sich im Verlagswesen vom Auslieferer zum Werbeleiter hoch. 1918 trat Frommhold der USPD bei, 1931 der KPD. 1933 wurde er wegen seiner antifaschistischen Betätigungen ein halbes Jahr lang im Konzentrationslager Brandenburg inhaftiert. Bis zu seiner Einberufung in den Wehrdienst 1939 arbeitete er als Propagandaleiter im Erich Zander Druck- und Verlagshaus Berlin. Nach Kriegsende trat er der neu gegründeten KPD und dem FDGB bei und arbeitete von Juni bis September 1945 im Noteinsatz auf dem Arbeitsamt in Berlin-Adlershof. Spätestens im November wurde er als Referent für Verlagswesen in der DVV eingestellt. Im August 1947 übernahm er die Leitung des DVV-Referats »Verlagswesen«.[30]

Girnus, Wilhelm, Dr. phil. Der 1906 in Allerstein geborene Girnus studierte deutsche und französische Literatur und absolvierte 1928 das Staatsexamen für das höhere Lehrfach in Berlin. Die Promotion zum Dr. phil erlangte er 1952 in Leipzig. 1929 wurde Girnus Mitglied in der KPD. Während der Herrschaft der Nationalsozialisten war er die meiste Zeit in NS-Haft, unter anderem in den Konzentrationslagern Sachsenhausen und Flossenbürg. Nach Kriegsende trat er wieder der KPD bei und arbeitete zunächst im thüringischen »Landesamt für Volksbildung«. Von November 1945 bis September 1946 leitete Girnus die Abteilung »Allgemeine Volksbildung« bzw. »Kulturelle Aufklärung« der DVV in Berlin. Von 1946 bis 1949 war er stellvertretender Intendant des Berliner Rundfunks und anschließend bis 1953 Mitglied im Redaktionskollegium des SED-Zentralorgans *Neues Deutschland.* Zwischen 1951 und 1954 war er außerdem Mitglied in der Kommission für Kunstangelegenheiten. Danach amtierte er bis 1957 als Staatssekretär und Sekretär des »Ausschusses für Deutsche Einheit« und von 1957 bis 1962 als Staatssekretär für das Hochschulwesen. Bis 1971 besetzte er einen Lehrstuhl für allgemeine Literaturwissenschaft an der Berliner Humboldt-Universität. Girnus starb im Jahr 1985.[31]

---

28 Vgl. Broszat/Weber: SBZ-Handbuch, S. 899, Welsh: Sachsen, S. 135 und Kapitel 2.2.2.3.

29 Vgl. Broszat/Weber: SBZ-Handbuch, S. 903.

30 Vgl. Personal-Fragebogen Alfred Frommhold: BArch DR 2/930, fol. 31 und Lebenslauf Frommholds: ebd., fol. 35.

31 Vgl. Wilhelm Girnus. Internationales Biographisches Archiv, 39/1985. In: Munzinger Online (16.9.1985). URL: http://register.munzinger.de/personen/00/000/006/00006945.shtml (4.1.2010), Wahl: »Das Verlegen gebe ich nie auf …«, S. 96 und Kapitel 2.1.2.

Grünberg, Gottfried. Der 1899 in Beuthen geborene Grünberg war Bergarbeiter. 1928 trat er der KPD bei. 1933 bis 1935 besuchte er die Parteischule in Moskau. Von 1937 bis 1939 nahm er am Spanischen Bürgerkrieg teil. 1939 war er für einige Monate im Konzentrationslager Argelès in Südfrankreich inhaftiert. Nach seiner Flucht ging er zurück in die Sowjetunion, wo er von 1943 bis 1944 als Sektorenleiter der Antifa-Schule Talici bei Gorki tätig war. Er schloss sich dem NKFD an. Als Mitglied der »Initiativgruppe Sobottka« kehrte er 1945 nach Deutschland zurück, und war dort zunächst in Waren als Stadtrat tätig. Im Juli 1945 wurde er von der SMAD zum dritten Vizepräsidenten der Landesverwaltung Mecklenburg-Vorpommern ernannt. Von Juni 1945 bis 1946 war er zudem in der Bezirksleitung der KPD von Mecklenburg-Vorpommern tätig. Von Ende 1946 bis 1950 übte er das Amt des Mecklenburgischen Volksbildungsministers aus. Ab 1947 war Grünberg im (provisorischen) Landesvorstand der Gesellschaft für Deutsch-Sowjetische Freundschaft (DSF) beschäftigt. Während dieser Zeit war er auch Mitglied des Landtags von Mecklenburg.[32]

Gute, Herbert Georg. Gute wurde 1905 in Dresden geboren. Der gelernte Zimmermann war Schriftsteller und seit 1921 Mitglied im Kommunistischen Jugendverband Deutschlands, bevor er 1928 der KPD betrat. In der Weimarer Republik war er seit 1925 als Grafiker und Kunstkritiker u. a. bei der *Arbeiterstimme (Dresden)* tätig und war 1929 Mitbegründer der »Assoziation revolutionärer bildender Künstler« und des »Bundes sozialistischer Geistesschaffender« in Dresden. 1929 bis 1933 leitete er die Marxistische Arbeiterschule. In den Kriegsjahren wurde Gute mehrmals verhaftet und kam schließlich ins Konzentrationslager Buchenwald. Von Juni 1945 bis 1946 war Gute in der Bezirksleitung der KPD Sachsen und trat im Dezember 1946 für zwei Monate dem Vorstand der sächsischen Landesleitung des Kulturbundes zur demokratischen Erneuerung Deutschlands bei. Bevor Gute 1946 die Leitung der Abteilung »Kunst und Literatur« der DVV in Berlin übernahm, war er als Leiter der Abteilung »Kunst und Literatur« beim sächsischen »Volksbildungsministerium« tätig. Später war er zunächst als erster Vorsitzender der *Volksbühne*, danach als Vorsitzender des Büros für Theaterfragen, als Cheflektor des Verlages »Tribüne« und als Generalsekretär des Verbandes der Bildenden Künstler tätig. 1949 bis 1958 war er Dozent und Professor für allgemeine Theorie der Kunst an der Humboldt-Universität in Berlin und Direktor des Instituts für Kunsterziehung. Als Oberbürgermeister Dresdens war er von Ende 1958 bis Juni 1961 tätig. Gute starb im Jahr 1975.[33]

Halle, Otto. Der 1903 geborene Halle war Schriftsteller und trat 1925 der KPD bei. Die Zeit von 1935 bis 1945 verbrachte er im Konzentrationslager Buchenwald. Nachdem er bis Dezember 1946 als Leiter der »Abteilung Volksbildung« in der Provinzialverwaltung und späteren -regierung Sachsen-Anhalts tätig gewesen war, arbeite er auch in dem im Dezember 1946 eingerichteten »Ministerium für Volksbildung, Kunst und Wissenschaft« der Provinzial- und späteren Landesregierung Sachsen-Anhalts als Abteilungsleiter. Nach der Gründung der DDR war Halle als Leiter der Hauptabteilung »Hochschulen und Wissenschaftliche Einrich-

---

32 Vgl. Broszat/Weber: SBZ-Handbuch, S. 917; SBZ-Biographie, S. 120, Lebenslauf Gottfried Grünberg: BArch DR 2/930, fol. 27 und »Anlage zu dem Vorschlage betr. Ernennung von Mitgliedern der Landesverwaltung Mecklenburg-Vorpommern«, 1945: LHA Schwerin, 6.11–11 Ld. Meckl., MdI, Nr. 10, Bl. 11.

33 Vgl. Broszat/Weber: SBZ-Handbuch, S. 918, SBZ-Biographie, S. 124, Personal-Fragebogen Herbert Georg Gute, 5.9.1946: BArch DR 2/930, fol. 104 und Lebenslauf Gutes: ebd., fol. 105.

tungen« im »Ministerium für Volksbildung« der DDR tätig. Im November 1950 wurde er seines Amtes enthoben.[34]

Hartke, Wilhelm. Der Lehrer Hartke wurde 1879 in Fürstenau geboren. 1918 trat er in die SPD ein. Vor 1933 war er als Oberschulrat in Berlin und als Vizepräsident des Provinzialschulkollegiums Königsberg in Ostpreußen tätig. Nach 1933 wurde er politisch verfolgt und aus dem Schulverwaltungsdienst entlassen. Nach einem Urteil des Volksgerichtshofs wurde er 1943 zu drei Jahren Haft in Brandenburg und Bautzen verurteilt. Ab März 1946 leitete Hartke die Abeilung »Volksbildung« der Provinzialverwaltung Brandenburg. Nach seiner Tätigkeit als Ministerialdirektor in der Landesregierung Brandenburgs war Hartke 1948 bis 1957 als Professor für Methodik des altsprachlichen Unterrichts an der Humboldt Universität in Berlin tätig und war Chefredakteur des Volk und Wissen Verlages.[35]

Hartsch, Erwin. Der 1890 in Jugelsburg geborene Hartsch war Lehrer und SPD-Mitglied. 1926 wurde er Mitglied des Sächsischen Landtags und 1932 für ein Jahr Mitglied des Reichstages. 1933 wurde Hartsch aus dem Schuldienst entlassen und verhaftet. Nach Beendigung des Krieges übernahm er 1945 das Amt des Schulleiters und des Kreisschulrats in Plauen. Im Dezember 1946 wurde ihm das Amt des Sächsischen Ministers für Volksbildung anvertraut. Hartsch starb im Jahr 1948.[36]

Heise, Wilhelm, Dr. phil. Der Hochschullehrer Heise wurde 1897 geboren. Von August 1945 bis Oktober 1945 war er Leiter der Abteilung »Allgemeine Volksbildung« der DVV und danach bis Ende 1946 Leiter der Abteilung »Schulwesen« der DVV. 1946 wurde er Professor an der Humboldt-Universität Berlin. Heise starb im Jahr 1949.[37]

Höcker, Wilhelm. Der 1886 geborene Höcker schloss sich 1911 der SPD an. Von 1920 bis 1933 war der gelernte Kaufmann Mitglied des Landtags von Mecklenburg. Ab 1926 war Präsident bzw. erster Vizepräsident des Landtags. Während der Kriegsjahre war Höcker als Tabakwarenhändler tätig und wurde im Sommer 1944 für kurze Zeit verhaftet. Im Juli 1945 wurde Höcker von der SMAD zum Präsidenten des Landes Mecklenburg-Vorpommern ernannt. Von 1945 bis April 1946 war er im Landesvorstand der SPD von Mecklenburg-Vorpommern und ab 1946 auch Landessekretär der SED von Mecklenburg(-Vorpommern). Als Vorsitzender der Volkssolidarität des Landesausschusses Mecklenburg war er von 1946 bis 1951 tätig. Ab 1946 war Höcker erneut Mitglied des Landtags von Mecklenburg(-Vorpommern) und von 1948 bis 1950 zudem Mitglied des Volksrates und der Volkskammer. Höcker starb im Jahr 1955.[38]

---

34 Vgl. Broszat/Weber: SBZ-Handbuch, S. 162 u. 920 und Personal-Fragebogen Otto Halle, 3.10.1946: BArch DR 2/928, fol. 13.

35 Vgl. Broszat/Weber: SBZ-Handbuch, S. 921, SBZ-Biographie, S. 133f und Angaben zu Wilhelm Hartke verfasst von Fritz Rücker, 9.9.1946: BArch DR 2/928, fol. 24. (Über die bei Fait: Brandenburg, S. 99 und im Broszat/Weber: SBZ-Handbuch, S. 921 erwähnte Abteilung »Schulwesen, Wissenschaft und Kunst, Jugendamt und Kindergärten« bzw. der späteren Hauptabteilung »Volksbildung, Wissenschaft und Kunst«, deren Leiter Hartke gewesen sein soll, wurden im Brandenburgischen Landeshauptarchiv in Potsdam keine Unterlagen gefunden, so dass diese Angaben hier nicht bestätigt werden können.).

36 Vgl. Broszat/Weber: SBZ-Handbuch, S. 922 und Wer ist wer? 1948, S. 90.

37 Vgl. Broszat/Weber: SBZ-Handbuch, S. 926.

38 Vgl. ebd., S. 932.

Holtzhauer, Helmut. Der 1912 in Leipzig geborene Holtzhauer war nach seiner Ausbildung zum Buchhändler als Direktor der Nationalen Gedenkstätten in Weimar tätig. Während der Kriegsjahre wurde er verfolgt und schließlich inhaftiert. 1945 trat Holtzhauer der KPD, später der SED, bei. Holtzhauer war als Stadtrat von Leipzig bereits 1945/Anfang 1946 auch mit Angelegenheiten des Verlagswesens betraut.[39] Bevor ihm 1948 das Amt des Volksbildungsministers von Sachsen übertragen wurde, war er – bereits seit 1946 – auch als Dritter Bürgermeister von Leipzig tätig. In den ersten Jahren der DDR (1951–1953) leitete er die Staatliche Kommission für Kunstangelegenheiten. Holtzhauer starb im Jahr 1973.[40]

Hübener, Erhard, Dr. phil. Der 1881 in Tacken geborene Hübener war Jurist und seit 1922 als Landeshauptmann der Provinz Sachsen in Merseburg tätig. Nach seiner Zwangspensionierung 1933 widmete er sich der wissenschaftlichen und schriftstellerischen Arbeit. Nach seiner Mitgliedschaft in der DDP (vor 1933), schloss er sich nach 1945 der LDP an. Das Amt des Präsidenten der Provinz Sachsen(-Anhalt) ab Juli 1945 bzw. ab 1946 des Ministerpräsidenten der Provinz und des späteren Landes Sachsen-Anhalt behielt Hübener bis 1949, danach wurde er von Werner Bruschke abgelöst. Ab Mai 1949 übernahm er die Position des Beisitzenden des Landesvorstands der LDP in Sachsen-Anhalt. Hübener starb im Jahr 1958.[41]

Kabanow, Alexandr Fedorowitsch. Von 1947 bis 1948 war Kabanow Chef der »Verwaltung für Land- und Forstwirtschaft« der SMAD. 1948 bis 1949 war als Nachfolger von Bogdan Kobulow Stellvertreter des Obersten Chefs der SMAD für Fragen der Zivilverwaltung.[42]

Kampe. Kampe arbeitete seit etwa Januar 1948 auf dem Gebiet des Verlagswesens im thüringischen »Ministerium für Volksbildung«. Im Juni/Juli 1948 übernahm er dort die Leitung des Referats »Verlagswesen«.[43]

Kielmeyer, Otto Adolf Anton. Der 1906 in Paderborn als Sohn eines Kaufmanns und der Tochter eines Brauerei-Direktors geborene Kielmeyer promovierte im Jahr 1931 zum »Dr. phil.«. 1932 trat er der KPD bei und bereitete 1933 nach dem Verbot der Partei in Aachen eine illegale Zeitung vor. Nach einer Hausdurchsuchung der Polizei flüchtete Kielmeyer nach Brüssel. Über Spanien ging er nach Französisch-Marokko, wo er in verschiedenen Städten Vorträge gegen den Faschismus hielt. Danach setzte er seine Vortragsserie in Algerien fort. In Oran wurde er von den französischen Behörden des Landes verwiesen, wegen eines illegalen Aufenthalts in Frankreich und seiner politischen Aktivitäten zu einem Monat Gefängnis verurteilt und anschließend in die Schweiz abgeschoben. Ab 1936 war er als Schriftleiter und Übersetzer der deutschen Ausgabe der Zeitschrift *In Griechenland* in Thessaloniki tätig. Von 1941 bis 1944 arbeitete Kielmeyer dort als Universitätslektor für das

---

39 Vgl. z.B. Zeigner, Oberbürgermeister der Stadt Leipzig, über Stadtrat Holtzhauer, Leipzig, an die »Zentralstelle für Buch- und Bibliothekswesen« Leipzig, 30.1.1946: StadtAL, StVuR Nr. 8855, Bl. 45, Bericht »Wiederingangsetzung des Verlagswesens« der Abteilung »Verlagswesen«, DVV, 7.1.1946: BArch DR 2/896, fol. 161–165 und Kapitel 2.3.2.

40 Vgl. Broszat/Weber: SBZ-Handbuch, S. 934 und SBZ-Biographie, S. 154.

41 Vgl. Broszat/Weber: SBZ-Handbuch, S. 936 und Wer ist wer? 1948, S. 106.

42 Vgl. Foitzik: Sowjetische Militäradministration, 1993, S. 21 und Broszat/Weber: SBZ-Handbuch, S. 941.

43 Vgl. z.B. Kampe, Referat »Verlagswesen«, Landesregierung Thüringen, an Julius Beltz Verlagsbuchhandlung, 8.1.1948: ThHStAW, Ld. Thür. - MfVobi, Nr. 4272. (Der Vorname Kampes konnte dem eingesehenen Aktenmaterial des thüringischen Hauptstaatsarchivs nicht entnommen werden.)

Fach Deutsch. Im Herbst 1944 wurde er von der deutschen Wehrmacht zum Kriegsdienst eingezogen. Nach seiner Entlassung aus der amerikanischen Gefangenschaft im Juni 1945 wurde er zunächst als Leiter der »Buchprüfstelle« in der Leipziger »Zentralstelle für Buch- und Bibliothekswesen« beschäftigt. Am 1. Januar 1946 wurde Kielmeyer als kommissarischer Leiter an die Universität Leipzig berufen. Ab dem 1. August 1947 übernahm er die Position des Geschäftsführers des »Kulturellen Beirats für das Verlagswesen« der SBZ.[44]

Kobulow, Bogdan Sacharowitsch. Kobulow war Mitglied der KPdSU und Generaloberst. Von 1939 bis 1941 war er als Botschaftsrat in Berlin. Von 1947 bis 1948 war er als Nachfolger von Iwan Serow Stellvertreter des Obersten Chefs der SMAD für Fragen der Zivilverwaltung. 1948 wurde er Chef der »Verwaltung des Sowjetischen Eigentums« in Deutschland. 1953 übernahm er das Amt des Leiters der »Hauptverwaltung für Staatssicherheit« im sowjetischen Innenministerium. Im Dezember 1953 wurde er wegen Hochverrat zum Tode verurteilt und erschossen.[45]

Koenen, Bernard. Der 1889 in Hamburg geborene Koenen war Schlosser und Dreher. Der spätere Redakteur des »Klassenkampfes« war ab 1907 zunächst Mitglied der SPD. 1917 schloss er sich dann der USPD an und wechselte 1920 schließlich zur KPD, in der er engagiert mitarbeitete. 1922 wurde Koenen Mitglied des Provinziallandtags in Sachsens. Von 1924 bis 1929 übernahm er zusätzlich das Amt des Staatsrats von Preußen und war dann ab 1931 als Sekretär der Unterbezirksleitung der KPD im Mansfelder See- und Gebirgskreis tätig. Anschließend übernahm er die Leitung der Merseburger Volksbuchhandlung und des Merseburger Konsumvereins. Von 1933 bis 1945 lebte er als Emigrant in der UdSSR. 1937 wurde er für zwei Jahre inhaftiert. Ab 1942 war Koenen Mitglied im Zentralkomitee der KPD und war als solcher Mitbegründer der NKFD. Von Juni 1945 bis April 1946 war er Mitglied im Zentralkomitee der KPD. Von Juli 1945 bis April 1946 war er zudem Vorsitzender der Bezirksleitung der KPD in Sachsen-Anhalt, wurde anschließend Landesvorsitzender der SED Sachsen-Anhalts und ging gleichzeitig in den Parteivorstand der SED. Koenen war Mitglied der »Deutschen Wirtschaftskommission« und des Deutschen Volksrates. Von 1946 bis 1952 war Koenen Mitglied des Landtags von Sachsen-Anhalt. Koenen starb im Jahr 1964.[46]

Koltypin, V. Der 1901 geborene Koltypin war 1945 stellvertretender Leiter des »Informationsbüros« der SMAD und ab August 1946 Leiter der Abteilung »Presse und Verlage« der SMAD.[47]

Korn, Ilse Margarete, geb. Truöl. Korn wurde 1907 in Dresden geboren. 1925 bis 1927 absolvierte sie eine Ausbildung zur wissenschaftlichen Diplombibliothekarin. Ein Jahr später legte sie die Prüfung für den bibliothekarischen Dienst im volkstümlichen Büchereiwesen ab und übernahm die Leitung der Bücherei der Technischen Lehranstalten in Dresden. Im März 1933 wurde sie als NS-Gegnerin aus dem Amt entlassen. 1934 bis 1943 arbeitete Korn als Bibliothekarin an der Sächsischen Landesbibliothek in Dresden. Im Juni 1944 wurde sie gemeinsam mit ihrem Mann, dem Journalisten und Schriftsteller Vilmos Korn, wegen kommu-

44 Vgl. Personal-Fragebogen Kielmeyer: BArch DR 2/932, fol. 61 und Lebenslauf Kielmeyers, 30.7.1947: ebd., fol. 62f.

45 Vgl. Foitzik: Sowjetische Militäradministration, 1993, S. 21 und Broszat/Weber: SBZ-Handbuch, S. 950.

46 Vgl. Broszat/Weber: SBZ-Handbuch, S. 950 und SBZ-Biographie, S. 185 u. 401.

47 Vgl. Bonwetsch/Bordjugov/Naimark: Sowjetische Politik in der SBZ, S. 306.

nistischer Betätigungen von der Gestapo festgenommen. Im Februar 1945 gelang ihr die Flucht. Nach Kriegsende arbeitete sie in der Städtischen Bücherei Dresden und wurde im September stellvertretende Leiterin. Im April 1946 wurde sie Referentin für das Volks- und Leihbüchereiwesen der sächsischen Landesverwaltung. Im April 1947 übernahm sie die Leitung des Referats »Literatur«, später »Literatur und Büchereiwesen« in der Landesregierung Sachsen. Im Herbst 1948 übernahm sie die Leitung der als Außenstelle der Landesregierung Sachsens neu geschaffenen »Landesstelle für Büchereiwesen«. 1951 bis 1952 war sie Mitarbeiterin im »Ministerium für Volksbildung« der DDR in Berlin. Anschließend arbeitete sie als freie Schriftstellerin. Korn starb im Jahr 1975.[48]

Koven, Ludolf. Koven wurde als Sohn eines Pfarrers im Jahr 1900 geboren. Er ließ sich als Buchhändler ausbilden und arbeitete danach als Angestellter und Prokurist in verschiedenen Firmen. Seit 1930 war er Mitglied der KPD. Während des Zweiten Weltkriegs geriet er in russische Gefangenschaft, wo er im Lager 173 in Posen »in der Bibliothek und als antifaschistischer Propagandist arbeitete«.[49] Nach Kriegsende trat er erneut der KPD bei und »wurde vom Landrat in Flöha mit der sachlichen und personellen Säuberung des Landkreises betreffend Buchhandel und Bücherei beauftragt«.[50] Nach Beendigung dieser Arbeit im Januar 1946 kehrte er zunächst in den Sortimentsbuchhandel zurück. Im Mai 1946 wurde er als Referent im Referat »Verlagswesen« der DVV eingestellt. Parallel dazu war er stellvertretender Geschäftsführer des Kulturellen Beirats und Hauptschriftleiter des *Börsenblatts für den Deutschen Buchhandel*.[51]

Leuschner, Bruno. Leuschner wurde 1910 geboren und war von Beruf kaufmännischer Angestellter. 1931 trat er der KPD bei und wurde deshalb nach 1933 verfolgt. Von Juli 1936 bis 1945 war Leuschner im Zuchthaus und im Konzentrationslager. Nach Kriegsende trat er der KPD (später SED), dem FDGB und der Gesellschaft für Deutsch-Sowjetische Freundschaft bei. Nachdem er ab Juni 1945 zunächst die Abteilung »Wirtschaftspolitik« im Sekretariat des Zentralkomitees der KPD geleitet hatte, übernahm er im April die Leitung der Abteilung »Wirtschaft« im Parteivorstand der SED. Ab Juni 1947 war er als Leiter der Abteilung »Wirtschaftsfragen« der DWK maßgeblich an ihrem Aufbau beteiligt. Von März 1948 bis September 1949 war er sowohl stellvertretender Vorsitzender der DWK als auch Leiter des Fachsekretariats Planung sowie Leiter der Hauptverwaltung Wirtschaftsplanung. Von Oktober 1949 bis September 1950 war er als Staatssekretär im »Ministerium für Planung« tätig. 1948 bis 1950 war Leuschner Mitglied des Volksrats bzw. der Volkskammer, ab Juli 1950 Mitglied des Zentralkomitees der SED. Ab 1955 übernahm er das Amt des stellvertretenden Vorsitzenden des Ministerrats. Nachdem er zuvor fünf Jahre Kandidat des Politbüros der SED gewesen war, wurde er ab Juli 1958 Mitglied. Leuschner starb im Jahr 1965.[52]

48 Vgl. Schastock: Korn, Ilse Margarete; Begegnung mit Freunden, S. 1052–1054, Göhler: Volksbildung unter Sowjet-Kontrolle, S. 20f und Kapitel 2.2.2.3.

49 Lebenslauf Ludolf Koven: BArch DR 2/932, fol. 97.

50 Ebd.

51 Vgl. ebd., Personal-Fragebogen Koven: ebd., fol. 94f; Geschäftsverteilungsplan der Abteilung »Kulturelle Aufklärung«, DVV, März 1947: ebd., Akte 807, fol. 105f und Gützlaff, »Ministerium für Volksbildung« Mecklenburg, »Betr. Besprechung mit der Zentralverwaltung für Volksbildung Berlin«, 15.12.1947: LHA Schwerin, 6.11–21 Ld. Meckl., MfVobi, Nr. 2684, Bl. 280.

52 Vgl. Broszat/Weber: SBZ-Handbuch, S. 966.

Lucius, Annelise von. Geboren 1912 in Jena als Tochter des Verlegers Gustav Adolf Fischer und seiner Frau Marie Schultze. Nach einer Lehre 1932 bis 1933 im Verlag des Vaters folgte 1933 bis 1935 eine weitere Ausbildung im Sortiment Konrad Wittwer in Stuttgart. Nach ihrem einjährigen Volontariat 1936 in der Buchimport-Firma Stechert & Co in New York legte sie im März 1937 die buchhändlerische Gehilfenprüfung in Jena ab. Danach war sie zunächst bis zu ihrer Hochzeit mit Tankred von Lucius im Oktober 1937, und dann wieder ab Januar 1943 im Verlag ihres Vaters tätig; seit Oktober 1945 als Prokuristin. Nach dem Tod ihres Vaters Gustav Fischer im März 1946 übernahm sie die Verlagsleitung. Nach einem nächtlichen Verhör im Januar 1953 flüchtete von Lucius mit ihrer Mutter und ihren beiden Kindern nach Stuttgart, wo sie gemeinsam mit ihrem Schwager August von Breitenbuch die neu entstandene Gustav Fischer oHG weiterführte. Annelise von Lucius verstarb 2006 im 94. Lebensjahr.[53]

Maas, Rudolf. Der 1881 als Sohn des Kaufmanns Johann Maas und seiner Frau Marie in Stuttgart geborene Maas absolvierte 1895 bis 1898 in der J. B. Metzler'schen Sortimentsbuchhandlung in Stuttgart eine Buchhandelsausbildung. 1898 trat er als Gehilfe in den Jenaer Gustav Fischer Verlag ein, wo er von 1906 bis 1914 die Buchhaltung übernahm. Nach dem Ersten Weltkrieg trat er 1918 wieder in den Verlag ein und erhielt 1919 Prokura. Nach dem Zweiten Weltkrieg erstreckte sich sein Arbeitsgebiet auf die Leitung von Buchhaltung, Steuerwesen und Personalangelegenheiten sowie auf den Einkauf des gesamten Papier- und Materialbedarfs. Gemeinsam mit August von Breitenbuch, dem Schwiegersohn Gustav Fischers, baute er ab 1947 in Stuttgart den Piscator Verlag als Zweigstelle des Jenaer Gustav Fischer Verlags auf. Maas schied 1953 aus dem Berufsleben aus. Er starb 1973.[54]

Mahle, Hans (ursprünglich: Mahlmann, Heinrich August Ludwig). Der 1903 geborene Mahle war von Beruf kaufmännischer Angestellter. Als KPD-Mitglied emigrierte er 1935 in die UdSSR. Dort war er 1943 Mitbegründer und Mitglied im NKFD. Nach Kriegsende trat er wieder der KPD und später der SED bei. Vom Juni 1945 bis April 1946 gehörte Mahle dem Zentralkomitee der KPD an und danach bis September 1947 dem Parteivorstand der SED. Parallel dazu war er Präsidialrat im Kulturbund zur demokratischen Erneuerung Deutschlands und Intendant des Berliner Rundfunks. 1946 wurde Mahle Leiter der Abteilung »Allgemeine Volksbildung« der DVV. Ab 1947 war er Generalintendant der Rundfunksender, Chefredakteur der *Schweriner Volkszeitung* und Chefredakteur der Zeitung *Die Wahrheit*, um schließlich ab 1962 dem Parteivorstand der Sozialistischen Einheitspartei Westberlins anzugehören.[55]

Manthey. Manthey war vor und nach dem Zweiten Weltkrieg Mitglied der SPD, später dann der SED. Von 1946 bis 1947 leitete er die Abteilung »Allgemeine Verwaltung« beim »Ministerium für Volksbildung« in Mecklenburg-Vorpommern. Ende 1947 flüchtete Manthey in den Westen.[56]

---

53 Vgl. Lebenslauf Annelise von Lucius, 6.6.1946: ThHStAW, Ld. Thür. - LfB, Nr. 330, Lebenslauf Annelise von Lucius: ebd./Bündel 359, Hundert Jahre Gustav Fischer Verlag, S. 35ff und Kapitel 4.5.

54 Vgl. Lebenslauf Rudolf Maas, 6.6.1946: ThHStAW, Ld. Thür. - LfB, Nr. 330, Lebenslauf Rudolf Maas, undatiert: ebd., Nr. 359, Hundert Jahre Gustav Fischer Verlag, S. 43 und Kapitel 4.5.

55 Vgl. Broszat/Weber: SBZ-Handbuch, S. 971f.

56 Vgl. ebd., S. 973.

Menke-Glückert, Emil, Dr. phil. Der Hochschullehrer Menke-Glückert wurde 1878 geboren. Er war Mitglied der DDP. Bis 1934 war Menke-Glückert als Staatssekretär im sächsischen »Kultusministerium« tätig und wurde danach in den vorzeitigen Ruhestand versetzt. 1945 trat er der LDP und dem Kulturbund zur demokratischen Erneuerung Deutschlands bei. Von Juli bis September 1945 übernahm er die Leitung des Zentralverwaltungsamts »Bildung und Schule« sowie der Abteilung »Wissenschaft, Kunst und Erziehung« der Landesregierung Sachsens. Außerdem hatte er von Dezember 1945 bis April 1947 einen Vorstandsposten in der Landesleitung des Kulturbundes. Menke-Glückert starb im Jahr 1948.[57]

Mischin. Major Mischin trat als Ansprechpartner für deutsche Verwaltungen in Verlagsangelegenheiten in Erscheinung. Vermutlich wurde Mischin Nachfolger von Koltypin als Leiter der Abteilung »Presse und Verlage« der SMAD oder war innerhalb dieser Abteilung für das Arbeitsgebiet »Verlage« zuständig.[58]

Paul, Rudolf, Dr. jur. Der Jurist Paul wurde 1893 geboren und war in der Zeit von 1925 bis 1933 Vorsitzender der DDP in Thüringen. Als freier Rechtsanwalt verhalf er SPD- und KPD-Funktionären, die von der Reichswehr gefangen gehalten wurden, zur Entlassung aus dem Gefängnis. 1933 wurde ihm durch die Gestapo das Berufsverbot erteilt. Von da an lebte er zurückgezogen als Landwirt. 1945 wurde Paul von der amerikanischen Besatzungsmacht zum Oberbürgermeister von Gera berufen. Nach dem Besatzungswechsel wurde Paul im Juli 1945 von der SMAD als Nachfolger von Brill zum Präsidenten des Landes Thüringen ernannt. Dieses Amt übte er bis Juli 1947 aus, im September 1947 flüchtete er nach Westberlin. Ab 1948 war er Rechtsanwalt und Notar in Frankfurt am Main. Paul starb im Jahr 1978.[59]

Raab, Dieter. Der 1916 in Frankfurt am Main geborene Raab arbeitete 1935 zunächst als Volontär im Buchhandel, bevor er eine Lehre als Buchhändler absolvierte. Von 1939 an war er Soldat und später Kriegsgefangener der britischen Armee. In seiner Gefangenschaft war er als Studienleiter und Herausgeber einer Lagerzeitung tätig und wurde im Februar 1947 als Antifaschist vorzeitig entlassen. Von Anfang März bis Mitte April 1947 war er als Ferienpraktikant bei der »Deutschen Zentralverwaltung für Arbeit und Sozialfürsorge« und arbeitete danach, von Juni bis September 1947, als Bibliothekar in derselben Verwaltung. Im Oktober 1947 wurde er als Referent für das Referat »Verlagswesen« der DVV eingestellt. Im Mai 1947 trat er der SED und im Juni 1947 dem FDGB bei. Davor war Raab parteilos.[60]

Rücker, Fritz. Der 1892 geborene Rücker war Lehrer und trat 1921 zunächst in die SPD, später in die NSDAP ein. Von 1926 bis 1933 war er als Oberstudienrat tätig. 1941 trat er in die Wehrmacht ein und kam in sowjetische Gefangenschaft. Er wurde Mitglied des NKFD. Im Juli 1945 wurde er von der SMAD zum dritten Vizepräsidenten der Brandenburgischen Provinzialverwaltung ernannt und war dort sowohl für den Bereich Volksbildung als auch für den Bereich Arbeit und Sozialwesen zuständig. Von 1946 bis 1950 war Rücker Minister für Volksbildung, Wissenschaft und Kunst in Brandenburg. Ab 1951 übernahm er das Amt des

57 Vgl. ebd., S. 977 und Kapitel 2.2.2.3.
58 Vgl. Kapitel 2.1.1.
59 Vgl. Broszat/Weber: SBZ-Handbuch, S. 993 und Angaben zum Lebenslauf von Rudolf Paul, Internationaler Presse-Dienst, Landesverwaltung Thüringen, 4.8.1945: ThHStAW, Ld. Thür. - BdMp, Nr. 219, Bl. 14.
60 Vgl. Lebenslauf Dieter Raab: BArch DR 2/934, fol. 66 und Personal-Fragebogen Dieter Raab: ebd., fol. 65.

Leiters bzw. des stellvertretenden Leiters der Hauptredaktion des Volk und Wissen Verlages und übernahm ab 1964 die Leitung des Sektors »Arbeit und Recht« im »Ministerium für Volksbildung« der DDR. Rücker starb im Jahr 1974.[61]

Schallock, Richard. Der Lehrer Schallock wurde 1896 geboren. 1919 trat er der SPD bei. Von 1928 bis 1933 war er sowohl Vorsitzender der Lehrergewerkschaft sowie Mitglied des Preußischen Landtags. Nachdem ihm 1933 das Berufsverbot erteilt worden war, arbeitete Schallock illegal, was zu mehrmaligen Verhaftungen führte. Nach dem Kriegsende blieb er weiterhin Mitglied der SPD (später der SED) und trat außerdem dem FDGB bei. Bevor ihm im März 1949 als Nachfolger Thapes das Amt des Ministers für Volksbildung der Landesregierung Sachsen-Anhalts verliehen wurde, war Schallock bereits von 1945 bis 1946 als Mitarbeiter der »Zentralverwaltung für Volksbildung« in Berlin tätig gewesen. Seit Juni 1946 war Schallock erster Zentralvorsitzender der Gewerkschaft für Lehrer und Erzieher und von 1947 bis 1949 war er zudem im Bundesvorstand des FDGB. Der Rückzug aus seinen Ämtern erfolgte 1951 aus gesundheitlichen Gründen. Schallock starb im Jahr 1956.[62]

Scharrer, Adam. Der 1889 geborene Scharrer war Schlosser und Schriftsteller. 1918 schloss er sich dem Spartakusbund und der KPD an. Von 1920 bis 1923 war er Mitglied der KAPD, ging dann aber wieder zurück zur KPD. Während des Zweiten Weltkrieges emigrierte Scharrer ab 1933 in die Tschechoslowakei und ab 1935 bis zum Kriegsende dann in die Sowjetunion. Nach seiner Rückkehr nach Deutschland trat er sowohl dem Kulturbund zur demokratischen Erneuerung Deutschlands als auch der Gesellschaft für Deutsch-Sowjetische Freundschaft bei. Nach Kriegsende übernahm Scharrer die Leitung des Dezernats IX in der Abteilung »Kultur und Volksbildung« der Landesverwaltung Mecklenburg, das sich längstens bis Juni 1946 mit dem Buchhandel befasste. Von Juni 1945 bis 1946 war Scharrer in der Bezirksleitung der KPD von Mecklenburg-Vorpommern tätig. Gleichzeitig war er Gründungsmitglied des Schweriner Kulturbundes und übernahm die Leitung der Sektion »Literatur« im Kulturbund Mecklenburgs. 1947 war er im provisorischen Landesvorstand der Gesellschaft für Deutsch-Sowjetische Freundschaft von Mecklenburg. Scharrer starb im Jahr 1948.[63]

Schukow, Georgi Konstantinowitsch. Der Berufssoldat Schukow wurde 1896 geboren und trat 1919 der Kommunistischen Partei Russlands bei. Ab Juli 1941 gehörte er zum Stab des Oberstkommandierenden, im April 1942 wurde er erster stellvertretender Vorsitzender des Nationalkomitees für die Verteidigung der UdSSR und Stellvertreter des Obersten Befehlshabers. Schukow, »der populärste sowjetische Heerführer des Zweiten Weltkriegs, galt als selbstbewußter, der Tradition der russischen Armee verpflichteter Militärpolitiker.«[64] Von Juni 1945 bis März 1946 war er Oberbefehlshaber der sowjetischen Besatzungstruppen in Deutschland und Oberster Chef der SMAD. Kurz darauf fiel er in Ungnade und wurde bis zum Tod Stalins 1953 Chef verschiedener Militärbezirke in der UdSSR. Ab 1953 bekam er das Amt des ersten Stellvertreters und von 1955 bis 1957 das Amt des Ministers für Verteidigung. Schukow ist im Jahr 1974 gestorben.[65]

61 Vgl. Broszat/Weber: SBZ-Handbuch, S. 1009.
62 Vgl. ebd., S. 1014.
63 Vgl. ebd. und Kapitel 2.2.2.2.
64 Foitzik: Sowjetische Militäradministration, 1993, S. 20.
65 Vgl. Broszat/Weber: SBZ-Handbuch, S. 1023f.

Semjonow, Wladimir Semjonowitsch. Der 1911 geborene Semjonow war von 1945 bis 1946 stellvertretender und von 1946 bis 1949 Politischer Berater der SMAD. Danach wurde er bis 1953 Politischer Berater der sowjetischen Kontrollkommission und von 1953 bis 1955 Hoher Kommissar der UdSSR in Deutschland. Ab 1955 war Semjonow 22 Jahre lang stellvertretender Außenminister der UdSSR und danach von 1978 bis 1986 Botschafter in der Bundesrepublik Deutschland. Semjonow starb 1992.[66]

Serow, Iwan Alexandrowitsch. Der 1905 geborene Serow war Berufssoldat. 1926 trat er der KPdSU bei und wurde Mitarbeiter im persönlichen Sekretariat Stalins. Von Juni 1945 bis 1947 übernahm er als Geheimdienst-Generaloberst das Amt des Stellvertreters des Obersten Chefs der SMAD für Fragen der Zivilverwaltung und die Position des Chefs des sowjetischen Geheimdienstes der SBZ. »Ab 1946 war er gleichzeitig erster stellvertretender sowjetischer Minister des Innern und somit sein eigener unmittelbarer Dienstvorgesetzter in seiner SMAD-Position.«[67] 1954 gründete Serow das »Komitee für Staatssicherheit« (KGB) und wurde bis 1958 dessen erster Leiter. Danach war er bis 1962 Chef des militärischen Geheimdienstes. 1962 wurde er in einem Geheimprozess verurteilt und hingericht oder gemäß »anderer Quelle« aus allen Ämtern entlassen und 1965 aus der KPdSU ausgeschlossen.[68]

Seydewitz, Max. Der 1892 in Forst/L. geborene Seydewitz erlernte den Beruf des Buchdruckers. 1910 wurde er Mitglied der SPD. 1911 trat er dem Verband der deutschen Buchdrucker bei und arbeitete von 1918 bis 1920 als Redakteur bei der *Volksstimme* in Halle an der Saale. 1923 wurde er Mitglied des Parteiausschusses der SPD und von 1924 bis 1932 war er Mitglied im Reichstag. Ab 1927 war er als Herausgeber und Chefredakteur bei den Zeitschriften *Der Klassenkampf* und *Marxistische Büchergemeinde* tätig. 1931 war er Mitbegründer und anschließend auch Vorsitzender der Sozialistischen Arbeiterpartei Deutschlands (SAPD). 1933 ging er wieder zurück zur SPD. Während der Kriegsjahre hielt sich Seydewitz in der Tschechoslowakei, in Norwegen und Schweden auf. 1945 trat er der KPD bei. Bevor er 1947 das Amt des Ministerpräsidenten Sachsens erhielt, war er als Intendant beim Berliner Rundfunk (1945–1946) und war außerdem als Chefredakteur der SED-Zeitschrift *Einheit* (Juni bis August 1946) tätig. Im September 1946 trat er dem Parteivorstand der SED bei. 1948 übernahm er das Amt des Landesvorsitzenden der Gesellschaft für Deutsch-Sowjetische Freundschaft (DSF) in Sachsen und trat ebenfalls 1948 dem Sächsischen SED-Landesvorstand bei. 1948 bis 1949 war er Mitglied des Plenums der DWK und ab 1949 Abgeordneter der Volkskammer. 1955 übernahm er das Amt des Generaldirektors der Staatlichen Kunstsammlungen in Dresden und trat 1958 dem Präsidium des Deutschen Friedensrates bei. Seydewitz starb im Jahr 1987.[69]

Siemon, Gustav. Der 1918 in Lippoldsberg geborene Siemon war von Beruf Buchhändler. 1936 ging er zur Wehrmacht. Als Oberleutnant einer Fernaufklärergruppe kam er 1942 in sowjetische Gefangenschaft. Er wurde NKFD-Frontaufklärer. Als Mitglied der »Initiativgruppe Sobottka« kam er 1945 zurück nach Deutschland und trat dort sowohl dem FDGB wie dem Kulturbund zur demokratischen Erneuerung Deutschlands bei. 1945 trat Siemon zunächst der KPD, später der SED bei. 1948 wurde er Mitglied der NDPD. Ab Juli 1945 war er

66 Vgl. ebd., S. 1028.
67 Foitzik: Sowjetische Militäradministration, 1993, S. 21.
68 Broszat/Weber: SBZ-Handbuch, S. 1029.
69 Vgl. ebd. und SBZ-Biographie, S. 327.

in Schwerin als Mitarbeiter der Abteilung »Kultur und Volksbildung« der Landesverwaltung von Mecklenburg-Vorpommern beschäftigt. Dort war Siemon zunächst für das Dezernat X (Film, Rundfunk, Sport- und Leibesübungen und Jugendorganisation) und später dann auch für das Referat »Rundfunk, Presse und Theater« zuständig. Mit der Schaffung der Abteilung »Allgemeine Volksbildung« innerhalb der Abteilung »Kultur und Volksbildung« übernahm er vermutlich die Leitung dieser Abteilung. Im »Ministerium für Volksbildung« von Mecklenburg-Vorpommern übernahm er dann von Dezember 1946 bis zum Sommer 1947 die Leitung der Abteilung »Allgemeine Volkskultur«. Von 1948 bis 1949 war Siemon Mitglied des Volksrats. 1949 übernahm die politische Geschäftsführung des Landesverbandes der NDPD von Mecklenburg und war ab 1949 im Parteivorstand der NDPD. Von 1953 bis 1961 war Siemon als Chefredakteur bei der *National-Zeitung* tätig.[70]

Siewert, Robert. Siewert wurde 1887 in Schwersenz bei Posen geboren. Der gelernte Maurer schloss sich 1906 der SPD an, wechselte aber 1919 zur KPD. Ein Jahr später übernahm er für vier Jahre die Leitung des Zentralen Parteiverlages der KPD. Bis 1928 leitete er die Zeitschrift »Die Einheit«. Bis 1929 war Siewert Mitglied des Landtags von Sachsen. Nach seinem Ausschluss aus der Partei 1929 betätigte er sich als leitender Funktionär in der KPD-Opposition. Nach seiner Inhaftierung 1935 kam er 1938 ins Konzentrationslager Buchenwald, wo er sich einer illegalen KPD-Gruppe anschloss. 1945 wurde er Mitglied der KPD (später der SED). Im Mai 1945 war Siewert Bezirksvorsitzender der KPD in Sachsen-Anhalt bevor er einen Monat später ihre Bezirksleitung übernahm. Im April 1946 war er als Sekretär im Landesvorstand der SED von Sachsen-Anhalt tätig. 1945 wurde Siewert in Sachsen-Anhalt zum ersten Vizepräsidenten ernannt und war seit Dezember 1945 Stellvertreter des Ministerpräsidenten. Von 1945 bis 1949 war er für die Entnazifizierung der Provinzialverwaltung Sachsen zuständig. Siewert starb im Jahr 1973.[71]

Sobottka, Gustav. Der 1886 in Turrowen in Ostpreußen geborene Sobottka war Bergmann und ab 1910 zunächst Mitglied der SPD, ab 1918 Mitglied der USPD und ab 1920 dann Mitglied der KPD. In der kommunistischen »Union der Hand- und Kopfarbeiter« war er bis 1925 als Leiter der Gruppe Bergbau tätig. 1929 trat er der Revolutionären Gewerkschaftsopposition bei. Von 1921 bis 1932 war er Mitglied des Preußischen Landtags. Die Zeit von 1933 bis 1945 verbrachte Sobottka in der Emigration. So war er bis 1935 zunächst in Frankreich und ging danach in die Sowjetunion, wo er die NKFD mitbegründete. Als Leiter der »Initiativgruppe Sobottka« kehrte er 1945 zurück nach Deutschland und war dort von Juni bis Dezember 1945 als Bezirksvorsitzender der KPD von Mecklenburg-Vorpommern tätig. Zudem war er von Juni 1945 bis 1946 im Zentralkomitee der KPD und übernahm von Dezember 1945 bis 1947 das Amt des zweiten Vizepräsidenten der Landesverwaltung und späteren -regierung Mecklenburg-Vorpommern. 1947 wurde er zum Präsidenten der »Deutschen Zentralverwaltung für Brennstoffindustrie« ernannt und 1948 wurde ihm das Amt des Leiters der Hauptverwaltung Kohle der »Deutschen Wirtschaftskommission« anvertraut. Sobottka starb im Jahr 1953.[72]

70 Vgl. Broszat/Weber: SBZ-Handbuch, S. 1030, SBZ-Biographie, S. 329 und Übersicht über die Leiter und Sachbearbeiter der Abteilung »Kultur und Volksbildung«, Landesverwaltung Mecklenburg-Vorpommern, Mai 1946: LHA Schwerin, 6.11–2 Ld. Meckl., MPräs, Nr. 1257, Bl. 188.

71 Vgl. Broszat/Weber: SBZ-Handbuch, S. 1030, SBZ-Biographie, S. 329, Wer ist wer? 1948, S. 224 und Kapitel 2.2.2.4.

72 Vgl. Broszat/Weber: SBZ-Handbuch, S. 1031f und Wer ist wer? 1948, S. 226.

Sokolowski, Wassili Dawidowitsch. Sokolowski wurde 1897 geboren. Der Berufssoldat trat 1931 der KPdSU bei und war bei Kriegsende Armeekorpskommandeur in der sowjetischen Armee. 1945 wurde er erster Stellvertreter und von März 1946 bis 1949 Oberbefehlshaber der Gruppe der sowjetischen Besatzungstruppen in Deutschland und Oberster Chef der SMAD. Außerdem war er Mitglied im Alliierten Kontrollrat. Sokolowski sagte man mehr diplomatisches Geschick zu als seinem Vorgänger Schukow. Auch heute noch wird er lt. Foitzik: Sowjetische Militäradministration, 1993, S. 20, »als führender sowjetischer Strategie-Theoretiker angesehen«. Ab März 1949 wurde er in der Sowjetunion erster stellvertretender Minister für Streitkräfte, ab Februar 1950 Kriegsminister und von 1952 bis 1960 Generalstabschef und erster Stellvertreter des Kriegsministers bzw. ab 1953 des Verteidigungsministers. Sokolowski starb im Jahr 1968.[73]

Solotuchin, Pjotr Wassilewitsch, Dr. Der 1897 geborene Solotuchin war Generalleutnant der sowjetischen Armee und Hochschullehrer. Von August 1945 bis 1948 leitete der die »Abteilung für Volksbildung« der SMAD.[74]

Spiegel, Georg. Der 1895 geborene Spiegel trat 1913 in die SPD ein. Ab 1929 war er als Redakteur bei SPD-Zeitungen tätig und war Vorsitzender der SPD in Potsdam. Aufgrund seiner illegalen Arbeit kam er 1933 ins Konzentrationslager, wo er bis Kriegsende blieb. Nach Kriegsende wurde ihm das Amt des Bürgermeisters von Potsdam vergeben. Von Oktober 1945 bis April 1946 war Spiegel Landesvorsitzender der brandenburgischen SPD, anschließend bis September 1947 Mitglied des Sekretariats des Landesvorstandes der Brandenburgischen SED. Von Dezember 1949 bis September 1950 war er Mitglied des Landtags von Brandenburg. Spiegel starb im Jahr 1960.[75]

Steinhoff, Karl, Dr. jur. Der 1892 in Herford in Westfalen geborene Verwaltungsjurist wurde 1923 Mitglied der SPD. Von 1926 bis 1928 war er als Landrat im Kreis Zeitz tätig und von 1928 bis 1932 stellvertretender Oberpräsident Ostpreußens. 1933 bis 1945 war er als Syndikus in einer Kartonagenfabrik beschäftigt. Nach Kriegsende schloss sich Steinhoff erneut der SPD, später der SED an. Im Juli 1945 wurde ihm das Amt des Präsidenten der Provinzialverwaltung Brandenburg, ab Dezember 1946 das Amt des Brandenburgischen Ministerpräsidenten anvertraut. 1946 war Steinhoff Mitglied des Landtags von Brandenburg und 1948/1949 Mitglied des Volksrates bzw. der Volkskammer. 1949 bis 1950 war er Kandidat des Politbüros der SED und von 1949 bis 1952 Minister des Innern der DDR. Steinhoff starb im Jahr 1981.[76]

Stiemke, Erich. 1948 übernahm Stiemke nach längerer Tätigkeit in der Abteilung »Volkskultur« des »Ministeriums für Volksbildung« Mecklenburg die Leitung des Referats »Freizeit und Erholung«. Bereits seit 1947 war er gelegentlich auch mit Angelegenheiten des Verlagswesens betraut worden. Ab 1949 leitete Stiemke die Abteilung »Allgemeine Volkskultur« im »Ministeriums für Volksbildung« Mecklenburg.[77]

73 Vgl. Broszat/Weber: SBZ-Handbuch, S. 1032.
74 Vgl. ebd. und Kapitel 2.1.1.
75 Vgl. Broszat/Weber: SBZ-Handbuch, S. 1033.
76 Vgl. ebd., S. 1036 und SBZ-Biographie, S. 338.
77 Vgl. Efté-Verlag an Minister Grünberg, Landesregierung Mecklenburg, 17.6.1947: LHA Schwerin, 6.11–21 Ld. Meckl., MfVobi, Nr. 3083 und Abteilung »Volkskultur«, »Ministerium für Volksbildung« Mecklenburg, an DVV, 20.7.1948: ebd., Nr. 3073.

Stimmel, Robert. Der 1875 in Borna geborene Stimmel absolvierte in Rathenow und Leipzig eine Buchhandelsausbildung. Nach mehrjähriger Tätigkeit im Sortiments-, Kommissions- und Großbuchhandel trat er 1897 als Gehilfe in den Jenaer Gustav Fischer Verlag ein. Im Jahr 1919 wurde er zum Prokuristen ernannt.[78]

Thape, Ernst. Der 1892 in Klein Aga in Thüringen geborene Thape war Schlosser und Ingenieur. 1908 trat er der SPD bei und war als Redakteur bei der Zeitung *Volksstimme* tätig. Die Zeit von 1939 bis zum Kriegsende verbrachte Thape im Konzentrationslager Buchenwald. Als Mitglied der SPD war er ab Juli 1945 im Bezirksvorstand der SPD von Magdeburg tätig. Ebenfalls im Juli 1945 wurde ihm das Amt des zweiten Vizepräsidenten der Provinz Sachsen verliehen. Zunächst war er für die Ressorts »Wirtschaft« und »Verkehr«, anschließend für das Ressort »Volksbildung« zuständig. Von Dezember 1946 bis zu seinem Rücktritt im Dezember 1948 übte er das Amt des Ministers für Volksbildung der Provinzial- und späteren Landesregierung von Sachsen-Anhalt aus. Zusätzlich war er von April 1946 bis Dezember 1948 im Landesvorstand und Sekretariat der SED von Sachsen-Anhalt tätig. Nach seinem Mandatsverlust im Mai 1947 flüchtete Thape im November 1948 in den Westen. Aus der SED wurde er ausgeschlossen. Thape starb im Jahr 1985.[79]

Thunig, Rudolf. Seit September 1945 arbeitete Thunig in der »Abteilung für Volksbildung« des Berliner Magistrats und leitete das Hauptamt »Presse und Aufbauwerbung«. Dabei beschäftigte er sich auch mit dem Verlagswesen und unterstützte Frau Windus, Leiterin der Abteilung »Verlage« innerhalb der »Abteilung für Volksbildung«.[80]

Tjulpanow, siehe Tulpanow, Sergej Iwanowitsch, Dr.

Torhorst, Marie, Dr. phil. Die 1888 in Ledde in Westfalen geborene Torhorst war von Beruf Lehrerin. 1928 trat sie der SPD bei. 1932 hielt sie sich zu Studienzwecken einige Zeit in der UdSSR auf. 1933 wurde sie aus dem Schuldienst entlassen. 1943 kam sie ins Strafarbeitslager Hallendorf bei Braunschweig, weil sie einen jüdischen Kommunisten illegal untergebracht hatte. 1945 trat sie der KPD bei, war beim Berliner Rundfunk tätig, und arbeitete dann für ein Jahr als Dezernentin für Lehrerbildung in Berlin. 1946/47 übernahm sie die Leitung der Abteilung »Schule und Erziehung« im Zentralsekretariat der SED und wurde schließlich 1947 zur Volksbildungsministerin Thüringens ernannt. Torhorst starb im Jahr 1989.[81]

Tschuikow, Wassili Iwanowitsch. Der russische Berufssoldat Tschuikow wurde 1900 geboren und trat 1919 der Kommunistischen Partei Russlands bei. 1945 kommandierte er eine Armee und war an der Berlin-Schlacht beteiligt. Von 1945 bis 1946 war Tschuikow Chef der SMA Thüringen, von 1946 bis 1949 erster stellvertretender Oberbefehlshaber und von März 1949 bis 1953 Oberbefehlshaber der sowjetischen Besatzungstruppen in Deutschland. Von

---

78 Vgl. Lebenslauf Robert Stimmel, 6.6.1946: ThHStAW, Ld. Thür. - LfB, Nr. 330 und Lebenslauf Robert Stimmel, undatiert: ebd., Nr. 359.

79 Vgl. Schneider: Sachsen-Anhalt, S. 157, Broszat/Weber: SBZ-Handbuch, S. 1041, Wer ist wer? 1948, S. 240 und Kapitel 2.2.2.4.

80 Vgl. Abteilung »Verlage«, Magistrat der Stadt Berlin, an alle Abteilungen im Hause, 12.9.1945: LAB, C Rep. 120, Nr. 526 und Thunig, Magistrat der Stadt Berlin, an die Hauptschriftleitung der *Täglichen Rundschau*, 24.9.1945: ebd., Nr. 3199.

81 Vgl. Broszat/Weber: SBZ-Handbuch, S. 1044, SBZ-Biographie, S. 356, Wer ist wer? 1948, S. 242 und Personal-Fragebogen Marie Torhorst: BArch DR 2/936, fol. 19.

März 1949 bis November 1949 war er als Nachfolger von Sokolowski Oberster Befehlshabers der SMAD. Von 1953 bis 1960 war er Chef des Militärbezirks Kijew und danach stellvertretender Verteidigungsminister. Tschuikow starb im Jahr 1982.[82]

Tulpanow, Sergej Iwanowitsch, Dr. Schon mit 17 Jahren wurde der 1901 geborene Tulpanow Berufssoldat, 1927 trat er der KPdSU bei. Nach einem wirtschaftswissenschaftlichen Studium errang er 1936 den Doktortitel. Ab 1937 hatte Tulpanow im Schulungswesen der KPdSU und ab Kriegsbeginn als Leiter der siebten Abteilung der Politischen Verwaltung an verschiedenen Frontabschnitten gewirkt. Von Oktober 1945 bis September 1949 war Tulpanow Leiter der »Propaganda-« bzw. »Informationsverwaltung« der SMAD. In dieser Funktion hat er in der Regel auch die Lizenzurkunden unterschrieben. 1949 wurde Tulpanow in die Sowjetunion abberufen und fast ein Jahr unter Hausarrest gestellt. Ab 1950 war er Dozent für politische Ökonomie an der Militärakademie Leningrad, danach Lehrstuhlleiter an der K. E. Voroilov-Akademie und bis 1979 lehrte er an der Universität Leningrad politische Ökonomie der Entwicklungsländer. Tulpanow starb im Jahr 1984.[83]

Ulbricht, Walter. Der 1893 in Leipzig geborene Ulbricht war von Beruf Möbeltischler. 1912 trat er der SPD bei und wechselte 1919 zur KPD, wo er ab 1923 im Zentralkomitee und ab 1929 als Mitglied des Politbüros tätig war. Von 1926 bis 1929 war er Mitglied des Landtags von Sachsen und von 1928 bis 1933 Mitglied des Reichstages. 1929 übernahm er den Vorsitz der Bezirksleitung der KPD in Berlin-Brandenburg. Ein Jahr später wurde er wegen Hochverrats für zwei Jahre inhaftiert. Während der NS-Herrschaft lebte Ulbricht in der Emigration in Westeuropa und später dann in der Sowjetunion, wo er 1937/1938 als Sekretär des Zentralkomitees der Exil-KPD tätig war. 1943 war an der Gründung des NKFD beteiligt. Als Leiter der »Initiativgruppe Ulbricht« kehrte er 1945 nach Deutschland zurück. Dort war er von Juni 1945 bis 1946 Mitglied des Zentralkomitees und des Sekretariats des Zentralkomitees der KPD, ab April 1946 dann Mitglied des Zentralsekretariats der SED. Gleichzeitig war er stellvertretender Vorsitzender der SED. Von 1946 bis 1950 war Ulbricht Mitglied des Landtags von Sachsen-Anhalt, 1948/1949 Mitglied des Volksrats bzw. der Volkskammer und Mitglied der »Deutschen Wirtschaftskommission«. Ab Januar 1949 betätigte er sich im Politbüro der SED und war gleichzeitig Vorsitzender des Sekretariats des Politbüros. Von 1949 bis 1960 wurde ihm das Amt des ersten stellvertretenden Ministerpräsidenten bzw. ersten stellvertretenden Vorsitzenden des Ministerrates anvertraut. Von 1950 bis 1953 betätigte sich Ulbricht als Generalsekretär, anschließend bis 1971 dann als erster Sekretär der SED. Gleichzeitig übernahm er von 1960 bis 1973 das Amt des ersten Vorsitzenden des Staatsrats der DDR. Ulbricht starb im Jahr 1973.[84]

Volkmann, Herbert Julius Adolf. Als Sohn eines Magistratsbeamten und Stadtinspektors wurde Volkmann 1901 in Berlin geboren. Bis zu seiner Einberufung zum Wehrdienst im Januar 1941 war er als stellvertretender Hauptschriftleiter und Chef vom Dienst beim Eurocont Department der Nachrichtenagentur United Press beschäftigt. Am 10. September 1945 wurde der parteilose Volkmann als Leiter der Abteilung »Kunst und Literatur« bei der DVV eingestellt. Gleichzeitig führte er auch das Referat »Literatur« dieser Abteilung.[85]

---

82 Vgl. Broszat/Weber: SBZ-Handbuch, S. 1045.
83 Vgl. ebd., S. 1043 und Bonwetsch/Bordjugov/Naimark: Sowjetische Politik in der SBZ, S. 312f.
84 Vgl. Broszat/Weber: SBZ-Handbuch, S. 1046 und SBZ-Biographie, S. 360.
85 Vgl. Personal-Fragebogen Herbert Volkmann, 3.9.1946: BArch DR 2/936, fol. 29 sowie Kapitel 2.1.2.

Wandel, Paul. Der 1905 geborene Wandel war Maschinentechniker. 1926 trat er der KPD bei, 1931 übernahm er das Amt des Sekretärs der KPD-Bezirksleitung in Baden. 1932/33 besuchte er die Leninschule in Moskau. Bis Kriegsende lebte er in der Emigration in der Sowjetunion, wo er sich für politische und antifaschistische Ziele engagierte. Zurück in Deutschland trat er 1945 erneut der KPD, später der SED bei. Von Juni bis Juli 1945 war er Chefredakteur der *Deutschen Volkszeitung*, dem Zentralorgan der KPD. Vom 27. Juli 1945 bis Oktober 1949 war Wandel Präsident der DVV und übernahm anschließend bis August 1952 das Amt des Ministers für Volksbildung der DDR. 1949 bis 1958 war er Mitglied der Volkskammer. 1953 bis 1957 arbeitete er als Sekretär im Zentralkomitee der SED. 1961 bis 1964 war er stellvertretender Minister für Auswärtige Angelegenheiten der DDR. Wandel starb im Jahr 1995.[86]

Warnke, Hans. Warnke wurde 1896 in Hamburg geboren. Der gelernte Dachdecker war ab 1914 zunächst Mitglied der SPD, ab 1918 dann Mitglied der USPD und ab 1920 schließlich Mitglied der KPD. Von 1920 bis 1931 betätigte sich Warnke als Stadtrat von Güstrow. Von 1924 bis 1933 war er Mitglied des Landtags von Mecklenburg und gleichzeitig von 1926 bis 1933 Politischer Leiter in der Bezirksleitung der Mecklenburgischen KPD. Aufgrund illegaler Tätigkeiten kam Warnke 1933 Zuchthaus und ins Konzentrationslager. Von Mai 1945 bis Juli 1945 war er zunächst als Oberbürgermeister in Güstrow tätig. Im Juli 1945 übernahm Warnke das Amt des ersten Vizepräsidenten der Landesverwaltung Mecklenburg-Vorpommern und wurde zur selben Zeit bis 1946 in die Bezirksleitung der KPD von Mecklenburg-Vorpommern berufen. Von April 1946 bis 1984 war er im Parteivorstand bzw. im Zentralkomitee der SED und ebenfalls von April 1946 bis Oktober 1949 im Sekretariat des Landesvorstandes der SED von Mecklenburg tätig. Von Dezember 1946 bis 1949 übernahm Warnke das Amt des Mecklenburgischen Ministers für Innere Verwaltung (und Planung) bzw. Ministers des Inneren. Von Oktober 1946 bis September 1950 war Warnke zudem Mitglied des Landtags von Mecklenburg und von 1948 bis 1963 Mitglied des Volksrates bzw. Mitglied der Volkskammer. Warnke starb im Jahr 1984.[87]

Weinert, Erich. Weinert wurde 1890 in Magdeburg geboren. Nach einer Lehre als Maschinenbauer 1905 bis 1908 besuchte er zunächst eine Kunstgewebeschule und erlang dann das Staatsexamen an der Hochschule. 1912 bis 1913 war er als freier Maler und Grafiker tätig. 1928 war er Mitbegründer und Vorstandsmitglied des Bundes proletarisch-revolutionärer Schriftsteller. 1929 trat er der KPD bei. Nach der Machtergreifung der Nationalsozialisten ging er 1933 in die Emigration. 1936 wurde Weinert Mitglied des sowjetischen Schriftstellerverbandes. Von 1937 bis 1939 nahm er am Spanischen Bürgerkrieg teil und kam anschließend in Frankreich ins Internierungslager. 1939 ging Weinert zurück in die Sowjetunion. 1939 bis 1941 war politisch-literarisch tätig. Nach dem Angriff auf die Sowjetunion verfasste er zahlreiche antifaschistische Flugblätter, Aufrufe und Radioansprachen. 1943 war er an der Gründung des NKFD beteiligt und wurde ihr Präsident. Nach Auflösung des NKFD Ende 1945 kehrte er nach Deutschland zurück und trat der KPD und später der SED bei. Von März 1946 bis Juli 1948 war er Vizepräsident der DVV und ab Januar 1947 gleichzeitig

86 Vgl. Broszat/Weber: SBZ-Handbuch, S. 1051 und Personal-Fragebogen Paul Wandel, 3.9.1946: BArch DR 2/936, fol. 38.

87 Vgl. Broszat/Weber: SBZ-Handbuch, S. 1051, SBZ-Biographie, S. 371 und Fait: Mecklenburg, S. 120.

Präsident des Kulturellen Beirats. 1950 wurde er Gründungsmitglied der Deutschen Akademie der Künste in Ostberlin. Weinert starb im Jahr 1953.[88]

Witsch, Joseph Caspar. Der 1906 in Köln geborene Witsch absolvierte im Jahr 1931 sein Examen als Diplom-Volksbibliothekar in Leipzig. Anschließend arbeitete Witsch in der Stadtbücherei in Köln. 1932 übernahm er die Leitung der Technischen Bibliothek in Köln, wurde aber 1933 aus politischen Gründen entlassen. Nach seiner Promotion im Jahr 1935 nahm er eine Stellung in Stralsund als Bibliothekar und Hilfsarchivar an. Ein Jahr später wurde er als Direktor der Ernst-Abbe-Bücherei und Leiter der »Staatlichen Landesstelle für das volkstümliche Büchereiwesen« nach Jena berufen. In der Zeit von 1939 bis 1945 war er unter anderem in Italien im Kriegseinsatz. Nach Kriegsende wurde er zunächst erneut als Direktor der Ernst-Abbe-Bücherei eingesetzt und übernahm die Leitung der in »Thüringische Landesstelle für Buch- und Bibliothekswesen« umbenannten vormaligen »Staatlichen Landesstelle für das volkstümliche Büchereiwesen«. Anfang Februar 1948 eskalierten Auseinandersetzungen über ein für die ganze SBZ gültiges neues Büchereigesetzes, zu dessen Planungssitzungen in Berlin auch Witsch eingeladen war. Wenige Tage später musste sich er vor der »Entnazifizierungskommission« des Landes Thüringen wegen schon lang anhaltender Vorwürfe gegen ihn aufgrund seiner Tätigkeiten in der Zeit von 1936 bis 1945 verantworten. Die Kommission ordnete an, ihn sofort aus allen Ämtern zu entlassen. Einige Wochen später flüchtete er in den Westen Deutschlands. Auf Grundlage eines Vertrages mit dem Weimarer Verleger Gustav Kiepenheuer über eine gemeinsame Verlagsgesellschaft und gründete Witsch noch im selben Jahr in Hagen, in der britischen Besatzungszone, eine Zweigstelle des Gustav Kiepenheuer Verlages, mit dem er 1950 nach Köln umsiedelte. 1951, zwei Jahre nach dem Tod Kiepenheuers, trennte er sich vom Weimarer Verlag und firmierte die vormalige Zweigstelle in Köln in Verlag Kiepenheuer & Witsch um. 1960 wurde auf Initiative von Witsch in München der Deutsche Taschenbuch Verlag gegründet. Witsch starb im Jahr 1967.[89]

Wolf, Walter. Der 1907 in Gotha geborene Wolf war von Beruf Lehrer. 1923 trat er dem Kommunistischen Jugendverband bei und engagierte sich als erster Vorsitzender des Verbandes in Gotha. 1930 wurde er Mitglied der KPD. Er wurde 1937 wegen der Bildung einer antifaschistischen Lehrergruppe verhaftet und war von da an bis 1945 im Konzentrationslager Buchenwald. Von Kriegsende an bis Mai 1947 übernahm Wolf die Leitung des Thüringischen »Landesamts für Volksbildung«, das im Dezember 1946 in das thüringische »Ministerium für Volksbildung« umgewandelt wurde. Parallel dazu war Wolf von April 1945 bis April 1946 zunächst im Sekretariat des Landesvorstands der KPD Thüringens tätig und übernahm anschließend bis Mai 1947 das entsprechende Amt in der SED. Im Mai 1947 übernahm er den Lehrstuhl für dialektischen Materialismus an der Universität Jena, war von 1949 bis 1953 als Professor für theoretische Pädagogik an der Universität Leipzig tätig und übernahm im September 1953 den Lehrstuhl für Allgemeine Pädagogik an der Pädagogischen

88 Vgl. Broszat/Weber: SBZ-Handbuch, S. 1054; Lebenslauf Erich Weinert, 30.8.1946: BArch DR 2/930, fol. 38a; SMAD-Befehl Nr. 25, 25.1.1947: BArch DY 30/IV 2/9.04/670, fol. 5 und »Vorschläge des Sekretariats des Kulturellen Beirates für die Reorganisation des Kulturellen Beirates«, ohne Datum: ebd., fol. 64–99.

89 Vgl. Witsch: Joseph Caspar Witsch. Briefe 1948–1967, S. 339f; Hohenstein: Joseph Caspar Witsch, S. 102f, Möller: Joseph Caspar Witsch, S. 117ff, Wahl: »Das Verlegen gebe ich nie auf ...«, S. 106ff und Kapitel 1.2.2.5.

Hochschule in Potsdam. Daneben war er als Direktor des Instituts für Pädagogik an derselben Hochschule tätig. Wolf starb im Jahr 1977.[90]

Wolff, Karl. Der am 30. Juni 1919 geborene Wolff war Mitglied der SED. Ab Ende 1946 leitete er das Referat »Literatur und Buchwesen« im »Ministerium für Volksbildung« in Mecklenburg-Vorpommern.[91]

Zeigner, Erich, Dr. jur. Der Jurist Zeigner wurde 1886 geboren. Er trat 1919 der SPD bei und wurde 1923 Ministerpräsident einer von SPD und KPD geführten Regierung in Sachsen. Nach dem Sturz der Regierung wurde er zu drei Jahren Gefängnis verurteilt. Nach 1933 wurde er mehrfach inhaftiert. 1945 trat er in der SBZ der SPD, anschließend der SED bei. Von 1945 bis 1949 war er Oberbürgermeister von Leipzig, 1946 Mitglied des sächsischen Landtags. Zeigner starb am 5. April 1949.[92]

---

90 Vgl. Broszat/Weber: SBZ-Handbuch, S. 1060, SBZ-Biographie, S. 391, Personal-Fragebogen Walter Wolf, 10.9.1946: BArch DR 2/936, fol. 66 und Lebenslauf Wolf: ebd., fol. 68.

91 Vgl. Bericht »3 Jahre Arbeit des Ministeriums für Volksbildung Mecklenburg 1945–1948«: LHA Schwerin, 6.11–21 Ld. Meckl., MfVobi, Nr. 2665, Bl. 2 und Kapitel 2.2.2.2.

92 Vgl. Broszat/Weber: SBZ-Handbuch, S. 1063 und Angaben zum Tod von Zeigner in: StadtAL, StVuR Nr. 2136, Bl. 154.

Quellen- und Literaturverzeichnis

Archiv-Quellen

a) Verwendete Archivbestände

Berlin, Bundesarchiv,
  Abteilung DDR, Bestand
  - Ministerium für Volksbildung (DR 2).

  Stiftung der Parteien und Massenorganisationen der DDR, Bestände
  - Nachlass Walter Ulbricht (NY 4182),
  - SED, Dietz-Verlag (DY 30/IV 2/9.13),
  - SED, Zentralsekretariat (DY 30/IV 2/2.1),
  - SED, Zentralkomitee, Abt. Finanzverwaltung und Parteibetriebe (DY 30/IV 2/22),
  - SED, Zentralkomitee, Abt. Kultur (DY 30/IV 2/9.06),
  - SED, Zentralkomitee, Sekretariat (DY30/J IV 2/3) und
  - SED, Zentralkomitee, Abt. Wissenschaften (DY 30/IV 2/9.04).

Berlin, Landesarchiv, Bestand
  - Magistrat von Berlin, Abt. Volksbildung (C Rep. 120).

Dresden, Sächsisches Staatsarchiv, Hauptstaatsarchiv Dresden, Bestand
  - 11401 Landesregierung Sachsen, Ministerium für Volksbildung (11401 Lr. Sachsen, MfVobi).

Frankfurt am Main, Deutsche Nationalbibliothek,
  Historisches Archiv des Börsenvereins des Deutschen Buchhandels, Bestand
  - Archiv des Gustav Fischer Verlages (Fischer Jena 1948).

Leipzig, Sächsisches Staatsarchiv, Staatsarchiv Leipzig, Bestand
  - 21766 Börsenverein der Deutschen Buchhändler zu Leipzig (21766 Börsenverein).

Leipzig, Stadtarchiv, Bestand
  - Stadtverordnetenversammlung und Rat der Stadt Leipzig (StVuR).

Leipzig, Universität Leipzig, Institut für Kommunikations- und Medienwissenschaft,
  Abt. Buchwissenschaft und Buchwirtschaft, Buchwissenschaftliches Archiv, Bestand
  - Reclam Verlag Leipzig.

Magdeburg, Landeshauptarchiv Sachsen-Anhalt, Abt. Magdeburg, Bestände
  - Land Sachsen-Anhalt, Büro des Ministerpräsidenten (Rep. K Min. Präs),
  - Land Sachsen-Anhalt, Ministerium des Innern (Rep. K MdI) und
  - Land Sachsen-Anhalt, Ministerium für Volksbildung, Kunst und Wissenschaft (Rep. K 10 MVb).

Potsdam, Brandenburgisches Landeshauptarchiv, Bestand
  - Provinz Brandenburg, Bonness und Hachfeld (Pr. Br. Rep. 75),
  - Land Brandenburg, Büro des Ministerpräsidenten (Ld. Br. 202 A),
  - Land Brandenburg, Ministerium des Innern (Ld. Br. 203) und
  - Land Brandenburg, Ministerium für Volksbildung (Ld. Br. 205 A).

Schwerin, Landeshauptarchiv Schwerin, Bestände
  - 6.11-11 Land Mecklenburg(-Vorpommern), Ministerium des Innern 1946–1952 (Ld. Meckl., MdI),
  - 6.11-21 Land Mecklenburg(-Vorpommern), Ministerium für Volksbildung 1946–1952 (Ld. Meckl., MfVobi) und
  - 6.11-2 Land Mecklenburg(-Vorpommern), Ministerpräsident 1946–1952 (Ld. Meckl., Mpräs).

Weimar, Thüringisches Hauptstaatsarchiv Weimar, Bestände
  - Gustav Fischer Verlag Jena (GFV),

- Land Thüringen, Büro des Ministerpräsidenten (Ld. Thür. - BdMp),
- Land Thüringen, Landesstelle für Buch- und Bibliothekswesen in Jena (Ld. Thür. - LfB),
- Land Thüringen, Ministerium für Volksbildung (Ld. Thür. - MfVobi),
- Zeitgeschichtliche Sammlung, Land Thüringen, Befehle der SMAD und
- Zeitgeschichtliche Sammlung, Land Thüringen, Befehle der SMA Thüringen.

b) Abkürzungsverzeichnis der Archivdokumente

X = Akten- bzw. Bündel-Nummer,

Y = Blatt-Nummer (Bl. oder fol.).

BArch DR 2/X, fol. Y:
Bundesarchiv, Abteilung DDR, Berlin
Bestand DR 2: Ministerium für Volksbildung.

BArch DY 30/IV 2/2.1/X, fol. Y
Bundesarchiv, Stiftung Archiv der Parteien und Massenorganisationen der DDR, Berlin,
Bestand DY 30/IV 2/2.1: SED, Zentralsekretariat.

BArch DY 30/IV 2/22/X, fol. Y
Bundesarchiv, Stiftung Archiv der Parteien und Massenorganisationen der DDR, Berlin,
Bestand DY 30/IV 2/22: SED, Abt. Finanzverwaltung und Parteibetriebe.

BArch DY 30/IV 2/9.04/X, fol. Y
Bundesarchiv, Stiftung Archiv der Parteien und Massenorganisationen der DDR, Berlin,
Bestand DY 30/IV 2/9.04: SED, Abt. Wissenschaften.

BArch DY 30/IV 2/9.06/X, fol. Y
Bundesarchiv, Stiftung Archiv der Parteien und Massenorganisationen der DDR, Berlin,
Bestand DY 30/IV 2/9.06: SED, Abt. Kultur.

BArch DY 30/IV 2/9.13/X, fol. Y
Bundesarchiv, Stiftung Archiv der Parteien und Massenorganisationen der DDR, Berlin,
Bestand DY 30/IV 2/9.13: SED, Dietz-Verlag.

BArch DY30/J IV 2/3/X, fol. Y
Bundesarchiv, Stiftung Archiv der Parteien und Massenorganisationen der DDR, Berlin,
Bestand DY30/J IV 2/3: ZK der SED, Sekretariat.

BArch NY 4182/X, fol. Y
Bundesarchiv, Stiftung Archiv der Parteien und Massenorganisationen der DDR, Berlin,
Bestand NY 4182: Nachlass Walter Ulbricht.

BLHA, Pr. Br. Rep. 75, Nr. X, Bl. Y:
Brandenburgisches Landeshauptarchiv, Potsdam,
Bestand Pr. Br. Rep. 75: Provinz Brandenburg, Bonness und Hachfeld.

BLHA, Ld. Br. Rep. 202 A, Nr. X, Bl. Y:
Brandenburgisches Landeshauptarchiv, Potsdam,
Bestand Ld. Br. Rep. 202 A: Land Brandenburg, Büro des Ministerpräsidenten.

BLHA, Ld. Br. Rep. 203, Nr. X, Bl. Y:
Brandenburgisches Landeshauptarchiv, Potsdam,
Bestand Ld. Br. Rep. 203: Land Brandenburg, Ministerium des Innern.

BLHA, Ld. Br. Rep. 205 A, Nr. X, Bl. Y:
Brandenburgisches Landeshauptarchiv, Potsdam,
Bestand Ld. Br. Rep. 205 A: Land Brandenburg, Ministerium für Volksbildung.

DNB, HArch Börsenverein, Fischer Jena 1948
Deutsche Nationalbibliothek, Frankfurt am Main,
Bestand: Historisches Archiv des Börsenvereins des Deutschen Buchhandels, Archiv des Gustav Fischer Verlages (Fischer Jena 1948).

LAB, C Rep. 120, Nr. X, Bl. Y
Landesarchiv Berlin,
Bestand C Rep. 120: Magistrat von Berlin, Abt. Volksbildung.

LHA Schwerin, 6.11-11 Ld. Meckl., MdI, Nr. X, Bl. Y:
Landeshauptarchiv Schwerin,
Bestand 6.11-11 Ld. Meckl., MdI: 6.11-11 Land Mecklenburg(-Vorpommern), Ministerium des Innern (1946–1952).

LHA Schwerin, 6.11-2 Ld. Meckl., MPräs, Nr. X, Bl. Y:
Landeshauptarchiv Schwerin,
Bestand 6.11-2 Ld. Meckl., Mpräs: 6.11-2 Land Mecklenburg(-Vorpommern), Ministerpräsident (1946–1952).

LHA Schwerin, 6.11-21 Ld. Meckl., MfVobi, Nr. X, Bl. Y:
Landeshauptarchiv Schwerin,
Bestand 6.11-21 Ld. Meckl., MfVobi: 6.11-21 Land Mecklenburg(-Vorpommern), Ministerium für Volksbildung (1946–1952).

LHASA, MD, Rep. K MdI, Nr. X, Bl. Y:
Landeshauptarchiv Sachsen-Anhalt, Abt. Magdeburg,
Bestand Rep. K MdI: Land Sachsen-Anhalt, Ministerium des Innern.

LHASA, MD, Rep. K Min. Präs, Nr. X, Bl. Y:
Landeshauptarchiv Sachsen-Anhalt, Abt. Magdeburg,
Bestand Rep. K Min. Präs: Land Sachsen-Anhalt, Büro des Ministerpräsidenten.

LHASA, MD, Rep. K 10 MVb, Nr. X, Bl. Y:
Landeshauptarchiv Sachsen-Anhalt, Abt. Magdeburg,
Bestand Rep. K 10 MVb: Land Sachsen-Anhalt, Ministerium für Volksbildung, Kunst und Wissenschaft.

SächsHStAD, 11401 Lr. Sachsen, MfVobi, Nr. X, Bl. Y:
Sächsisches Staatsarchiv, Abt. Hauptstaatsarchiv Dresden,
Bestand 11401 Lr. Sachsen, MfVobi: 11401 Landesregierung Sachsen, Ministerium für Volksbildung.

SächsStAL, 21766 Börsenverein, Nr. X, Bl. Y:
Sächsisches Staatsarchiv, Abt. Staatsarchiv Leipzig,
Bestand 21766 Börsenverein: 21766 Börsenverein der Deutschen Buchhändler zu Leipzig.

StadtAL, StVuR Nr. X, Bl. Y:
Stadtarchiv Leipzig,
Bestand StVuR: Stadtverordnetenversammlung und Rat der Stadt Leipzig.

ThHStAW, GFV, Nr. X (die unter X angebenen Bündel-Nummern werden in absehbarer Zeit aufgelöst. Die entsprechende Akte soll dann über das Dokument-Datum und den Namen des Korrespondenz-Partners des Gustav Fischer Verlages zu ermitteln sein):
Thüringisches Hauptstaatsarchiv Weimar,
Bestand GFV: Gustav Fischer Verlag Jena.

ThHStAW, Ld. Thür. - BdMp, Nr. X, Bl. Y
Thüringisches Hauptstaatsarchiv Weimar,
Bestand Ld. Thür. - BdMp: Land Thüringen - Büro des Ministerpräsidenten.

ThHStAW, Ld. Thür. - LfB, Nr. X, Bl. Y:
Thüringisches Hauptstaatsarchiv Weimar,

Bestand Ld. Thür. - LfB: Land Thüringen - Landesstelle für Buch- und Bibliothekswesen in Jena.

ThHStAW, Ld. Thür. - MfVobi, Nr. X/Bl. Y:
Thüringisches Hauptstaatsarchiv Weimar,
Bestand Ld. Thür. - MfVobi: Land Thüringen - Ministerium für Volksbildung.

ThHStAW, Ld. Thür. - Befehle SMAD, Z
Thüringisches Hauptstaatsarchiv Weimar,
Bestand: Zeitgeschichtliche Sammlung, Land Thüringen - Befehle der SMAD,
Jahr des Erlasses (Z).

ThHStAW, Ld. Thür. - Befehle SMATh, Z
Thüringisches Hauptstaatsarchiv Weimar,
Bestand: Zeitgeschichtliche Sammlung, Land Thüringen - Befehle der SMA Thüringen,
Jahr des Erlasses (Z).

UniL, IfKMW, Buwi, Reclam Leipzig, Nr. X

Universität Leipzig, Institut für Kommunikations- und Medienwissenschaft, Abt. Buchwissenschaft und Buchwirtschaft, Buchwissenschaftliches Archiv, Bestand Reclam Verlag Leipzig

Weitere unveröffentlichte Quellen

BREMSER, Karl: Aus Beruf und Leben. Erinnerungen an die während meiner Tätigkeit als Mitarbeiter der Verlagsbuchhandlung Gustav Fischer in Jena in den Jahren 1903 bis 1906 und 1908 bis 1954 gesammelten Eindrücke, Erfahrungen und Erlebnisse persönlicher und allgemeiner Natur. Unveröffentlichtes Manuskript. Jena (ohne Jahresangabe). *[Eine Kopie wurde der Deutschen Nationalbibliothek für das Historische Archiv des Börsenvereins des Deutschen Buchhandels, Bestand Archiv des Gustav Fischer Verlages zur Verfügung gestellt].*

Interview von Bettina Jütte mit Annelise VON LUCIUS und Wulf Dietrich VON LUCIUS am 6. Dezember 1996 in Stuttgart. *[Auszüge davon befinden sich im Anhang].*

LUCIUS, Annelise von: Tagebucheinträge 25. Mai 1945 bis 20. Dezember 1946 (handschriftlich). *[Eine Abschrift befindet sich im Anhang].*

Selbstständige Publikationen

BADSTÜBNER, Rolf/HEITZER, Heinz [Hrsg.]: Die DDR in der Übergangsperiode. Studien zur Vorgeschichte der DDR 1945 bis 1961. Berlin: Akademie Verlag1979.

BADSTÜBNER, Rolf/THOMAS, Siegfried: Die Spaltung Deutschlands. 1945–1949. Berlin: Dietz 1966.

BALFOUR, Michael: Vier-Mächte-Kontrolle in Deutschland 1945–1946. Düsseldorf: Droste 1959.

BARCK, Simone/LANGERMANN, Martina/LOKATIS, Siegfried: »Jedes Buch ein Abenteuer«. Zensur-System und literarische Öffentlichkeiten in der DDR bis Ende der sechziger Jahre. Berlin: Akademie Verlag 1997. (Zeithistorische Studien. 9).

BARCK, Simone/LANGERMANN, Martina/LOKATIS, Siegfried [Hrsg.]: Zwischen »Mosaik« und »Einheit«. Zeitschriften in der DDR. Berlin: Links 1999.

BAUMGARTNER, Gabriele/HEBIG, Dieter [Hrsg.]: Biographisches Handbuch der SBZ, DDR 1945–1990. Bd. 1: Abendroth – Lyr, München 1996, Bd. 2: Maassen – Zylla. München: Saur 1997.

BECK, Manuela: Literaten im Nationwerdungsprozess der SBZ, DDR 1945–1953. Rolle und Handlungsfelder im Spannungsfeld zwischen staatlicher Disziplinierung und Privilegierung. Diss. masch. Bremen [Universität Bremen] 2000.

BECK, Stefan von der: Die Konfiskationen in der Sowjetischen Besatzungszone von 1945 bis 1949. Ein Beitrag zur Geschichte und Rechtsproblemen der Enteignungen auf besatzungsrechtlicher und besatzungshoheitlicher Grundlage. Frankfurt a. M., Berlin, Bern, New York, Paris, Wien: Lang 1995. (Schriften zum Staats- und Völkerrecht. 64).

BECKER, Heinrich: Zwischen Wahn und Wahrheit. Autobiographie. Berlin: Verlag der Nation 1972.

Befehle des Obersten Chefs der Sowjetischen Militärverwaltung in Deutschland. Aus dem Stab der Sowjetischen Militärverwaltung in Deutschland. Sammelheft 1 (1945). Berlin: Verlag der Sowjetischen Militärverwaltung in Deutschland [SWA] 1946.

Befehle des Obersten Chefs der Sowjetischen Militärverwaltung in Deutschland. Aus dem Stab der Sowjetischen Militärverwaltung in Deutschland. Sammelheft 2 (1946). Berlin: Verlag der Sowjetischen Militärverwaltung in Deutschland [SWA] 1946.

BEHR, Hermann: Vom Chaos zum Staat. Männer, die für uns begannen. 1945–1949. Frankfurt a. M.: Verlag Frankfurter Bücher 1961.

BELEZKI, Viktor Nikolajewitsch: Die Politik der Sowjetunion in den deutschen Angelegenheiten in der Nachkriegszeit 1945–1976. Berlin: Staatsverlag der Deutschen Demokratischen Republik 1977.

Berlin. Behauptung von Freiheit und Selbstverwaltung 1946–1948. Hrsg. im Auftrag des Senats von Berlin. Berlin 1959. (Schriftenreihe zur Berliner Zeitgeschichte. 2).

Berlin. Kampf um Freiheit und Selbstverwaltung 1945–1946. Hrsg. im Auftrag des Senats von Berlin. Berlin: Spitzing 1959. (Schriftenreihe zur Berliner Zeitgeschichte. 1).

Berlin. Ringen um Einheit und Wiederaufbau 1948–1951. Hrsg. im Auftrag des Senats von Berlin. Berlin: Spitzing 1962. (Schriftenreihe zur Berliner Zeitgeschichte. 2).

Berlin. Quellen und Dokumente 1945–1951. Hrsg. im Auftrag des Senats von Berlin. Bearb. durch Hans J. Reichardt, Hans U. Treutler und Ulrich Lampe. Berlin: Spitzing 1964. (Schriftenreihe zur Berliner Zeitgeschichte. 4.1 und 4.2).

BEYER, Falk: Zur kulturpolitischen Mitarbeit der Schriftsteller Erich Weinert, Theodor Plievier, Johannes R. Becher und Willi Bredel beim Aufbau der Grundlagen eines sozialistischen Verlagswesens in der sowjetisch besetzten Zone Deutschlands von Mai 1945 bis Dezember 1946. Diss. A. Zwickau [Pädagogische Hochschule, Fakultät für Gesellschaftswissenschaften] 1985.

BINDER, Gerhard: Deutschland seit 1945. Eine dokumentierte gesamtdeutsche Geschichte in der Zeit der Teilung. Stuttgart: Seewald 1969.

BONWETSCH, Bernd/BORDJUGOV, Gennadi/NAIMARK, Norman M. [Hrsg.]: Sowjetische Politik in der SBZ 1945–1949. Dokumente zur Tätigkeit der Propagandaverwaltung (Informationsverwaltung der SMAD unter Sergej Tjul'panow. Bonn: Dietz 1998. (Archiv für Sozialgeschichte, Beiheft 20).

BRANDL, Felix [Hrsg.]: Das Recht der Besatzungsmacht. Proklamationen, Deklarationen, Verordnungen, Gesetze und Bekanntmachungen der Militärregierung Deutschland (Kontrollgebiet des Obersten Befehlshabers bzw. amerikanische Zone). Heidelberg: Sellin 1947.

BROOSCH, Karsten: Die Währungsreform 1948 in der sowjetischen Besatzungszone Deutschlands. Eine Untersuchung zur Rolle des Geldes beim Übergang zur sozialistischen Planwirtschaft in der SBZ/DDR. Herdecke: GCA-Verlag 1998.

BROSZAT, Martin/WEBER, Hermann [Hrsg.]: SBZ-Handbuch. Staatliche Verwaltungen, Parteien, gesellschaftliche Organisationen und ihre Führungskräfte in der Sowjetischen Besatzungszone Deutschlands 1945–1949. 2., unveränderte Auflage. München: Oldenbourg 1993 [1. Auflage: 1990].

BUCH, Günther: Namen und Daten wichtiger Personen der DDR. Berlin, Bonn: Dietz 1979.

BUHL, Marion: Der Beitrag der literarischen Monatszeitschrift »Heute und Morgen« zur Herausbildung eines neuen Literaturverständnisses in der sowjetischen Besatzungszone/Deutschen Demokratischen Republik von 1947 bis 1949. Diss. masch. Rostock [Universität Rostock] 1987.

BULISCH, Jens: Evangelische Presse in der DDR: »Die Zeichen der Zeit« (1947–1990). Göttingen: Vandenhoeck und Ruprecht, 2006. (Arbeiten zur kirchlichen Zeitgeschichte: Reihe B, Darstellungen; Bd. 43)

BUTTLAR, Walrab von: Ziele und Zielkonflikte in der sowjetischen Deutschlandpolitik 1945–1947. Stuttgart: Klett-Cotta 1980.

CLAY, Lucius D.: Decisions in Germany. Garden City: Doubleday 1950.

CLEMENS, Gabriele [Hrsg.]: Kulturpolitik im besetzten Deutschland 1945–1949. Stuttgart: Steiner 1994. (Historische Mitteilungen, Beiheft 10).

COLTON, Timothy J.: Commissars, Commandants and Civilian Authority. The Structure of Soviet Military Politics. Cambridge: Harvard University Press. 1979.

CREUZBERGER, Stefan: Die sowjetische Besatzungsmacht und das politische System der SBZ. Weimar, Köln, Wien: Böhlau 1996. (Schriften des Hannah-Arendt-Instituts für Totalitarismusforschung. 3).

–,–: Die sowjetische Militäradministration in Deutschland (SMAD) 1945–1949. Melle: Knoth 1991. (Deutschland-Report, 15).

»Das Publikum will mehr als trockne Schwarten«. 90 Jahre Gustav-Kiepenheuer-Verlag. Leipzig: Kiepenheuer 2000.

DDR-Handbuch. Hrsg. vom Bundesministerium für innerdeutsche Beziehungen. Köln: Verlag Wissenschaft und Politik 1985.

DEUSE, Christiane: Die Leipziger Zeitung. Geschichte eines Lizenzblattes in der Sowjetischen Besatzungszone (1946–1948). Münster: Lit 1997. (Kommunikationsgeschichte. 1).

Deutschland nach dem Kriege. Teilung, Entwicklungen in der SBZ/DDR. Einheit der Nation. Bonn: Gesamtdeutsches Institut 1991.

DIETRICH, Gerd: Politik und Kultur in der Sowjetischen Besatzungszone Deutschlands (SBZ) 1945–1949. Bern, Berlin, Frankfurt a. M., New York, Paris, Wien: Lang 1993.

Documents on Germany under occupation 1945–1954. Selected and edited by Beate Ruhm von Oppen. London, New York, Toronto: Oxford University Press 1955.

DOERNBERG, Stefan: Die Geburt eines neuen Deutschland 1945–1949. Die antifaschistisch-demokratische Umwälzung und die Entstehung der DDR. Berlin: Rütten & Loening 1959.

DOWIDAT, Christel: Zur Entwicklung der politischen und sozialen Strukturen der Mitglieder von Landtagen, Volksrat und Volkskammern in der SBZ/DDR zwischen 1946 und 1950/54. Diss. masch. Mannheim [Universität Mannheim] 1986.

DROTH, Heike: Zur Geschichte der Literaturkritik in den antifaschistisch-demokratischen Literaturverhältnissen der Sowjetischen Besatzungszone zwischen 1945 und 1949. Diss. masch. Leipzig [Pädagogische Hochschule Leipzig] 1990.

DYMSCHITZ, Alexander Lwowitsch: Ein unvergesslicher Frühling. Erinnerungen eines sowjetischen Kulturoffiziers. Berlin: Dietz 1970.

EPPELMANN, Rainer/FAULENBACH, Bernd/MÄHLER, Ulrich [Hrsg.]: Bilanz und Perspektiven der DDR-Forschung. Paderborn, München, Wien, Zürich: Schöningh 2003.

ESCHENBURG, Theodor: Jahre der Besatzung: 1945–1949. Stuttgart: Deutsche Verlags-Anstalt 1983. (Geschichte der Bundesrepublik Deutschland. 1).

FOITZIK, Jan: Inventar der Befehle des Obersten Chefs der Sowjetischen Militäradministration in Deutschland (SMAD) 1945–1949. Zsgest. und bearb. von Jan Foitzik im Auftrag des Instituts für Zeitgeschichte. München, New Providence, London, Paris: Saur 1995. (Texte und Materialien zur Zeitgeschichte. 8).

–,–: Sowjetische Militäradministration in Deutschland (SMAD) 1945–1949. Struktur und Funktion. Berlin: Akademie Verlag 1999. (Quellen und Darstellungen zur Zeitgeschichte. 44).

FREI, Norbert: Amerikanische Lizenzpolitik und deutsche Pressetradition. Die Geschichte der Nachkriegszeitung Südost-Kurier. München: Oldenbourg 1986. (Schriftenreihe der Vierteljahreshefte für Zeitgeschichte. 52).

Frühe DDR-Literatur. Traditionen, Institutionen, Tendenzen. Hrsg. von Klaus R. Scherpe und Lutz Winckler. Berlin, Hamburg: Argument Verlag 1988. (Literatur im historischen Prozess, Neue Folge 17 und Das Argument. Argument Sonderband. 149).

GEBHARD, Bruno: Handbuch der deutschen Geschichte. 9. Auflage. Hrsg. von Herbert Grundmann. Bd. 4: Die Zeit der Weltkriege. Bearbeitet von Karl Dietrich Erdmann, T.1. Stuttgart: Union-Verlag 1973.

GERTNER, Thomas: Die Bodenreformen in der SBZ und deren zivilrechtliche Auswirkungen bis zur und nach der Herstellung der Einheit Deutschlands. Diss. Mikrofiche-Ausgabe. Konstanz [Universität Konstanz] 1995.

Geschichte des Staates und des Rechts der DDR. Dokumente 1945–1949. Hrsg. vom Institut für Theorie des Staates und des Rechts der Akademie der Wissenschaften der DDR. Berlin: Staatsverlag der Deutschen Demokratischen Republik 1984.

GREUNER, Reinhardt: Lizenzpresse, Auftrag und Ende. Der Einfluss der anglo-amerikanischen Besatzungspolitik auf die Wiedererrichtung eines imperialistischen Pressewesens in West-Deutschland. Berlin: Rütten & Loening 1962.

GROTEWOHL, Otto: Deutsche Kulturpolitik. Dresden: Verlag der Kunst 1952.

HÄDER, Sonja/TENORTH, Heinz-Elmar [Hrsg.]: Bildungsgeschichte einer Diktatur. Bildung und Erziehung in SBZ und DDR im historisch-gesellschaftlichen Kontext. Weinheim: Dt.-Studien-Verlag 1997. (Bibliothek für Bildungsforschung. 6).

HARTMANN, Anne/EGGELING, Wolfram: Sowjetische Präsenz im kulturellen Leben der SBZ und frühen DDR 1945–1953. Berlin: Akademie Verlag 1998. (Edition Bildung und Wissenschaft. 7).

HARZ, Josef/BRENDEL, Renate/MEIER, Peter: Einführung in die sozialistische Buchmarktforschung. Leipzig: Fachbuchverlag 1970.

Handbuch der Lizenzen deutscher Verlage. Zeitungen, Zeitschriften, Buchverlage. Berlin: de Gruyter 1947.

HEERMANN, Christian: Old Shatterhand ritt nicht im Auftrag der Arbeiterklasse. Warum war Karl May in SBZ und DDR »verboten«? Dessau: Anhaltische Verlagsgesellschaft 1995. (Anhaltisches Taschenbuch. 4).

HEIDEMEYER, Helge: Flucht und Zuwanderung aus der SBZ, DDR 1945/1949–1961. Die Flüchtlingspolitik der Bundesrepublik Deutschland bis zum Bau der Berliner Mauer. Düsseldorf: Droste 1994. (Beiträge zur Geschichte des Parlamentarismus und der politischen Parteien. 100).

HEIDER, Magdalena: Politik – Kultur – Kulturbund. Zur Gründungs- und Frühgeschichte des Kulturbundes zur demokratischen Erneuerung Deutschlands 1945–1954 in der SBZ/DDR. Köln: Verlag Wissenschaft und Politik 1993. (Bibliothek Wissenschaft und Politik. 51).

HENKER, Ilona: Die Hilfe der Sowjetischen Militäradministration in Deutschland für die Herausbildung einer demokratischen und sozialen deutschen Literatur bis 1949. Diss. masch. Leipzig [Universität Leipzig] 1978.

HILLER, Helmut: Zur Sozialgeschichte von Buch und Buchhandel. Bonn: Bouvier 1966. (Bonner Beiträge zur Bibliotheks- und Bücherkunde. 13).

HINTERTHÜR, Bettina: Noten nach Plan. Die Musikverlage in der SBZ, DDR – Zensursystem, zentrale Planwirtschaft und deutsch-deutsche Beziehungen bis Anfang der 1960er Jahre. Stuttgart: Steiner 2006. (Beiträge zur Unternehmensgeschichte. 23).

HOFFMANN, Dierk/WENTKER, Hermann [Hrsg.]: Das letzte Jahr der SBZ. Politische Weichenstellungen und Kontinuitäten im Prozess der Gründung der DDR. München: Oldenbourg 2000. (Schriftenreihe der Vierteljahrshefte für Zeitgeschichte, Sondernummer).

HOFFMANN, Frank: Junge Zuwanderer in Westdeutschland. Struktur, Aufnahme und Integration junger Flüchtlinge aus der SBZ und der DDR in Westdeutschland (1945–1961). Frankfurt a. M., Berlin, Bern, New York, Paris, Wien: Lang 1999. (Schriften zur Europa- und Deutschlandforschung. 7).

HOHENSTEIN, Angelika: Joseph Caspar Witsch und das Volksbüchereiwesen unter nationalsozialistischer Herrschaft. Wiesbaden: Harrassowitz 1992. (Buchwissenschaftliche Beiträge aus dem Deutschen Bucharchiv München. 40).

Hundert Jahre Gustav Fischer Verlag: 1878, 1948, 1978. Eine Verlagsgeschichte zusammengestellt von Gerd Schulz. Stuttgart: Gustav Fischer 1978.

100 Jahre wissenschaftliche Verlagsarbeit in Jena. VEB Gustav Fischer Verlag Jena 1878–1953–1978. Jena: Gustav Fischer 1978.

HURWITZ, Harold: Die Stunde Null der deutschen Presse. Die amerikanische Pressepolitik in Deutschland 1945–1949. Köln: Verlag Wissenschaft und Politik 1972.

JÄGER, Manfred: Kultur und Politik in der DDR 1945–1990. Köln: Verlag Wissenschaft und Politik 1994.

KAEMMEL, Ernst: Das geltende Urheber- und Verlagsrecht der Deutschen Demokratischen Republik. Leipzig: Verlag für Buch- und Bibliothekswesen 1956.

KALHÖFER, Karl-Heinz/RÖTZSCH, Helmut [Hrsg.]: Beiträge zur Geschichte des Buchwesens, Bd. 5. Leipzig: Fachbuchverlag 1972.

KAPPELT, Olaf: Die Entnazifizierung in der SBZ sowie die Rolle und der Einfluss ehemaliger Nationalsozialisten in der DDR als ein soziologisches Phänomen. Hamburg: Kovac 1997. (Schriftenreihe Studien zur Zeitgeschichte. 13).

KARLSCH, Rainer: Allein bezahlt? Die Reparationsleistungen der SBZ/DDR 1945–1953. Berlin: Links 1993.

KIESER, Harro [Hrsg.]: Literatur und literarisches Leben in Deutschland 1945–1949. Ausstellungskatalog der Deutschen Bücherei. Bonn: Arbeitskreis Selbständiger Kultur-Institute, 1989.

KLEINE, Artur: Die Hilfe der Sowjetunion für die demokratische Erneuerung der deutschen Kultur in der sowjetischen Besatzungszone von 1945–1949. Diss. masch. Halle [Martin-Luther-Universität Halle-Wittenberg] 1969.

KÖLM, Lothar: Die Befehle des Obersten Chefs der Sowjetischen Militäradministration in Deutschland 1945–1949. Eine analytische Untersuchung. Diss. masch. Berlin [Humboldt-Universität] 1977.

KOSZYK, Kurt: Pressepolitik für Deutsche 1945–1949. (Geschichte der deutschen Presse, Teil 4 und Abhandlungen und Materialien zur Publizistik. Bd. 10). Berlin: Colloquium 1986.

KRISCH, Henry: German Politics under Soviet Occupation. New York, London: Columbia University Press 1974.

Kulturaufbau. Das Leipziger Volksbildungsamt 1946–1947. Hrsg. vom Volksbildungsamt der Stadt Leipzig. Leipzig: Volk und Buch 1947. (Das wiedererstandene Leipzig, Heft 3).

LAQUEUR, Walter: Europa aus der Asche seit 1945. München, Zürich, Wien: Juncker 1970.

LEMKE, Michael [Hrsg.]: Sowjetisierung und Eigenständigkeit in der SBZ/DDR (1945–1953). Köln, Weimar, Wien: Böhlau 1999. (Herrschaftsstrukturen und Erfahrungsdimensionen der DDR-Geschichte. 2 und Zeithistorische Studien. 13).

LEONHARD, Wolfgang: Die Revolution entlässt ihre Kinder. Köln, Berlin: Kiepenheuer & Witsch 1955.

–,–: Spurensuche. Vierzig Jahre nach »Die Revolution entlässt ihre Kinder«. Köln: Kiepenheuer & Witsch 1992.

LIEDTKE, Rüdiger: Die verschenkte Presse. Zur Geschichte der Lizenzierung von Zeitungen nach 1945. Berlin: Verlag für Ausbildung und Studium in der Elefanten Press 1982. (VAS. 14).

LINKS, Christoph: Das Schicksal der DDR-Verlage. Die Privatisierung und ihre Konsequenzen. Berlin: Links 2009.

LISSE, Albert: Handlungsspielräume deutscher Verwaltungsstellen bei den Konfiskationen in der SBZ 1945–1949. Zum Verhältnis zwischen deutschen Verwaltungsstellen und der Sowjetischen Militäradministration in Deutschland (SMAD). Stuttgart: Steiner 2003. (Beiträge zur Wirtschafts- und Sozialgeschichte, Nr. 99).

Lizenzen-Handbuch Deutscher Verlage. Zeitungen, Zeitschriften, Buchverlage. Berlin: de Gruyter 1949.

Das Loch in der Mauer. Der innerdeutsche Literaturaustausch. Hrsg. von Mark Lehmstedt und Siegfried Lokatis. Wiesbaden: Harrassowitz 1996 (Schriften und Zeugnisse zur Buchgeschichte, Band 10).

LOHSE, Wolfgang: Die Politik der Sowjetischen Militäradministration in der SBZ. Diss. masch. Halle [Martin-Luther-Universität Halle-Wittenberg] 1968.

MALYCHA, Andreas: Auf dem Weg zur SED. Die Sozialdemokratie und die Bildung einer Einheitspartei in den Ländern der SBZ. Eine Quellenedition. Bonn: Dietz 1995. (Archiv für Sozialgeschichte, Beiheft 16).

MEHRINGER, Hartmut [Hrsg.]: Von der SBZ zur DDR. Studien zum Herrschaftssystem in der Sowjetischen Besatzungszone und in der Deutschen Demokratischen Republik. München: Oldenbourg 1995. (Schriftenreihe der Vierteljahrshefte für Zeitgeschichte, Sondernummer).

MEINICKE, Wolfgang: Zur Entnazifizierung in der sowjetischen Besatzungszone unter Berücksichtigung von Aspekten politischer und sozialer Veränderung 1945–1948. Diss. masch. Berlin (Ost) 1983.

MELIS, Damian van/BISPINCK, Henrik [Hrsg.]: »Republikflucht«. Flucht und Abwanderung aus der SBZ/DDR 1945 bis 1961. München: Oldenbourg 2006. (Schriftenreihe der Vierteljahrshefte für Zeitgeschichte, Sondernummer).

MERKER, Wolfgang: Die Deutschen Zentralverwaltungen in der sowjetischen Besatzungszone Deutschlands 1945–1957. Diss. masch. Berlin [Akademie der Wissenschaften] 1980.

MIELKE, Henning: Die Auflösung der Länder in der SBZ, DDR. Von der deutschen Selbstverwaltung zum sozialistisch-zentralistischen Einheitsstaat nach sowjetischem Modell 1945–1952. Stuttgart: Steiner 1995. (Beiträge zur Wirtschafts- und Sozialgeschichte. 66).

MÖLLER, Horst/TSCHUBARJAN, Alexandr O.: Die Politik der Sowjetischen Militäradministration in Deutschland (SMAD): Kultur, Wissenschaft und Bildung 1945–1949. Ziele, Methoden, Ergebnisse, Dokumente aus russischen Archiven. München: Saur 2005. (Texte und Materialien zur Zeitgeschichte. 15).

MOLKENBUR, Norbert: C. F. Peters 1800–2000. Ausgewählte Stationen einer Verlagsgeschichte. Leipzig: Sachsenbuch 2001.

MOLLNAU, Marcus: Die Bodenrechtsentwicklung in der SBZ, DDR anhand der Akten des Zentralen Parteiarchivs der DDR. Berlin: Berliner Wissenschafts-Verlag Spitz 2001. (Berliner juristische Universitätsschriften: Reihe Grundlagen des Rechts. 15).

MOSBERG, Helmuth: Re-Education. Umerziehung und Lizenzpresse im Nachkriegsdeutschland. München: Universitas 1991.

NAIMARK, Norman M.: Die Russen in Deutschland. Die Sowjetische Besatzungszone 1945–1949. Berlin: Propyläen 1997.

NETTL, John Peter: The Eastern Zone and Soviet Policy in Germany, 1945–1950. London, New York Oxford University Press 1951.

Neuanfang 1945. Sonderdruck aus dem Börsenblatt für den Deutschen Buchhandel anlässlich der Buchhändlertage in Stuttgart 1995. Frankfurt a. M.: Buchhändler-Vereinigung 1995.

OHLERICH, Gregor: Sozialistische Denkwelten. Modell eines literarischen Feldes der SBZ/DDR 1945 bis 1953. Heidelberg: Winter 2005. (Probleme der Dichtung. 36).

ORLOPP, Josef: Zusammenbruch und Aufbau Berlins 1945/46. Berlin: Dietz 1947.

PIKE, David: The Politics of Culture in Soviet-Occupied Germany 1945–1949. Stanford: Stanford University Press 1992.

PLETICHA, Heinrich [Hrsg.]: Geteiltes Deutschland nach 1945. Gütersloh: Bertelsmann 1987. (Deutsche Geschichte.12).

Politische Weichenstellungen im Nachkriegsdeutschland 1945–1953. Hrsg. von Heinrich August Winkler. Göttingen: Vandenhoeck und Ruprecht 1979. (Geschichte und Gesellschaft: Sonderheft 5).

POTTHOFF, Heinrich/WENZEL, Rüdiger: Handbuch politischer Institutionen und Organisationen 1945–1949. Düsseldorf: Droste 1983.

Die Presse in der sowjetischen Besatzungszone. Hrsg. vom Vorstand der Sozialdemokratischen Partei Deutschlands. Bonn: Vorstand der Sozialdemokratischen Partei Deutschlands 1954. (Sopade Informationsdienst, Denkschriften 54).

Die Reparationen in der Sowjet-Zone von 1945–1952. Hrsg. vom Vorstand der Sozialdemokratischen Partei Deutschlands. Bonn: Vorstand der Sozialdemokratischen Partei Deutschlands 1954. (Sopade Informationsdienst. Denkschriften 51).

SBZ-Biographie. Ein Biographisches Nachschlagebuch über die Sowjetische Besatzungszone Deutschlands. 3. Auflage (Nachdruck). Bonn, Berlin: Bundesministerium für Gesamtdeutsche Fragen 1965 [1. Auflage: 1961].

SBZ von A bis Z. Ein Taschen- und Nachschlagebuch über die Sowjetische Besatzungszone Deutschlands. Hrsg. vom Bundesministerium für Gesamtdeutsche Fragen. 10., überarbeitete und erweiterte Auflage. Bonn: Deutscher Bundesverlag 1966 [1. Auflage: 1953].

SBZ 1945–1949. Politik und Alltag in der Sowjetischen Besatzungszone. Bonn: Gesamtdeutsches Institut 1987.

SBZ von 1945 bis 1954. Die sowjetische Besatzungszone Deutschlands in den Jahren 1945–1954. Bonn: Bundesministerium für Gesamtdeutsche Fragen 1956.

SCHÖLZEL, Stephan: Die Pressepolitik in der französischen Besatzungszone 1945–1949. Mainz: v. Hase und Koehler 1986. (Veröffentlichung der Kommission des Landtages für die Geschichte des Landes Rheinland-Pfalz. 8).

SCHÖNEBURG, Karl-Heinz u. a.: Errichtung des Arbeiter- und Bauernstaates der DDR 1945–1949. Berlin: Staatsverlag der DDR 1983.

SCHOLZ, Arno: Berlin im Würgegriff. Berlin: Arani 1953.

SCHUBBE, Elimar [Hrsg.]: Dokumente zur Kunst-, Literatur- und Kulturpolitik der SED. Stuttgart: Seewald 1972.

SCHULZE, Siegfried: Bildung und Entwicklung der Landes- und Provinzialverwaltungen in der sowjetischen Besatzungszone als Staatsorgane der revolutionär-demokratischen Diktatur der Arbeiter und Bauern unter Beteiligung anderer Volksschichten. Diss. B masch. Potsdam [Akademie für Staats- und Rechtswissenschaften der DDR] 1984.

SCHWEISFURTH, Theodor: SBZ-Konfiskationen privaten Eigentums 1945 bis 1949. Völkerrechtliche Analyse und Konsequenzen für das deutsche Recht. Baden-Baden: Nomos 2000. (Leipziger Schriften zum Völkerrecht, Europarecht und ausländischen öffentlichen Recht. 3).

STEININGER, Rolf: Deutsche Geschichte 1945–1961. Darstellung und Dokumente in zwei Bänden. Frankfurt a. M.: Fischer 1983.

STIER, Friedrich: Das Verlagshaus Gustav Fischer in Jena. Festschrift zum 75jährigen Jubiläum. Jena: Gustav Fischer 1953.

STRUNK, Peter: Pressekontrolle und Propagandapolitik der Sowjetischen Militäradministration in Deutschland (SMAD). Der politische Kontrollapparat der SMAD und das Pressewesen im sowjetischen Besatzungsgebiet Deutschlands (1945–1947). Diss. masch. Berlin [Freie Universität] 1989.

–,–: Zensur und Zensoren. Medienkontrolle und Propagandapolitik unter sowjetischer Besatzungsherrschaft in Deutschland. Berlin: Akademie 1996. (Edition Bildung und Wissenschaft. 2).

SWAWITSCH, Isak S.: Presse und Verlagswesen in der UdSSR. Berlin: SWA-Verlag 1948.

SWIERK, Alfred Gerard: Zur sozialistischen Theorie und Praxis des Buchwesens in Osteuropa. Wiesbaden: Reichert 1981. (Elemente des Buch- und Bibliothekswesens. 6).

TAUBERT, Sigfred: Über das Verlagswesen in der Bundesrepublik, in Berlin und in der sowjetischen Besatzungszone. Frankfurt a. M.: Börsenverein Deutscher Verleger- u. Buchhändler-Verbände 1953.

THAPE, Ernst: Von Rot zu Schwarz-Rot-Gold. Lebensweg eines Sozialdemokraten. Hannover: Dietz 1969.

TRIEBEL, Florian: Kultur und Kalkül. Der Eugen Diederichs Verlag 1930–1949. Diss. masch. Konstanz [Universität Konstanz] 2001 (5.12.2003). In: Info Deposit, Deutsche Nationalbibliothek. URL: http://deposit.d-nb.de/cgi-bin/dokserv?idn=969514336 (4.1.2010). [Als Printversion veröffentlicht unter: Der Eugen Diederichs Verlag 1930–1949. Ein Unternehmen zwischen Kultur und Kalkül. München: Beck 2004. (Schriftenreihe zur Zeitschrift für Unternehmensgeschichte. 13)].

TJULPANOW, Sergej: Deutschland nach dem Kriege (1945–1949). Erinnerungen eines Offiziers der Sowjetarmee. 2. unveränderte Auflage. Berlin: Dietz 1987 [1. Auflage: 1986].

Um ein antifaschistisch-demokratisches Deutschland. Dokumente aus den Jahren 1945–1949. Berlin: Staatsverlag der DDR 1968.

UMLAUFF, Ernst: Der Wiederaufbau des Buchhandels. Beiträge zur Geschichte des Büchermarkts in Westdeutschland nach 1945. Frankfurt a. M.: Buchhändler-Vereinigung 1978. (Archiv für Geschichte des Buchwesens. 17).

VAJS, Grigorij: Am Morgen nach dem Kriege. Erinnerungen eines sowjetischen Kulturoffiziers. Berlin: Verlag der Nation 1981.

Das Verlagswesen in der Sowjetzone. Organisation und Struktur des Verlagswesens, Vertrieb und Verkehr mit dem Buchhandel. Übersicht über die Verlage der SBZ. 2., verbesserte Auflage [1. Auflage: 1959]. Bonn: Bundesministerium für Gesamtdeutsche Fragen 1959. (Bonner Fachberichte aus der Sowjetzone).

VIRALLY, Michel: Die internationale Verwaltung Deutschlands vom 8. Mai 1945 bis 24. April 1947. Régie Autonome des Publications Officielles. Baden-Baden: Régie autonome des publications officielles 1948.

VOGEL, Walter: Westdeutschland 1945–1950. Der Aufbau von Verfassungs- und Verwaltungseinrichtungen über den Ländern der drei westlichen Besatzungszonen. Teil I: Geschichtlicher Überblick. Boppard am Rhein: Boldt 1956. (Schriften des Bundesarchivs. 2).

Verzeichnis lizensierter Buch-, Musikalien-, Zeitschriften- und Zeitungsverlage Deutschlands. Leipzig: Börsenverein der Deutschen Buchhändler 1947.

WEBER, Hermann: Die DDR 1945–1986. München: Oldenbourg 1988. (Oldenbourg-Grundriss der Geschichte. 20).

–,–: DDR-Grundriss der Geschichte 1945–1981. Hannover: Fackelträger 1982.

–,– [Hrsg.]: DDR. Dokumente zur Geschichte der Deutschen Demokratischen Republik 1945–1985. München: Deutscher Taschenbuch-Verlag 1986.

–,–: Geschichte der DDR. München: Deutscher Taschenbuch-Verlag 1985.

–,–: Kleine Geschichte der DDR. Köln: Verlag Wissenschaft und Politik 1980.

–,– [Hrsg.]: Parteiensystem zwischen Demokratie und Volksdemokratie. Dokumente und Materialien zum Funktionswandel der Parteien und Massenorganisationen in der SBZ/DDR 1945–1950. Köln: Verlag Wissenschaft und Politik 1982. (Mannheimer Untersuchungen zu Politik und Geschichte der DDR).

–,–: Von der SBZ zur DDR: 1945–1968. Hannover: Verlag für Literatur und Zeitgeschehen 1968.

WELSH, Helga A.: Revolutionärer Wandel auf Befehl? Entnazifizierungs- und Personalpolitik in Thüringen und Sachsen (1945–1948). München: Oldenbourg 1989. (Schriftenreihe der Vierteljahrshefte für Zeitgeschichte. 58).

Wer ist wer? 1.100 Kurzbiographien Deutscher Persönlichkeiten aus Politik, Wirtschaft und Kultur. Berlin: Arani 1948.

Wer ist wer in der SBZ? Ein biographisches Handbuch. Berlin: Verlag für Internationalen Kulturaustausch 1958.

WIDMANN, Hans: Der deutsche Buchhandel in Urkunden und Quellen. Unter Mitwirkung von Horst Kliemann und Bernhard Wendt. Hamburg: Hauswedell 1965.

–,–: Geschichte des Buchhandels – vom Altertum bis zur Gegenwart. 2. neu bearbeitete Auflage. Wiesbaden: Harrassowitz 1975 [1. Auflage: 1952].

WILHELM, Frank: Literarische Satire in der SBZ, DDR 1945–1961. Autoren, institutionelle Rahmenbedingungen und kulturpolitische Leitlinien. Hamburg: Kovac 1998. (Schriftenreihe Poetica. 30).

WILHELM, Rena: Die Herausbildung und die Rolle der staatlichen Organe bei der Enteignung der Nazi- und Kriegsverbrecher. Diss. A masch. Potsdam [Akademie für Staats- und Rechtswissenschaft der DDR] 1979.

WILLE, Manfred: Entnazifizierung in der Sowjetischen Besatzungszone Deutschlands 1945–48. Magdeburg: Block 1993.

WINCKLER, Lutz: Kulturelle Erneuerung und gesellschaftlicher Auftrag. Zur Bestandspolitik der öffentlichen Bibliotheken und Betriebsbüchereien in der SBZ und DDR 1945–1951. Tübingen: Niemeyer 1987. (Studien und Texte zur Sozialgeschichte der Literatur. 20).

WITSCH, Kristian [Hrsg.]: Joseph Caspar Witsch. Briefe 1948–1967. Hrsg. von Kristian Witsch. Köln: Kiepenheuer & Witsch 1977.

WITTMANN, Reinhard: Geschichte des deutschen Buchhandels. 2. durchgesehene und erweiterte Auflage. München: Beck 1999 [1. Auflage: 1992]. (Beck'sche Reihe. 1304).

WURM, Carsten: Der frühe Aufbau-Verlag 1945–1961. Konzepte und Kontroversen. Wiesbaden: Harrassowitz 1996. (Schriften und Zeugnisse zur Buchgeschichte. 8).

ZELLER, Bernhard [Hrsg.]: Als der Krieg zu Ende war. Literarisch-politische Publizistik 1945–1950. Ausstellung des Schiller-Nationalmuseums. Ausstellungskatalog. München: Kösel 1973.

Unselbstständige Publikationen

ACHMINOW, Hermann: Die Presse in Sowjetrussland. In: Europa-Archiv 3 (1948), Heft 3, S. 119–122.

ACKERMANN, Anton: Vortrag auf der Ersten Zentralen Kulturtagung der KPD am 3. Februar 1946. In: Dokumente zur Kunst-, Literatur- und Kulturpolitik der SED 1972, S. 55.

ALTENHEIN, Hans: Bemerkungen zum Verlagswesen der DDR. In: Börsenblatt für den Deutschen Buchhandel, Frankfurter Ausgabe, 1989, Nr. 1, S. 6–14.

Amt für Buch- und Büchereiwesen. In: Börsenblatt für den Deutschen Buchhandel, Leipziger Ausgabe, 114 (1947), Nr. 18 vom 9. August, S. 221.

BAERNS, Barbara: Pressepolitik der Besatzungsmächte und deutsch-deutscher Nachrichtenaustausch. In: Deutsche Studien 17 (1979), Nr. 66, S. 173–184.

BASSISTOW, Jurij W.: Oberst Tjulpanow und die Bildungs- und Kulturpolitik der Sowjetischen Militäradministration in Deutschland (SMAD) 1945–1949. In: Jahrbuch für Historische Kommunismusforschung 1996, S. 305–317.

BECKER, Hasso: Der Kulturelle Beirat. In: Börsenblatt für den Deutschen Buchhandel, Leipziger Ausgabe, 113 (1946), Nr. 1/2 vom 25. August, S. 4.

–,–: Planmäßige Buchproduktion. In: Börsenblatt für den Deutschen Buchhandel, Leipziger Ausgabe, 114 (1947), Nr. 8 vom 25 April, S. 109f.

–,–: Der Weg zur Lizenz. In: Börsenblatt für den Deutschen Buchhandel, Leipziger Ausgabe, 113 (1946), Nr. 1/2 vom 25. August, S. 3.

Begegnung mit Freunden. Interviews mit Heinrich Becker, Ilse Korn und Arthur Werner. In: Der Bibliothekar 21 (1967), Nr. 10, S. 1052–1065.

BERGNER, Edwin: Zur Hilfe der Sowjetischen Militäradministration in Thüringen beim Aufbau der demokratischen Selbstverwaltungsorgane. In: Beiträge zur Geschichte Thüringens 2 (1970), S. 19–31.

BILLE, Thomas: Buchstadt ohne Filetstücke? In: Neuanfang 1945. Sonderdruck aus dem Börsenblatt für den Deutschen Buchhandel anlässlich der Buchhändlertage in Stuttgart 1995. Frankfurt a. M.: Buchhändler-Vereinigung 1995, S. 36–41.

–,–: Der Börsenverein der Deutschen Buchhändler zu Leipzig 1945–1948. Aspekte der Verlagspolitik in der sowjetischen Besatzungszone. In: Leipziger Jahrbuch zur Buchgeschichte 2 (1992), S. 165–208.

BONWETSCH, Bernd: Deutschlandpolitische Alternativen der Sowjetunion 1949–1955. In: Deutsche Studien 24 (1986), S. 320–339.

–,–: Einführung. In: Sowjetische Politik in der SBZ 1945–1949. Dokumente zur Tätigkeit der Propagandaverwaltung (Informationsverwaltung) der SMAD unter Sergej Tjul'panow. Herausgegeben von Bernd Bonwetsch, Gennadi Bordjugov und Norman M. Naimark. Bonn: Dietz 1998, S. XIX–LV.

BOVERI, Margret: Berliner Sommer 1945. Die ersten Zeitungen. In: Neue deutsche Hefte 15 (1986), Nr. 2, S. 4–14.

CORNIDES, Wilhelm: Der Kontrollrat. In: Europa-Archiv 1946, Heft Oktober/November, S. 220–223.

DAVIDOVIC, D. S.: Zur Rolle der fortschrittlichen deutschen Presse im Kampf für einen deutschen, demokratischen und fortschrittlichen Staat (1945–1949). In: Die Entwicklung der freundschaftlichen Beziehungen zwischen der DDR und der UdSSR. Referate und Diskussionsbeiträge der XXII. Tagung der Kommission der Historiker der DDR und der UdSSR, 4./5. Juni 1974 in Berlin. Hrsg. von Rolf Badstübner, Horst Barthel, Heinz Heitzer, Jurij Poljakos, Gerhard Roßmann, Sergej I. Tjulpanow und A. Zilin. Berlin: Akademie Verlag 1977, S. 179–185.

DELP, Ludwig: Die materiellen Voraussetzungen der deutschen Buchproduktion. In: Europa-Archiv 1947, Heft April, S. 537–545.

DIETRICH, Gerd: »...wie eine kleine Oktoberrevolution...«. Kulturpolitik der SMAD 1945–1949. In: Kulturpolitik im besetzten Deutschland 1945–1949. Hrsg. von Gabriele Clemens. Stuttgart: Steiner 1994. (Historische Mitteilungen. Beiheft 10), S. 219–236.

DREWS, Erich: Zur Entwicklung der nationalen deutschen Bibliographien seit 1945. In: Buch und Volk. 10 Jahre Ernst-Abbe-Bücherei Jena. Jena: Gustav Fischer 1956, S. 110–117.

Ein Leben für das deutsche Buch. In: Tägliche Rundschau 1946, vom 11. Januar.

Ein neuer Buchverlag. In: Tägliche Rundschau 1946, Nr. 217 vom 18. September.

Eine westdeutsche Falschmeldung. In: Börsenblatt für den Deutschen Buchhandel, Leipziger Ausgabe, 116 (1949), Nr. 4 vom 22. Januar.

Einheitliches Rechnungswesen in der volkseigenen Wirtschaft. In: Börsenblatt für den Deutschen Buchhandel, Leipziger Ausgabe, 116 (1949), Nr. 38 vom 17. September, S. 321.

FAIT, Barbara: Brandenburg. In: SBZ-Handbuch. Staatliche Verwaltungen, Parteien, gesellschaftliche Organisationen und ihre Führungskräfte in der Sowjetischen Besatzungszone Deutschlands 1945–1949. Hrsg. von Martin Broszat und Hermann Weber. 2., unveränderte Auflage. München: Oldenbourg 1993, S. 80–102.

–,–: Mecklenburg (-Vorpommern). In: SBZ-Handbuch. Staatliche Verwaltungen, Parteien, gesellschaftliche Organisationen und ihre Führungskräfte in der Sowjetischen Besatzungszone Deutschlands 1945–1949. Hrsg. von Martin Broszat und Hermann Weber. 2., unveränderte Auflage. München: Oldenbourg 1993, S. 103–125.

FOITZIK, Jan: Die Sowjetische Militäradministration in Deutschland. In: Aus Politik und Zeitgeschichte 40 (1990), B 11 vom 9. März, S. 43–51.

–,–: Sowjetische Militäradministration in Deutschland (SMAD). In: SBZ-Handbuch. Staatliche Verwaltungen, Parteien, gesellschaftliche Organisationen und ihre Führungskräfte in der Sowjetischen Besatzungszone Deutschlands 1945–1949. Hrsg. von Martin Broszat und Hermann Weber. 2., unveränderte Auflage. München: Oldenbourg 1993, S. 7–69.

–,–: Weder »Freiheit« noch »Einheit«: Methoden und Resultate der kulturpolitischen Umorientierung in der sowjetischen Besatzungszone. Einleitung. In: Die Politik der Sowjetischen Militäradministration in Deutschland (SMAD): Kultur, Wissenschaft und Bildung 1945–1949. Ziele, Methoden, Ergebnisse, Dokumente aus russischen Archiven. Hrsg. von Horst Möller und Alexandr O. Tschubarjan. München: Saur 2005. (Texte und Materialien zur Zeitgeschichte. 15), S. 31–57.

FREI, Norbert: Neubeginn im Pressewesen. Die Ära der Lizenzzeitungen 1945–1949. In: Entwicklungsperspektiven zukünftiger Informationssysteme. München, New York, London, Paris: Saur 1983, S. 19–32.

Getreues Spiegelbild. Querschnitt durch die deutsche Buchverlags-Produktion, Teil 1 (1945/47). In: Die Gegenwart 2 (1947), Nr. 23/24, S. 18–27 und Teil 2 [Fortsetzung]. In: Die Gegenwart 3 (1948), Nr. 1/2, S. 19–27.

GÖHLER, Helmut: Volksbildung unter Sowjet-Kontrolle. In: Börsenblatt für den Deutschen Buchhandel 162 (1995), Nr. 24 vom 24. März, S. 20f.

Die Großmächte vor der deutschen Frage 1945–1946. In: Europa-Archiv 1946, Heft Dezember, S. 257–272.

GRÜNBERG, Gottfried: Als Mitglied der Gruppe Sobottka im Einsatz. In: Vereint sind wir alles. Erinnerungen an die Gründung der SED. Hrsg. von Fanny Rosner u.a. Berlin: Dietz 1966, S. 616–618.

GÜNNEL, Peter: Zur Geschichte der Allgemeinen Öffentlichen Bibliotheken. In: Zehn Jahre DDR – Zehn Jahre Allgemeine Öffentliche Bibliotheken. Leipzig: Verlag für Buch- und Bibliothekswesen 1959, S. 21-50.

Handbuch der Lizenzen Deutscher Verlage (Zeitungen, Zeitschriften, Buchverlage). In: Börsenblatt für den Deutschen Buchhandel, Leipziger Ausgabe, 115 (1948), Nr. 5 vom 31. Januar, S. 41.

HANDEL, G.: Zum internationalistischen Wirken von S. I. Tjulpanow als Politoffizier der Sowjetarmee. In: Wissenschaftliche Zeitschrift der Karl-Marx-Universität Leipzig. Gesellschafts- und sprachwissenschaftliche Reihe 25 (1976), Nr. 4, S. 351–368.

HARTMANN, Anneli: Erneuerung der deutschen Kultur? Zur sowjetischen Kultur- und Literaturpolitik in der SBZ und frühen DDR. In: Frühe DDR-Literatur. Traditionen, Institutionen, Tendenzen. Hrsg. von Klaus R. Scherpe und Lutz Winckler. Berlin, Hamburg: Argument Verlag 1988. (Literatur im historischen Prozess, Neue Folge 17 und Das Argument. Argument Sonderband. 149), S. 33–61.

HILLGRUBER, Andreas: Deutschland zwischen den Weltmächten (1945–1965). In: Deutsche Geschichte im Überblick. 3., überarbeitete und ergänzte Auflage. Hrsg. von Theodor Schiefer. Stuttgart: Metzler 1973, S. 748–805.

HOHLFELD, Johannes: Zur Frage einer planmäßigen Buchproduktion. In: Börsenblatt für den Deutschen Buchhandel, Leipziger Ausgabe, 114 (1947), Nr. 16 vom 26. Juli, S. 201f.

Im Dienste des Fortschritts. In: Börsenblatt für den Deutschen Buchhandel, Leipziger Ausgabe, 116 (1949), Nr. 17 vom 23. April, S. 127ff.

JÜTTE, Bettina: Lizenzen und Listen. Grundlagen staatlicher Zeitschriftenpolitik in der SBZ. In: Zwischen »Mosaik« und »Einheit«. Zeitschriften in der DDR. Hrsg. von Simone Barck, Martina Langermann und Siegfried Lokatis. Berlin: Links 1999, S. 560–568.

–,–: Das Problem der »zweigleisigen Verlage« als Folge der Lizenzierungspolitik in der SBZ am Beispiel des Gustav Fischer Verlags (1945–1953). In: Das Loch in der Mauer. Der innerdeutsche Literaturaustausch. Hrsg. von Mark Lehmstedt und Siegfried Lokatis. Wiesbaden: Harrassowitz 1996. (Schriften und Zeugnisse zur Buchgeschichte. 10), S. 185–197.

KIELMEYER, Otto: Der Kulturelle Beirat und das Verlagswesen. In: Börsenblatt für den Deutschen Buchhandel, Leipziger Ausgabe, 114 (1947), Nr. 34 vom 29. November, S. 329f.

KONRAD, Bernt: Ohne Tulpanow lief in der Ostzone nichts. In: Die Welt 1984, vom 18. Februar.

KOVEN, Ludolf: Lizenzierung neuer Verlage und Zeitschriften. In: Börsenblatt für den Deutschen Buchhandel, Leipziger Ausgabe, 114 (1947), Nr. 6 vom 25. März, S. 77f.

–,–: Verleger-Tagung am 19. Dezember 1946 in Berlin. In: Börsenblatt für den Deutschen Buchhandel, Leipziger Ausgabe, 114 (1947), Nr. 2 vom 25. Januar.

Kreisgruppe Leipzig. Arbeitsbereich Verlag. In: Börsenblatt für den Deutschen Buchhandel, Leipziger Ausgabe, 114 (1947), Nr. 24 vom 20. September, S. 253.

Kultureller Beirat. In: Börsenblatt für den Deutschen Buchhandel, Leipziger Ausgabe, 114 (1947), Nr. 21, vom 30. August, S. 232.

Kultureller Beirat. Mitteilungen. Das Manuskript. In: Börsenblatt für den Deutschen Buchhandel, Leipziger Ausgabe, 115 (1948), Nr. 20 vom 15. Mai, S. 193.

Kulturwille zwischen Ruinen. In: Tägliche Rundschau 1945, vom 11. August.

Lizenz-Erteilungen. In: Börsenblatt für den Deutschen Buchhandel, Leipziger Ausgabe, 115 (1948), Nr. 9 vom 28. Februar, S. 73.

Lizenzerteilungen. In: Börsenblatt für den Deutschen Buchhandel, Leipziger Ausgabe, 114 (1947), Nr. 21 vom 30. August, S. 232.

Lizenzierte Verlage und Zeitschriften. In: Börsenblatt für den Deutschen Buchhandel, Leipziger Ausgabe, 114 (1947), Nr. 6 vom 25. März, S. 79.

LOKATIS, Siegfried: Dietz. Probleme der Ideologiewirtschaft im zentralen Parteiverlag der SED. In: Von der Aufgabe der Freiheit. Festschrift für Hans Mommsen. Hrsg. von Christian Jansen, Lutz Niethammer und Bernd Weisbrod. Berlin: Akademie Verlag 1995, S. 533–548.

–,–: Sowjetisierung und Literaturpolitik. Von der Förderung zur Verstümmelung sowjetischer Literatur in der frühen DDR. In: Amerikanisierung und Sowjetisierung in Deutschland 1945–1970. Hrsg. von Konrad Jarausch und Hannes Siegrist. Frankfurt a. M.: Campus 1997, S. 361–386.

–,–: Verlagspolitik zwischen Plan und Zensur. Das Amt für Literatur und Verlagswesen oder die schwere Geburt des Literaturapparates der DDR. In: Historische DDR-Forschung. Aufsätze und Studien. Hrsg. von Jürgen Kocka. Berlin: Akademie 1993. (Zeithistorische Studien. 1), S. 303–325.

–,–: Das Verlagswesen der SBZ. In: Buch, Buchhandel und Rundfunk 1945–1949. Hrsg. von Monika Estermann und Edgar Lersch. Wiesbaden: Harrassowitz 1997, S. 112–124.

–,–: Vom Plan zur improvisierten Kontrolle. Der Aufbau eines zentral gesteuerten Verlagswesens in der SBZ. In: Börsenblatt für den deutschen Buchhandel 162 (1995) vom 10. März, S. 16–20.

LUCIUS, Wulf Dietrich von: Die Zusammenarbeit der Gustav Fischer Verlage in Stuttgart und Jena 1953 bis 1989. In: Das Loch in der Mauer. Der innerdeutsche Literaturaustausch. Hrsg. von Mark Lehmstedt und Siegfried Lokatis. Wiesbaden: Harrassowitz 1996. (Schriften und Zeugnisse zur Buchgeschichte. 10), S. 198–219.

Materialien zur sowjetischen Kulturpolitik. In: Europa-Archiv 1948. Heft Mai, S. 1357–1361.

Mitteilungen der Informations-Verwaltung der SMA. In: Börsenblatt für den Deutschen Buchhandel, Leipziger Ausgabe, 118 (1948), Nr. 3 vom 17. Januar, S. 25.

MÖLLER, Frank: Joseph Caspar Witsch – Als Bibliothekar und Verleger zwischen Jena und Köln. In: Die große Stadt. Das kulturhistorische Archiv von Weimar-Jena 2 (2009); Heft 2, S. 117–142.

MONES, Carl: Buchprüfungskommission in Leipzig. In: Börsenblatt für den Deutschen Buchhandel, Leipziger Ausgabe, 113 (1946), Nr. 1/2 vom 25. August, S. 5.

MORTIER, Jean: Ein Buchmarkt mit neuen Strukturen. Zur Verlagspolitik und Buchplanung in der SBZ 1945–1949. In: Frühe DDR-Literatur. Traditionen, Institutionen, Tendenzen. Hrsg. von Klaus R. Scherpe und Lutz Winckler. Berlin, Hamburg: Argument Verlag 1988. (Literatur im historischen Prozess, Neue Folge. 17 und Das Argument. Argument Sonderband. 149), S. 62–80.

NAIMARK, Norman M.: Die Sowjetische Militäradministration in Deutschland. In: Sowjetische Politik in der SBZ 1945–1949. Dokumente zur Tätigkeit der Propagandaverwaltung (Informationsverwaltung) der SMAD unter Sergej Tjul'panow. Herausgegeben von Bernd Bonwetsch, Gennadi Bordjugov und Norman M. Naimark. Bonn: Dietz 1998, S. VII–XVIII.

Neue Verlage lizenziert. In: Börsenblatt für den Deutschen Buchhandel, Leipziger Ausgabe, 113 (1946), Nr. 5 vom 10. Oktober, S. 65.

Neue Vorschriften für Verlage. In: Der Neue Weg 1947, vom 29. April.

Neulizenzierte Zeitschriften und Verlage. In: Börsenblatt für den Deutschen Buchhandel, Leipziger Ausgabe, 114 (1947), Nr. 12 vom 25. Juni, S. 166.

Ohne Lizenz und Druckgenehmigung!. In: Börsenblatt für den Deutschen Buchhandel, Leipziger Ausgabe, 116 (1949), Nr. 7 vom 12. Februar.

Die Organisation der Nachrichtenkontrolle. In: Europa-Archiv 1946, Heft Juli, S. 43.

OVERESCH, Manfred: Hermann Brill und die Neuanfänge deutscher Politik in Thüringen 1945. In: Vierteljahreshefte für Zeitgeschichte 1979, Nr.27, S. 524–569.

PIKE, David: Cultural Politics in Soviet Occupied Germany 1945–46. In: Journal of Contemporary History 24 (1989), S. 91–123.

RAUCH, Karl: Verleger in der Ostzone. In: Tagesspiegel 1948, Nr. 222 vom 23. August.

REIMER, Eduard: Der Rechtszustand auf den Gebieten des gewerblichen Rechtsschutzes und Urheberrechts. Aufgaben und Gestaltung der Zeitschrift. In: Gewerblicher Rechtsschutz und Urheberrecht 50 (1948), Nr. 1, S. 1–5.

RIESE, Reimar: Der Börsenverein der Deutschen Buchhändler zu Leipzig 1945–1990. Stationen seiner Entwicklung. In: Leipziger Jahrbuch zur Buchgeschichte 10 (2000), S. 175–248.

Richtlinien über die Rechtsbeziehungen zwischen Autor und nicht lizenziertem Verlag sowie zwischen lizenziertem Verleger und behindertem Autor. In: Gewerblicher Rechtsschutz und Urheberrecht 50 (1948), Nr. 1, S. 41–45.

SARKOWSKI, Heinz: Die Anfänge des deutsch-deutschen Buchhandelsverkehrs (1945–1955). In: Das Loch in der Mauer. Der innerdeutsche Literaturaustausch. Hrsg. von Mark Lehmstedt und Siegfried Lokatis. Wiesbaden: Harrassowitz 1996 (Schriften und Zeugnisse zur Buchgeschichte. 10), S. 89–97.

SCHASTOCK, Christiane: Korn, Ilse Margarete. In: Sächsische Biografie. Hrsg. Vom Institut für Sächsische Geschichte und Volkskunde e.V. Bearb. Von Martina Schattkowsky. URL: http://saebi.isgv.de/biografie/Ilse_Korn_(1907–1975) (4.1.2010).

SCHMIDT, Erich: Autor und nicht lizenzierter Verleger/Richtlinien über die Rechtsbeziehungen. In: Börsenblatt für den Deutschen Buchhandel, Leipziger Ausgabe, 115 (1948), Nr. 23 vom 5. Juni, S. 225.

–,–: Die Berliner Tagungen des Deutschen Buchhandels. In: Börsenblatt für den Deutschen Buchhandel, Leipziger Ausgabe, 114 (1947), Nr. 18 vom 9. August, S. 220.

–,–: Die Rechtslage bei Nichtlizenzierung des Verlegers. In: Börsenblatt für den Deutschen Buchhandel, Leipziger Ausgabe, 114 (1947), Nr. 4 vom 25. Februar, S. 46.

–,–: Zur Frage der Rechtsbeziehungen zwischen Autor und nicht lizenziertem Verlag. In: Börsenblatt für den Deutschen Buchhandel, Leipziger Ausgabe, 114 (1947), Nr. 24 vom 20. September, S. 253.

SCHNEIDER, Dieter Marc: Kommunalverwaltung und -verfassung. In: SBZ-Handbuch. Staatliche Verwaltungen, Parteien, gesellschaftliche Organisationen und ihre Führungskräfte in der Sowjetischen Besatzungszone Deutschlands 1945–1949. Hrsg. von Martin Broszat und Hermann Weber. 2., unveränderte Auflage. München: Oldenbourg 1993, S. 297–319.

–,–: Sachsen-Anhalt. In: SBZ-Handbuch. Staatliche Verwaltungen, Parteien, gesellschaftliche Organisationen und ihre Führungskräfte in der Sowjetischen Besatzungszone Deutschlands 1945–1949. Hrsg. von Martin Broszat und Hermann Weber. 2., unveränderte Auflage. München: Oldenbourg 1993, S. 147–166.

Schriftstellersorgen. In: Deutschen Volkszeitung 1945, vom 7. Oktober.

SCHULZE, Siegfried: Zur Bildung der Landes- und Provinzialverwaltungen im Juli 1945. In: Staat und Recht 28 (1979), Heft 5, S. 396–404.

SELLE, Karlheinz: Zur Geschichte des Verlagswesens der DDR. Ein Abriss der Entwicklung des Buchverlagswesens 1945–1970. In: Beiträge zur Geschichte des Buchwesens 5 (1972), S. 16–72.

SIEBECK, Georg: Hat der wissenschaftliche Privatverlag noch Daseinsberechtigung? Tübingen 1951. Auszugsweise in: Hans Widmann: Urkunden und Quellen, Bd. 2. Hamburg: Hauswedell 1965, S. 94–103.

SOKOLOW, Michail Petrowitsch: Bücher aus Leipzig. In: Einer neuen Zeit Beginn. Erinnerungen an die Anfänge unserer Kulturrevolution 1945–1949. Hrsg. vom Institut für Marxismus-Leninismus beim ZK der SED und vom Kulturbund der DDR. Berlin, Weimar: Aufbau 1980, S. 465–475.

–,–: Verlag der Freundschaft. In: Neue Deutsche Presse 1969, Nr. 9, S. 22.

STRUNK, Peter: Die Sowjetische Militäradministration in Deutschland (SMAD) und ihr politischer Kontrollapparat. In: Sowjetisches Modell und nationale Prägung. Kontinuität und Wandel in

Ostmitteleuropa nach dem Zweiten Weltkrieg. Hrsg. von Hans Lemberg. Marburg/Lahn: J.-G.-Herder-Institut 1991. (Historische und landeskundliche Ostmitteleuropa-Studien. 7), S. 143–176.

TIMOFEJEWA, Natalja P.: Deutschland zwischen Vergangenheit und Zukunft: Die Politik der SMAD auf dem Gebiet von Kultur, Wissenschaft und Bildung 1945–1949. Einleitung. In: Die Politik der Sowjetischen Militäradministration in Deutschland (SMAD): Kultur, Wissenschaft und Bildung 1945–1949. Ziele, Methoden, Ergebnisse, Dokumente aus russischen Archiven. Hrsg. von Horst Möller und Alexandr O. Tschubarjan. München: Saur 2005. (Texte und Materialien zur Zeitgeschichte. 15), S. 9–30.

TJULPANOW, Sergej: Die Rolle der SMAD bei der Demokratisierung Deutschlands. In: Zeitschrift für Geschichtswissenschaft 15 (1967), Heft 2, S. 240–252.

Über die Tätigkeit der Verlage und Druckereien/Befehl Nr. 90. In: Börsenblatt für den Deutschen Buchhandel, Leipziger Ausgabe, 114 (1947), Nr. 30 vom 1. November, S. 306f.

Um die Gestalt der geplanten zentralen Verwaltungsstellen in Deutschland. In: Europa-Archiv 1946, Heft Dezember, S. 273–291.

UMLAUFF, Ernst: Beiträge zur Geschichte des Buchhandels in Westdeutschland seit 1945. Folge 1. In: Börsenblatt für den Deutschen Buchhandel, Frankfurter Ausgabe, 23 (1967), Nr. 65 vom 15. August, Archiv für Geschichte des Buchwesens LXVI, S. 1707–1950; Folge 2. In: ebd., 24 (1968), Nr. 74 vom 13. September, Archiv für Geschichte des Buchwesens LXVI, S. 2235–2492; Folge 3. In: ebd., 26 (1970), Nr. 16 vom 24. Februar, Historischer Teil LXXVI, S. 299–506.

Verlage, lizenziert von der SMA., Berlin-Karlshorst. In: Börsenblatt für den Deutschen Buchhandel, Leipziger Ausgabe, 113 (1946), Nr. 1/2 vom 25. August, S. 3f.

Vom Buchhandel in der Sowjetunion. In: Europa-Archiv 1948, Heft Januar, S. 1123f.

VVN-Verlag. In: Börsenblatt für den Deutschen Buchhandel, Leipziger Ausgabe, 116 (1949), Nr. 4 vom 22. Januar.

WAHL, Volker: »Das Verlegen gebe ich nie auf ...«. Gustav Kiepenheuers verlegerischer Neuanfang in Weimar nach Kriegsende 1945. In: Die große Stadt. Das kulturhistorische Archiv von Weimar-Jena 2 (2009), Heft 2, S. 91–116.

–,–: Der Diederichs Verlag in Jena vor dem Ende – Vom schwierigen Anfang im Thüringer Verlagswesen nach 1945. In: Romantik, Revolution und Reform. Der Eugen-Diederichs-Verlag im Epochenkontext 1900–1949. Hrsg. von Justus H. Ulbricht und Meike G. Werner. Göttingen: Wallstein-Verlag 1999, S. 271–291.

WALTER, Erhard: Der Fachbuchverlag im Wandel gesellschaftlicher Prozesse. Von der GmbH zum Volkseigenen Verlag und in den Privatbesitz. In: 50 Jahre Fachbuchverlag Leipzig 1945–1949. München, Wien: Fachbuchverlag Leipzig im Carl-Hanser-Verlag 1999, S. 11–33.

WELSH, Helga A.: Deutsche Zentralverwaltung für Volksbildung (DVV). In: SBZ-Handbuch. Staatliche Verwaltungen, Parteien, gesellschaftliche Organisationen und ihre Führungskräfte in der Sowjetischen Besatzungszone Deutschlands 1945–1949. Hrsg. von Martin Broszat und Hermann Weber. 2., unveränderte Auflage. München: Oldenbourg 1993, S. 229–238.

–,–: Sachsen. In: SBZ-Handbuch. Staatliche Verwaltungen, Parteien, gesellschaftliche Organisationen und ihre Führungskräfte in der Sowjetischen Besatzungszone Deutschlands 1945–1949. Hrsg. von Martin Broszat und Hermann Weber. 2., unveränderte Auflage. München: Oldenbourg 1993, S. 126–146.

–,–: Thüringen. In: SBZ-Handbuch. Staatliche Verwaltungen, Parteien, gesellschaftliche Organisationen und ihre Führungskräfte in der Sowjetischen Besatzungszone Deutschlands 1945–1949. Hrsg. von Martin Broszat und Hermann Weber. 2., unveränderte Auflage. München: Oldenbourg 1993, S. 167–189.

Wiederbeginn der verlegerischen Tätigkeit. Übergabe von Verlagslizenzen in Leipzig und Berlin. In: Sächsisches Tageblatt 1946, vom 2. April.

ZANK, Wolfgang: Wirtschaftliche Zentralverwaltungen und Deutsche Wirtschaftskommission (DWK). In: SBZ-Handbuch. Staatliche Verwaltungen, Parteien, gesellschaftliche Organisationen und ihre Führungskräfte in der Sowjetischen Besatzungszone Deutschlands 1945–1949. Hrsg. von Martin Broszat und Hermann Weber. 2., unveränderte Auflage. München: Oldenbourg 1993, S. 253–290.

Die Zeitschriften in der sowjetischen Besatzungszone. In: Börsenblatt für den Deutschen Buchhandel, Leipziger Ausgabe, 113 (1946), Nr. 6 vom 25. Oktober, S. 89f.

Zur Veröffentlichung der Richtlinien für die Neuzulassung, Führung und Übernahme buchhändlerischer Betriebe. In: Börsenblatt für den Deutschen Buchhandel, Leipziger Ausgabe, 114 (1947), Nr. 8 vom 25. April, S. 113f

Periodika

Börsenblatt für den Deutschen Buchhandel, Frankfurter und Leipziger Ausgabe. Hrsg. vom Börsenverein des Deutschen Buchhandels, Frankfurt a. M., bzw. vom Börsenverein der Deutschen Buchhändler zu Leipzig.

Deutsche Nationalbibliographie und Bibliographie des im Ausland erschienenen deutschsprachigen Schrifttums. Bearb. und hrsg. von der Deutschen Bücherei Leipzig. Reihe A, Neuerscheinungen des Buchhandels. Wöchentliches Verzeichnis, 1946–1949.

Mitteilungen für den Buchhandel in der Französischen Zone. 1946–1949.

SBZ-Archiv. Dokumente, Berichte, Kommentare zu gesamtdeutschen Fragen 3 (1952), Nr. 7 bis 19 (1968), Nr. 6.

SCHMOLLER, Gustav von/MAIER, Hedwig/TOBLER, Achim: Handbuch des Besatzungsrechts. [Loseblatt-Ausgabe]. Tübingen: Mohr 1951–1954.

Abkürzungsverzeichnis

CDU	Christlich Demokratische Union
DDP	Deutsche Demokratische Partei
DDR	Deutsche Demokratische Republik
DM	Deutsche Mark
DSF	Gesellschaft für Deutsch-Sowjetische Freundschaft
D(Z)VV	Deutsche (Zentral-)Verwaltung für Volksbildung
DVK	Deutsche Verlagskommission
DWK	Deutsche Wirtschaftskommission
FDGB	Freier Deutscher Gewerkschaftsbund
Gestapo	Geheime Staatspolizei
GmbH	Gesellschaft mit beschränkter Haftung
KAPD	Kommunistische Arbeiter-Partei Deutschlands
KB	Kulturbund zur demokratischen Erneuerung Deutschlands
KG	Kommanditgesellschaft
KGB	Komitee für Staatssicherheit
KPD	Kommunistische Partei Deutschlands
KPdSU	Kommunistische Partei der Sowjetunion
LDP	Liberal-Demokratische Partei Deutschlands
LKG	Leipziger Kommissions- und Großbuchhandel GmbH
NKFD	Nationalkomitee Freies Deutschland
NKGB	Volkskommissariat für Staatssicherheit (bis 1946)
OHG	Offene Handelsgesellschaft
NSDAP	Nationalsozialistische Deutsche Arbeiterpartei
RM	Reichsmark
SAPD	Sozialistische Arbeiterpartei Deutschlands
SBZ	Sowjetische Besatzungszone Deutschlands
SED	Sozialistische Einheitspartei Deutschlands
SMA	Sowjetische Militäradministration (Bezeichnung für die Verwaltungen der SMAD in den Ländern und Provinzen)
SMAD	Sowjetische Militäradministration Deutschlands
SPD	Sozialdemokratische Partei Deutschlands
SWA (G)	Sowetskaja Wojennaja Administracija (w Germanii) = Sowjetische Militäradministration in Deutschland)
USPD	Unabhängige Sozialdemokratische Partei Deutschlands
VdgB	Vereinigung der gegenseitigen Bauernhilfe
VVN	Vereinigung der Verfolgten des Naziregimes
Zentrag	Zentrale Druckerei-, Einkaufs- und Revisionsgesellschaft mbH
ZK	Zentralkomitee

Abbildungsverzeichnis

Anhang

Tagebuchauszüge von Annelise von Lucius

Diese Tagebuchauszüge wurden von Annelise von Lucius, Verlagsleiterin des Gustav Fischer Verlags ab März 1946, für diese Arbeit zur Verfügung gestellt.

1945

25.5.: Herr Bremser [Prokurist des Gustav Fischer Verlages, B.J.] will morgen n. Weimar zu einer Militärstelle wegen Druckgenehmigungsverfahren.

01.06.: Mit Vater im Verlag. Für die Amerikaner wird Liste der Produktion 40–44 gemacht.

07.06.: Radionachricht, dass die Russen auch Thüringen besetzen werden!

30.06.: Radionachricht, dass die Demarkationslinie bis zum 04.07. endgültig besetzt sein soll. Noch Hoffnung, dass wir amerikanisch bleiben!

01.07.: Die Amerikaner packen ein, die ersten Russen da! Deprimiert.

05.07.: Dr. Herbert Koch da, zur Zensur nationalsoz. Bücher.

16.07.: Herr Stimmel [Prokurist des Gustav Fischer Verlages, B.J.] berichtet aus Leipzig, dort auch noch keine Betriebe offen. Sehr viel im graphischen Gewerbe zerstört.

03.08.: Noch keine Genehmigung für den Verlag.

09.08.: Verlagsgenehmigung vom Kommandanten wieder verschoben!

14.08.: Herr Beyer v. Kämpfe schlägt vor, Antrag an den Kommandanten über die Universität zu machen.

15.08.: Mit Vater beim Rektor Prof. Zucker wegen Antrag an die Kommandantur.

21.08.: Sämtliche Bankkonten bis auf Weiteres gesperrt.

27.08.: Drucker Kämpfe darf Betrieb nicht weiterführen, wir wollen ev. pachten.

03.09.: Mit Vater, Herrn Maas [Prokurist des Gustav Fischer Verlages, B.J.] u. Glaser [Mitarbeiter des Gustav Fischer Verlages, B.J.] z. Wehrmeldeamt, Besprechung aber verschoben.

04.09.: Mit Vater, Herrn Maas und Glaser z. Wehrmeldeamt, wegen Pacht der Kämpferschen Druckerei von der Stadt. Einigung im Wesentlichen.

27.09.: Mit Vater und Herrn Stimmel zu Dr. Witsch zur Buchausmerzung usw. Macht guten Eindruck. Nach Säuberung darf verkauft werden, froh.

02.10.: Die ganze Belegschaft im Lagerhaus, zu vernichtende Bücher werden in den Keller der Garage gestellt.

09.10.: Herr Glaser da, Plan besteht, alle Thür. Verlage im »Thüringer Landesverlag« zus. zu fassen.

11.10.: Glaser bringt Nachricht aus Weimar, dass wir Druck- und Verkaufsgenehmigung haben! Werke müssen noch einzeln eingereicht werden.

18.10.: Mit Herrn Maas bei Prof. Harms wegen russ. Schilds f. Verlagstor.

19.10.: Bei Prof. Harms zum Stempeln des Verlagsschilds.

25.10.: Post wieder in ganz Deutschland zugelassen. Plievier [Schriftsteller, B.J.] wegen Verlagsgenehmigung im Verlag.

01.11.: Endlich Genehmigungsstempel d. russ. Behörde für die 1. Produktionsliste da!

17.11.: Beschließen neue Arbeitszeit mit 2 Heizungstagen.

27.11.: Im Pauliner-Haus Sitzung des Ausschusses z. Reinigung des Thür. Buchhandels bei Dr. Witsch. Weimar u. Erfurt werden durchgesprochen.

1946

03.02.: Herr Bremser kommt mit Briefentwurf an Dr. Harms wegen der Z.f.ä.F. [*Zeitschrift für ärztliche Fortbildung*, BJ.] Mit Vater durchsprechen.

04.02.: Ausschusssitzung bei Dr. Witsch, Leiterinnen von 2 Jenaer Buchhandlungen sind vorgeladen, später werden Thür. Buchhandlungen durchgesprochen.

12.02.: Brief v. Harms aus Berlin, dass die dt. Zentralverwaltung f. d. Gesundheitswesen wahrscheinlich keine andere als ihre eigene med. Zeitschrift genehmigen wird!

24.02.: Telegramm aus Berlin: Bevollmächtigter soll zur Zentralverwaltung für Gesundheitswesen kommen, wegen Weiterführung des Verlags!

25.02.: Bei Dr. Witsch wegen des Telegramms. Er meint, dass Verstaatlichung droht! Deprimiert.

28.02.: Herr Maas bekommt endlich Reisegenehmigung n. Berlin. Telegramm von Teubner, nach Leipzig zu kommen wegen wichtiger Verlagsfragen. Anruf von Dr. Steinkopff: Zusammenlegung von Steinkopff, Thieme, Brockhaus u. Fischer sei geplant.

04.03.: Herr Maas kommt aus Berlin: Arbeitsgemeinschaft med. Verleger geplant. Reini [Reinhart v. Lucius, Schwager von A. v. Lucius, B.J.] soll uns in Berlin vertreten.

05.03.: Mit Vater nochmal Berliner Vertrag durchsehen.

06.03.: Mit Herrn Maas bei Dr. Witsch wegen der Berliner Vorschläge.

08.03.: Vater ist auf vereisten Stufen gestürzt! In der Klinik wird Bruch des linken Oberarms festgestellt, er bleibt dort.

09.03.: Zur Landesstelle. Fahre mit Dr. Witsch n. Weimar. Bei Landesdirektor Wolf. Einer soll mit nach Berlin wegen Lizenz fahren. Im Landesamt für Volksbildung.

10.03.: Zu Herrn Maas, der am Mittwoch mit n. Berlin fährt.

11.03.: Anruf von Giesecke (Teubner), Herr Stimmel wird morgen nach Leipzig fahren. Mit Herrn Maas bei Dr. Witsch, über Berlin sprechen. Vorschlag Dr. Wolf, dass Thüringen 51 % des Verlags übernehmen soll! Anruf aus Berlin, Sitzung bei der Zentralverwaltung am 14. Den Anruf tippen, damit zu Herrn Stimmel, anschließend mit ihm zu Dr. Witsch.

12.03.: Herr Stimmel in Leipzig. Mit Herrn Maas bei Vater im Krankenhaus, über Berlin sprechen, wir sollen keinesfalls lange Bindung eingehen. Nachmittags auf Herrn Stimmels Anruf aus Leipzig vergeblich warten. Mit Dr. Witsch u. Herrn Maas telephonieren.

13.03.: Herr Maas noch da, da Auto von Dr. Witsch kaputt, inzwischen ist Berlin abgesagt. Übermorgen Sitzung in Leipzig.

15.03.: 7.10 Abfahrt n. Leipzig, in Weissenfels umsteigen, ½ 11 dort. Zur Poststr zu Teubner. Reini da. Um 11 Sitzung, Vorverhandlungen über die Arbeitsgemeinschaft med. Verlage. Giesecke und Dr. Heisig (Teubner), Dr. Steinkopff m. Herrn Günther, Herr Dornig (Thieme), 2 Herren von

J. A. Barth. Später noch Rechtsanwalt Dr. Blume und Ministerialrat Becker (!). Sitzung bis abends 9. Alle Punkte durchsprechen mit Dr. Sänger und Herrn Napieralski [beide Geschäftsführer der »Arbeitsgemeinschaft Medizinischer Verleger«, B.J.] aus Berlin. Abends mit Reini und Herrn Maas Strassenbahn n. Eutriz. Wohnen bei Frau Lippold, essen unsere Brote. Um ½ 1 zu Bett, sehr müde.

16.03.: ½ 8 mit Reini und Herrn Maas z. Strassenbahn, um 8 wieder bei Teubner zur Sitzung, die Herr Maas u. ich vorzeitig verlassen. Wir fahren n. Naumburg zur Herrn Brügge (Druckerei Lippert). Um 6 Heimfahrt n. Jena.

17.03.: Telegramm aus Leipzig, dass Vertragsabschluss schon am Donnerstag in Berlin.

18.03.: Mit Herrn Maas u. Stimmel bei Dr. Witsch, über Arbeitsgemeinschaft sprechen. Im Verlag beschliessen wir, nicht n. Berlin zu fahren. Mit Hofrat Meiner (Felix Meiner Vlg [wahrscheinlicher ist, dass es sich hier um Hofrat Arthur Meiner vom Verlag Johann Ambrosius Barth handelt, mit dem Annelise von Lucius wegen der Arbeitsgemeinschaft auch schriftlich in Kontakt war, B.J.]) telephonieren. Zu Herrn Maas, Telegramm an Steinkopff aufsetzen. 19.03.: Nach Berlin telegraphieren, Arbeitsgemeinschaft absagen.

20.03.: Telegramm aus Leipzig, dass Barth u. Thieme in Berlin unterschreiben wollen, Steinkopff ruft an, macht auch mit!

21.03.: Zum letzen Mal bei Vater in d. Klinik, ist sehr schwach!

22.03.: Tod meines Vaters! Um 9 mit Herrn Maas n. Weimar fahren, dort zur SMA, werden nicht eingelassen, dann zur Landesbank. Nochmal zur SMA, Hauptmann ? [sic]. Will alle Genehmigungsstempel sehen! Frage, warum wir nicht der Arbeitsgemeinschaft beigetreten sind! Sonst freundlich.

25.03.: Anruf Dr. Steinkopff, berichtet über Berlin, Lizenzerteilung an die Arbeitsgemeinschaft.

26.03.: Vaters Beerdigung.

27.03.: Zu Dr. Witsch, der morgen n. Berlin fährt (Lizenz?).

28.03.: Zum Rektor Prof. Zucker, wegen Befürwortung d. Verlagslizenz.

29.03.: Mit Herrn Maas u. Reini wegen der Verlagslizenz sprechen.

30.03.: Bei Dr. Witsch, berichtet aus Berlin. Einzellizenz ausgeschlossen. Wir müssen doch zur Arbeitsgemeinschaft. Die Bedingungen sind aber milder. Es gibt zweite Gemeinschaft in Leipzig für Natur- u. Geisteswissenschaften.

02.04.: Mit Reini und Herrn Maas zu Dr. Witsch, der wieder zum Beitritt zur Arbeitsgemeinschaft rät.

04.04.: Mit Dr. Witsch im Auto n. Leipzig. Um 11 im Rathaus Sitzung der Verleger wegen der Arb. Gemeinschaft wiss. Verleger. Noch keine Abschlüsse. Hinterher noch mit Hofrat Meiner u. Herrn Giesecke gesprochen.

09.04.: Telephonate mit Glaser, Steinkopff u.a., um die Sache ev. noch rückgängig zu machen.

11.04.: Herr Brügge mit Herrn Berger (J. A. Barth) da wegen Arbeitsgemeinschaft.

14.04.: Brief an Herrn Jäh schreiben, er rät von der Arb.gem. ab.

18.04.: Hören immer noch nichts über die Einzelgenehmigungen in Weimar.

24.04.: Herr Linke von Diederichs da, von Mai arbeitet sein Verlag nicht mehr voll. Dietsch u. Brückner wird von den Russen ausgeräumt, Satz von Sturm eingeschmolzen!

26.04.: Auto von Russenaktion zurück. Herr Bremser fährt n. Weimar zu Dietsch u. Br., Herr Maas mit Herrn Glaser n. Naumburg, wegen der Ausräumung der Druckereien. Briefe von Jäh u.

Wunderlich, empfehlen direkte Schritte bei den Russen über Dr. Külz. Anruf v. Herrn Bremser, dass Satz von Sturm gerettet ist.

27.04.: Herr Maas aus Naumburg zurück, hofft, unser Papier rauszukriegen. Dort wird auch alles ausgeräumt, Antrag zur Lizenz fertig machen für Dr. Külz. Herr Bremser fährt n. Weimar, da werden noch 2 Fuhren gerettet (Satz u. Druck).

29.04.: Im Verlag Appell m. Ansprache von Herrn Machner von der Gewerkschaft.

30.04.: Herr Bremser mit Fahrbereitschaftsauto in Weimar, der Russe lässt sie aber nicht in den Hof von Dietsch + Br., sie kommen leer zurück!

02.05.: Im Verlag zum ersten Mal Arbeitszeit von 7–14 h. Anruf von Herrn Brügge (Naumburg), es solle bald jemand kommen, um das Papier zu retten. Gehe gleich zu Herrn Maas u. Glaser. Herr Puhlfürss [Mitarbeiter des Gustav Fischer Verlages, B.J.] fährt morgen n. Halle u. Naumburg.

06.05.: Herr Puhlfürss zum 3. Mal in Naumburg, muss dann aber nochmal hin. Herr Schulz [Prokurist des Gustav Fischer Verlages, B.J.] soll morgen n. Leipzig fahren, um dort über Lizenzen zu hören.

07.05.: Herr Puhlfürss kommt, muss morgen nochmal n. Naumburg.

08.05.: Herr Schulz berichtet aus Leipzig. Lizenz-Aussichten nicht sehr günstig.

09.05.: Herr Glaser mit Herrn Kiese da, der Einfluss bei den Russen hat, ist bei der Thür. Landesregierung.

11.05.: Zu Herrn Kiese, mit ihm zur Universität, dort Vortrag Dr. Külz, mit dem ich hinterher kurz spreche, er hat Antrag an die Russen weitergegeben.

25.05.: Anruf Witsch, Antrag sei abgelehnt, Beitritt zur Arbeitsgemeinschaft jetzt erforderlich.

29.05.: Dr. Ehlers [vom Teubner Verlag, B.J.] aus Stuttgart da, Lizenzpläne usw. Nachm. Kiese anrufen, weiss noch nichts von Antragsablehnung.

31.05.: Mit Herrn Bremser u. Nopitsch über Dr. Ehlers sprechen u. dessen Pläne. Herr Maas in Weimar, Papier bei D. u. B. [Druckerei Dietsch & Brückner, B.J.] noch nicht frei (erst wenn wir Lizenz haben), Kiese hat noch nicht mit Babenko gesprochen.

01.06.: Herr Glaser da, mit ihm u. Herrn Maas nochmal über Lizenzaussichten sprechen, er geht zu Witsch, kommt dann nochmal vorbei. Wir schicken Beitrittstelegramm an Reini!

03.06.: Absage an Dr. Ehlers schreiben. Niels Diederichs da.

05.06.: Anruf Witsch, Stellen beim Stoeckel (Lehrbuch d. Geburtshilfe) beanstandet. Nachm. mit Herrn Bremser u. Dr. Hartwig bei Witsch. Stoeckel muss ganz durchgesehen werden.

12.06.: Auf der Polizei wegen Unbedenklichkeitserklärung f. Lippert.

13.06.: Verträge zur Arbeitsgemeinschaft unterschreiben.

19.06.: Herr Kämpfe da, versucht Requester aufzuheben.

24.06.: Brief von Dr. Steinkopff, wenig befriedigt von Arbeitsgemeinschaft.

26.06.: Rufe Witsch an, er war in Berlin, meint, ich solle mal hinfahren.

01.07.: Um 11 Abfahrt mit Herrn Bremser n. Naumburg, von dort nach Berlin, gute Fahrt (zunächst ½ Sitzplatz). Um 8 in Berlin, Trümmer!

02.07.: Vorm. m. Herrn Bremser bei Dr. Henneberg wegen d. Zentralblatts f. Bakteriologie, dann wir 3 z. Zentralverwaltung v. d. Gesundheitswesen. Besprechung mit Saenger u. Napieralski (alles

Papier wird bis Oktober für die Wahl gebraucht!). Zeitschriftenanträge. Danach bei Dr. Harms (Zt. f. ärztl. Fortbildung). Dann beim Notar wegen der GmbH-Anteile.

03.07.: Berlin. Mit Herrn Bremser zu Herrn von Balluseck [Leiter des Referats »Verlagswesen« der DVV, B.J.], er meint, dass wir Lizenz in 4 Wochen bekommen. Dann bei Prof. Rompe wegen Zeitschriften, später bei Napieralski, Dr. Harms, Dr. Schölmerick. Dann bei Urban u. Schwarzenberg, beim Notar. Danach bei Geh.Rat Stoeckel (Streichungen in d. 10. Auflage).

12.07.: Bei Dr. Witsch, in den Büchern muss alles über Vererbung gestrichen werden!

26.07.: Mit Herrn Maas um 6 h Abfahrt n. Leipzig, dort zu Hofrat Meiner, Besprechung mit ihm, Herrn Schubert u. Schmitzke von J. A. Barth, Herrn Günther (Steinkopff) u Plohmann (Hirzel) über Arbeitsordnung m. GmbH-Vertrag der AmV [»Arbeitsgemeinschaft Medizinischer Verleger«, B.J.]. Andere haben auch noch nichts durch AmV erreicht.

09.08.: Ztschrif. f. ärztl. Fortbildung zurückgestellt wegen Papiermangels.

10.08.: Dr. Schomerus da, beide Zeiss-Festschriften v. d. Russen abgelehnt.

07.09.: Brief von Hofrat Meiner, Barth hat Lizenz bekommen.

12.09.: Nach Naumburg zu Lippert fahren. Dort erst mit Herrn v. Lederstege bei den (...) *[unleserlich B.J.]* oben. Danach unten Sitzung mit Brügge, Rechtsanwalt Glenwitz, später Stadtrat Walbaum (Gewerkschaft), Plan neue GmbH zu gründen mit Gewerkschaft u. Brügge, alte GmbH war als Grundstücksvermieter. Lange Debatte, schliesslich Vorschlag, Gewerkschaft in die GmbH aufzunehmen, ihr Gewinnanteil für soziale Zwecke. Im übrigen Totaldemontage, aber noch einige Maschinen da.

14.09.: Wieder Papier bei Röder beschlagnahmt.

21.09.: Telegramm von AmV, Veil-Gedächtnisrede darf nicht ausgegeben werden.

23.09.: Übersetzung beim Bürgermeisteramt abholen, dann zur Kommandantur. Vergeblich, ebenso am Nachmittag, 2 x am 24., 2 x am 25., 1x am 27, endlich am *[...]*

11.10.: *[...]* komme ich mit Dolmetscherin bei der Kommandantur an, kriege Stempel auf Passantrag, gebe ihn bei der Industrie- u. Handelskammer ab.

12.10.: 2 Russen gehen durch Verlag u. Wohnhaus. Beunruhigt. Telephoniere mit Glaser, anscheinend keine Gefahr.

14.10.: Mit Betriebsrat über Winterarbeitszeit sprechen.

15.10.: Mit Betriebsrat Winterarb.-zeit auf ½ 8 – 2 festlegen, bei gleichem Lohn.

21.11.: Telegramm d. AmV, Ausgabe »Siemens-Nöller-Busse« untersagt. Der Titel war ursprünglich »Kriegschirurgie«, später »Chirurgie bei Schussverletzungen«.

24.11.: Mit Herrn Schubert (J. A. Barth) telephonieren, Klagen über AmV.

27.11.: Witsch meint, Pass sei im Januar zu bekommen.

10.12.: Papier bei Dietsch u Br. geben Russen nicht raus!

11.12.: Telegramm v. Ballusek, am 19. Zusammenkunft in Berlin.

12.12.: Um 6 Abfahrt n. Leipzig, ab Naumburg Sitzplatz. Bei Hofrat Meiner Sitzung mit Herrn Schubert, Dr. Steinkopff, Herrn Günther, Herrn Schlittgen u. Plohmann, Dornig (Thieme). AmV.-Arbeitsordnung durchsprechen. Hotel Astoria ruft, dass die Russen die Zimmer belegt haben, vergebl. Zimmersuche. Kann dann bei Herrn Hinze auf der Couch schlafen.

13.12.: Frühst. bei Hinzes, gehe dann zu Teubner, dort Besprechung mit Niemeyer, Schubert, Schlittgen, Plohmann, Günther, Heisig, Giesecke u. Becker (Akademieverlag). Becker empfiehlt Zusammenschluss d. wiss. Verleger.

15.12.: Herr Schulz ruft, dass er nicht n. Berlin gefahren ist, da im Bez. Halle fast alle Züge ausfallen.

16.12.: Mit Balluseck telephonieren, er meint, mein Kommen sei unbedingt nötig! Mit Witsch telephonieren, Glaser mobil machen. Abends noch mehrere Telephonate wegen der Berliner Fahrt, noch kein Erfolg.

17.12.: Wieder Versuche Benzin zu kriegen. Glaser hofft, was beschaffen zu können.

18.12.: Benzin durch Glaser da! Sehr froh. Mittags mit Herrn Rauch und Dr. Thilo im Auto der Fahrbereitschaft Abfahrt n. Berlin, Autobahn. ½ 5 dort.

19.12.: In der Wilhelmstr. Ausweis abholen, dann zum Klubhaus in d. Jägerstr. Zur Verlegertagung. Frühstück, dann Sitzung des Kulturellen Beirats. Weinert spricht, dann verschiedene Referate. Russe spricht, überreicht Lizenzen. Verlagslizenz u. f. Zentralblatt f. Bakteriologie, bin froh! Um 3 Essen, sitze am Medizintisch m. Henneberg, Sänger u. Napieralski.

20.12.: Spreche bei der AmV mit Sänger, Napieralski u.a. Warten auf Auto, Napieralski hat Benzin besorgt. Rückfahrt n. Jena.

Interview mit Annelise und Wulf Dietrich von Lucius

Auszüge aus dem Interview von Bettina Jütte mit Annelise von Lucius, Verlagsleiterin des Gustav Fischer Verlags ab März 1946, und ihrem Sohn Wulf Dietrich von Lucius, Leiter des Verlags von 1969 bis 1996 gemeinsam mit seinem Cousin Bernd von Breitenbuch, 1996 in Stuttgart. (Das Interview wurde von A. v. Lucius und von W. D. von Lucius am 21. Januar 1997 autorisiert).

Teil 1: Gustav Fischer Verlag Jena (1945–1953)

Frage 1

B. Jütte: Im März 1946 lehnte der Gustav Fischer Verlag den Beitritt in die »Arbeitsgemeinschaft Medizinischer Verleger« zunächst ab. Im Sommer 1946 entschlossen Sie sich dann aber doch, der Arbeitsgemeinschaft beizutreten. Warum? Fürchteten Sie Repressalien, oder wurden Sie auf irgendeine Art und Weise unter Druck gesetzt?

A. v. Lucius: Nein. Anfangs traten wir der »Arbeitsgemeinschaft Medizinischer Verleger« deshalb nicht bei, da wir erst versuchen wollten, eine eigene Verlagslizenz zu bekommen. Nachdem uns Witsch [Leiter der »Thüringischen Landesstelle für Buch- und Bibliothekswesen«] dann allerdings mitgeteilte hatte, dass der Antrag auf eine Verlagslizenz abgelehnt sei, sahen wir keine andere Möglichkeit mehr.

Frage 2

B. Jütte: Was halten Sie im Nachhinein von der »Arbeitsgemeinschaft Medizinischer Verleger«? Empfanden Sie sie als positiv?

A. v. Lucius: Ja.

B. Jütte: In den Akten, die ich eingesehen habe, sind aber auch einige kritische Äußerungen von Mitgliedern der »Arbeitsgemeinschaft Medizinischer Verleger« zu finden.

A. v. Lucius: Ja sicher, es gab hin und wieder schon Probleme, aber das war normal. Die Herren Saenger und Napieralski [Geschäftsführer der »Arbeitsgemeinschaft Medizinischer Verlage«, B.J.] waren, insgesamt gesehen, schon sehr bemüht.

[…]

Frage 4

B. Jütte: Im Dezember 1946 erhielten Sie schließlich die eigene Verlagslizenz. Glauben Sie, dass der Einfluss von Herrn Witsch von der »Thüringischen Landesstelle für Buch- und Bibliothekswesen« dabei eine große Rolle gespielt hat? Das heißt, glauben Sie, dass sie ihm die Lizenzerteilung zu verdanken haben, oder glauben Sie vielleicht im Gegenteil, dass sein Einschalten eine frühere Lizenzierung verhindert hat?

A. v. Lucius: Nein. Den Einfluss von Witsch habe ich nicht als so groß empfunden.

Frage 5

B. Jütte: Was haben Sie persönlich von Witsch gehalten?

A. v. Lucius: Er war ein junger, tüchtiger und energischer Mann.

B. Jütte: Bei der Durchsicht der Akten bekam ich den Eindruck, dass er eine sehr geachtete Persönlichkeit war.

A. v. Lucius: Ja.

Frage 6

B. Jütte: War Ihnen persönlich der Umgang mit Herrn Witsch oder der mit Herrn Kampe vom thüringischen »Ministerium für Volksbildung« lieber gewesen?

A. v. Lucius: An Herrn Kampe kann ich mich nicht erinnern.

B. Jütte: Kann man sagen, dass Sie in erster Linie Kontakt mit Witsch hatten?

A. v. Lucius: Ja.

Frage 7

B. Jütte: Sicherlich hatten Sie auch direkten Kontakt zur »Deutschen Verwaltung für Volksbildung« in Berlin. Was haben Sie von den Herren von Balluseck, Frommhold und Girnus gehalten? Hatten Sie Kontakt zu Ihnen?

A. v. Lucius: Ich kann mich vor allem an Herrn Koven erinnern. Direkten Kontakt hatten wir in der Regel mit ihm. Das waren immer Besuche mit Angst und Schrecken. Da ging es ja stets darum, ob eine Druckgenehmigung erteilt wird oder nicht.

B. Jütte: Diese Besuche bei Koven erfolgten aber doch wahrscheinlich immer im Zusammenhang mit dem Kulturellen Beirat, oder?

A. v. Lucius: Ja.

[…]

Frage 9

B. Jütte: Nachdem Sie die Verlagslizenz erhalten hatten, wie lange dauerte es dann in etwa, bis die erste Neuerscheinung im nichtmedizinischen Bereich des Gustav Fischer Verlags wieder erscheinen konnte? Wie weit waren die Vorbereitungen hierzu denn schon vor der Lizenzerteilung getroffen worden?

A. v. Lucius: Das weiß ich nicht mehr.

W. D. v. Lucius: Vielleicht ist das noch anhand der Akzessionslisten der Deutschen Bücherei nachzuvollziehen.

Frage 10

B. Jütte: Wie sah eigentlich die Arbeit in einem noch nicht lizenzierten Verlag aus, der seinen Mitarbeiterstab ja beschäftigen musste? Und wie weit gingen die Vorbereitungen für mögliche Neuerscheinungen?

A. v. Lucius: Das habe ich mich auch schon gefragt! Es waren ja alle Mitarbeiter da, irgendwas müssen die ja gemacht haben.
W. D. v. Lucius: Geld, um die Mitarbeiter zu bezahlen, war da. Das war jedenfalls nicht das Problem.

B. Jütte: Kann es sein, dass die Arbeit zu einem Großteil aus den Verkäufen der Restbestände bestanden hat?

W. D. v. Lucius: Ja. Das wird sicher heute schwer nachzuvollziehen sein, denn die Korrespondenz mit den Buchhändlern über verschiedene Bestellungen, wird wohl nicht in der Geschäftskorrespondenz zu finden sein.

B. Jütte: Nein, sie ist in den von mir eingesehenen Akten nicht enthalten.

A. v. Lucius: Aber es muss sie gegeben haben. Ich erinnere mich an Essenspäckchen von ausländischen Buchhändlern, die wir im Verlag in gleich große Stücke geteilt und gerecht unter uns aufgeteilt haben, damit jeder etwas abkriegt. Das hätten die Buchhändler ja nicht gemacht, wenn wir nicht auch etwas abzugeben gehabt hätten. Auch erinnere ich mich, dass mehrfach Russen als Buchkäufer auftraten.

Frage 11

B. Jütte: Direkt nach Kriegsende wurden ja zunächst sämtliche noch vorhandene Buchbestände entnazifiziert. War das peinlich, wenn der eigene Verlag über so genannte »belastete« Bücherbestände verfügte? Beim Gustav Fischer Verlag befanden sich ja auch noch solche unter den Restbeständen.

A. v. Lucius: Nein, peinlich war das nicht. Das war eben so nach dem Krieg. Aber es war traurig, als die Bücher mitsamt den Archivexemplaren vor unseren eigenen Augen verbrannt wurden. Die ganze Arbeit, die dahinter steckte!

Frage 12

B. Jütte: Ein massives Problem in der Nachkriegszeit war ja das Papier. Wie groß war dieses Problem denn für den Gustav Fischer Verlag?

A. v. Lucius: Ja, sehr groß.

W. D. v. Lucius weist auf die Tagebucheinträge seiner Mutter hin, in denen sie auf die beschlagnahmten Papiermengen der Firma Dietsch & Brückner hinweist.

B. Jütte: Und wie sah das in der späteren Zeit aus, als der Kulturelle Beirat für die Papierzuteilungen zuständig war? Gab es da große Probleme mit verspäteten Papierauslieferungen oder mit der Bewilligung viel zu geringer Papiermengen?

A. v. Lucius: Nein, so viele Probleme hatten wir da eigentlich nicht.

B. Jütte: Gab es denn Manipulationsmöglichkeiten? Man hätte doch in weiser Voraussicht darauf, dass nie die benötigte Papiermenge bewilligt wird, einfach mehr Papier beantragen können, als notwendig war – um am Ende eben doch genau die Menge bewilligt zu bekommen, die man auch tatsächlich brauchte.

A. v. Lucius: Nein, das ging nicht. Gegenüber der »Arbeitsgemeinschaft Medizinischer Verleger« musste immer alles genau belegt werden. Das wäre aufgefallen.

Frage 13

B. Jütte: Gab es irgendwelche Tricks, die Erteilung von Druckgenehmigungen zu manipulieren?

A. v. Lucius: Nein, bei uns lief das ganz normal. Der Antrag wurde eingereicht und dann auf die Antwort gewartet. Dass Anträge des Gustav Fischer Verlages abgelehnt wurden, kam kaum vor. Gab es Änderungswünsche, wurde von unserer Seite aus immer versucht sie zu erfüllen, um die Genehmigung zu bekommen.

Frage 14

B. Jütte: Glauben Sie, dass der Gustav Fischer Verlag, verglichen mit allen übrigen Privatverlagen in der SBZ, in irgendeiner Form aufgrund seiner langjährigen Tradition privilegiert war?

A. v. Lucius: Ja, vielleicht, weil er politisch unbelastet war.

B. Jütte: Das waren andere Privatverlage auch.

W. D. v. Lucius: Das liegt wohl eher daran, dass seine Bücher gebraucht wurden. Die Sowjetischen Offiziere legten besonderen Wert auf Hygiene. Deshalb lag ihnen auch besonders viel am »Zentralblatt für Bakteriologie«.

Frage 15

B. Jütte: Was würden Sie persönlich als das größte Problem im Zusammenhang mit der Lizenzierungspolitik in der SBZ bezeichnen?

A. v. Lucius: Die Kontaktpflege mit den Autoren im Westen. Die wurden von den sowjetischen Offizieren aufmerksam beäugt.

Frage 16

B. Jütte: Waren die Autoren aufgrund der vielen Verzögerungen durch die Lizenzierungspolitik in der SBZ sehr ungeduldig? Inwiefern hat Sie das belastet?

A. v. Lucius: Ja, sie waren schon ungeduldig.

[…]

Teil 2: Piscator Verlag und Gustav Fischer Verlag Stuttgart (1947–1953)

Frage 1

B. Jütte: Der Beschluss zur Einrichtung einer Filiale des Gustav Fischer Verlages in Stuttgart fiel im November 1947. Wann dachten Sie das erste Mal über die Eröffnung einer Zweigstelle im Westen nach?

A. v. Lucius: Da wurde vorher eigentlich nicht viel drüber nachgedacht. Ich ging immer davon aus, dass die Deutschen bald wieder alle an einem Tisch sitzen würden. Der Entschluss kam eher spontan.

Frage 2

B. Jütte: Stand der Beschluss zur Einrichtung der Zweigstelle in direkten Zusammenhang mit einem ganz bestimmten Ereignis?

A. v. Lucius: Nein.

W. D. v. Lucius: Mein Onkel, August von Breitenbuch, war gerade aus der Gefangenschaft entlassen worden und musste sich ja mit irgendetwas beschäftigen. Er kam gar nicht aus dem Verlagswesen. Er war eigentlich Landwirt. Aber es lag damals nahe, dass er sich, wie seine Schwägerin mit dem Verlagswesen beschäftigt und eine Zweigstelle des Gustav Fischer Verlages in Stuttgart eröffnet.

Frage 3

B. Jütte: Wie kamen Sie damals an die Räumlichkeiten für die Zweigstelle im Gebäude von Koch, Neff & Oetinger?

W. D. v. Lucius: Das Gebäude in der Eberhardtstraße gehörte Koch, Neff & Oetinger. So viel ich weiß, war es damals mit ein Bestandteil der Vereinbarung, dass Koch, Neff & Oetinger am Vertrieb der Bücher des Gustav Fischer Verlages beteiligt wurden. Außerdem befand sich das Gebäude in keinem guten Zustand. Es musste verputzt werden usw. Das mussten wir selber machen. Dadurch wurde das Gebäude ja auch wieder renoviert.

Frage 4

B. Jütte: Haben Sie sich damals persönlich an den Aufbauarbeiten in Stuttgart beteiligt? Oder überließen Sie das ganz Ihrer schon in Stuttgart ansässigen Familie und Rudolf Maas?

A. v. Lucius: Nein, damit hatte ich nichts zu tun. Ich war ja in Jena.

Frage 5

B. Jütte: Was erhofften Sie sich in der Anfangszeit von der Zweigstelle in Stuttgart?

A. v. Lucius: Bessere Möglichkeiten zur Aufrechterhaltung der Autorenbeziehungen. Die Autoren lebten fast alle im Westen.

Frage 6

B. Jütte: War es von Anfang an geplant, irgendwann ganz nach Stuttgart zu gehen?

A. v. Lucius: Nein, eigentlich nicht.

Frage 7

B. Jütte: Ging der Piscator Verlag aus der Zweigstelle hervor?

A. v. Lucius: Ja.

B. Jütte: Wann wurde der Nebenstelle eigentlich der Name gegeben?

A. v. Lucius: Daran kann ich mich nicht mehr erinnern.

B. Jütte: Warum wurde die Zweigstelle nicht gleich auch »Gustav Fischer Verlag« genannt?

A. v. Lucius: Das wollten wir nicht! Wir wollten verhindern, mit den Sowjetischen Offizieren Probleme zu bekommen!

Frage 8

B. Jütte: Anfangs fand in Stuttgart keine eigene Produktion statt. Ist das auf die fehlende Lizenz zurückzuführen?

A. v. Lucius: Ja.

B. Jütte: Und wahrscheinlich auch darauf, dass mit der Zuzugserlaubnis der amerikanischen Besatzungsbehörde bestimmt wurde, dass dem Verlag kein Papier zugeteilt werden würde, oder?

A. v. Lucius: Ja.

Frage 9

B. Jütte: Wann genau erhielten Sie bzw. Maas eigentlich die Lizenz für den Piscator Verlag?

A. v. Lucius: Das weiß ich nicht mehr.

Frage 10

B. Jütte: War es schwer eine Lizenz in der amerikanischen Besatzungszone zu bekommen?

A. v. Lucius: Ja, das dauerte lange. Ein Herr deutschen Namens hatte uns damals geholfen. Er setzte sich gegenüber der amerikanischen Besatzungsbehörde für unsere Lizenzierung ein.

[…]

Frage 12

B. Jütte: Dachten Sie jemals an den Versuch, in allen Besatzungszonen eine Verlagslizenz zu erhalten, so wie es z.B. Rowohlt gemacht hatte?

A. v. Lucius: Nein.

Frage 13

B. Jütte: Wurde mit der Gründung der Zweigstelle die Gefahr gesehen, dass das Nachteile für den Jenaer Verlag bringen könnten, wenn die entsprechenden Behörden in der SBZ davon erfuhren?

A. v. Lucius: Ja, natürlich! Es war doch verboten, eine Zweigstelle im Westen zu gründen.

Frage 14

B. Jütte: Gab es direkte Reaktionen in der SBZ auf die Gründung der Zweigstelle in Stuttgart?

A. v. Lucius: Nein. Bis auf die höhnische Bemerkung von Koven ... [diese Äußerung bezieht sich vermutlich auf das Zitat in der Festschrift, in dem es heißt, es sei schon bekannt, wer Piscator und Editio Cantor seien (vgl. Hundert Jahre Gustav Fischer Verlag, S. 42, W. D. von Lucius: Zusammenarbeit, S. 198 und Kapitel 4.5.5), B.J.].

Frage 15

B. Jütte: Wann wurde der Piscator Verlag wieder aufgelöst?

A. v. Lucius: Genau weiß ich es nicht mehr ... Ich schätze 1953.

Frage 16

B. Jütte: Sind Sie damals beim Abzug der amerikanischen Truppen aus dem Gebiet der SBZ eigentlich auch gefragt worden, ob Sie mit nach Wiesbaden ziehen wollen?

A. v. Lucius: Nein, an uns dachte keiner. Gefragt wurden nur die Leipziger Verleger. Die waren ja kaputt: die Gebäude und die Lager waren ausgebombt. Deshalb gingen sie gerne mit. Ich weiß ja nicht, aber ihnen soll ja auch einiges geboten worden sein.

B. Jütte: Es ist doch denkbar, dass einige Verleger ein wenig neidisch auf die Leipziger Verleger gewesen waren. Vielleicht wären sie ja auch gerne gefragt worden.

A. v. Lucius: Wir hätten keinen Grund dafür gehabt. Das Verlagsgebäude stand noch, Restbestände hatten wir auch noch – also warum? Außerdem gingen wir ja davon aus, dass Deutschland bald wieder vereinigt sein wird.

Frage 17

B. Jütte: Wie sah die Arbeit in den ersten Wochen in Stuttgart eigentlich aus? Waren anfangs wirklich nur Maas und Breitenbuch in Stuttgart tätig?

A. v. Lucius: Außer ihnen war dort zunächst nur ein Packer tätig. Aber wie die Arbeit dort aussah, kann ich nicht sagen. Ich war ja in Jena.

Frage 18

B. Jütte: Ende 1947 wurde von den Besatzungsbehörden in Jena das Lagerhaus Ihres Verlages beschlagnahmt, um dort ein Kasino einzurichten.

A. v. Lucius: Welches Lager war das denn? In welcher Straße war es?

B. Jütte: In der Naumburger Straße.

A. v. Lucius: Dann war es nicht das Hauptlager.

B. Jütte: Sie regten sich damals darüber aber sehr auf, wie ich den Akten entnommen habe. Wurde der Plan je verwirklicht, das Lagerhaus in ein Kasino umzubauen?

A. v. Lucius: Na ja, Kasino – sonderlich anspruchsvoll waren die Sowjets nicht.

W. D. v. Lucius: Ich erinnere mich noch genau an die Räumung des Lagerhaus. Die Bücher rutschten in Stapeln eine Holzrutsche herunter.

A. v. Lucius: Ja, dabei ist auch sehr viel kaputt gegangen.

W. D. v. Lucius: Die Sowjets stellten dann einfache Holztische und Holzbänke rein. Das Gebäude bot sich für sie an, weil es sich direkt gegenüber einer ihrer Kasernen befand. Später bauten sie dann wohl neben das Gebäude noch so eine Art Garage. Ich war Jahre später noch einmal dort und guckte mir das Gebäude an. Umgebaut hatten sie an dem Gebäude gar nichts. Es war auch immer noch das große Signet des Gustav Fischer Verlages am Giebel des Hauses.

Frage 19

B. Jütte: Als Ersatz für das beschlagnahmte Gebäude wurde Ihnen eine Art »Notunterkunft«, wie Sie es einmal ausdrückten, bei der Firma Zeiss zugewiesen? Wie lange nutzten Sie dieses Ersatzlager denn?

A. v. Lucius: Ja? Da kann ich mich überhaupt nicht mehr dran erinnern. Wahrscheinlich konnten wir die Bücher dann noch mit in unserem Hauptlager unterbringen.

Frage 20

B. Jütte: Was würden Sie persönlich unter Berücksichtigung der damaligen politischen, sozialen und wirtschaftlichen Verhältnisse als Hauptursache für die Gründung der Zweigstelle in Stuttgart bezeichnen?

A. v. Lucius: Die Schwierigkeiten in der SBZ insgesamt. Da war es schon ganz gut, vorsichtshalber eine Nebenstelle im Westen zu haben. Breitenbuch war von Anfang an davon überzeugt gewesen, dass wir eines Tages auch nach Stuttgart kommen würden.

[…]

Frage 22

B. Jütte: Woran lagen Ihrer Meinung nach diese Probleme?

W. D. v. Lucius: Ich vermute, dass damals andere Bücher, wie die medizinischen, einfach für wichtiger gehalten wurden.

Frage 23

B. Jütte: Ende 1947 begann in der SBZ eine Neulizenzierung bereits lizenzierter Verlage? Wissen Sie, was es damit genau auf sich hatte?

A. v. Lucius: Nein, davon weiß ich gar nichts.

Frage 24

B. Jütte: Hatten Sie von Anfang an das Gefühl, dass die nicht privaten Verlage in der SBZ bevorzugt wurden?

A. v. Lucius: Nein, ich empfand die Konkurrenz nicht als so groß.

W. D. v. Lucius: Das kam, glaube ich, auch erst später.

[…]

Frage 25

B. Jütte: Wie sah das eigentlich in der Nachkriegszeit mit dem Vertrieb der Bücher aus? Hatte der Gustav Fischer Verlag Probleme mit dem Interzonenverkehr?

A. v. Lucius: Irgendwie ging das immer. Aber das lief alles schwarz. Die Bücher wurden auf Wagen unter Stroh versteckt und so in die anderen Zonen eingeführt. Erst ganz zum Schluss wurden wir einmal erwischt.

[…]

Frage 26

B. Jütte: Waren die Probleme mit dem Interzonenverkehr eigentlich damals mit ein Grund für die Einrichtung der Zweigstelle in Stuttgart?

A. v. Lucius: Ja, es war schon wichtig ein Buchlager im Westen zu haben, um von dort aus Bücher verkaufen zu können. Von den Einnahmen in Stuttgart wurden die Honorare unserer Autoren im Westen bezahlt.

Frage 27

B. Jütte: 1948 kam ja auch die Währungsreform. Wann wurden eigentlich die Stuttgarter Konten infolgedessen gesperrt? Und warum überhaupt?

A. v. Lucius: Ja, das weiß ich eigentlich auch nicht so genau.

Frage 28

B. Jütte: Wie kamen Sie nach der Währungsreform überhaupt noch an Westmark heran?

A. v. Lucius: Nur durch den Verkauf unserer Jenaer Bücher in Stuttgart. Später dann auch über die im Piscator Verlag hergestellten Bücher.

[…]

Frage 30

B. Jütte: So wie ich das in den Akten verfolgen konnte, wurde von behördlicher Seite aus versucht, durch Steuerprüfungen Druck auf Sie auszuüben. Was war das Ergebnis der Steuerprüfung von 1950, bei der die gesamten Besatzungsjahre 1946–1949 geprüft wurden?

A. v. Lucius: Es wurde damals eine Steuersumme von ungefähr 100 000 Mark festgesetzt, die wir noch zahlen sollten. Das war damals viel Geld.

Frage 31

B. Jütte: Gab es ähnliche Prüfungen auch bei den anderen Privatverlagen, so dass sich hieraus ein System ableiten lassen könnte?

A. v. Lucius: Ob es auch Steuerprüfungen waren, weiß ich nicht, aber ein System hat es da sicherlich gegeben, um private Unternehmer unter Druck zu setzen.

W. D. Lucius: In der Zeit wurde von behördlicher Seite einiges gegen Privatfirmen unternehmen. Das war sicher auch als Wink mit dem Zaunpfahl zu verstehen.

Frage 32

B. Jütte: Gab es denn noch andere Druckmittel, die offensichtlich erkennen ließen, dass Privatverlage verdrängt werden sollten?

A. v. Lucius: Nein, eigentlich nicht, aber es war trotzdem eindeutig. 1953 flüchteten die Leute ja zu Hauf in den Westen.

Frage 33

B. Jütte: Im Januar 1953 wurden Sie verhaftet und eine Nacht lang verhört. Waren es finanzielle Angelegenheiten, die dieses nächtliche Verhör begründeten?

A. v. Lucius: Ja, auch. Aber ich wurde hauptsächlich nach meinen Kontakt zu den Westzonen ausgefragt – Stuttgart eben. Ich wurde von einem Offizier verhört, der kaum Deutsch konnte. Das Protokoll, das ich hinterher unterschreiben musste, war voller orthographischer Fehler. Das war eine schlimme Nacht. Wir wurden festgenommen und es hieß einfach: »Mitkommen!«. Wir wussten ja gar nicht, wo wir hin gebracht wurden. Ich dachte: jetzt geht's nach Sibirien. Ich war ganz erstaunt, als wir nach dem Verhör wieder freigelassen wurden. Ich dachte wirklich, dass ich jetzt nach Sibirien komme. Als wir dann wieder frei waren, sagte ich natürlich, dass jetzt Schluss ist, dass wir jetzt nach Stuttgart gehen.

Frage 34

B. Jütte: Bei der Durchsicht der Akten in Weimar wunderte ich mich darüber, dass ich fast gar keine Korrespondenz zwischen dem Jenaer Verlag und der Zweigniederlassung in Stuttgart fand. Haben Sie die Unterlagen bei Ihrer Flucht nach Stuttgart mitgenommen?

A. v. Lucius: Nein, ich habe nichts mitgenommen. Das ging alles so schnell, dafür blieb überhaupt keine Zeit. Niemand wusste, dass wir flüchten wollten. Nicht mal die Mitarbeiter im Verlag. Auch meinen Kindern habe ich nichts vorher gesagt – ihnen wäre bestimmt versehentlich schnell mal etwas rausgerutscht. Als ich meinem Sohn dann kurz vorher sagte, dass wir jetzt flüchten, breitete er seine Arme aus und sagte: »Das alles willst du hinter dir lassen?!« Das war keine leichte Entscheidung. Aber selbst meine schon alte Mutter packte ihr Köfferchen. Sie war sehr tapfer. Wir fuhren dann erst nach Berlin und von da weiter nach Stuttgart. Das war eine ganz schöne Überraschung für meinen Schwager, als wir dann vor ihm standen. [W. D. v. Lucius gibt den Hinweis auf einige Ordner im Stuttgarter Archiv. Diese befinden sich inzwischen in der Deutschen Nationalbibliothek, Historisches Archiv des Börsenvereins des Deutschen Buchhandels, Bestand Archiv des Gustav Fischer Verlages. B.J.].

Frage 35

B. Jütte: Ein Großteil Ihrer Familie war ja bereits in Stuttgart. War die Zerrissenheit Ihrer Familie für Sie problematisch?

A. v. Lucius: Ja, natürlich! Mein Schwager wollte ja schon die ganze Zeit, dass wir auch nach Stuttgart kommen, aber wir wollten trotzdem lieber in Jena bleiben.

Frage 36

B. Jütte: Haben Sie direkt nach Ihrer Flucht noch Kontakte in Jena gehabt, oder haben Sie den Kontakt zunächst gänzlich abgebrochen?

A. v. Lucius: Ja, ich blieb in Kontakt zu den Verlagsmitarbeitern in Jena. Ich schickte Päckchen und so weiter. Dadurch habe ich noch alles mitgekriegt, was dort passierte. Wir haben von Stuttgart aus dann ja auch ganz früh die Zusammenarbeit mit Jena begonnen. Herr Studzinski [Erich Studzinski war langjähriger Verlagsleiter des VEB Gustav Fischer Verlags Jena, B.J.] war ja auch ein recht vernünftiger

Mann. Das war nicht so ein verbissener Kommunist. Genauso wie mein Schwager kam ja auch er anfangs nicht aus dem Verlagswesen. Die anderen Verleger im Westen, vor allem die alten Leipziger Verleger, waren zunächst entsetzt, als wir mit der Zusammenarbeit mit Jena begannen. Hinterher machten sie es dann ja genauso. Auf dem Gebiet waren wir eigentlich so eine Art Vorreiter.

Frage 37

B. Jütte: Wie schnell ging das dann mit der Enteignung in Jena?

A. v. Lucius: Ganz schnell!

W. D. v. Lucius: Das passierte unmittelbar nach der Flucht. Das dauerte höchstens eine Woche!

Frage 38

B. Jütte: Blieb das Personal in Jena oder kamen einige der Mitarbeiter nach Stuttgart nach?

A. v. Lucius: Einer der Prokuristen kam noch nach. Ansonsten niemand. Das Personal in Jena war allerdings insgesamt auch schon recht alt. Viele hatten ihr Häuschen in Jena, wo sie sich auch zuhause fühlten. Sie waren nicht mehr so motiviert, woanders einen Neuanfang zu versuchen.

[…]

Frage 41

B. Jütte: Das war bestimmt für Sie sehr schwer, die Entscheidung zu fällen, Jena zu verlassen. Sie hatten ja die alleinige Verantwortung für einen traditionsreichen Verlag.

A. v. Lucius: Natürlich, für mich war das eine sehr schwere Zeit. Nach dem Tod meines Vaters musste ich den Verlag weiterführen. Ich war noch sehr jung. Aber wenn man muss, geht eben doch so manches. Es waren ja auch alle sehr nett zu mir und haben sich bemüht mir zu helfen.

W. D. v. Lucius: Am Tage der Flucht aus der Jena, war ich zunächst – wie meine Mutter schon erzählte – entsetzt. Aber heute sage ich immer zu meiner Mutter, dass ich den russischen Offizieren, die sie damals in der Nacht verhaftet und verhört hatten, eigentlich dankbar sein kann. Sonst wäre vielleicht alles anders gekommen. Mein Onkel hat das gleich richtig gemacht, als er dafür sorgte, dass man ihn in die amerikanische Besatzungszone entließ. Er war ein sehr vorausschauender Mann gewesen.

A. v. Lucius: Ja, aber das ist nicht immer vorherzusehen, wie sich die Dinge entwickeln. Anfang weiß man nie, was richtig ist.

Schiedsgerichtsordnung

Schiedsgerichtsordnung für ein Verleger-Autorenschiedsgericht und Richtlinien über die Rechtsbeziehungen zwischen Autor und nicht lizenziertem Verlage sowie zwischen lizenziertem Verleger und behindertem Autor (4 Seiten).[1]

1 Vorlage: Gewerblicher Rechtsschutz und Urheberrecht. Hrsg. von Eduard Reimer. 50 (1948), Nr. 1, Weinheim (Bergstr.)/Berlin: Chemie, S. 42–45. Eine frühere Veröffentlichung der Schiedsgerichtsordnung und der Richtlinien erfolgte in der Juristischen Rundschau, 1947, S. 17.

Seite 1 von 4

Nr. 1 — 42 — Januar 1948

Schiedsgerichtsordnung für ein Verleger-Autorenschiedsgericht

Die Berliner Verleger- und Buchhändlervereinigung, Berlin W 15, Schlüterstr. 45 (im folgenden Verlegervereinigung genannt), und der Schutzverband deutscher Autoren, ebendort (im folgenden Autorenverband genannt), vereinbaren hierdurch zur Regelung von Streitigkeiten zwischen Autoren und Verlegern folgende Schiedsgerichtsordnung:

§ 1

1. Streitigkeiten zwischen einem Verleger und einem Autor sollen künftig nach Möglichkeit durch das in dieser Schiedsgerichtsordnung erwähnte Schiedsgericht (Verleger-Autorenschiedsgericht) entschieden werden.

2. Die Verlegervereinigung und der Autorenverband werden ihren Mitgliedern empfehlen, bei Abschluß eines Verlagsvertrages oder in einem Nachtrage zum bereits bestehenden Verlagsvertrag die Zuständigkeit des Verleger-Autorenschiedsgerichts zu vereinbaren. Der Schiedsvertrag zwischen Verleger und Autor muß schriftlich geschlossen werden und darf, um gültig zu sein, gemäß § 1027 der Zivilprozeßordnung andere Vereinbarungen als solche, die sich auf das schiedsgerichtliche Verfahren beziehen, nicht enthalten. Der Schiedsvertrag ist also außerhalb des Verlagsvertrages in einer besonderen Urkunde abzuschließen.

§ 2

1. Das Verleger-Autorenschiedsgericht entscheidet in der Besetzung von drei Schiedsrichtern.

2. Der Obmann, der die Befähigung zum Richteramt haben muß, wird abwechselnd von der Verlegervereinigung und dem Autorenverband ernannt. Jede der streitenden Parteien kann verlangen, daß beide Obmänner an dem Schiedsgericht teilnehmen.

3. Einer der Beisitzer wird von der Verlegervereinigung, der andere vom Autorenverband ernannt. Die Ernennung erfolgt auf Grund einer Liste ständiger Beisitzer. Als solche haben die Verlegervereinigung und der Autorenverband je drei Herren und drei Stellvertreter zu ernennen, so daß im ganzen zwölf Herren als ständige Beisitzer zur Verfügung stehen.

4. Vor Anberaumung eines Verhandlungstermins können der Obmann bzw. die Obmänner einen Sühneversuch unternehmen.

§ 3

1. Für das schiedsgerichtliche Verfahren gelten die Vorschriften der §§ 1025 ff. der Zivilprozeßordnung. Die Aufstellung einer Verfahrens- und Gebührenordnung für das Schiedsgericht bleibt vorbehalten.

2. Soweit die Mitwirkung eines ordentlichen Gerichts in dem Schiedsgerichtsverfahren oder nach seinem Abschluß erforderlich ist, wird hierfür das Landgericht Berlin als zuständig vereinbart.

Berlin, im Juni 1947.

Für die Berliner Verleger- und Buchhändlervereinigung
gez. Dr. Erich Schmidt
gez. Herbert Cram

Für den Schutzverband deutscher Autoren
gez. Dr. Günther Birkenfeld
gez. Dr. Werner Schendell

Richtlinien über die Rechtsbeziehungen zwischen Autor und nicht lizenziertem Verlage sowie zwischen lizenziertem Verleger und behindertem Autor

I. Vorbemerkung

Über die Rechtsbeziehungen zwischen Autor und nicht lizenziertem Verlag sowie zwischen lizenzierten Verlag und behindertem Autor fehlt es bisher an Entscheidungen. Es ist nicht nur eine gerechte Lösung des einzelnen Falles anzustreben, sondern möglichst auch eine Rechtssicherheit in dem Sinne, daß im Streitfall einigermaßen voraussehbar ist, wie das ordentliche Gericht bzw. das Schiedsgericht entscheiden wird.

Wenn auch das aus den Jahren 1901 bis 1910 stammende Verlagsgesetz die jetzt auftretenden Fälle nicht kannte, so sind die Bestimmungen des Gesetzes, richtig angewendet, doch zur Lösung der neuen Probleme brauchbar. Man muß nur bei Anwendung der Vorschriften des Verlagsgesetzes die leitenden Auslegungsgrundsätze beachten, nämlich einmal das zwischen Autor und Verleger bestehende besondere Vertrauensverhältnis, das die beiden Vertragspartner durch den gemeinsamen Dienst am Werk zusammenschließt, und ferner das sogenannte soziale Gebundensein des Urheberrechts, womit gemeint ist, daß Urheber und Verleger nicht nur ihre eigenen Interessen, sondern ebensosehr diejenigen der Allgemeinheit zu berücksichtigen haben. Beide Auslegungsgrundsätze sind durch die ständige Rechtsprechung des Reichsgerichts anerkannt.

II. Hindernisse beim Verleger

1. Dauerbehinderung des Verlegers:

a) Tatbestand: Unter Dauerbehinderung des Verlegers ist der Fall zu verstehen, daß endgültig das Unvermögen des Verlegers zur Ausübung des Verlagsrechts und zur

Erfüllung der Verlagspflichten (Vervielfältigung und Verbreitung des Werks) feststeht. Beispiel: Es ist zweifelsfrei, daß der Verlag die zur Verlagstätigkeit erforderliche Lizenz von der für ihn zuständigen Besatzungsmacht niemals erhalten wird.

b) Rechtsbehelfe:

aa) Übertragung des Verlagsrechts vom nicht lizenzierten auf einen lizenzierten Verlag. Die gesetzliche Grundlage zur Frage der Übertragung von Verlagsrechten ist § 28 VG. Diese Bestimmung regelt zwei Fälle, nämlich erstens die Übertragung des Verlagsgeschäfts als Ganzes (§ 28 Abs. 1, Satz 1) und zweitens die Übertragung des Rechts an einzelnen Werken (§ 28 Abs. 1, Satz 2 bis 4).

Das Geschäft als Ganzes kann der Verleger zusammen mit allen Verlagsrechten gemäß § 28 Abs. 1, Satz 1, übertragen, soweit nicht die Übertragung durch Vereinbarung zwischen dem Autor und dem Verleger ausgeschlossen ist. Ein solcher Ausschluß findet sich in Verlagsverträgen sehr selten. Ist der Ausschluß nicht vertraglich vereinbart, so darf also an und für sich der Verleger zusammen mit dem ganzen Verlagsgeschäft seine Rechte an den einzelnen Werken veräußern, ohne die Autoren fragen zu müssen. Selbstverständlich darf aber auch die Gesamtübertragung nicht so aussehen, daß dadurch in einer Treu und Glauben verletzenden Form die Belange des Autors mißachtet werden. Wäre dies der Fall, dann hätte der Autor ein Widerspruchsrecht.

Der Verleger kann auch sein Verlagsrecht an einzelnen Werken übertragen, dies jedoch nicht ohne Zustimmung des Verfassers. Der Verfasser kann aber die Zustimmung nur verweigern, wenn ein wichtiger Grund vorliegt. Bei Beurteilung dieser Frage sind besonders die oben unter 1. erwähnten Auslegungsgrundsätze zu beachten.

bb) Ist der Verleger, dessen Dauerbehinderung feststeht, abwesend, so wird man dem Autor das Recht zubilligen müssen, daß er unter Berücksichtigung der wohlverstandenen Interessen des Verlegers als Geschäftsführer ohne Auftrag (§§ 677 ff. BGB.) handelt, als solcher also z. B. im Namen des Verlegers dessen Rechte auf einen anderen Verleger überträgt.

cc) Rücktritt. Kommt die Übertragung des Verlagsrechts an einen anderen Verlag nicht zustande, weil sich ein solcher Verlag nicht findet oder der Autor der Übertragung berechtigterweise widerspricht, so steht dem Autor mangels Vervielfältigung und Verbreitung gemäß § 32 VG. das Recht des Rücktritts vom Vertrage zu. Rücktritt vom Vertrage bedeudet dessen Auflösung mit rückwirkender Kraft, also so, als ob der Vertrag niemals geschlossen worden wäre. Jede Vertragspartei hat die von der anderen Partei gemachten Leistungen zurückzuerstatten. Würde dies nach Lage der Sache zu Unbilligkeiten führen, so käme § 38 VG. zur Anwendung. Nach § 38 hängt es, wenn der Rücktritt vom Vertrag nach vollständiger oder teilweiser Ablieferung des Werks erklärt wird, von den Umständen ab, ob der Vertrag teilweise aufrechterhalten bleibt. Dies könnte z. B. für das dem Autor bereits bezahlte oder zu gewährende Honorar von Bedeutung sein. Bemerkenswert ist hierzu § 29, Abs. 3, des amtlichen Entwurfs von 1932 zur Urheberrechtsreform: »Eine bereits empfangene Vergütung ist vom Veräußerer des Werknutzungsrechts (also vom Autor) im Fall seines berechtigten Rücktritts nicht zurückzuerstatten.«

2. Vorübergehende Behinderung des Verlegers:

a) Tatbestand: Eine vorübergehende Behinderung des Verlegers kann z. B. gegeben sein, wenn ihm zeitweilig die Möglichkeiten zur Vervielfältigung und Verbreitung des Werks fehlen, oder wenn seine politischen Verhältnisse einstweilen ungeklärt sind oder er vorübergehend (etwa in Gefangenschaft) abwesend ist.

b) Rechtsbehelfe:

aa) Volle Übertragung des Verlagsrechts? Im Falle seiner nur vorübergehenden Behinderung wird der Verleger im allgemeinen kaum an die volle Übertragung des Verlagsrechts an einen anderen Verlag denken. Auch könnte in diesem Falle der Autor einer vollen Übertragung berechtigterweise mit dem Hinweis widersprechen, daß der Verleger zunächst abwarten solle, ob seine Behinderung nicht zu beheben sei.

bb) Gestattung des Nachdrucksrechts an einen anderen Verlag. Vergebung einer sogenannten »Lizenzauflage«*). Der beste Weg dürfte bei vorübergehender Behinderung die Gestattung des Nachdrucksrechts (Lizenzvergebung) an

*) »Lizenz« bedeutet hier Einräumung eines Nutzungsrechts, also etwas ganz anderes als die Lizenzierung (= Genehmigung der Berufsausübung), die ein Verleger von der Militärregierung erhält.

Seite 3 von 4

einen anderen Verlag sein, etwa mit der Maßgabe, daß der andere Verlag zur Vervielfältigung und Verbreitung einer Auflage des Werks berechtigt ist und der Autor mit der nächsten Auflage zum alten Verlage zurückkehrt, falls dieser inzwischen die behördliche Genehmigung zur Fortführung der Verlagsgeschäfte erhalten hat. Falls triftige Gegengründe vorliegen, kann der Autor der Gestattung des Nachdrucksrechts seitens des nicht lizenzierten Verlages an einen lizenzierten Verlag widersprechen. Andererseits ist, wiederum unter dem Vorbehalt, daß triftige Gegengründe nicht gegeben sind, der nicht lizenzierte Verlag auf Verlangen des Autors verpflichtet, einem lizenzierten Verlage das Nachdrucksrecht einzuräumen.

cc) Ein Handeln des Autors als Geschäftsführer ohne Auftrag für den abwesenden Verleger ist auch in diesem Falle möglich. (Vgl. dazu 1 b, unter bb.)

dd) Das Recht zum Rücktritt vom Vertrage wird bei nur vorübergehender Behinderung des Verlegers dem Autor z. B. in dem Falle zuzubilligen sein, daß es zur Lizenzvergebung an einen anderen Verlag nicht kommt, dem Autor aber ein auch nur vorübergehendes Zuwarten auf die Wiederaufnahme der Geschäfte seines bisherigen Vertragspartners nicht zuzumuten ist. Gerade in den Fällen nur vorübergehender Behinderung sind wieder die unter 1. angeführten beiden Auslegungsgrundsätze von besonderer Bedeutung. Jede der Vertragsparteien hat auf Grund des besonderen Vertrauensverhältnisses nicht nur das eigene Interesse, sondern auch dasjenige des Vertragspartners zu berücksichtigen. Beide Vertragspartner müssen aber auf die Interessen der Allgemeinheit Rücksicht nehmen, also darauf, daß es unter Umständen bei starker, unbedingt schnell zu befriedigender Nachfrage nicht angeht, das Erscheinen des Werks auch nur um einige Monate zu verzögern.

III. Hindernisse beim Autor

1. Dauerbehinderung des Autors:

a) Tatbestand: Es steht fest, daß der Autor oder der gesamte Inhalt des Werks politisch nicht tragbar ist.

b) Rechtsbehelfe: Derartige Fälle sind auch in früheren Zeiten schon vorgekommen. Sie berechtigen den Verleger zum Rücktritt vom Vertrage. Über den Fall einer teilweisen Untragbarkeit des Werkinhalts vgl. unten Ziffer 2.

2. Vorübergehende Behinderung des Autors:

a) Tatbestand: Der Autor hat zur Zeit keine Möglichkeit zur Herstellung des Manuskripts, oder seine politischen Verhältnisse sind noch ungeklärt, oder er ist noch abwesend, z. B. in Kriegsgefangenschaft. Ein damit verwandter Fall ist der, daß der Werkinhalt teilweise nicht tragbar ist, aber Abänderungen vom Autor vorgenommen werden können.

b) Rechtsbehelfe:

aa) Auftrag an anderen Autor. »Ein Recht, das Werk durch einen anderen vollenden zu lassen und die Fortsetzung als Bestandteil eines und desselben Werks mit dem Namen des ursprünglichen Verfassers zu veröffentlichen, gibt das Gesetz dem Verleger nicht, weil damit die Gefahr verbunden ist, daß der Name des Verfassers zum Nachteil seines Rufes für die Fortsetzung des Werks ausgenutzt werde.« (So die Gesetzesbegründung zum Verlagsgesetz.) Es bleibt dem Verleger unbenommen, die von einem anderen verfaßte Fortsetzung unter dem Namen des anderen erscheinen zu lassen und in der Ausstattung dem fortgesetzten Werke anzugliedern (Voigtländer-Elster § 34 Anm. 3). Die Möglichkeit hierzu wird im allgemeinen bei wissenschaftlichen Werken gegeben sein. Bei Verlagsverträgen über wissenschaftliche Werke war der Ersatz des Autors durch einen anderen auch schon in den Vertragsnormen vorgesehen, die 1929 zwischen Hochschulverband, Buchhändlerbörsenverein und Deutschen Verlegerverein vereinbart wurden. (Börsenblatt Nr. 160 vom 14. Juli 1930.)

Im übrigen ist aber, insbesondere bei schöngeistigen Werken, der Fall, daß der Verleger an Stelle des vorübergehend behinderten Autors einen anderen setzt, kaum vorstellbar. In der Regel wird das vom Autor hergestellte Werk so sehr dessen persönliches Gepräge tragen, daß Ersatz durch einen anderen Autor nicht in Betracht kommt.

Einfacher liegt es, wenn die Behinderung nicht in der Person des Autors, sondern im teilweisen Inhalt des Werks ihren Grund hat und der Verfasser imstande ist, den betreffenden Teil durch Abänderung ohne besondere Mühe tragbar zu gestalten. In diesem Falle wird man dem Verleger das Recht zubilligen müssen, dem Autor eine Frist zu setzen, binnen der er die untragbaren Teile abzuändern hat. Ob für diese Abänderung der Autor einen besonderen Honoraranspruch geltend machen kann, wird nur von Fall zu Fall zu entscheiden sein.

bb) Rücktritt. Bei der vorübergehenden Behinderung des Autors wird ein Recht des Verlegers zum Rücktritt in seltensten Fällen gegeben sein. Es sind kaum Fälle vorstellbar, in denen es dem Verleger nicht zuzumuten wäre, die Beseitigung der vorübergehenden Behinderung abzuwarten.

IV. Schlichtung von Streitigkeiten

Angesichts der Vielseitigkeit der jetzt erstmalig auftretenden Tatbestände ist damit zu rechnen, daß mancher Fall nicht ohne Streitigkeit abgehen wird. Zwecks möglichst schneller Herausarbeitung einheitlicher Richtlinien ist es erwünscht, daß derartige Streitigkeiten durch ein ständiges mit solchen Fragen befaßtes Gericht geschlichtet werden. Hierzu dürfte am besten ein ständiges Schiedsgericht, wie z. B. das vom Schutzverband deutscher Autoren und der Berliner Verleger- und Buchhändlervereinigung eingerichtete Schiedsgericht, in der Lage sein.

V. Richtlinien (Zusammenfassung aus I bis IV)

Das Ergebnis der Erwägungen unter I bis IV läßt sich in den folgenden Richtlinien zusammenfassen. Der Schutzverband deutscher Autoren und die Berliner Verleger- und Buchhändlervereinigung (beide Organisationen: Berlin W 15, Schlüterstr. 45) haben sich auf derartige Richtlinien geeinigt. Diese können als Grundlage für die Beilegung von Meinungsverschiedenheiten zwischen Autor und Verleger dienen und können im Streitfalle dem Gericht oder Schiedsgericht ein Bild von der Auffassung der maßgeblichen Organisationen geben. Zur Vermeidung von Mißverständnissen sei jedoch betont, daß diese Richtlinien selbstverständlich weder die ordentlichen Gerichte binden können noch auch das unter IV erwähnte Schiedsgericht binden sollen. Vielmehr ist ebenso wie das ordentliche Gericht so auch das Schiedsgericht berechtigt und verpflichtet, jeden Fall in allen Einzelheiten zu prüfen und auch unabhängig von den Richtlinien zu entscheiden.

§§ 1 und 2: Verlegerbehinderung

§ 1: Dauerbehinderung

1. Bei endgültig feststehendem Unvermögen des Verlegers zur Ausübung seiner Verlagsrechte und -pflichten (Dauerbehinderung) kann der Verleger sein Verlagsgeschäft als Ganzes auf einen anderen Verleger übertragen. Er kann auch das Recht an einem der Verlagswerke an einen anderen Verleger übertragen. Der Autor kann der Übertragung aus wichtigem Grunde widersprechen.

2. Kann der Verleger wegen Abwesenheit die Übertragung nicht vornehmen, so darf der Autor für ihn nach den Grundsätzen der Geschäftsführung ohne Auftrag (§§ 677 ff. BGB.) handeln.

3. Kommt keine Übertragung auf einen anderen Verlag zustande, so ist der Autor zum Rücktritt vom Vertrage (§ 32 VG.), gegebenenfalls unter teilweiser Aufrechterhaltung des Vertrages (§ 38 VG.), berechtigt.

§ 2: Vorübergehende Behinderung

1. Bei vorübergehender Behinderung hat der Verlag dieselben Rechte zur Übertragung an einen anderen Verlag wie bei Dauerbehinderung (§ 1 Abs. 1).

2. Findet keine Übertragung gemäß Abs. 1 statt, so hat der Verlag, falls keine triftigen Gegengründe vorliegen, das Recht und auf Verlangen des Autors die Pflicht, einem anderen Verlage den Nachdruck zu gestatten, z. B. derart, daß der andere Verlag das Recht zur Vervielfältigung und Verbreitung einer Auflage des Werks erhält und der Autor mit der nächsten Auflage zum alten (falls inzwischen lizenzierten) Verlage zurückkehrt.

3. Ein Handeln des Autors als Geschäftsführer ohne Auftrag für einen abwesenden Verleger ist auch in diesem Falle möglich.

4. Das Recht zum Rücktritt vom Vertrage hat der Autor bei der vorübergehenden Behinderung des Verlegers nur ausnahmsweise, z. B. in dem Falle, daß der Verleger die Einräumung des Nachdrucksrechts an einen anderen Verlag ohne berechtigten Grund verweigert.

§§ 3 und 4: Autorenbehinderung

§ 3: Dauerbehinderung

Ist der Autor dauernd an dem Herausbringen des Werks behindert, so ist der Verleger zum Rücktritt berechtigt.

§ 4: Vorübergehende Behinderung

1. Bei vorübergehender Behinderung kann, wenn dies nach Lage der Sache möglich erscheint, z. B. bei fortsetzbaren wissenschaftlichen Werken, der Verlag an Stelle des bisherigen Autors bis zur Aufhebung der Behinderung einen anderen Autor setzen.

2. Ist der Werkinhalt teilweise untragbar, so ist der Verleger berechtigt, dem Autor eine Frist zu setzen, binnen der er die untragbaren Teile abzuändern hat.

3. Das Recht zum Rücktritt vom Vertrage steht dem Verlage bei nur vorübergehender Behinderung des Autors nicht zu.

§ 5: Schlichtung von Streitigkeiten

Streitigkeiten zwischen Autor und Verleger sind nach Möglichkeit durch das zwischen dem Autoren-Schutzverband und der Berliner Verleger- und Buchhändlervereinigung vereinbarte ständige Schiedsgericht zu entscheiden. Die Organisationen werden darauf hinzuwirken suchen, daß sich die streitenden Parteien diesem Schiedsgericht unterwerfen.

Berlin, im Juni 1947.

Gutachtenformular des Kulturellen Beirats für das Verlagswesen

Formular des Kulturellen Beirats zur Beurteilung eingereichter Manuskripte durch Lektoren (4 Seiten).[2]

2 Vorlage und Repro: Thüringisches Hauptstaatsarchiv Weimar, Bestand: Land Thüringen – Ministerium für Volksbildung Nr. 4263, Bl. 188r-189v.

Seite 1 von 4

G u t a c h t e n

0

Lektor

Anschrift

Telefon

Verfasser:

Titel de...... Manuskripte...... :

Geplante Auflage:

1. Kurze Inhaltsangabe:

Seite 2 von 4

2. **Urteil**

a) äußere Form, insbesondere Gliederung des Stoffes:

b) Stil des Verfassers:

c) Inhalt (z. B. Wirkung auf den Leser. — Bei Lehrbüchern, Biographien usw.: Entspricht der Inhalt dem neuesten Stand der wissenschaftlichen Forschung?):

d) ideologische Einstellung des Verfassers (bzw. seine wissenschaftliche Bedeutung):

e) beigefügte Jllustrationen (der Lektor kann sich für die Beantwortung dieser Frage als nicht zuständig erklären):

f) Welcher Wert wird dem Werke insbesondere als Mittel zur politischen und sittlichen Erneuerung des Volkes beigemessen?

3. **Vorschläge für Änderungen und Überarbeitungen**

a) äußere Form:

b) Inhalt (z. B. Kürzungen):

c) Jllustrationen und sonstige Anlagen (hält sich der Lektor für die Beantwortung dieser Frage — ja — nein — für zuständig?):

Seite 3 von 4

4. **Für welchen Leserkreis ist das Werk bestimmt?**

5. **Wissenschaftliche Bücher:**
   a) für den öffentlichen Verkauf geeignet:

   b) nur für den innerwissenschaftlichen Gebrauch geeignet:

   c) Bewertung innerhalb der wissenschaftlichen Literatur:
   (Gibt es bessere oder gleichwertige Werke, die vorzuziehen sind, und welche?)

6. **Wie wirkt das Werk auf den Leser? Ist es z. B. spannend oder langweilig? Tritt eine etwaige Tendenz zu stark hervor, so daß ein Teil der Leser aus diesem Grunde das Buch ablehnen würde?**

7. **Abschließendes Gesamturteil** (Klares, eindeutiges Urteil erwünscht!):

Seite 4 von 4

8. (Bei ablehnendem Urteil) Ergibt sich aus dem Manuskript der Eindruck, daß andere Manuskripte des Verfassers brauchbar sein könnten oder daß der Verfasser entwicklungsfähig ist?

9. Bemerkungen:

(Ort und Datum) (Unterschrift des Lektors)

Zusätzliche Bemerkungen des Kulturellen Beirats:

(23) M-267, Druckerei Norden, N 4, Schlegelstr. 27 (14699) 1000. 2. 47

Institutionen- und Sachregister

Ortsregister

Personenregister

Kolibri 360 GmbH
Ferdinand-Jühlke-Straße 7
99095 Erfurt, Deutschland
produktsicherheit@kolibri360.de